제임스 조지 프레이저(1854~1941)

▲〈황금가지〉 터너
'…이제는 숲의 여신을 모시던 신전도 사라졌고, "숲의 왕"도 "황금가지"를 지키는 자도 없다. 네미 숲은 지금도 푸르기만 하다. 태양이 서쪽으로 기울면서 안젤루스를 울리는 아리키아 교회 종소리가 바람따라 들려오는 것만 같다.'

◀〈페르세우스와 안드로메다〉 티치아노
그리스 신화에서 안드로메다는 바다 괴물에게 제물로 바쳐졌다. 이것은 예전에는 식물의 성장을 기원하며 물의 정령에게 여자를 제물로 바치는 관습이 있었음을 보여준다. 이 신화의 배경은 이런 관습을 없애자는 데 있다. 안드로메다가 인간인 페르세우스에게 구출되었기 때문이다.

크리슈나 신과 인간 연인인 양치기 딸 라다 신과 인간 여성의 결혼. 이 두 사람의 관계는 생명의 재생을 좌우하는 남녀의 이성적인 관계를 나타내며 또한 신과 영적인 교접을 보여준다.

비슈누의 우주체계 비슈누는 우주를 지배하는 신. 영웅 아르주나 앞에 나타나 인간과 우주의 사악함과 싸울 수 있는 힘을 주었다.

부처의 삭발 18세기. 티베트 사원 태피스트리
불타가 한 움큼의 머리카락을 자르려 하고 있다. 왕자의 지위를 버리고 고행승이 될 때의 모습. 사람이 머리카락을 잃으면 위협을 받을 수도 있지만 반대로 힘을 얻기도 한다.

생명의 나무 소용돌이 무늬의 덩굴로 둘러싸인 십자가에 매달린 그리스도. 로마 산 클레멘테 성당 프레스코화
무엇이든지 믿게 할 수 있는 신뢰의 십자가/단지 하나뿐인 성스러운 나무/잎도 꽃도 열매도/당신을 능가할 것 하나 없으니.–베난티우스 포르투나투스

메카의 카바 본디 카바(검은돌)는 아라비아 여러 부족에게 행운을 가져다주는 성스러운 돌에 지나지 않았으나, 이슬람 이후에는 알라신에게 신앙심을 표시하는 주된 순례지의 하나가 되었다.

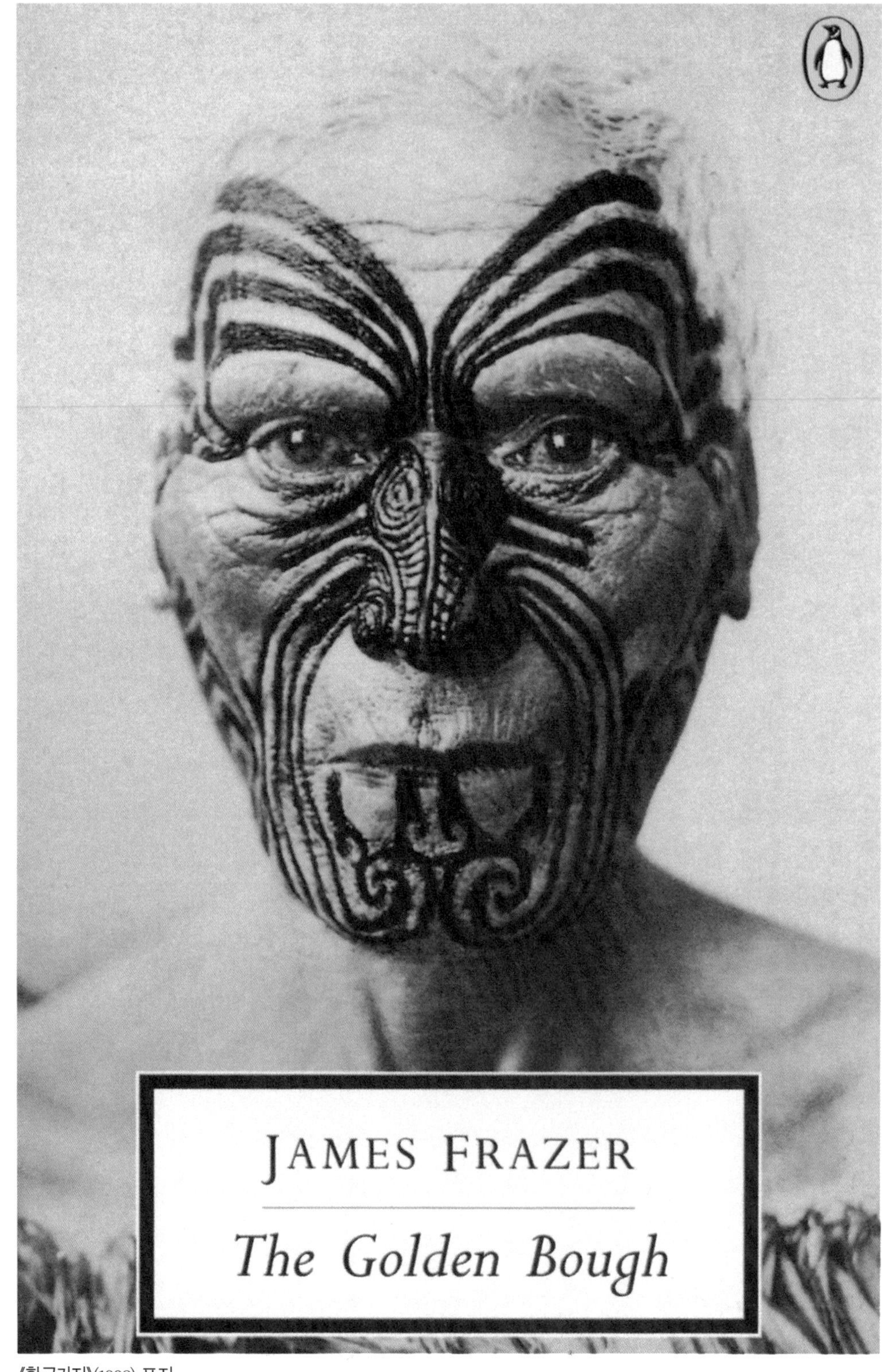

《황금가지》(1998) 표지

세계사상전집080

James George Frazer

THE GOLDEN BOUGH

황금가지 II

J.G. 프레이저/신상웅 옮김

동서문화사

디자인 : 동서랑 미술팀

황금가지 I Ⅱ

차례

황금가지 Ⅱ

황금가지 I

제39장
오시리스 의식

1 일반적 의식

어떤 남신 또는 여신의 근원적인 성격에 대한 실마리는 때때로 그 제사를 받드는 계절에서 찾을 수 있다. 예를 들면 제사를 초승달이나 보름달이 뜨는 날에 행하면, 그 제례의 주인이 되는 신은 본디 달, 또는 적어도 달과 비슷한 것이었다고 추정할 수 있다. 마찬가지로 어떤 신을 위한 제사가 동지나 하지에 행해지면 그 신은 태양이거나 태양과 어떤 밀접한 관계가 있다고 추측할 수 있다. 또 제례가 파종 혹은 수확의 계절과 일치하면, 이 신은 대지의 화신이나 곡물의 화신으로 볼 수 있는 것이다. 물론 이러한 것을 전제나 추측만으로 확신할 수는 없다. 그러나 만일 그런 추측이 다른 사실에 따라서 확인된다면, 그것들은 상당히 확실한 증거로 여겨질 수 있을 것이다.

하지만 불행하게도 이집트 신들을 다루는 경우, 이러한 실마리를 이용하는 것은 불가능하다. 이집트는 그 제사의 계절이 언제나 뚜렷하지 않을 뿐만 아니라, 해마다 바뀌어서 오랜 세월 뒤에는 사계절을 주기로 했기 때문이다. 이집트 제례의 주기가 이처럼 서서히 변하게 된 것은 그들이 태양력에 정확히 맞지 않고 윤년에 의해 주기적으로 정정되지도 않는 역법을 사용했기 때문이다.

고대 이집트의 농민들이 우연히 주기가 일치하는 매우 드문 경우를 제외하고 공식 역법이나 사제의 역법에서 아무런 도움을 얻지 못했으므로 그들은 갖가지 농사짓는 때를 정하는 자연의 징조를 자기 힘으로 측량할 수밖에 없었을 것이다. 조금의 기록이라도 남아 있는 모든 시대의 역사에 걸쳐 이집트인은 농경 민족이었고 생존을 곡물의 재배에 의존했다. 그들이 재배한 곡물은 분명히 근대 농민의 주식이 되고 있는 밀과 보리와 사탕수수 등이었다. 그리고 오늘날처럼 지중해 연안의 일부 지역을 제외하고는 전국적으로 거의 비가 내리지 않았기 때문에, 풍작은 해마다 반복되는 나일 강의 홍수에 기댔다. 나일 강은 공들인 제방과 공들인 운하 체계로 모든 경작지에 흘러들었고, 적도 부근의 많은 호수와 늪지대, 그리고 에티오피아의 산들에서 흘러내려온 신선한 흙으로 매년 경작지의 토지를 새롭게 바꾸었다. 그러므로 주민들은 이 강의 수위를 언제나 가장 큰 관심을 갖고 지켜보았다. 왜냐하면 강물이 어떤 일정한 높이에 달하지 않거나 넘어선다면, 기근과 기아라는 피할 수 없는 결과를 불러왔기 때문이다.

강물은 6월 초부터 불어나기 시작하나, 7월 후반까지는 심하게 불어나지 않는다. 홍수는 9월 말쯤 최고도에 달한다. 이때 국토는 홍수에 잠겨 바다처럼 보이고, 다만 높은 곳에 세워진 마을들이 겨우 섬처럼 물 위에 떠 있을 뿐이다. 그때부터 약 한 달 동안 홍수는 거의 멈추어 있다가 이윽고 급속히 물이 빠져나가, 12월이나 1월까지는 여느 때 수준으로 되돌아간다.

여름이 다가오면서 물의 높이는 차츰 내려간다. 그러다 6월 초에 나일 강은 평상시 넓이의 절반으로 줄어든다. 이 무렵 이집트 전 지역은 타오르는 태양에 그을리고, 사하라에서 불어오는 열풍에 오랫동안 시달려서 마치 사막처럼 보인다. 나무들은 두터운 회색 먼지에 질식한다. 가까스로 어렵게 물을 댄 조금 메마른 채소밭으로 마을 사람들은 생존을 위해 겨우 연명한다. 푸른색은 물기가 아직 마르지 않은 운하 근처나 동굴 속 같은 데서 고작 볼 수 있을 뿐이다. 평원은 사정없이 내리쬐는 햇빛에 메말라 헐벗고 먼지에 쌓이고, 잿빛으로 변하고 균열이 생겨 온통 그물처럼 갈라져서 괴롭게 헐떡이는 것 같이 보인다. 4월 중순부터 6월 중순까지 이집트의 모든 지역은 바야흐로 거의 죽을 것만 같은 상태에서 새로운 나일 강을 기다리고 있다.

이 자연 현상의 순환은 아득한 태고부터 해마다 이집트 농민의 노동을 결정해 왔다. 농경일의 첫날은 여태까지 강물이 불어서 운하나 농지에 범람하는 것을 방지하던 제방을 터놓는 일이다. 이것이 끝나면, 갇힌 물은 8월 중순까지 은혜스러운 사명을 위해서 해방된다. 11월이 되어 홍수가 물러가면 밀, 보리, 사탕수수 등이 파종된다. 수확 시기는 지방에 따라서 다르며, 북쪽은 남쪽보다 한 달이나 늦다. 이집트 북부나 남부에서 보리는 3월 초에, 밀은 4월 초에, 사탕수수는 4월 끝 무렵에 수확한다.

이때 이집트 농민들이 온갖 농사일을 하면서 신의 축복을 얻기 위해 종교 의례를 거행했을 것이라 추측해 볼 만하다. 이 소박한 의례는 해마다 같은 계절에 줄곧 반복되었을 것이다. 한편 사제의 장엄한 제례는 변동하는 역법에 따라 봄에서 여름을 지나 겨울에, 그리고 거꾸로 가을에서 여름으로 바뀌면서 이어졌다. 농민이 행하는 여러 의식은 자연계를 직접 관측한 것을 근거로 삼았기 때문에 견고했다. 이에 반해서 사제의 제례는 그릇된 계산에 따랐기 때문에 견고하지 않았다. 그러나 사제의 제례는 대부분 본래 옛날의 전원적인 축제였으며, 시간이 지나면서 사제주의의 호화로움으로 변질되었고, 잘못된 역법으로 말미암아 계절의 자연적인 주기에 있는 뿌리에서 갈라져 나갔다.

이 가정은 이집트의 민속 종교와 공식 종교에 대해 우리가 알고 있는 약간의 지식으로 확인된다. 예를 들면 이집트인은 이시스의 제례를 나일 강이 불어날 무렵에 집행했다고 한다. 그들은 이 여신이 죽은 오시리스를 위해 흘린 비탄의 눈물이 나일 강에 떨어져 호수를 일으켰다고 믿는다. 만일 오시리스가 여러 특징 가운데 하나인 곡물신이었다면, 그가 하지 때 애도되었다는 것은 매우 자연스러운 일이다. 왜냐하면 그때까지는 수확이 끝나고 경작지는 헐벗게 되고 강물은 줄어들어 생명이 멈춘 듯하고 곡물신은 죽기 때문이다. 자연의 모든 현상 중에 신의 조화를 본 사람들은 이런 계절에 신성한 강물이 불어나는 것을 마땅히 그의 남편인 인자한 곡물신의 죽음을 슬퍼하는 여신의 눈물 때문이라고 보았을 것이다.

또 지상에서 일어나는 홍수의 징조에는 하늘의 징조가 동반했다. 이집트 역사의 초기, 그리스도 기원전 3, 4천 년의 옛날에는 모든 항성 중에서 가장 광도가 강한 아름다운 별, 시리우스가 나일 강이 불어나기 시작하는 하지 무렵이 되면 새벽녘에 동쪽 하늘에서 빛났다. 이집트인은 그것을 '소티스(Sothis)'라 불렀다. 바빌로니아인이 금성을 '아스타르테(Astarte)의 별'이라고 불렀던 것처럼 이집트인은 시리우스를 '이시스의 별'로 간주했다. 이 두 민족에게는 아침 하늘에 빛나는 아름다운 별이 죽은 애인이나 배우자를 슬퍼하며, 그를 죽음에서 깨우기 위해 찾아온 생명과 사랑의 여신으로 보였다. 그러므로 시리우스 별의 출현은 신성한 이집트력의 시작을 열어 주었으며, 변동하는 공식 역법에 의존하지 않는 제례가 규칙적으로 치러졌던 것이다.

제방을 트는 일과 물을 운하와 경작지로 끌어들이는 일은 이집트의 큰 행사이다. 카이로에서는 이 작업을 보통 8월 6일과 16일 사이에 수행하는데, 최근까지 갖가지 의식을 행했다. 이것은 고대부터 이어져 온 것이기 때문에 주목할 가치가 있다.

칼리즈(Khalij)란 이름으로 알려진 한 옛 운하는 이전에 카이로의 옛 마을을 통과했다. 이 운하는 그 어귀 근처가 흙으로 만든 제방으로 막혔고, 그 폭은 밑부분이 매우 넓고 위쪽에서는 좁아져 나일 강이 불어나기 전이나 바로 뒤에 축조되곤 했다. 그 제방 앞에 있는 강가에는 '신부'로 불리는, 윗부분을 자른 원추형 흙 제방이 구축되고, 그 꼭대기에 보통 옥수수나 기장이 경작된다. 보통 이 '신부'는 제방이 끊기는 1주일이나 2주일 전에 불어난 물에 씻겨 내려간다. 풍족한 범람을 위해 한 젊은 처녀에게 화려한 의상을 입혀 제물로 강물에 던지는 고대 관습이 있었다는 전설이 있다. 그것이 사실이든 아니든 그 관습의 목적은 남성의 힘으로 간주된 강을 신부인 경작지와 결혼시키기 위한 것으로 보인다. 그렇게 되면 물이 땅을 기름지게 해줄 수 있기 때문이다. 그러므로 이 의식은 농작물의 생육을 확신케 하기 위한 주술이라 할 수 있다.

근대에 이르러서는 이때에 돈을 운하에 던지고, 서민들은 그것을 찾기 위해 물 속에 뛰어들었다. 이 관습 또한 오래된 것으로 보인다. 왜냐하면 필라이(Philae)에서 멀지 않은 '나일의 혈관'으로 불리는 곳에서 분명히 물이 불어날 때쯤 집행된 제례에서 사제들이 돈이나 황금의 공물을 물 속에 던지는 관습이 있었음을 세네카가 말하고 있기 때문이다.

이집트에서 두 번째로 큰 농경 행사는 홍수가 경작지에서 빠지는 11월에 씨앗을 뿌리는 일이다. 고대의 다른 여러 민족과 같이 이집트에서도 땅에 씨앗을 뿌리는 것은 엄숙하고도 슬픔에 찬 의식의 성격을 지니고 있다. 이 문제에 대해서 플루타르코스의 이야기를 들어 보자. 그는 이렇게 말했다.

"정해진 의식을 생략하는 것이나 어리석은 의심을 품고 우리 신들에 대한 관념을 혼란시키는 것이 잘못이라고 한다면, 이 음울하고 쓸쓸하고 슬픔에 잠긴 희생제의를 어떻게 생각할 것인가? 그리스인들도 이집트인들과 같은 계절에 거행하는 그와 비슷한 의식을 많이 가지고 있다. 예를 들어 아테네의 테스모포리아 의식에서 여자들은 땅에 앉아서 금식을 한다. 또 보이오티아(Boeotia)족은 '슬픔에 잠긴 자'의 무덤을 여는데, 이 '슬픔에 잠긴 자'는 지하로 내려간 처녀 때문에 슬퍼한다고 하여 데메테르에게 붙여 준 명칭이다. 이 제례를 지키는 때는 플레이아데스(Pleiades : 묘성(昴星))가 질 무렵에 씨앗을 뿌리는 달이다. 이집트인들

이집트인은 나일 강이 불어날 무렵 이시스의 제례를 행했다. 그들은 이 여신이 죽은 오시리스를 위해 흘린 눈물에 의해 강물이 불어난 것으로 믿었다. 1890년에 완공한 나일 강 델타 댐.

은 그것을 아티르(Athyr)라고 부르고, 아테네인들은 피아넵시온(Pyanepsion)이라고 부르고, 보이오티아족은 '데메테르의 달'이라고 부른다. 왜냐하면 그때가 과일들이 없어지는 것을 보는 때고, 마지못해 어렵게 손으로 땅을 파고 또 씨앗을 다시 뿌리는 계절이기 때문이다. 그들은 뿌린 씨앗이 자라나 열매를 맺을지 확신하지 못했다. 그래서 그들은 여러모로 죽은 자를 매장하고 슬퍼하는 사람들처럼 연출했다."

이미 보았듯이 이집트의 수확기는 가을이 아니라 봄인 3,4,5월에 해당된다. 농부에게 수확기가 풍년일 때는 마땅히 기쁨의 계절이었을 것이다. 곡물 다발을 집에 갖고 돌아오면, 오랫동안 노심초사하며 수고한 노동에 대한 보상을 받는다. 그러나 고대 이집트 농민은 풍족한 곡식을 거두어들여서 저장하면서 기쁨을 느꼈다 하더라도 그 자연스러운 감정을 깊은 슬픔으로 감추어야만 했다. 왜냐하면 농부는 곡물신의 몸을 낫으로 자르고, 그것을 탈곡장에서 가축 발톱으로 가루가 되도록 짓밟았기 때문이다.

곡물을 수확할 때 맨 처음에 벤 한 다발에 대해서 가슴을 치고 슬퍼하며 이시스를 부르는 것이 고대 이집트의 관습이었다고 한다. 이 호소는 그리스인이 '마네로스(Maneros)'란 명칭을 붙인 감상적인 영가의 형식을 취한 것으로 보인다. 마찬가지로 페니키아와 서아시아의 다른 지방에서도 곡물을 베는 농민이 이 비애에 찬 노래를 불렀다. 그러한 비애의 노래는 농민의 낫에 살해된 곡물신에 대한 비탄이었다. 이집트에서는 이렇게 살해된 신은 오시리스였고, 이 영가에 붙여진 '마네로스'라는 명칭은 죽은 신에 대한 슬픔을 애도하는 노래 속에 때때로 보이는 구절 "당신의 집으로 돌아오라"에서 유래된 것으로 보인다.

이런 종류의 의식은 아마 같은 목적에서 다른 여러 민족들도 행했을 것이다. 예컨대 체로키(Cherokee)족 인디언 가정의 경제와 의례적 관습에서는 모든 농작물 가운데 옥수수가 가장 중요했다. 그들은 옥수수를 '할머니'라 부르는데, 불효한 자식들이 살해한 한 노파의 피에서 옥수수가 태어났다는 신화를 따른 것이다. 옥수수를 심는 일이 끝나면, 한 사제가 보조 사제를 데리고 밭에 가서 곡물신에게 기원하는 노래를 불렀다. 그러면 바삭거리는 소리가 크게 들리곤 했는데, 이는 밭에 곡식을 가져다 주는 '할머니'가 내는 소리였다는 것이다. '곡물신이 집에 머물면서 다른 곳으로 헤매다니지 못하도록' 깨끗한 길 하나가 언제나 집에서 밭까지 마련되었다. 오늘날에는 이미 기억에서 사라졌고, 다른 기이한 의식이 처음 곡물을 심는 일이 끝난 뒤에 거행된다. 그때 밭의 주인이나 사제는 밭의 네 귀퉁이에 한 사람씩 서서 큰소리로 슬피 운다. 오늘날은 사제들까지도 '곡물 할머니'인 '셀루(Selu)'의 피투성이가 된 죽음에 대한 비탄 때문에 이 의식이 시작되었다는 사실을 모른다. 이 체로키족 인디언의 관습에서 '곡물 할머니'에 대한 비탄은 처음으로 잘린 곡물에 대해 애도하고 이시스를 부른 고대 이집트의 관습과 비슷하다. 바로 이시스가 '곡물 할머니'와 같은 성격을 지닌 것이다. 또 밭에서 집까지 깨끗한 길을 마련해 두는 체로키족 인디언의 배려는 "당신의 집으로 돌아오라" 하는 이집트인의 오시리스에 대한 초대와 비슷하다.

이와 같이 오늘날에도 동인도에서는 벼의 정령을 밭에서 곳간으로 불러들일 목적으로 세심한 의식을 올리고 있다. 동아프리카의 난디(Nandi)족은 곡물이 익어 가는 9월에 의식을 행한다. 밭을 갖고 있는 부인들은 모두 자기 딸들을 남김없이 밭에 데리고 가서 특정 나무의 가지와 잎을 태워 모닥불을 피운다. 그리고 곡물 한 줌을 쥐어서 저마다 한 알을 목걸이에 두고, 또 한 알은 씹어서 이마나 목이나 가슴에 바른다. 이때 여자들은 즐거운 기색을 보여서는 안 되며, 슬퍼하면서 곡물을 한 바구니 베어 집으로 가지고 와서 헛간에 두고 말려야 한다.

곡물 정령을 수확기에 나이를 먹고 죽는 존재로 생각하는 관념은, 아랍의 모압족이 치르는 한 관습에 매우 뚜렷하게 나타난다. 추수하는 사람들이 거의 일을 마치고 아직 베지 않은 부분이 밭에 조금 남으면, 밭 주인은 보리 한 묶음을 손에 든다. 그리고 땅에 무덤처럼 파고, 마치 장례를 치를 때와 같이 두 개의 돌멩이를 머리 부분과 발 부분에 세운다. 그 다음 무덤 구덩이의 밑바닥에 그 보릿단을 눕히면, 마을의 장로가 다음처럼 말한다.

"노인께서 돌아가셨소" 그리고 나면 "알라신이여, 돌아가신 보리를 소생시켜 주소서"라는 기도를 하며 구덩이를 흙으로 덮는 것이다.

2 공적 의식

이제까지 고대 이집트 농경력의 주요한 행사 및 그 행사를 축하하는 소박한 종교적 의식을 살펴보았다. 그러나 우리는 공식 달력상의 오시리스 축제를 그리스의 저술가들이 기록한 문서나 비문을 바탕으로 다시 살펴볼 필요가 있다. 그것들을 살펴볼 때 우리가 명심해야 할 것이 있는데, 그것은 적어도 기원전 30년에 확고한 알렉산드리아 역법이 채용될 때까지는 이집트에서는 고대 역법에 따라 해(年)가 변동했고, 따라서 공적인 제례의 실제 날짜나 천문학적 날짜가 해마다 달랐다는 점이다. 분명히 그때 이후 제례 날짜는 새로운 역법에 의해 결정되었고, 태양년을 통해 달라지는 일도 없어졌다.

하여튼 플루타르코스도 1세기의 끝 무렵에 남긴 기록에서 제례 날짜가 그즈음에는 고정되었으며 변동이 없었음을 암시하고 있다. 그는 알렉산드리아 역법에 대해 언급은 하지 않았으나, 분명히 그 역법에 따라 축제일들을 명기하고 있다. 또 로마제국 시대의 중요한 문서인 장문의 에스네(Esne) 제례력은 틀림없이 고정된 알렉산드리아 역법에 근거한다. 왜냐하면 그것은 신년의 표시를 알렉산드리아 역년의 첫날인 8월 29일에 일치하는 날로 정하고 있으며, 거기에 기록된 나일 강의 범람, 태양의 위치, 농경 행사에 대한 언급이 모두 이 가설과 일치하기 때문이다. 따라서 기원전 30년 이후 이집트의 제례일들이 태양력에 따라 고정되었다는 것은 매우 확실하다고 할 수 있다.

헤로도토스는 오시리스의 무덤이 이집트 남부의 사이스(Sais)에도 있었다는 것과, 그곳에는 호수가 있어서 밤에 그 신의 수난을 기념하는 비밀스런 의식이 거행되었다는 것을 우리에게 알려 준다. 오시리스의 수난을 기념하는 의식은 1년에 한 차례 행해졌다. 사람들은 제례에 즈음하여 슬퍼하고, 가슴을 치면서 오시리스의 죽음에 대한 슬픔을 나타냈다. 그리고 나무로 암소상을 만들어 그 위에 도금을 하고 뿔 사이에 황금색 태양을 끼워 놓았다. 그런 다음에 그해의 남은 기간 동안 암소상을 방에 안치한 뒤 밖으로 끌어 냈다. 암소는 확실히 이시스를 나타낸 것이었다. 왜냐하면 암소는 이시스에게 신성한 동물이었으며, 이시스는 반드시 머리에 암소뿔과 함께 묘사되거나 암소의 머리를 가진 부인으로 그려졌기 때문이다. 암소 모양을 한 이시스의 조각상을 끌어 내는 일은 그 여신이 오시리스의 유해를 찾고 있다는 것을 상징적으로 보여 준 듯하다. 그것은 플루타르코스 시대의 동지 무렵에 이집트 토착민들이 관찰한 해석이었다. 그때 황금으로 칠한 암소상을 들고 신전 주위를 일곱 번 돌았다는 것이다. 이 제례의 큰 특색은 밤중의 조명이었다. 백성들은 저마다의 집 문 밖에 기름 등잔을 매달았으며, 이 등잔은 밤새도록 켜져 있었다. 이 관습은 사이스에서만이 아니라 이집트 전역에서 지켰졌다.

1년 가운데 하룻밤을 집집마다 등불을 밝히던 이 제례는 단지 죽은 오시리스뿐만 아니라 모든 죽은 자의 명복을 비는 의미를 지녔는지도 모른다. 다시 말해서 그것은 '모든 이들의 영혼'을 위한 밤이었을 것이다. 죽은 자의 영혼이 1년 중의 어느 날 밤에 그리운 집으로 돌아온다는 것은 널리 퍼진 신앙이다. 그 엄숙한 시기에 사람들은 그 영혼들을 대접하기 위해서 먹을 것을 마련하고, 무덤에서 왔다가 다시 무덤으로 돌아가는 어두운 길을 안내하기 위해서 등불을 켜두는 등 영혼을 대접할 준비를 해 왔던 것이다. 이 제례에 대해서 간단하게 기록한 헤로도토스는 날짜를 언급하는 것을 생략했으나, 다른 자료들이 보여 주는 증거에서 그것을 단정할 수 있다. 플루타르코스에 따르면 오시리스가 아티르의 달 17일에 살해되었고, 그 때문에 이집트인은 그날부터 나흘 동안 비탄의 제례를 집행했다고 한다.

플루타르코스가 사용한 알렉산드리아력(曆)에서 이 4일간은 11월 13일에서 16일까지 해당되며, 플루타르코스의 다른 언급과도 완전히 일치한다. 다시 말해 이 제례의 시기에 나일 강물이 줄어들며, 북풍이 멈추고, 밤이 길어지고, 나뭇잎이 떨어진다는 것이다. 그 나흘 동안에 황금색으로 칠한 암소의 상은 검은 옷으로 둘러싸여 이시스의 신상으로 경배받았다. 이것은 이 제례에 대해 헤로도토스가 설명할 때 언급한 신상과 틀림없이 같은 것이다. 같은 달 19일에 사람들은 바다로 가는데, 사제들은 황금색 상자에 들어 있는 신상을 가지고 갔다. 사제들이 이 상자 속에 맑은 물을 부으면 구경꾼들은 오시리스를 찾았다고 환성을 질렀다. 다음에 그들은 부식토를 조금 물에 적시고 귀중한 약재와 향료를 섞어서 조그마한 달 모양의 상을 빚은 뒤에, 이것을 나란히 장식해 세웠다.

이렇게 플루타르코스가 기록한 의식의 목적은, 첫째로 오시리스의 유해를 찾고, 둘째로 유해를 발견한 기쁨과 동시에 부식토와 약재로 빚은 새 조각상 속에 다시 살아난 죽은 신의 부활을 극적으로 표현하는 일이었다. 락탄티우스에 따르면, 이 시기에 삭발한 사제들이 이시스가 오시리스를 슬프게 찾는 것을 본떠 자기들의 가슴을 치며 비탄에 잠기는 일이라든가, 그 뒤에 자칼(여우와 늑대의 중간형 동물)의 머리를 한 아누비스 신의 역할을 맡은 무언극의 광대가 잃어버렸다가 다시 찾은 오시리스로 분장한 소년을 데려왔을 때, 사제들의 슬픔이 기쁨으로 바뀌었다는 것을 우리에게 말해 준다. 락탄티우스는 오시리스를 이시스의 남편으로 생각하지 않고 아들로 여기지만, 부식토로 빚은 조상에 대해서는 아무런 언급도 없다. 성극에서 한 역할을 담당하는 소년이 오시리스가 아니라 그의 아들인 호루스의 역할을 맡은 것일 수도 있다. 그러나 이 신의 죽음과 부활은 이집트의 많은 도시에서 기념되었으며, 어떤 곳에서는 부활한 오리시스 신의 역할이 조각상에 따라서가 아니라 살아 있는 배우에 의해서 연출되었다.

그리스도 교도인 다른 저자는, 삭발한 이집트인이 가슴을 치며 어깨에 상처를 내거나 옛 상처를 후벼 찢는 짓을 하면서 살해당한 오시리스의 조각상에 대해 해마다 슬퍼하고, 그 며칠 뒤에 갈기갈기 동강난 신의 유해를 발견했다고 말하며 마침내 기뻐했다는 전말을 기록한다. 이 의식의 세부적인 내용이 지방에 따라 다르다고 하더라도 그 신의 유해를 발견한 것처럼 보이게 한 것과 신을 소생시킨 것처럼 보이게 한 시늉은 제례력이 생겨난 이후 이집트인들에게 하나의 큰 행사였음이 틀림없다. 많은 고대 저술가는 이집트인들이 그 의식을 행할 때 기뻐 환성을 질렀다고 기록하거나 암시하고 있다.

이집트의 16지구에서 대제례에 거행한 오시리스의 매장 의식은 프톨레마이오스 시대의 긴 비문에 기록되어 있다. 그것은 나일 강 서쪽, 테베의 북쪽 약

64킬로미터에 위치하는 북부 이집트의 마을인 덴데라(Denderah), 즉 그리스인이 텐티라(Tentyra)라고 부르는 곳에 있는 신전 벽에 새겨져 있다(앞의 '오시리스 신화' 내용 중 오시리스 삽화 참조). 이렇게 주어진 보고가 여러 점에서 놀라울 정도로 상세한 데 비해서, 불행하게도 비문에 채택된 배열법이 무척 난해하고 표현이 때때로 매우 불명확하기 때문에, 거기에서 의례 전체에 대한 명료하고 일관된 설명을 추출하는 것은 매우 어렵다. 더욱이 몇몇 도시에서는 의식이 조금 다르다는 기록도 있다. 예를 들면, 아비도스(Abydos) 의식은 부시리스 의식과 다르다. 이제 지방적 관습의 특이점을 일일이 더듬는 것을 멈추고, 제례의 중요한 특징을 분명히 확인할 수 있는 범위 내에서 간단히 지적해 보고자 한다.

그 의식은 코이아크(Khoiak) 달의 12일부터 30일까지의 18일 동안 계속되는데, 죽은 자로서, 절단된 자로서, 그리고 곳곳에 뿌려진 유해 조각들의 결합에 따라 최후로 재구성된 자로서의 오시리스의 세 가지 성격을 나타내고 있다. 그러한 첫 번째 모습의 오시리스를 켄트아멘트(Chent–Ament) 혹은 켄티아멘티(Khenti–Amenti)라 부르고, 두 번째는 오시리스셉(Osiris–Sep), 세 번째는 소카리(Sokari)라고 불렀다. 사람들은 모래, 혹은 흙과 곡식알, 때로는 향료를 섞어 그 신의 작은 조각상을 만들었다. 얼굴은 노란색, 광대뼈를 녹색으로 칠했다. 이러한 조상들은 이집트의 흰 왕관을 쓴 미라 모습을 한 오시리스를 나타내는 것으로 순금의 틀에 넣어서 만들었다.

제례는 코이아크 달의 12일에 농작물을 일구기 위해 파종하는 의식을 동반하면서 시작되었다. 이때 구리 쟁기날이 달린 버드나무 쟁기를 두 마리의 검은 암소의 멍에에 연결했다. 한 소년이 밭의 한쪽에 보리를, 또 한쪽에 밀을, 가운데에는 아마 씨를 뿌린다. 이 일을 하는 동안에 제주(祭主)는 '밭의 씨뿌리기'라는 제문을 암송한다. 부시리스에서는 코이아크 달 12일에 모래와 보리를 신의 '정원'에 뿌렸다. 이 정원은 큰 화분이었던 것으로 보인다. 그런 뒤에 무화과 나무로 머리 없는 인형을 만들어 황금칠을 한 암소상 안에 안장하고 이 암소여신 센티(Shenty) 신상 앞에서 제례를 행했다.

"그리고 범람하는 신선한 물을 황금 그릇에 담아 여신과 '정원'에 붓고, 보리가 잘 자라도록 한다. 이 보리는 땅에 묻혔다가 부활하는 신을 상징하며, 정원의 성장은 곧 신의 성장을 뜻하기 때문이다."

코이아크 달의 22일 8시에 오시리스의 조상은 34명의 신상을 거느리고 365개의 등불로 장식된 34척의 파피루스로 만든 작은 배에 올라타 신비로운 항해를 한다. 코이아크 달 24일, 해가 진 뒤에 뽕나무로 만든 관에 넣은 오시리스의 조각상을 무덤에 매장하고, 그날 밤 9시, 1년 전에 매장한 조각상을 다시 파내어 무화과나무 가지에 매달아 놓는다. 끝으로 그들은 코이아크 달 30일, 무성한 숲으로 뒤덮인 지하실의 신성한 묘소로 향한다. 그리고 서쪽 문에서 지하실로 들어가서 그 방의 모래로 된 바닥 위에 관에 안장했던 죽은 신의 조각상을 공손히 내려놓는다. 그런 다음 동쪽 문으로 나와서 묘지를 떠난다. 의식은 이렇게 코이아크 달에 모두 끝마친다.

덴데라의 놀라운 비문에서 인용된 제례의 설명에 따르면, 오시리스의 부활은 표현되었다기보다는 암시되어 있는 데에 반해서 매장에 대해서는 뚜렷하게 묘사되어 있다. 그러나 기록 문서의 결함은 비문에 따라서 그것을 설명하고 있는 많은 놀라운 부조로 충분히 보충된다. 이들 부조들은 죽은 오시리스가 아마로 싸인 미라로 관 위에 누워 있는 모습과, 이 신이 점점 몸을 일으키는 모습, 마침내 아주 관에서 나와 그의 뒤에 있는 정결한 이시스의 두 날개 사이에 똑바로 서 있는 모습, 이집트에서 생명의 상징인 '손잡이가 있는 십자가(crux ansata)'를 오리시스 눈앞에 받들고 있는 남자의 모습을 일련의 광경으로 표현하고 있다.

이 신의 부활은 그 이상 생생하게 묘사될 수가 없다. 그러나 한결 더 시사적인 것은 필라이(Philae)에 세워진 이시스 신전에는 오시리스에게 봉헌된 방이 있는데, 여기에 같은 의식을 묘사한 또 다른 부조들이 있다는 점이다. 여기서 한 사제가 물병을 손에 들고 나무 줄기에 물을 주는 것을 볼 수 있다. 이에 따른 비문에는 다음과 같은 설명이 새겨져 있다.

"이는 사람의 이름을 붙일 수 없는 자, 돌아오는 물에서 우러나오는 신비한 오시리스의 모습이니라."

그 그림과 비문을 종합적으로 고려해 보면, 오시리스가 홍수로 비옥하게 된 밭에서 싹튼 곡물의 화신으로 표현되고 있음은 의심할 여지가 없다. 비문에 따르면, 이것이야말로 신비의 핵심이고, 참례자에게 나타내 보인 가장 깊은 비밀이었다. 이와 똑같이 엘레우시스에서 행하는 데메테르 의식에서도, 수확한 곡물의 이삭이 그들 종교의 중심적인 신비로서 예배자들에게 제시되었다.

우리는 이제야 이집트력 코이아크 달의 씨앗뿌리기의 대제례에서 사제들이 흙과 곡물로 만든 오시리스 조상을 파묻은 까닭을 오롯이 이해할 수 있게 되었다. 이런 조상을 1년 뒤 또는 더 짧은 기간이 지나서 다시 흙 속에서 끄집어내면, 오시리스의 신체에서 곡물이 나오는 것을 볼 수 있었을 것이다. 그 곡물의 성장은 농작물이 성장하는 징조, 또는 그 원인으로 받아들였을 것이다. 곡물신은 자기 자신 속에서 곡물을 낳았다. 즉, 그 신은 백성을 먹이기 위해 자기 자신의 육체를 준 것이며, 백성을 살리기 위해서 그 자신은 죽은 것이다.

이집트인은 그들의 위대한 신의 죽음과 부활에서 이 세상의 양식을 얻었을 뿐만 아니라 저승의 영원한 생명에 대한 희망까지 얻었다. 이 희망은 이집트인의 분묘에서 출토된 극히 주목할 만한 오시리스 조각상에서 가장 명료하게 제시되어 있다.

예를 들면, 테베의 '왕릉의 계곡'에서는 기원전 1500년경에 살던 어떤 왕실 시종의 무덤이 발견되었다. 그 무덤의 풍부한 소장물 가운데는 관대(棺臺)가 하나 있었고, 그 위에는 세 장의 마포로 덮이고 갈대로 만든 돗자리가 있었다. 그 위에는 등신대의 오시리스 모습이 그려져 있었다. 그리고 방수 처리된 그 그림에는 부식토와 보리와 끈적한 액체가 뒤섞여 있었다. 이 보리는 싹을 틔워 5~7센티미터쯤 자라 있었다.

또 키노폴리스(Cynopolis)의 무덤에는 "오시리스의 형상을 한 수많은 매장물이 있었다. 이것들은 헝겊에 싸인 곡식의 낟알로 만들어졌고, 오시리스의 모습을 대충 본뜬 것이었다. 또 이것들은 묘지 내부에 있는 벽돌로 막은 받침 안에 안치되어 있었는데, 때로는 도자기로 된 작은 관 속에서, 때로는 독수리 미라 모양의 목관 속에서도 발견되었고, 또 아예 관이 없는 채로 놓여 있기도 했다." 곡물의 낟알로 채운 이 조각상은 미라처럼 붕대에 감긴 채 파종 의식 때 오시리스 상을 넣어둔 황금의 틀을 본뜬 듯 여기저기에 금박이 입혀져 있었다. 또 테베의 묘지 근처에서는 얼굴은 녹색 밀랍으로 되어 있고, 그 속은 곡식 낟알이 가득 찬 오시리스 상이 발견되기도 했다.

끝으로 에르만(Erman) 교수의 말을 들어 보자.

"미라의 두 다리 사이에는 이따금 진흙으로 만든 오시리스 상이 놓여 있다. 그것은 곡식 낟알로 가득 차 있는데, 이 곡식의 발아는 그 신의 부활을 의미한다."

따라서 파종의 축제 때 곡식을 채운 오시리스 상을 땅 속에 파묻는 일이 씨앗의 성장을 촉진하려는 의도에서 비롯된 것과 같이, 오시리스 상을 무덤 속에 매장하는 것은 죽은 사람에게 생기를 주려는 목적, 다시 말해 그들의 영적인 불멸성을 확보하려는 목적에서 기인한 것임은 의심할 나위가 없다.

제40장
오시리스의 성격

1 곡물신으로서의 오시리스

앞서 말한 오시리스의 신화와 의식에 대한 내용은 그 신의 속성 가운데 한 면이 곡물 화신으로서 해마다 죽었다가 되살아나는 신이었다는 것을 충분히 밝혀 준다. 후대의 사제들은 오시리스 숭배에 온갖 장엄함과 신비를 부여했으며, 그 결과 곡물신으로서의 오시리스에 대한 관념은 그의 죽음과 부활의 제례 속에 뚜렷이 나타난다. 이 제례는 처음에는 코이아크 달에 치러지다가 후대에 이르러서 아티르 달에 거행되었다. 이것은 본질상 농부가 실제로 씨앗을 뿌리는 시기에 있었던 파종 의례였을 것으로 보인다. 그때 사람들은 흙과 곡식알로 만든 죽은 곡물신의 인형이 새로운 농작물과 함께 다시 살아날 수 있도록 장례 의식을 치르며 땅에 묻었다.

사실상 그 의식은 공감주술에 따른 곡물의 생장을 확실케 하려는 주술이었다. 그리고 그것은 사제들에 의해 신전의 장엄한 의식 속에 도입되어 변형되기 오래 전부터 이집트 농부들에 의해 단순한 형식의 주술로 들판에서 행해졌으리라고 추측해 볼 수 있다. 수확기에 '노인', 즉 한 묶음의 보리를 무덤 구덩이에 파묻고 그 소생을 위해 기도하는 일은 의심할 바 없이 오래되었으나 근대에도 행해지는 아랍인들의 관습에서 곡물신 오시리스의 숭배가 싹튼 기원을 엿볼 수 있다.

오시리스에 관한 신화를 상세히 들여다보면, 그 신에 대한 이 해석이 마땅하다는 것을 알 수 있다. 그는 하늘과 땅 사이의 아들이라고 불렸다. 하늘에서 내려준 물로 풍요로워지고 비옥해진 땅에서 싹이 움터 나오는 곡물에 이 이상의 알맞은 혈통을 만들어 줄 수 있었을까? 이집트의 토지가 그 풍요성을 강우가 아니라 나일 강에 의존하고 있었음은 의심할 여지가 없다. 그러나 이 나라의

죽음과 식물의 신 오시리스
미개인들은 땅에 묻히는 죽은 자와 땅에서 자라는 식물을 연관지었다. 이집트의 죽은 자의 신인 오시리스는 식물신이며, 살아 있는 자의 상징물을 손에 들고 죽은 자의 왕으로서 왕좌에 앉아 있다. 「Theban Book of the Dead」, 기원전 1250년경. 대영박물관, 런던

백성들은 이 큰 강이 먼 내륙에 내린 비로 불어났다는 것을 반드시 알고 있었거나 그렇게 추정했을 것임에 틀림없다. 또 오시리스가 곡물의 식용을 인간에게 가르친 최초의 신이었다는 전설은 가장 자연스럽게 곡물신으로서 오시리스의 성격을 잘 보여 준다.

또 그의 절단된 유해가 나라의 여기저기에 뿌려져서 저마다 다른 장소에 매장되었다는 전설은, 곡물을 뿌리거나 그것을 체로 치는 것을 설명하는 신화적 방법이었던 것으로 보인다. 이 후자의 해석은 이시스가 오시리스의 절단된 유해를 체 위에 놓았다는 신화에서 그 타당성을 엿볼 수 있다. 이 이야기가 아마도 곡물 정령의 대표인 인간을 제물로 바치고, 밭을 비옥하게 하기 위해서 그 살덩어리를 분배하거나 재를 뿌리는 관습의 유물일 것이라고 보는 것이 마땅할 것이다.

근대 유럽에서는 때때로 '죽음의 신' 인형을 잘게 찢어 그 부스러기를 농작물이 잘 자라게 하기 위해 땅 속에 파묻는 관습이 있었다. 세계의 다른 지방에서도 인간 제물이 그와 같이 취급된다. 마네토(Manetho)의 기록에 따르면, 고대 이집트인들은 붉은 털이 난 사람을 화장하여 그 재를 체질해서 뿌렸다고 한다. 왕들이 그 야만적인 희생제의를 오시리스의 무덤 앞에서 집행했다는 것은 매우 의미심장하다. 우리는 인간 제물이 땅에 뿌려진 씨앗에 생기를 띠도록 해마다 살해되고, 절단되고, 매장된 오시리스 자신을 표상한 것으로 추정해도 무방할 것이다.

아마 선사 시대에는 왕들 스스로 그 신의 역할을 수행하여 살해되고 절단되었을 것이다. 오시리스와 마찬가지로 세트(Set)도 18일간의 통치 뒤에 갈기갈기 찢겼다고 한다. 그 18일 동안 세트도 해마다 제례를 통해 기념되었다. 어떤 전승에 따르면, 로마 최초의 왕인 로물루스(Romulus)는 원로들에 의해서 갈기갈기 절단되어 그 살조각이 땅 속에 파묻혔다고 한다. 그리고 전해지는 그의 기일인 7월 7일은 분명히 무화과나무의 인공 재배와 관계되는 기이한 의례로 기념되었다. 또 그리스의 전설은 테베의 왕 펜테우스와 트라키아 에도니아인의 왕 리쿠르고스가 포도의 신 디오니소스(Dionysos)에게 어떻게 반항했으며, 어떻게 이들 불손한 왕들이 한 사람은 디오니소스 신도들에게, 또 한 사람은 말들에 의해 조각조각 절단되었는지를 알려준다.

이 그리스 신화는 인신 제물, 특히 신적인 왕들의 제물을 희생하는 관습을 왜곡했을 것이다. 많은 점에서 오시리스와 닮은 디오니소스 신은 팔다리가 갈기갈기 찢겨졌다고 한다. 키오스 섬에서도 디오니소스에게 바치는 인신 제물이 토막토막 잘려졌다고 한다. 신과 똑같은 방법으로 살해당했다는 점에서 그 신을 나타냈다고 상상하는 것은 이치에 맞는 이야기이다. 트라키아의 오르페우스(Orpheus)가 디오니소스 신도들에게 똑같은 모양으로 사지가 절단되었다는 전설은, 그도 또한 그의 신이 죽었던 것과 같은 방법으로 살해당했다는 것을 가리키는 듯하다.

트라키아 에도니아인의 왕 리쿠르고스가 이미 풍요성을 잃어버린 토지를 회복하기 위해 살해되었다는 것은 의미심장한 데가 있다. 우리는 토지의 풍요와 풍작을 보증하기 위해서 그 유해가 잘리고, 왕국의 여러 지방에 매장된 노르웨이의 암흑왕 할프단이 있었음을 읽어 알고 있다. 그는 마흔 살 때 봄에 얼음장이 깨어진 틈에 빠져 죽었다고 한다. 고대 역사가 스노리 스튀르들뤼손(Snorri Sturdluson)은 그의 죽음에 이어 일어난 사건에 대해 이렇게 말한다.

"그는 모든 왕 가운데서 가장 풍요한(문자대로 말하면 풍요로움의 축복을 받은) 자였다. 백성들은 진심으로 깊이 그를 존경했기 때문에 그가 죽자 그의 유해를 링가리키(Hringariki)로 옮겨 그곳에 매장할 것이라는 소문이 전해졌다. 그때 라우마리키(Raumariki), 웨스트폴드(Westfold)와 헤이트메르크(Heit-mörk) 출신의 유지들이 몰려와서 저마다 자기 출신지에 왕의 유해를 모시고 돌아가 그곳에 매장하고 싶다고 간청했다. 그들은 그 유해가 풍부한 보상을 주리라고 믿었기 때문이다. 결국 그 유해를 4등분 하여 네 지방에 분배하기로 결정되었다. 머리는 링가리키의 스테인에 있는 묘지에 매장되었다. 이들 묘지는 할프단의 무덤이라 불리고 있다."

기억해야 할 것은 이 할프단이 스칸디나비아의 풍요와 다산의 위대한 신 프레이르(Freyr)의 직계 후손인 잉글링(Yngling) 가계에 속했다는 것이다.

브리티시뉴기니의 플라이 강 하구에 있는 키와이(Kiwai) 섬의 원주민은 사고야자(sago plam)를 토템으로 삼은 세게라(Segera)라고 불리는 한 주술사에 대해서 이렇게 말한다.

"세게라는 늙고 쇠약해지자, 백성들에게 자기는 곧 죽을 것이며 비록 몸은 죽을지언정 백성들의 뜰을 번창케 하리라는 것을 전했다. 이리하여 그는 자기가 죽으면 그 시체를 절단하여 살덩이 조각을 백성들의 뜰에 안치하되, 머리 부분은 자신의 뜰에 묻어 달라고 부탁했다. 그에 대해서는 천수를 다한 뒤까지도 살았다는 것, 누구도 그의 부친을 아는 자가 없었다는 것, 그리고 그가 사고야자를 풍부하게 해 주었으므로 아무도 굶주리는 사람이 없게 되었다는 사실이 전해진다."

수년 전까지 살았던 노인들은 세게라의 청년 시절을 알고 있다고 확언하고, 키와이족의 일반적인 의견에 따르면, 세게라가 죽은 지가 두 세대도 안 되었다고 한다.

거의 이 전승들은 대지의 풍요와 인간이나 가축의 다산을 보증하기 위해 여러 지방에 그 조각들을 매장했다는 보편적인 관습을 나타낸다.

이집트인은 인간 제물을 화장한 재를 체로 쳐서 뿌렸다. 이야기를 돌이켜 보면, 이들 불행한 사람들의 붉은 털이야말로 이집트인들에게 의미가 깊다는 것을 알 수 있다. 이집트에서는 제물로 바친 황소도 붉었기 때문이다. 그 동물에 검은 털이나 흰 털이 단 한 올이라도 나 있으면, 그것은 제물로 바칠 수 없는 동물로 간주되었다.

만일 나의 추측대로 이 인간 제물을 바치는 것에 농작물의 성장을 촉진하려는 목적이 있었다면—그 유해의 재를 체로 쳐서 뿌리는 행위는 이 견해를 뒷받침해 준다—붉은 머리카락을 가진 사람은 아마 불그스름한 곡물 정령의 역할을 하는 데 가장 알맞은 제물로 선택되었을 것이다. 왜냐하면 어떤 신을 살아 있는 인물로 상징하고자 할 경우, 신적 원형과 얼마나 유사한가에 따라 그 대표자를 선발하는 것은 마땅한 일이기 때문이다.

이렇게 하여 고대 멕시코인은 옥수수를 씨앗에서 수확할 때까지 생애의 전 과정을 거치는 인격적 존재로 생각하고, 옥수수 씨앗을 뿌릴 때는 갓난아이를, 그것이 발아할 때에는 조금 자란 어린아이를 제물로 바쳤고, 아주 익었을 때는 늙은이를 바쳤다고 한다. 오시리스가 가진 또 하나의 명칭은 '농작물' 또는 '수확'이었고, 이렇게 고대인들은 이따금 그를 곡물의 화신이라고 생각했던 것이다.

2 나무 정령으로서의 오시리스

오시리스는 곡물 정령인 동시에 나무 정령이기도 했다. 종교의 역사에서는 나무 숭배가 곡물 숭배보다도 먼저이므로, 나무 정령이라는 것이 그의 초기적 성격이었을 지도 모른다. 오시리스가 나무 정령으로서 가지는 성격은 피르미쿠스 마테르누스(Firmicus Maternus)가 기록한 의식 가운데 생생하게 표현된다. 그에 따르면, 소나무를 잘라서 그 속을 파내어 그것을 오시리스 신상으로 만든 뒤, 시체처럼 그 나무의 구멍 속에 넣었다고 한다. 나무에는 인격적 존재가 깃들어 있다고 생각하는 관념이 이 이상 뚜렷하게 표현될 수는 없을 것이다. 그렇게 하여 만든 오시리스 신상은, 소나무에 묶인 아티스 신상이 그랬던 것처럼, 1년간 보존되다가 불태워졌다.

마테르누스가 기록한 나무 자르는 의식은 플루타르코스가 암시하는 것과 같다. 아마 그것은 '에리카' 나무 속에 싸인 오시리스 유해의 신화적 발견에 맞먹는 의례적인 대응물이었을 것이다. 덴데라의 오시리스의 방에 안치된 관에는 매의 머리를 한 오시리스의 미라가 들어 있는데, 관은 분명히 한 그루의 나무 속에, 그것도 확실히 침엽수 속에 둘러싸여 있으며, 그 나무의 줄기와 가지가 관의 윗부분과 아랫 부분을 덮고 있다. 그 광경은 피르미쿠스 마테르누스가 기록한 의식과 신화와도 매우 맞아떨어진다.

오시리스의 숭배자들이 과수에 해를 끼치는 것이 금지되었다는 것은 나무 정령으로서의 오시리스의 성격과 일치하고, 또 뜨거운 남쪽 지방의 관개에 매우 중요한 우물을 막는 것이 금지되었다는 것은 일반 식물의 신으로서 그의 성격과 들어맞는다. 어떤 전설에 따르면, 오시리스는 포도나무 주위에 목책을 두르고, 여분의 가지를 치고, 포도즙 짜는 법을 백성들에게 가르쳤다고 한다.

기원전 1550년경에 쓰여진 네브세니(Nebseni)의 파피루스에는 오시리스가 신전 안에 앉고, 그 신전의 지붕에 포도송이가 드리워진 모습이 묘사되어 있다. 또 왕실 서기 네크트(Nekht)의 파피루스에는 연못 앞에 있는 왕좌에 이 신이 앉아 있고, 그 연못가에 많은 포도송이가 매달린 포도덩굴이 그 신의 초록색 얼굴 쪽으로 무성하게 뻗쳐 있는 것이 보인다. 한편 담쟁이덩굴은 언제나 푸르기 때문에 오시리스에게 바쳐져서 그의 식물로 불렸다.

3 풍요신으로서의 오시리스

고대 문명의 발전 단계에 있던 인간은 동물의 번식력과 식물의 번식력을 구별할 수 없었기 때문에, 식물신인 오시리스를 마땅히 일반적인 생식의 신으로 여겼다. 그를 숭배하는 의식에서 보이는 두드러진 특징은 미개하지만 분명한 상징성이었는데, 그것을 통해서 입회자들뿐만 아니라 대중들도 오시리스가 지닌 이러한 면모를 쉽게 알 수 있었다. 오시리스의 제례 때에 여자들은 그를 찬양하는 노래를 부르며, 끈을 사용해서 움직이도록 만든 그의 음탕한 신상을 운반하면서 마을을 돌아다녔다. 이 관습은 아마 농작물의 성장을 보증하는 주술이었을 것이다.

또 이와 유사한 그의 신상이 땅에서 나는 모든 열매로 장식되어 한 신전의 이시스 신상 앞에 세워진 적도 있었다고 한다. 또 필라이에 있는 오시리스에게 봉헌된 방 안에는, 이 죽은 신이 관 위에 누운 모습이 그려져 있다. 이 모습은 비록 그가 죽었어도 그의 생명력이 사라진 것이 아니라 다만 멈출 뿐이고,

기회만 주어지면 세상에 생명과 풍요의 원천을 과시할 용의가 있다는 것을 똑똑히 보여주는 듯하다. 오시리스에게 바친 찬가에는 그의 성격에서 보이는 이러한 중요한 특성이 암시적으로 드러나고 있다. 그 가운데 하나는 세계가 그를 통해서 점차로 푸르게 바뀐다고 노래하고 있다. 또 하나는 "당신은 인류의 아버지이고 어머니이다. 인류는 당신의 입김으로 호흡하고 살며, 당신의 몸을 먹고 산다" 노래한다. 이집트인들은 이 아버지로서의 속성에서 다른 풍요한 신들과 같이 아이를 부여하여 남자와 여자를 축복한다고 믿었던 것이다. 따라서 그의 제례 행렬은 땅에 뿌린 종자에 생기를 띠게 하는 동시에 그 목적을 촉진하기 위한 것이라고 추정할 수 있다.

이집트인이 이 신적 생식력의 관념을 현실에 구현할 목적으로 채택한 상징과 의식을 음탕하고 타락한 것이라고 비난한다면, 고대 종교를 잘못 판단하는 일이 될 것이다. 그들이 그런 의식에서 나타낸 목적은 오히려 자연스럽고 건강한 것이었다. 다만 그 목적을 이루기 위해서 그들이 채용한 방법이 잘못된 것이었을 뿐이다. 그리스인이 디오니소스의 제례에서 비슷한 상징들을 채용한 것도 이와 같은 오류에서 비롯된 것이었다. 그 결과 이 두 종교 간에는 표면상 놀라울 만큼의 유사성이 생겨나게 되었다. 고대와 근대의 탐구자들이 분명 본질적으로는 유사하나 그 기원에서는 완전히 다른 오시리스와 디오니소스의 제례를 동일시하는 실수를 하게 된 것도 바로 이 때문일 것으로 보인다.

4 사자신으로서의 오시리스

오시리스가 자신의 여러 속성 가운데 하나로 죽은 자의 통치자이자 심판자로서의 성격도 지니고 있었다는 것은 이미 살펴보았다. 이집트인들은 저승에서의 삶을 믿었을 뿐만 아니라 그 준비를 위해서 실제로 엄청난 시간과 노력과 금전을 소비했다. 이와 같은 이집트인들에게는 죽은 자의 심판이라는 이 신의 권능은 적절한 때에 대지에 결실을 맺게 하는 능력만큼 중요했음이 틀림없다. 오시리스의 이러한 두 가지 능력은 그 숭배자들의 신앙 속에서 긴밀하게 결합되었을 것으로 추측된다. 그래서 이집트인들은 죽은 사람을 무덤에 매장할 때, 종자를 땅에서 솟아나게 한 것처럼 죽은 사람을 흙에서 영원한 생명으로 되살릴 수 있는 신에게 자신들을 맡겼다.

이러한 신앙은 이집트인의 무덤에서 발견된 곡물을 넣은 오시리스의 상이 명백하게 증명한다. 그 상은 부활의 상징인 동시에 그 수단이었던 것이다. 이렇게 고대 이집트인은 곡물의 발아에서 인간 불명성의 예사를 이끌어 냈다. 그리고 이집트만이 그와 같이 빈약한 기초 위에 높은 소망을 세웠던 것은 아니었다.

이 세상에서는 자신의 부서진 육체로 백성들을 먹여 살리고, 내세에서는 축복된 영생을 줄 것을 약속해 주는 사람들에게 가장 큰 사랑을 받았다. 따라서 이집트에서 오시리스에 대한 숭배가 다른 신들에 대한 숭배를 압도했다는 것과 또 다른 신들에 대한 신앙이 저마다 그 지방에 한정되었던 것에 비해서 오시리스와 그의 신성한 배우자인 이시스가 모든 지역에서 숭배된 것도 마땅한 일인 것이다.

제41장
이시스

여신 이시스의 근원적 의미는 그녀의 오빠이자 남편이기도 한 오시리스보다 규정하기가 훨씬 더 곤란하다. 그녀의 속성과 별칭은 매우 많아서, 상형 문자의 문헌에서 '많은 이름을 가진 자' 또는 '천의 이름을 가진 자'로 불리며, 그리스의 여러 비문에서는 '만의 이름을 가진 자'라고 기록되어 있을 정도이다. 그러나 오랜 세월에 걸쳐 서서히 늘어난 그녀의 복잡한 속성에서 그 근원적인 핵심을 찾는 일이 여전히 가능할 지도 모른다. 이제까지 제시된 근거대로 그 여신의 오빠이자 남편인 오시리스가 곡물신의 속성을 가지고 있었다면, 이시스도 확실히 곡물의 여신이었을 것이기 때문이다. 여기에는 적어도 그렇게 생각할 몇 가지 이유가 있다. 즉, 이집트의 역사가 마네토(Manetho)의 근거인 듯한 디오도루스 시켈로스는 이시스가 밀과 보리를 발견했으며, 이시스의 제례 때 사람들은 그녀가 내려 준 은혜를 기념하기 위해 줄을 지어 이 곡물 줄기를 운반했다고 기록하고 있는 것이다.

아우구스티누스는 이를 더 상세하게 설명하고 있다. 그에 따르면, 이시스가 자기 부부 공통의 선조 왕들에게 제물을 바칠 때 보리를 발견하여, 새로 발견한 그 이삭을 오시리스와 그의 상담역인 토트(Thoth), 즉 로마의 저술가들이 메르쿠리우스(Mercurius)라 칭하던 신에게 보여 주었다는 것이다. 또 그는 이에 덧붙여 이것이야말로 그들이 이시스를 케레스(Ceres)와 동일시한 이유라고 밝힌다. 이집트에서 수확기의 농부들은 추수 때에 최초의 한 다발을 베고 난 뒤, 그것을 땅 위에 놓고 가슴을 치고 슬퍼하면서 이시스에게 슬픔을 호소했다. 이미 이 관습은 낫에 베어 살해된 곡물 정령에 대한 애도라고 설명한 바 있다.

여러 비문에 제시된 이시스의 별칭 가운데에는 '초록색 생물의 여자 창조자', '초록땅의 초록을 닮은 푸른 여신', '빵의 귀부인', '맥주의 귀부인', '풍요의 귀부인' 등이 있다. 브룩슈(Heinrich Brugsch)는 다음과 같이 말한다. "그녀는 대지를 덮는 식물의 산뜻한 초록 여자 창조주일 뿐만 아니라 실제로 여신으로서 인격화된 초록의 곡식밭 그 자체이다."

이것은 '곡식밭'을 뜻하는 그녀의 별명인 '소키트(sochit)' 혹은 '소케트(sochet)'에서 확인되는데, 콥트(Copt) 어로는 이 말이 오늘날에도 여전히 이 의미를 지니고 있다. 그리스인은 이시스를 곡물의 여신으로 생각했다. 즉, 그들은 그녀를 데메테르(Demeter)와 동일시했다. 어떤 그리스의 풍자시에서는 그녀를 '대지의 결실을 낳는 여자' 또는 '곡식 이삭의 어머니'로 기록되어 있다. 또 그녀를 위해서 작곡된 찬가에서는 그녀를 '밀밭의 여왕'이라고 부르며, 또 '풍족하게 밀을 결실케 하는 밭이랑의 감독자'라고 기록되고 있다. 그래서 그리스나 로마의 예술가들은 이시스를 이따금 머리나 손에 곡식 이삭을 쥐고 있는 것으로 표현했다.

호루스에게 젖을 먹이는 이시스
이시스 여신이 아들 호루스에게 젖을 먹이는 모성적인 모습. 루브르 미술관, 파리

이것이 그 옛날의 이시스, 즉 시골풍의 의식으로 이집트 농촌의 젊은이들이 숭배한 소박한 '곡물 어머니'였다고 상상할 수 있을 것이다. 그러나 이 시골풍의 여신의 꾸밈없는 특징은 세련되고 성자적인 형태 속에서 자리잡게 된다. 즉, 종교적 진화를 통해 영성화된 그녀는 후대의 숭배자들에게 도덕적인 정결이나 태고부터 신비스러운 신성한 아내, 부드러운 어머니, 자연의 인자한 여왕으로 나타났다. 이렇게 세련되게 변형된 그녀는 모국의 영역을 훨씬 넘어서 많은 사람들의 마음을 사로잡게 되었다. 그 결과 국민 생활의 쇠퇴를 가져온 고대의 종교적 혼란기에 그녀에 대한 숭배는 로마와 제국 전역에서 가장 인기 있는 축제 가운데 하나가 되었다. 로마 제국의 몇몇 황제마저도 공공연하게 이시스에 몰두했다.

그리고 다른 종교처럼 방탕한 생활을 하는 남녀들이 때때로 이시스를 숭배한다는 구실로 자신들의 타락을 정당화했지만, 그녀에 대한 제례는 전체적으로 마음이 괴로운 사를 위로하고, 무거운 짐을 진 자의 마음을 편안하게 하는

데 가장 알맞은 위엄과 침착함, 엄숙함과 단정함이라는 존경할 만한 특징을 지녔던 것으로 보인다. 그러므로 이 의식은 다른 동양 여신들의 잔인하고 음탕한 의식에 충격을 받고 반발하던 온유한 마음의 소유자, 특히 부인들에게 강한 호소력을 지녔던 것이다. 전통적인 신앙이 흔들리고, 여러 조직이 붕괴하고, 인심이 어수선하고, 한때는 영원한 것으로 믿었던 제국 자체가 균열의 전조를 나타내기 시작한 쇠퇴기에, 영적인 고요함과 영생의 은혜로운 약속을 주는 이시스의 온유한 모습이 많은 사람들에게는 흐린 날의 밝은 별처럼 느껴지게 되었다. 그래서 중세 유럽인이 성모 마리아에게 바쳤던 것과 같은 신앙의 환희를 로마인들이 자신들의 가슴 속에 일으킨 것에 놀랄 필요는 없다.

사실 삭발한 사제, 아침과 저녁의 기도, 울리는 음악, 세례와 성수 살포, 엄숙한 행렬, 보석을 박은 '신의 어머니'의 신상 등으로 이루어진 이시스의 장엄한 의식은 가톨릭 교회의 의식과 여러 유사점을 나타낸다. 이 유사성은 단순한 우연이라고 말할 수는 없다. 고대 이집트는 가톨릭 신학의 어슴푸레한 추상주의뿐만 아니라 그 찬란한 상징주의에 대해서도 한몫 기여했을 것이다.

예술 작품에 표현되는, 호루스에게 젖을 먹이는 이시스의 모습은 확실히 아기 예수를 안고 있는 성모 마리아와 매우 비슷하여, 때로는 그에 대해 무지한 그리스도 교도들이 그 모습을 숭앙할 정도였다. 또 성모 마리아가 '바다의 별(Stella Maris)'이란 아름다운 별칭으로 폭풍우 치는 바다를 항해하는 선원들의 숭배를 받는 것도 아마 뒤에 이시스가 갖게 된 뱃사공의 수호신이라는 성격에서 비롯되었을 것이다.

이런 바다의 신이라는 이시스의 속성은 알렉산드리아의 그리스인 뱃사공들이 부여한 것으로 보인다. 이 속성은 여신 본래의 성격과는 매우 이질적이며, 바다에 애착을 느끼지 못했던 이집트인의 성향에도 어울리지 않는다. 이러한 가정에 따라서 볼 때, 동부 지중해의 투명한 물결 사이로 7월의 아침에 떠오르는 이시스의 빛나는 별, 시리우스야말로 뱃사람들에게 평온한 날씨를 예고하는 진정한 '바다의 별'이었으리라.

제42장
오시리스와 태양

오시리스는 때때로 태양신으로 해석되어 왔으며, 근대에 와서 여러 뛰어난 저술가들이 이 의견에 찬성했기 때문에 여기서도 간단히 살펴볼 필요가 있다. 하지만 어떤 근거에서 오시리스가 태양 또는 태양신과 동일시되었는지를 연구한다면, 그에 대한 증거가 양으로는 얼마 되지 않으며, 조금이라도 쓸모가 있는 부분에서는 질적으로 애매하다는 사실을 알게 될 것이다. 이집트 종교에 대한 고전적 저술가들의 증거를 수집하고 정밀하게 조사한 최초의 근대 학자인 부지런한 야블론스키(Jablonski)는 오시리스가 태양이라는 것을 온갖 방법으로 보여 줄 수 있다고 했다. 또 그는 그것을 입증할 무수한 증거를 제시할 수 있으나, 학식 있는 사람이라면 누구든 그 사실을 잘 알고 있으므로 그럴 필요까지는 없다고 했다. 그러면서 그는 겸손하게도 고대 저술가들 몇 사람을 인용했는데, 그들 가운데 명백하게 오시리스를 태양과 동일시하는 사람은 디오도로스와 마크로비우스 둘뿐이다. 그러나 그들의 증거는 그리 신빙성이 없다. 왜냐하면 디오도로스의 서술은 막연하고 수사적이며, 또 태양 신화학의 원조 중 한 사람인 마크로비우스가 제시하는 동일시의 근거는 매우 희박하기 때문이다.

근대의 저술가들이 오시리스를 태양과 동일시하기 위해서 주로 채택한 근거는 그의 죽음에 대한 이야기가 다른 어떤 자연 현상보다도 태양 현상에 알맞다는 데 있다. 매일 출몰하는 태양이 오리시스의 죽음과 부활의 신화로 매우 자연스럽게 표현되었으리라는 것은 쉽게 인정할 수 있다. 그리고 오시리스를 태양으로 여기는 저술가들은 그 신화에 따라서 태양의 주기는 1년이 아니라 1일이라는 것을 조심스럽게 지적하고 있다. 예를 들면 오시리스를 태양과 동일시한 레누프(Renouf)는 이집트의 태양이 어디로 보나 겨울에 죽는다고는 할 수 없다고 주장했다. 그러나 오시리스가 날마다 죽는다는 것이 그 신화의 주제인데도 그 제례를 연례적인 의식으로 기념한 이유는 무엇일까? 이 사실로도 이 신화를 일몰과 일출로 풀이한다면 치명타를 입을 수 있다. 또 태양이 매일 죽는다고는 말할 수 있다 해도, 어떤 의미에서 태양이 갈기갈기 찢긴다고 이야기할 수 있을까?

우리는 이 연구 과정에서 죽음과 부활의 관념이 일몰과 일출에 적용되는 것처럼 많은 다른 자연 현상이 있으며, 실제로 민속적 관습에서 그렇게 생각되거나 표현되는 다른 자연 현상이 있음을 확인할 수 있을 것이다. 그 현상이란, 식물은 매년 무성했다가 시든다는 것이다. 따라서 고대인들은 오시리스의 죽음을 일몰로 간주하기보다는 오히려 식물의 쇠퇴로 해석했다. 그렇게 받아들인 이유는 오시리스, 아도니스, 아티스, 디오니소스, 데메테르 등의 숭배와 신화를 본질적으로 같은 유형의 종교로 분류했기 때문이다.

고대인들의 이 견해는 완전히 일치하지 않으나 일반적이라 할 수 있다. 이 주제에 대한 고대인의 견해 일치는 단순한 상상이라고 처리하기에는 너무나 확고한 것으로 생각된다. 오시리스 의식은 비블로스에서의 아도니스 의식과 매우 비슷하기 때문에, 비블로스의 어떤 주민들은 자신들이 그 죽음을 애도하는 것은 오시리스지 아도니스가 아니라고 주장할 정도였다. 만일 이 두 신들의 의식이 거의 구별할 수 없을 만큼 닮지 않았다면, 앞에서와 같은 견해는 확실히 없었을 것이다.

헤로도토스는 오시리스와 디오니소스 의식 간의 유사성이 매우 크다는 것을 알고, 디오니소스의 의식이 독자적으로는 일어났을 리가 없다고 생각했다. 그는 그 의식은 그 무렵 그리스인이 조금 변형을 가하여 이집트 관습에서 차용한 것이 틀림이 없다고 여긴 것이다. 또 비교종교학에 매우 조예가 깊었던 플루타르코스도 오시리스의 의식과 디오니소스의 의식이 세부적 사항에서도 거의 일치함을 강조한다. 그렇게 지성적이고 믿을 만한 증인들인 고대 저술가들이 자신들의 인식 내에 있던 명백한 사실에 대해 제시한 증거들을 부정할 수는 없는 일이다. 그러나 그 종교에 관한 그들의 해석은 거부할 수 있다. 왜냐하면 종교적 의식의 의미는 때때로 의심의 여지가 있는 것이기 때문이다. 그러나 의식의 유사성은 관찰에 따른 의견 문제이다. 그러므로 오시리스를 태양이라고 해석하는 사람들은 오시리스, 아도니스, 디오니소스, 데메테르 등의 의식 간의 유사성에 대한 고대인의 증언을 오류라 하여 폐기하든지, 혹은 그 모든 의식을 태양 숭배로 해석하든지 둘 중의 하나를 선택하지 않을 수 없다.

근대 학자 가운데 어느 하나를 흔쾌히 선택하여 받아들이는 사람은 아무도 없다. 전자를 선택한다면 우리가 그 신들의 의식을 거행했거나 실제로 보았던 사람들보다도 더 잘 알고 있다고 주장하는 셈이 될 것이다. 또 후자의 선택은 마크로비우스마저도 수긍하지 않았던 신화와 의식을 억지로 짜 맞추거나, 생략하거나, 자르거나, 왜곡을 수반하는 일이 될 것이다. 이에 반해서, 이러한 모든 의식의 핵심이 식물의 모의적인 죽음과 부활이었다는 견해는 그 의식들을 쉽고도 자연스러운 방법으로 개별적, 또는 종합적으로 설명해 준다. 또한 이 견해는 고대인이 제시하는 그 의식들의 근본적인 유사성에 대한 전반적인 증언과도 일치한다.

제43장
디오니소스

앞의 장에서 우리는 고대 아시아와 이집트의 여러 문명 민족이 계절의 변화, 특히 연례적인 식물의 성장과 쇠퇴를 신들의 삶 속에서 일어나는 사건들로 생각했으며, 그들의 슬픈 죽음과 기쁜 부활을 기념하기 위해 비탄과 환희가 엇갈리는 극적인 의식을 치렀다는 것을 살펴보았다. 이 축제는 형식적으로 연극이었지만 실질적으로는 주술이었다. 즉, 그것은 공감주술의 원리에 따라서 겨울의 침해로 위협받은 듯이 보였던 식물의 부활과 동물의 번식을 보장하기 위한 것이었다. 그러나 고대 세계에서 그러한 관념과 의식은 결코 바빌로니아와 시리아, 프리지아와 이집트 등과 같은 동양 민족에만 한정된 것이 아니었다. 그것은 환상에 빠진 동양의 종교적 신비주의만의 고유한 산물이 아니었고, 에게해 연안이나 섬들에 거주하던 활발한 상상력과 쾌활한 기질을 가진 여러 민족들에게서도 찾아볼 수 있는 것이었다.

그렇다고 고대와 근대의 몇몇 연구자들처럼, 서방의 여러 민족들이 동방의 고대 문명 국가에서 '죽어서 다시 살아나는 신'이란 관념과 그것을 숭배자들의 눈 앞에서 극적으로 보여주는 장엄한 의식을 차용했다는 가정을 할 필요는 없다. 또 이 점에 대해서 동양과 서양의 종교 사이에서 발견되는 유사성은, 부정확한 표현이긴 하나, 보통 우리가 우연의 일치라고 말하는 것에 지나지 않을 것이다. 즉, 유사한 원인이 서로 다른 국가와 서로 다른 하늘 아래에 있는 비슷한 상태의 인간 정신에 유사하게 작용하여 일어난 결과일 뿐이라는 것이다.

그리스인은 계절의 변화를 배우기 위해서, 그리고 진홍색 장미의 허무한 아름다움과 황금빛 곡식의 덧없는 영광과 남보라빛 포도의 일시적인 탐스러움을 알기 위해서 먼 나라들까지 여행할 필요가 없었다. 그들은 매년 그들의 아름다운 나라에서 눈부실 정도로 빛나는 여름의 무성함이 겨울의 우울과 침체로 퇴색해 가는 자연의 쓸쓸함을 바라보았으며, 또 해마다 다가오는 봄에는 새

디오니소스(바쿠스) 신은 포도나무 또는 포도주를 의인화한 신으로 잘 알려져 있다.

생명의 폭발을 자연의 환희로 맞아들였다. 그들은 자연의 여러 힘을 인격화하고, 자연의 차가운 추상을 상상의 따뜻한 색채로 물들이고, 자연의 벌거벗은 현실을 신비적인 상상의 찬란한 옷으로 단장하는 데 익숙했기 때문에, 네 계절이 바뀌는 광경에서 신들과 여신들의 무리와 정령들과 요정들의 무리를 자기 자신을 위해서 창조했으며, 저마다 환희와 비탄, 그리고 환락과 애도가 교차하는 의식 속에서 환희와 비탄, 기쁨과 슬픔의 감정을 자연스럽게 표현하며 연례적인 자연의 변화에 대처했다. 이렇게 죽고 다시 죽음에서 살아난 그리스 신들에 대한 어떤 연구는 아도니스, 아티스, 오시리스 등의 슬픈 모습과 함께 일련의 유사한 그림을 보여줄 것이다. 먼저 디오니소스부터 살펴보자.

디오니소스, 즉 바쿠스 신은 포도나무를 의인화하거나 포도주가 일으키는 환희를 의인화한 신으로서 가장 잘 알려져 있다. 야성적인 춤과 소란스런 음악과 음주 방탕으로 특징지어지는 황홀한 그의 예배 의식은 음주에 탐닉하기로 유명한 트라키아(Thracia)의 원시 부족들 사이에서 비롯된 것으로 보인다. 그 신비적인 교의와 방만한 의식은 그리스인의 명석한 지성과 냉정한 기질과는 근본적으로 달랐다. 그러나 이 종교는 대부분 사람들 속에 내재한 신비에 대한 애호와 야만 상태로 돌아가려는 성향에 호소하여 불길처럼 그리스 전역에 퍼져 나갔다. 호메로스(Homeros)가 거들떠보지도 않던 이 신이 드디어 판테온(pantheon)의 가장 인기 있는 신이 되었다.

디오니소스 이야기와 의식이 오시리스와 유사해서 고대와 근대의 어떤 연구자들은 디오니소스는 단지 변장한 오시리스에 불과하고, 이집트에서 직접 그리스에 수입된 것이라고 단언했다. 그러나 디오니소스의 기원은 트라키아에 있음을 가리키는 매우 유력한 증거가 있으며, 이들 두 종교의 유사성은 그 종교의 기초를 이룬 관념과 관습의 유사성으로써 모든 것이 설명된다.

포도송이가 달린 포도나무는 디오니소스의 가장 특징적인 상징물이었다. 그는 일반적으로 나무의 신이기도 했다. 그리하여 모든 그리스인은 거의 '나무의 디오니소스'에게 제물을 바쳤다고 한다. 보이오티아에서는 그의 칭호 중의 하나가 '나무 속의 디오니소스'였다. 그의 신상은 때때로 팔이 없는 똑바른 몸뚱이에 지나지 않았으며, 망토만 덮고 머리를 대신하여 수염을 단 가면을 쓰고, 머리나 몸에는 무성한 잎이 달린 가지를 달고 있는데, 이 모든 것이 그 신의 성격을 이야기해 준다. 어떤 항아리 표면에는 한 그루의 키 작은 나무 또는 관목에서 나타난 것 같은 그의 소박한 모습이 그려져 있다.

마이안더 산 위의 마그네시아에서는 바람에 꺾인 플라타너스 속에서 디오니소스 상이 발견되었다고 한다. 그는 재배된 나무들의 수호신이었고 사람들은 그에게 나무들을 번성케 해 달라는 기도를 했다. 농부들, 특히 과수 재배자들이 디오니소스를 숭배했는데, 그들은 자연목 기둥으로 그의 신상을 만들어 과수원에 세워 두곤 했다. 디오니소스는 나무에 열리는 모든 과일을 발견했다고 알려져 있는데, 그중에서도 특히 사과와 무화과의 발견은 각별히 언급된다. 그는 '열매를 잘 맺는 자', '녹색 과일의 신', '과일을 기르는 자'로도 불렸으며, 그의 또 다른 호칭들 중에는 (수액이나 꽃이) '만발하다' 또는 '피어나다'도 있었다. 그리고 아티카와 아카이아의 파트라이(Patrae) 사람들은 그를 '꽃의 디오니소스'라고 칭하기도 하였다.

아테네인들은 과일과 토지의 번성을 위해서 그에게 제물을 바쳤다. 포도나무 말고 그에게 바친 나무들 중에는 소나무가 있었다. 델피 신탁은 '신과 같이' 어떤 특수한 소나무를 섬길 것을 코린토스(Korinthos)인들에게 명했다. 그리하여 그들은 얼굴이 붉고 몸뚱이를 금색으로 칠한 조각상 두 개를 소나무로 만들었다. 미술 작품에는 보통 솔방울을 끝에 단 지팡이를 신이나 그 숭배자들이 들고 있다. 또한 특히 담쟁이덩굴과 무화과는 그와 깊은 관련이 있다. 아카르나이의 아티카인 마을에는 '디오니소스의 담쟁이덩굴'이, 라케다이몬(Lacedaemon)에는 '디오니소스의 무화과나무'가 있었다. 무화과를 '메일리카(meilicha)'로 불렀던 낙소스(Naxos)에서는 얼굴을 무화과나무로 만든 '무화과의 디오니소스'(Dionysos Meilichios)가 있었다.

게다가 디오니소스가 농업과 곡물신으로 여겨진 사례도 있다. 이 사례는 매우 적지만 중요한 의미를 가진다. 이를테면 디오니소스 자신이 농부의 일을 한 것으로 전해진다. 전에는 사람이 직접 쟁기를 손으로 끌었으나 쟁기를 황소에 끌려 농사를 짓게 되었는데, 이것을 처음 시도한 자가 디오니소스였다고 한다. 그리고 어떤 사람들은 전설 속에서 이따금 이 신이 소의 모습으로 그 숭배자들에게 나타났을 것이라는 단서를 발견했다. 이 점에 대해서는 나중에 설명할 것이다. 어쨌든 그가 쟁기를 끌고, 씨를 뿌려 주어 농부의 노고를 덜어 주었다고 한다. 또한 트라키아의 한 부족인 비살타이(Bisaltae) 마을에는 크고 아름다운 디오니소스의 성소가 있는데, 여기서는 그의 제례 때 그가 베풀어 준 풍족한 수확에 감사하는 표시로 밤에도 찬란하게 불빛을 비추었다고 한다. 그러나 그해의 농작물이 실패하면 이 신비로운 빛은 보이지 않고 보통 때와 같이 암흑이 성소를 뒤덮었다.

또 디오니소스의 상징 가운데에는 키, 즉 큰 삽 모양의 바구니가 있었다. 이것은 근대에 이를 때까지 곡식을 까부르는 것으로 곡식 낟알과 왕겨를 가려내기 위해서 농부들이 사용했다. 이 간단한 농구가 디오니소스의 신비적인 의식에도 보인다. 실제로 이 신이 출생했을 때 요람 대신에 키 속에 뉘어졌다는 전설이 전해진다. 그는 그림에서 키 속에 누워 있는 아기로 묘사된다. 그리고 이러한 전설과 묘사에서 그는 '키의 군주(Liknites)'란 별칭을 얻었다.

디오니소스는 다른 식물신과 마찬가지로 폭력적인 죽임을 당했으나, 다시 살아났다고 사람들은 믿었다. 그리하여 그의 고난과 죽음과 부활을 그 신성한 의식 속에 연출했다. 시인 논노스(Nonnos)는 그의 비극적인 이야기를 다음과 같이 전한다.

"제우스가 뱀의 모습으로 페르세포네(Persephone)를 방문한 일이 있는데, 이 여자는 자그레우스, 즉 디오니소스라고 하는 뿔 달린 아기를 그에게 낳아 주었다. 그는 태어나자마자 그의 부친 제우스의 왕좌에 오르고, 그 작은 손으로 번갯불을 휘둘러 위대한 신의 흉내를 냈다. 그러나 그는 오랫동안 왕좌를 차지하지는 못했다. 왜냐하면 얼굴을 백묵으로 칠한 반역자 티탄(Titan)들이 그가 거울을 보고 있을 때 칼을 휘두르며 습격했기 때문이다. 그 순간 그는 차례로 제우스와 크로노스, 젊은이, 사자, 말, 뱀의 모습을 취하는 등 온갖 모습으로 자기 몸을 바꾸어 습격자의 손에서 벗어날 수 있었다. 그런데 마지막에 황소의 모습으로 변신했다가 적의 칼에 맞아 그 몸은 갈기갈기 찢기고 말았다."

피르미쿠스 마테르누스가 이야기하는 그에 대한 크레타의 신화는 다음과 같다.

"그는 크레타 왕 유피테르의 서자였다고 한다. 유피테르는 외국에 가게 되어 왕좌와 왕홀을 젊은 디오니소스에게 넘겼다. 그는 아내 유노가 이 아이에게 질투 섞인 혐오감을 품고 있음을 알고 충성심이 두터운 호위 군사들에게 디오니소스를 맡겼다. 그러나 유노는 호위 군사들을 매수해서 딸랑딸랑 소리나는 장난감이나 교묘하게 만든 거울 등을 보여 주면서 그 아이를 매복처까지 유인해 갔다. 여기서 그녀의 시종들인 티탄들이 그 아기를 습격해 토막을 낸 다음 여러 약초와 함께 삶아서 먹어 버렸다. 그런데 그녀의 여자 동생인 미네르바(Minerva)는 이 흉모에 가담하기는 했으나, 그 아기의 심장을 간직했다가 유피테르가 돌아왔을 때 그에게 건네주고 범죄의 모든 경위를 폭로했다. 이를 듣고 화가 머리끝까지 오른 유피테르는 가증스러운 티탄들을 문책하여 죽이고, 자식을 잃은 슬픔을 달래기 위해 아들의 심장을 안에 넣은 신상을 만들고, 이를 위해 신전을 만들었다."

이 신화는 유피테르와 유노(제우스와 헤라)를 크레타 섬의 왕과 왕비로 묘사하여 신화에 에우테헤메리즘적인 변화(Euhemeristic return : 신화의 신들은 인간의 영웅을 신격화한 것이라는 설)를 주고 있다. 상술한 호위자들은 아기 디오니소스의 주위에서 전쟁 춤을 춘 신화적인 쿠레테(Curete)인들인데, 그 호위자들은 아기 제우스 주위에서도 그 춤을 췄다고 한다. 여기서 특히 주의할 것은 논노스와 퍼미쿠스가 기록한 전설에 디오니소스가 아직 아기 때에 이따금 아버지인 제우스의 왕좌를 차지했다는 내용이 나온다는 점이다. 그래서 프로클로스(Proclos)는 다음과 같이 말했다.

"디오니소스는 제우스가 임명한 신들의 마지막 왕이었다. 왜냐하면 그의 부친이 그를 왕좌에 앉히고, 손에 왕홀을 쥐어 주어서 세상의 모든 신들의 왕으로 삼았기 때문이다."

포도주와 도취의 신 디오니소스
배를 타고 델포이 신전으로 향하는 디오니소스가 그려진 기원전 6세기 그리스의 술잔.

이런 전승은 그의 부친을 대신해 희생하는 하나의 준비로서 왕의 아들에게 잠시 왕의 위엄을 부여하는 관습을 시사한다. 아네모네가 아도니스의 피에서 피어나고 오랑캐꽃이 아티스의 피에서 피어났듯이, 석류는 디오니소스의 피에서 결실을 맺은 것으로 상상되었다. 그래서 부인들은 테스모포리아(Thesmophoria) 축제 때 석류 먹는 것을 사양했다.

어떤 사람들에 따르면, 디오니소스의 무덤은 아폴로의 황금 조상 옆에 있는 델피 신전에 있다고 한다. 그러나 다른 설명에 따르면, 디오니소스의 무덤은 그가 토막난 장소라고 하는 테베에 있었다고 한다. 이와 같이 살해된 신의 부활에 대해서는 기록되어 있지 않으나, 이 신화의 다른 몇 개의 기록들에는 때때로 그것이 언급되어 있다. 디오니소스를 제우스와 데메테르의 아들이라고 하는 한 전설에 따르면, 그의 모친은 그의 토막난 유해를 이어서 그를 다시 젊은이로 만들었다고 한다. 또 그는 매장된 바로 뒤에 죽음에서 다시 살아나 승천했다고도 하고, 그가 치명적인 부상을 입고 누워있는 것을 제우스가 소생시켰다고도 한다. 그 밖에 제우스가 디오니소스의 심장을 삼킨 다음, 디오니소스의 어머니로 묘사되어 있는 세멜레(Semele)와 관계를 갖고 그를 새로 낳았다거나, 또는 조각난 심장 일부가 세멜레에 주어져서 세멜레가 그를 잉태했다는 이야기들이 있다.

신화에서 제례 의식으로 바꾸어 설명하자면, 크레타 섬 사람들이 2년에 한 번씩 제례를 행했으며, 그때 디오니소스의 수난이 매우 상세하게 표현되었음을 볼 수 있다. 그가 마지막 순간에 행한 것, 혹은 고통받은 것이 모두 그 숭배자들의 눈앞에서 재연되었는데, 숭배자들은 이빨로 산 황소를 물어뜯고 광란의 소리를 지르면서 숲을 돌아다녔다. 그들의 앞에는 디오니소스의 신성한 심장을 안장했다고 상상되는 관이 운반되고, 그들은 피리와 심벌즈의 요란한 악기 소리에 맞추어 이 아기신을 죽음으로 유인한 딸랑이 소리를 흉내냈다.

부활이 신화의 한 부분으로 형성된 곳에서는 부활을 의식 중의 하나로 재현했는데, 이를 통해서 숭배자들이 부활의 일반적인 교리나 혹은 적어도 영생의 일반적 교리를 배운 모양이다. 왜냐하면 플루타르코스는 그의 어린 딸의 죽음으로 슬퍼하는 아내를 위로하기 위해 신화를 기록했는데, 그것은 디오니소스의 신비 의식 속에 계시된 그 영혼에 대한 불멸의 신앙으로 아내를 위로하고자 했기 때문이다.

디오니소스의 죽음과 부활에 대한 신화의 또 다른 하나의 형태로, 그가 그의 어머니 세멜레를 죽음으로부터 부활시키기 위해서 저승으로 내려갔다고 하는 이야기가 있다. 아르기브(Argive)인들의 신화에 따르면, 그가 알키오니아(Alcyonia) 호수를 통해서 저승으로 내려갔다고 한다. 그리고 저승에서의 그의 귀환, 말하자면 그의 부활을 기리는 의식을 해마다 그 장소에서 아르기브인이 치렀다. 그들은 은나팔 소리에 맞추어서 그를 물에서 불러내고, 사자의 파수꾼을 위한 제물로 새끼양 한 마리를 호수에 던졌다. 이것이 봄의 제례였는지는 뚜렷하지 않으나, 리디아인은 확실히 디오니소스의 강림을 봄에 축하했다. 이 신이 봄을 가져왔다고 믿었기 때문이다. 1년의 어떤 기간을 지하에서 지낸다고 여긴 식물신들은 마땅히 죽은 자들의 신으로 여겨진다. 디오니소스도 오시리스도 다 그렇게 간주되었다.

디오니소스의 신화적 성격 중에서 언뜻 보아 식물신으로서 그의 성격과 모순되어 보이는 점은 이따금 그가 동물, 특히 황소 모양으로, 또는 적어도 뿔을 가진 동물로 생각되며 표현되었다는 점이다. 예를 들어, 그는 '황소 뿔', '황소', '황소의 모양을 한 자', '황소의 얼굴을 한 자', '황소의 이마를 한 자', '황소 뿔을 가진 자', '뿔을 가진 자', '두 개의 뿔을 가진 자', '뿔이 있는 자' 등으로 이야기된다. 사람들은 적어도 그가 가끔은 황소로 나타난다고 믿었다. 그의 신상은 키지쿠스(Cyzicus)에서와 같이 때때로 황소 모양으로 만들어지거나, 황소 뿔을 가진 모양으로 만들어졌고, 또한 뿔을 가진 모양으로 그려졌다.

뿔이 있는 디오니소스의 형태는 현재 남아 있는 고대의 비문 속에서 발견된다. 어떤 작은 신상에서는 그가 황소 가죽을 두르고, 머리와 뿔, 발굽을 축 늘어뜨린 모습으로 표현된다. 또 그는 이마에 포도송이를 붙이고, 뿔 달린 송아지의 머리를 그 뒤쪽에 붙인 어린아이로 표현된다. 어떤 붉은 무늬의 항아리에는 그가 부인의 무릎 위에 앉아 있는 송아지 머리를 한 어린아이로 묘사되어 있다.

키나에타(Cynaetha)의 주민은 디오니소스의 제례를 겨울에 행한다. 이 제례를 위해서 미리 기름을 몸에 바른 사람들이 황소 한 마리를 골라 이 신의 성소에 끌고 갔다. 신을 표현하는 이 특별한 수소를 고를 때 사람들은 디오니소스가 영감을 불어 넣는 것으로 믿었다. 왜냐하면 이 제례에서 그가 수소 모습으로 나타난다고 믿었기 때문이다. 엘리스의 부인들은 황소로서의 디오니소스를 환호하고, 그가 황소 다리를 하고 오기를 기원하면서 다음과 같이 노래했다.

"오라, 디오니소스여, 바닷가에 있는 당신의 거룩한 신전으로, 은총을 갖고 당신의 신전으로 오라. 당신의 황소 발로 뛰어오시라. 아, 훌륭한 황소여. 아, 훌륭한 황소여."

트라키아의 바쿠스 신도들은 신을 흉내내어 뿔을 달았다. 신화에 따르면 디오니소스가 티탄들에 의해 갈기갈기 찢겨졌을 때는 황소의 모습이었다. 그리하여 크레타 섬 사람들은 디오니소스의 수난과 죽음을 연출할 때마다 이빨로 산 황소를 물어뜯었다.

사실 황소와 송아지를 산 채로 찢어서 탐식하는 것은 디오니소스 의식의 일반적인 특징이었다고 보인다. 우리가 이 신을 황소로 또는 그 동물의 어떤 특징으로 묘사하는 관습과 그가 신성한 의식에서 황소 모습으로 그 숭배자들에게 나타난다는 믿음, 그가 황소의 모습으로 갈기갈기 찢겼다는 전설을 생각할 때, 우리는 디오니소스의 숭배자들이 제례에서 살아 있는 황소를 찢어서 탐식할 때 신을 죽이고 그의 살을 먹고 피를 마시는 것이라고 그들이 믿었다는 것을 의심할 여지가 없다.

디오니소스를 상징하는 다른 동물에는 염소가 있다. 그의 이름 가운데 하나는 '새끼 염소(Kid)'였다. 아테네와 헤르미온(Hermion)에서는 그가 '검은 염소 가죽을 가진 자'란 칭호로 숭배받았고, 어떤 이야기에는 그가 어느 때에 그 이름이 유래된 염소 가죽을 둘러쓰고 나타났다고 한다. 플리우스(Phlius)의 포도 재배 지방에서는 지금도 가을이 되면 시들어 가는 포도나무의 빨간 황금빛 색깔의 잎이 짙게 평야를 뒤덮는데, 그 평야에는 염소의 낡은 동상 하나가 서 있다. 이 동상에 농부들은 황금색을 칠하여 포도나무가 말라 죽지 않도록 예방했다. 이 상은 아마 포도의 신을 표현했을 것이다. 그를 헤라의 노여움에서 구제하기 위해서 그의 부친 제우스는 젊은 디오니소스를 새끼 염소로 변신시켰다. 또 신들은 티폰(Typhon)의 분노를 피해서 이집트로 도망쳤을 때, 디오니소스를 염소로 변신시켰다. 그리하여 그의 숭배자들이 살아 있는 염소를 갈기갈기 찢어서 그것을 탐식했을 때, 그들은 이 신의 살과 피를 먹고 있다고 믿고 싶었을 것이다.

동물이나 인간의 몸을 잘게 찢어서 그것을 날로 먹는 관습은 근대 원시인들도 하나의 종교 의식으로 지켰다. 그러므로 바쿠스의 광란적인 숭배자들이 치르는 같은 의식에 대한 고대인의 증언을 우화로 치부할 필요는 없다.

어떤 신을 동물의 형태로 죽이는 관습은 매우 초기 문화 단계에 속하며, 후대에 이르러서는 잘못 해석되기가 쉽다. 이것에 대해서는 나중에 상세히 검토하겠다. 사상의 진보는 늙은 동물신이나 식물신의 껍질을 벗기고, 오직 인간적 속성(언제나 어떤 관념의 핵심이 된다)만을 남기는 경향이 있다. 이를 다른 말로 이야기하면 동물신과 식물신은 순수하게 신인동형론적 존재가 되는 경향이 있다. 그들은 완전히 또는 거의 그렇게 될 때에도 본디 신 자체였던 동물과 식물은 그것들이 발전하여 온 인간 형상의 신들과 여전히 불분명한 연관성을 유지한다. 신과 동물 혹은 신과 식물 사이의 관계에 대한 기원이 잊혀진 결과, 그 설명을 위해 여러 이야기가 만들어졌다.

이 해석들은 신성한 동물이나 식물을 일반적으로 다루느냐 또는 특수하게 취급하느냐에 따라서 두 계통 가운데 한 계통에 따르게 된다. 신성한 동물은 평소에는 보호되지만 예외적으로 도살되는 경우가 있었다. 따라서 신화는 왜 그것이 보호되었는가, 혹은 도살되었는가를 설명하기 위해서 만들어졌을 것이다. 신화가 보호의 목적으로 고안된 경우에는 그 동물이 신에게 행한 어떤 봉사에 대해서 언급했을 터이고, 도살의 목적으로 고안된 경우에는 그 동물이 신에게 가한 어떤 위해에 대해서 말했을 것이다. 염소를 디오니소스에게 제물로 바치는 이유는 후자에 속한 신화의 예증이다. 염소가 포도나무를 해쳤기 때문에 그것을 디오니소스에게 제물로 바쳤다고 한다.

우리가 이미 살펴본 바와 같이, 염소는 본래 디오니소스의 화신이었다. 그런데 디오니소스가 동물적 성격을 벗어나 아주 인격화된 존재가 되자, 그 신의 예배에서 염소의 도살은 이미 신의 살해로 간주되지 않고 그에게 바쳐진 제물로 여겨지기에 이르렀다. 그리고 특별히 염소가 제물이 되어야 했던 것에 대해 어떤 이유를 붙여야 했기에, 남달리 아끼던 포도나무에 염소가 해를 입혀서 그것에 대한 벌을 내려야 했다는 것이다. 여기서 우리는 그가 자신의 적이라는 이유로 자기 자신을 제물로 바치는 기묘한 상황을 보게 된다.

그리고 이 신은 자신에게 바쳐진 산 제물을 먹는다고 믿어지기 때문에 산 제물이 그 신의 옛날의 자기 자신이라면, 그 신은 자신의 몸을 먹는 셈이 된다. 그리하여 염소 신 디오니소스는 '염소의 생피를 마시는 자' 로 표현된다. 그리고 황소 신 디오니소스는 '황소를 먹는 자'로 불렸다. 이런 예에서 유추해 볼 때 어떤 신이 특수한 동물을 먹는 자로 묘사되는 경우는 언제나 문제의 동물이 바로 신 자신임을 알 수 있다. 우리는 다음에서 어떤 원시인들이 자기 몸의 일부를 바쳐 죽은 곰이나 고래를 위로하는 것을 볼 것이다.

그런데 왜 식물신이 동물 형태로 나타나는가에 대해서는 앞에서 전혀 설명하지 않았다. 그러나 이 점에 대한 연구는 우리가 데메테르의 성격과 속성을 살펴볼 때까지 미뤄 두는 것이 좋겠다. 이보다 앞서 어떤 지방에서는 디오니소스 의식을 치렀을 때, 동물 대신에 인간이 찢겼다는 사실을 언급해야겠다. 이것은 키오스(Chios)와 테네도스(Tenedos)의 관습이었다. 또 보이오티아의 포트니아이(Potniae)에서는 디오니소스에게 어린아이를 제물로 바치는 관습이 있었지만, 나중에는 염소로 대체하게 되었다는 이야기가 있다. 우리가 이미 보았듯이, 오르코메노스에서는 인간 제물을 유서 깊은 왕족의 부인들 중에서 뽑았다. 도살된 황소나 염소가 살해된 신을 나타낸 것과 마찬가지로 인간 제물 또한 신을 표현했다고 해도 좋을 것이다.

펜테우스와 리크르고스 왕의 죽음에 대한 전설은 그들이 디오니소스 의식에 반대했다는 이유로 한 왕은 디오니소스 신도들에게, 또 다른 왕은 말에 의해 갈기갈기 찢겨졌다고 전한다. 앞에서도 제시했듯이, 이 전설은 밭을 풍요롭게 하기 위해 디오니소스의 성격을 띤 신성한 왕들을 희생 제물로 바쳐, 그 절단된 유해 조각을 밭에 뿌리는 관습에 대한 왜곡된 기억일 것이다. 따라서 디오니소스가 몸이 조각조각 나 죽었다는 바로 그 장소인 테베에서 펜테우스 왕이 광란에 빠진 포도 신의 숭배자들에 의해 같은 운명을 맞게 된 것은 아마도 단순한 우연의 일치가 아닐 것이다.

그러나 인간 제물에 대한 전설은 때때로 제물로 바친 동물을 인간으로 취급한 희생 제례를 잘못 해석한 것에 지나지 않았을 것이다. 예를 들면, 테네도스에서는 디오니소스에게 바치는 갓 태어난 송아지에게는 장화를 신겼고, 그 어미소는 갓 출산한 산모와 같이 돌봐 주었다. 또한 로마에서는 암염소를 마치 인간 제물인 것처럼 베디요비스(Vedijovis)에게 바쳤다. 그러나 이와 함께 이런 기묘한 의식 자체는 인간을 제물로 바치는 한결 낡고, 한층 미개한 관습이 누그러진 것이리라 추측할 수 있으며, 이 추측의 가능성이 아마도 더 클 것이다. 게다가 후대에 와서 제물이 되는 동물을 마치 인간처럼 다루는 것은, 살아 있는 인간보다는 귀중하지 않은 동물을 신에게 바치는 경건하고도 자비로운 사기 행위일 뿐이라고 해석할 수도 있다. 이 해석은 그 뒤 인간 제물을 동물로 바꾼 무수한 사례로써 그 타당성이 뒷받침된다.

제44장
데메테르와 페르세포네

디오니소스가 비극적 전설과 의식으로써 식물의 쇠퇴와 부활을 나타내는 오직 하나뿐인 그리스 신은 아니다. 그에 대한 이 오래된 이야기는 데메테르와 페르세포네의 신화에서도 다른 형식과 방식으로 새롭게 응용되어서 재현된다. 실질적으로 그들에 대한 신화는 시리아의 아프로디테(아스타르테)와 아도니스, 프리지아의 키벨레와 아티스, 이집트의 이시스와 오시리스에 대한 것과 유사하다. 그리스 신화에서도 아시아와 이집트의 이야기에서처럼, 겨울에 죽었다가 봄에 되살아나는 식물, 특히 곡물을 의인화한 연인의 죽음을 슬퍼하는 여신이 나온다. 다만 다른 것은 동양의 신화에서 죽은 신은 애인이나 아내의 애도를 받는 연인 혹은 남편이지만, 그리스적 상상력은 이것을 슬픔에 잠긴 어머니가 죽은 딸을 애도하는 내용으로 표현하여 좀더 부드럽고 순수한 형태로 구체화했다는 점이다.

데메테르와 페르세포네의 신화에 대해 기록한 가장 오랜 문헌은 비평가들이 기원전 7세기 것으로 추정하는 호메로스의 아름다운 시 「데메테르 찬가」이다. 이 시편의 목적은 엘레우시스 신비 의식의 기원을 설명하려는 데 있다. 하지만 시인은 후대에 이 제례에서 뚜렷한 역할을 한 아테네와 아테네인들에 대해서는 완전히 침묵을 지키고 있다. 이로 미루어 보건대, 이 찬가는 먼 옛날 엘레우시스가 아직 작은 독립 국가였을 때 쓰여졌을 가능성이 크다. 즉 이 찬가는 신비 의식의 장엄한 행렬이, 9월의 찬란한 햇빛을 받으면서 엘레우시스(Eleusis) 평야의 밭과 그보다 더 넓은 아테네의 올리브 재배 지역을 나누는 불모의 바위 언덕을 넘어서 행진하기 이전에 만들어진 것이다. 어쨌든 이 찬가는 시인이 이 두 여신들의 성격과 직능에 대해서 품었던 생각을 보여 준다. 그 여신들의 본연의 모습이 시적 묘사의 엷은 베일 아래 선명하게 표현된 것이다.

그 이야기가 전하는 바에 따르면, 젊은 페르세포네가 푸른 들판에서 장미와

백합, 나리와 크로커스와 오랑캐꽃, 그리고 히아신스와 수선화를 꺾고 있을 때 대지가 갑자기 입을 크게 벌리고, 죽음의 왕인 플루토(Pluto : 그리스 신화에서는 하데스(Hades))가 나타나 그녀를 아내로 삼기 위해 황금 수레에 싣고 음산한 명계로 달아났다. 슬픔에 잠긴 그녀의 어머니 데메테르는 황금빛 머릿단을 땋고 검은 상복을 입은 채 산과 바다를 넘어 딸을 찾으려고 헤매다가 태양에게서 딸의 죽음을 전해 듣고 크게 노해 신들을 멀리 하고 엘레우시스에 거처를 정했다. 이곳에서 그녀는 노파로 변장하고 '처녀의 우물'가에 있는 올리브나무 그늘 아래서 슬픈 얼굴로 앉아 있다가 청동 항아리에 물을 길으려고 온 플루토의 딸들을 만났다.

데메테르 신은 그녀의 딸을 빼앗긴 것에 분격한 나머지 씨앗을 언제까지나 지하에 감추어 둔 채 성장하는 것을 허락하지 않을 것이며, 다시는 올림포스에 발을 들여 놓지 않을 것과 빼앗긴 딸을 다시 자기에게 돌려 줄 때까지 절대로 곡물을 싹틔우지 않겠다고 맹세했다. 그리하여 황소는 쓸데없이 밭을 여기저기 쟁기질하고 돌아다녔고, 씨 뿌리는 자는 갈색 밭이랑에 쓸데없이 보리 씨앗을 뿌렸다. 바싹 말라 갈라진 땅에서는 아무것도 나지 않았다. 엘레우시스에 인접한 라리아의 평야에서도 여느 때 같으면 노랗게 물들어진 곡식이 물결쳤을 것인데도 헐벗은 채 아무것도 나지 않았다.

만일 제우스가 이에 놀라 플루토에게 명하여 그가 약탈한 아내 페르세포네를 그녀의 어머니 데메테르에게 돌려주도록 명하지 않았더라면, 인류는 기근 때문에 멸망하고, 신들은 그들의 몫인 제물을 빼앗겼을 것이다. 무서운 죽음의 나라 왕 플루토는 웃으면서 제우스의 명령에 따랐으나, 아내를 황금 수레에 태워서 이승으로 돌려보내기에 앞서, 그녀가 다시 자기의 곁으로 되돌아오게 하기 위해 석류 씨를 그녀에게 주어 먹게 했다. 그렇게 되자 제우스는 앞으로 페르세포네가 1년 중 3분의 2를 이승에서 그녀의 어머니와 신들과 함께 살고 나머지 3분의 1은 저승에서 그 남편과 함께 살되, 해마다 대지가 봄이 되어 꽃으로 흐드러질 때는 저승에서 되돌아오도록 중재했다. 그리하여 딸이 기꺼이 햇빛이 비치는 나라로 돌아오자 어머니도 기쁘게 딸을 맞아 껴안았다.

그리고 잃었던 딸을 되찾자, 데메테르는 밭에서 곡식을 나게 하고, 넓은 들판에 다시 잎과 꽃이 풍성하게 피어나도록 해 주었다. 그녀는 이 행복한 광경을 엘레우시스의 제후들인 트립톨레모스, 에우몰포스, 디오클레스와 왕 켈레오스에게 보였으며, 또 그녀의 신성한 의식과 신비 의식을 그들에게 보여 주었다. 이 대목에서 시인은 이 세상 사람이 이 광경을 보면 축복받고, 살아서 이런 풍경을 보지 못한 사람은 죽어서 무덤 속에 들어갈 때 결코 행복하지 않으리라고 노래한다. 어쨌든 두 여신은 그곳을 떠나 올림포스 위에서 신들과 함께 행복하게 살았다. 시인은 데메테르와 페르세포네에게 이 노래에 대한 보수로 생명의 양식을 달라고 기도하면서 그 찬가를 끝맺는다.

곡식의 딸
지상에서 산 자와 곡물의 세계, 명계에서의 죽은 자와 잠자고 있는 씨의 세계. 명계의 신과 곡물의 신, 페르세포네와 플루토. 레지오 박물관, 이탈리아

이 찬가를 지으면서 시인이 염두에 둔 중요한 주제는 여신 데메테르가 엘레우시스의 신비 의식을 창제하게 된 근거를 설명하려는 데 있는 것으로 보인다. 시편 전체는 엘레우시스 평야의 풀 한 포기 없는 벌거벗은 벌판이 여신의 의지로 황금빛으로 비치는 풍요한 넓은 들로 변한 광경의 변화에 집중되어 있다. 인자한 여신은 엘레우시스의 제후들을 초대해 그녀가 행한 것을 보이고, 신비스러운 의식을 가르쳐 준 뒤 딸을 데리고 승천한다. 그 신비 의식의 가르침이야말로 이 시편의 승리적인 종결 부분이다. 이 결론은 그 시를 보다 자세히 검토하면 확인된다. 그 결론은 시인이 단지 신비 의식의 창제에 대한 일반적인 설명을 제시할 뿐만 아니라 동시에 신비스러운 어휘로 이 제례의 주요 부분을 이루는 몇 가지 특수한 의식의 기원을 신화적으로 설명한다. 시인이 그런 의미의 깊은 암시를 주는 몇 가지 의식 중에는 입단 후보자들의 예비 금식, 횃불 행렬, 밤새기, 양가죽으로 뒤집어씌운 의자에 후보자가 말없이 앉아 있기, 상스러운 말의 사용, 상스러운 농담, 성스러운 술잔에 보리차를 한 모금 마시는 행위에 참여하는 장엄한 신과의 교제 등이 있다.

그러나 이 밖에도 시인이 설화를 통해서 말하고 있는 듯이 보이는 신비 의식의 보다 깊은 비밀이 있다. 그는 이 여신이 황량한 불모의 엘레우시스 평야를 황금빛 곡식이 물결치는 옥토로 바꾸자마자, 즉 성장하는 곡식을 보여주어, 트립톨레모스와 그 밖의 엘레우시스의 여러 제후들의 눈을 기쁘게 했다고 말하고 있다. 설화의 이 부분으로 보아 신비 의식의 핵심은 입단자에게 곡식 이삭을 보여주는 데 있다는 2세기의 그리스도 교도인 히폴리투스(Hippolytus)의 서술과 비교해 볼 때, 우리는 이 찬가의 시인이 그 장엄한 의식을 잘 알고 있었다는 것을 의심할 여지가 없다. 그가 그 신비 의식의 다른 몇 가지 의식을 설명한 것과 똑같은 방법으로, 즉 그 의식에서 데메테르를 직접 재현해 기원을 설명하려 했다는 것도 의심할 여지가 없다. 이렇게 데메테르의 신화와 의식은 서로를 설명해 주고 확인해 준다.

기원전 7세기의 시인 호메로스는, 이 신화를 우리에게 제시할 때 성스러운 것을 모독하지 않고는 의식을 표현할 수 없었다고 했다. 그리스도교 클레멘스 교부가 이 의식을 언급했는데, 그의 설명은 고대 시인이 표현한 암시와 완전히 일치한다. 따라서 우리는 많은 근대 학자들과 같이 데메테르와 페르세포네의 신화가 엘레우시스의 신비 의식에서 성극으로 연출되었다고 제시하는 박학다식한 클레멘스의 서술을 자신 있게 받아들여도 좋을 것이다.

그러나 이 신화가 고대 그리스의 가장 유명하고 장엄한 종교 의식의 일부 혹은 그 주요한 부분의 역할을 했다 하더라도 우리에게는 다음과 같은 의문이 남는다. 그 신화의 본래 핵심은 후대 사람들에게는 그리스 문학과 미술이라는 찬란한 빛으로 빛나며 경외와 신비의 후광에 둘러싸이고 변형된 듯이 보이는데, 그 후대에 첨가된 부분을 벗긴다면 과연 어떤 것이었을까? 만일 우리가 이 문제에 대한 가장 오랜 문학적 권위자, 즉 「데메테르 찬가」의 작가 호메로스의 지시에 따른다면 이 수수께끼가 풀릴 것이다.

두 여신, 즉 어머니와 그 딸의 특징은 곡물의 화신으로 귀착된다. 적어도 딸인 페르세포네의 경우에는 매우 확실하다. 이 여신은 해마다 3개월, 또는 이 신화의 다른 형식에 따르면 6개월 동안 죽은 자들과 함께 지하에서 살고, 나머지 날은 산 사람들과 더불어 지상에서 보낸다. 그녀가 자리를 비웠을 때 보리 종자는 흙 속에 숨고, 대지는 헐벗어 아무것도 생기지 않는다. 봄이 되어 그녀가 지상으로 되돌아오면 곡물은 흙 속에서 자라고, 대지는 풍성하게 잎과 꽃이 핀다. 확실히 페르세포네는 식물의 신화적 화신, 특히 곡물의 화신이라 할 수 있다. 이 곡물의 화신은 식물이 겨울의 몇 개월 동안 묻혀 있다가 매해 봄마다 줄기가 움트고 꽃과 이파리가 피어나듯이 봄이 올 때마다 다시 살아나는 것이다. 페르세포네에 대해서 이보다 더 합리적이고 개연성이 있는 해석은 불가능할 것이다.

농업의 기원
데메테르와 페르세포네는 날개가 달린 전차를 탄 트립톨레모스를 보내 인간에게 곡식 재배를 가르치게 했다. 아테네의 도공 마크론과 히에른이 만든 손잡이가 달린 커다란 잔. 대영박물관, 런던

그리고 만일 이 딸 여신이 새해 햇곡식의 화신이라고 한다면, 어머니 여신은 이 햇곡식을 새로이 살아나게 한 지난해의 낡은 곡물의 화신이 아니겠는가? 데메테르에 대한 이러한 견해를 대체할 만한 것이 있다면 유일하게 다음과 같은 내용일 것이다.

바로 대지의 의인화이며, 그녀가 풍만한 가슴에서 곡식이나 그 밖의 모든 식물을 낳을 것이며, 따라서 그 곡식과 식물들은 그 딸로 여겨질 수 있다는 것이다. 데메테르의 본래 성격에 대한 이 견해는 사실상 고대와 근대의 몇 사람의 저술가들이 생각했던 내용이므로 합리적으로 지지받을 수 있을 것이다. 그러나 「데메테르 찬가」의 작가 호메로스는 이 견해를 거부하는 듯하다. 왜냐하면 그는 데메테르를 인격화된 대지와 구별할 뿐만 아니라 그 둘을 서로 매우 날카롭게 대립된 위치에 두고 있기 때문이다.

호메로스에 따르면, 제우스의 뜻에 따라 플루토를 기쁘게 하기 위해 페르세포네를 유혹하고 그녀의 운명을 붙잡은 자가 바로 '대지'였다고 한다. 대지는 수선화를 길러내어 이 젊은 여신을 숲이 우거진 초원으로 유혹했다. 그리하여 여신은 도움의 손길이 미치지 못하는 멀리 떨어진 이 초원에서 길을 잃게 된 것이다. 그러므로 이 찬가에 나오는 데메테르는 결코 대지의 여신과 같지 않다. 오히려 대지의 여신은 그녀의 가장 나쁜 적으로 간주되었을 것이다. 왜냐하면 데메테르는 대지의 여신의 악독한 간계로 딸을 잃었기 때문이다. 그러나 만일 찬가의 데메테르가 대지의 화신이 될 수 없다면, 그녀가 곡식의 화신이었다고 결론지을 수밖에 없다.

이 결론은 여러 비문을 통해 확인된다. 고대 미술에서 데메테르와 페르세포네는 그 머리에 곡식의 관을 얹고 손에 곡물의 줄기를 잡고 있는 '곡물 여신'으로 의인화된다. 또 처음으로 아테네인에게 곡물의 비밀을 가르치고, 그 은혜를 전인류에게 전달하도록 순회전도사 트립톨레모스를 파견하여 광범위하게 자애로운 발견을 확산시킨 여신이 바로 데메테르이다. 미술 작품, 특히 항아리에 묘사된 그림에서 트립톨레모스는 언제나 이런 자격으로 데메테르와 나란히 곡물 줄기를 손에 들고 수레에 앉은 모습으로 묘사되는데, 때로 날개가 달리거나 용에 끌려서 하늘을 달리는 수레 위에서 씨앗을 뿌렸다고 한다.

많은 그리스의 도시들은 이 무한한 은혜에 감사하기 위해서 최초로 수확한 밀과 보리를 엘레우시스의 두 여신, 즉 데메테르와 페르세포네에게 오랜 세월 동안 바쳤다. 따라서 넘쳐흐르는 이 곡물을 저장하기 위해서 지하에 곡물 창고를 여러 개 세웠다고 한다. 테오크리토스에 따르면, 향기로운 냄새가 감도는 여름에 코스 섬에서는 농부가 첫 과일을 수확하면 보리를 타작 마당에 가득 채워 주었던 데메테르 신상에게 그 과실을 바쳤다고 한다. 이 시골풍의 신상은 손에 보릿단과 양귀비꽃을 들고 있었다고 전해진다. 고대인들이 데메테르에게 부여한 형용사의 대부분은 곡물과 그녀의 밀접한 관계를 매우 명쾌하게 보여준다.

곡물의 여신인 데메테르에 대한 이 신앙은 고대 그리스인의 마음에 깊이 뿌리박혀 있었다. 이 신앙은 19세기 초까지 엘레우시스의 오래된 성소에서 그들의 후예인 그리스도 교도들 사이에 실제로 존속되었다는 사실을 보면 알 수 있다. 영국의 여행가 도드웰(Dodwell)이 엘레우시스를 다시 찾았을 때, 그곳 주민들이 데메테르의 거대한 신상을 누군가에게 빼앗겼다며 그에게 개탄했다고 한다. 그 신상은 1802년 클라크(Clarke)가 케임브리지 대학에 기증했으며, 오늘날에도 여전히 그곳에 있다. 도드웰은 다음과 같이 말하고 있다.

"나의 첫 그리스 여행 때 이 수호신은 아주 장관을 이루었으며, 신전 유적 사이에 있는 탈곡장 한복판에 자리잡고 있었다. 마을 사람들은 풍족한 수확을 그녀의 은혜로운 선물이라고 생각했다. 그런데 그들은 신상을 철거한 다음부터 그들의 부유함은 사라지고 말았다고 깊이 믿었다."

이와 같이 테오크리토스 시대에 그 여신상이 코스 섬의 탈곡장에서 숭배자들에게 곡물을 풍족하게 베풀었던 것처럼, 그리스도교 시대의 19세기에는 곡물의 여신 데메테르가 엘레우시스 탈곡장에서 그 숭배자들에게 곡물을 풍족하게 베풀었음을 알 수 있다. 그리고 또 19세기에 엘레우시스 주민들이 수확의 감소를 데메테르 신상을 탈취당한 것에 돌린 것과 같이, 이 두 곡물 여신의 숭배에 열성적인 농경 민족인 시칠리아 사람들은 무법자 로마 총독 베레스(Verres)가 난폭하게도 데메테르 신상을 헨나(Henna)에 있는 그녀의 유명한 신전에서 빼앗아 갔기 때문에 많은 도시의 농작물이 아주 없어지게 되었다고 탄식했다.

이 신앙보다 데메테르가 실제로 '곡물 여신'이었다는 것을 보여 주는 더 뚜렷한 증거는 없을 것이다. 이 신앙은 그리스인들에게 근대까지 전해 내려왔다. 그리스인들은 그녀의 출현과 은혜가 곡물의 수확을 좌우하므로 신상을 철거하면 농작물이 아예 없어질 것이라 믿었다.

이론을 무시한다고 하더라도, 전체적으로 엘레우시스의 의식에 대한 고대인들이 남긴 증거에 따른다면, 아마 우리는 고대 고고학자 중에서 가장 박학한 로마인 바로(Varro)의 견해에 동의할 수밖에 없을 것이다. 그의 견해에 대한 아우구스티누스의 보고를 인용하면 이렇다.

"바로는 엘레우시스 신비 의식 전체를 케레스(데메테르)가 발견한 곡물과 플루토가 그녀에게서 빼앗아간 프로세르피네(Proserpine, 페르세포네)와 관계하는 것으로 해석했다. 그리고 바로는 프로세르피네는 곧 종자의 번식력을 의미하며, 어느 시기에 그녀가 번식력을 발현하지 못하면 땅이 불모가 되기 때문에 사람들은 흉작이 들면 케레스의 딸, 즉 번식력 자체가 플루토에게 빼앗겨 저승에 억류되었다고 믿게 되었다고 말했다. 그리고 기근을 탄식하는 공적 의식을 치른 뒤 번식력이 다시 회복되자, 사람들은 프로세르피네가 돌아왔다며 기뻐하며 장엄한 의식을 만들어 냈다고 한다."

그 다음에 아우구스티누스는 계속해서 바로의 해석을 보고했다.

"그녀의 신비 의식은 그저 곡물의 발견과 관계되는 수많은 것들을 가르쳐 주었다."

이제까지 나는 데메테르와 페르세포네가 같은 성격을 띤다고 가정했다. 즉 곡물의 화신인 어머니와 딸을 지난해의 곡물 종자와 올해의 익은 곡식이라는 이중적 모습을 표현했다. 어머니와 딸이 동일하다는 이러한 견해는 그리스 미술에서도 때때로 식별하기 어려울 만큼 그녀들이 닮았다는 사실을 보면 충분히 이해할 수 있다.

데메테르와 페르세포네의 미술 형태상의 밀접한 유사성은 이들 두 여신이 대지와 대지에서 생기는 식물과 같이 매우 다르며, 서로 식별하기가 매우 쉬운 두 개의 신화적 화신이라는 견해와 정면으로 충돌하게 된다. 만일 그리스 미술가들이 데메테르와 페르세포네에 대한 그와 같은 견해를 받아들였다면, 그들은 확실히 이 여신들을 구별할 수 있는 다른 형태를 틀림없이 고안했을 것이다. 그리고 만일 데메테르가 대지의 화신이 아니라면 그녀가 딸과 같이 호메로스 시대부터 이제까지 보통 그 여자의 이름으로 불리어 온 곡물의 화신이었다는 점에 대해 어떤 합리적인 의문이 있을 수 없다. 모녀의 본질적 동일성은 단지 그 미술 형태의 밀접한 유사성뿐만이 아니라, '두 여신'이란 공적인 호칭에서도 알 수 있다. 엘레우시스의 성소에서 이 두 여신은 마치 다른 개성이 단일한 신적 실체로 융합한 것처럼, 아무런 개별적 속성이나 호칭의 구별 없이 언제나 '두 여신'이라 불렸다.

이러한 증거를 전반적으로 볼 때 우리는 일반적으로 그리스인이 이들 두 여신을 본질적으로 '곡물 화신'으로 믿었으며, 이러한 믿음을 바탕으로 그들의 종교가 조용하게 싹트기 시작했다고 결론을 내릴 수 있다. 그러나 이 결론을 지지한다는 것은 종교의 긴 발전 과정에서 숭고한 도덕적, 정신적 관념이 단순한 본래의 나무 줄기에 접목되어서 보리나 밀의 꽃보다도 아름다운 꽃을 피워냈다는 것을 부정하지 못한다. 무엇보다도 새롭고 숭고한 생명으로 싹트기 위해서 땅에 종자가 파묻혔다는 관념은 쉽게 인간의 운명과 유사하다는 것을 보여주었다. 인간에게도 무덤은 보다 빛나는 미지의 세계에서 더 훌륭하고 행복한 생존을 시작할 수 있으리라는 희망을 갖게 했다.

이런 단순하고 자연스러운 생각은 엘레우시스의 '곡물 여신'이 죽음의 신비와 행복한 영생의 희망과 관계가 있다는 것을 설명하기에 충분한 것으로 보인다. 고대인들이 엘레우시스 신비 의식에 입회하는 것을 천국의 문을 여는 것으로 여겼으며, 이러한 사실은 그때의 전문 저술가들이 입회자들을 위해 준비된 미래의 행복에 대해 암시하는 것으로도 증명되는 일이다. 물론 우리는 이와 같이 숭고한 희망을 갖게 된 논리적 근거가 취약하다는 것을 쉽게 인식할 수 있다. 그러나 물에 빠진 사람은 지푸라기라도 붙잡는다고 했다. 우리들이 그러는 것처럼, 눈앞에 죽음이 닥쳤을 때에도 여전히 마음 속에 생명에 대한 큰 집착을 가졌던 그리스인들이 인간의 영생에 대한 찬반 논쟁에 깊이 영향을 주었다는 사실은 마땅한 것이다.

이 이론은 성 파울로를 흡족하게 했고, 또 사랑하는 사람의 임종의 침상이나 그 무덤 앞에 선 수많은 슬픔에 찬 그리스도 교도들에게 위로를 주었다. 또한 이것은 생명의 작은 촛불이 막 꺼지려는 것을 슬퍼하는 비애의 무기에 고개를 떨구고 미지의 어둠을 쳐다보던 고대 이교도들의 마음에도 충분한 위안이 되었을 것이다. 그러므로 우리는 그리스 풍의 쾌활함과 명징성과 죽음의 햇빛 그림자와 신비가 교차하는 몇 가지 안 되는 신화 가운데 하나인 데메테르와 페르세포네의 신화를 무시해서는 안 된다. 우리가 가장 익숙하면서도 영원히 사람의 마음에 영향을 주는 자연 현상들, 즉 가을의 감상적인 우울과 쇠퇴, 그리고 봄의 신선한 빛과 초록 등에서 이 신화의 기원을 찾고자 한다면 말이다.

제45장
북유럽의 곡물 어머니와 곡물 아가씨

만하르트(W. Mannhardt)는 데메테르란 이름의 첫 부분은 크레타 섬의 단어로 데아이(deai), 즉 '보리'에서 유래되었으며, 따라서 데메테르란 '보리 어머니'나 '곡물 어머니'를 의미한다고 주장했다. 왜냐하면 여러 아리아 어족에서 그 단어의 어근을 갖가지 종류의 곡물에 적용한 것으로 보이기 때문이다. 크레타는 데메테르의 숭배지 중 가장 오래된 곳 가운데 하나였으므로 그녀의 이름이 크레타 섬에 그 기원이 있었다고 하더라도 놀랄 일은 아니다. 그러나 이러한 어원 추정에 대해서는 이따금 심각한 반론이 제기되기 때문에, 이 점에 중점을 두지 않는 편이 좋다.

어쨌든 우리는 데메테르를 '곡물 어머니'와 동일시할 수 있는 몇 가지 이유를 알게 되었다. 그리스 종교에서 그녀와 관련지었던 곡물은 두 가지가 있다. 그 두 가지 곡물은 보리와 밀인데, 아마도 보리 쪽이 그녀 본래의 모습이었을 것이다. 이것은 보리가 호메로스 시대에 그리스인의 주식이었으며, 그것이 아리안족이 재배한 곡물 가운데서 가장 오래된 것은 아니라 하더라도 그러한 것들 가운데 하나였다는 믿을 수 있는 근거가 있다는 점에서도 알 수 있다. 고대 그리스인뿐만 아니라, 고대 힌두인도 종교적 의식에서는 보리를 썼다. 이는 석기 시대 유럽의 호반 거주민들이 재배했다고 알려져 있는 보리가 매우 오래되었다는 강력한 증거가 된다.

만하르트는 근대 유럽 민속에서 고대 그리스의 '곡물 어머니'나 '보리 어머니'에 대한 수많은 유사 사례들을 수집했다. 지금 예로 드는 것은 그 몇 가지들이다.

독일에서는 곡물이 일반적으로 '곡물 어머니'란 이름으로 인격화된다. 예를 들면, 봄이 되어 곡식이 바람에 물결칠 때에 농부들은 "곡물 어머니가 온다"든지 "곡물 어머니가 들판을 달린다"든지 "곡물 어머니가 곡물 사이를 지나간다"

말한다. 아이들이 푸른 수레국화나 붉은 양귀비꽃을 꺾으러 들에 가려 할 때, 어른들은 '곡물 어머니'가 들판에 자란 곡식 틈에 앉아 있다가 아이들을 잡아간다며 가지 말라고 타이른다. 또 그녀는 그 농작물의 종류에 따라서 '호밀 어머니'나 '콩 어머니' 등으로 불리고, 아이들은 호밀밭이나 콩밭에 들어가면 '호밀 어머니' 혹은 '콩 어머니'에게 붙잡힌다고 경고를 받는다. 또한 사람들은 '곡물 어머니'가 농작물을 성장시킨다고 믿는다. 예를 들면, 마그데부르크 근방에서는 때때로 이렇게 말한다.

"금년은 아마의 풍년이다. '아마의 어머니'가 보였거든."

스티리아(Styria) 마을에서는 곡물의 마지막 다발로 만든 여자 인형에 흰 옷을 입힌 '곡물 어머니'를 한밤중에 곡물의 밭에서 볼 수 있는데, 그녀가 밭을 지나가면 그곳은 풍작이 된다고 한다. 그러나 그녀가 만일 농부에게 화를 내기라도 하면 그 농작물은 모조리 시들게 된다.

또 '곡물 어머니'는 추수 때의 관습에서 중요한 역할을 한다. 그녀는 밭에서 마지막 남은 한 줌의 곡물 속에 있다고 사람들은 여긴다. 그리고 그 마지막 한 줌을 베는 것으로 그녀는 붙잡히거나 쫓기거나 혹은 살해된다고 믿는다. 추수 때에 '곡물 어머니'를 붙잡는 사람, 즉 마지막으로 베어낸 사람은 다발을 즐겁게 집으로 가지고 와서 신적인 존재로 존경한다. 이렇게 곡물 창고에 간직되면 탈곡할 때 곡물 정령으로 다시 나타난다고 한다.

하노버(Hanover) 지방의 하델른(Hadeln)에서는 추수하는 사람들이 마지막 한 다발을 둘러싸고 '곡물 어머니'를 내쫓기 위해서 그것을 막대기로 두드리면서 이렇게 외친다.

"자, 여기에 있다. 이것을 쳐라. 붙잡히지 않게 조심하라!"

이렇게 곡식 낟알이 완전히 떨어질 때까지 두드린다. 그러고 난 다음에야 비로소 '곡물 어머니'를 쫓아냈다고 믿는 것이다. 단치히(Danzig) 근처에서는 마지막 곡식의 이삭을 베는 사람은 그것으로 '곡물 어머니', 혹은 '할머니'로 불리는 인형을 만들어 마지막 마차에 실어 집에 가지고 간다. 홀슈타인(Holstein)의 어떤 지방에서는 마지막으로 벤 다발에 여자 옷을 입혀 '곡물 어머니'라 불렀다. 그것은 마지막 마차에 실어 집으로 옮겨 물에 푹 담근다. 물에 담그는 것은 의심할 것도 없이 기우주술이다. 스티리아의 브루크 지방에서는 마을에서 결혼한 지 가장 오래된 50에서 55세의 부인이 '곡물 어머니'로 부르는 마지막 이삭으로 여자 인형을 만든다. 가장 잘 된 이삭을 몇 개 꺾어 그것을 풀과 함께 엮어서 화관을 만들면, 마을에서 제일 예쁜 처녀가 머리에 그것을 쓰고 농부나 지주에게 갖고 간다. 그리고 그 '곡물 어머니'를 쥐가 먹지 않도록 곡물 창고에 넣어둔다.

같은 지방의 다른 마을에서는 추수가 끝날 때 두 젊은이가 '곡물 어머니'를 막대기 끝에 매달아 옮긴다. 젊은이들은 지주의 집에 화관을 쓰고 '곡물 어머니'를 가지고 가는 처녀 뒤를 따라간다. 지주는 화관을 받아 마루에 걸어 놓는다. 그리고 나무를 쌓아올린 단 위에 '곡물 어머니'를 올려놓고, 여기서 연회와 무도회로 수확의 잔치를 벌인다. 그 뒤에 이 인형을 곡물 창고 속에 매달고, 탈곡이 끝날 때까지 그대로 둔다. 탈곡 때 맨 끝에 탈곡되는 것을 '곡물 어머니의 아들'이라고 부른다. 그것을 그 '곡물 어머니' 속에 묶어 두들겨 팬 다음 마을을 누비고 다닌다. 화관은 다음 일요일에 교회에 가지고 가 헌납한다. 그리고 부활절 전날 밤이 되면 일곱 살 난 소녀가 화관에서 곡식 낟알을 털어내어 어린 농작물 사이에 뿌린다. 성탄절이 되면 가축을 살찌게 하기 위해 밀짚 화관을 여물통 속에 넣는다.

여기서 분명히 '곡물 어머니'의 몸에서 얻은 종자(왜냐하면 이 화관은 곡물 어머니로 만들었기 때문에)를 새로운 곡물과 섞어서 그녀의 풍요와 다산의 힘을 표현한다. 또 밀짚 화관을 여물통 속에 넣어서 동물의 생명에 대한 그녀의 영향력을 표현한다.

슬라브족 사이에서도 마지막으로 벤 다발은 똑같이 '호밀 어머니', '밀 어머니', '귀리 어머니', '보리 어머니' 등으로 불린다.

갈리치아(Galicia)의 타르노프(Tarnow) 지방에서는 마지막 다발로 만든 화관을 '밀 어머니', '호밀 어머니' 혹은 '콩 어머니'라고 부른다. 이 화관을 한 소녀에게 씌운 다음 봄까지 간직하게 하고, 봄에 그 곡식알을 종자로 심는다. 여기에서도 '곡물 어머니'가 풍요와 다산의 힘으로 표시된다.

프랑스의 오세르(Auxerre) 근처에서도 마지막 다발을 '밀 어머니', '보리 어머니', '호밀 어머니', '귀리 어머니' 등의 이름으로 부른다. 사람들은 그것을 마지막 짐마차가 집으로 움직일 때까지 베지 않고 밭에 세워 둔다. 그러고 나서 그들은 그것으로 인형을 만들어 농부 옷을 입히고, 화관과 파란 목도리나 하얀 목도리로 장식한다. 그리고 나뭇가지를 하나 인형의 가슴에 꽂는다. 그 인형을 케레스(Ceres)라 부른다. 밤에 무도회가 시작되면 '케레스'를 무도장 복판에 세

북유럽의 곡물 어머니
'데메테르'란 이름의 어원은 '보리'이다. 따라서 데메테르란 '보리 어머니' '곡물 어머니'를 뜻한다.

우고, 그 주변에 가장 멋진 남자가 누구보다 예쁜 처녀와 짝이 되어 춤을 춘다. 춤이 끝나면, 장작더미를 쌓는다. 모든 처녀들은 저마다 머리에 화관을 쓰고 인형을 홀랑 벗겨 갈기갈기 찢어서 그 인형을 장식한 꽃과 함께 장작더미에 얹어 놓는다. 그리고 가장 먼저 추수를 끝낸 처녀가 장작더미에 불을 지피고, 케레스가 풍작을 가져오도록 모두들 기도한다. 만하르트가 지적했듯이 '케레스'란 교사를 연상할 수 있는 이름인데, 거기에는 낡은 관습이 그대로 남아 있다.

북부 브르타뉴(Upper Brittany)에서는 마지막 곡식단을 언제나 인간 모양으로 만들었다. 만일 농부가 기혼자이면, 인형을 두 개 만들어 작은 인형을 큰 인형의 배 속에 넣는다. 이것을 '어머니의 곡식단'이라고 부른다. 이것을 농부의 아내에게 주면, 아내는 그것을 풀고 그에게 술을 마실 용돈을 주어 보답한다.

때로는 마지막 곡식 다발을 '곡물 어머니'로 부르지 않고, '수확의 어머니' 또는 '위대한 어머니(Great Mother)'로 부른다. 하노버의 오스나브뤼크(Osnabrück)

지방에서는 '수확의 어머니'라고 불린다. 그것을 여자 모양으로 만들고, 수확자들은 그 주위에서 춤을 춘다. 베스트팔렌(Westphalen)의 어떤 지방에서는 수확한 호밀의 마지막 다발은 돌에 묶어 특별히 무겁게 한다. 농부들은 마지막 짐마차에 그것을 싣고 집으로 가져온다. 그것으로 특별한 모양을 만들지는 않으나, 그것을 '위대한 어머니'라고 부른다. 에르푸르트(Erfurt) 지방에서는 반드시 마지막 다발은 아니지만 매우 무거운 다발을 '위대한 어머니'로 부른다. 마지막 짐마차에 그것을 싣고 곡식 창고로 옮기는데, 모두들 떠들면서 곡식 다발을 내린다.

또 때로는 마지막 곡식단은 '할머니'로 불리고, 꽃이나 리본이나 여자의 앞치마 등으로 단장되었다. 동부 프로이센에서는 호밀의 수확이나 밀을 수확할 때, 수확하는 사람들이 마지막 단을 묶고 있는 부인에게 "할머니를 얻었네요"라고 말을 건넨다. 마그데부르크 지방의 근방에서는 남녀 하인들은 그 누가 '할머니'라 불리는 마지막 다발을 얻을 것인지를 놓고 경쟁한다. 누구든지 그것을 얻은 사람은 다음 해에 결혼하는데, 그 또는 그녀의 배우자는 늙은 사람이어야 한다. 만일 남자가 그것을 얻으면 주름살 많은 할머니와 결혼할 것이고, 소녀가 그것을 얻으면 홀아비와 결혼해야 하는 것이다. 옛날 슐레지엔에서는 '할머니', 즉 마지막 다발을 엮은 사람이 보충한 서너 다발의 큰 묶음은 거의 사람 모양으로 만들어졌다.

벨파스트(Belfast) 근방에서는 때때로 마지막 다발은 '그라니(Granny)'란 이름으로 불린다. 그것은 보통 방법으로 베지 않고 낫을 던져서 베어 낸다. 마지막 다발을 묶은 것은 다음 해 수확기까지 보존한다. 그것을 얻은 자는 누구나 그 해에 결혼할 수 있다.

마지막 다발은 때때로 '할멈' 또는 '할아범'이라고 불린다. 독일에서는 그것들을 여자 모양으로 만들고 단장하며, 그것을 베거나 엮은 사람은 '할멈을 얻은' 사람이라고 한다. 슈바벤의 알티스하임(Altisheim)에서는 수확할 사람들이 밭 한귀퉁이를 제외한 모든 곡물을 베기 위해 밭이랑 앞에 줄지어 선다. 그리고 저마다 자기 몫을 재빨리 베는데, 마지막으로 낫질을 한 사람이 '할멈을 얻는' 것이다. 수확한 다발이 산과 같이 쌓이면 '할멈', 즉 모든 다발 중에서 가장 크고 가장 무거운 다발을 잡은 자는 다른 사람들의 놀림감이 된다.

"저 친구는 할멈을 껴안았어. 할멈을 잘 돌봐 줘."

때로는 마지막 다발을 묶은 여자를 '할멈'이라고 부르는데, 그 여자는 다음 해에 결혼할 수 있게 된다. 서부 프로이센의 노이사스(Neusaass)에서는 재킷, 모자, 리본으로 꾸민 마지막 다발과 그것을 묶는 여자를 함께 '할멈'으로 부른다. 사람들은 그것을 다른 다발과 함께 마지막 마차에 싣고 집으로 옮겨 물에 흠뻑 적신다. 독일 북부의 여러 지방에서는 수확 때 마지막 다발을 사람 모양으로 만들어서 '할아범'이라 부른다. 그 다발을 묶는 여자에게 "할아범을 얻었다" 말한다.

서부 프로이센에서는 부인들과 소녀들이 마지막 호밀을 갈퀴로 긁어모을 때 그 작업을 서두른다. 왜냐하면 그들은 맨 나중으로 처져서 '할아범'을 얻는 것을 좋아하지 않기 때문이다. 할아범은 마지막 다발로 만든 인형을 말하는데, 이 인형은 마지막으로 일을 끝낸 사람이 다른 추수꾼들 앞으로 옮겨야 한다. 슐레지엔에서는 마지막 다발을 '할멈' 또는 '할아범'이라고 부르고 갖가지 농담의 화제가 된다. 그것은 유난히 크게 만들고, 때로는 돌을 넣어 무겁게 만든다. 웬즈에서는 밀을 수확할 때 마지막 다발을 묶는 사람에게 "할아범을 가진다"고 말한다. 그들은 밀짚과 이삭으로 남자 모습의 인형을 만들고 꽃으로 장식한다. 마지막 다발을 묶은 사람은 웃으며 조롱하는 사람들 사이를 지나 그 '할아범'을 짊어지고 집으로 돌아가야 한다. 이 인형은 다음 수확 때가 되어 새로운 '할아범'이 만들어질 때까지 헛간에 걸어 둔다.

만하르트도 지적했듯이 어떤 관습에는 마지막 다발과 같은 이름으로 불리고, 마지막 짐차 위에 그것과 나란히 앉는 사람이 있는데, 그는 분명히 그 다발과 동일시되고 있다. 그 사람은 마지막 다발의 모양으로 붙잡힌 곡물 정령을 나타낸다. 다시 말해서 곡물 정령은 인간과 다발을 통해 이중으로 표현된다. 인간과 다발의 동일시는 그것을 벤 사람이나 묶은 사람을 마지막 다발에 묶는 관습으로써 한결 명백해진다.

예를 들면, 슐레지엔의 헤름스도르프(Hermsdorf)에서는 마지막 다발 속에 그것을 엮은 여자를 묶는 것이 일반적인 관습이었다. 바이에른(Bayern)의 바이덴(Weiden)에서는 마지막 다발 속에 묶이는 사람은 그것을 묶은 사람이 아니라 벤 사람이다. 이 경우 곡물에 싸인 사람은 나뭇가지나 나뭇잎에 싸인 사람이 나무 정령을 상징하는 것과 같이 곡물 정령을 상징한다.

'할멈'을 나타내는 마지막 곡식 다발은 때때로 크기와 무게에 따라 다르다.

예를 들면, 서부 프로이센의 몇 마을에서 '할멈'은 길이와 크기가 보통 다발의 두 배이며, 그 복판쯤에 돌덩이를 달아 놓는다. 때로는 혼자서 겨우 들어 올릴 정도의 것도 있다. 잠란트(Samland)의 알트 필라우(Alt-Pillau)에서는 이따금 여덟이나 아홉 다발을 합쳐서 '할멈'을 만드는데, 그것을 들어올리는 남자는 그 무게에 투덜거린다. 작센코부르크(Saxen-Coburg)의 이츠그룬트(Itszrund)에서는 '할멈'으로 부르는데, 마지막 다발을 이듬해의 풍작을 확실히 하기 위해 크게 만든다. 이렇게 마지막 다발을 보통 것보다 크고 무겁게 만드는 관습은 다음 해 수확에 있어 풍작을 확보하기 위한 하나의 공감주술이라 할 수 있다.

스코틀랜드에서는 할로우마스(Hallowmas)가 지나서 마지막 곡물을 거둘 때에, 그 곡물로 만든 여자 인형을 때로 카를린(Carlin) 또는 카를리네(Carline), 즉 할멈이라고 불렀다. 그러나 할로우마스 전에 그것을 베면, '아가씨'라고 불렀다. 만일 일몰 뒤에 베면 그것을 '마녀'로 부르고 악운을 가져다 주는 것으로 믿었다. 스코틀랜드의 하일랜드(Highland) 주민들 사이에서는 수확시에 벤 마지막 곡물을 '카일리아크(Cailleach)', 즉 '할멈'으로 부르거나 '아가씨'라고 부른다. 전체적으로 보면, '할멈'은 서부 지방, '아가씨'는 중부와 동부 지방에 보급되어 있다. 이 '아가씨'에 대해서는 나중에 설명하기로 하고, 여기서는 '할멈'에 대해서만 언급하고자 한다. 오늘 언급하는 관습의 대략적인 설명은 멀리 떨어진 티레의 헤브리디스(Hebrides) 섬의 목사였던 세심하고 박식한 캠벨(J.G. Campbell)에게서 인용한 것이다.

"수확의 할멈—수확시에 베는 작업에 뒤떨어져 마지막이 되지 않기 위해서 고심한다. 공동 경작지인 경우에는 아무도 꼴찌가 되지 않으려고 경쟁하기 때문에(아무도 그것을 자기가 했다고 주장하지 않는다) 베지 않고 방치되어 있는 이랑이 뒤에 남게 된다. 그 이유는 상상 속 할멈 모습을 한 '농장의 기근(gort a bhaile)'을 이듬해 수확 때까지 먹여 살려야 하기 때문이다. 이 노파에 대한 공포에서 비상한 경쟁과 오락이 생겨났다…… 처음에 작업을 마친 자는 곡물의 잎으로 '할멈'으로 불리는 인형을 만들어 그의 가장 가까운 이웃에게 보낸다. 그것을 받은 자는 자기 일을 끝마치는 대로 일손이 느린 다른 자에게 넘기고, 이렇게 해서 맨 끝에 그 인형을 받은 사람은 그해 동안 '할멈'을 보관해야 한다."

이슬라이(Islay) 섬에서도 마지막으로 벤 곡물에 '할멈'이란 명칭을 붙이고, 수확을 마친 뒤에는 벽에 걸어 놓고 다음 해의 농작물을 위해 밭을 갈 때까지 그

대로 둔다. 그리고 남자들이 밭갈이에 나가는 첫날에 그 집의 주부는 손으로 그것을 여러 조각으로 잘라 그들에게 나누어 준다. 이것은 다음의 농작물에 행운을 가져다 주는 것으로 생각되고, 또 '할멈'의 적절한 최후라고 이해된다.

같은 관습이 웨일스에서도 알려졌다. 예를 들면, 북부 펨브룩셔(Pem-brokeshire)에서는 마지막으로 벤 길이 15~30센티미터의 곡물 다발을 '마귀 할멈(Wrach)'이라고 불린다. 그리고 기묘한 옛 관습을 그것과 관련하여 행했는데, 요즘도 많은 사람들이 그것을 기억하고 있다. 마지막 남은 곡물을 벨 때 추수꾼들 사이에서 흥분이 고조된다. 모두들 교대로 그것에 낫을 던진다. 그래서 곡물을 베어 넘어뜨리는 데 성공한 사람은 손수 만든 맥주 한 통을 받는다. 그리고 서둘러 '마귀 할멈'을 만들어서 아직 바쁘게 일을 하는 이웃 농장으로 가지고 간다. 그러나 그 농부는 이웃 사람들에게 들키지 않도록 조심해야 한다. 왜냐하면 만일 그들이 그가 오는 것을 알아채고, 그 용도를 조금이라도 의심을 품게 되면 곧바로 왔던 길로 되돌려 보내기 때문이다. 그래서 그는 가만히 담장 뒤로 기어들어가서 추수하는 이웃 사람들 가운데 앞장 선 사람이 사정거리 안으로 도달할 때까지 기다린다. 그리고는 재빨리 그 '마귀 할멈'을 담너머로 던지되, 될 수 있는 한 앞장 선 사람의 낫에 맞게 던진다. 그런 다음 있는 힘을 다해 도망쳐야 하는데, 만일 붙잡히거나 격앙된 이웃 마을의 수확자들이 그를 향해서 던지는 낫에 베이지 않고 달아날 수 있으면, 그는 행운의 사나이가 된다. 또 다른 경우에는 수확자 중 한 사람이 남의 집에 있는 '마귀 할멈'을 자신의 헛간으로 옮긴다.

그는 그것을 말려서 아무에게도 들키지 않고 가지고 돌아올 수 있도록 온 힘을 다한다. 그러나 들키면 그집 사람들로부터 난폭하게 취급받기 쉽다. 때로는 거의 알몸으로 옷이 벗겨지거나 미리 마련해 둔 물통이나 냄비 등에 담아 두었던 물을 뒤집어 써야 했다. 그러나 만일 그가 말린 '마귀 할멈'을 사람들에게 들키지 않고 가져올 수 있으면, 그 집주인은 그에게 약간의 벌금을 내야 한다. 혹은 최상의 맥주 한 잔을 그에게 주어야 한다. 이렇게 '마귀 할멈'은 헛간 같은 곳의 벽에 걸려서 1년 동안 보존된다. 이 '마귀 할멈'을 집에 가지고 와서 걸어 놓는 관습은 북부 펨브룩셔의 어떤 농장에서는 오늘날에도 남아 있으나 지금 말한 낡은 의식은 사라졌다.

앤트림(Antrim) 지방에서는 수년 전 자동수확기를 들여놓으면서 낫을 쓰지 않게 되었을 때, 밭에 마지막으로 남겨 둔 곡물의 줄기를 함께 묶었다. 그리고 수확자들은 눈을 가리고 그 묶인 곡물에 낫을 던졌다. 넘어뜨린 사람은 누구나 집으로 갖고 와서 문 위에 걸어 놓았다. 이 곡물 다발을 '카르레이(Carley)'라고 부르는데, 이는 아마 '카를린(Carlin)'과 같은 말일 것이다.

슬라브의 여러 민족들도 이와 비슷한 관습을 행한다. 예를 들면, 폴란드에서는 마지막 다발을 일반적으로 '바바(Baba)', 즉 '할멈'이라고 부른다. 그래서 사람들은 "마지막 다발에 '바바'가 앉아 있다"라고 말한다. 그 곡식 다발 자체를 '바바'로 부르는데, 때로는 열두 단의 작은 다발을 합치기도 한다. 보헤미아 몇몇 지방에서의 마지막 곡식 다발로 된 '바바'는 여자 모습인데 큰 밀짚모자를 썼다. 이것은 마지막 수확 마차에 실려서 집으로 옮겨져 화관과 함께 두 처녀의 손에 의해 지주에게 전달되었다. 여자들은 다발을 묶을 때 꼴찌가 되지 않도록 경쟁하는데, 그것은 마지막 다발을 묶은 사람은 이듬해에 아이를 낳게 되기 때문이다. 수확하는 사람들은 마지막 다발을 묶은 사람을 가리켜 "저 여자가 '바바'를 가졌다"거나 "저 여자가 '바바'이다"라고 소리친다. 크라쿠프(Cracow) 지방에서는 남자가 마지막 다발을 엮을 때는 "할아범이 저 속에 앉아 있다"라고 사람들이 말한다. 여자가 그것을 엮을 경우에는 "'바바'가 저 속에 있다" 말하고, 머리만 보이도록 그녀를 곡식 다발 속에 넣어서 함께 묶어 버린다. 이렇게 그 여자는 곡식단 속에 묶여서 마지막 수확 마차에 실려 집으로 옮겨지고, 집 식구들에게 물세례를 받는다. 그녀는 춤이 끝날 때까지 곡식단 속에 있고, 그 뒤부터 1년 동안은 '바바'라는 이름을 갖게 된다.

리투아니아에서는 마지막 곡식단을 '보바(Boba)'라 부르는데, 이것은 할멈을 뜻하는 폴란드의 '바바'란 명칭과 일치한다. '보바'는 남겨진 마지막 곡물 속에 앉아 있다고 한다. 마지막 곡식단을 묶거나 마지막 감자를 캐는 사람은 지독한 놀림감이 되고, '호밀 할멈'이나 '감자 할멈'이란 별명을 받게 되며 오랫동안 그렇게 불리게 된다. 사람들은 마지막 곡식단, 즉 '보바'를 여자 모습으로 만들고, 마지막 수확 마차에 태워 마을로 엄숙히 옮겨 지주의 집에서 물세례를 준다. 그리고 그 주위를 돌며 춤을 춘다.

러시아에서도 때때로 마지막 다발을 여자 모습으로 만들어 치장을 한 다음 춤추고 노래하면서 헛간까지 갖고 간다. 불가리아인은 마지막 다발로 인형을 만들어, 그것을 '곡물 여왕' 또는 '곡물 어머니'라고 부른다. 인형은 여자의 속옷을 입힌 것인데, 마을로 메고 돌아다니다가 다음 해 농작물에 충분한 양의 비를 얻을 목적으로 강물에 던진다. 혹은 태워 밭에 뿌리는데, 이것도 의심할 것 없이 밭을 기름지게 하기 위해서이다.

마지막 다발에 '여왕'이란 이름을 붙인 사례는 중부 유럽과 북부 유럽에서도 찾을 수 있다. 예를 들면, 오스트리아의 잘츠부르크(Saltzburg) 지방에서는 수확이 끝날 때쯤 대행진이 벌어지는데, 그때 젊은이들은 '곡물 이삭의 여왕'을 마차에 태워서 이리저리 끌고 다닌다. '곡물 여왕' 관습은 영국에서도 일반적인 것으로 보인다. 밀턴(Milton)은 그것을 잘 알고 있었던 모양이다. 그는 「실락원 *Paradise Lost*」에서 다음과 같이 말한다.

> 아담은 목이 빠져라 그녀가
> 돌아오기만을 손꼽아 기다리면서
> 가장 아름다운 꽃들로 화관을 만들었네.
> 추수하는 이들이 '곡물 여왕'에 그렇듯이
> 그녀의 치렁치렁한 머리를 단장하려 화관을 엮듯이.

이런 종류의 관습은 수확하는 들에서가 아니라 탈곡장에서 행한다. 곡물정령은 수확하는 사람들이 익은 곡식을 베기 전에 곡식에서 도망쳐 나온다. 그리고 베어진 곡식을 떠나 곡식 창고에 피신해 있는데, 거기에서 마지막으로 탈곡된 다발에 나타나 도리깨에 맞아죽든지, 아니면 다시 도망쳐서 이웃 농부의 아직 탈곡되지 않은 곡물 속에 숨는다. 이렇게 하여 끝으로 탈곡된 곡물은 '어머니 곡물' 또는 '할멈'이라고 불린다. 도리깨질로 마지막 탈곡을 하는 농부는 때때로 '할멈'이라고 불리며, 마지막 곡식 다발의 짚으로 싸매어지거나 짚다발이 등에 단단히 동여매어진다. 어떻든 간에 그는 짐마차에 실려서 마을을 이리저리 끌려 다니며 웃음거리가 된다.

바이에른에 속한 튀링겐과 그 밖의 지방에서도 맨 나중 곡식 다발을 타작하는 사람을 '할멈' 또는 '곡물 할멈'이라 부른다. 사람들은 그를 짚 속에 동여매서 옮기거나 짐마차에 태워 마을로 끌고 다니고, 끝으로 퇴비더미에 내팽개치거나 탈곡이 끝나지 않은 이웃 농부의 탈곡장으로 끌고 간다. 폴란드에서는 마지막으로 탈곡하는 사람을 '바바(할멈)'라고 부르며, 그를 곡식단으로 싸서 마차에 실은 뒤 마을로 끌고 다닌다. 리투아니아에서는 때때로 마지막 다발을 탈곡하지 않고 여자 모습으로 만들어서 아직 탈곡이 끝나지 않은 이웃 사람의 헛간으로 가지고 가는 경우도 있다.

스웨덴의 여러 지방에서는 탈곡장에 다른 마을의 여자가 나타나면, 곡물을 타작하던 사람들은 그 여자의 몸 주위에 도리깨를 매달고, 목에 곡물 다발을 걸고, 곡물 이삭으로 만든 관을 머리에 씌운다. 그리고 "곡물 여자를 보라"고 놀린다. 이런 경우에 돌연히 나타난 그녀는 방금 도리깨질한 다발에서 쫓겨난 곡물 정령으로 여겨진다. 이웃 마을의 여자가 없을 경우에는 그 마을 농부의 아내가 곡물 정령을 재현하기도 한다. 예를 들면, 살리네(Saligne) 자치구의 벤데 지방에서는 농부의 아내를 마지막 곡물단과 함께 보자기에 싸고 짚을 깐 가마에 실어 탈곡기가 있는 곳으로 끌고 간 뒤 그 밑에 밀어넣는다. 그런 다음 그 여자는 끄집어 내고 곡식 다발만을 탈곡하며, 다시 여자를 보자기 속에 넣어서 마치 체질을 하듯이 위로 던진다. 여자를 타작하고 키질하는 이런 생생한 모방만큼 여자를 곡물과 동일시하는 모습을 분명하게 표현하기란 어려울 것이다.

이런 관습에서 여문 곡물 정령은 늙은이나 적어도 성인으로 간주된다. 바로 여기에서 '어머니', '할머니', '할멈' 등의 명칭이 유래된 것이다. 그러나 다른 경우에서는 곡물 정령을 젊은이로 취급하기도 한다. 예를 들면, 볼펜뷔텔(Wolfenbuttel) 근방의 잘데른(Saldern)에서는 호밀을 벨 때, 세 단을 새끼로 함께 묶어서 인형을 만들고 곡물 이삭으로 그 머리를 만든다. 이 인형은 '아가씨', 혹은 '곡물 아가씨'라 불린다. 때때로 곡물 정령은 낫으로 벨 때에 그 어머니에게서 떨어져 나간 어린아이로 생각되기도 한다. 이 견해는 마지막 한 줌의 곡물을 베는 사람을 향해서 "너는 탯줄을 잘랐다" 외치는 폴란드의 관습 중에 잘 나타난다.

서부 프로이센의 여러 지방에서는 마지막 다발로 만든 인형을 '사생아'라 부르고, 한 소년을 그 속에 넣는다. 마지막 다발을 묶어서 '곡물 어머니'를 재현하는 여자는 해산기가 있을 것이라고 한다. 그 여자는 진통을 느끼는 임산부처럼 운다. 그러면 할머니로 분장한 한 노파가 산파역을 맡는다. 얼마 뒤에 아기가 탄생했다는 외침이 터진다. 그러면 그 곡식단 속에 들어 있던 아이가 마치 갓난애와 같이 운다. 할머니 역을 맡은 사람은 강보를 싸는 흉내를 내면서 가짜 아기의 허리 주위에 붕대를 감아 준다. 그리고 아기가 감기에 걸리지 않도록 즐거운 표정으로 헛간으로 안고 간다. 북부 독일의 다른 지방에서도 마지막 곡식단이나 그것으로 만든 인형은 '어린아이', 혹은 '수확의 어린아이'로 불린다. 사람들은 마지막 다발을 묶고 있는 여자를 향해서, "당신은 아기를 얻고 있군요" 말한다.

영국의 곡식 정령
영국의 노섬벌랜드에서는 20세기 초까지 곡식 수확이 끝난 다음 'kern baby' 인형을 만들어 남겨둔다. 「벤자민 스톤경 사진집」, 1906.

스코틀랜드의 몇몇 지방에서는 영국 북부처럼 밭에서 마지막으로 벤 곡물을 '키른(Kirn)'이라고 부르고, 그것을 옮기는 사람을 "키른을 얻었다"고 부른다. 그것은 아이들의 인형처럼 치장되어서 '키른 아기', '키른 인형', 또는 '아가씨'라는 이름으로 불린다. 버윅셔(Berwickshire)에서는 19세기 중엽까지 밭에 남아 있는 마지막 곡물을 베려고 수확자들은 열심히 경쟁한다. 그들은 좁은 간격을 두고, 그 마지막 곡물 주위에 둘러서서 교대로 그것을 겨냥해 낫을 던진다. 그것을 자르는 데에 성공한 사람은 그가 좋아하는 소녀에게 그것을 준다. 소녀는 그 곡물의 포기를 잘라서 '키른 인형'을 만들고, 그것에 옷을 입힌 다음 헛간으로 가지고 가서 이듬해 수확 때 새로운 '키른 인형'과 바꾸어질 때까지 걸어둔다.

베리크셔의 스포티스우즈(Spottiswoode)에서는 수확시에 마지막 곡물을 베는 것을 "키른을 벤다" 만큼 자주 "여왕을 벤다"라고 부른다. 그것을 베는 방법은 낫을 던지는 방법이 아니었다. 그들 가운데 한 사람을 뽑아 눈을 가린 다음 손에 낫을 들고, 친구들 주위를 두서너 번 휘두른 다음에 '키른'을 벤다. 그가 손으로 더듬으면서 기어가 엉뚱한 곳에서 낫질하는 모습을 보고 친구들은 폭소를 터뜨린다. '키른'을 베기도 전에 지쳐서 가망이 없으면, 다른 사람이 같은 일을 시도하는 식으로 하여서 '키른'을 벨 때까지 이 작업은 계속된다. 이에 성공한 수확자는 세 차례의 환호와 갈채 속에 다른 수확자들의 헹가래를 받는다. 스포티스우즈에서는 '키른의 만찬'이 열리는 방과 춤이 벌어지는 창고를 장식하기 위해 해마다 두 사람의 부인이 '키른 인형'이나 '여왕'을 만든다. 그리고 이와 같은 많은 곡물 정령의 촌스러운 인형을 함께 걸어 두었다.

스코틀랜드 하일랜드의 여러 지방에서는 어떤 농장에서의 수확자들이 자른 마지막 한 줌의 곡물을 '아가씨' 또는 게일 어로 메이드딘부에인이라 부르는데, 이 말을 직역하면 '베어진 아가씨'가 된다. 이 '아가씨'를 얻는 관습에는 여러 가지 미신이 결부되어 있다. 만일 그것을 젊은이가 얻으면, 다음 수확을 하기 전에 그 사람은 결혼할 것이라고 믿는다. 이런 이유에서 수확자들 사이에서 누가 '아가씨'를 얻을 수 있을 것인가의 경쟁이 벌어지고, 그것을 얻기 위해서 온갖 계략이 쓰인다. 예를 들면, 한 줌의 곡물을 베지 않고 남겨 둔 다음 그것을 흙으로 덮어서 다른 수확자들의 눈을 속이고, 곡물이 깨끗이 베어질 때까지 그것을 감추어 두는 자들도 이따금 있다. 몇 사람이 같은 계략을 꾸미는 수도 있으나 이 경우에는 가장 냉정하고 누구보다 오랫동안 견디어 내는 사람이 그 영예를 얻게 된다. '아가씨'를 베면 리본 등으로 치장하여 인형으로 만든 뒤 헛간의 벽에 걸어 둔다.

스코틀랜드의 북부 지방에서는 이 '아가씨'를 성탄절 아침까지 조심스럽게 보관했다가, 그날이 되면 소에게 "1년 동안 잘 자라거라" 하고 그것을 나누어 준다. 퍼드셔의 발크히더(Balquhidder) 근방에서는 가장 젊은 처녀가 밭에 남은 마지막 에벤 곡물의 다발을 대충 여자 인형처럼 만들어서는 종이옷을 입히고 리본으로 장식한다. 이것을 '아가씨'라 부르며, 매우 오랫동안, 때로는 다음 해에 '아가씨'를 만들 때까지 헛간 속에, 그것도 보통 굴뚝 위쪽에 걸어 놓는다.

나는 1888년 9월, 발크히더에서 '아가씨'를 베는 의식을 실제로 보았다. 내 친구인 한 부인은 처녀 때에 퍼스(Perth) 근처에서 수확자들의 요청에 응해서 몇 번이나 '아가씨'를 벤 경험이 있었다고 말했다. '아가씨'란 아직 밭에 있는 마지막 곡물 다발에 붙인 이름이다. 그 부인이 다발을 벨 때에 수확자 한 사람이 윗부분을 쥐고 있는데, 나중에 그 다발은 엮어서 리본으로 장식한 다음 '아가씨'로 대체될 때까지 눈에 띄는 부엌 벽 위에 걸어 두었다. 이 근방에서는 수확의 만찬도 '아가씨'라고 불렀다. 수확자들은 그것을 중심으로 춤을 추었다.

1830년경, 덤바턴셔(Dumbartonshire) 가렐로크(Gareloch)의 몇 농장에서도 밭에 남아 있는 마지막 곡물 다발을 '아가씨'라고 불렀다. 그것은 둘로 나누어져 서 묶은 다음에 한 소녀가 베었는데, 이때 이 소녀는 운 좋게 곧 결혼하게 되리라고 믿었다. 그것을 벨 때에는 수확자들이 함께 모여서 저마다 낫을 공중에 던진다. '아가씨'는 리본으로 꾸며서 부엌의 천장 가까이에 매달아 놓는데, 그것에 날짜를 써 넣어서 몇 해 동안 그대로 보존한다. 때로는 대여섯 개의 '아가씨'가 함께 걸려 있는 경우도 있다. 수확의 만찬은 '키른(Kirn)'이라 불렀다. 가렐로크의 다른 농장에서는 마지막 곡물 다발을 '아가씨 머리' 또는 '머리'라 불렀다. 그것을 깨끗하게 엮고, 때로는 리본으로 장식해서 1년 동안 부엌에 걸었다가 그 곡식알은 닭에게 주었다.

애버딘셔(Aberdenshire)의 수확자들은 즐거운 행렬을 지어 마지막 벤 곡식단 또는 '아가씨'를 한 농가로 갖고 온다. 그리고 그것을 그 집 주부에게 증정하는데, 그 주부는 '아가씨'에 옷을 입히고, 암말이 새끼를 낳을 때까지 보존한다. 때가 되면 '아가씨'를 끄집어 내어 최초의 사료로 암말에게 준다. 그렇게 하지 않으면 망아지에게 불결한 영향을 미치고, 농장의 작업 전반에 걸쳐 그 계절 동안 불행한 결과를 가져온다고 믿기 때문이다. 애버딘셔의 동북부에서는 마지막으로 벤 곡물 다발을 일반적으로 '클리아크(clyack)', 즉 곡식 다발이라 부른다. 거기에 있던 가장 젊은 처녀가 그것을 베어 여자처럼 옷을 입힌다. 그리고 즐겁게 집으로 가져와 성탄절 아침까지 보관한다. 그리고 농장에 새끼 밴 말이 있으면, 그 말에게 그것을 주고 만일에 없으면 새끼를 낳은 가장 늙은 암소에게 주었다. 다른 지방에서는 이 다발을 농장에 있는 암소와 송아지, 그리고 말과 소에게 갈라서 주었다. 파이프셔(Fifeshire)에서는 젊은 처녀가 '아가씨'로 알려져 있는 마지막으로 벤 곡물 다발을 사람 모습으로 만들고, 끈으로 묶어 농장의 부엌 벽에 다음 해 봄까지 걸어 두었다. 추수시 '아가씨'를 베는 관습은 인버네셔(Inverness-shire)와 서덜랜드셔(Sutherlandshire)에서도 거행되었다.

독일에서는 때때로 마지막 다발과 그 다발을 묶은 여자에게 '신부', '귀리의 신부', '밀의 신부'의 명칭을 붙이는데, 그것으로 보아 곡물 정령은 어느 정도 성숙하지만 젊은 듯하다. 모라비아의 뮈글리츠 근방에서는 밀을 수확할 때에 일부분을 남겨 둔다. 그러면 '밀의 신부'라 불리는 한 젊은 처녀가 이삭으로 장식한 화관을 머리에 쓰고 수확자들의 환호 속에서 마지막 남은 곡물을 벤다. 사람들은 이 소녀가 그해에 진짜 신부가 된다고 여겼다. 스코틀랜드의 로슬린

(Roslin)과 스톤헤이번(Stonehaven) 근방에서는 마지막으로 벤 곡물의 다발을 '신부'라 부르는데, 이삭 많은 쪽의 허리에 리본을 맨 뒤 그것을 벽난로 위에 놓는다.

때때로 '신부'란 명칭에 함축된 관념은 식물의 번식력을 신부와 신랑으로 표현할 때 한결 더 잘 이해된다. 예를 들면, 포르하르츠(Vorharz)에서는 짚으로 싼 '귀리 남자'와 '귀리 여자'가 추수 연회에서 춤을 춘다. 남부 작센에서는 '귀리 신부'와 '귀리 신랑'이 추수제 때에 함께 나타난다. '귀리 신랑'은 완전히 귀리 짚에 싸인 남자이고, '귀리 신부'는 여자 의상을 입은, 즉 짚에 싸이지 않은 남자이다. 그들이 짐마차를 타고 술집으로 가면 곧 그곳에서 춤이 시작된다. 춤이 시작되면 춤추는 사람들은 '귀리 신랑'에게서 차례로 귀리짚을 벗긴다. 신랑은 그렇게 하지 못하게 하려고 몸부림치지만, 결국은 알몸이 되어 모두가 웃음을 터뜨리고 놀려 댄다.

오스트리아의 슐레지엔에서는 수확이 끝나게 되면 젊은이들이 '밀의 신부' 의식을 치른다. 마지막 다발을 엮은 여자가 '밀의 신부' 역을 맡고, 밀 이삭과 꽃으로 만든 화관을 쓴다. 그리고 짐마차 위에 신랑과 나란히 서서 들러리 처녀들의 시중을 받는다. 이렇게 그들은 결혼 행렬을 그대로 본떠서 두 마리의 황소가 끄는 마차를 타고 술집까지 간다. 여기서 밤새도록 춤을 추며 흥을 즐긴다. 이보다 조금 늦게 '귀리 신부'의 결혼식도 성대한 의식으로 거행한다. 슐레지엔의 나이세(Neisse) 근처에서는 기묘한 신랑 신부의 치장을 한 '귀리 왕'과 '귀리 여왕'이 황소가 끄는 수레 위에 앉아 마을로 간다.

이 마지막 사례에서 곡물 정령이 남성과 여성의 이중 형식으로 의인화되고 있다. 그런데 내 해석이 타당하다면, 이 정령은 그리스의 데메테르와 페르세포네와 똑같은 늙은 여자와 젊은 여자라는 이중 형태로 나타나기도 한다. 스코틀랜드에서, 그것도 특히 게일 어를 사용하는 주민 사이에서 마지막으로 벤 곡물을 때로 '할멈'으로 부르고, 때로는 '아가씨'로 부른다는 것은 이미 설명했다.

스코틀랜드에서는 '할멈(Cailleach)'과 '아가씨'를 추수 때에 함께 베는 지방도 있다. 이 관습에 대한 설명은 그다지 분명하지 않고 조금은 모순된 점도 있으나, 일반적인 규칙은 다음과 같다고 생각된다. '아가씨'와 '할멈'은 추수 때 곡식을 거둔 곳에서 만든다. '아가씨'는 마지막 곡물의 다발로 만들어서 그 밭의 주인인 농부가 보관한다. 반면에 '할멈'은 다른 줄기, 때로는 첫 번째로 벤 줄기로 만들어서 언제나 빨리 추수한 사람이 아직도 곡물을 베고 있는 느린 농부에게 넘겨 준다. 이렇게 어느 농부든지 곡물의 젊음과 풍요를 제공하는 정령의 화신인 '아가씨'를 보존하려는 데 반해서, '할멈'은 될 수 있는 대로 빨리 이웃의 손에 넘기기 때문에 할멈은 그 고귀한 머리를 누일 곳을 발견하기도 전에 그 지방의 모든 농장을 두루 돌아다니게 된다.

할멈에게 마지막으로 숙소를 제공하게 되는 농부는 물론 그 근방에서 가장 꼴찌로 곡물을 벤 사람이기에 그녀를 대단히 푸대접한다. 그 농부는 가난해질 운명에 놓였다든지, 또는 다음 해의 '마을의 기근에 대비하는 데'에 책임이 있다고 비난을 받는다.

이와 마찬가지로, 마지막으로 베어 낸 곡물을 '아가씨'로 부르지 않고 '마귀 할멈'으로 부르는 펨브룩셔에서는 이 '마귀 할멈'이 아직 들에서 일하는 이웃 사람에게 급히 넘겨지면, 그 사람은 이 늙은 방문객을 아주 귀찮게 여기면서 받아들이는 것을 우리는 이미 보았다. 아마 이 '할멈'이 '아가씨'와 대조되고 대립되는 곳에서는 어디서나 그렇듯이, 이 '할멈'이 작년의 곡물 정령을 상징하는 것이라면, 이 할멈의 퇴색한 매력이 농부들의 관심을 끌지 못한다는 것은 마땅한 일이다. 왜냐하면 다음 해의 가을에 그녀의 딸이 발랄한 모습으로 황금 물결을 치는 곡물 어머니가 될 수 있다고 기대되기 때문이다. 쇠약한 '곡물 어머니'의 재앙에서 벗어나려고 '곡물 어머니'를 타인에게 속여 넘기려는 욕구는 탈곡을 끝낼 때쯤에 치르는 관습, 특히 소름끼치는 밀짚 인형을 아직 탈곡이 끝나지 않은 이웃 농부에게 넘기는 관습 속에 뚜렷이 나타난다.

지금 기술한 수확에 대한 관습은 이미 우리가 이 책의 첫 부분에서 검토한 봄의 관습과 매우 비슷하다.

첫째, 봄의 관습에서 나무와 사람이 나무 정령을 재현하듯이, 수확의 관습에서도 마지막 곡물 다발을 베고 묶고 탈곡하는 사람이 곡물 정령을 재현한다는 것이다. 사람과 곡물 다발을 동일시하는 관념은 그 사람에게 곡식단과 같은 이름을 붙여 주거나 그 사람을 다발로 싸는 것을 보면 알 수 있다. 또 곡물 다발이 '어머니'라고 불릴 때, 가장 나이가 많은 기혼 부인이 그것으로 인간의 모습을 만들지만, '아가씨'로 불릴 때는 제일 젊은 처녀가 베어야 한다는 일부 지방의 규칙에서도 사람과 곡물 다발을 동일시한 관념이 잘 드러난다. 이 경우에 곡물 정령을 대표하는 사람의 나이는 마치 옥수수의 성장을 촉진하기 위해 멕시코인들이 바치는 인간 제물의 나이가 옥수수의 나이에 따라서 달랐던 것처럼, 곡물 정령의 상상적인 나이와도 일치한다. 왜냐하면 멕시코의 관습에서는 유럽과 마찬가지로 인간은 곡물 정령에 바쳐진 제물이라기보다는 오히려 그 표현이었기 때문이다.

둘째, 또 나무 정령이 식물이나 가축, 혹은 여성에게도 영향을 미치는 것처럼 곡물 정령에게도 풍요와 다산의 힘이 있다고 믿는다는 것이다. 예를 들면, 식물에 미치는 영향력은 마지막 곡물 다발(곡물 정령은 그 속에 깃들어 있다고 언제나 믿어지고 있다)의 낟알을 봄에 어린 농작물 사이에 뿌리거나, 씨앗 속에 그것을 섞는 관습에서 찾아볼 수 있다. 동물에 미치는 영향력은 마지막 곡물 다발을 새끼를 낳은 암말과 암소, 그리고 처음으로 밭갈이를 한 말 등에 먹이로 주는 관습에서도 알 수 있다. 마지막으로 여성에게 행사하는 영향력은 마지막 다발을 엮는 여자가 다음 해에 아기를 낳는다는 신앙에서 나타난다. 또한 '어머니 다발'을 얻은 사람이 곧 결혼하게 된다는 믿음에 의해, 그리고 임신한 부인의 모습으로 만든 '어머니 다발'을 농부의 아내에게 주는 관습에서도 곡물 정령이 여성에게 미치는 영향력을 잘 나타낸다.

그러므로 분명히 이 봄과 수확의 관습은 같은 고대 사고 양식에 바탕을 두고 있고, 의심할 바 없이 역사의 여명기 훨씬 전에 우리의 선조들이 행한 원시적 이교 의식의 일부를 이루고 있다. 원시적 의식의 여러 특징 중에서 다음과 같은 것에 주목할 필요가 있다.

1) 의식을 치르기 위해 특정한 계층의 사람들이 선별되는 일은 없다. 여기에는 사제가 없다. 의식은 필요에 따라 누구나 집행해도 좋다.
2) 의식을 치르기 위해서 특별한 장소를 선택하지 않는다. 여기에는 신전이 없고, 의식은 필요에 따라 어디에서든지 거행해도 좋다.
3) 신들이 아니라 정령들을 인정한다.
   ① 신과 달리 정령은 그 활동을 자연의 어떤 특정한 부문에 한정하고 있다. 그 정령들의 명칭은 고유하지 않고 일반적이다. 그 정령들의 속성은 개별적이기보다는 포괄적이다. 다시 말해서 저마다의 부류에 속하는 정령은 무수히 많고, 같은 어떤 종류에 속하는 개개의 정령은 모두 매우 비슷하다. 그 정령들은 아무런 결정적인 뚜렷한 개성을 갖고 있지 않다. 그 정령

들의 기원과 생활, 모험, 성격에 대해서 일반적으로 용인된 아무런 신화 전승도 없다.

② 반면에 정령과 달리 신들은 자연의 어떤 특정한 부분에 한정되지 않는다. 물론 그들이 일반적으로 저마다 특정 영역을 지배한다는 것은 사실이다. 그러나 그들은 그것에 엄격하게 국한되어 있지 않다. 선하건 악하건 간에 그 힘을 자연과 인생의 많은 다른 영역에서 자신들의 힘을 행사할 수 있다. 또 그들은 예컨대 데메테르, 페르세포네, 디오니소스와 같은 개인 이름이나 고유한 명칭을 갖고 있다. 그리고 그들의 개별적인 성격과 역사는 현재의 신화와 예술 표현으로 결정된다.

4) 의식은 정령들을 달래기 위해서라기보다는 오히려 주술을 부리기 위한 것이다. 다시 말해서 의식의 목적은 제물과 기도와 찬송 등을 통해서 신적 존재의 호의를 얻어서 이루어지는 것이 아니라, 이미 설명했듯이 의식과 그 의식이 노린 결과 사이의 물리적 공감과 유사성을 통해서 직접 자연의 운행에 영향을 끼친다고 믿는 의식에 의해서 달성된다.

이상의 관찰로 미루어 보면, 유럽 농민이 지키는 봄과 수확시의 관습은 마땅히 원시적인 것으로 평가할 수 있다. 그 의례를 지내는 특정한 계층의 사람이 정해져 있거나 어떤 특정한 장소가 마련되어 있는 것도 아니었다. 그것은 주인·하인·주부·하녀·젊은이·처녀들에 관계 없이 누구나 신전이나 교회당이 아닌 숲·목장·냇가·헛간·들판·오두막 등과 같은 장소에서 치르는 것이었다. 그 의례들이 기념하는 초자연적 존재는 신들이라기보다는 오히려 정령이라고 할 수 있는데, 그들의 기능은 자연의 명확하게 규정된 부문에 한정되어 있다. 그들의 이름은 데메테르, 페르세포네, 디오니소스와 같이 고유하지 않고 '보리 어머니', '할멈', '아가씨' 등과 같이 일반적이다. 그들의 일반적인 속성은 알려져 있으나, 개별적인 역사와 성격은 신화처럼 뚜렷하게 전해지지 않는다. 왜냐하면 그들은 개별적이기보다는 오히려 집합체로서 존재하여, 각 종류의 구성원을 개별적으로 구별하기는 어렵기 때문이다.

예를 들면 각 농장은 저마다 그 농장의 '곡물 어머니'나 '할멈', 혹은 '아가씨'를 가지고 있다. 그러나 이러한 '곡물 어머니'들은 모두 다른 '곡물 어머니'와 비슷하며, 이것은 '할멈', '아가씨'의 경우에도 마찬가지이다.

끝으로 우리는 봄의 관습과 수확기의 관습에서 행했던 의식은 정령들을 달래기 위한 것이라기보다는 주술을 목적으로 한 것이었다는 사실을 살펴보았다. 이것은 농작물에 필요한 비와 이슬을 얻을 목적으로 '곡물 어머니'를 강물에 던지거나, 다음 해에 풍작을 이루기 위해 '할멈'을 무겁게 만드는 관습에서도 알 수 있었다. 또 마지막 다발에서 빼낸 곡식 낟알을 봄이 되어 어린 농작물 사이에 뿌리거나, 가축을 잘 자라게 하기 위해서 마지막 다발을 먹이는 관습에서도 이 관습이 갖는 주술적 성격이 잘 드러난다.

제46장

세계 나라들의 곡물 어머니

1 아메리카의 곡물 어머니

고대와 근대의 유럽인만이 곡물을 어머니 여신으로 인격화한 것은 아니었다. 이와 같은 소박한 관념은 멀리 떨어져 있는 여러 지방의 농경 민족들에게도 나타나는데, 그들 또한 그러한 관념을 보리와 밀 이외의 그 지방 토착 곡물에 적용했다. 유럽에 '밀 어머니', '보리 어머니'가 있다면, 아메리카에는 '옥수수 어머니'가 있고, 동인도 제도에는 '벼 어머니'가 있는 것이다. 먼저 옥수수를 의인화한 아메리카의 경우부터 살펴보기로 하자.

우리가 이미 앞에서 본 바와 같이, 유럽의 여러 민족에게 마지막 곡식단이 줄기를 묶은 것이나, 그것으로 만든 인형을 다음 추수철까지 헛간에 보관하는 것은 일반적인 관습이었다. 이 목적은 의심할 바 없이 곡물을 성장시키고 농작물을 풍작으로 이끌기 위해서, 곡물 정령의 상징물을 보존하여 정령의 생명과 활동력을 1년 동안 유지하려는 것이었다. 아니, 적어도 본디 그러한 목적에서 시작되었을 것이다. 이러한 해석은 고대 페루인이 지킨 유사한 관습을 통해 그 개연성을 확보할 수 있다. 고대 에스파냐의 역사가 아코스타(J. de Acosta)의 다음 기록을 살펴보자.

"페루인들은 자기 밭에서 가장 잘 익은 옥수수 중의 일부를 '피루아(Pirua)'라고 부르는 곡물 창고 속에 여러 가지 의식을 거쳐 넣어 두고 사흘 밤 동안 그것을 지킨다. 그들은 그들이 가지고 있는 가장 좋은 의복으로 옥수수를 싼 다음 그 '피루아'를 숭배하고, 그것을 매우 공손하게 다뤘다. 그것이야말로 그들이 계승한 '옥수수 어머니'이고, 바로 이 방법으로써 옥수수는 수확이 늘고 또 잘 보관된다고 한다. 이 달(6월, 우리들의 5월에 해당됨)에 그들은 특별한 제물을 바치고, 여자 주술사는 그 '피루아'에게 다음 해까지 미칠 수 있는 영향력을 가지고 있는지 어떤 지를 묻는다. 만일 그 대답이 부정적이면, 그들은 이 옥수수를 밭에 가지고 가서 태워 버린다. 그리고 앞과 같은 의식으로 다른 '피루아'를 만들어, 옥수수 종자가 다음 해까지 죽지 않도록 하기 위해서 그것을 다시 새로운 것으로 만든다고 말한다. 만일 오랫동안 보존할 만한 힘이 있다는 대답을 얻으면 이듬해까지 그대로 둔다. 이런 어리석고 덧없는 행위는 오늘날까지도 이어진다. 그러한 '피루아'를 갖는 것은 인디언 사회에서는 무척 보편적인 일이다."

이 관습에 대한 기록에 다소의 오류가 있는 것으로 보인다. 페루인이 숭배하고, '옥수수 어머니'로 여긴 것은 곡물 창고(피루아)가 아니라 아마 옷을 입힌 옥수수 다발일 것이다. 그것은 우리가 페루의 관습에 대해 알고 있는 다른 자료에서 확인된다. 전하는 바에 따르면, 페루인은 모든 유용한 식물은 그것을 성장케 하는 신적인 존재가 살고 있다고 믿는다. 식물에 따라서 그 신적 존재는 '옥수수 어머니', '카카오 어머니', '키노아 어머니', '감자 어머니' 등으로 불렸다. 그들은 이 신적인 어머니의 인형을 저마다 옥수수 이삭, 키노아나 카카오 잎사귀 등으로 만들었다. 그리고 거기에 여자 옷을 입히고 숭배했다. 예를 들면, '옥수수 어머니'는 옥수수 줄기로 만들고, 여자 옷으로 단장된 인형으로 표현했다. 인디언들은 "그것은 어머니로서 많은 옥수수를 만들고, 또 생산하는 힘을 갖고 있다"고 믿었다.

그러므로 아코스타는 아마 그 페루인들을 오해했고, 따라서 그가 기술한 '옥수수 어머니'는 곡물 창고(피루아)가 아니라 훌륭한 옷으로 치장된 옥수수 다발이었을 것이다. 페루의 '옥수수 어머니'는 발크히더에서의 수확의 '처녀'와 같이 곡물을 성장시키고 풍요롭게 하기 위해서 1년 동안 보존되었다. 그러나 그녀의 힘이 다음 추수철까지 충분하지 않을지도 모르기 때문에 그해 동안 그녀의 상태가 어떤가를 물었다. 만약 쇠약하다는 답을 얻으면 그녀를 불태우고, '옥수수의 종자가 멸종하지 않도록 하기 위해' 새로운 '옥수수 어머니'를 만들었다.

여기서 우리는 정기적, 또는 부정기적인 신 살해의 풍습에 대한 우리의 해석을 확증해 줄 증거를 찾아볼 수 있다. 원칙적으로 '옥수수 어머니'는 1년 동안 살도록 허용되어 있는데, 이 기간은 그 정령의 힘이 쇠퇴하지 않고 지속될 수 있다고 합리적으로 계산된 시간이다. 그러나 그녀의 힘이 조금이라도 약해지는 징조가 나타나면, 그녀는 살해되고 싱싱하고 활기찬 '옥수수 어머니'가 그

페루에서 출토된 옥수수 정령
옥수수는 아메리카 원주민 사회의 주식이었으며 영력이 있다고 여겼다. 옥수수 정령을 나타내는 항아리. 국립인류고고학박물관, 리마

자리를 대신했다. 이는 그녀에게 자신의 존속을 의존하는 옥수수가 시들어 죽지 않도록 하기 위해서였다.

2 동인도의 벼 어머니

어느 독자들은 유럽에서 행해졌던, 아직도 사람들의 기억에 남아 있는 추수철 의식의 의미에 대해서 여전히 어떤 의아심을 갖고 있을 수도 있다. 그러나 그러한 의심은 동인도의 말레이족과 다약족이 벼를 수확할 때 거행하는 의식들을 살펴본다면 사라지게 될 것이다. 이 동양의 민족들은, 유럽의 농민과 같이 그 관습이 시작되었던 지적 단계에서 여전히 벗어나지 못했고, 따라서 그들의 이론과 관습은 아직도 일치하고 있다. 유럽에서는 벌써 화석이나 시골뜨기의 오락거리나, 또는 학자의 수수께끼로 퇴화한 이 기이한 의식들이 동인도인들에게는 아직도 이해할 수 있고 설명할 수 있는 살아 있는 현실인 것이다. 그러므로 벼에 대한 그들의 신앙과 관습의 연구는 고대 그리스와 근대 유럽에서 행한 곡물 의식의 참다운 의미를 이해하는 데 어느 정도 도움을 줄 수 있다.

말레이족과 다약족이 벼와 관련해서 치르는 의식 전체는 벼에 영혼이 깃들어 있다고 믿는 소박한 관념에 근거한다. 이 민족들은 인간에게 있는 영혼이 벼에도 똑같이 있으리라 믿었던 것이다. 그들은 벼의 생식과 성장, 쇠퇴와 죽음 등의 현상을 인간에게 일어나는 현상을 설명하는 원리에 따라서 설명한다. 그들은 식물의 조직 안에 인간의 몸처럼 어떤 생명적 요소가 있다고 믿는다. 이 생명적 요소는 식물과는 별개의 것으로 잠시 동안 치명적인 결과를 불러오지 않고 완전히 식물과 분리될 수 있다는 것이다. 비록 이 생명적 요소의 부재 기간이 길어지면 식물이 시들고 죽을 것이지만 말이다. 더 좋은 표현이 없으므로 이 분리할 수 있는 '생명적 요소를 식물의 영혼'이라 부르기로 하자.

이 민족들은 식물의 생명적 요소를 인간의 영혼을 이루는 생명적 요소와 같은 것으로 여긴다. 마치 인간의 이론과 신화가 죽은 자를 숭배하는 의식 위에 세워졌듯이 식물 영혼의 이론이나 신화도 곡식을 숭배하는 의식을 바탕으로 만들어진 것으로 보면 무방할 것이다. 따라서 이 식물에 대한 이론과 신화는 약하고 불확실한 기초 위에 세워진 사상누각과 다를 바 없는 것이다.

벼를 인간의 영혼과 같은 영혼에 의해서 살아 있는 것이라고 믿은 인도네시아족은 마땅히 그것을 사람과 같이 공손하게 다룬다.

예를 들면, 이삭이 팬 벼에 대해서는 임신한 부인에게 대하듯 똑같이 다룬다. 그리하여 그들은 벼의 영혼을 몹시 놀라게 하여 유산으로 열매를 맺지 않는 일이 없도록 논에서 총을 쏘거나 큰 소리를 내는 것을 삼간다. 같은 이유에서 논에서 시체나 악마 이야기를 하지 않는다. 또 그들은 임신 중의 여자가 먹으면 영양이 된다고 믿고 있는 여러 음식물을 이삭이 팰 무렵의 벼에 준다. 벼 이삭이 팰 무렵에는 갓난아기로 간주하여서, 여자들은 마치 아기를 대하듯 논에 죽을 주면서 돌아다닌다.

이삭이 팬 식물과 임신 중의 부인, 그리고 어린 농작물과 갓난아기를 자연스럽고 분명하게 비교하면 '곡물 어머니'와 '곡물의 딸', 즉 데메테르와 페르세포네에 대한 같은 계열의 그리스적 관념의 기원을 찾을 수 있다. 겁 많고 여성적인 벼의 영혼이 큰 소리에 놀라서 유산한다면, 사람들이 낫으로 그것을 베어야 하는 추수철에 그 영혼의 마음이 어떠하리라는 것은 쉽게 상상할 수 있다.

이와 같이 중요한 시기에는 벼를 베는 외과 수술을 될 수 있는 대로 아프지 않게 하기 위해서 모든 수단을 강구해야 했다. 이 이유에서 수확자들은 종자 벼를 벨 때에 특수한 모양의 낫을 쓰는데, 칼날 부분을 손 안에 감춰서 벼가 알아차리지 못하는 사이에 그 목을 벤다. 최후의 순간까지 벼의 영혼을 놀라게 하지 않도록 하려는 것이다. 또 이와 같은 세심한 동기로 논에서 일하는 수확자들은 하나의 특별한 용어를 사용하는데, 그것은 벼의 영혼이 그 말을 알아듣지 못하게 하기 위한 것이다. 그러므로 이삭이 안전하게 바구니 속에 보존될 때까지 무슨 일이 진행 중인가를 이삭은 전혀 경고도 암시도 받지 못한다.

이처럼 벼를 인격화하는 인도네시아의 여러 종족 가운데 중부 보르네오의 카얀족과 바하우(Bahau)족이 그 대표적이라고 말할 수 있다. 카얀족은 그 변덕스러운 영혼을 확보하고 억류하기 위해서 여러 가지 고안을 한다. 그 목적에 쓰이는 도구 중에는 소형 사다리, 주걱, 그리고 갈고리와 가시와 끈이 들어 있는 광주리가 있다. 여사제가 그 주걱으로 벼의 영혼을 때리고, 작은 사다리를 통해 그것을 광주리 속에 떨어뜨리면, 갈고리와 가시와 끈으로 자연스럽게 묶이게 만든다.

여사제가 이렇게 벼의 영혼을 붙잡은 다음에 그것을 곡물 창고로 가지고 간다. 때로는 대바구니와 밧줄이 쓰이기도 한다. 다음 해의 풍작을 보장하기 위해서는 곡물 창고 속에 안전하게 저장된 모든 벼의 영혼을 억류할 뿐만 아니라, 땅에 떨어졌거나 사슴, 원숭이, 멧돼지 등에 먹혀서 잃어버린 모든 벼의 영혼을 유인해 되찾아오는 것이 필요하다. 이 목적을 이루기 위해 사제는 여러 도구를 고안했다.

예를 들면, 과일나무로 만든 네 개의 갈고리가 붙은 대바구니가 있는데, 이 갈고리로 잃어버린 벼의 영혼을 긁어모아 대바구니에 넣어서 집 안에 걸어 둔다. 과일나무로 조각한 두 개의 손이 이 용도로 쓰이기도 한다. 카얀족의 주부는 밥을 짓기 위해 곡물 창고에서 벼를 꺼낼 때마다 벼가 자기 몸뚱이를 빼앗아 간다고 화내지 않도록 곡물 창고에서 벼의 영혼을 달래야 한다.

버마의 카렌족도 벼의 풍작을 위해 벼의 영혼을 달래야 한다는 필요성을 강하게 느꼈다. 그들은 벼가 잘 자라지 않을 때에는 벼의 영혼(Kelah)이 벼에서 떠난 것으로 생각한다. 불행하게도 그 영혼을 불러들이지 못하면 흉작이 될 수밖에 없다. 다음의 기도는 벼의 영혼을 다시 불러들일 때 사용하는 것이다.

"오, 오라. 벼의 영혼이여, 오라! 논으로 돌아오라. 벼에게 돌아오라. 암수의 씨앗을 갖고 오라. 코(Kho) 강에서 돌아오라. 카우(Kaw) 강에서 돌아오라. 두 강물이 만난 곳에서 돌아오라. 서쪽에서 돌아오라. 동쪽에서 돌아오라. 새의 목구멍에서, 원숭이의 입에서, 코끼리의 콧구멍에서, 모든 강물의 근원에서, 그 입구에서 오라. 샨(Shan)과 부르만에서 오라. 먼 나라에서 오라. 모든 곡식 창고에서 오라. 오, 벼의 영혼이여, 벼에게 오라."

유럽 농민의 '곡물 어머니'는 수마트라 미낭카바우어(Minangkabauer)족의 '벼 어머니'와 견줄 만하다. 미낭카바우어족은 벼에 틀림없이 영혼이 있다고 인정하고, 자기네 방식으로 찧은 쌀은 절구에 찧은 쌀보다 맛이 더 좋다고 주장한다. 그 이유는 절구에 쌀을 찧으면, 쌀의 몸뚱이가 매우 상해서 영혼이 달아나 버리기 때문이라고 한다. 그들은 자바족과 같이 벼는 사닝사리(SaningSari)라는 여성 정령의 보호를 받는다고 생각하는데, 로마인들이 곡물을 케레스(Ceres)로 부른 것과 같이, 그 여성 정령은 때때로 벼 자체의 이름으로 불릴 만큼 벼와 밀접하게 관련되어 있다.

특히 그 여성 정령은 인도이아파디(indoea padi)라고 불리는 줄기나 낟알로 표시되는데, 이것은 문자 그대로 '벼 어머니'로 이따금 수호신 자체를 부르는 명칭이다. 이렇게 '벼 어머니'는 모를 심고 벼를 수확하고 곡식을 창고에 저장할 때 모든 의식을 거행하는 이유가 된다. 벼를 논에 심는 경우에는 먼저 못자리에서 싹을 틔우는데, 볍씨를 못자리에 뿌릴 때는 '벼 어머니'를 만들기 위해서 가장 좋은 볍씨를 고른다. 그런 뒤 그 볍씨를 못자리의 가운데에 뿌리고, 보통의 씨앗은 그 주변에 뿌린다. 이 '벼 어머니'의 성장 상태는 다른 벼의 성장에 매우 큰 영향을 미친다고 생각된다. 만일 그것이 마르거나 시들면 그해는 흉작이 될 것이다. 못자리에 '벼 어머니'를 뿌리는 여자는 풍성한 수확을 확보하기 위해 머리카락을 길게 늘어 뜨리고 목욕재계를 한다. 못자리의 모를 논에 심을 때 논의 중앙이나 한 구석의 특별한 자리에 '벼 어머니'를 심고, 다음과 같은 기도나 주문을 왼다.

"사닝사리여, 벼 한 줄기에서 쌀 한 말, 벼 한 뿌리에서 쌀 한 바구니를 얻을 수 있게 해 주소서. 번갯불이나 통행인들에 놀라지 마소서! 햇빛을 즐기소서. 폭풍우에도 마음 평안하소서. 빗물이 당신의 얼굴을 씻게 하소서!"

벼가 자라는 동안에는 '벼 어머니'로서 특별히 취급되던 그 벼는 보이지 않

벼를 인간의 영혼과 같이 살아 있는 것이라고 믿는 인도네시아에서는 벼를 '벼 어머니'로서 소중하게 다룬다.

게 된다. 그러나 수확 전에 다른 '벼 어머니'가 발견된다. 그 벼가 익어서 벨 때가 되면, 가족 중에서 나이가 가장 많은 여자나 주술사가 그것을 찾으러 나선다. 살랑대는 산들바람에 맨 먼저 고개를 숙인 몇 개의 줄기가 '벼 어머니'가 되어 한 단으로 묶인다. 그러나 그 줄기는 그 논의 첫 이삭이 되어 가족이나 친구들, 심지어 가축을 위한 잔치 음식으로 쓸 때까지 베지 않고 그대로 둔다. 가축들도 '사닝사리'의 은총을 받은 그 훌륭한 음식을 먹어야 한다. 식사가 즐겁게 끝나면, 화려한 옷을 입은 사람들이 '벼 어머니'를 옮긴다. 그들은 그것을 잘 짠 자루에 넣고, 양산으로 받쳐서 곡물 창고의 한 가운데 놓아 둔다. 이 '벼 어머니'는 곡식 창고에서 벼를 지키고 그것을 늘려 준다고 누구나 믿고 있다.

중부 셀레베스의 토모리(Tomori)족은 모를 심으려고 할 때, 벼를 성장시켜 주는 정령들을 위한 제물로 논에 약간의 후추를 파묻는다. 이 주변에 심은 벼는 수확기 때 맨 나중에 베어 들인다. 벼를 벨 때가 되면 이 주변의 벼를 한 단으로 묶어서, '벼 어머니(Ineno pae)'라고 부르며 쌀, 닭의 간, 달걀, 그 밖의 제물을 그 앞에 바친다. 이 논의 벼를 모조리 벤 다음에야 '벼 어머니'를 베고 조심스레 곡물 창고로 옮긴다. 그리고 창고 마루에 그것을 놓고, 다른 볏단을 모두 그 위에 쌓는다.

토모리족은 이 '벼 어머니'를 달 속에 살고 있는 벼의 정령인 '오몽가(Omonga)'에게 바치는 특별한 제물이라고 생각한다. 만일 그 정령이 정당한 존경을 받지 않으면, 예를 들어 광에서 벼를 끄집어 내는 사람들이 옷을 단정하게 입지 않는다면, 그는 노해서 그들이 광에서 끄집어 낸 벼의 두 배를 광 속에서 먹어치워 무례한 자를 벌한다는 것이다. 또 그가 곡식 창고에서 벼를 먹는 소리를 들은 사람들도 있다고 한다. 또 한편 토라자족도 수확시에 '벼 어머니'에게 제사를 지낸다. 그들은 그녀를 모든 수확의 실제 어머니로 간주하여, 그녀의 부재 중에 광에 쌓아 둔 벼가 녹아서 사라지는 일이 없도록 세심하게 다룬다.

또 스코틀랜드에서 곡물의 늙은 정령과 젊은 정령이 각기 '할멈', '처녀'로 표현되는 것과 같이, 말레이 반도에서도 '벼 어머니'와 그 자식은 저마다 별개의 볏단으로 표시한다.

스키트(W.W. Skeat)는 1897년 1월 28일, 셀랑고르의 코도이에서 '벼의 영혼'을 베어 집으로 옮기는 의식을 실제로 보았다. 그들은 '벼 영혼의 어머니' 역할을 하는 특별한 다발을 이삭의 특징이나 모양으로 식별하여 미리 정했다. 나이 많은 여자 주술사가 매우 엄숙하게 이 다발에서 일곱 개의 이삭으로 된 작은 다발을 베고, 기름을 붓고, 색실을 두르고, 향을 쏘인 다음 흰 헝겊에 싸서 작은 달걀 모양의 바구니에 넣었다. 그 일곱 이삭은 '벼의 어린 영혼'이고, 바구니는 요람이다. 이를 다른 여자가 농가로 옮기는데, 그 여자는 '벼 아기'에게 뜨거운 햇빛이 비치지 않도록 양산으로 받쳐준다. 집에 도착하면 그 집안 여자들은 '벼 아기'를 환영하고, 새로운 잠자리와 베개를 마련해 준다.

그 뒤에 농부의 아내는 사흘 동안 일정한 터부의 규정을 지켜야 한다. 이 규칙은 여러 점에서 진짜 아기를 낳은 뒤 사흘 동안 준수해야 하는 것과 같은 것이다. 이렇게 갓 낳은 '벼 아기'에 대한 정성은 마땅히 그의 부모, 즉 '벼 아기'가 나온 볏단에도 미치게 된다. '벼의 영혼'을 옮겨 자리에 누일 때까지 논에 그대로 남아 있던 볏단은 새로운 어머니로 취급된다. 이때 나무들의 어린 가지를 찧어서 사흘 동안 계속 매일 밤 널리 흩뿌린다. 사흘이 지나면 야자 열매와 '산양의 꽃'이라 불리는 것과 섞어서 설탕을 약간 발라 먹고, 그것을 조금 그 벼에게 뱉는다. 진짜 출산 뒤에는 과일나무의 어린 가지, 복숭아, 바나나, 덜 익은 야자의 과즙 등과 건어, 소금, 식초, 양념한 참새우, 그 밖의 맛있는 것들을 섞어 샐러드를 만들고, 그것을 줄곧 사흘 동안 어머니와 아이에게 나누어 먹인다.

마지막 벼 포기는 농부의 아내가 베는데, 집으로 그것을 갖고 돌아와 탈곡한 뒤 '벼의 영혼'과 함께 섞는다. 농부는 '벼의 영혼'과 그 바구니를 마지막 볏단에서 생긴 것과 함께 말레이족이 쓰는 크고 둥근 쌀자루에 넣는다. 이 '벼의 영혼'에서 취한 낟알은 이듬해에 뿌려질 종자와 섞는다. 말레이 반도에서의 이 '벼 어머니'와 '벼 아기'를 통해 우리는 고대 그리스의 데메테르와 페르세포네의 대응물이며, 또 어떤 의미에서는 그 원형임을 알 수 있다.

또 곡물 정령을 신랑과 신부의 이중 형태로 나타내는 유럽의 관습은 자바에서 벼 수확 때 집행되는 의식과 비슷하다. 수확자들이 벼 베기를 시작하기 전에 사제나 주술사가 많은 벼 이삭을 골라내 그것을 묶어서 기름을 바르고 꽃으로 장식한다. 이렇게 치장된 벼 이삭은 '파디펜간텐(Padipêngantèn)' 즉 '벼 신부'와 '벼 신랑'으로 불린다. 그들의 결혼 축하가 끝나면 벼 베기는 바로 시작된다. 벼를 거둬들이면 곡식 창고 속에 신혼 부부의 방을 마련해 새로운 멍석과 등잔, 그 밖에 온갖 화장 도구를 마련한다. 축하하는 손님을 표현하기 위해서 많은 볏단을 '벼 신부'와 '벼 신랑' 옆에 놓는다. 첫날 밤을 마치기 전에는 수확된 곡식을 창고 속에 넣어서는 안 된다. 그리고 벼를 넣고서 처음 40일 동안은 신혼 부부를 방해하지 않기 위해서 아무도 광에 들어가서는 안 된다.

발리(Bali) 섬과 롬복(Lombok) 섬에서는 수확 때가 되면 논의 주인이 자기 손으로 '주된 벼'를 베고 그것을 두 단으로 만드는데, 각 단을 잎이 붙어 있는 그대로 백 여덟 개의 줄기로 묶는다. 한 단은 남자를, 다른 단은 여자를 뜻한다. 이것을 '남편과 아내'라고 부른다. 남자 단은 잎이 조금도 보이지 않도록 실로 감고, 여자 단은 잎을 여자가 머리카락을 땋은 것처럼 묶는다. 때로는 더 정확히 구별하기 위해서 짚으로 된 목걸이를 여자 단의 둘레에 매는 경우도 있다. 논에서 벼를 옮길 때는 부부를 나타내는 이 두 단을 한 여자가 머리에 이고 맨 마지막에 곡식 창고에 보관한다. 그리고 작은 음경 모양의 볏단이나 돗자리 위에 놓는다. 이런 모든 배치는 곡식 창고 속에서 벼가 증식하여 주인이 처음 넣어 두었던 분량 이상으로 수확되도록 하는 것이 그 목적이다. 그래서 발리 섬의 사람들은 부부를 나타내는 두 단을 곡식 창고에 넣을 때 다음과 같이 말한다.

"쉬지 말고 번식하라."

창고 속의 벼를 다 먹어도 사람들은 부부를 상징하는 그 벼 두 단은 점차로 자연히 없어지거나 쥐에 먹힐 때까지 빈 곡식 창고 속에 남겨 둔다. 때로는 절박한 배고픔에 그것들마저 먹어 버리는 사람들이 있는데, 그러면 이웃사람에게서 개, 돼지나 매한가지라는 멸시를 받는다. 더욱이 이 신성한 볏단을 다른 보통의 볏단과 함께 팔려는 사람 또한 없다.

남성과 여성의 힘에 의해 벼가 증식한다는 관념은 상(上) 버마의 치(Tshi) 어족에게서도 찾아볼 수 있다. 이곳 사람들은 껍질을 벗기지 않은 볏단을 말려 탈곡하려 할 때에는 먼저 그것을 산 같이 쌓고, 친구들을 모조리 탈곡장에 초대해서 먹고 마실 것을 대접한다. 이때 볏단은 둘로 나누어 한 더미는 탈곡을 위해 펴놓고, 한 더미는 쌓아 놓은 대로 둔다. 그리고 먹을 것과 술을 바치고, 가장 나이 든 자가 "벼 아버지와 어머니시여"라고 부르면서 다음 해의 풍작을 기원한다. 이것이 끝나면 모두들 먹고 마시면서 즐긴다. 이 탈곡장에서의 의식은 치족의 사람들이 '벼 아버지, 어머니'에게 기원하는 유일한 제사이다.

3 인간으로 화신하는 곡물 정령

유럽의 '곡물 어머니', '곡물 처녀' 등을 식물의 형태로 구체화된 곡물 정령으로 보는 이론은, 유럽 이외의 세계 여러 민족에서도 찾아볼 수 있는 증거로 충분히 입증될 수 있다. 그러한 민족들은 정신적 발달이 유럽의 여러 민족보다 뒤떨어졌기 때문에, 유럽인들에게는 이미 무의미한 유물이 되어버린 저 시골풍 의식을 집행하는 본래의 동기에 대해 아직 상대적으로 더 예리한 이해력을 가지고 있다.

그러나 독자들은, 이 책에서 상세히 서술하는 만하르트의 이론에 따르면 곡물의 정령은 식물의 모습으로만 자신을 나타내는 것이 아니라, 인간의 모습으로도 나타난다는 것을 기억해야 한다. 즉, 마지막 묶음을 베거나 마지막 타작을 하는 사람은, 그가 베거나 탈곡하는 마지막 묶음과 같이 곡물 정령의 일시적인 화신으로 여겨졌던 것이다. 여태까지 유럽 지역 외의 여러 민족들의 곡물 정령은 식물의 모습으로만 제시되었다. 따라서 이제는 유럽 농민 이외의 다른 민족들이 살아 있는 남자와 여자를 곡물 정령의 화신 또는 표상으로 생각했다는 것을 증명할 필요가 있다. 나는 이러한 것을 밝히는 일이야말로 이 책의 주제와 밀접한 관계가 있다는 점을 독자에게 환기시키고자 한다. 식물의 생명이나 풍요롭게 하는 정령을 표현하는 사례를 많이 발견하면 할수록, 여러 사례들과 네미의 '숲의 왕'을 분류할 때 느끼는 곤란은 줄어들 것이다.

북아메리카의 만단(Mandan)족과 미니타리(Minnitaree)족은 '여자 곡물 주술제'라고 일컫는 의식을 봄에 치르는 관습이 있었다. 그들은 '결코 죽지 않는 할멈'이 농작물을 성장시킨다고 믿었는데, 남쪽의 어딘가에 살고 있는 그녀가 봄의 철새인 물새를 그 표적이나 대표로 보낸다고 생각했다. 갖가지 새들이 인디언이 재배하는 여러 농작물을 대표했다. 예를 들면, 야생 거위는 옥수수를, 야생 백조는 호리병박을, 야생 오리는 콩을 대표하는 따위이다.

그리하여 봄에 깃털을 단 '할멈'의 사자가 오도록 인디언은 '여자의 곡물 주술제' 의식을 집행한다. 먼저 제단을 만들어 '할멈'에게 바치는 제물로 마른 고기와 그 밖의 것을 걸어 놓는다. 길일을 택해서 부족 내의 할멈들이 '결코 죽지 않는 할멈'을 재현해 저마다 옥수수 이삭을 막대기에 매어 들고 제단이 있는 곳으로 모인다. 그리고 들고 온 막대기를 땅에 세우고, 제단을 둘러싸고 춤을 추다가 끝나면 막대기를 다시 뽑아 든다.

할아버지들은 그동안에 할멈들의 의식에 쓰는 반주로 북을 치며 흥미를 돋운다. 또 젊은 여자들은 할멈들의 입 속에 마른 고기를 넣어 주고 그 답례로 신성한 옥수수 한 알을 받아서 먹는다. 젊은 여자들의 접시 속에는 신성한 곡물을 서너 알 놓는데, 이것은 나중에 종자가 되는 곡물 속에 조심스럽게 섞인다. 이렇게 하면 풍작을 거두게 된다고 믿었다. 제단에 걸어 놓은 마른 고기는 할멈들의 것이 되었다. 그녀들은 '결코 죽지 않는 할멈'을 상징하기 때문이다.

이것과 비슷한 곡물제를 가을에도 집행했는데, 이는 들소 무리를 끌어들여서 식량을 확보할 목적이었다. 그때 모든 여자들은 뿌리째 뽑은 옥수수를 들고 왔다. 그들은 옥수수와 땅의 과실을 상징하는 새들에게 '결코 죽지 않는 할멈'이라고 이름을 붙여주고, 옥수수와 새들에게 이렇게 기도한다.

"어머니시여, 우리를 불쌍히 여기소서! 심한 추위를 너무 빨리 보내지 마옵소서. 우리가 충분한 고기를 얻지 못하게 되나이다! 모든 짐승을 쫓아 버리지 마옵소서. 우리는 겨울에도 그것이 필요합니다!"

인디언들은 가을에 새들이 남쪽으로 날아가면, '할멈'에게 돌아가서 제단 위에 걸어 놓은 제물, 특히 말린 고기를 전해 준다고 믿었다. 여기서 우리는 곡물의 정령이나 신이 '할멈'으로 간주되고 육체를 가진 노파로 재현되고 있음을 알 수 있다. 이때 노파들은 '할멈'에게 바친 제물을 대리인의 자격으로 얼마쯤 받아간다.

인도의 몇몇 지방에서는 수확의 여신 가우리(Gauri)가 처녀로 재현되기도 하고 여자의 가면과 의복, 장신구로 치장된 야생 발삼(balsam) 식물 다발로 표현되기도 한다. 이렇게 이 여신은 인간과, 식물 두 가지의 형태로 숭배받는데, 그녀와 관련한 모든 의식의 목적은 벼의 풍작을 확증하는 데 있는 것으로 보인다.

4 곡물 어머니와 딸로서의 이중 의인화

독일의 '곡물 어머니', 스코틀랜드의 '수확의 처녀'와 비교했을 때, 그리스의 데메테르와 페르세포네는 종교 발달 과정 후기의 산물이다. 그러나 그리스인도 아리안족의 한 지파로서 한때는, 켈트족, 튜턴족, 슬라브족 등에 의해 여전히 행해지는 의식과 같은 종류의 추수 관습을 지켰음에 틀림없다. 그와 같은 관습은 아리안계에서 멀리 떨어져 있는 페루의 인디언과 동인도의 많은 민족들도 준수해 온 것이다. 이러한 사실은 우리에게 이 관습의 기초를 이루는 관념은 특정 민족에게만 한정되어 생성되는 것이 아니라, 농경에 몸담고 있는 미개한 민족에 공통적으로 자연스럽게 나타나는 것임을 보여준다.

그러므로 데메테르와 페르세포네와 같은 그리스 신화의 훌륭하고 아름다운 인물들은 분명히 아직도 유럽 농민 사이에서 성행하고 있는 소박한 신앙과 관습에서 생겨났을 것이다. 이 여신들의 형상 또한 피디아스(Phidias)나 프락시텔레스(Praxiteles)와 같은 거장의 손에 의해 청동이나 대리석으로 살아 숨쉬는 듯 표현되기 이전에는, 누런 곡식 다발로 만들어진 조야한 인형의 모습으로 수확기 들판에 세워졌을 것이다. 이처럼 수확철 들판의 냄새가 물씬 풍겨나는 고대의 기억은 통상적으로 페르세포네를 지칭하는 '처녀(Kore)'라는 호칭 속에 오늘날까지 남아 있었다.

그러므로 데메테르 원형이 독일의 '곡물 어머니'라면, 페르세포네 원형은 요즘도 가을이 올 때마다 발크히더의 브라이스에서 마지막 다발로 만들고 있는

'수확의 처녀'일 것이다. 만일 우리가 고대 그리스의 농민들에 대해서 보다 상세히 알고 있다면, 그들이 고전 시대에 수확하는 밭에서 해마다 익은 곡물로 '곡물 어머니(데메테르)'와 '처녀(페르세포네)'를 만들었다는 사실을 발견할 수 있을 것이다. 그러나 불행하게도 우리가 아는 데메테르와 페르세포네는 도시의 시민이었고, 웅장한 신전을 가진 위엄이 있는 주민이었다.

고대의 세련된 저술가들이 바라본 것은 다만 그런 신들뿐이었다. 수확하는 들판에서 농부들이 집행한 소박한 의식은 그들의 주의를 끌 만한 가치가 없었다. 만일 주의를 끌었다 하더라도 햇볕이 쬐는 들판에 남아 있는 짚 인형과 신전의 차갑고 어두침침한 곳에 안치된 대리석상 사이에 어떤 연관성이 있었는가에 대해 꿈에도 생각지 못했을 것이다. 그러나 우리는 도시에서 출생한 교양 있는 사람들이 쓴 책에서 때때로 볼 수 있는 외딴 독일의 시골 사람들이 아무렇게나 만든 인형을 통해 데메테르의 소박한 모습을 어림짐작할 수 있다.

예를 들면, 이아시온(Iasion)이 데메테르와 사랑을 나누어 아기 플루토스(Plutos : 명계의 부·풍요의 신)를 세 번 경작한 밭에서 낳았다는 이야기는 수확의 밭에서 아기 낳은 흉내를 내는 서부 프로이센의 관습과 비교될 수 있을 것이다. 이 프로이센의 관습에서 아기 낳는 흉내를 하는 어머니는 '곡물 어머니(Żytniamatka)'를 재현하고 아기는 '곡물 아들'을 표현한다. 이 의식 모두는 다음 해의 풍작을 구하는 주술이다.

우리가 이미 보았듯이 원시인은 자기 자신의 발랄한 생명력을 생기가 없거나 쇠퇴한 자연에 주입하려 한다. 그래서 그들은 때때로 밭에서 실제 또는 모의적으로 관계를 갖는다. 이런 의식은 봄에 싹이 트는 곡물이나 가을에 밭의 곡물을 벤 그루 사이에서 행하는 오랜 관습이다. 문명인들이 개조한 데메테르 안에 있는 원시성은 다음에 우리가 농경신들의 다른 속성을 취급할 때 다룰 것이다.

근대의 민속에서는 일반적으로 곡물 정령을 '곡물 어머니(할멈 따위)' 또는 '처녀(수확의 아기 따위)' 중 하나로 표현하고, '곡물 어머니'와 '처녀'로 동시에 표현하고 있지 않다고 느꼈을 것이다. 그렇다면 그리스인은 왜 곡물을 어머니와 딸로 표현했을까?

브르타뉴인의 관습에서 마지막 다발로 만든 큰 인형 속에 작은 곡물 인형을 집어넣은 '어머니 다발'은 틀림없이 '곡물 어머니'와 아직 낳지 않은 '곡물의 딸'을 동시에 표현한 것이다.

또 바로 앞에서 언급한 프로이센의 관습에서 '곡물 어머니' 역할을 하는 여자는 익은 곡물을 표현한다. 그리고 다음 해의 농작물이 올해에 수확한 종자에서 싹튼다는 점에서, 아기는 마땅히 올해의 '곡물의 자식'으로 간주되는 다음 해의 곡물을 표현한 것으로 보인다.

또 말레이 반도 사람들과 때로는 스코틀랜드의 하일랜드 주민들도 곡물의 정령을 익은 곡물에서 따온 이삭으로 늙은 여자와 젊은 여자라는 이중의 여성형을 표현한다는 것을 보았다. 스코틀랜드에서는 곡물의 늙은 정령은 '카를리네(Carline)' 혹은 '카일리아크(Cailleach)', 즉 '할멈'으로, 젊은 정령은 '아가씨'로 나타낸다.

한편 말레이 반도에서는 벼의 두 정령이 서로 어머니와 자식의 관계로 긴밀하게 결부되어 있다. 이런 유사한 사례에서 판단하면, 데메테르는 올해의 익은 곡물이었을 것이며, 페르세포네는 다음 해 수확을 위해 가을에 뿌려지고 봄에 다시 싹이 나오는 종자였을 것이다. 그러니까 페르세포네가 저승에 내려간 것은 씨뿌리기의 신화적 표현이고, 봄에 다시 나타나는 것은 햇곡식의 발아를 뜻한다고 할 수 있다. 이와 같이 한 해는 페르세포네가 되고, 다음 해는 데메테르가 되는 것이다. 이것이 바로 데메테르와 페르세포네 신화의 근원적인 형식이다.

그러나 종교 사상이 발달하면서, 곡물은 한 해 동안 출생과 성장, 그리고 생식과 죽음의 전 과정을 통과하는 존재로서가 아니라 불사의 여신으로서 인격화하게 되었다. 거기에 일관성이 요구되어 신인동현론적 인격신은 어머니나 딸 중 하나를 버려야 했다. 그러나 어머니와 딸로서의 곡물의 이중 성격은 논리에 의해서 소멸되기에는 너무나도 일반 사람들의 마음 속에 깊이 뿌리박고 있어서, 개정된 신화 속에도 어머니와 딸의 양쪽 모두가 함께 자리잡게 된 것으로 보인다.

이로써 페르세포네에게는 가을에 뿌리고 봄에 성장하는 곡물의 성격을 부여하고, 데메테르에게 곡물이 해마다 땅 속으로 사라지는 것을 슬퍼하고 봄에 재현되는 것을 기뻐하는 '곡물 어머니'로서 조금 분명치 않은 역할을 부여한 것이다. 이와 같이 1년만 생존하고 그 후계자를 낳아서 넘겨주는 신적 존재의 규칙적인 계승 대신에, 개정된 신화에서는 하나는 해마다 지하에 숨었다가 다시

페르세포네와 곡물 정령
그리스 신화에서 석류는 씨가 많아 풍요와 연관된다. 플루토가 페르세포네를 저승으로 데려갈 때 석류를 주며, 이것을 먹으면 식물이 매년 싹틔우기 위해 씨를 뿌려야 하는 것처럼 해마다 자기 곁으로 돌아올 수 있다고 말했다.

나타나며, 또 하나는 적당한 계절에 슬퍼하거나 기뻐하는 두 개의 신적이고 불사인 존재가 나타난 것이다.

그리스 신화에서 곡물의 이중 의인화에 대한 이 이론은 두 여신의 의인화(데메테르와 페르세포네)가 본원적인 것임을 가정하고 있다. 그러나 만일 그리스 신화가 단일한 의인화로 출발했다고 한다면, 후대의 이중적 의인화의 발달은 아마 다음과 같이 해석될 것이다.

이미 검토된 수확 의식을 관찰할 때, 그것이 곡물 정령에 대한 두 가지의 명백한 관념을 포함하고 있다는 것을 알게 될 것이다. 즉, 어떤 의식에서 곡물 정령은 곡물에 내재하는 것으로서 취급되고 있는 데 반해서, 다른 것은 곡물을 떠나서 바깥에 존재하는 것으로서 다루어진다. 예를 들면, 어떤 특별한 곡물을 벤 다발이 곡물 정령이란 명칭으로 불리고 의복을 입혀서 존경받는 경우에, 그 정령은 분명히 그 곡물에 내재하는 것으로 여겨진다. 그런데 그 정령이 곡물에서 빠져 나가 그것을 성장시킨다든지 그 정령이 원한을 품고 있는 자의 농작물을 말려 죽인다고 할 경우, 그 정령이 곡물에 영향을 주는 일이 있다 하더라도 분명히 곡물과는 별개의 것으로 간주되고 있다. 후자의 경우를 생각해 보면, 곡물 정령이 아직 신은 아니지만 앞으로 곡물신이 될 것으로 예상된다.

이 두 관념 중에서 곡물에 내재하는 정령이 보다 오래된 것임은 틀림없다. 일반적으로 정령이 내재하여 생명력을 갖게 된다는 자연관 쪽이 외부의 신들이 지배한다는 자연관 쪽보다 선행되기 때문이다. 간단히 말해서, 애니미즘(animism)이 이신론(異神論 ; deism)보다 먼저 생겼기 때문이다.

유럽 농민의 수확 의식에서 곡물 정령은 곡물에 내재하는 것으로 생각하기도 하고 거기에서 떠나 바깥에 존재하는 것으로 생각하기도 한다. 또 한편 그리스 신화에서 데메테르는 곡물에 내재하는 정령으로 생각되기보다는 오히려 곡물신으로 간주된다. 이 관념의 양식에서 다른 관념의 양식으로 변천하는 사고 과정에는 신인동형론적 인격신이 나타난다는 것이다. 바로 내재하는 정령에 인간의 속성을 차츰 많이 부여하게 되는 것이다. 사람들이 야만의 영역을 벗어남에 따라서 그 신들을 인간화하는 경향이 강해진다. 그리고 신들이 인간화하면 할수록 처음에는 단지 그 속에 내재하는 정령 또는 영혼에 지나지 않은 자연물과 인간화한 신들 사이의 간격은 더 벌어진다.

그러나 야만 상태에서 벗어나 진보하는 과정에서 같은 시대의 사람들이 모두 어깨를 나란히 하여 진보하는 것은 아니다. 그 결과 새롭게 인격화한 신들이 보다 지적인 사람들의 종교적 요구를 만족시키는 한편, 공동 사회에서 뒤떨어진 성원들은 여전히 예부터의 애니미즘적인 견해를 고수하려 한다. 이를테면 곡물과 같은 자연물의 정령이 인간적 속성을 띠게 되고, 본체에서 분리되고, 그 본체를 지배하는 신으로 바뀔 때, 자연물 그 자체는 정령이 이탈하여 생명이 없어진다. 즉, 그것은 영적인 진공 상태가 된다. 그런데 보통 사람은 그러한 진공 상태를 참을 수 없기 때문에, 다시 말해 생명이 없는 것으로 생각할 수 없기 때문에 곧 새로운 신화적 존재를 창작하고, 그것을 주인 없는 사물 속에 집어넣게 된다.

그래서 신화에서는 같은 자연물이 뚜렷이 구별된 두 존재로 표현된다. 첫째로 자연에서 이탈하여 신의 경지로 올라간 오래된 정령으로, 둘째로 오래된 정령이 더 높은 위치의 존재로 올라감에 따라 그 빈 자리를 메우기 위해 일반 사람들이 상상으로 만든 새로운 정령으로 구별된다. 이런 경우 같은 사물에 두 존재의 다른 인격화로 진행된 신화상 문제점을 어떻게 처리해야 할 것인가? 그것들의 상호 관계는 어떻게 조정될 수 있으며 그 쌍방을 신화 체계 속에 어떻게 위치시킬 것인가? 정령이 사물을 창조하거나 생산한다고 생각하면 문제의 해결은 쉽다. 오래된 정령이 사물을 생산하고, 새로운 정령이 그것에 생명을 부여한다고 본다면, 새로운 정령은 사물의 영혼으로서 그 존재를 오래된 정령에 의존한다고 할 수 있다. 이렇게 옛 정령은 새로운 정령과 생산한 자에 대한 생산된 자의 관계를 이루게 된다. 즉, 신화에서는 어버이와 자식의 관계가 되는 것이다. 이때 만일 양쪽의 정령이 모두 여성이라면, 그 관계는 어머니와 딸이 된다. 이렇게 하여 곡물을 여성으로 생각하는 단일한 의인화에서 출발한 신화적 상상은 곧 그것을 모녀로 보는 이중 의인화에 다다르게 된다.

물론 이것이 데메테르와 페르세포네의 신화가 형성된 과정이라고 성급하게 결론지을 필요는 없으나, 데메테르와 페르세포네의 예와 같은 신들의 이중 의인화가 때로는 이러한 과정을 거쳤을 것으로 추측해 볼 수는 있다. 이 책의 처음 부분에서 다루었던 쌍을 이룬 신들 가운데, 이시스와 그 반려자인 오시리스를 예로 들어 보자. 모두 곡물의 화신으로 간주할 만한 근거가 있는 그 신들은, 지금 제시한 가설에 따르면, 이시스는 오래된 곡물 정령이고, 오시리스는 그에 대해 형제나 남편 또는 자식 등의 다양한 관계로 설명될 수 있는 새로운 곡물 정령이 된다. 신화학은 두 신의 공존을 언제나 자유롭게 설명할 수 있는 것이다. 그러나 데메테르와 페르세포네, 또는 이시스와 오시리스와 같은 신들에 대한 이러한 해석은 모두 추측이고, 다만 가정일뿐이라는 것을 잊어서는 안 된다.

제47장

리티에르세스

1 곡물 수호자의 노래

앞에서 우리는 북유럽의 '곡물 어머니'와 '곡물 아가씨'가 데메테르와 페르세포네의 원형임을 밝히려고 한 바 있다. 그러나 그 둘 사이의 그 유사성을 완전한 것으로 만드는 데 필요한 근본적인 특징은 여전히 부족하다. 그리스 신화에서의 주요한 사건은 페르세포네의 죽음과 부활이다. 이 신화를 아도니스, 아티스, 오시리스, 디오니소스의 숭배와 관련해 주는 것은 바로 이 여신의 식물신적인 성격과 결부된 그 사건이기 때문이다. 그리고 죽어 가는 신에 대한 우리의 논의 가운데 이 신화가 하나의 위치를 차지하게 되는 것도 그 사건으로 말미암은 것이다. 그러므로 위대한 그리스와 동양의 신앙에서 매우 뚜렷하게 나타나는 신의 연례적인 죽음과 부활이라는 관념이 과연 수확자나 포도나무 재배자가 옥수수 밭이나 포도나무 사이에서 집행했던 소박한 의식 가운데 그 기원이나 유사성을 갖고 있는지 검토해 보아야 할 것이다.

고대인의 통속적인 신앙이나 관습에 대한 우리의 일반적인 무지는 이미 고백한 바 있다. 그러나 그런 고대 종교의 발달에 관계되는 애매성은 다행히 오늘날 어느 정도 해명되었다. 오시리스, 아도니스, 아티스는 이미 우리가 살펴보았듯이 저마다 이집트, 시리아, 프리지아에서 숭배받았다. 그리고 각 나라에서는 어떤 곡물과 포도를 수확하는 의식이 치러졌던 것으로 알려졌는데, 그 의식들의 상호 유사성은 고대 저술가 스스로도 놀랄 정도였다. 그것을 근대의 농민과 미개 민족의 수확 의식과 비교해 볼 때 그 의식의 기원에 대해서 어떤 실마리를 던져 줄 것이다.

고대 이집트에서 수확자들이 처음에 벤 곡물을 애도하고, 곡물을 발견하는 데 도움을 준 여신 이시스에게 기도했다는 것은 디오도로스의 기록을 통해 이미 언급되었다. 그리스인은 이집트의 수확자들이 부르거나 애도했다는 슬픈 노래를 '마네로스'라 불렀는데, 이집트 최초의 왕의 외아들인 마네로스가 농경술을 개발하고 젊은 나이에 죽어 사람들의 애도를 받았다는 이야기에서 비롯되었다고 한다. 그러나 '마네로스'라는 명칭은 '집으로 돌아오라(maa-ne-hra)'는 기도를 오해한 데에 말미암은 것으로 보인다. 그것은 「사자의 서」 속에 보이는 이시스의 장송가 등 여러 이집트 기록 속에서 발견된다. 따라서 '집으로 돌아오라'는 외침은 곡물 정령(이시스 또는 오시리스)의 죽음에 대한 장송가로써, 또 그의 부활을 바라는 기도로써, 베어 낸 곡물에 대한 수확자의 노래라 짐작할 수 있다. 맨 처음에 이삭을 베어 냈을 때 외친 것으로 생각하면, 이집트인들은 최초에 베어 낸 곡물에 깃든 정령이 낫에 잘려 죽는다고 믿은 것으로 보인다.

자바에서는 최초의 벼 이삭을 '벼 영혼' 또는 벼 신부, 벼 신랑으로 표현한다. 인사이트 가이드 「인도네시아」, 1990.

우리는 이미 말레이 반도와 자바에서 최초의 벼 이삭을 '벼 영혼'으로 표현하거나 '벼 신부'와 '벼 신랑'으로 표현한다는 것을 알고 있다. 러시아 여러 지방에서는 다른 나라에서 마지막으로 벤 곡물의 다발이 처리되는 것과 똑같은 방법으로 최초의 곡물 다발이 처리된다. 주부는 벤 곡물 다발을 집으로 가지고 돌아와 성화 가까이 명예로운 자리에 놓는다. 그것은 나중에 다른 다발과는 별도로 탈곡되고, 그 낟알을 이듬해에 파종할 종자와 섞는다. 애버딘셔에서는 마지막에 벤 곡물로 '클리아크(clyack)' 다발을 만드는 데 쓰며, 드문 일이지만 때때로 맨 처음에 벤 곡물을 여자처럼 꾸미고 의식을 마친 다음 집으로 가지고 간다.

페니키아와 서아시아에서는 이집트의 곡물을 수확하는 사람들이 불렀던 슬픈 노래를 포도 수확과(유추하면) 곡물 수확 때에 불렀다. 그리스인들은 이 페니키아 노래를 '리누스(Linus)' 혹은 '아일리누스(Ailinus)'로 불렀고, '마네로스'와 똑같이 '리누스'라는 젊은이의 죽음을 애도하는 노래라고 해석했다. 어떤 이야기에 따르면, 리누스는 한 양치기에게 양육되었으나 그의 개들에게 물려 찢겨져 죽었다. 그러나 리누스 혹은 아일리누스란 명칭은 마네로스와 같이 용어상의 오해에 말미암은 것이고, '우리는 슬프다'는 외침에 지나지 않는다. 이것은 아마 페니키아인이 아도니스에 대한 슬픔 때문에 외친 말일 것이다. 적어도 사포(Sappho)는 아도니스와 리누스를 동일시한 듯하다.

비티니아에서는 마리안디니아의 수확자들이 '보르무스(Bormus)' 또는 '보리무스(Borimus)'라고 부르는 구슬픈 노래를 불렀다. 보르무스는 아름다운 젊은이로, 우피아족 왕의 아들, 또는 어떤 부유하고 고귀한 사람의 아들이었다고 전해진다. 그는 어느 여름날 자기 밭에서 곡식을 거두고 있던 일꾼들을 살펴보다가, 그들이 마실 물을 가지러 간 뒤로 아무 소식도 없었다. 그래서 수확자들은 구슬픈 목소리로 그를 부르며 찾아다녔는데, 그것이 노래가 되어 수확기마다 불리게 되었다고 한다.

2 곡물 정령의 살해

프리지아에서는 수확할 때와 탈곡할 때 농부들이 불렀던 노래를 '리티에르세스(Lityerses)'라고 했다. 어떤 이야기에 따르면 리티에르세스는 프리지아 왕 미다스(Midas)의 서자로 켈라이나이에서 살았다고 한다. 그는 곡식 베는 일을 하던 대식가였다, 그런데 리티에르세스에게는 수확기에 자신의 밭을 통과하거나 그 옆을 지나가는 낯선 사람을 발견하면, 먼저 그 자를 배부르게 먹이고 나서 마이안더 강가에 있는 밭으로 데리고 가 억지로 자기와 함께 곡식을 베게 하는 습관이 있었다. 그러한 그의 규칙은 추수가 끝나면 그 사람을 곡식단에 싸서 낫으로 그의 목을 베고 그 짚으로 싼 시체를 가져가는 것으로 마무리되었다. 그런데 드디어 그와 함께 곡식을 베게 된 헤라클레스가 먼저 리티에르세스의 목을 베고 시체를 강물에 던져 버렸다. 이때 리티에르세스가 다른 사람들을 죽인 것과 같은 방법으로, 헤라클레스가 그를 죽였다고 전해지는 것으로 보아, 우리는 리티에르세스도 시체를 강물에 던졌다고 짐작할 수 있다. 이 이야기의 다른 형식에 따르면, 미다스의 아들 리티에르세스는 벼베기로 사람들과 경쟁하는 것을 좋아했는데, 그가 이기면 그들을 마구 채찍질했다고 한다. 그런데 어느 날 자기보다도 강한 수확자를 만나 살해되었다는 것이다.

이 리티에르세스의 이야기에는 프리지아의 수확 의식이 묘사되어 있고, 그 의식에서는 어떤 인물, 특히 수확할 때에 밭을 지나가는 낯선 사람이 언제나 곡물 정령의 화신으로 간주되고 있다. 그 때문에 수확자에게 붙잡혀서 다발 속에 싸이고, 목이 잘리고, 그 시체는 짚에 둘둘 말려서 강물에 던져졌는데, 이는 나중에 비를 내리게 하기 위한 주술이었을 것이다. 그 근거란, 첫째 리티에르세스의 이야기와 유럽 농민의 수확 의식의 유사성, 둘째 논밭의 풍요와 다산을 촉구하기 위해 미개 민족이 바친 잦은 인간 제물 등이다. 첫 번째 근거부터 차례로 살펴보기로 하자.

이 이야기를 유럽의 수확 의식과 비교하면, 세 가지 점에 특별히 주목할 가치가 있다. ① 빨리 베기의 경쟁과 벤 다발 속에 인물을 싸는 일, ② 곡물 정령이나 그 대리인을 죽이는 일, ③ 수확하는 밭을 방문하는 자 혹은 밭을 지나가는 자를 다루는 법.

1) 첫 번째에 관련하여 근대 유럽에서는 마지막 곡물을 베는 자, 혹은 묶는 자, 혹은 탈곡하는 자가 때때로 같은 일꾼에게 거칠게 다루어졌다는 사실을 우리는 이미 보았다. 예를 들면, 그는 마지막 다발에 싸여서 그대로 묶이거나, 수레에 실려 다니거나, 매를 맞거나, 물벼락을 맞거나, 거름더미 위에 던져지거나 했다. 혹은 이런 난폭한 짓을 면했다고 하더라도 적어도 그해 1년 동안 어떤 재앙을 가져오는 운명을 지닌 것으로 여겨졌다. 그래서 수확자는 마지막 낫질을 하거나, 탈곡에서 마지막 도리깨질을 하거나, 마지막 다발을 묶는 것을 자연히 싫어하게 되었고, 일을 끝낼 무렵이 되면 이 부담은 일하는 사람들 사이에 경쟁을 일으켰고, 꼴찌가 되지 않기 위해서 가능한 한 빨리 일을 끝내려고 했다.

예를 들면, 프로이센의 미텔마르크 지방에서는 마지막 호밀을 베어 묶으려고 할 때, 모든 여자들은 호밀과 새끼줄을 앞에 놓고 서로 마주 보고 선다. 그리고 신호에 따라서 저마다 다발을 묶는데, 맨 마지막으로 묶는 사람은 다른 사람들에게 놀림감이 된다. 그뿐만이 아니라 그녀가 묶은 다발을 사람 모습으로 만들어 '영감'이라 부르고, 그 여자는 그것을 집 뜰까지 갖고 가야 한다. 일꾼들은 거기서 그녀와 인형을 둘러싸고 원을 그리면서 춤을 춘다. 그것이 끝나면 모두들 '영감'을 지주인 농부에게 넘겨 주면서, 다음과 같이 말한다.

"우리는 주인에게 영감을 바칩니다. 주인, 새로운 것을 얻을 때까지 잘 보관하세요."

그 뒤에 '영감'은 나무에 걸린 채 웃음거리가 되고 오랫동안 그대로 내버려둔다. 바이에른의 아슈바흐에서는 수확이 거의 끝날 때, 수확자들은 "자, 영감을 쫓아내자" 말한다. 그리고 마지막 남은 곡물을 될 수 있는 대로 빨리 베기 시작한다. 사람들은 맨 끝으로 베는 사람에게 "영감은 네 것이야"라고 야유를 퍼붓는다. 때로는 꼴찌로 벤 사람의 얼굴에 검은 가면을 씌우고 여자 옷을 입히는 일도 있다. 만일 그 수확자가 여자라면 남자 옷을 입힌다. 이어 춤이 시작된다. 만찬 때 '영감'은 다른 사람의 두 배의 음식을 먹어야 한다. 탈곡 때에도 방법은 같다. 즉, 마지막 도리깨질을 한 사람이 '영감'이라 불린다. 그리고 탈곡한 사람들을 위한 만찬에서 그는 국자로 엄청난 양의 술을 떠 마셔야 한다. 또 갖가지 방법으로 야유를 받기 때문에 끝까지 참을 수 없으면, 브랜디나 맥주를 한턱 내서 그 이상의 고통을 피한다.

이러한 사례는 수확자들 사이에서 일을 가장 늦게 끝냄으로써 당하는 조롱과 곤욕을 피하기 위해 곡물을 베거나, 다발로 묶거나, 탈곡할 때 경쟁을 벌이게 된다는 것을 설명해 준다. 여기서 베거나 묶거나 탈곡할 때 가장 늦은 자가 곡물 정령의 대표로 간주되고, 이러한 관념은 그 자를 곡물 다발에 묶을 때 한결 분명하게 나타난다는 사실을 기억해야 한다. 곡물의 다발에 묶는 관습은 이미 설명되었으나 다시 몇 가지 사례를 덧붙여 두자.

슈테틴(Stettin) 근처의 클록신에서는 수확하는 사람들이 마지막 다발을 묶는 여자에게 "당신에게 영감이 생겼으니 소중히 모셔야지"라고 놀린다. 9세기 전반까지의 관습은 일꾼들이 여자의 몸을 완두 줄기에 싸서 음악에 맞춰 농가로 데리고 간 뒤, 완두 줄기가 몸에서 다 떨어질 때까지 그 여자와 함께 춤을 추었다.

슈테틴 주변의 다른 마을에서는 마지막 수확 마차에 짐을 실을 무렵이 되면 모두가 꼴찌가 되지 않기 위해 여자들이 경쟁을 벌인다. 왜냐하면 짐마차에 마지막으로 짐을 싣는 사람은 '영감'으로 불리고 곡식 다발 속에 파묻히기 때문이다. 그리고 그 여자는 꽃으로 장식되고, 꽃과 밀짚모자를 머리 위에 얹는다.

엄숙한 행렬에 따라서 그 여자는 수확의 관을 지주에게 갖고 가서 축하 인사를 드리고 그 관을 주인의 머리 위에 얹는다. 춤이 시작되면 '영감'은 춤 상대를 택할 권리를 가지고 있다. 그 '영감'과 춤추는 것은 명예로운 일이다.

마그데부르크(Magdeburg) 근방의 곰메른(Gommern)에서는 마지막 곡물을 베는 사람을 때때로 곡물 다발 속에 싸서 그 속에 사람이 들어 있는지를 구별하지 못하도록 한다. 이렇게 싸이면 다른 힘이 센 수확자의 등에 업혀 일꾼들의 환성 속에서 밭을 돈다. 마그데부르크의 근방에 있는 노이하우젠(Neuhausen)에서는 마지막 다발을 묶는 사람을 귀리 이삭에 싸서 '귀리 사나이'라 하며, 그를 둘러싸고 춤을 춘다. 아이슬 드 프랑스의 브리에에서는 지주를 최초의 다발에 싼다. 에르푸르트 지방의 딩겔슈테트에서는 19세기 전반까지도 마지막 다발 속에 사람을 싸는 관습이 있었다. 사람들은 그를 '영감'이라 부르고, 마지막 수레에 실어 환성 속에 집으로 옮긴다. 이윽고 농장 뜰에 도착하면 그를 헛간에 던지고 물을 뒤집어 씌운다. 바이에른의 뇌르틀링겐에서는 탈곡할 때에 마지막 도리깨질 하는 자를 짚 속에 싸서 탈곡장 마루에 던진다. 바이에른의 오버팔츠의 몇몇 지방에서는 "영감을 얻는다" 말하며, 그를 짚단에 싸서 아직 탈곡을 끝내지 못한 이웃 사람들에게 데리고 간다. 슐레지엔에서는 마지막 다발을 묶은 여자를 매우 난폭하게 괴롭힌다. 그녀를 이리저리 밀고, 두들기고, 다발로 묶어 '곡물 인형(Kornpopel)'이라고 부른다.

이러한 모든 경우는 곡물 정령, 즉 식물의 '영감'이 마지막으로 베이거나 탈곡된 곡물에서 쫓겨나서 그 겨울 동안 헛간 안에 거처하게 된다는 것을 의미한다. 씨 뿌릴 때가 되면 그는 다시 밭으로 나가서 싹이 튼 곡물에 생기를 복돋워 주면서 활동을 재개한다.

2) 리티에르세스에 대한 이야기와 유럽의 수확 의식을 비교하는 두 번째의 요점에 들어서자. 유럽의 수확 의식에서 곡물을 베거나 탈곡할 때 곡물 정령이 살해된다고 때때로 믿었다는 것에 주의해야 한다. 노르웨이의 롬스달과 그 밖의 여러 지방에서는 건초 만들기가 끝났을 때, 사람들은 "늙은 건초 사나이가 살해되었다" 말한다.

바이에른의 어떤 지방에서는 타작할 때 맨 마지막에 도리깨질한 사람이 그 곡물의 종류에 따라서 '곡물 사나이', '귀리 사나이', '밀 사나이'를 죽였다고 말한다. 로렌의 틸로트 주에서는 마지막 곡물을 타작할 때 도리깨질 장단에 맞추어 "할멈을 죽이고 있다! 할멈을 죽이고 있다!" 외친다. 만일 그 집에 노파가 있다면 그녀는 몸조심하도록 주의를 받는다. 그렇지 않으면 매를 맞고 죽는다.

리투아니아의 라그니트 근방에서는 마지막 한 줌의 곡물은 "할멈(Boba)이 앉아 있다" 하면서 베지 않고 그대로 둔다. 그러면 한 젊은이가 큰 낫을 갈고, 그것을 힘껏 휘둘러 남아 있던 한 줌의 곡물을 베어 버린다. 그러고는 "할멈의 머리를 잘랐다" 말한다. 그가 농부에게서 약간의 사례금을 받으면, 농부의 아내는 항아리의 물을 그에게 뒤집어씌운다. 다른 설명에 따르면, 리투아니아의 수확자는 서둘러 일을 마치려 한다. 왜냐하면 마지막 곡물에는 '귀리 할멈'이 있어서, 맨 끝으로 베는 자는 '귀리 할멈'을 죽이게 되어 자신이 재앙을 입기 때문이다.

틸지트(Tilsit) 지방의 빌키슈켄에서 마지막 곡물을 베는 사람은 '귀리 여인을 죽인 자'로 통한다. 리투아니아에서는 곡물 정령이 추수할 때뿐만 아니라 탈곡할 때도 살해된다고 믿는다. 탈곡할 곡물의 마지막 한 다발이 남았을 때, 모든 탈곡자는 마치 명령이라도 받은 듯이 갑자기 몇 발짝 뒤로 물러선다. 그들은 순간적으로 반쯤 미친 상태에 빠져서 극도로 긴장하고, 지휘자가 "그만!" 하고 소리칠 때까지 그것을 정신없이 도리깨질한다. 그리고 정지의 호령이 내렸을 때 맨 마지막으로 도리깨를 내리친 사람에게 "이 친구가 귀리 할멈을 죽였다" 소리를 지르면서 모두들 그를 둘러싼다. 그는 술로 그의 실패를 보상해야 한다. 그리고 마지막 곡물을 벤 사람과 같이 '귀리 할멈을 죽인 자'로 통하게 된다.

때때로 리투아니아에서는 살해된 곡물 정령이 인형으로 표현되었다. 예를 들면, 곡물 줄기로 여자 모습을 만들어 옷을 입히고, 마지막에 탈곡되도록 곡물더미의 맨 밑바닥에 그 인형을 깔아 놓는다. 이렇게 맨 나중에 도리깨 치는 사람은 누구나 "할멈을 죽였다"는 소리를 듣게 된다. 우리는 이미 곡물 정령을 나타내는 인형을 불사르는 사례를 몇 가지 보았다.

요크셔의 동쪽 지구에서는 '마녀 화형식'의 관습이 수확의 마지막 날에 집행된다. 이때 사람들은 곡물의 작은 다발을 밭에서 그루터기를 태울 때 함께 태운다. 그 불로 콩을 볶고 맥주를 마음껏 마시면서 볶은 콩을 먹는다. 그리고 젊은 남녀는 불 주위에 앉아 서로의 얼굴을 검게 칠하면서 즐긴다. 또 때로는 마지막 곡물 밑에 누운 한 남자가 곡물 정령을 표현하기도 한다. 곡물은 그 사나이의 몸 위에서 탈곡되는데, 이를 보고 사람들은 "영감이 매 맞아 죽는다" 말한다. 때로는 농부의 아내가 마치 자기의 몸을 탈곡하듯 마지막 다발과 함께 탈곡기 밑에 들어간다. 그리고 이미 살펴보았듯이 나중에 그녀를 체로 치는 흉내를 낸다.

티롤의 볼더스에서는 탈곡에서 맨 나중에 도리깨를 내리친 사나이의 목에 곡식 껍질을 붙이고 짚으로 만든 고리로 그의 목을 조른다. 이때 그의 키가 크면 이듬해에 곡물이 잘 자란다고 믿는다. 그런 다음 그는 곡물 다발에 묶여서 강물에 던져진다. 카린티아에서는 가장 나중에 도리깨를 내리친 자와 마지막 다발을 푼 자의 손발을 새끼에 묶고 짚으로 만든 관을 머리 위에 씌운다. 그리고 그들의 얼굴을 마주 보도록 하여 썰매에 묶고 끌고 다니다 시냇물에 던진다. 곡물 정령의 대리인을 강물에 던지는 관습은 그런 자에게 물을 끼얹는 관습처럼 비를 오게 하는 주술로 볼 수 있다.

3) 이제까지 곡물 정령의 대리인은 일반적으로 마지막 곡물을 베거나 묶거나 탈곡하는 남자 또는 여자였다. 이제 우리는 곡물 밭을 지나가는 낯선 사람이나(리티에르세스의 이야기처럼) 처음 밭에 들어온 방문객이 곡물 정령을 표현하는 예를 보게 될 것이다. 독일의 모든 지방에서는 수확자나 탈곡하는 사람들이 지나가는 낯선 사람을 붙잡아서 곡물 줄기로 만든 줄에 그를 묶고, 그가 벌금을 낼 때까지 그대로 두는 관습이 있다. 또 농부 자신이나 혹은 어떤 손님이 처음으로 밭이나 탈곡장에 들어왔을 때도 같은 방법으로 취급받게 된다. 때로는 새끼줄로 그의 팔다리와 목을 묶기도 하고, 때로는 곡물 속에 그를 싸기도 한다.

예를 들면, 노르웨이의 솔뢰르에서는 밭에 들어온 사람이 주인이건 낯선 사람이건 간에 다발 속에 싸여서 몸값을 치러야 한다. 소에스트 근방에서는 농부가 처음으로 아마를 수확하는 사람들을 방문하면, 그는 완전히 아마 속에 갇혀 버린다. 통행인일지라도 여자들에 둘러싸여서 아마 속에 갇히고 술을 내도록 강요당한다. 뇌르틀링겐에서는 낯선 사람을 새끼줄로 묶어서 벌금을 낼 때까지 곡물 다발에 싼다. 서부 보헤미아의 하젤베르크의 게르만인 사이에서는 탈곡하기 위해서 농부가 마지막 곡물을 탈곡장에 넘기자마자 그를 다발 속에 싸며, 케이크를 내놓아야 한다.

노르망디의 퓌탕주 주에서는 지주를 마지막 밀 다발 속에 넣는 관습을 아직도 행하고 있거나 적어도 25년 전까지는 행했다. 이것은 여자들만의 일이었다. 여자들은 지주에게 덤벼들어서 그의 팔다리와 몸을 붙잡아 땅에 내던진

다음에, 마지막 다발 위에 잡아 눕힌다. 그러고 그를 묶는 시늉을 하고 만찬 때 해야 할 조건을 제시한다. 그가 그 조건을 승낙하면 비로소 일어날 수 있다.

아이슬 드 프랑스의 브리에에서는 농장과 관련이 없는 사람이 수확 중에 밭을 지나가면 사람들이 그를 쫓아간다. 그를 붙잡으면 다발 속에 넣고, 차례로 그의 이마를 물어뜯은 뒤에 "너에게 밭의 열쇠를 주겠다" 외친다. "열쇠를 갖는다"는 것은 수확하는 일꾼들이 마지막 다발을 베고, 묶고, 탈곡한다는 의미의 표현이다. 따라서 이 말은 마지막 다발을 베거나 묶거나 탈곡하는 자에게 "너는 영감을 가졌다", "너는 영감이다" 하는 말과 같은 의미를 갖는다. 이렇게 브리에에서처럼 낯선 사람을 다발 속에 싸며, "밭의 열쇠를 주겠다"고 말할 경우, 그는 '영감', 즉 곡물 정령의 화신이라고 말하는 것과 같다. 호프(hop)를 딸 무렵 좋은 옷을 입은 낯선 사람이 호프 밭을 지나가면, 여자들은 그를 붙잡아 큰 자루 속에 집어넣어 잎사귀로 덮고, 벌금을 낼 때까지 풀어 주지 않는다.

이와 같이 고대의 리티에르세스처럼 근대 유럽의 수확자들은 지나가는 낯선 사람들을 붙잡아서 그를 다발 속에 묶어 두곤 했다. 그들이 그 낯선 사람의 목을 베지는 않으므로 이 두 가지의 관습이 완전히 일치한다고 볼 수는 없다. 그러나 그들이 강한 행동을 취하지 않았더라도, 그들의 몸짓과 발언은 적어도 그러한 기세를 나타낸다. 예를 들면, 메클렌부르크에서는 수확하는 첫날에 주인이나 주부, 또는 이방인이 밭에 들어오거나, 지나가기만 해도 수확자들은 그쪽으로 돌아서서 일제히 큰 낫을 숫돌에 날카롭게 갈며 이제부터 벤다는 시늉을 하며 벼른다. 그리고 수확자들을 지휘하는 여자가 그에게 걸어가서 그 왼쪽 팔을 새끼로 묶는다. 그는 벌금을 지불하여 자기 몸값을 치러야 한다.

라체부르크(Ratzeburg) 근방에서는 주인이나 그 밖의 중요 인물이 밭에 들어오거나 지나가면, 모든 수확자는 일손을 멈추고 저마다 큰 낫을 들고 그쪽으로 걸어간다. 그 앞에까지 와서 남자나 여자 할 것 없이 모두가 한 줄로 선다. 그리고 남자들은 큰 낫을 땅에 세운다. 다들 모자를 벗어 큰 낫에 걸어놓고 지휘자가 앞에 나가서 연설을 늘어놓는다. 그 연설이 끝나면, 모두 함께 소리 맞춰 높이 외치면서 큰 낫을 날카롭게 갈고 모자를 쓴다. 다음에 다발을 묶는 사람들 중에서 두 여인이 앞으로 나온다. 그중 한 사람이 주인이나 이방인을 (경우에 따라서) 곡식의 이삭이나 명주끈으로 묶는다. 그러면 다른 한 사람은 장단에 맞춰 연설한다. 다음에 인용문은 그런 경우에 수확자들이 행하는 연설이다. 포메라니아의 어떤 지방에서는 모든 통행을 막고 통로를 새끼줄로 차단한다. 벼를 베는 자들은 둥그렇게 둘러앉아서 큰 낫을 날카롭게 가는데, 그 지휘자가 다음과 같이 말한다.

> 사람들도 준비되었다.
> 낫도 준비되었으며 곡식은 크고 잘 익었것다
> 그러니 이제 주인의 목을 베어야겠소.

그런 다음 또 큰 낫을 날카롭게 가는 동작이 되풀이된다. 슈테틴 지방의 라민에서는 이방인은 수확자들에게 둘러싸여 다음과 같은 말을 듣게 된다.

> 자, 이 선생을 날선 칼로 베어버리자.
> 칼로 자르자.
> 그것으로 초원과 밭을 깎아내자.
> 왕자와 임금을 베자.
> 일꾼들은 자주 목이 마르니
> 선생이 브랜디와 맥주를 내시면
> 농담은 이제 그만두겠소.
> 그러나 이 간청이 싫으시다면
> 어쩔 수 없이 칼을 내리쳐야겠소.

타작 마당에서도 이방인들은 곡물 정령의 화신으로 여겨져서 그에 맞는 취급을 받는다. 슐레스비히(Scheswig)에 있는 비딩하르데에서는 이방인이 탈곡장에 나타나면, “도리깨춤을 가르쳐 드릴까요?”라고 묻는다. 만일에 가르침을 받고 싶다고 말하면 마치 그가 곡물 다발이라도 되듯이 도리깨를 그의 목둘레에 돌리고 그가 질식할 만큼 누른다. 스웨덴의 몇몇 교구에서는 일하고 있는 탈곡장에 낯선 사람이 들어오면, “탈곡의 노래를 가르쳐 주겠다” 말한다. 그리고 도리깨를 목에 걸고 새끼를 몸에 두르게 한다. 또 우리가 살펴보았듯이 낯선 여자가 탈곡장에 들어오면 탈곡자들은 도리깨를 그녀의 몸에 돌리고 곡물 줄기로 만든 화환을 목에 걸어 주면서, “곡물 처녀를 보시라! 곡물 처녀는 이렇게 생겼소!" 이렇게 고함을 지른다.

이와 같이 근대 유럽의 추수 관습에서는 마지막 곡물을 베거나 묶거나 탈곡하는 사람을 곡물 정령으로 여겨서, 다발 속에 싸고 농기구로 죽이는 흉내를 내는가 하면, 물 속에 던지기도 한다. 이런 것들은 리티에르세스 이야기와 맞아떨어지는데, 이런 일치는 리티에르세스 이야기가 고대 프리지아 수확 의식의 순수한 원형임을 증명하는 것이다. 근대의 비슷한 사례에서는 곡물 정령을 대표하는 인물의 살해는 물론 생략되며, 재현된다 해도 모의적으로 흉내를 내는 데 그칠 뿐이지만, 원시 사회에서는 밭의 풍요와 다산을 촉진하는 농경 의식에 일반적으로 인간을 제물로 바쳤다. 다음의 여러 가지 사례는 이 점을 명백히 보여 줄 것이다.

3 농작물을 위한 인간 제물

에콰도르의 과야킬(Guayaquil) 인디언들은 파종 때 사람의 피와 심장을 제물로 바치곤 했다. 카냐르(Cañar : 지금의 에콰도르에있는 쿠엥카)족은 해마다 추수철이 되면 백 명의 어린이들을 제물로 바쳤다. 페루의 잉카족인 키토의 왕들과 에스파냐인들도 오랜 세월 동안 이 살벌한 의식을 금지할 수 없었다. 멕시코의 수확제에서는 계절의 첫 이삭을 태양에 바쳤는데, 축제가 시작되면 서로 마주 본 거대한 돌 사이에 죄인 하나를 서게 하고 그 돌들이 넘어질 때 깔려 죽게 했다. 그리고 그의 시체를 묻고 난 뒤 사람들은 잔치와 춤판을 벌였는데, 이 제사는 '돌의 회합'으로 알려져 있다. 이미 살펴보았듯이 고대 멕시코인들은 옥수수의 성장 단계마다 그에 맞는 나이의 인간을 제물로 바쳤다. 즉, 옥수수 씨를 뿌릴 시기에는 갓난아기를, 그 발아기에는 조금 성장한 어린이를, 그리고 그것이 완전히 익었을 때에는 노인을 바쳤던 것이다. 이는 의심할 바 없이 제물의 나이와 곡물의 성장 상태가 일치하면 희생 의식의 효과를 높일 수 있을 것이라는 믿음에서 비롯된 것이었다.

포니족은 매년 봄마다 밭에 씨를 뿌릴 때 인간 제물을 바쳤다. 그들은 이 제물을 샛별이나 그 별이 사자로 보낸 한 마리 새가 명령했다고 믿었다. 이 새는 박제되어서 강력한 부적으로 보존되었다. 그들은 제물을 바치지 않으면 옥수수와 콩, 호박 농사가 전혀 되지 않는다고 여겼다. 제물은 남녀 포로였다. 포로에게는 매우 화려하고 값비싼 옷을 입히고, 아주 훌륭한 음식으로 살찌게 하여 그들이 자신의 운명을 알아차리지 못하도록 조심스럽게 다루었다. 충분히 살이 올랐을 때에, 그를 사람들 앞에서 십자가에 붙잡아 매고 엄숙히 춤을 춘 다음 머리를 도끼로 쪼개고 화살을 퍼부었다. 어떤 상인에 따르면, 인디언 부인들이 제물의 몸에서 살덩이를 잘라 그것으로 몸에 기름칠을 했다고 하나, 그 의식 때 거기에 있었던 다른 상인은 그것을 부정했다. 이 제물을 바친 바로 뒤에 사람들은 씨 뿌리기에 들어갔다.

1837년 또는 1838년의 4월, 포니족이 시우족의 한 소녀를 제물로 바쳤다는 특이한 사건이 전해졌다. 14, 5세 가량의 그 소녀는 6개월 동안 귀하게 대접받았다. 제물로 바쳐지기 이틀 전에 그 소녀는 추장과 전사들 일행을 따라서 이 오두막에서 저 오두막으로 끌려다녔다. 그녀는 마을 오두막을 모두 들러 작은 나뭇조각과 조금의 물감을 받고, 그것들을 곁에 있는 전사에게 넘겨 주었다. 4월 22일 그 소녀는 제물이 되기 위해서 전사들에게 끌려 나왔는데, 전사들은 그 소녀에게서 받은 나무 조각 두 개씩을 들고 있었다. 소녀의 몸은 반은 붉게 반은 검게 칠해져 있었으며, 어떤 교수대에 묶여서 얼마 동안 약한 불에 그을린 다음 화살에 맞아 죽었다.

제사를 집행한 추장은 그 소녀의 심장을 끄집어 내어서 삼켜 버렸다. 살덩이는 식기 전에 뼈에서 발라내어 잘게 썬 다음 작은 바구니에 담아 근처의 밭으로 가지고 갔다. 거기서 추장이 바구니에서 살덩이 한 조각을 집어 들고 금방 뿌린 씨앗에 피 한 방울을 짜내어 떨어뜨렸다. 다른 사람들도 그를 따라서 모든 씨앗에 피가 젖을 때까지 계속했다. 이 일이 끝나면 씨앗에 흙을 덮었다. 다른 사람의 설명에 따르면, 시체를 죽처럼 만들어 옥수수뿐만이 아니라 감자나 콩, 그 밖의 씨앗에도 바르거나 뿌렸다고 한다. 그들은 이 제물을 바쳐서 풍작을 얻기를 바랐던 것이다.

서부 아프리카의 어떤 여왕은 3월 무렵에 남녀 한 명씩을 제물로 바치곤 했다. 그들은 쟁기와 괭이로 살해되었고, 그 시체는 방금 밭갈이를 끝낸 밭 한가운데에 파묻혔다. 기니의 라고스에서는 풍작을 확증하기 위해서 해마다 춘분 직후에 나이 어린 소녀를 산 채로 찔러 죽이는 관습이 있었다. 그 소녀와 함께 양이나 염소가 희생되었는데, 이것은 감자와 옥수수, 바나나와 함께 그 소녀의 양쪽에 걸렸다. 인간 제물은 이 목적을 위해서 왕의 후궁에서 양육되었고, 사제들은 인간 제물이 될 소녀들에게 그 운명을 감수하기에 이를 때까지 철저하게 교육했다. 기니의 베냉(Benin)에서도 이와 같은 제물을 해마다 바쳤다. 베추아나의 한 부족 마리모(Marimo)족도 농작물을 위해 인간을 제물로 바친다. 선택된 제물은 주로 키가 작고 매우 뚱뚱한 남자이다. 그를 폭력으로 또는 술에 취하게 해서 밭으로 끌고 간다. 그는 '씨앗(그들은 그런 말을 쓴다)'으로 희생되기 위해 밀밭 가운데에서 살해된다. 그들은 그 피를 햇빛에 말린 뒤에 살이 붙어 있는 이마 뼈나 뇌수와 함께 불에 태운다. 그리고 그 재는 풍요와 다산을 위해서 땅에 뿌리고 나머지는 먹는다.

필리핀 제도 가운데 하나인 민다나오 섬의 바고보족은 볍씨를 뿌리기 전에 인간 제물을 바친다. 제물은 노예이고 숲 속에서 잘게 썬다. 필리핀 제도 중에 하나인 루손 섬 오지의 본톡(Bontoc)의 원주민은 맹렬하게 사람을 사냥하는 야만인이다. 그들이 즐겨 사람 사냥을 하는 계절은 모를 심을 때와 수확할 때이다. 벼농사를 순조롭게 하기 위해서 각 농장은 사람의 머리를 적어도 모를 심을 때와 씨 뿌릴 때 저마다 한 개씩을 사냥해야 한다.

사냥에는 2인 또는 3인조로 출발해서, 몸을 숨겼다가 여자건 남자이건 붙잡으면 머리와 양팔, 두 다리를 잘라, 그것을 갖고 급히 되돌아온다. 마을 사람들은 기뻐하며 그들을 맞아들인다. 머리는 처음에 마을의 의자 역할을 하는 큰 돌에 둘러싸인 두서너 그루의 고목 가지에 걸어놓는다. 사람들은 그것을 둘러싸고 잔치를 벌인다. 머리의 살이 떨어지면 그것을 자른 사람이 집에 갖고 가서 성물로 간직한다. 그들은 손발도 그와 같이 취급한다. 이러한 관습을 루손의 다른 부족, 아포야오(Apoyao)족도 지키고 있다.

브라마푸트라의 풍요한 계곡에서 산중으로 구불구불 들어가는 깊고 험한 미로와 같은 골짜기에 거주하는 많은 미개 민족 가운데 하나인 로타나가(Lhota Naga)족은, 곡물의 풍작을 위해서 그들이 만나는 사람들의 목과 두 팔다리를 자르고, 그 자른 사지를 밭에 세운다. 그들은 이렇게 잔인한 행동을 하지만 그 사람에게 어떤 악의를 가진 것은 아니다. 이전에도 그들은 한 소년을 산 채로 불에 그을려서 그 시체를 세분하여 마을 사람들에게 모두 나누어 주었는데, 사람들은 이것을 재앙을 막아 주거나 곡물의 풍작을 바라는 마음으로 곡식 자루에 넣어 두었다. 드라비다 부족에 속하는 인도의 콘드족은 브라만의 소년들을 유괴해서 여러 희생제의에 쓸 제물로 키웠다. 씨 뿌리기와 벼 베기의 축하 행렬 뒤에는 한 소년을 독 화살로 죽였다. 그리고 그 피를 경작된 밭이나 익은 곡물에 뿌리고 살덩이는 먹었다.

초타나그푸르의 오라온(Oraon)족 혹은 우라온족은 '안나쿠아리(Anna Kuari)'라는 여신을 숭배한다. 이 여신은 풍작과 부를 준다고 하는데, 이를 위해서 인간 제물을 바칠 필요가 있다고 한다. 영국 정부의 경계에도 이런 제사는 아직도 비밀리에 계속된다고 한다. 제물이 되는 자는 실종되어도 사람들이 걱정하지 않는 부랑자들이다. 4월과 5월은 사람 사냥꾼이 유괴하러 나가는 달이다. 그때가 되면 이방인들은 홀로 그 지방에 가지 않고, 부모들은 아이들을 단속하며, 가축을 지키는 일도 시키지 않는다.

사냥꾼이 인간 제물을 발견하면 멱을 따고, 약손가락의 윗부분과 코를 잘라 간다. 여신은 제물을 바친 자의 집에 거처를 정하게 되며, 그 뒤부터 그 집의 밭은 두 배의 수확을 얻는다고 한다. 그 집에 모셔 둔 여신상은 아기 모습을 하고 있다. 주인이 쌀을 가지고 들어와서 곡식 크기를 두 배로 늘리기 위해, 여신상을 곡물더미 위에 굴린다. 여신은 곧 들떠서 성급해지며 새로운 인간 제물의 피가 아니고는 온순해지지 않는다고 한다.

그러나 풍작을 확보하기 위해서 조직적으로 바친 인간 제물의 가장 잘 알려진 사례는 벵골의 드라비다족, 콘드족 혹은 칸드족일 것이다. 그들에 대한 우리의 지식은 19세기의 중엽에 그들의 의식을 퇴치하는 데 종사한 영국 관리들의 기록에서 얻은 것이다. 그들은 제물을 대지의 여신 타리펜누(Tari Pennu) 또는 베라펜누(Bera Pennu)에게 바치며, 여신이 풍작을 보증하고 질병과 재앙을 막아 줄 것으로 믿는다. 특히 제물 의식은 심황(turmeric)의 재배에 꼭 필요한 것으로 생각된다. 콘드족은 피를 뿌리지 않으면, 심황이 검붉은색을 띠지 않는다고 말한다. 인간 제물, 즉 그들이 말하는 '메리아(Meriah)'는 사들이거나 제물로 탄생한 자, 즉 인간 제물의 자식이거나, 그 부친이나 후견인에 의해 아이 때 바쳐진 자에 한해서만 여신에게 봉헌될 수 있었다.

콘드족은 타리펜누 여신의 축복은 확실하고, 희생되는 자의 죽음은 인류 동포를 위한 것이기 때문에 가장 명예로운 것으로 생각하여, 곤궁에 빠지면 이따금 자기 자식을 제물로 팔았다. 한 번은 파누아(Panua)족 한 남자가 콘드족 사람에게 욕하고 심지어 그 얼굴에 침을 뱉은 일이 있었다. 그것은 그 콘드인이 그 파누아족 남자가 결혼하고 싶어하던 딸을 제물로 팔아 버렸기 때문이다.

이것을 보고 있던 한 콘드인이 무리들 앞에 나서서 "너의 자식은 인류 동포를 살리기 위해서 죽었다. 대지의 여신이 네 얼굴의 침을 씻어 줄 것이다" 말하면서 딸을 팔았다는 사람을 위로했다.

때때로 산 제물은 제물로 바쳐지기에 앞서 수년 동안 길러진다. 그들은 성스러운 인간으로 여겨지기 때문에 존경과 극도의 애정을 받으며 어디에 가더라도 환영을 받는다. '메리아'인 젊은이는 나이가 차면 보통 결혼했으나, 그의 아내도 언제나 '메리아', 즉 제물이 된다. 그에게는 아내와 함께 조그마한 토지와 농기구가 주어진다. 그들의 자식 또한 제물이 된다.

부족이나 마을의 주기적인 제사 때와 특별한 경우에 대지의 여신에게 인간 제물을 바쳤다. 주기적인 제사는 각 가장이 적어도 1년에 한 번 주요한 농작물의 씨를 뿌릴 무렵에, 밭에 살덩이 한 조각을 조달할 수 있도록 부족별로 협의했다.

이런 부족적인 제사 집행 형식은 다음과 같다. 제사 지내기 10일에서 12일 전에 그때까지 깎지 않고 기르던 머리카락을 잘라 제물을 성스럽게 한다. 구경꾼들은 이것을 보려고 앞을 다툰다. 제물은 부족 전체를 위한 것으로 공인되어 있으므로, 제물로 정해진 자는 어느 한 사람도 제외시킬 수 없다. 제물을 바치기 전에 며칠 동안 우스꽝스러운 소동과 잔치가 벌어진다. 제사 전날이 되면 제물은 새 옷을 입고 음악과 춤이 따른 장엄한 행렬에 의해 마을에서 끌려나와 '메리아'의 숲, 즉 마을에서 좀 떨어진 관목이 무성한 숲 속으로 옮겨진다. 거기서 사람들은 그를 말뚝에 묶거나, 때로는 두 관목 사이에 그를 세운다. 다음에 쇠기름, 심황을 몸에 칠하며 꽃으로 꾸민다. 그리고 온 종일 '숭배와 구별하기 어려운 하나의 존경심'으로 그를 대한다. 다음에 그의 몸에서 나오는 가장 작은 유물이라도 얻으려고 대단한 경쟁이 벌어진다. 그의 몸에 칠한 심황 한 조각이나 그의 침 한 방울은 특히 여자들에게 최상의 영험한 물건으로 귀중하게 여겨진다. 군중들은 음악에 맞춰 말뚝 둘레에서 춤추며 대지를 향해 외친다.

"신이여, 이 제물을 당신께 바치나이다. 우리에게 풍성한 수확과 좋은 계절과 좋은 건강을 주옵소서."

그런 다음 제물을 향해서 말한다.

"우리는 대가를 치르고 당신을 샀으며 훔친 것이 아니오. 우리는 관습에 따라 당신을 제물로 바치오. 우리에게는 아무런 죄가 없소이다."

질펀한 잔치가 밤에도 중단되지 않고 이어지고, 다음날 오후에야 끝나게 된다. 이제 그들은 제사를 마치기 위한 준비를 한다. 즉, 제물에 다시 기름을 바르고, 저마다 기름을 칠한 부분을 만지고, 자기 머리로 기름을 닦아낸다. 어떤 곳에서는 행렬지어 제물을 끌고 마을의 집집마다 돌아다니며, 그때 어떤 사람은 그의 머리에서 머리카락을 조금 뽑거나, 그의 침 한 방울을 얻어 그것을 자기 머리에 칠한다.

제물이 묶이는 것을 싫어하거나 조금이라도 저항의 행동을 보일 때는, 두 팔뼈와 필요하면 두 다리뼈를 부러뜨린다. 그러나 아편으로 마비시키기 때문에 이런 예방책은 필요치 않다. 그를 죽이는 방식은 마을에 따라 다르다. 가장 일반적인 것 가운데 하나는 교살이나 질식사인 것으로 보인다. 살아 있는 나뭇가지를 중간 부분까지 몇 센티미터 정도 쪼갠다. 제물의 목(때로는 가슴)을 쪼개진 틈에 끼우고, 사제는 보조자들의 도움을 받아 힘껏 그것을 짓누른다. 그리고 도끼로 제물에 조금 상처를 내면 군중은 이 불쌍한 자에게 덤벼들어서 머리와 창자만을 남겨 두고, 살덩이를 모두 뼈에서 발라 낸다. 때로는 산 채 찢기는 경우도 있었다.

친나키메디에서 제물은 군중에게 둘러싸여 밭으로 끌려다닌다. 그들은 머리와 내장만을 남겨 두고, 제물의 숨이 넘어갈 때까지 손칼로 그 몸에서 살을 도려낸다. 같은 지방에서 거행한 제사의 또 다른 일반적인 방식은 튼튼한 말뚝 위에서 회전하는, 나무로 만든 코끼리의 코에 제물을 묶고, 그것이 회전할 때 군중은 목숨이 붙어 있는 동안에 살점을 도려낸다.

캠벨 소령은 몇몇 마을에서 제사에 쓰던 그런 종류의 목제 코끼리를 14개나 발견했다. 어떤 지방에서는 제물을 불에 그을려 살해했다. 지붕과 같이 양쪽이 경사진 나지막한 무대를 만들고, 그 위에 제물을 올려놓는다. 제물의 몸부림을 막기 위해서 끈으로 손발을 묶는다. 그리고 불을 지펴서 뜨거운 횃불을 제물에게 갖다 대어 될 수 있는 대로 오랫동안 그 경사면을 오르내리게 한다. 눈물을 많이 흘릴수록 강우량도 많아진다고 믿었기 때문이다. 다음 날에는 몸뚱이가 갈기갈기 잘려진다.

제물에서 잘린 살덩이는 마을에서 운반책임을 맡은 자들이 곧바로 가지고 간다. 그것을 서두르기 위해 때로는 남자들이 교대로 80~90킬로미터씩 질주하여 전달하는 경우도 있었다. 마을에서 집에 남아 있는 사람들은 모두 살덩이가 도착할 때까지 단식을 엄수한다. 살덩이가 공공집회소에 도착하면 사제와 가장들이 인계받는다. 사제는 그것을 반으로 나누어 그 하나에 등을 대고 앞을 보지 않은 채 흙 속에 파묻어 대지의 여신에게 바친다. 그리고 각자가 그 위에 조금씩 흙을 뿌리면, 사제는 그 위에다 조롱박으로 물을 끼얹는다. 나머지 부분은 거기에 참석한 가장의 수대로 나누고, 각 가장은 주어진 자기 몫의 살덩이를 나뭇잎에 싸서, 앞을 보지 않고 뒤로 돌아서서 자기 마음에 드는 논밭에 파묻는다. 지방에 따라서는 자기 논밭에 물을 대어 주는 강에까지 자기 몫의 살덩이를 갖고 가서 막대기에 걸어 두기도 한다. 그로부터 3일 동안은 집안 청소를 하지 않는다.

그리고 어떤 지방에서는 엄격히 침묵을 지키고, 불을 지피거나 나무를 베지 않는가 하면, 이방인을 집에 들어가지 못하게도 한다. 제물의 나머지(머리·내장·목 등)는 제사가 집행된 밤에 힘센 무리들이 감시한다. 다음 날 아침, 양 한 마리와 함께 그것들을 태워 버린다. 그 재는 논밭에 뿌리거나 반죽으로 만들어 집이나 곡식 창고에 바르거나, 해충을 없애기 위해 새로운 곡물에 섞는다. 그러나 머리와 뼈는 태우지 않고 땅에 파묻기도 했다.

인간 제물을 바치는 관습이 금지된 뒤에 어떤 지방에서는 다른 제물로 바꾸었다. 예를 들면, 친나키메디의 수도에서는 인간 제물을 염소로 바꾸었다. 다른 지방은 물소를 제물로 바쳤다. 그들은 그것을 성스러운 숲의 나무에 묶고 칼을 휘두르면서 거칠게 그 주위를 돌면서 춤춘다. 그러다가 물소에게 덤벼들어 살덩이를 자를 때마다 맹렬한 격투를 벌이면서 순식간에 잘라 낸다. 살덩이를 모두 자르면 옛 관습에 따라서 해가 지기 전에 밭에 파묻기 위해 전속력으로 달려가는데, 어떤 사람은 멀리까지 가기 때문에 부지런히 달려야 했다. 모든 여자들은 급히 뛰어가는 남자들의 모습을 겨냥해서 흙덩이를 던지는데, 그중에 몇 명은 정확히 맞히는 경우도 있다. 바로 전까지도 시끄러웠던 숲은 곧 조용해지고, 몇 사람을 제외하고는 사람 그림자조차 찾을 수 없게 된다. 나머지 사람들은 물소 시체의 남은 부분, 즉 말뚝 밑에서 의식에 따라 소각될 머리와 뼈, 내장 등을 지켰다.

이 콘드족의 제사에서 '메리아' 대지의 여신을 달래기 위해 바친 제물이라고 권위자들은 설명한다. 그러나 생전과 사후에 제물을 다루는 방법을 추리하면,

이 의식은 단지 신을 위로하기 위한 제사로만 설명할 수는 없다. 살덩이의 일부분은 분명히 땅의 여신에게 바쳤으나 나머지는 각 가장들이 논밭에 묻고, 신체의 다른 부분의 재는 논밭에 뿌리거나 반죽으로 만들어 곡식창고에 칠하거나 새로운 곡물에 섞거나 했다. 이 후자의 관습은 '메리아'의 몸에는 신의 호의를 얻기 위해 제물로 바치는 간접적 효과와는 별도로 농작물을 성장시키는 직접적이거나 혹은 내재적인 효과가 포함되어 있다는 것을 뜻한다. 다시 말해서 제물의 살덩이와 재에는 토지를 풍요롭게 하고 다산케 하는 주술적 혹은 물리적인 힘이 있다고 믿는 것이다.

이와 같은 힘은 '메리아'의 피와 눈물에도 내재해 있다고 믿었다. 즉, 피는 심황의 붉은 색깔을 더 붉게 하고, 눈물은 비를 가져온다는 것이다. 적어도 본디 눈물은 단지 비의 징조만이 아니라 비를 오게 한다고 여겼음에 틀림없다. 마찬가지로 '메리아'의 매장된 살 위에 물을 붓는 관습도 틀림없이 비를 청하는 주술이었다. 또 '메리아'의 속성이기도 한 주술의 힘은 신체에서 나온 머리카락이나 침과 같은 것 속에 효험이 깃들어 있다고 믿은 듯하다. 그와 같은 힘이 '메리아'에게 있다고 믿었다는 점에서 그를 단지 신을 위로하기 위한 제물로 바쳤다는 것보다 그 이상의 의미가 있다고 볼 수 있다. 더욱이 그를 향한 지극한 존경심을 보아도 이와 같은 결론을 내리게 된다.

캠벨 소령은 '메리아'를 "인간 이상의 어떤 것으로 간주한다"고 말하고, 또 맥퍼슨 소령은 "숭배와 구별하기 어려운 존경심을 그에게 바쳤다"고 말한다. 간단히 말하면, '메리아'는 신으로 여겨진 것으로 보인다. 신으로서의 메리아는 본래 대지의 여신이나 아마 식물신을 재현했을 것이다. 후대에 이르러서, 메리아는 화신이라기보다는 오히려 신에게 바친 제물로 간주되었다.

이 '메리아'를 신으로 보기보다는 제물로 보는 후대의 견해는 콘드족 종교를 서술한 유럽의 저술가들에 의해 잘못 강조되어진 듯하다. 유럽의 관찰자들은 미개한 종족들이 신의 호의를 얻기 위해서 제물을 바친 것이라는 후대의 관념에 젖어들어, 자칫하면 모든 종교적 도살 의미로 해석하고, 그런 도살이 집행되는 곳에서는 어디서나 신이 살육을 즐거이 받아들일 것으로 믿는다고 상상하기 쉽다. 이와 같이 그들이 품고 있는 선입관은 미개인의 의식에 대한 그들의 서술을 무의식적으로 윤색하고 왜곡한다.

콘드족의 제사 중에는 신의 대리인을 살해하는 관습의 뚜렷한 흔적이 남아 있는데, 이러한 것은 앞서 말한 다른 인신 공양의 사례에서도 발견될 것이다. 예를 들면, 마리모(Marimo)족은 제물의 시신을 태운 재를 논밭에 뿌렸으며, 브라만 젊은이의 피 또한 농작물과 논밭에 뿌려졌다. 그리고 나가족은 죽은 제물의 살을 곡물 자루 속에 넣었으며, 시우족은 소녀의 피를 씨앗 위에 뚝뚝 떨어뜨렸다.

제물과 곡물을 동일시한 관념, 즉 제물을 곡물 정령의 화신으로 보는 관념은 제물과 이 제물이 재현하거나 상징하는 자연물 사이의 물리적 일치성을 확보하기 위해서 취한 노력에서 드러난다.

멕시코인을 예로 들자면 그들은 어린 곡물을 위해서는 젊은 제물을, 익은 곡물을 위해서는 늙은 제물을 바쳤다. 또 마리모족은 키가 작고 뚱뚱한 사나이를 '씨앗'으로 간주하여 제물로 바쳤는데, 키가 작은 것은 어린 곡물의 모습과 일치하고, 뚱뚱한 것은 곡물이 여문 상태와 들어맞는다고 생각했기 때문이다. 그리고 포니족이 제물을 살찌게 한 것도 아마 같은 이유 때문이었을 것이다. 또 제물과 곡물을 동일시한 관념은 제물을 쟁기와 괭이로 죽이는 아프리카의 관습 중에, 그리고 제물을 곡물처럼 두 개의 돌 사이에 넣어 짓눌러 죽이는 멕시코의 관습 중에도 나타난다.

이런 미개인들의 관습에 대해 한 가지 더 주목할 점이 있다. 앞서 포니족의 추장은 시우족 소녀의 심장을 먹고, 마리모족과 곤드족은 제물의 살을 먹었다고 설명했다. 따라서 우리가 추정하는 대로 그들이 만약 제물들을 신으로 간주했다고 한다면, 그들은 그렇게 제물의 살덩이를 먹음으로써 스스로 그 신의 일부분이 될 수 있다고 믿었음에 틀림없다는 것이다.

4 곡물 정령을 상징하는 인간의 살해

앞에서 서술한 야만적인 의식들은 유럽의 수확 의식과 비슷하다. 즉, 곡물 정령이 지닌 풍요다산의 힘이 제물의 피나 재를 곡물의 종자에 혼합하는 미개인의 관습 속에 나타나듯이, 마지막 다발에서 나온 낟알을 봄에 파종할 새로운 곡물과 섞는 유럽의 관습 속에도 표현되는 것이다. 또 원시인의 관습에서 제물의 나이와 신장을 곡물의 나이와 크기(현실적인 것이건 기대되는 것이건)에 맞추는 것으로 나타난 인간과 곡물을 동일시하는 관념은, 곡물 정령이 '처녀'로 생각되는 경우에는 마지막 곡물을 젊은 '처녀'가 베고, '곡물 어머니'로 간주될 때에는 노파가 베어야 한다는 스코틀랜드나 시칠리아의 규칙에서도 엿볼 수 있다. 로렌 지방에서 '할멈'이 살해될 때, 즉 마지막 곡물이 탈곡될 때 조심하라고 노파들에게 경고하는 것이나, 티롤 사람들이 탈곡할 때 마지막에 도리깨를 내리치는 자의 키가 크면, 다음 해 곡물도 크게 자랄 것이라고 기대하는 것 또한 이 관념이 나타난 예이다. 더 나아가 곡물 정령의 화신을 쟁기와 괭이로 죽이고, 돌과 돌 사이에서 압사시키는 미개인의 관습과, 큰 낫과 도리깨로 그를 죽이는 흉내를 내는 유럽의 관습도 이러한 동일시의 관념을 암시하는 것이다. 또한 매장된 인간 제물의 살덩이에 물을 붓는 콘드족의 관습은 곡물 정령의 인간 대표에게 물을 끼얹거나 그를 강물에 던지는 유럽인의 관습에 대응하는 것으로 볼 수 있으며, 이러한 두 관습은 모두 비를 청하는 주술이다.

여기에서 리티에르세스의 이야기로 되돌아가겠다. 미개 사회에서 농작물의 성장을 촉진하기 위해서 일반적으로 인간이 살해되는 사례는 이미 살펴보았다. 그래서 프리지아와 유럽에서도 같은 목적을 위해서 인간이 살해되었다고 상상하는 것도 무리가 아닐 것이다. 프리지아의 전설과 유럽의 민속은 인간이 그렇게 살해되었다는 결론을 적어도 일시적으로나마 받아들일 만큼 서로 밀접하게 일치한다.

또 리티에르세스 이야기와 유럽의 수확 의식은 제물이 곡물 정령의 대리인으로서 살해된다는 점에서 맞아떨어지며, 어떤 미개 민족은 농작물을 풍성하게 하기 위해 제물을 바친다는 견해와 잘 들어맞는다. 따라서 프리지아나 유럽에서 곡물 정령의 대리인이 거의 매년 수확하는 밭에서 살해되었다고 상상해도 틀림이 없을 것이다. 유럽에서 나무 정령의 대표가 해마다 살해되었다고 믿을 만한 근거는 이미 제시되었다. 이 놀라운 두 가지의 뚜렷한 관습의 증거는 서로 독립적이다. 그러므로 양쪽의 일치는 서로 유익한 새로운 추정의 근거를 제공하는 것으로 보인다.

곡물 정령의 대표가 어떻게 선정되었는가의 의문에 대해서 이미 하나의 대답이 제시되었다. 리티에르세스 이야기와 유럽 민속은 밭을 지나가는 이방인을, 베거나 탈곡한 곡물로부터 도망가는 곡물 정령의 대리인으로 생각해 그런 자를 붙잡아서 죽였다는 것을 보여준다. 그러나 이 예증만이 답을 제시하는 것은 아니다. 프리지아의 전설에 따르면, 리티에르세스의 제물은 다만 지나가는 이방인뿐만 아니라 빨리 베기 경쟁에서 패배한 사람도 나중에 곡물 다발에 싸여서 목이 잘린 경우도 있었다. 이는 곡물 정령의 대리인을 추수밭에서 경쟁으로 선정했으며, 경쟁에서 패배한 자는 운명적인 영예를 받아들여야 한다는 것을 보여 준다.

이 가정은 유럽의 수확 의식을 통해 뒷받침된다. 유럽에서 맨 꼴찌가 되는 것을 피하기 위해 수확자들 사이에 때때로 경쟁이 있었던 것과, 경쟁에서 진 사람, 즉 마지막 곡물을 베는 사람이 이따금 난폭하게 다루어졌다는 것은 이미 우리가 알고 있다. 물론 그를 죽이는 흉내를 내는 것을 우리가 발견하지 못한 것은 사실이다. 그러나 한편, 타작에서 마지막으로 도리깨질을 하는 사람, 즉 타작 경쟁에서 진 사람을 죽이는 시늉은 발견했다.

이렇게 마지막 곡물의 탈곡자가 살해되는 흉내를 내는 것은 곡물 정령의 성격을 보여 주기 위해서이다. 마지막 탈곡자와 같이 베는 사람과 묶는 사람도 똑같은 대리인으로서의 성격이(우리가 이미 보았듯이) 있기 때문에, 작업에서 꼴찌가 되기를 싫어했을 것이다. 따라서 마지막 곡물을 탈곡하는 사람과 같이 그것을 베는 사람, 묶는 사람도 그 흉내를 행했다고 추측할 수 있고, 고대에서는 이 살인 행위를 실제로 행했으리라고 추측할 수도 있을 것이다. 이 추측은 마지막 곡물을 베는 사람은 누구든지 바로 죽는다는 일반적 미신에 의해 확증된다. 때로는 밭에서 마지막 다발을 묶는 자는 이듬해에 죽는다고 믿기도 한다.

마지막 곡물을 베는 사람, 묶는 사람, 혹은 탈곡하는 사람을 곡물 정령의 대리인으로 정하는 이유는 다음과 같다. 곡물 정령은 될 수 있는 한 오랫동안 곡물 속에 숨어 있다가 베는 사람, 묶는 사람, 탈곡하는 사람들이 일을 시작하기 전에 도망간다고 상상된다. 그런데 마지막에 베인 곡물이나, 최후에 묶인 다발이나, 마지막으로 탈곡된 곡식 낟알에서 강제적으로 추방되었을 때에는 여태까지 그의 옷이거나 몸이었던 줄기와는 다른 어떤 형태를 취하게 된다. 이 경우에 쫓겨난 곡물 정령이 가장 자연스럽게 취할 수 있는 형태로 방금 곡물 정령이 쫓겨난 곡물에 가장 가까이 서 있는 인물보다 더 적당한 것이 있을까? 이 인물은 필연적으로 마지막 곡물을 베는 자, 그것을 묶는 자, 그것을 탈곡하는 자이다. 그러므로 그런 남자나 여자가 붙잡혀 곡물 정령으로 취급받는 것이다.

이리하여 수확하는 밭에서 곡물 정령의 대리인으로서 살해된 인물은 거기를 지나가는 이방인이거나, 곡식을 베거나, 다발을 묶거나 탈곡할 때 가장 늦게 일한 사람이었다. 그런데 고대 전설과 근대 민속에서 똑같이 제3의 가능성을 찾아볼 수 있다. 리티에르세스는 이방인만을 죽인 것이 아니었다. 그 자신도 죽임을 당했다. 더욱이 그가 다른 사람을 죽이던 것과 같은 방법으로, 즉 곡물 다발에 싸이고, 목이 베어지고, 강에 던져진 것이다. 그리고 이 일은 리티에르세스 자신의 땅에서 일어났다.

이와 같이 근대의 수확 의식에서도 살인의 시늉을 이방인과 마찬가지로 때로는 주인(농부 또는 지주)에게도 행한 모양이다. 어쨌든 리티에르세스가 프리지아 왕의 아들이었다는 것과 어떤 이야기에서는 자칭 왕이었음을 상기할 때, 그리고 여기에 그가 곡물 정령으로서 죽임을 당하게 된 전설과 결부시킬 때, 우리는 서아시아의 여러 지방, 특히 프리지아에서 종교적 영향력을 휘두른 신적 혹은 사제적인 왕을 해마다 죽이던 관습의 다른 흔적을 찾게 된다. 이미 보았듯이 이 관습은 왕의 아들이 왕 대신에 살해되는 방식으로 수정되고 있다. 리티에르세스 이야기는 적어도 그 하나의 형식에서는 이렇게 살해의 관습이 수정되었음을 보여 준다.

이제 프리지아의 리티에르세스와 아티스의 관계에 눈을 돌리자. 여러분은 사제왕이 거주하던 페시누스(Pessinus)에서는 대사제가 식물신 아티스의 대역으로 매년 살해된 것과, 어떤 고대 권위자가 아티스를 '베어 낸 곡물의 이삭'이라고 기술한 것을 기억할 것이다. 그러므로 곡물 정령의 화신으로서 매년 곡물 정령의 대리인이 되어 살해되는 아티스는 결국에는 리티에르세스와 같은 존재로 생각되었을 터이며, 리티에르세스는 국가적인 아티스 종교가 발달하기 이전의 소박한 원형으로 여겨졌을 것이다. 그러나 한편 유럽 민속의 유사성을 볼 때 같은 민족 사이에 다른 두 식물신이 저마다 별도의 인격적 대리자를 가졌을 것이며, 그들 중 어느 쪽이든 신의 자격으로 해마다 다른 시기에 살해되었을 것이다.

즉 유럽에서는 이미 우리가 살펴본 바와 같이, 보통 한 사람이 봄에 나무 정령으로서 살해되고, 다른 한 사람이 가을에 곡물 정령으로서 살해되었을 것이다. 프리지아에서도 아마 그랬을 것이다. 아티스는 특히 나무 정령이었고, 그와 곡물의 관계는 다만 '수확의 5월'과 같은 관습 속에 암시될 정도의 나무 정령의 힘을 가졌다는 것뿐이다. 또 아티스의 대리인이 봄에 살해된 반면, 리티에르세스는 프리지아의 수확 계절에 맞게 여름이나 가을에 살해되었을 것이다.

따라서 전체적으로 볼 때 우리가 리티에르세스를 아티스의 원형으로 보기에는 어렵다. 그 둘은 같은 종교 관념의 평행적인 산물로 보아야 할 것이며, 유럽에서 수확기의 '영감'이 봄의 '산 사나이', '나뭇잎의 사나이' 등의 입장에 있는 것과 같은 관계를 지녔을 것이다. 이들은 모두 식물 정령 또는 식물신이었고, 그 인격적 대리자는 해마다 살해되었다.

그러나 아티스 숭배가 국가적 종교의 영역까지 높여져서 이탈리아에 진출한 것에 반해서, 리티에르세스 의식은 이때까지 프리지아 본토의 범위를 벗어난 적이 없고 추수밭에서 농민들이 행하는 시골풍의 성격을 마지막까지 유지했다. 기껏해야 콘드족의 경우처럼 몇 마을이 협력하여, 그들의 공동 이익을 위해 곡물 정령의 대리인으로서 살해될 인간 제물을 얻는 정도였다. 이 인간 제물은 사제왕이나 군소 왕의 가족에서 취해진 것으로 볼 수 있는데, 그 사실은 프리지아 왕의 아들이거나 자칭 왕이었던 리티에르세스의 전설적 성격을 설명해 준다. 마을들이 함께 협력하지 않았을 경우라면, 각 마을과 농장은 그곳을 지나가는 이방인, 마지막 곡물을 베는 자, 묶는 자, 탈곡하는 자를 죽여서 자기네들이 필요로 하는 곡물 정령의 대리인을 얻은 것으로 보인다.

곡물의 성장을 촉진하는 수단으로, 사람을 사냥하는 고대의 관습은 아삼, 버마, 필리핀, 동인도 제도의 원시적 농경 민족 사이에서 오늘날에도 진행되거나 최근에까지 진행되었다. 마찬가지로 아마 유럽과 서아시아의 미개한 여러 민족에서도 일반적이었을 것이다. 유럽과 같이 프리지아에서는 수확하는 밭이나 탈곡장에서 사람을 죽이는 고대의 야만적인 관습이 의심할 여지없이 고전시대 훨씬 이전부터 이미 단순한 모의 살해로 변형되었다. 그래서 추수철의 어리석은 소동은 지나가는 이방인이나 일꾼, 심지어는 그 주인에게도 할 수 있게 허용된 난폭한 장난에 지나지 않다고 수확자들이나 탈곡하는 사람들은 생각하게 되었다.

나는 장황하게 리티에르세스의 노래를 검토했다. 왜냐하면 그 노래가 유럽과 원시 민족의 관습과 매우 비슷한 점을 많이 제공하고 있기 때문이다. 서아시아와 이집트의 수확의 노래는 아주 간략하게 다룰 것이다. 프리지아의 리티에르세스에 대한 비티니아의 보르무스의 유사성은 보르무스에 대한 기존 해석을 밝히는 데 도움이 된다. 보르무스는 리티에르세스와 마찬가지로 왕의 아들이었거나 적어도 부유하고 신분이 높은 사람의 자식이었다. 수확자들은 보르무스의 죽음이나 실종을 슬퍼하며 비애의 노래를 불렀다. 보르무스는 수확자들이 그의 밭에서 일하는 것을 지켜보던 중 그들에게 물을 갖다주다가 사라져 버렸기 때문이다. 다른 이야기에서는 그가 물 정령에게 유괴되었다고 한다. 분명히 그가 물을 길러 간 우물이나 연못이나 혹은 강물의 정령이었을 것이다.

리티에르세스의 이야기를 유럽의 민속에 비추어 판단하면, 보르무스의 실종은 농부를 곡물 다발 속에 싸서 물에 던진 관습의 흔적으로 보인다. 수확자들이 부른 슬픈 노래는 아마 베인 곡물이나, 인격적 대리인으로서 살해된 곡물 정령의 죽음에 대한 비탄이었으리라. 그리고 수확자들이 그를 애도하며 부른 노래는 그가 새로운 힘을 갖고 다음 해에 돌아오기를 바라는 기도였을 것이다.

페니키아의 〈리누스의 노래〉는 우리가 호메로스를 통해 배웠듯이 소아시아의 서부에서 포도를 수확할 때 불렀다. 그리고 실레우스의 전설과 결부되어서 수확자 리티에르세스가 이방인을 다룬 거의 같은 방법으로 고대에 지나가는 포도 재배자와 수확자가 이방인을 다루었으리라는 것을 시사한다. 전설에 따르면, 리디아의 실레우스는 통행인을 붙잡아서 무리하게 자기 포도밭을 경작하게 했으나, 끝내 헤라클레스가 와서 실레우스를 죽이고, 그의 포도나무를 뿌리째 뽑아 버리고 말았다고 한다. 이것은 리티에르세스의 전설과 비슷한 윤곽인 듯하다. 그러나 고대 저술가들과 근대의 민속적 관습은 그것에 대한 명백한 자료를 제공해 주지 못한다.

어쨌든 〈리누스의 노래〉는 페니키아의 수확자들에 의해서 불렸다. 왜냐하면 이미 보았듯이 헤로도토스는 이 노래를 이집트의 수확자들이 베어 낸 곡물에 대해서 부르던 애가 〈마네로스의 노래〉와 비교했기 때문이다. 또 리누스는 아도니스와 동일시되었고, 아도니스는 특히 곡물신으로 여겨졌다. 이렇게 추수절에 불린 리누스의 애가는 아도니스의 애가와 같은 것이었으리라. 어느 것이나 수확자들이 곡물의 죽은 정령을 위해 올린 애가로 보인다.

그러나 아도니스가 아티스처럼 신화의 주요한 존재가 되어, 그 고향 페니키아의 경계를 넘어 대도시에서 숭배받고 애도된 데 반해, 리누스는 곡물 다발이나 포도밭 사이에서 수확자들에 의해서 불린 소박한 노래에만 자취를 남겼다. 리티에르세스와 유럽 및 미개 민족들의 민속의 유사성은 페니키아에서 살해된 곡물 정령, 즉 죽은 아도니스가 전에는 인간 제물로 재현되었다는 것을 보여준다. 그리고 이와 같은 시사는 탐무즈(아도니스)가 그의 뼈를 돌절구에 갈아서 바람에 날렸던 잔인한 주인에게 살해되었다는 하란(Harran)의 전설로 뒷받침된다. 왜냐하면 이미 우리가 보아온 바와 같이 멕시코에서는 수확시에 인간 제물이 두 개의 큰 돌 사이에서 압사되었고, 아프리카와 인도에서는 제물의 재나 유해의 나머지를 논밭에 뿌렸기 때문이다. 그러나 하란의 전설은 곡물을 돌절구에 갈아서 종자를 뿌렸다는 신화적 표현에 불과할지도 모른다.

매년 바빌로니아에서 로우스의 달 16일에 열린 사카이아 축제 때마다 살해된 모의왕이 탐무즈 자체를 재현했으리라는 점은 시사하는 바가 크다. 왜냐하면 역사가 베로수스(Berosus)가 안티오쿠스에게 바친 역사서에 바빌로니아의 제사와 시기를 기록할 때 아마 마케도니아력을 사용했을 것이기 때문이다. 그리고 그의 시대에서 마케도니아의 '로우스' 달은 바빌로니아의 '탐무즈' 달에 해당된다. 만일 이 추측에 잘못이 없다면 사카이아에서의 모의왕은 신의 자격으로 살해되었다는 견해가 성립될 것이다.

이집트에는 인간 제물이 살해된 곡물 정령, 즉 오시리스를 재현했다는 더 많은 증거가 있다. 수확자들은 추수밭에서 인간 제물을 살해하고, 그리스인들이 언어상의 오해로 마네로스라고 이름을 붙인 장송가를 부르며 그의 죽음을 애도했다. 즉, 부시리스의 전설은 일찍이 오시리스 숭배와 관련해서 이집트인이 바친 인간 제물의 흔적을 간직한 것으로 보인다. 부시리스는 제우스의 제단에 모든 이방인을 제물로 바친 이집트의 왕이었다고 한다. 이 관습의 기원은 이집트 전국을 9년 동안 괴롭힌 기근으로까지 거슬러 올라간다.

키프로스의 어떤 예언자가 해마다 사람 하나를 제물로 제우스에게 바치면 기근은 끝나리라고 부시리스에게 예언했다. 그리하여 부시리스는 이 제사를 마련했다고 한다. 그런데 헤라클레스가 이집트에 와 제물로 바쳐지기 위해서 제단에 끌려갔을 때, 그는 몸을 결박한 끈들을 잘라 버리고 부시리스와 그의 아들을 죽였다. 이처럼 농작물의 실패를 없애기 위해서 인간 제물이 매년 바쳐졌다는 전설이 있으며, 흉작을 피하기 위한 제물을 생략하면 흉작은 피할 수 없다는 신앙을 포함하고 있다.

이미 언급한 바 있듯이, 포니족도 마찬가지로 씨 뿌릴 때 인간 제물을 생략하면 농작물의 실패를 가져온다고 믿었다. 부시리스란 실제로는 '오시리스의 집'이라는 도시 이름이고, 여기에 오시리스의 묘가 있어서 그렇게 불렸다. 사실상

부시리스
이집트 왕 부시리스는 낯선 사람을 곡식 정령의 화신이라 하여 제우스 제단에 제물로 바쳤다. 제물로 끌려온 헤라클레스가 바로 그 제단에서 부시리스를 죽였다. 그리스 신화에서 가장 위대한 영웅인 헤라클레스는 이런 종류의 관습을 깨뜨린 사람으로 묘사된다. 그리스 시대의 항아리. 애슈몰린 박물관, 옥스퍼드

근대의 권위자들은 부시리스가 오시리스의 고향이고, 여기서 그의 숭배가 이집트의 각 지방에 미쳤다고 믿고 있다. 인간 제물이 그의 묘에 바쳐졌으며, 그 제물은 붉은 털의 사나이였고, 그의 재는 체로 쳐서 먼 곳에 뿌려졌다고 한다. 오시리스의 묘에 제물을 바쳤다는 전설은 비문의 증거로 확인할 수 있다.

이상의 논의에서 비추어 볼 때, 부시리스에 대한 이집트의 전설은 충분히 있을 수 있는 일이라고 해석할 수 있다. 곡물 정령 오시리스는 해마다 추수밭에서 이방인에 의해 재현되었는데, 그의 붉은 털이 다 자란 옥수수를 표현하기에 알맞았기 때문이다. 이방인은 오시리스의 대리자로서 수확하는 밭에서 수확자들에게 의해 살해되고 애도되었다. 이때 수확자들은 그 다음 해에 곡물 정령이 다시 살아나 새로운 활력을 갖고 복귀할 것을 기도했다. 마지막으로 제물의 어떤 부분을 태우고, 밭을 풍요롭고 다산하게 하기 위해서 그 재를 체에 쳐서 밭에 뿌렸다. 이 경우에 옥수수와 닮았다는 이유로 그 인간 제물을 선택한

것은 이미 말한 바 있는 멕시코와 아프리카의 관습과 들어맞는다. 마찬가지로 멕시코의 하지 제사에서 곡물 어머니 자격으로 죽은 여자는 곡물의 빛깔을 나타내기 위해 얼굴에 빨간색과 노란색을 칠하며, 또 옥수수 수염을 본떠서 풍성한 깃털이 달린 화관을 썼다.

또 한편 멕시코인은 '흰 옥수수의 여신'의 제사에서 문둥병자를 제물로 바쳤다. 로마인은 시리우스 별이 일으킨다고 하는 말라 죽는 병을 피하기 위해 봄에 빨간 털의 강아지를 제물로 바쳤으며, 그렇게 하면 농작물은 잘 익어서 붉게 된다고 믿었다. 하란의 원주민들은 태양과 달, 별에게 인간 제물을 바쳤는데, 제물이 바쳐지는 천체와 제물이 비슷하다고 생각한 이유로 선정한 것이었다. 예를 들면 사제는 붉은 옷을 입고 피를 바른 뒤에 붉은 털과 붉은 얼굴의 남자를 '붉은 별인 화성'에게 바쳤으며, 신전도 빨갛게 칠하고 빨간 막으로 덮었다. 제물을 신이나 혹은 신을 나타내는 자연 현상을 바치는 이런 사례는 결국 동종주술이나 모방주술의 원리에 따르는 것이고, 그 근본 관념은 제사를 지낸 뒤에 일어날 결과와 비슷한 제물을 바치면 의도하는 바를 쉽게 이룰 수 있다는 것이다.

오시리스의 시체 조각이 여기저기에 뿌려지고, 그곳에 이시스가 매장되었다는 이야기는, 인간 제물을 잘게 자르고 때로는 그 조각을 몇 킬로미터나 떨어진 곳에 매장하는 콘드족의 관습과 비슷한 흔적이라고 보아도 무방하다.

이런 나의 설명이 타당하다면, 오시리스의 비밀을 해명하는 열쇠는 이집트 수확자들의 애절한 외침에서 찾을 수 있다. 이 외침은 로마 시대에 이르기까지 매년 밭에서 밭으로 들리던 것인데, 오시리스의 시골풍의 원형인 곡물 정령의 죽음을 애도하는 소리라 할 수 있다. 우리가 이미 보아 온 바와 같이, 이 같은 외침이 서아시아의 수확하는 모든 밭에서도 들렸다. 그것을 고대인은 노랫소리라고 했다. 그러나 리누스와 마네로스란 명칭에서 판단하면 아마도 그것은 매우 먼 곳에서도 들을 수 있는 긴 음조로 발음되는 몇 마디였던 것으로 보인다. 많은 사람들이 큰 소리로 함께 외쳐 울려 퍼지는 긴 외침은 때때로 그곳에 우연히 있던 여행자의 주의를 끌었을 것이다. 또한 몇 번이나 반복되는 이 외치는 소리는 아마 먼 곳에서도 쉽게 들을 수 있었을 것이다.

그러나 아시아와 이집트를 여행한 그리스인에게는 그 외국어가 보통 무엇을 의미하는지를 몰랐다. 그 때문에 그리스인이 그 외침을 수확자들이 부르고 있는 어떤 사람(마네로스, 리누스, 리티에르세스, 보르무스)의 이름으로 오해한 것도 무리는 아니다. 만일 그의 여행 기간이 비티니아, 프리지아, 페니키아와 이집트 등 여러 나라의 곡물이 익을 무렵이었다면, 그는 여러 종족의 갖가지 수확의 외침 소리를 비교할 기회를 얻었을 것이다. 이와 같이 그 수확의 외침 소리가 종종 그리스인의 주의를 끌고, 서로 비교된 이유를 우리는 쉽게 이해할 수 있다. 이와 달리 만일 그것이 보통의 노래였다면 아주 먼 곳까지 들리지 않았고, 많은 여행자들의 주의를 끌지 않았을 것이다. 또 이를테면 여행자가 그 외침이 들리는 곳에 있다 하더라도 쉽게 그 말을 알아들을 수는 없었을 것이다.

근대에 이르기까지 데번셔의 수확자들은 그와 같은 소리를 외쳐서, 오시리스 의식이 시작되었던 것과 똑같은 의식을 밭에서 치렀다. 이 외침과 의식에 대해서 19세기 전반에 기록한 관찰자는 다음과 같이 기술한다.

"밀 수확이 끝난 뒤에, 데번셔 북쪽에 있는 대부분의 농장에서 수확자들은 '모가지의 외침'이라는 제사를 행한다. 이 지방의 농장에서 그 관습이 생략되는 것은 드문 일이라고 나는 믿고 있다. 그것은 다음과 같이 행해졌다. 그 계절(일꾼들이 마지막 밀밭을 추수할 때)이 되면 의식을 잘 기억하는 노인이나 다른 어떤 사람이 곡식 다발 가운데 가장 잘 여문 작은 다발을 든다. 그리고 단정하게 다시 묶고 솜씨 있게 가지런히 만든다. 이것이 밀 이삭의 '모가지'라고 한다. 추수가 다 끝나면 다시 한 번 물주전자를 돌리고 곡물을 베는 사람, 다발로 묶는 사람들과 함께 부녀자들은 둥그렇게 선다.

이때에 '모가지'를 든 사람이 가운데에 선다. 먼저 그가 몸을 굽혀서 그것을 붙잡고 땅 가까이에 대면, 둥그렇게 선 사람들은 일제히 모자를 벗고 똑같이 몸을 굽혀 땅 가까이에 모자를 댄다. 그리고 모두는 길게 빼는 목소리로 일제히 '모가지!' 하고 외치며 몸을 서서히 일으키고, 모자를 든 손을 머리 위로 높이 든다. 이것이 세 번 반복된다. '모가지'를 세 번, '위 엔!' 또는 '웨이 엔!'을 세 번 되풀이하고 한꺼번에 높고 즐거운 웃음소리를 내며, 모자나 캡을 공중에 내던지고 그 주변을 뛰어다니거나 처녀들과 키스한다.

다음에 그들 가운데 한 사람이 '모가지'를 받아들고 될 수 있는 대로 빨리 헛간으로 달려가는데, 거기에 소젖을 짜는 처녀나 그 집의 젊은 하녀가 물통에 물을 담아 입구에서 기다리고 있다. 만일 '모가지'를 든 사나이가 처녀가 서 있는 입구 외의 딴 입구로 은밀히 또는 대담하게 집 안에 들어설 수 있으면, 그는 그 처녀와 보란 듯이 키스할 수 있다. 그러나 그 반대이면 물통의 물로 물벼락을 맞는다.

맑고 조용한 가을 저녁에 듣는 '모가지의 외침'은 먼 데서 들으면 신비로운 느낌을 줄 것이다. 바이런(G.G. Byron)이 그리스도교 국가의 모든 종소리보다 뛰어나다고 온갖 말로 칭찬한 터키 회교도의 기도 소리보다도 한결 좋다. 나는 한두 번 20명 이상의 사나이들이 그것을 외치는 소리를 들었고, 또 같은 수의 여자들이 외치는 소리를 들은 적이 있다. 1년 전, 우리는 수확하고 있는 몇 곳에서 하룻밤 동안에 6, 7회나 '모가지!'라고 외치는 소리를 들은 적이 있었는데, 6킬로미터나 떨어진 곳까지 들려왔다. 이것은 때로는 고요한 밤하늘을 통해서 더 먼 곳까지 들려왔다."

또 브레이 부인은 데번셔(Devonshire)에 여행했을 때 보고 들은 이야기를 이렇게 말했다.

"수확자들이 조금 높은 곳에 둥그렇게 서서 큰 낫을 높이 들고 있는 것을 보았는데, 그 가운데 한 사람이 꽃과 함께 묶은 몇 다발의 곡식 이삭을 높이 들면 그 일동은 '아르나크, 아르나크, 아르나크, 위 하벤, 위 하벤, 위 하벤' 세 번 외친다. 그리고 그들은 여자나 아이들에 둘러싸인 채 꽃을 들고 외치거나 노래하면서 집으로 돌아간다."

브레이 부인을 동반한 하인이 말했다.

"이런 것은 그들이 언제나 하는 일이에요. '수확의 정령을 위해' 하는 장난이지요."

번 양이 말하듯이 '아르나크 위 하벤'은 데번 방언으로 '목을 하나 얻었다'라는 뜻이다.

1839년, 트루로에서 기록된 오랜 관습의 또 다른 설명은 다음과 같다.

"헬리간에서는 곡식을 모두 베면 농장의 남자들과 처녀들이 집 앞에 모여든다. 그들은 마지막으로 벤 곡물의 작은 다발을 들고 있는데, 그것은 리본이나 꽃으로 단장되어 모가지처럼 보이도록 한 부분이 단단히 묶여 있다. 그들은 여기서 큰 소리로 '우리 편, 우리 편!' 이렇게 외친다. 그리고 소젖 짜는 처녀가 곡물 다발을 농장 주인에게 넘긴다. 그는 그것을 받아서 '그를 받았다. 그를 받았다. 그를 받았다!' 큰 소리로 세 번 외친다. 그러면 다른 농사꾼이 '무엇을 받았소? 무엇을 받았소? 무엇을 받았소?' 외친다. 농장 주인이 '모가지, 모가지, 모가지!' 하고 대답한다. 그가 말을 끝내면 모두들 환호성을 질러댄다. 그들은 같은 말을 세 번 외치고, 그 자리를 떠나 만찬이 이어지고 춤추며 노래 부른다."

다른 설명에 따르면 다음과 같다. "마지막 곡물을 베면 모두가 함께 밭에 가서 '모가지'를 리본으로 묶고, 그것을 둘러싸고 춤추다가 부엌으로 가져간다. 곧이어 만찬이 이어진다. 그들은 '히프, 히프, 하크, 헥크, 너를 받았다. 너를 받았다, 너를 받았다' 하고 말한다. 그런 다음에 모가지는 광에 걸어 놓았다."

또 다른 설명에 따르면 그들 가운데 한 사람이 마지막 다발을 갖고 밭에서 도망가면, 다른 사람들이 물그릇을 들고 쫓아가서 그가 헛간에 들어가기 전에 끼얹으려고 했다고 한다.

이제까지 말한 관습에서는, 보통 최후로 남아 있는 특별한 곡물 다발이 곡물 정령의 '모가지'로 간주된다. 따라서 그 곡물 정령은 곡물 다발이 베일 때 그 목이 잘리는 것으로 여겨졌다. 이와 같이 슈롭셔에서는 곡물을 다 베고 밭 가운데에 남겨 둔 마지막 한 줌의 이삭을 주로 '모가지'나 '거위의 모가지'라고 불렀다. 그것을 한 다발로 묶어 놓으면, 베는 사람들이 열 걸음이나 스무 걸음쯤 떨어진 곳에서 그 묶음을 겨냥해서 낫을 던졌다. 그것을 잘라 넘어뜨린 사람은 '거위의 모가지를 잘랐다'는 말을 듣게 된다. 그 모가지를 지주의 아내에게 갖고 가는데, 그녀는 행운을 위해서 그것을 내년 수확 때까지 집 안에 보관해야 했다.

트레베스 근방에서는 마지막까지 남아 있던 곡물을 벤 남자는 "염소의 모가지를 잘랐다"는 소리를 들었다. 가렐로크(혹은 덤버튼셔)의 파슬레인에서는 이따금 베다 남은 마지막 한 단을 '머리'라고 불렀다. 동부 프리슬란트의 아우리히에서는 마지막 곡물을 베는 사람은 "토끼 꼬리를 자른다"는 소리를 들었다. 프랑스에서 농부들은 수확기 들판에서 마지막 포기를 벨 때 "고양이 꼬리를 잡았다" 소리친다. 브레스(부르고뉴)에서 마지막 한 다발은 여우를 상징했다. 그 옆에 스무 개 가량의 이삭을 남겨 두고 여우 꼬리처럼 만들면, 추수꾼들은 모두 몇 발짝 물러서서 큰 낫을 던졌다. 그것을 잘라 떨어뜨리는 데 성공한 사람은 '여우 꼬리를 자른' 것이 되어 "요우 코우 코우!"라는 칭찬의 소리를 들었다.

이런 사례들은 데번셔와 콘월 지방에서 마지막 곡식단을 지칭하는 표현으로 사용된 '모가지'의 의미를 뚜렷이 보여 준다. 이곳 사람들은 곡물 정령이 인간이나 동물의 모습을 하고 있는 것으로 믿고, 그로 말미암아 마지막에 남긴 곡물을 그 몸의 일부, 즉 목이나 머리, 혹은 꼬리로 보았던 것이다. 이미 언급한 바와 같이 때로는 마지막 곡물은 탯줄로도 생각되었다. 끝으로 '모가지'를 얻은 자에게 물을 끼얹는 데번셔의 관습은 이미 수없이 예를 들었던 강우 주술이라 할 수 있다. 오시리스의 신비 의식에서 이와 대응하는 관습을 찾자면, 오시리스 신상이나 오시리스를 대표하는 인물에게 물을 끼얹는 의례를 들 수 있다.

제48장
동물로서의 곡물 정령

1 곡물 정령의 동물 화신

마지막 곡식 다발을 지칭하던 '모가지'란 용어의 의미를 해명하고자 인용한 예 중의 몇 가지에서, 곡물 정령은 거위, 염소, 토끼, 고양이, 여우와 같은 동물의 모습으로 나타난다. 이러한 사실은 우리에게 곡물 정령의 새로운 형태를 소개해 준다. 이제 이에 대해 살펴 보기로 하자. 이 검토를 통해 우리는 신을 죽이는 관습의 새로운 사례를 얻을 수 있을 뿐만 아니라 아도니스, 아티스, 오시리스, 디오니소스, 데메테르와 비르비우스 등의 신화와 숭배에서 모호하게 남아 있는 몇 가지 문제들을 밝힐 수 있을 것이다.

곡물 정령은 늑대·개·산토끼·여우·닭·거위·메추라기·고양이·염소·암소(황소)·돼지, 그리고 말 등의 동물 형태를 취하는 것으로 여겨진다. 그리고 이들 가운데 하나의 형태를 취해서 곡물에 존재하다가, 마지막 곡물 다발 속에서 붙잡히거나 살해된다는 것이다. 사람들은 추수가 시작되면 그런 동물은 자신이 있던 곡물에서 수확자들을 피해 도망친다고 생각한다. 그래서 수확자가 밭에서 병이 나면 그것은 그가 자기도 모르는 사이에 곡물 정령에게 죄를 지었기 때문에 곡물 정령이 불경스러운 침입자를 벌한 것이라고 믿는다. 이런 경우에 "호밀 늑대가 그를 붙잡았다"든가, "수확의 염소가 그를 들이받았다" 말한다. 마지막 곡물을 베거나 마지막 곡물 다발을 묶는 자는 '호밀 늑대', '호밀 암돼지', '귀리 염소' 등의 명칭을 얻고, 때로는 1년 동안 그 이름으로 불리기도 한다.

또 그런 동물은 이따금 마지막 다발·나무·꽃 등으로 만든 인형으로 표현되고, 그것은 마지막 수레에 태워져 환호성 속에 돌아온다. 마지막 다발을 동물의 형상으로 만들지 않는 곳에서도 그것을 종종 '호밀 늑대', '산토끼', '염소' 등으로 부른다. 주로 각종 농작물이 저마다 특유한 동물을 가진 것으로 믿었고,

그것은 마지막 다발에 붙잡혀서 농작물의 종류에 따라 '호밀 늑대', '보리 늑대', '콩 늑대', '고구마 늑대' 등으로 불렸다. 그러나 때때로 그 동물 인형은 모든 수확물 가운데 마지막 곡식을 거둬들일 때 단 한 번만 만들기도 했다. 마지막 낫질이 동물을 살해하는 것으로 믿기도 했지만, 보통은 미처 탈곡이 끝나지 않는 동안에 살아 있고, 마지막에 탈곡되는 다발에서 붙잡힌다고 믿었다. 그러므로 도리깨로 마지막 일격을 가하는 사람은 '곡물 암퇘지', '탈곡하는 개' 등을 잡았다고 표현된다.

탈곡이 끝나면, 동물 모습을 한 인형을 만들어서 마지막 곡식 다발을 탈곡한 사람이 아직 탈곡을 끝내지 않은 이웃 농장에 갖고 간다. 이 사실은 사람들이 아직 탈곡이 끝나지 않은 곳에 곡물 정령이 살아 있다고 믿고 있음을 보여준다. 때로는 마지막 다발을 탈곡하는 자가 동물을 표상하는 경우도 있다. 그래서 만일 아직 탈곡을 끝내지 않은 이웃 농장 사람들이 그를 붙잡으면, 그 사람들은 그가 표현하는 동물과 똑같이 그를 다룬다. 예컨대 보통 돼지를 몰 때 내는 소리로 그를 부르며 돼지우리에 가두거나 하는 것이다. 이상의 일반적인 설명은 이제 실례로 증명될 것이다.

2 늑대·개로서의 곡물 정령

먼저 늑대 또는 개로 생각되는 곡물 정령부터 살펴보기로 하자. 이러한 형태의 곡물 정령은 프랑스, 독일, 그리고 슬라브의 여러 나라들에 보급되어 있는 관념이다. 예를 들면, 바람이 곡물을 파도처럼 물결치고 지나가면, 농부들은 보통 "늑대가 곡물 위로(혹은 곡물사이로) 지나간다", "호밀 늑대가 밭 위를 뛰어간다", "늑대가 곡물 안에 있다", "미친 개가 곡물 속에 있다", "저기에 큰 개가 있다" 말한다.

아이들이 밭에 들어가서 이삭을 꺾거나 푸른 농작물의 꽃을 모으거나 하면, 어른들은 "큰 개가 곡물 안에 앉아 있단다", "늑대가 곡물 속에 앉아서 찢어 죽인단다", "늑대한테 먹힌단다"라고 말해서 그런 일을 못하도록 한다. 이때 아이들이 조심해야 하는 것은 보통의 늑대가 아니라, 때때로 '곡물 늑대', '호밀 늑대'라고 불리는 것이다. 그래서 사람들은 아이들에게 "애들아, 호밀 늑대가 와서 먹어 버린다" 말하거나, "호밀 늑대가 잡아간다" 말한다.

그러나 이렇게 곡물 정령이 깃들었다고 생각되는 늑대도 외견상으로는 보통의 늑대와 같은 모습이다. 그래서 파일렌호프(동부프로이센) 근방에서는 늑대가 밭으로 뛰어가는 것을 보면, 농부들은 늑대가 꼬리를 들고 있는가 혹은 늘어뜨리고 있는가를 주목한다. 만일 꼬리를 땅에 늘어뜨리고 있으면, 그것을 쫓아가서 복을 가져와서 고맙다고 말하거나 그 앞에 맛있는 것을 놓아 주는 일도 있다. 하지만 꼬리를 쳐들고 있으면 늑대를 죽이려고 겨냥했다. 이 경우 늑대는 꼬리에 풍작의 힘을 가진 곡물 정령인 것이다.

개와 늑대는 수확 의식에서 곡물 정령의 화신으로 등장한다. 예를 들면, 슐레지엔의 몇몇 지방에서는 마지막 곡물을 베는 사람이나 묶는 사람을 '밀 개', '콩 발바리'라고 부른다. 그러나 '곡물 개'의 관념이 가장 뚜렷하게 나타난 것은 프랑스 동북 지방의 수확 의식이다. 그곳에서는 추수하는 사람이 병, 피곤, 게으름 등의 이유에서 다른 사람과 함께 갈 수 없을 때나 나란히 가려고 하지 않을 때, "저 녀석 옆에 흰 개가 지나갔다", "저 녀석이 흰 암캐를 데리고 있다", "저 녀석이 암캐에 물렸다" 말한다.

보주 지방에서는 '수확의 5월'을 '수확의 개'라고 부르고, 마지막에 남은 한 줌의 풀이나 밀을 베는 사람에게 "개를 죽인다" 말한다. 쥐라의 롱르소니에 근방에서는 마지막 다발을 암캐로 불렀다. 베르됭 근방에서는 추수를 마치는 것을 보통 "그들은 개를 죽이려고 한다" 표현한다. 에피날에서는 농작물의 종류에 따라 "밀 개, 호밀 개, 혹은 고구마 개를 죽이자" 말한다. 로렌에서는 마지막으로 곡물을 베는 자에게 "그는 수확의 개를 죽이고 있다" 말한다. 티롤의 둑스에서는 타작 때 마지막 도리깨를 내리치는 사람에게 "개를 때려 죽인다" 한다. 슈타데의 근처에 있는 아네베르겐에서는 그를 농작물의 종류에 따라서 '곡물 발바리', '호밀 발바리', '밀 발바리'라고 부른다.

늑대에 대한 이야기를 시작하자. 슐레지엔에서는 수확하는 사람들이 마지막 곡물을 베려고 하면 "늑대를 잡으려고 한다" 말한다. '곡물 늑대'에 대한 신앙이 널리 퍼져 있는 메클렌부르크의 여러 지방에서는 그 속에 '늑대'가 앉아 있다는 이유로 누구나 마지막에 남은 곡물을 베는 것을 두려워한다. 그래서 누구나 꼴찌가 되지 않기 위해 무척 애쓰고, 여자들도 '그 속에 늑대가 있다'는 이유 때문에 가장 나중에 벤 다발을 묶는 것을 두려워한다. 따라서 베는 사람과 묶는 사람 사이에 서로 늦지 않도록 경쟁이 벌어지게 된다. 또 독일에서는 '마지막 다발에 늑대가 앉아 있다'는 속담을 곧잘 듣는다. 어떤 지방에서는 곡물을 베는 사람들에게 "늑대를 조심하라" 큰 소리로 외치거나, "그는 곡물에서 늑대를 쫓아내고 있다" 말한다. 메클렌부르크에서는 밭에 있는 곡물 다발 자체를 '늑대'로 부르고, 그것을 베는 남자는 '늑대를 잡는' 것이 된다.

동물의 이름은 농작물에 따라서 '호밀 늑대', '밀 늑대', '보리 늑대' 등으로 불리며, 만일 농작물이 호밀이면 그 곡식을 베는 사람을 '호밀 늑대' 라 부른다. 메클렌부르크의 많은 지역에서 그는 다른 수확자들을 물어뜯는 흉내를 내거나, 늑대와 같이 짖는 소리를 내어서 그 동물의 성격을 표현해야 한다. 마지막에 벤 다발은 '늑대', '호밀 늑대', '보리 늑대' 등 농작물의 종류에 따라서 달리 부르고, 그것을 묶는 여자에 대해서는 "늑대가 여자를 물어뜯고 있다", "여자는 늑대를 얻었다", "그 여자는 늑대를 곡물로부터 데리고 온다" 이렇게 표현한다. 사람들은 그 여자를 향해서 "너는 늑대다" 말한다. 그녀는 1년 동안 그 이름을 지니게 된다.

때로는 농작물에 따라서 그 여자를 '호밀 늑대', '고구마 늑대'라고 부른다. 뤼겐 섬에서도 마지막 다발을 묶는 여자를 '늑대'라고 불렀는데, 그녀는 집에 돌아와서 그 집의 주부나 하녀를 물어뜯고, 그 대가로 큰 고깃덩이를 받는다. 그러나 누구도 늑대가 되고 싶어하지 않는다. 만일 한 여인이 호밀, 밀, 귀리 등의 마지막 다발을 묶을 처지에 놓이면, 그녀는 '호밀 늑대', '밀 늑대', '귀리 늑대'가 된다.

콜로뉴 지방의 뷔르에서는 예전에 마지막 다발을 늑대 모습으로 만드는 관습이 있었다. 곡물을 모두 탈곡할 때까지 그것을 헛간에 보존했다. 탈곡을 마치고 농장 주인에게 갖고 가면, 그는 그것에 맥주나 브랜디를 끼얹어야 했다. 메클렌부르크의 브룬스하우프텐에서는 밀의 마지막 다발을 묶은 젊은 여자는 그 묶음에서 한 줌의 짚을 끄집어내서 '밀 늑대'를 만들어야 했다. 그것은 길이 1미터, 높이 30센티미터 가량의 늑대 모습인데, 이 동물의 다리는 뻣뻣한 줄기로 만들고, 꼬리와 갈기는 밀 이삭으로 만들었다. 그녀는 수확자들의 선두에 서서 그 '밀 늑대'를 갖고 마을로 돌아오는데, 그것을 농장 주인의 집 마루 높은 곳에 놓았으며, 이것은 오랫동안 그대로 보존되었다.

그런데 많은 지방에서 '늑대'로 불리는 다발을 인간의 모습으로 만들고, 옷을 입히는 일도 있었다. 이 사실은 인간의 모습을 취한다고 믿어진 곡물 정령과 동물의 모습을 취한다고 믿어진 곡물 정령의 혼란을 보여 준다. 일반적으로 이 '늑대'는 환호성 속에서 마지막 수레에 실려 왔다. 그리하여 짐을 실은 마지막 수레 자체를 '늑대'라고 부르기도 한다.

또 늑대는 헛간에 넣어 둔 곡물 속에 숨어서 도리깨로 마지막 다발에서 쫓기기 전까지 잠복한다고 한다. 그래서 마그데부르크 근처의 반츨레벤에서는 농부들이 탈곡을 끝낸 뒤, 줄을 지어서 짚으로 둘러싼 '늑대'로 불리는 자를 쇠사슬에 묶어 끌고 간다. 그는 탈곡된 곡물에서 도망가려다가 붙잡힌 곡물 정령을 나타낸다. 트레베스 지방에서는 곡물 정령이 탈곡할 때 살해된다고 믿는다. 마지막 다발을 난도질하면 그 다발에 잠복한 곡물 정령이 확실히 죽는다고 믿었다.

프랑스에서도 수확시에 '곡물 늑대'가 나타난다. 사람들은 마지막으로 남은 곡물을 베는 사람을 보고, "늑대를 잡으시오" 말한다. 샹베리 근처의 사람들은 최후에 남은 곡물 주위를 둥그렇게 둘러싸고 "그 속에 늑대가 있다" 외친다. 피니스테르에서는 수확이 끝날 무렵에 "거기에 늑대가 있다. 자, 늑대를 잡자" 일꾼들이 외친다. 그리고 각자 구역을 정해 낫질을 하며 가장 먼저 일을 마친 사람이 "내가 늑대를 잡았다" 외친다. 기옌에서는 마지막 곡물을 베면 거세된 숫양 한 마리를 밭에 끌고 다닌다. 그것은 '밭의 늑대'로 불리는데 사람들은 그 뿔을 화환이나 곡식 이삭으로 단장하고, 목과 몸도 꽃다발이나 리본으로 치장한다. 그런 다음 모두 이 양의 뒤를 따르면서 노래를 부르고 행진을 하고, 행진이 끝나면 밭에서 양을 죽인다. 또한 이 지방에서는 마지막으로 곡식을 베는 사람을 방언으로 '쿠줄라주(coujouloge)' 라고 부르는데, 이는 거세된 숫양을 뜻한다. 그 양의 도살은 마지막에 벨 곡물에 존재한다고 믿는 곡물 정령의 죽음을 뜻하는데, 여기에서는 늑대와 거세된 양이라는 다른 두 곡물 정령의 관념이 섞여 있다.

때로는 마지막 곡물에서 붙잡힌 '늑대'가 겨울 동안에 곡식 창고에서 살면서, 봄에 다시 곡물 정령으로 활동할 준비를 한다고 생각되는 듯하다. 그래서 차츰 길어지는 해가 봄이 가까워짐을 알리는 동지(冬至)에 이 '늑대'는 다시 그 모습을 나타낸다. 폴란드에서는 성탄절이 되면, 늑대 모피를 머리에 뒤집어쓴 남자가 여기저기로 끌려 다닌다. 때로는 사람들이 박제된 늑대를 메고 다니면서 돈을 거두기도 한다. 나뭇잎에 싸인 '늑대'로 불리는 남자를 끌고 다니며 사람들이 돈을 거두어들이던 옛 관습의 흔적이 아직도 남아 있는 것이다.

3 수탉으로서의 곡물 정령

곡물 정령은 때때로 수탉의 모습을 취하기도 한다. 오스트리아에서는 아이들에게 곡물 밭에서 헤매고 다니지 말라고 경고하는데, 그것은 '곡물의 수탉'이 그곳에 숨어 있다가 아이들의 눈을 쪼아댄다고 믿기 때문이다. 북부 독일에서는 "수탉이 마지막으로 벤 다발 속에 앉아 있다"고 한다. 그래서 마지막 곡물을 벨 때 사람들은 "자, 수탉을 쫓아내자" 말하고, 낫질을 끝내고 나면 "수탉을 잡았다" 말한다. 트란실바니아의 브랄러에서는 수확꾼들이 마지막 곡식 다발을 잡으면 "자, 수탉을 잡자"고 외친다. 퓌르스텐발데에서는 마지막 곡식 다발을 묶을 때, 주인이 바구니에 준비해 두던 수탉을 밭에 풀어 놓는다. 그러면 모든 일꾼들이 그것을 잡을 때까지 쫓아다닌다. 다른 곳에서는 수확꾼들이 마지막에 벤 곡물 다발을 가지려고 경쟁한다. 그것을 갖는 데 성공한 자는 닭의 울음소리를 흉내내야 하고, '수탉'으로 불리게 된다.

벤드(Wend)족 사이에서는 농부가 살아 있는 닭을 밭에 놓여 있는 마지막 다발 밑에 감추어 두는 관습이 있었다. 곡물 다발을 모을 때 이 다발을 발견한 수확자는 닭을 가질 권리를 가진다. 이것이 수확제의 끝을 맺는 일로써 '수탉 잡기'라 불리고, 이때 수확자에게 돌려지는 맥주를 '수탉 맥주'라고 부른다. 마지막 다발은 '수탉', '수탉 다발', '수확의 수탉', '수확의 암탉', '가을 암탉'으로 불린다. 곡물의 종류에 따라 '밀 수탉', '콩 수탉' 등으로 구별된다.

튀빙겐의 뷘센술에서는 마지막 다발을 수탉 모습으로 만들고 '수확의 수탉'으로 부른다. 나무, 판지, 곡물 이삭, 꽃 등으로 수탉을 만들어 수확 수레 앞에 달기도 하는데, 특히 베스트팔렌에서 이것이 성행한다. 그 수탉은 땅에서 나는 여러 종류의 열매를 부리에 물고 있다. 때로는 그 수탉을 마지막 수레에 싣고, '5월의 나무' 가지에 붙잡아 맨다. 다른 곳에서는 살아 있는 수탉이나 그 모습의 것을 수확의 왕관에 매고, 장대로 옮긴다. 갈리치아와 다른 곳에서는 살아 있는 수탉을 곡물 이삭이나 화관에 매어서, 그것을 여자 수확자들의 지도자가 머리에 얹고 행렬의 선두에 서서 나간다.

슐레지엔에서는 산 닭을 접시에 얹어 지주에게 보낸다. 수확의 만찬은 '수확 수탉', '그루터기 수탉' 등으로 불리고, 주요 메뉴는 적어도 몇몇 지방에서는 수탉이다. 만일 수레꾼이 수확 수레를 뒤집어엎으면 "그는 수확의 수탉을 떨어뜨렸다" 하고, 수탉 요리, 즉 수확의 만찬을 먹지 못하게 된다. 수탉 모습을 달아맨 수확의 수레는 곡식 창고에 들어가기 전에 농가를 한 바퀴 돈다. 수탉을 농가 입구나 옆, 또는 헛간에 걸어 놓고, 다음 해 추수철까지 그대로 둔다. 동부 프리슬란트에서는 타작할 때 마지막으로 도리깨를 내리치는 자를 '때를 알리는 암탉'이라고 부르고, 마치 그가 암탉인 것처럼 그 앞에 곡식 낟알을 뿌린다.

또 곡물 정령은 수탉 모습으로 살해되는 경우가 있다. 독일, 헝가리, 폴란드 및 피카르디(Picardy) 등의 지방에서 수확자는 살아 있는 수탉을 마지막에 베는 곡물 속에 숨겨 두고는, 그것을 밭에 끌고다니거나 목까지 흙 속에 파묻거나 한다. 그들은 나중에 낫으로 그 목을 자른다. 베스트팔렌의 여러 지방에서는 수확자들이 지주에게 나무로 만든 수탉을 가져가면 답례로 살아 있는 수탉을 내준다. 이것을 받는 사람들은 그것을 채찍이나 장대로 죽이거나 낡은 칼로 목을 치거나, 곡식 창고에 던졌다가 소녀들에게 주거나 요리사에게 주어서 요리하도록 한다.

만일 '수확의 수탉'이 떨어지지 않으면, 즉 수레가 뒤집히지 않으면 일꾼들은 그 농가의 뜰에서 노는 수탉에게 돌을 던지거나, 그 목을 자르거나, 죽일 권리를 갖게 된다. 이 관습이 이미 사라진 곳에서도 농부의 아내는 일꾼들을 위해 닭고기 수프를 끓이고, 수프를 만들기 위해서 잡은 닭의 목을 그들에게 보여 준다.

트란실바니아의 클라우젠부르크 근처에서는 수확의 밭에서 수탉을 목까지 땅에 파묻어 머리만 보이도록 한다. 그리고 젊은이가 큰 낫을 휘둘러 단번에 그 목을 친다. 만일 실패하면 그는 1년 내내 '붉은 수탉'으로 불리고, 사람들은 이듬해 농작물의 흉작을 걱정한다. 트란실바니아의 우드바르헬리 부근에서는 산 수탉을 마지막 다발에 싸서 꼬챙이로 죽이고 나서 깃털째 껍질을 벗긴다. 살덩이는 버리고 깃털은 다음 해까지 둔다. 봄이 되면 마지막 다발에서 나온 곡식알을 수탉의 깃털과 섞어서 경작하려는 밭에 뿌린다.

수탉과 곡물 정령이 동일시된다는 것을 이처럼 명백하게 보여 주는 사례는 없다. 수탉은 마지막 다발에 싸여 죽임을 당함으로써 곡물과 동일시되고, 그 죽음은 곡물 베기와 동일시되는 것이다. 또한 그 깃털을 봄까지 보존했다가 앞서 수탉을 쌌던 곡물 다발의 곡식 낟알에 섞고, 그 섞은 것을 밭에 뿌리는 데에서 닭과 곡물의 동일성이 더욱더 강조된다. 이것으로써 곡물 정령의 화신으로서 수탉이 지닌 촉진력과 생장력이 가장 분명히 드러나게 된다. 이처럼 곡물 정령은 수탉의 모습으로 수확시에 살해되나, 봄이 되면 또 새로운 생명과 활력을 갖고 소생한다고 생각되었다. 또 수탉과 곡물의 동일성은 닭을 흙 속에 파묻었다가(곡물의 이삭처럼) 큰 낫으로 목을 치는 관습 속에도 뚜렷하게 나타난다.

4 산토끼로서의 곡물 정령

곡물 정령의 또 다른 일반적인 화신은 산토끼이다. 갤러웨이(Galloway)에서는 마지막에 남은 곡물을 베는 것을 "산토끼를 베기"라고 한다. 그것은 다음과 같은 방법으로 이루어진다. 곡물을 모조리 벤 다음에 '산토끼'를 만들 한 줌의 곡식만을 남긴다. 그것을 세 부분으로 나누어서 엮고 묶어서 귀를 만든다. 그리고 수확자들은 몇 미터 뒤로 물러서서 '산토끼'를 겨냥해 번갈아 큰 낫을 던진다. 이렇게 낫을 던지는 것은 그들 가운데 누군가 '산토끼'를 벨 때까지 계속되는데, 이때 반드시 묶은 매듭의 아래쪽을 베야 한다. 마침내 '산토끼'의 매듭 아래쪽을 베는 데 성공하면, 그것을 집으로 가지고 가 부엌의 하녀에게 넘겨 준다. 하녀는 그것을 부엌문 안쪽 위에 걸어 놓는다. 때로는 이 '산토끼'를 다음 해 추수절까지 그대로 두는 경우도 있다. 미니가프 교구에서는 미혼인 수확자들이 '산토끼'를 베면 온 힘을 다해 집으로 뛰어갔는데, 누구보다 먼저 도착한 사람이 가장 먼저 결혼한다는 속설이 있기 때문이다.

독일에서도 마지막으로 벤 다발에 붙인 이름 가운데 하나는 '산토끼'이다. 예를 들면 안할트의 여러 지방에서는 곡물을 다 베고 조금 남게 되면 "산토끼가 온다" 말한다. 또 추수하는 사람들이 서로 외치면서 "보라, 산토끼가 뛰어온다" 말한다. 동부 프로이센에서는 '산토끼'가 맨 나중에 남은 다발에 숨어 있으므로 마지막에 베는 사람이 그것을 쫓아내야 한다고 말한다. 수확자들은 '산토끼를 쫓아내지' 않도록 일을 서두른다. 왜냐하면 마지막에 곡물을 벤 자는 모든 사람의 웃음거리가 되기 때문이다. 우리가 이미 본 바와 같이 아우리히에서는 마지막에 남은 곡물을 베는 것을 "산토끼 꼬리를 자른다"고 표현한다.

독일, 스웨덴, 네덜란드, 프랑스, 이탈리아에서는 보통 맨 나중에 남은 곡물을 베는 자에게 "산토끼를 죽이고 있다" 말한다. 노르웨이에서는 그와 같이 "산토끼를 죽인다"는 말을 듣는 남자는 친구들에게 '산토끼의 피'로서 브랜디를 주어 마시게 한다. 레스보스에서는 추수꾼들이 이웃한 밭에서 일하는 경우, '산토끼'를 상대편 밭으로 몰아내기 위해 서로 먼저 일을 끝내려고 한다. 경쟁에서 성공한 수확자들은 다음 해에 좀더 수확이 잘 될 것이라고 믿기 때문이다. 또한 그들은 작은 곡물 다발을 만들어서, 이듬해 추수철까지 성화 옆에 놓아 두기도 한다.

5 고양이로서의 곡물 정령

곡물 정령은 때로는 고양이 모습을 취한다. 키일 근방에서 사람들은 아이들이 곡물 밭에 들어가지 않도록 "고양이가 그곳에 숨어 있다"고 주의를 준다. 아이제나흐 오베르란트에서는 아이들에게 "곡물 고양이가 와서 너를 잡아간다"라든가, "곡물 고양이가 밭을 걷고 있다" 경고한다. 슐레지엔의 일부 지방에서는 마지막 곡물을 베면서 "고양이를 잡았다" 말하고, 타작할 때에 마지막 도리깨를 치는 사람을 '고양이'라고 부른다. 리옹 근처에서는 마지막 다발과 추수 만찬을 모두 '고양이'라고 한다. 브줄 근방에서는 마지막 곡물을 벨 때 "고양이 꼬리를 잡았다" 한다.

도피네의 브리앙송에서는 수확을 시작할 때 고양이를 리본, 꽃, 곡물 이삭 등으로 치장한다. 이것을 '공 가죽 고양이'라고 부른다. 만일 수확자가 일하는 도중에 다치면 그들은 고양이를 때려서 상처를 입힌다. 베는 일이 끝날 무렵에 다시 고양이를 리본과 곡물 이삭으로 단장한다. 그리고 모두들 마시고 춤춘다. 춤이 끝나면 소녀들은 고양이 장식을 경건하게 벗긴다.

슐레지엔의 그뤼네베르크에서는 마지막에 남은 곡물을 베는 사람에게 '수고양이'라는 이름을 붙인다. 사람들은 그를 호밀짚과 푸른 작은 가지로 감싸고 긴 꼬리를 엮어 그에게 붙여 준다. 그는 때로 비슷한 치장을 한 사나이를 친구로서 대동하기도 하는데, 그 친구는 '암고양이'라고 불린다. 그 '고양이'들이 할 일은 만나는 사람들을 쫓아가서 긴 막대로 치는 일이다. 아미앵 근처에서는 수확을 끝내는 것을 "그들이 고양이를 죽이려고 한다" 표현한다. 그리고 마지막 곡물을 다 베면 농가의 마당에서 진짜 고양이 한 마리를 죽인다. 프랑스의 어떤 지방에서는 수확물을 탈곡할 때에 타작할 마지막 다발 밑에 고양이를 놓아두었다가 도리깨로 쳐서 죽인다. 그리고 일요일에 그것을 구워서 휴일의 만찬으로 나눠 먹는다.

보주 산지에서는 건초 만들기나 수확의 마무리를 "고양이를 죽인다", "개를 죽인다" 부르며, 좀 드물게는 "고양이를 붙잡는다"라고도 표현한다. 농작물이 잘 되느냐 아니냐의 여부에 따라서 고양이나 개 또는 산토끼가 살찌거나 여윈다고 여겨진다. 또 건초나 밀의 마지막 한 줌을 베는 사람은 '고양이(혹은 토끼)를 붙잡았다' 또는 '개를 죽였다'는 말을 듣게 된다.

6 염소로서의 곡물 정령

곡물 정령은 이따금 염소의 모습으로도 나타난다. 프로이센의 일부 지역에서는 곡물이 바람에 흔들리면, "염소들이 서로 쫓고 있다", "바람이 밭에서 염소를 쫓아내고 있다", "염소가 저기서 이삭을 뜯어먹고 있다" 말하며 풍작을 기대한다. 또 "귀리 염소가 귀리밭에 앉아 있다" 말하거나, "곡물 염소가 호밀밭에 앉아 있다"고도 한다. 아이들은 푸른 곡물의 꽃을 꺾거나, 콩을 따러 밭에 들어가지 않도록 주의를 받는다. 왜냐하면 그들은 '호밀 염소', '곡물 염소', '밀 염소', '콩 염소'가 거기에 숨어 있다가 아이들을 잡아가거나 죽일 것이라고 믿었기 때문이다.

수확자 가운데 누군가가 병에 걸리거나, 일이 남보다 느리면 사람들은 그를 두고 "추수 염소가 그를 들이받았다", "그는 곡물 염소에게 들이받혔다"고들 한다. 브라운스베르크(동부프로이센) 근방에서는 수확자들이 귀리를 묶을 때 '곡물 염소가 그들을 떠밀지 않도록' 일을 서두른다. 노르웨이의 외포텐에서 추수꾼들은 저마다 낫질을 할 밭을 할당받는데, 다른 수확자들이 각자의 몫을 벤 뒤에도 밭 한가운데에 있는 수확자가 자기 분량을 끝내지 못하면 사람들은 그를 가리켜 "저 녀석은 섬에 남아 있다"고 말한다. 그때 그 느림보가 남자면 숫염소를 부르는 소리를 흉내내고, 여자면 암염소를 부르는 소리를 흉내낸다.

바이에른의 슈트라우빙 부근에서는 마지막으로 곡물을 베는 사나이에게 곡물에 따라서 "그는 곡물 염소를 받았다", "귀리 염소를 받았다" 말한다. 그리고 마지막 곡물 다발에 두 개의 뿔을 얹고, 그것을 '뿔이 있는 염소'라고 한다. 동부 프로이센의 크로이츠부르크에서는 마지막 다발을 묶는 여자를 보고 "그 다발에 염소가 있어요" 이렇게 말한다. 슈바벤의 가블링겐에서는 농장의 마지막 귀리를 벨 때 사람들은 나무로 염소를 조각한다. 그리고 귀리 이삭을 콧구멍과 입에 집어넣고, 그것을 화관으로 단장한다. 이 조각상을 밭에 세워 놓고 '귀리 염소'라고 부른다. 드디어 베는 일이 끝날 무렵이 되면, 사람들은 자기의 몫을 먼저 끝내려고 일을 서두른다. 일을 꼴찌로 끝낸 자는 '귀리 염소'를 받는다. 또 마지막 다발 자체를 '염소'라 부른다. 예를 들면, 바이에른의 비젠트 계곡에서는 밭에서 묶인 마지막 다발을 '염소'라 부르기도 하고 "밭이 염소를 낳아야 한다"는 격언도 있다.

헤세(Hesse)의 슈파하브뤼켄에서는 마지막 곡물 다발을 '염소'라 하고, 그것을 베는 자는 매우 조롱을 받는다. 바덴의 뒤렌뷔히에서나 모스바흐 근처에서는 마지막 곡물 다발이 '염소'로 불린다. 때로는 마지막 곡물 다발을 염소의 모습으로 만들고 "그 속에 염소가 앉아 있다" 말한다. 또 마지막 곡물을 베거나 묶는 사람도 '염소'라 불린다. 예를 들면, 메클렌부르크 지방에서는 마지막 곡물 다발을 묶는 여자에게 "너는 추수 염소이다"고 말한다. 하노버의 윌첸 부근에서 수확제는 '추수 염소를 가져오는 것'으로 시작된다. 마지막에 벤 곡물 다발을 묶은 여자를 짚 속에 넣고 수확의 화관을 씌워 손수레로 마을까지 옮긴 뒤에 그녀를 둘러싸고 춤을 춘다. 뤼네부르크 근처에서도 마지막 곡물 다발을 묶는 여자를 곡물 이삭으로 만든 화관으로 꾸미고, '곡물 염소'라고 부른다.

바덴(Baden)의 뮌제스하임에서는 보리 또는 귀리를 끝으로 베는 사람을 '곡물 염소', '귀리 염소'라고 부른다. 스위스의 생갈 주에서는 밭에서 마지막 곡물을 베는 자나, 혹은 마지막 수확 수레를 곡식 창고에 끌고 가는 자를 '곡물 염소', '귀리 염소', 또는 그냥 '염소'라고 한다. 투르가우 주에서는 '곡물 염소'라고 부른다. 그리고 염소처럼 목에 방울을 달고 환호성 속에서 끌고 다니면서 그 사람에게 술을 끼얹는다. 또 스티리아의 여러 지방에서도 마지막 곡물을 베는 사람을 '곡물 염소', '귀리 염소'라 부른다. 원칙적으로 '곡물 염소'의 이름이 붙는 사람은 다음 추수철까지 1년 동안 그 이름으로 불린다.

어떤 의견에 따르면, 염소나 그 외의 어떤 형태로 붙들린 곡물 정령은 농가나 헛간에서 겨울 동안 살았다고 한다. 이렇게 모든 농장은 그 나름의 곡물 정령의 화신을 갖고 있다. 그런데 다른 의견에 따르면, 곡물 정령은 한 농장의 곡물 정령 또는 신일 뿐만 아니라 모든 장소의 곡물 자체라고 한다. 곡물 정령은 한 농장의 곡물이 다 베어지면, 곡물을 아직 다 베지 않고 남아 있는 다른 농장으로 도망친다고 한다. 이런 사고 방식은 예전에 스카이에서 치러진 수확제에 나타나 있다.

맨 처음 수확을 끝낸 농부는 남자나 여자에게 곡물 다발 하나를 들게 하여 아직 수확이 끝나지 않은 이웃 농부에게 보냈다. 이처럼 모든 곡물을 벨 때까지 그 곡물 다발을 이 농장에서 저 농장으로 돌렸다. 사람들은 이 곡물 다발을 '절름발이 염소'로 불렀다. 그 관습은 아직도 사라지지 않은 것으로 보인다. 왜냐하면 근래에 스카이에서 그런 보고가 있었기 때문이다. 아마 곡물 정령은 곡물이 베어졌기 때문에 불구가 되어서 절름발이로 표현되었을 것이다. 그래서 마지막 다발을 갖고 돌아가는 노파는 때로는 한쪽 발로 절름발이 걸음을 걸어야 한다.

그러나 염소 모습을 취하는 곡물 정령은 때때로 낫으로 수확할 밭에서 살해된다고 믿어진다. 예를 들면, 모젤 강변의 베른카스텔 부근에서는 수확자들이 서로의 순번을 제비뽑기로 결정한다. 그리고 첫 번째 제비를 '선두 수확자', 꼴찌를 '꼬리를 지닌 자'라고 부른다. 만일 한 수확자가 앞선 수확자를 뒤쫓으면, 뒤처진 수확자는 밭에 홀로 남게 된다. 그렇게 남아 있는 밭뙈기를 염소라 부른다. '염소를 베는' 자는 해가 저물 때까지 친구들에게 조롱을 받는다. '꼬리를 지닌 자' 가 마지막 이삭을 베면, "저 친구가 염소의 목을 자르고 있다" 이렇게 사람들은 말한다.

그르노블 근방에서는 수확이 끝나기 전에 살아 있는 염소를 꽃과 리본으로 단장하고 밭을 뛰어다니도록 내버려 둔다. 수확자들은 그 염소를 붙잡으려고 쫓는다. 붙잡으면 지주의 아내가 그것을 꼭 누르고 지주가 그 목을 내리친다. 이 염소고기가 수확 만찬을 빛낸다. 고기 한 조각은 식초에 절여서 다른 염소가 도살될 다음 해의 추수철까지 보관한다. 만찬에는 일꾼들이 모여서 그 고기를 먹는다. 그날은 또 염소의 모피로 외투를 만들며, 일꾼들과 함께 밭일을 하는 지주는 비가 내리거나 날씨가 좋지 못하면 추수철에 언제나 그 외투를 입고 있어야 한다. 그런데 수확자들 가운데 등이 쑤시는 사람이 있으면 그에게 외투를 입힌다. 그 까닭은 등이 쑤시는 것은 곡물 정령 탓이므로 그 외투로 치료할 수 있다고 믿기 때문인 듯하다.

마찬가지로 다른 곳에서도 추수철에 일꾼이 상처를 입으면 곡물 정령의 화신이 되는 고양이에게 상처를 핥게 한다. 에스토니아의 몬 섬의 수확자들은 추수철에 처음으로 이삭을 베는 남자는 등이 아프다고 믿는데, 그것은 아마 곡물 정령이 특히 처음 상처에 분노한다고 믿기 때문일 것이다. 또 트란실바니아의 색슨족 수확자들은 등의 아픔을 피하기 위해서 처음 벤 한 줌의 이삭을 허리에 두른다. 여기에서도 곡물 정령이 치료와 예방을 위해서 쓰이고 있다. 그러나 본래의 식물의 형태로 이용되며, 염소나 고양이 모습으로는 이용되지 않는다.

또 곡물 정령은 도리깨로 맞고 쫓겨나가기 전까지 헛간에 저장된 곡물에 염소의 형태로 잠복한다고 믿어지기도 한다. 예를 들면, 바덴에서는 타작하는 마지막 다발을 그 곡물의 종류에 따라 '곡물 염소', '밀 염소', '귀리 염소'라 부른다. 또 상부 바이에른의 마르크틀 근방에서는 곡물 다발을 '짚 염소' 또는 그냥 '염소'라고 부른다. 곡물 다발은 넓은 뜰에 쌓이고, 일꾼들은 두 줄로 마주 보며 서서 그것을 타작한다. 그들은 도리깨를 내리치면서 다발 속에 '짚 염소'가 보인다고 노래를 부른다. 마지막 염소, 즉 마지막으로 벤 곡물 다발을 오랑캐꽃과 다른 꽃, 실에 꿴 과자 등으로 꾸민다. 그리고 그것을 곡물 다발 더미의 한가운데에 둔다. 타작꾼 한 사람이 갑자기 뛰어나와서 맛있는 알곡을 훔쳐가려고 하면, 다른 사람들은 때로는 머리통이 깨질 만큼 사정없이 도리깨를 내리친다.

티롤의 오베린탈에서는 마지막 타작꾼을 '염소'라고 부른다. 서부 보헤미아의 하젤베르크에서도 귀리를 타작할 때 마지막 도리깨를 내리치는 남자를 '귀리 염소'라고 부른다. 뷔르템부르크의 테트낭에서는 마지막 곡물 다발이 뒤집히기 전에 마지막으로 도리깨를 하는 사람은 '숫염소'라 불리고, "그는 숫염소를 쫓아냈다"는 식의 말을 듣는다. 마지막 곡물 다발이 뒤집히고 맨 끝에 타작하는 사람은 '암염소'라고 불린다. 이런 관습 속에는 곡물에 남녀 한 쌍의 곡물 정령이 있다는 사고 방식이 엿보인다.

타작할 때 염소 모습을 하고 있는 곡물 정령은 아직 타작이 끝나지 않은 이웃에 넘겨진다. 프랑슈 콩테에서는 타작이 끝나면, 젊은이들은 미처 타작이 끝나지 않은 이웃집 뜰에 짚으로 만든 염소 인형을 세운다. 이웃 농장주는 그 답례로 포도주나 돈을 그들에게 주어야 한다. 뷔르템베르크의 엘반겐에서는 타작할 때 마지막 곡물 다발로 염소 모습을 만든다. 그리고 네 개의 막대기로 다리를 만들고 머리에는 뿔을 나타내는 두 개의 막대를 붙인다. 마지막으로 도리깨를 내리친 사람은 아직 타작을 끝내지 않은 이웃집의 헛간으로 이 '염소'를 갖고 가서 내던져야 한다. 그때 만약 그가 붙잡히면, 사람들은 그의 등에 '염소'를 붙잡아 맨다.

이러한 관습은 상부 바바리아(바이에른)의 인데르스도르프에서도 발견된다. 여기에서 짚 염소를 이웃집의 헛간에 던지는 사람은 염소 울음소리를 흉내내야 한다. 만약 사람들이 그를 붙잡으면 그의 얼굴을 검게 칠하고, 등에 '염소'를 묶는다. 알자스의 사베른에서는 이웃 사람들보다도 1주일이나 그 이상 타작이 늦는 농부가 있는 경우, 마을 사람들은 그의 집 입구에서 진짜 염소나 여우의 박제를 놓아 둔다.

7 황소·암소, 거세한 황소로서의 곡물 정령

곡물 정령이 이따금 취하는 또 다른 형태는 황소와 암소, 그리고 거세한 황소의 모습이다. 서부 프로이센의 코니츠에서는 밭의 곡식이 바람에 흔들리면 "수송아지가 곡물 속을 달려가고 있다"고 한다. 동부 프로이센의 일부 지방에서는 어떤 한 곳만 곡물이 풍성하게 잘 되면 "곡물 속에 황소가 누워 있다" 말한다. 서부 프로이센의 그라우덴츠에서는 일꾼이 지나치게 일해서 발을 절름거리면 "황소가 그를 들이받았다" 말하고, 로렌에서는 "그는 황소를 가졌다" 한다. 이 두 표현의 뜻은 그가 의식하지 못한 채 곡물 정령에 부딪쳐, 곡물 정령이 이 무례한 훼방꾼을 절름발이로 만들었다는 것이다. 또 샹베리 근처에서는 수확자가 자기 낫에 다치면 "황소에게 상처를 입었다" 한다.

슐레지엔의 분츨라우 지방에서는 마지막 곡물 다발을 때로는 뿔이 있는 황소 모습으로 만들고, 그 속에 삼베 조각을 구겨 넣고 곡물 이삭으로 감싼다. 이 인형은 '영감'이라 불린다. 보헤미아의 여러 지방에서는 마지막 다발을 사람의 모습으로 만들고, '수컷 물소'라 일컫는다. 이런 예는 곡물 정령의 인간형과 동물형의 혼동을 보여 준다. 이 혼동은 거세한 숫양을 늑대라 부르면서 죽이는 것과 같다.

슈바벤 전역에서도 밭에 마지막 남은 곡물을 '암소'라고 일컫는다. 마지막 곡물을 베는 남자는 '암소를 얻는' 것이며, 곡물의 종류에 따라서 '암소', '보리 암소', 또는 '귀리 암소'로 불린다. 수확의 만찬 때 그는 꽃과 곡물의 이삭으로 만든 꽃다발을 받고, 다른 사람보다도 많이 마실 수 있도록 허용된다. 그러나 놀림받거나 조소를 받기 때문에 '암소'가 되려는 사람은 아무도 없다. 이 '암소'는 곡물의 이삭과 꽃으로 만든 여자 모습으로 표현되기도 한다. 마지막 곡물을 벤 남자가 그것을 헛간으로 가지고 간다. 아이들은 그 뒤를 따라가고, 이웃들도 모두 나와서 그가 농장주에게 암소를 줄 때까지 놀려 댄다. 여기에서도 곡물 정령의 인간형과 동물형의 혼동이 뚜렷이 나타난다.

스위스의 여러 지방에서도 마지막 곡물 이삭을 베는 사람이 '밀 암소', '곡물 암소', '귀리 암소', '곡물 수송아지'로 불리고 놀림감이 된다. 한편 북부 바이에른의 로젠하임 지방에서는 한 농장주가 이웃보다 수확이 늦으면 사람들이 '짚 황소'라 불리는 것을 그의 소유지에 세운다. 이것은 나무 틀을 뼈대로 하여 짚으로 엮어 만든 거대한 황소 상인데, 꽃이나 잎으로 꾸민 것이다. 그리고 '짚 황소'가 세워진 땅 주인을 비웃는 익살맞은 시를 쪽지에다 써서 그것에 붙인다.

또 황소 형태의 곡물 정령은 수확이 끝날 때 밭에서 살해된다. 디종 근처의 푸일리에서는 곡물의 마지막 이삭을 벨 무렵이 되면 리본, 꽃, 곡물 이삭으로 치장한 거세된 황소를 밭에 끌고 다니며 수확자들이 그 뒤를 따라간다. 그리고 악마로 분장한 사나이가 마지막 이삭을 베고 곧바로 그 거세된 황소를 도살한다. 고기의 반은 수확의 만찬 때에 먹는다. 나머지 반은 식초에 담가 봄에 첫 씨앗을 뿌릴 때까지 보존된다.

퐁타무송 등의 지방에서는 수확의 마지막 날 저녁에 꽃과 곡물 이삭으로 장식한 송아지를 미끼로 유혹하거나, 채찍으로 치거나, 농부 아내가 새끼로 매어 끌고 다니며 헛간 뜰을 세 번 돈다. 이런 의식을 위해 선택되는 송아지는 농장에서 그해 봄에 맨 처음 출생한 송아지이다. 수확자들은 모두 농기구를 손에 들고 송아지의 뒤를 따라간다. 그런 다음에 송아지를 자유롭게 뛰어다니게 내버려 둔다. 송아지를 쫓는 수확자들 가운데 그것을 붙잡은 자는 '송아지 왕'으로 불린다. 마지막으로 송아지는 엄숙하게 도살된다. 뤼네빌에서는 마을의 유대인이 도살자 역을 맡는다.

또 때때로 곡물 정령은 헛간에 넣은 곡물 사이에 숨어 있다가 타작할 때 황소나 암소의 모습으로 나타난다고 한다. 예를 들면, 튀링겐의 부름링겐에서는 타작할 때 마지막 도리깨를 내리치는 사람은 암소로 불리고, 혹은 농작물에 따라서 '보리 암소', '귀리 암소', '콩 암소'로 불린다. 그는 머리부터 발끝까지 짚으로 싸인다. 머리에 뿔 모양의 막대를 꽂고, 두 젊은이가 우물까지 끌고 가서 물을 마시게 한다. 그곳에 가는 길에 그는 암소 울음소리를 흉내내야 하고, 그 뒤에도 오랫동안 '암소'로 불린다.

슈바벤(Schwaben)의 오베르메들링겐에서는 타작이 막 끝나려고 할 때 마지막 도리깨를 내리치는 것을 누구나 싫어하며 피하려고 한다. 이때 마지막으로 도리깨질을 사람을 "암소를 받는다"고 한다. 이 암소는 낡은 속옷을 입고 머릿수건을 쓰고, 양말을 신은 짚 인형을 말한다. 이것을 그 사람의 등에 새끼로 잡아맨다. 그리고 그의 얼굴을 검게 칠하고, 손수레에 새끼로 묶어 마을로 끌고 다닌다. 여기에서도 이미 우리가 다른 지방의 관습에서 본 적이 있는 곡물 정령의 인간형과 동물형의 혼동이 나타난다.

샤프하우젠 주에서도 마지막 곡물을 타작하는 남자는 '암소'로 불린다. 투르가우 주에서는 '곡물 황소', 취리히 주에서는 그를 '타작꾼 암소'로 부르고 짚에 싸서 과수원의 나무 한 그루에 묶어놓는다.

헝가리의 아라드에서는 타작할 때 도리깨를 마지막으로 내리치는 자를 짚과 송아지 가죽으로 뒤집어씌운다. 드레스덴 지방의 페니스츠에서는 마지막에 도리깨를 내리치는 자를 '황소'라고 부른다. 분명히 여기서도 다른 많은 예와 같이 곡물 정령은 아직 타작이 끝나지 않은 이웃집으로 넘겨진다. 똑같이 튀링겐의 헤르브레히팅겐에서도 누더기 차림의 노파 인형을 타작이 가장 느린 농부의 헛간에 던진다. 그것을 던지는 자는 "자, 암소를 드려요"라고 외친다. 이때 타작꾼들이 그를 붙잡으면, 수확의 만찬을 먹지 못하도록 그를 하룻밤 동안 거기에 가두어 두는 벌을 내린다. 이 관습에서도 또한 곡물 정령의 인간형과 동물형의 혼동이 발견된다.

황소 모습의 곡물 정령은 또한 타작할 때 살해된다고 믿어진다. 오세르에서 타작할 때 단을 향해서 "황소를 죽인다"고 열두 번 되풀이해서 외친다. 보르도(Bordeaux) 근방에서는 수확을 끝내면서 도살자가 밭에서 거세된 황소를 죽이는데, 타작의 마지막 도리깨를 내리치는 자에게 "저 녀석이 황소를 죽였다" 말한다. 샹베리에서는 마지막 다발을 '거세된 어린 수소'라고 부르고, 수확자들이 모두 가담해서 그것을 베려는 경쟁이 벌어진다. 타작할 때 마지막으로 도리깨질을 하면 "황소가 살해된다"고 사람들은 말한다. 그리고 그 즉시 마지막 곡물을 벤 자가 진짜 거세된 황소를 죽인다. 고기는 만찬 때에 타작자들이 먹는다.

우리는 이미 사람들이 때때로 다음 해의 곡물의 성장에 활기를 주는 힘을 가진 어린 곡물 정령이 수확의 밭에서 '곡물 아기'로 태어난다고 믿는 경우를 살펴보았다. 이와 같이 베리(Berry)에서는 곡물 정령이 송아지 모습으로 밭에서 태어난다고 믿는다. 따라서 사람들은 밭에서 일하다가 곡물을 묶을 새끼가 모자란 경우에는, 나머지 곡물을 옆에 밀어 놓고 송아지 울음소리를 흉내낸다. 이때 이것은 '곡물 다발이 송아지를 낳았다'는 의미이다.

퓌드 돔에서는 곡물을 묶는 사람이 자기 앞에서 낫질하는 사람을 따라잡지 못할 때 "그(또는 그녀)는 송아지를 낳고 있다" 말한다. 그런 일꾼이 여자일 때 프로이센의 몇몇 지방에서 사람들은 그 여자에게 "황소가 온다" 외치고 황소 울음소리를 흉내낸다. 이런 경우 그 여자는 '곡물 암소' 혹은 늙은 곡물 정령으로, 송아지는 '곡물 송아지' 또는 젊은 곡물 정령으로 간주된다.

오스트리아의 일부 지방에서 사람들은 봄에 싹튼 곡물 속에서 어떤 상상의 송아지가 나타나서 아이들을 들이받는다고 믿고 있다. 그래서 곡물이 바람에 물결치면, 그들은 "송아지가 간다" 말한다. 만하르트의 관찰대로, 의심할 바 없이 이 봄의 송아지는 나중에 수확할 때 살해되는 것으로 여겨진 동물과 같은 것이다.

8 수말·암말로서의 곡물 정령

곡물 정령은 때때로 수말이나 암말의 모습으로 나타난다. 칼브와 슈투트가르트 사이의 지역에서는 곡물이 바람에 물결치면 "저기 말이 달려간다" 한다. 바덴의 라돌프첼 근처에 있는 볼링겐에서는 마지막 귀리단을 '귀리 종마'라고 부른다. 예나 지금이나 허트퍼드셔에서는 곡물 베기를 끝낼 때, '암말을 부르는' 의식이 행해진다. 거기서는 밭에 마지막 남은 곡물을 묶어서 '암말'이라고 부른다. 곡물 베는 자들은 모두 조금 떨어진 거리에 서서 그것을 겨냥해 낫을 던지는데, 그렇게 해서 그것을 베는 데 성공한 자는 갈채와 환호 속에서 상품을 탄다. 이제 한 무리의 사람들이 "암말을 잡았다"고 세 번 고함을 지른다. 그러면 다른 사람들이 세 번 "무엇을 잡았는데?" 묻는다. 이에 "암말, 암말, 암말이다" 대답하면 "누구의 암말이냐?" 하고 또 세 번 되묻는다. 그러면 그 응답으로 "아무개의 것이다"라고 주인의 이름을 세 번 외친다. "그 암말을 누구에게 주겠느냐?" 물으면 "아무개에게 주겠다"하고, 아직 베기를 끝내지 못한 이웃의 이름을 댄다. 이 관습에서는 암말의 모습을 한 곡물 정령이 피신할 수 있도록, 베기를 끝낸 농장에서 아직 추수가 끝나지 않은 다른 농장으로 이끄는 것이다.

슈롭셔의 관습도 같다. 수확이 맨 나중에 끝나서 아무 데에도 암말을 보낼 수 없게 된 농부는 "겨울 동안 암말을 기른다" 말한다. 때때로 뒤처진 이웃에게 암말을 보내는 시늉을 하기도 하는데, 이때 이웃은 암말을 받아들인다는 시늉으로 응한다. 그래서 한 노인이 질문자에게 이렇게 말했다.

"우리가 만찬을 하고 있는데, 어떤 자가 굴레를 가지고 와서 암말을 데리고 갔다네."

어떤 곳에서는 진짜 암말을 보내곤 했으나, 그것을 타고 간 남자는 달갑지 않은 방문으로 농가에서 푸대접을 받는다.

릴(Lille) 지역에는 말 모습을 한 곡물 정령의 관념이 뚜렷이 남아 있다. 추수 중에 피로한 일꾼이 나타나면 사람들은 "저 자는 말의 피로가 생겼다" 말한다. 또 여기에서는 '말의 십자가'로 불리는 첫 번째 곡식 다발을 헛간 속의 회양목 십자가 위에 걸었다가, 농장에서 가장 어린 말에게 그것을 밟도록 한다. 마지막 곡물 다발이 남으면 수확자들은 그것을 둘러싸고 "말의 유해를 보라" 외치면서 춤을 춘다. 그리고 그것을 그 지역에서 가장 어린 말에게 주어서 먹게 한다. 만하르트도 말했듯이, 이 망아지는 다음 해의 곡물 정령으로서 마지막에 벤 곡물을 먹어 늙은 '곡물 말'의 정령을 흡수하는 것이다. 왜냐하면 늙은 곡물 정령은 보통 맨 끝 다발에서 마지막 피난처를 구하기 때문이다. 그래서 이 지방 사람들은 마지막 다발을 타작하는 사람에게 "말을 친다" 말한다.

9 돼지로서의 곡물 정령

곡물 정령 화신의 형태 중 우리가 주목해야 할 마지막 동물은 돼지(수퇘지 또는 암퇘지)이다. 튀링겐에서는 바람이 어린 곡물을 흔들고 지나가면 "수퇘지가 곡물 사이를 달린다" 말한다. 외젤 섬의 에스토니아인들 사이에서는 마지막 호밀 다발이 '호밀 수퇘지'라 불리고, 그것을 가진 자에게 사람들은 "호밀 수퇘지를 짊어졌네요!"라며 큰 소리로 인사한다. 그러면 그는 그 답례로 풍년을 기원하는 노래를 불러야 한다. 아우크스부르크 근처에 있는 콜러빈켈에서는 수확이 끝날 무렵, 밭에 남아 있는 마지막 곡물 다발을 모든 수확자들이 돌아가며 한 줄기씩 벤다. 그러다가 누군가 그 마지막 단의 마지막 줄기를 베게 되면 그는 "암퇘지를 얻었다"는 말을 들으며 놀림을 받게 된다.

슈바벤의 다른 마을에서도 마지막 곡물을 베는 사람은 "암퇘지를 받거나" 혹은 "호밀 암퇘지를 받는다"는 말을 들었다. 바덴의 라돌프젤 근처에 있는 볼링겐에서는 농작물 종류에 따라서 마지막 곡물 다발을 '호밀 암퇘지', 또는 '암퇘지'로 부른다. 또 바덴의 뢰렌바흐에서는 마지막 곡물을 묶은 다발을 가져오는 사람을 '곡물 암퇘지'나 '귀리 암퇘지'라고 부른다.

슈바벤의 프리딩겐에서는 마지막에 도리깨를 내리치는 자를 그가 타작한 농작물의 종류에 따라서 '암퇘지', '밀 암퇘지', '보리 암퇘지' 등으로 부른다. 온스트메팅겐에서는 타작할 때 마지막 도리깨질을 하는 자에게 "암퇘지를 받는다"고 한다. 그는 때때로 곡물 다발과 함께 싸여서 새끼줄에 묶여 끌려 다닌다. 또 일반적으로 슈바벤에서는 마지막으로 도리깨를 내리치는 사람을 '암퇘지'라고 한다. 그는 '암퇘지'를 표현하는 상징물인 새끼줄을 이웃의 누구인가에 넘겨 주면 그 성가신 명예를 벗을 수 있다. 그리하여 그는 한 집에 가서 "자, 너에게 암퇘지를 가져왔다" 이렇게 외치면서 새끼줄을 던져 넣는다. 그 집의 사람들은 모두 그 사나이를 쫓아가서 붙잡아 때려 눕히고, 몇 시간 동안 헛간 속에 가두어 두었다가 그 '암퇘지'를 도로 가져가게 한다.

북바이에른의 여러 지방에서는 타작할 때 마지막으로 내리친 사람이 '돼지'를 옮기기로 되어 있다. 이것은 짚으로 만든 돼지 모양이거나 단순한 새끼줄 다발에 지나지 않다. 그것을 아직 타작을 끝내지 않은 이웃 농장에 갖고 가서 헛간 속에 던진다. 이웃 사람들은 그를 붙잡으면, 때리거나 얼굴을 검게 칠해서 쓰레기더미에 던지든지 '암퇘지'를 등에 매게 한다. 이 '암퇘지'의 운반자가 여자이면 머리카락을 잘라 버린다. '돼지를 운반한' 자는 수확 만찬 때 돼지 모양으로 만든 고기만두를 하나 이상 받아 먹어야 한다. 하인들이 그것을 주면, 식탁에 있는 사람들은 일제히 "쉬즈, 쉬즈, 쉬즈" 외친다. 이것은 돼지를 부르는 소리이다. 때로는 만찬이 끝나면 사람들은 '돼지를 운반한' 사나이의 얼굴을 검게 칠하고, 짐수레에 싣는다. 그리고 친구들이 그를 온 마을에 두 바퀴 끌고 다니는데, 이때 군중은 돼지를 부르는 듯이 '쉬즈, 쉬즈, 쉬즈' 외치면서 뒤를 쫓아간다. 혹은 마을에 그를 끌고 다닌 다음에 퇴비더미 위에 던지기도 한다.

돼지의 모습을 한 곡물 정령은 추수할 때만이 아니라 씨앗을 뿌릴 때도 등장한다. 쿠를란트의 노이아우츠(Neuautz)에서는 그해의 첫 밀 씨를 뿌릴 때, 농부의 아내가 돼지꼬리와 등뼈를 한꺼번에 삶아서 밭에서 씨 뿌리는 사람들에게 가지고 간다. 일꾼들은 그것을 먹거나 꼬리를 잘라 밭에 심는다. 그러면 곡물 이삭이 꼬리만큼 길게 잘 자란다고 생각한다. 이 경우에 돼지는 곡물 정령이고, 그 풍요와 다산의 힘은 특히 꼬리에 있다고 믿는다. 곡물 정령은 돼지 모양으로 씨 뿌리는 시기에 땅에 묻혔다가 수확할 때 돼지 모양으로 익은 곡물에 나타난다.

이미 살펴보았듯이, 이웃인 에스토니아인 사이에서는 마지막으로 벤 곡물 다발을 '호밀 수퇘지'로 부른다. 이것과 좀 비슷한 관습이 독일에도 있다. 마이닝겐 근처에 있는 잘차 지방에서는 돼지의 어떤 뼈를 '키 위의 유대인'이라고 일컫는다. 이 뼈에 붙어 있는 고기를 '참회의 화요일'에 끓여 먹고, 뼈는 성 베드로의 날(2월 22일)에 이웃 사람들이 선물로 교환하는 재 속에 넣어 두었다 나중에 씨앗과 함께 섞는다.

마이닝겐의 헤세 지역과 그밖의 여러 지방에서는 '재의수요일'(AshWednesday : 가톨릭교에서 사순절의 첫날, 참회의 상징으로 머리에 재를 뿌리는 의식)이나 성촉절(聖燭節, Candlemas : 2월 2일, 성모의 순결을 기념하는 촛불 행렬)에 말린 돼지로 콩 수프를 만들어 먹는다. 갈비뼈는 나중에 모아서 씨를 뿌릴 때까지 방에 걸어 두었다가 파종기가 되면 씨 뿌린 밭에 꽂거나 아마 씨앗을 담은 종자 주머니 속에 넣어 둔다. 사람들은 이것이 해충이나 두더지를 없애는 데 효력이 있으며 아마를 튼튼히 자라게 한다고 믿는다.

그러나 돼지로 화신한 곡물 정령의 관념은 스칸디나비아에서 행하는 '성탄절 수퇘지'의 관습에서 가장 뚜렷이 나타난다. 스웨덴과 덴마크에서는 성탄절이 되면 수퇘지 모양의 빵을 굽는 관습이 있다. 그것을 '성탄절 수퇘지'라고 한다. 그것을 만들기 위해서 이따금 마지막 다발의 곡물을 쓴다. '성탄절 수퇘지'는 성탄절이 끝날 때까지 식탁 위에 세워진다. 그리고 가끔 봄에 씨를 뿌릴 때까지 보존되고, 그때가 되면 한 부분을 종자 속에 섞고 다른 부분을 풍성한 수확을 바라는 마음으로 경작하는 사람 또는 말이나 소에게 먹인다. 이 관습에

수퇘지로 화신한 인도의 신 비슈누. 인사이트 가이드, 「인디안 와일드라이프」

서 마지막 곡물 다발에 내재하는 곡물 정령은 한겨울에 마지막 곡물 다발로 만든 수퇘지 모습을 하고 나타난다. 그리고 곡물 정령이 곡물에게 주는 생장력은 '성탄절 수퇘지'의 일부분을 곡물의 종자에 섞거나 쟁기꾼과 그 가축에게 나누어 먹임으로써 드러나는 것이다.

한 해가 봄을 향하기 시작하는 동지에 '곡물 늑대'가 나타나는 것을 살펴보았다. 옛날에는 성탄절 때 진짜 돼지가 희생되고, 또 '성탄절 수퇘지'의 자격으로 인간도 희생되었다. 이것은 적어도 오늘날 스웨덴에서 지키고 있는 성탄절 관습에서 추리할 수 있을 것이다. 이 관습에서는 한 사나이를 모피에 싸고 그 입에 짚 다발을 물려, 양쪽에 돌출한 짚이 수퇘지의 털처럼 보이게 한다. 그리고 얼굴을 검게 칠한 노파가 작은 칼을 가지고 그를 죽이는 흉내를 낸다.

에스토니아에 속한 외젤(Oesel) 섬의 여러 지방에서는 성탄절 전야에 양 끝이 위로 구부러진 과자를 굽는다. 이것을 '성탄절 수퇘지'라고 하여, 새해 아침까지 식탁 위에 세워 두었다가 가축들에게 나누어 준다. 같은 섬의 다른 곳에서는 과자가 아니라 3월에 태어난 새끼돼지를 '성탄절 수퇘지'라 한다. 이것은 그 집 주부가 때로는 가족 누구에게도 알리지 않고 비밀리에 키운다. 성탄절 전야가 되면, 그 새끼돼지를 몰래 도살해서, 오븐에 구워 네 발로 식탁에 세운 채 며칠 동안 그대로 둔다. 또 이 섬의 다른 곳에서는 수퇘지의 이름이나 모습을 갖지 않지만, 성탄절 과자를 그대로 새해까지 두었다가 새해 아침에 반을 가족 모두와 가축들에게 나눠준다. 나머지 반은 파종기까지 보존했다가 앞에서와 같이 가족들과 가축들에게 분배한다.

에스토니아의 다른 지방에서는 추수철에 처음 벤 호밀로 '성탄절 수퇘지'를 만든다. 그것은 원추형 모양으로 생겼는데, 사람들은 그것에다 돼지뼈나 열쇠를 눌러 십자가 무늬를 새기거나, 혁대 장식이나 숯 도막으로 눌러 세 군데 움푹 들어간 자국을 만든다. 사람들은 이 '성탄절 수퇘지'를 축제 기간 내내 식탁에 세워 두고 그 옆에 불을 밝힌다. 그리고 새해 첫날이나 공현절(1월 6일,성탄절 후 12일째)이 되면, 해가 돋기 전에 그 과자의 일부를 소금과 함께 빻아 가축들에게 준다. 그 나머지는 봄에 가축들을 처음으로 목초지에 내보낼 때까지 보관한다. 봄이 오면 사람들은 그것을 소치는 일꾼의 자루에 넣고, 가축들을 주술이나 재앙으로부터 보호하기 위해 저녁에 가축들에게 나누어 준다. 다른 어떤 지방에서는 밀 씨앗을 뿌릴 때, 풍작을 위해서 '성탄절 수퇘지'를 농장의 일꾼이나 가축들에게 나누어 준다.

10 곡물 정령의 동물 화신에 대하여

북유럽 민속에 나타난 곡물 정령의 동물 화신에 대한 설명은 이쯤으로 마치려 한다. 그런 관습은 수확 만찬의 성찬식적인 성격을 보여 준다. 사람들은 곡물 정령이 동물로 화신한다고 믿어서 추수꾼들은 이 신성한 동물을 도살하여 고기와 피를 나누어 먹는다. 이를테면 수확절에 사람들은 성찬으로 수탉, 산토끼, 염소, 황소 등을 먹고, 봄에 밭을 갈 때에는 돼지를 먹는다. 또 신성한 존재의 진짜 고기 대신 그 모양으로 만든 빵과 고기만두를 성찬으로 먹기도 한다. 그래서 수확하는 사람들은 돼지 모양의 고기만두를 먹고, 봄에 밭을 가는 일꾼들과 그 가축들은 수퇘지 빵(성탄절 수퇘지)을 먹었다.

아마 독자는 인간 형태의 곡물 정령 관념과 동물 형태의 곡물 정령 관념이 완전히 비슷하다는 것을 느꼈으리라. 곡물이 바람에 흔들릴 때 '곡물 어머니', '곡물 늑대' 등이 곡물 사이를 빠져 나간다고 한다. 아이들에게 '곡물 어머니', '곡물 늑대'가 거기에 숨어 있다는 이유로 곡물 밭에 돌아다니지 않도록 주의시킨다. 또한 마지막에 베는 곡물, 가장 나중에 타작하는 다발에 '곡물 어머니', '곡물 늑대'가 들어 있다고 믿는다. 그래서 마지막 다발을 그대로 '곡물 어머니', '곡물 늑대'로 부르고, 여자나 늑대 등의 모습으로 만든다. 마지막에 베는 사람, 묶는 사람, 타작하는 사람은 그 마지막 다발에 붙이는 이름에 따라서 '할멈', '늑대', 또는 그 밖의 것으로 불렸다.

어떤 지방에서는 곡물 다발로 인간의 모습을 만들어 '처녀' 또는 '옥수수 어머니'라고 부르면서, 곡물 정령의 축복이 끝없이 이어지도록 하기 위해 다음 추수철까지 보존했다. 다른 지방에서는 '수확의 수탉', 또 다른 지방에서는 염소 고기가 같은 목적으로 다음 수확 때까지 보존된다. 어떤 지방에서 풍작을 위해 '곡물 어머니'에서 취한 낟알을 종자 속에 넣는 것과 같이, 다른 지방에서는 수탉의 깃털이, 또 스웨덴에서는 '성탄절 수퇘지'를 봄까지 보존하여 같은 목적으로 종자에 섞는다. 성탄절에 '곡물 어머니' 또는 '처녀'의 일부분을 가축들이나 처음 밭을 갈 때 말들에게 주듯이, '성탄절 수퇘지'의 일부분을 봄에 밭을 가는 말이나 소에게 먹였다.

끝으로, 곡물 정령의 죽음은 그의 인간적인 화신이나 동물적인 화신을 죽이거나 죽이는 흉내를 내어 나타난다. 또 숭배자들은 신을 대신하는 대리인의 진짜 살과 피, 혹은 그것과 비슷하게 만든 고기만두를 성찬으로 먹는다.

곡물 정령이 취하는 다른 동물 형태는 여우·숫사슴·노루·양·곰·당나귀·다람쥐·메추라기·황새·고니·솔개 등이 있다. 예를 들어 곡물 정령이 동물 모습으로, 더욱이 여러 종류의 동물 모습으로 나타나는가는 질문을 받는다면, 원시인에게는 오직 곡물 밭에 동물이나 새 등이 나타나는 것만으로도 그 동물과 곡물 사이에 신비적인 관계가 있다고 믿기에 충분하다고 대답해 두자. 그리고 옛날에 아직 울타리를 치지 않았을 때는 모든 종류의 동물이 제멋대로 밭을 돌아다녔을 것이라고 생각한다면, 오늘날 아주 드문 경우가 아니면 영국의 곡물 밭에서 돌아다니는 것을 볼 수 없는 말이나 암소와 같은 큰 동물마저도 곡물 정령과 동일시되었다는 것은 의심할 여지가 없다.

이 해석은 곡물 정령의 동물 화신이 밭에 남아 있는 마지막 곡물에 숨어 있다고 믿는 일반적인 경우에도 유력하게 적용된다. 왜냐하면 산토끼, 토끼, 자고새와 같은 야생 동물은 추수철이 되면 낫질에 쫓겨 마지막까지 남은 곡물로 쫓겨 들어갔다가 그 곡물을 벨 때에야 거기에서 도망쳐 나왔기 때문이다. 이것은 규칙적으로 일어나는 일이어서 이따금 수확자나 그 밖의 사람들은 막대나 총으로 마지막 곡물을 둘러싸고 서 있다가 동물이 곡물 밭의 마지막 피난처에서 달아나는 것을 붙잡아서 죽인다. 하지만 주술적으로 외양이 변할 수 있음을 완전히 믿는 미개인에게 익은 곡물 속의 거처에서 쫓겨난 곡물 정령이 수확자의 큰 낫을 피해 마지막 곡식에서 동물의 모습으로 뛰쳐나와 도망친다는 것은 매우 마땅하게 생각되었던 것이다. 이렇게 곡물 정령과 동물을 동일시하는 것은 곡물 정령과 지나가는 이방인을 동일시한 관념과 비슷하다. 원시인은 수확하는 밭이나 타작 마당 주변에 돌연히 나타난 낯선 사람을 베인 곡물이나 타작된 곡물에서 도망가는 곡물 정령과 똑같이 여겼으며, 이것은 베어 낸 곡물에서 도망가는 동물을 파괴된 처소에서 달아나는 곡물 정령과 동일시한 것과 마찬가지이다. 이 두 종류의 동일시는 매우 닮았기 때문에 그것을 어떻게 해석하든 따로 분리할 수 없다. 이방인과 곡물 정령의 동일시를 해석하기 위해 위에서 제시한 것과 다른 원리를 찾으려는 사람이 있다면, 그 이론이 동물과 곡물 정령의 동일시에도 적용 가능한 것이어야 한다는 사실을 명심해야 한다.

제49장

동물로서의 고대 식물신

1 염소·황소로서의 디오니소스

어떻게 설명하든 간에 농촌 민속에서 곧잘 곡물 정령을 동물 형태로 상상하고 표현했다는 것은 엄연한 사실이다. 혹 이 사실이 특정 동물들과 디오니소스, 데메테르, 아도니스, 아티스, 오시리스와 같은 고대 식물신과의 관계를 설명해 줄 수 있지는 않을까?

먼저 디오니소스부터 살펴보기로 하자. 앞서 우리는 그가 염소로 또는 황소로 표현되는 것을 보았다. 염소의 모습을 한 그는 판(Pan), 사티로스, 실레노스와 같은 작은 신들과 구별하기 어렵다. 그 신들은 모두 그와 밀접하게 관련되어 있고, 하나같이 어느 정도 완전하게 염소의 모습으로 표현되기 때문이다. 예를 들어 판은 조각과 회화에서는 언제나 염소의 머리와 다리를 가진 것으로 표현된다. 또 사티로스는 뾰족한 염소 귀를 가진 모습으로 그려지며, 때로는 솟은 뿔과 짧은 꼬리를 갖추어 나타나기도 한다. 이 두 신은 때때로 그냥 염소로 불렸으며, 연극에서는 염소 가죽을 쓴 사람이 그 역할을 맡았다. 실레노스 또한 미술에서 염소 가죽을 두른 것으로 표현된다. 또 그리스의 판과 사티로스에 대응하는 이탈리아의 파우누스는 염소의 발과 뿔을 가진 반인반양(半人半羊)의 존재로 묘사된다.

또 그런 염소 형태의 작은 신들은 어느 정도 뚜렷하게 숲의 신의 성격을 띤다. 예를 들면, 아르카디아인들은 판을 '숲의 왕'으로 불렀다. 실레노스는 나무 정령과 교제했고, 파우누스는 특히 숲의 신으로 여겨졌다. 그리고 이와 같은 성격은 그 이름 자체가 가리키듯이, 그들이 숲의 정령인 실바누스와 연관짓거나 동일시된다는 데서 한결 뚜렷해진다. 끝으로 사티로스를 실레노스, 파우누스, 실바누스와 연관짓는 것을 보면, 사티로스도 숲의 신이었음을 알 수 있다.

이러한 염소 모습을 한 숲의 정령은 북유럽의 민속에서도 닮은꼴 형태로 나타난다. 예를 들면, 레시(Ljeschie : 숲을 뜻하는 ljes에서 비롯한다)라고 불리는 러시아 숲의 정령은 일부분이 인간의 모습으로 나타난다지만 염소의 뿔과 귀와 다리를 갖추고 있다고 한다. 레시는 뜻대로 모습을 바꿀 수 있다. 숲을 걸을 때는 나무와 거의 같은 키가 되지만, 목초지를 걸을 때는 풀만한 키밖에 되지 않는다. 레시는 숲의 정령인 동시에 곡물 정령이기도 하다. 수확 전에는 곡물의 줄기와 거의 같은 높이지만, 수확이 끝나면 그루터기 높이로 줄어든다. 이미 기술했지만 이것은 나무 정령과 곡물 정령의 밀접한 관계를 나타내며, 나무 정령이 곡물 정령 속으로 쉽게 스며드는 것을 보여 준다. 똑같이 파우누스는 숲의 정령이면서 농작물의 성장을 돕는다고 믿어졌다. 곡물 정령이 민속적 관습 중에 때때로 염소로 표현되는 사실을 우리는 이미 살펴보았다.

그리하여 만하르트가 논하는 바와 같이 전체적으로 판, 사티로스, 파우누스는 아마도 염소의 형태로 상상되는 숲의 정령에 속할 것이다. 숲을 헤매고 나무 껍질을 먹는 염소의 기호는 나무에게는 치명적이나, 이것은 바로 숲의 정령이 왜 염소의 모습으로 상상되었는지 명료하고도 충분한 이유를 제시해 준다. 식물신이 자신을 나타내는 식물을 스스로 먹고 살아간다는 모순은 미개인의 마음에 그렇게 충격적인 일은 아니었을 것이다. 그러한 모순은 신이 식물에 내재하는 것을 멈추고, 그 소유주 또는 주인으로 여겨질 때 일어나는 현상이다. 왜냐하면 식물을 소유한다는 관념은 그것을 먹고 살아간다는 관념으로 자연히 옮겨가기 때문이다. 때로는 본래 곡물에 내재하는 것으로 생각되던 곡물 정령이 나중에는 그 소유자라고 여겨지게 된다. 그래서 그는 가끔 '가난한 남자'나 '가난한 여자'라고 불린다. 따라서 사람들은 마지막 곡물 다발을 '가난한 할멈' 또는 '호밀 할멈'을 위해 밭에 남겨 두는 것이다.

이처럼 염소 모습을 한 나무 정령이란 표현은 보편적이며, 원시적인 사람들의 심리에도 자연스러운 듯하다. 그래서 우리가 이미 알아본 바와 같이 나무의 신 디오니소스가 때로는 염소 모습으로 표현되었을 때, 그 표현은 단지 나무 신으로서 본래 지닌 성격의 일부분일 뿐이라고 결론지을 수밖에 없다. 즉, 그 일부 가운데 하나는 나무신으로, 다른 하나는 염소로 따로 구별된 독립적 숭배가 하나로 융합된 것으로 설명해서는 안 된다는 말이다.

이미 살펴보았듯이, 디오니소스는 또한 황소 모습으로 표현되었다. 황소의 모습이 식물신으로서의 성격을 나타내는 또다른 표현에 지나지 않는다고 생각할 수 있다. 특히 황소는 북유럽에서 곡물 정령의 일반적인 화신이므로 특히 그렇다. 또한 엘레우시스의 신비 의식에서 디오니소스와 데메테르 및 페르세포네와의 밀접한 관계가 있다는 사실은, 그가 적어도 농업과 강하게 연관되어 있다는 것을 뜻한다.

디오니소스 의식 이외의 여러 의식에서 고대인이 식물 정령의 화신으로 황소를 도살한 사실이 뚜렷하다면, 앞의 견해는 보다 더 설득력을 가질 것이다. 그들은 이것을 '황소 살해(bouphonia)'로 알려진 아테네의 의식에서 행한 것으로 보인다. 그것은 6월 말이나 7월 초, 즉 아테네에서 타작이 끝날 무렵에 행해졌다. 전설에 따르면 그 의식은 땅에 엄습한 가뭄과 기근이 끝나기를 바라는 데서 시작된 것이라 한다. 의식의 차례는 다음과 같다.

밀을 섞은 보리, 혹은 그것으로 만든 과자를 아크로폴리스에 있는 '제우스 폴리에우스'의 청동 제단 위에 놓는다. 제단 주위로 황소들을 몰고 간다. 이때 제단 위의 곡물을 먹은 황소가 희생된다. 이 동물을 도살하는 데 쓰이는 도끼와 작은 칼은 '물 운반자들'로 불리는 처녀들이 가져온 물에 미리 적셔 놓는다. 그리고 무기를 날카롭게 갈아 도살꾼에게 넘긴다. 그 가운데 한 사람이 도끼로 그 황소를 넘어뜨리고, 다른 한 사람이 칼로 목을 딴다. 넘어뜨린 사람은 황소를 넘어뜨리자마자 도끼를 내던지고 도망친다. 황소의 목을 딴 사람도 마찬가지로 도망친다. 쇠가죽이 벗겨지고, 거기에 있던 사람들은 모두 그 고기를 나누어 먹는다. 가죽 안에 짚을 가득 채우고 꿰맨 다음 이 박제된 동물을 세워, 쟁기질하는 소처럼 쟁기에 묶는다. 그리고 황소를 죽인 자를 판결하기 위해서 왕이 다스리는 옛날식 법정에서 재판이 벌어진다. 물을 나르는 처녀들은 도끼와 칼을 간 사람들을 비난한다. 도끼와 칼을 간 남자들은 그 도구를 도살꾼들에게 넘겨 준 자들이다. 도살꾼들은 그 도끼와 칼을 비난한다. 이렇게 하여 그 도구들에 유죄를 선고하여 바다 속에 던진다.

'황소 살해'라는 이 의식의 명칭과 황소 도살에 한 역할을 맡은 자가 죄를 다른 사람에게 떠넘기는 태도, 형식적인 재판, 도끼나 칼, 혹은 그 양쪽의 유죄를 내리는 판결은, 이 황소가 단지 신에게 바쳐지는 제물로 여겨질 뿐만 아니라 그것 자체가 신성한 동물이므로 그것을 도살하는 것은 신성 모독이고 살생이라고 생각하고 있음을 증명해 준다. 이것은 황소를 죽이는 일이 아테네에서는 최대의 죄악이었다는 바로(Varro)의 진술로 지지된다. 제물을 선택하는 이 방식은 곡물을 먹은 황소가 자신의 것을 취하는 곡물신으로 여겨졌던 것을 뜻한다. 이 해석은 다음과 같은 관습을 통해 뒷받침된다.

오를레앙의 보스에서는 4월 24일이나 25일에 '위대한 몽다르(Mondard)'란 짚 인형을 만든다. 낡은 몽다르가 죽었기 때문에 새로운 인형을 만들 필요가 있다는 것이다. 이 짚 인형은 엄숙한 행렬로 온 마을에 운반되다가 마지막에 가장 오랜 사과나무 위에 안치된다. 그리고 사과를 수확할 시기까지 그대로 두었다가 그 시기가 되면 내려서 물에 던지거나 태워서 그 재를 물에 뿌리거나 한다. 여기서 첫 열매를 따는 자가 '위대한 몽다르'의 칭호를 잇는다. 이 경우에 '위대한 몽다르'로 호칭되어 봄에 가장 오래된 사과나무 위에 안치되는 짚 인형은, 겨울에 죽었다가 가지에 사과꽃이 필 때 되살아나는 나무 정령을 의미한다. 이렇게 나무에서 첫 열매를 따고 그것으로 말미암아 '위대한 몽다르'의 명칭을 받는 인물은 나무 정령의 대표로 간주된다.

미개인들은 어떤 의식을 행사하여 열매를 먹는 것이 안전하고 성스러운 일로 되기 전까지는 보통 어떤 농작물이건 그해의 첫 열매를 먹는 것을 싫어한다. 그 까닭은 첫 이삭이 신의 것이라는 신앙 때문이거나 혹은 실제로 신이 그 속에 있다는 신앙 때문인 듯하다. 그래서 인간이건 동물이건 신성한 첫 이삭을 대담하게 소유할 때는 으레 스스로 인간 또는 동물의 모습을 취하고 있는 신 자체로 여겨진다. 주로 타작이 끝날 무렵에 아테네의 제물 의식이 행해졌다는 사실은 제단에 바치는 보리와 밀이 수확의 제물이었음을 시사한다. 뒤이어 일어나는 식사의 의식적인 성격, 즉 모든 사람이 신성한 동물의 고기를 먹는 것은 이미 살펴본 대로 곡물 정령을 뜻하는 동물의 고기를 수확자들이 나누어 먹는 근대 유럽의 수확 만찬과 비슷하다. 또 이 의식이 가뭄과 기근을 끝낼 목적으로 제정되었다는 전설은 그것을 수확제로 인정하는 이로운 근거가 된다. 박제된 황소를 세우고, 그것에 쟁기를 매어 주는 것으로 표현되는 곡물 정령의 부활은 대리인 '사나운 사나이'로 화신하는 나무 정령의 부활과 비교될 수 있을 것이다.

황소는 세계의 다른 여러 지방에서도 곡물 정령의 대리인으로 나타난다. 기니의 그레이트바상에서는 풍성한 수확을 얻기 위해서 해마다 황소 두 마리가 살해된다. 이 제물이 효험을 갖기 위해서는 황소들이 울어야 한다. 그래서 온 마을의 여자들이 짐승 앞에 앉아서 "황소가 울어요. 아, 황소가 울어요!" 노래한다. 그뿐만이 아니라 때때로 그 여자들 가운데 한 사람은 짐승 주위를 돌면서, 전분 가루나 야자술을 눈에 뿌린다. 황소의 눈에서 눈물이 흐르면 사람들은 "황소가 운다. 황소가 운다!" 노래하면서 춤을 춘다. 그리고 남자 둘이 저마다 황소 꼬리를 붙잡고 단칼에 쳐서 떨어뜨린다. 단칼에 떨어뜨리지 못하면 그 해에 큰 재앙이 닥친다고 믿는다. 이 황소는 나중에 도살되고 그 고기를 추장들이 먹는다. 이 경우에 황소의 눈물은 콘드족과 아스텍족의 인간 제물과 같이 아마 기우주술일 것이다.

이미 살펴보았듯이 동물의 형태를 취한 곡물 정령의 힘이 때로 꼬리에 존재한다거나, 곡물의 마지막 한 줌이 곡물 정령의 꼬리로 생각되기도 했다. 이런 관념은 미트라교에서 미트라가 황소의 등에 타고 무릎을 꿇은 채 황소의 옆구리를 칼로 찌르는 모습을 표현한 몇 개의 조각에 생생하게 나타난다. 이런 조각 중 어떤 것에서는 황소 꼬리가 세 개의 곡물 줄기로 되어 있고, 그 하나에서는 칼에 찔린 상처에서 피 대신에 곡물 줄기가 나온 것이 보인다. 미트라교 의식에서는 황소 제물이 주요한 특징을 이루는데, 그러한 표현은 황소가 적어도 부분적으로는 곡물 정령의 화신으로 생각되었다는 것을 뚜렷이 나타내는 것이다.

중국의 각 지방에서 치르는 봄맞이 의식에서 황소는 더 분명하게 곡물 정령의 화신으로 나타난다. 보통 2월 3일이나 4일에 해당되는 봄의 첫째 날이 중국의 설날이다. 이때는 각 지방의 지방관 행렬을 정비하여 마을의 동문에 가서 신농씨에게 제물을 바친다. 이 신농씨는 사람 몸에 황소 머리를 가진 모습으로 표현된다. 이 제사에 황소나 암소, 물소의 커다란 상을 만들어서 동문 바깥에 세우고, 그 옆에 각종 농기구를 갖다 놓는다. 소경이나 점술가의 지시에 따라서 이 상의 골격에 오색종이를 붙인다. 색종이 색깔은 다가오는 해의 성격을 예지한다. 빨간색이 많으면 화재가 자주 일어날 것이고 흰색이 많으면 비가 많이 와서 홍수가 난다. 그 밖의 색깔에도 나름의 의미가 있다. 관리들은 천천히 황소 주변을 돌면서 한 걸음마다 여러 색깔의 장대로 황소상을 세게 때린다. 그 속에는 오곡이 들어 있기 때문에 장대의 타격으로상이망가지고곡식알이쏟아져나온다. 그리고 이 종잇조각에 불을 붙이면 타는 종잇조각을 얻으려고 소란이 일어난다. 그것을 얻는 데 성공한 사람은 그해 동안 행운을 얻게 될 것이 확실하다고 믿기 때문이다. 다음에 진짜 황소 한 마리가 도살되고 고기는 관리들에게 분배된다. 다른 기록에 따르면, 황소의 상을 진흙으로 만들어 지방관이 때린 다음 사람들이 돌을 던져 깨뜨린다고 한다. 이렇게 해서 그들은 풍년을 기원한다. 이 경우에 곡물 정령은 틀림없이 곡물이 들어 있는 황소의 상으로 표현되었다고 보이며, 그러므로 황소 상은 풍년을 가져온다고 여겼을 것이다.

여러 가지를 고려해 볼 때 염소로서든 황소로서든 디오니소스는 본래 식물신이었다고 결론지을 수 있을 것이다. 앞에서 인용한 중국과 유럽의 관습은, 디오니소스 의식 중 행해지는 살아 있는 황소나 염소를 찢어 죽이는 관습을 해석하는 데 도움을 줄 수 있다. 이 동물들을 찢어 죽이는 것은, 콘드족이 그 제물을 잘게 자른 것과 같이, 목숨을 주고 풍작을 주는 신의 영향력을 그 숭배자들이 저마다 조금씩 나누어 가질 수 있도록 하기 위한 것이다. 사람들은 제물의 날고기를 성찬으로 먹었으나, 그 일부는 식물신의 활력을 땅의 결실에 옮기기 위해서 집에 가져가 밭에 파묻거나 다른 방식으로 썼을 것이다. 이 신화에서 말하는 디오니소스의 부활은, 아테네의 부포니아에서와 같이 황소를 도살하고 박제로 만들어 세워놓는 의식을 거치면서 표현되었을 것이다.

2 돼지·말로서의 데메테르

이제 곡물 여신 데메테르를 살펴보자. 유럽의 민속에서 돼지가 흔히 곡물 정령의 화신으로 여겨졌던 것을 생각하면, 우리는 이런 의문을 가지게 된다. 즉, 데메테르와 매우 밀접한 관계였던 돼지는 본래 동물의 모습을 한 상태의 여신 자체가 아니었을까? 돼지는 이 여신에게 바쳐진 동물이었으며, 미술 작품에서도 이 여신은 돼지를 나르거나 거느리고 있는 것으로 묘사된다. 그리고 그녀를 위한 신비 의식에서는 반드시 돼지가 희생되었는데, 그 이유는 돼지는 곡물을 해치므로 여신의 적이라고 생각했기 때문이다. 그러나 우리가 이미 보아 온 바와 같이 어떤 동물이 신으로 생각되거나, 혹은 신이 어떤 동물이라고 생각되다가, 신이 그 동물의 형태를 탈피하고 순수한 인간의 모습을 띠는 일이 이따금 일어난다.

그리고 처음 신으로서 도살된 동물은 그 신에게 적의를 품는다는 근거로 신에게 바치는 제물로 여겨지기에 이른다. 요컨대 신 스스로가 자기 자신의 적이

페르시아 신 미트라가 소를 죽이자, 소에서 흘러나오는 피가 곡식 이삭이 되어 나오고 있다. 2세기 로마 시대의 우상(偶像). 대영박물관, 런던

되어 그 자신에게 제물로서 바쳐지는 것이다. 이런 일은 디오니소스에게 일어난 것인데, 이것이 데메테르에게도 일어났을지 모른다. 사실 데메테르 제사 중 하나인 '테스모포리아(Thesmophoria) 의식'은 본래 돼지가 곡물 여신인 데메테르, 또는 그 딸이고 대역이기도 한 페르세포네의 화신이었다는 견해를 증명해 준다. 아테네의 '테스모포리아 의식'은 여자들만 참여하여 10월에 거행하는 가을 제사였고, 페르세포네(혹은 데메테르)가 지하 세계에 내려간 것을 애도하는 의식과, 데메테르가 죽음으로부터 되살아난 것을 기뻐하는 의식을 포함하는 듯하다. 그리하여 '하강'이나 '상승'이라는 어휘가 여러 가지로 제사 첫 날을 가리켜 사용되고, 또 '칼리제네이아'(Kalligeneia : '아름답게 태어난'이라는 의미)란 어휘가 제3일째 사용되었다.

'테스모포리아'에서는 돼지, 밀가루 과자, 소나무 가지를 신성한 동굴이나 지하실이었다고 생각되는 '데메테르와 페르세포네의 구멍'에 던지는 것이 관습이었다. 이 동굴이나 지하실에는 동굴을 지키는 뱀들이 있어서 던져진 돼지고기나 밀가루 과자를 먹어 버린다고 한다. 나중에 분명히 다음 해의 가을 제사에 '꺼내는 사람들'로 불리는 여자들이 돼지와 과자, 소나무 가지의 썩은 찌꺼기를 꺼내 가져간다. 이 여자들은 사흘 동안 이런저런 청결 의식을 지킨 다음 동굴에 내려갔고, 손뼉을 쳐서 뱀들을 쫓아 버린 뒤 찌꺼기를 제단 위에 차려 놓았다. 이 썩은 고기와 과자 조각을 손에 쥐고, 곡물의 종자와 섞어서 밭에 뿌리면 반드시 풍작을 얻는다고 사람들은 믿었다.

다음과 같은 전설은 소박하고 오래된 테스모포리아 의식을 잘 설명해 준다. 플루토(하데스)가 페르세포네를 지하 세계로 끌고갔을 때, 에우불레우스란 돼지치기가 우연히 그곳에서 돼지를 치고 있었다. 그 돼지 떼는 플루토가 페르세포네를 데리고 모습을 감춘 그 동굴 속에 함께 끌려 들어갔다. 따라서 테스모포리아 의식에서 에우불레우스와 돼지 떼의 실종을 기념하기 위해 해마다 돼지를 동굴 속에 던져 넣었다. 이런 까닭으로 테스모포리아에서 돼지를 동굴에 던져 넣는 것은 페르세포네의 지하 세계로의 하강을 극적으로 재현하기 위한 것으로 볼 수 있다. 그리고 페르세포네의 신상은 던져지지 않았기 때문에 돼지의 하강은 이 여신의 하강에 수반된 부수물이라기보다 하강 자체였을 것이다. 즉, 돼지가 페르세포네였다고 추측해도 무방할 것이다.

후대에 이르러 페르세포네 또는 데메테르가(이 둘은 하나였기 때문에) 인간의 모습을 취하게 되자, 제사 때 돼지를 동굴에 던져 넣는 관습에 대한 이유를 발견할 필요가 생겼다. 이것은 플루토가 페르세포네를 지하 세계로 끌고 갈 때 주위에서 놀고 있던 몇 마리의 돼지가 그녀와 함께 구덩이에 빠진 것이라고 설명된다. 분명히 이 이야기는 돼지로서의 곡물 정령에 대한 오래된 관념과 인간 형태의 여신으로서의 그녀에 대한 새로운 관념 사이에 다리를 놓으려는 무리하고도 서투른 시도이다.

이를테면 다음과 같은 전설 속에 그 오래된 관념의 흔적이 남아 있다. 슬픔에 싸인 어머니 데메테르가 사라진 페르세포네의 흔적을 찾고 있을 때, 사라진 딸의 발자국이 돼지의 발자국 때문에 없어졌다는 것이다. 본래 돼지의 발자국이 페르세포네와 데메테르 자신의 발자국이었다고 가정해도 좋을 것이다. 돼지와 곡물과의 밀접한 관련성에 대한 인식은 돼지치기 에우불레우스가 트립톨레모스와 형제였다는 전설 속에 잠재해 있다. 트립톨레모스는 데메테르가 최초로 곡물의 비밀을 가르쳐 준 인물이었다고 한다. 사실 이 전설의 다른 형태에 따르면, 에우불레우스 자신이 그 형제인 트립톨레모스와 함께 페르세포네의 비운을 가르쳐 준 보답으로 데메테르에게서 곡물을 선물로 받았다고 한다. 또 우리는 테스모포리아 의식에서 여자들이 돼지고기를 먹었다는 사실에 주목할 필요가 있다. 만일 내가 옳다면, 이 식사는 숭배자들이 신의 몸을 나누어 먹는 신성한 의식, 즉 성찬 의식이었을 것이 틀림없다.

주철로 만든 돼지(중국, 1700년경). 풍작을 기원하며 강의 신에게 제물로 바쳤다. 쿨벤키얀 박물관, 더럼

이렇게 설명하면, 테스모포리아는 이미 설명된 북유럽의 민속과 비슷하다. 테스모포리아, 즉 곡물 여신을 위한 가을 제사 때 돼지고기의 일부분을 먹고, 일부분은 다음 해까지 동굴에 보존하여 때가 되면 풍작을 위해서 씨앗과 섞어 밭에 뿌렸다. 그처럼 그르노블 근처의 추수밭에서도 도살된 염소의 일부를 수확의 만찬에서 나누어 먹고, 일부는 식초에 절여서 이듬해 수확 때까지 보존한다. 또 푸일리에서는 추수밭에서 도살된 황소의 일부를 수확자들이 먹고, 일부는 소금물에 절여 봄에 씨를 뿌릴 때까지 보존한다. 이것은 아마 그때 종자와 섞거나, 밭을 가는 사람들이 먹거나, 또는 양쪽 모두를 동시에 지켰을 것이다. 또 우드바르헬리에서는 추수철에 마지막 곡물 다발에 싸여 죽은 수탉의 깃털을 봄까지 보존했다가 종자와 함께 밭에 뿌린다.

또 헤세와 마이닝겐에서는 돼지고기를 '재의 수요일'이나 성촉절에 먹고, 뼈는 씨를 뿌릴 때까지 보존했다가 씨와 섞어서 밭에 파묻는다. 그해 추수 때 마지막 다발에서 얻은 곡물로 '성탄절 수퇘지(Yule Boar)'를 만들어 성탄절 때까지 보존한다. 그리고 그 뒤 봄에 씨를 뿌릴 때 종자와 함께 섞는다. 이와 같이 일반적으로 말하면 곡물 정령은 가을에 동물 형태로 살해되고, 그 고기의 일부는 숭배자들이 성찬으로 먹고, 나머지는 곡물 정령의 활력 지속이나 소생을 위한 보장과 확증으로 다음 해 씨 뿌릴 때나 추수철까지 보관하는 것이다.

데메테르와 페르세포네가 돼지의 화신이라고는 도저히 생각할 수가 없다고 괴팍스런 사람들이 반론한다면, 그리스인은 아르카디아의 동굴에 '검은 데메테르'가 여자의 몸에 말머리와 갈기를 한 모습으로 그려져 있는 사실로 대항할 수 있을 것이다. 돼지로 그려진 여신상과 말머리를 가진 여신상 사이에는 야만적이라는 점에서 별다른 차이점이 없다.

피갈리아의 데메테르에 대한 전설은, 근대 유럽과 마찬가지로 고대 그리스에서도 말이 곡물정령이 취하는 동물 형태의 하나였다는 것을 보여준다.

데메테르는 딸을 찾으러 다닐 때 포세이돈의 구애를 피하기 위해서 암말로 변신하고 다녔는데, 그의 집요한 구애에 분노한 나머지 피갈리아에서 멀지 않은 서쪽 아르카디아 고지의 한 동굴에 피신했다고 전해진다. 그런데 그녀가 거기서 검은 옷을 입고 오랫동안 머무는 바람에 대지의 열매가 모두 말라 죽을 지경이 되었다. 만약 이때 판(Pan)이 성난 여신을 달래서 동굴 밖으로 나오도록 설득하지 않았으면, 인류는 기근으로 멸망했으리라고 한다. 이 일을 기념하기 위해서 피갈리아인은 그 동굴에 '검은 데메테르' 상을 세웠다. 그것은 긴 옷을 걸친, 말머리에 갈기를 가진 여자의 모습이었다. 데메테르가 검은 옷을 입고 부재 중일 때 땅의 열매가 말라 죽었다는 것으로 보아, 바로 이 '검은 데메테르'는 틀림없이 여름의 푸른 옷을 벗은 불모의 겨울 대지를 의미하는 신화적인 표현일 것이다.

3 아티스·아도니스와 돼지

이제부터는 아티스와 아도니스를 살펴보자. 우리는 이 식물신들도 같은 종류의 다른 신들과 같이 동물 형태의 화신을 가지고 있었다는 것을 보여 주는 몇 가지 사실에 주목해야 한다. 아티스 숭배자들은 돼지고기 먹는 것을 꺼린다. 이것은 돼지가 아티스의 화신으로 생각되었음을 보여준다. 아티스가 멧돼지에 의해 살해되었다는 전설도 같은 점을 나타낸다. 왜냐하면 염소 디오니소스, 돼지 데메테르의 예를 보면 어떤 신을 해쳤다는 동물이 본래 그 신 자신이었다는 것을 거의 법칙이라 할 수 있기 때문이다. 아티스의 숭배자들이 외치는 "히에스 아티스! 히에스 아티스!(Hyes Attes! Hyes Attes!)" 소리는 아마 '돼지 아티스! 돼지 아티스!'였을 것이다. '히에스(hyes)'는 '돼지'를 뜻하는 그리스 어 '히스(hys)'의 프리지아 어형일 가능성이 크기 때문이다.

아도니스에 대해서 말하자면, 그와 멧돼지인 그가 이 동물에게 살해되었다는 이야기만으로 설명할 수는 없다. 다른 이야기에 따르면, 갓난애 아도니스를 잉태한 나무 껍질을 멧돼지가 이빨로 찢어 버렸다고 한다. 또 다른 이야기에 의하면, 그가 레바논 산에서 멧돼지를 사냥하고 있을 때 헤파이스토스

(Hephaistos)의 손에 살해되었다는 것이다. 이렇게 다양한 전설에서 알 수 있는 것은 돼지와 아도니스가 연관되어 있다는 사실이 확실한 반면, 그 연관성의 이유가 이해되지 않아서 끝내 이를 설명하기 위해 여러 다른 이야기를 꾸며냈다는 것이다.

시리아인들 사이에서는 확실히 돼지가 신성한 동물의 부류에 속해 있다. 유프라테스 강의 종교적 대도시인 히에라폴리스에서 돼지는 제물이나 음식물이 되지 않았으며, 돼지와 접촉한 사람은 종일 더럽혀진 존재였다. 그 이유를 어떤 사람은 돼지가 불결하기 때문이라고 하고, 또 어떤 사람들은 반대로 돼지가 신성한 것이기 때문이라 한다. 이 견해의 차이는 신성과 불결의 관념이 아직 뚜렷이 구별되지 않았고, 우리가 터부라고 부르는 하나의 휘발성 용액에 불결과 신성이 혼합되어 있던 종교 사상의 혼돈 상태를 나타내는 것이다.

돼지가 아도니스 신의 화신으로 생각된 것은 완전히 이 이견과 일치한다. 또 디오니소스와 데메테르의 유사성을 볼 때, 돼지가 아도니스의 적이었다는 이야기는 곧 신이 돼지로 화신했다는 낡은 견해를 후대에 와서 오해한 것임을 수긍하게 한다. 아티스와 아도니스의 숭배자들에게는 돼지를 제물로 바치거나 먹어서는 안 된다는 규칙이 있었다. 그렇다고 그 의식에서 돼지가 신을 대신하여 도살되고, 숭배자들이 이것을 성찬으로 먹었을 가능성을 빼놓는 것은 아니다. 사실 어떤 동물이 제물로 도살되고 먹히는 것은 그 동물이 신성한 것임을 뜻하고, 또 평소에는 죽이지 않았다는 것을 의미한다.

유대인이 돼지를 대하는 태도는 시리아인이 돼지를 대하는 태도만큼 애매했다. 그래서 그리스인은 유대인이 과연 돼지를 숭배했는지 혐오했는지를 판단할 수 없었다. 유대인은 돼지를 먹어서는 안 되었으며, 또 한편 죽여서도 안 되었다. 만일 돼지고기를 먹어서는 안 된다는 규칙이 그것의 불결함을 의미한다면, 두 번째의 규칙은 한결 강하게 그 신성함을 상징한다. 두 규칙 모두 돼지는 신성하다는 가정에 따라서 해석될 수 있고, 그 가운데 하나의 규칙은 꼭 그렇게 해석되어야 한다. 이에 반해서 두 가지 규칙이 모두 돼지는 불결한 것이라는 가정에 근거를 두고는 해석될 수는 없고, 그중 하나의 규칙은 그렇게 해석하기가 불가능하다. 그러므로 앞의 가정을 취한다면, 적어도 본래 돼지는 유대인에게 혐오의 대상이었다기보다는 오히려 숭배의 대상이었다고 결론지을 수 있을 것이다.

이사야 시대까지도 일부 유대인들이 더러 성찬으로 돼지와 쥐고기를 먹기 위해 비밀리에 뜰에서 만나곤 했다는 사실은 이 견해를 확고히 뒷받침해 준다. 의심할 바 없이 이것은 아주 오래된 의식으로 돼지와 쥐를 신성한 것으로 숭배하고, 또한 그 고기를 신의 살과 피로 여겨 성스럽고 귀하게 성찬으로 먹던 시대에서 비롯된 것이었다. 일반적으로 불결한 동물은 모두 본래 신성했던 것인지도 모른다. 즉, 그들을 먹지 않는 이유는 바로 그들이 신성하기 때문일 수도 있다는 것이다.

4 돼지·황소로서의 오시리스

돼지는 언뜻 보아 그 불결함이 신성함보다 뚜렷했으나, 역사 시대의 고대 이집트에서는 시리아와 팔레스타인에서와 같이 애매한 위치에 놓여 있었다. 이집트인은 일반적으로 돼지를 더럽고 메스꺼운 동물이라 생각하며 혐오했다고 그리스 저술가들은 말한다. 사람들은 지나갈 때 돼지와 조금 스치기만 해도 오염을 씻기 위해 옷을 입은 채 그대로 강물에 뛰어들었다. 또한 돼지의 젖을 마시면 문둥병에 걸린다고 믿었으며, 돼지치기는 이집트 토착민이라 할지라도 신전 출입이 금지되었다. 이러한 배척은 오직 돼지치기에게만 가해지는 것이었다. 물론 돼지치기에게 시집가거나 돼지치기에게 딸을 줄 사람도 없었고, 따라서 돼지치기들은 자기네들끼리 결혼해야만 했다.

그럼에도 이집트인들은 1년에 단 한 번씩은 달과 오시리스에게 돼지를 제물로 바쳤을 뿐만 아니라 그 고기를 먹기도 했다. 물론 다른 날에는 절대로 돼지를 제물로 바치거나 그 고기를 먹지 않았다. 너무 가난해서 이날 돼지를 바칠 수 없는 사람들은 밀가루 과자를 구워서 돼지 대신 바쳤다. 이러한 사실은 돼지가 1년에 한 번 숭배자들이 먹는 신성한 동물이었다고 가정하지 않는 한 설명하기 어렵다.

이집트에서 돼지가 신성했다는 이 견해는 현대인들에게는 그 반대의 증거로 보일 수 있는 사실로써 더욱 뚜렷해진다. 예를 들면, 이미 언급한 것처럼 이집트인은 돼지의 젖을 마시면 문둥병에 걸린다고 생각했다. 그런데 이것은 원시인들이 그들이 가장 신성하다고 여기는 동식물에 대해 품은 생각과 매우 유사한 것이다.

예를 들면, 웨타르(Wetar) 섬(뉴기니와 셀레베스 사이) 사람들은 자신을 멧돼지·뱀·악어·바다거북·개·뱀장어의 후예라고 믿고 있다. 아무도 자기가 태어난 종에 속하는 동물을 먹지 못한다. 만일 먹으면 그는 문둥병에 걸리고, 결국은 미치광이가 되어 버린다. 북아메리카의 오마하족 인디언들 가운데 큰 사슴을 토템으로 삼는 사람들은 큰 사슴을 먹으면 온몸에 부스럼과 흰 반점이 생긴다고 믿는다. 같은 오마하족 인디언 가운데 빨간 옥수수를 토템으로 삼은 사람들은, 만일 그것을 먹으면 그의 입 언저리에 통증이 생긴다고 믿는다. 토템을 신봉하는 수리남의 부시 흑인들은 만일에 '카피아이(돼지와 비슷한 동물)'를 먹으면 문둥병에 걸린다고 믿는다. 아마 '카피아이'란 그들의 토템 가운데 하나일 것이다.

물고기를 신성하다고 여긴 고대 시리아인은 물고기를 먹으면 종기가 나서 두 다리와 배가 부풀어오른다고 믿었다. 오리사(Orissa)의 카시(Khasi)족은 토템 동물에 해를 입히면 그 사람은 문둥병에 걸리는 동시에 혈통도 끊어진다고 믿는다.

이상의 몇 가지 사례는 신성한 동물을 먹으면 문둥병이나 그 밖의 피부병에 걸린다는 것을 증명하는 것이다. 그래서 돼지 젖을 마시면 문둥병에 걸린다고 이집트인들이 믿는 것을 보면, 이집트에서 돼지는 신성한 동물이었으리라는 추측을 쉽게 할 수 있다.

또 돼지에 접촉한 사람은 그 뒤에 몸과 의복을 씻어야 한다는 규칙도 돼지가 신성하다는 견해를 뒷받침한다. 왜냐하면 신성한 것과 접촉했을 경우에는 그것이 불러올지도 모를 영향을 씻거나 그 밖의 방법으로 제거해야만 사람들과 자유롭게 교제할 수 있다고 믿는 것이 일반적이기 때문이다.

예를 들면, 유대인은 성서를 읽은 뒤 두 손을 씻어서 깨끗이 한다. 대사제는 제사를 끝내고 성소에서 떠날 때에 그 몸을 깨끗이 씻어야 하고, 성소에서 입었던 옷은 벗어야 한다. 그리스 의식에서는 속죄의 제사를 치를 때 제물의 봉헌자는 제물을 만져서는 안 되며, 제사를 끝내고 마을이나 자기 집에 들어가기 전에 그 몸과 의복을 씻어야 했다.

폴리네시아인은 신성한 것과의 접촉에서 얻은, 말하자면 신성 감염이라고도 일컬어지는 재앙을 없앨 필요를 강하게 느꼈다. 그들은 그 감염을 제거하기 위해서 온갖 의식을 치렀다. 예를 들면, 이미 보아 온 바와 같이 통가족은 신성한 추장이나 그의 개인적 소유물을 우연히 만진 자는 어떤 종류의 의식을 행해야 자기 손으로 식사를 하는 것이 허용되었다. 그렇지 않으면 온몸에 종기가 나서 죽게 되거나 적어도 연주창이나 그 밖의 다른 병에 걸린다고 믿었다.

또 뉴질랜드에서는 신성한 것과 접촉하게 되면 실제로 치명적인 결과가 온다고 여겼다. 즉, 미개인은 신성한 것은 위험하다고 믿은 것이다. 무엇이든 간에 그것에 접촉하면 만일 죽지 않더라도 충격을 주는 어떤 전기와 같은 신성함이 그 속에 스며든다고 믿는다. 그리하여 미개인은 자기가 특히 신성하다고 믿는 것에 접촉하기를 꺼리고 보는 것도 싫어한다.

예를 들면, 악어 씨족에 속하는 베추아나족은 악어를 만나거나 보는 것을 '증오스럽고 불행한 일'로 생각한다. 악어의 모습을 보면 눈에 염증이 생긴다고 한다. 그런데 악어는 그들에게 가장 신성한 것이다. 그들은 악어를 아버지라고 부르고, 그 이름으로 서약하고 제사를 올린다. 염소는 마데나사나 부시먼족의 거룩한 짐승이다. 그러나 '염소를 보면 일정한 기간 동안 그 사람은 불결하게 되고 동시에 기이한 걱정이 생기게 된다'는 것이다.

오마하족 인디언의 사슴 씨족은 숫사슴과 접촉만 해도 몸에 종기가 나며 흰 반점이 생긴다고 믿는다. 같은 오마하의 뱀 씨족들은 뱀을 만지거나 그 냄새를 맡으면 머리칼이 희어진다고 생각한다. 나비를 신으로 섬기는 사모아의 사람들은 나비를 잡으면 충격을 받아 죽는다고 믿는다. 또 그곳에서는 노랗고 시들시들한 바나나 잎을 음식을 담는 그릇 대신 썼다. 그런데 비둘기 씨족들이 그 용도로 바나나 잎을 사용하면 류머티즘 성질의 부기에 괴로움을 받거나, 수두와 같은 종기가 온몸에 생긴다고 믿는다.

중앙 인도의 브힐족의 모리 씨족은 토템으로서 공작을 숭배하고 공작에게 공물을 바친다. 그런데 그들은 공작의 흔적이 있는 길을 지나가기만 해도 나중에 어떤 병에 걸린다고 믿고, 여자들은 공작의 모습을 보면 얼굴을 가리고 눈길을 돌려야 한다. 이와 같이 원시인은 신성을 하나의 위험한 병독과 같은 것으로 생각하고, 신중한 사람은 될 수 있는 한 그것을 멀리하고 만일 잘못하여 그것과 접촉하는 일이 생기면, 일정한 정결 의식으로써 조심스럽게 그 몸을 소독한다.

돼지와의 접촉과 관련된 이집트인의 신앙과 관습은 이상의 비슷한 사례에 비추어볼 때, 아마 동물을 극단적으로 불결하게 보기보다는 오히려 극단적으로 신성하게 보는 관념에 따라서 해석할 수 있을 것이다. 이것을 더 정확하게 말하자면, 이집트인들은 그 동물을 단지 더럽고 혐오스러운 존재가 아니라 더없이 초자연적인 위력을 지닌 존재로 간주했다. 또한 숭배와 혐오의 감정이 비슷하게 혼합된 원시적인 감정의 종교적 경외심과 공포심으로 돼지를 대했다.

고대의 저술가들도 돼지가 이집트인에게 불러일으킨 공포심에는 다른 면이 있음을 느꼈던 모양이다. 그리스의 천문학자이며 수학자인 에우독소스는 이집트에 14개월 동안 머무르는 동안, 그곳의 사제들과 이야기를 나눌 때 이집트인은 혐오에서가 아니라 농업상의 유용성이란 관점에서 돼지를 애호했다는 의견을 제시했다. 그에 따르면, 나일 강의 범람이 끝나고 나면 축축한 땅 속에 종자를 묻기 위해서 돼지 떼를 밭에 풀어 놓았다고 한다.

그러나 한 존재에 대해 대립된 여러 감정이 뒤섞인 경우, 그것은 불안정한 균형을 유지한다고 말할 수 있다. 시간이 경과되면서 서로 모순되는 여러 감정 중에 하나가 다른 감정을 압도하여 최후에 승리를 거두게 되는데, 숭배의 감정이냐 혐오의 감정이냐에 따라서 대상이 되는 존재는 신의 위치로 솟아오르거나 악마의 위치로 가라앉고 만다. 모두 보아 이집트에서는 혐오의 감정이 돼지의 운명이었다.

왜냐하면 역사 시대에 들어와서 돼지에 대한 혐오의 감정이 돼지가 한때 그 대상이 되었던 숭배와 예배의 감정을 확실히 압도한 것으로 보였기 때문이다. 물론 타락한 상태에서도 돼지가 숭배받았다는 흔적이 남아 있긴 했다. 돼지는 이집트의 악마이며 오시리스의 적인 세트 혹은 티폰의 화신으로 여겨졌다. 왜냐하면 티폰이 검은 돼지의 형상으로 호루스 신의 눈을 해쳤고, 호루스 신이 돼지를 태워서 제물로 바칠 것을 결정했고, 또 태양신 라(Ra)가 그 동물을 혐오할 것을 선포했기 때문이다. 또 티폰이 멧돼지를 사냥하고 있을 때 오시리스의 몸뚱이를 발견하고 잘랐기 때문에 1년에 한 번 돼지를 제물로 바치게 되었다는 이야기도 있다. 이 이야기는 오시리스가 아도니스와 아티스처럼 멧돼지에게, 혹은 멧돼지로 화신한 티폰에게 살해되어 절단되었다는 오래된 설화를 현대식으로 각색한 것임에 틀림없다. 이렇게 오시리스에게 해마다 돼지 제물을 바치는 관습은 그 신을 죽이고 혹은 절단한 적대적인 동물에 대해 가하는 복수라고 자연스럽게 해석되었을 것이다.

그러나 여기에는 반론의 여지가 있다. 첫째로, 이렇게 어떤 동물이 해마다 한 차례 신성한 제물로 도살되는 경우에 그 동물은 신적인 것이며, 그해의 남은 기간에는 신으로서 보호되고 숭배받다가 도살되는 경우에는 일반적으로 신의 성격으로 살해되는 것을 의미한다. 둘째로, 이를테면 아티스와 아도니스의 경우를 잠깐 제쳐놓더라도, 디오니소스와 데메테르의 사례를 볼 때 신의 적이라는 이유로 신에게 제물로 바쳐지는 경우, 그것은 본래 그 신 자신이었음을 알 수 있었다. 그래서 오시리스에게 해마다 돼지를 바치는 제사는 신에 대한 그 동물의 적의와 함께 생각해 볼 때, 돼지가 신이었다는 것과 돼지가 오시리스였다는 것을 가리키는 것으로 보인다. 후대에 이르러 오시리스가 인간의 모습을 띠면서 돼지와의 본래 연관성이 잊혀지게 되자, 이 동물은 오리시스에게서 분리되어 나중에 신의 적으로 대립되었다고 신화 학자는 말한다.

그 짐승이 신의 적이었다는 것 말고는, 또는 플루타르코스의 말대로 돼지가 신에게 소중한 존재가 아니라 오히려 그 반대여서 제물로 바치기에 알맞다는 것 말고는 신의 숭배와 관련된 짐승을 죽을 이유가 없다는 설명이다. 이러한 후기 단계에서 멧돼지가 곡물 밭에 저지른 악명 높은 범행은 멧돼지를 곡물 정령의 적으로 여길 만한 그럴듯한 이유를 제공한다. 나의 설명이 옳다면, 본디는 멧돼지가 맘대로 곡물 밭을 활개치고 다니며 누린 자유 때문에 사람들이 돼지를 곡물 정령과 동일시하게 되었고, 나중에는 곡물 정령과 대립하는 적으로 간주하게 된 것이라 할 수 있다.

돼지와 오시리스를 동일시하는 견해는 전설에서 오시리스가 살해된 그날에 돼지를 그 신에게 바치는 제사를 통해서 강력하게 뒷받침된다. 왜냐하면 테스모포리아 의식에서 돼지를 동굴에 던지는 일이 페르세포네가 지하 세계로 하강한 사건을 해마다 재현한 것과 같이, 돼지의 도살은 오시리스의 죽음을 매년 재현하는 것이 되기 때문이다. 그리고 이 관습들은 모두 곡물 정령의 화신으로서 염소와 수탉, 그 밖의 다른 것을 추수철에 도살하는 이집트의 관습과 비슷하다.

또 본래는 오시리스 자신이 돼지를 나중에 그의 적인 티폰의 화신으로 여기게 되었다는 이론은, 붉은 머리칼의 사람들과 붉은 황소가 티폰에 대해 가지는 유사한 관계에 의해서 지지된다. 우리는 붉은 머리칼의 사람들을 불태워 죽인 다음에 그 재를 키질하여 공중에 뿌렸다는 전설과 관련해, 본래 그들은 봄에 로마에서 도살된 붉은 털의 강아지처럼 곡물 정령, 즉 오시리스의 대리인이었으며, 곡물을 붉은빛이나 금빛으로 여물게 하기 위해 그들을 일부러 살해했다고 믿을 만한 확실한 근거를 살펴본 바 있다.

그러나 후대에 와서 오시리스가 아니고 그의 적인 티폰의 대리인으로 해석되고, 그들을 죽이는 것은 신의 적에 대한 복수 행위로 생각되었다. 이처럼 이집트인이 제물로 바친 붉은 황소는 그것이 티폰과 닮았다는 근거에서 바쳤다고는 하지만, 곡물 정령 오시리스와 닮았다는 근거에서 도살되었다고 말하는 편이 한결 그럴듯하다. 황소가 곡물 정령의 보편적 상징물이고, 때문에 수확의 밭에서 도살되는 것을 우리는 이미 살펴보았다.

오시리스는 언제나 멤피스(Memphis)의 황소 아피스와 헬리오폴리스의 황소 므네비스와 동일시되었다. 그러나 붉은 황소와 마찬가지로 이 황소들이 곡물 정령인 그의 화신이었는지, 아니면 후대에 와서 오시리스와 혼동된, 본래는 전혀 다른 신들이었는지에 대해서는 단언하기 어렵다. 이 두 황소 아피스와 므네비스에 대한 숭배가 지역적으로 일반적이었던 것으로 보아, 그들은 보통 단순히 지역적으로만 숭배되던 나머지 성스러운 짐승과는 다른 위치에 있었던 것으로 보인다.

그러나 오시리스에 대한 아피스의 근본적인 관계가 어떤 것이었든 간에, 신을 죽이는 관습을 연구할 때 아피스에 대해 그냥 지나칠 수 없는 사실이 있다. 황소 아피스는 신으로서 화려함 속에 지내면서 깊은 존경과 숭배를 받았으나, 신성한 책에 규정된 어떤 일정한 기간 이상 살 수 없었다. 그래서 기간이 만료된 뒤에 사람들은 그를 성스러운 샘물에 빠뜨려 익사시켰다. 플루타르코스에 따르면 그 기간은 25년이었다. 그러나 이것은 반드시 강제 규정이었다고 볼 수는 없다. 근대에 와서 발굴된 아피스 황소의 무덤들에 새겨진 비문에 따르면 제22왕조 때에 두 마리의 신성한 황소가 26년 이상 살았다고 기록되어 있기 때문이다.

5 비르비우스와 말

우리는 이제 아리키아의 신성한 '숲의 왕'들 중 초대 왕인 비르비우스가 히폴리투스로서 말들에게 살해되었다는 전설에 대해서 과감히 하나의 가설을 세울 수 있다. 곡물 정령이 말의 모습으로 표현되는 일이 적지 않다는 것과 후대의 여러 전설에서 신을 해쳤다고 전해지는 동물이 때로는 신 자신이었다는 것을 살펴볼 때, 비르비우스, 또는 히폴리투스를 죽였다고 하는 말이 실은 식물신인 그 자신의 화신이었다고 가정할 수 있다.

그가 말들에게 죽임을 당했다는 전설은 아마 그의 숭배에서 나타나는 특징, 특히 그의 성스러운 숲에 말의 출입을 허용하지 않는 관습을 설명하기 위해서 만들어진 이야기일 것이다. 신화는 변하지만 관습은 그대로 유지되기 때문에, 사람들은 선조들의 관습이 어디서 비롯된 것인지는 먼 옛날에 잊어버렸어도, 자신들의 아버지들이 행하던 것을 계속 따르기 마련이다. 이러한 것을 생각해 보면, 종교의 역사는 낡은 관습을 새로운 이론에 조화시키려고 하고, 또 어리석은 관습에 합리적인 이론을 부여하려고 하는 오랜 시도인 것이다. 따라서 지금 우리의 당면 문제의 경우에도 신화가 관습보다도 후대의 것이므로, 신화가 성스러운 숲에 말이 들어가지 못하게 한 본래의 이유를 설명해 주지 못한다는 것은 확실한 듯하다.

말이 배척된 것으로 볼 때, 말은 성스러운 숲의 신을 의미하는 짐승이나 화신일 리 없다고 추측할 수도 있다. 그러나 그 추측은 경솔하다. 염소는 한때 아테나의 화신이거나 신성한 동물이었다. 이것은 염소 가죽을 쓰고 여신을 표현하는 관습에서 짐작할 수 있을 것이다. 그러나 염소는 일반적으로 그녀에게 제물이 아니었고, 아테네에 있는 그녀의 대성소 아크로폴리스에 들어가는 것조차 허락되지 않았다. 그 이유는 염소가 올리브나무, 즉 아테나의 거룩한 나무를 해쳤기 때문이라고 한다. 이렇게 아테나에 대한 염소의 관계는 비르비우스에 대한 말의 관계와 비슷하고, 그 동물들은 모두 신에게 해를 끼쳤다는 이유로 신의 성소에서 배척당한 것이다.

그러나 아크로폴리스에서 염소를 배척한 규정에 예외가 하나 있었다는 사실을 우리는 바로(Varro)에 의해서 알게 된다. 그가 말하는 바에 따르면, 아테네인들은 해마다 한 번씩 염소를 아크로폴리스에 바쳤다고 한다. 주목해 온 바와 같이 매년 한 번만 동물이 제물이 될 경우에는 아마도 그것은 신에게 바치는 제물로서가 아니라 신 자신의 대리자로서 도살되는 것이다. 그래서 만일 염소가 1년에 한 번 아크로폴리스에서 제물로 바쳐졌다고 하면, 아테나 여신의 자격으로서 희생되었다고 추측할 수 있다. 그리고 제물이 된 동물의 가죽은 여신상에 씌워져 '보호 방패(aegis : 신이 아테나에게 주었다는 방패)' 가 되었고, 해마다 갱신되었을 것이라고 추측된다.

이와 비슷하게 이집트 테베에서는 숫양을 신성시하고, 그것을 제물로 삼지 않았다. 그러나 매년 정해진 날에 숫양을 도살해 그 가죽을 암몬 신상에 씌웠다. 이제 만일 우리가 아리키아의 성스러운 숲의 의식을 좀더 잘 안다면, 거기에서 말을 배척한 규정은 아테네의 아크로폴리스에서 염소를 배척하는 규정과 같이 매해 한 번의 예외가 있었으며, 1년에 한 번만 말을 성스러운 숲에 들여놓고 비르비우스의 화신으로서 바쳤음을 발견할지 모른다. 이렇게 도살된 말은 데메테르와 오시리스에게 바친 돼지와 같이, 혹은 디오니소스나 아테나에게 바친 염소와 같이 보통 일반적으로 일어나는 오해에 의해 신에게 위험을 가했다는 이유로 신의 적인 동시에 신에게 바치는 제물로 간주하게 되었을 것이다.

서술자는 예외를 생각하지 않고 하나의 규정에 대해서만 기록하기가 쉽기 때문에, 내가 상상하는 것과 같은 아리키아의 성스러운 숲의 규정의 예외에 대해서는 아무런 언급도 없이 기록했다고 해도 그다지 이상할 것은 없다. 만일 우리가 단지 아테나에우스(Athenaeus)와 플리니우스의 기록밖에 갖고 있지 않다고 한다면, 염소를 아테나에게 제물로 바치는 것을 금지하고 그것을 아크로폴리스에서 배척한 규칙을 아는 데에 그쳤을 것이다. 그러나 바로의 저작물이 다행히 보존되어 우리는 중요한 예외를 알게 되었다.

아리키아의 성스러운 숲에서 해마다 한 번 그 숲의 신의 화신으로서 말을 제물로 바쳤을 것이라는 이 가설은, 로마에서 해마다 한 번 거행한 말의 희생의식으로 뒷받침될 수 있다. 매해 10월 15일에 '마르스의 들'에서 전차 경주가 있었다. 승리한 전차의 오른쪽 말이 창에 찔려 살해된 뒤에 풍작을 비는 목적으로 마르스 신에게 제물로 바쳐지고, 그 목이 잘려서 끈으로 엮은 빵으로 단장되었다. 그리하여 '거룩한 길'과 '수부라'라고 불리는 두 구역의 주민들은 그 머리를 얻으려고 서로 다투었다. '거룩한 길'의 주민이 그것을 손에 넣으면 왕궁의 벽에 매어 놓고, 수부라의 주민이 획득하면 마밀리아 탑에 동여맸다. 말꼬리는 잘라 궁전으로 재빨리 옮겼는데, 이는 왕궁의 벽난로에 피를 떨어뜨리기 위해서였다. 말의 피는 따로 모아서 4월 21일까지 보존하고, 그날에 그것을 베스타 여사제들이 6일 전에 제물로 바친 소의 태내에 있는 송아지 피와 섞는다. 이렇게 섞은 피를 나중에 목동들에게 나눠주고, 목동들은 그 피를 태운 연기로 가축 떼를 그을려 정화하는 데에 썼다.

이 의식에서 빵의 끈으로 말머리를 장식하는 것과 풍작을 얻기 위해 제물을 바치는 목적은, 이미 우리가 수많은 실례를 살펴보았듯이 곡물 정령의 동물적 대리인 중 하나로서 말을 죽인다는 사실을 시사해 준다. 말의 꼬리를 자르는 관습은, 풍작을 얻기 위해서 황소 꼬리를 잘라서 제물로 삼는 아프리카의 관습과 비슷하다. 로마와 아프리카의 관습 중 어느 것에서나 동물은 분명히 곡물 정령을 나타내는 것이고, 풍작을 주는 힘은 특히 그 꼬리에 존재하는 것으로 상상되고 있다.

아프리카의 관념은 우리가 이미 살펴보았듯이 유럽의 민속에 때때로 나타난다. 또 봄에 말의 피로 소를 그을리는 관습은 '할멈', '아가씨', 혹은 '클리아크(clyack)' 곡물 다발을 봄에 말에게 여물로 주거나, 성탄절 무렵에 소에게 먹이는 관습이나, '성탄절 수퇘지'를 봄이 되어 밭을 가는 황소나 말에게 주어 먹이는 관습과 비교될 만하다. 이런 관습은 모두 집과 그 거주인에 대해서 곡물 정령의 축복을 구하고, 앞으로 1년 동안 풍족함을 얻기 위한 것이다.

로마의 '10월의 말'이라는 희생제의는 나중에 이 대도시의 천하고 지저분한 구역으로 전락한 '수부라'가 여전히 독립된 마을로 있던 옛날로 우리를 이끈다. 수부라의 거주민들은 추수철에 그 무렵 작은 시골 도시이던 로마의 이웃들과 우호적으로 경쟁을 벌였다. 이 의식을 행한 '마르스의 들'은 티베르 강가에 있었는데, 군주제가 폐지될 때까지 왕실 영지의 일부였다. 전설에 따르면, 마지막 왕이 로마에서 추방되었을 때 강변의 왕실 영지에는 곡물이 익어서 추수를 기다리고 있었다. 그러나 어느 한 사람도 이 저주받은 곡물을 먹으려고 하지 않았기 때문에 결국 티베르 강 속에 던져 버렸다. 그런데 여름의 더위에 강물이 줄어 곡식 다발들이 섬을 이룰 만큼 쌓였다고 한다.

이렇게 말의 희생제의는 수확이 끝날 때 왕의 곡물 밭에서 거행한 옛 가을의 행사였다. 곡물 정령의 상징물인 말꼬리와 피는 궁전으로 옮겨 보존했다. 이것은 독일에서 '수확의 수탉'을 농가의 박공이나 문 위에 못질해 두었던 것과 똑같다. 또 스코틀랜드의 하일랜드 지방에서 마지막 수확 다발을 '아가씨'의 형태로서 갖고 가서 벽난로 위에 놓는 것과도 비슷하다. 이렇게 곡물 정령의 축복은 궁전과 그 벽난로에까지 미치고, 이곳을 통해서 곡물 정령을 우선시하는 공동 사회에까지 미쳤다.

이것과 같이 북유럽의 봄과 가을의 관습에서는 이따금 '5월의 기둥'을 촌장의 집 뜰 앞에 세우고 마지막 수확 다발을 마을의 장인 그에게 증정한다. 로마의 희생제의에서 왕이 꼬리와 피를 가져가는 반면에, 전에는 그것과 유사한 의식을 행하던 그 이웃마을 수부라에서는 말머리를 상품으로 놓고 다투는 데에만 만족했다. 그들 가운데 누군가 말머리를 획득하는 데 성공하면, 그 머리를 못에 박아 걸어 두던 마밀리아의 탑은 그 마을의 호족이던 옛 마밀리아 가문의 성탑이나 아성인 것으로 보인다. 마을 전체를 위해서, 그리고 이웃 마을을 위해서 왕의 영지와 궁전에서 거행한 이 의식은 각 마을이 밭에서 유사한 의식을 행한 시기에 맞춰 치러졌다.

라티움의 농촌에서는 로마의 작은 마을들이 각 수확제를 영지의 공동 제전과 합한 훨씬 나중까지도 각자의 토지에서 이 관습을 계속 지켰던 모양이다. 아리키아의 신성한 숲은 로마의 '마르스의 들'처럼 공동 수확제를 행한 장소였다고 볼 수 있다. 따라서 거기에서도 똑같이 이웃의 모든 마을을 위해서 소박한 의식을 치르면서 말을 제물로 바쳤으리라고 가정해도 크게 무리가 없다. 말은 나무와 곡물의 양쪽에 풍요를 주는 정령을 상징했을 것이다. 우리가 '수확의 5월'과 같은 관습에서 보는 바와 같이 그 두 관념은 서로 융합되었기 때문이다.

제50장
신을 먹는 일

1 첫 수확의 성찬

이제까지 곡물 정령은 때로는 인간, 때로는 동물의 모습으로 나타나며, 두 경우 모두에서 대리자의 신분으로 살해되어 성찬으로 식용된다는 것을 살펴보았다. 그 과정에서 곡물 정령의 대리자인 인간을 실제로 살해하는 경우를 발견하기 위해 우리는 물론 여러 원시 민족의 세계로 들어가야만 하기도 했다. 그러나 유럽 농민의 수확 만찬에서는 곡물 정령을 표상하는 동물을 성찬으로 먹는 관습의 분명한 실례를 얻을 수 있었다. 뿐만 아니라 예상대로, 햇곡 그 자체도 곡물 정령의 몸으로 간주되어 성찬으로 사용된다는 것을 알게 되었다. 스웨덴의 베름란드(Värmland)에서 농가에서는 마지막으로 벤 곡물로 소녀 모습의 빵을 만들어 가족 모두가 나누어 먹는다. 이 경우에 빵은 처녀로 생각된 곡물 정령을 상징한다. 이것은 스코틀랜드에서 곡물 정령이 마지막 곡식 다발로 만들어진 여자의 모습으로 표현되어, '아가씨'라고 불리는 것과 비슷하다.

사람들은 곡물 정령이 일반적으로 마지막에 벤 곡물 다발에 깃드는 것으로 믿었다. 그러므로 마지막에 벤 곡물로 만든 빵을 먹는 것은 곡물 정령 자체를 먹는 것이 된다. 이와 같이 프랑스의 라팔리스(La Palisse)에서는 밀가루로 만든 인형을 마지막 수확 수레로 운반해 온 전나무에 걸어 놓는다. 이 나무와 밀가루 인형은 시장의 저택으로 옮겨져서 포도 수확이 끝날 때까지 거기에 보존된다. 나중에 수확이 끝났음을 축하하는 잔치 석상에서 시장은 이 밀가루 인형을 잘게 썰어 사람들에게 나누어 준다.

이상의 모든 사례에서는 곡물 정령을 사람의 모습으로 표현하고, 또 그 모습으로 먹는다. 다른 경우에서는 햇곡으로 사람의 모습을 한 빵을 굽는 것은 아니지만, 그것을 먹는 엄숙한 의식을 치른다. 그것은 성찬으로서, 즉 곡물 정령의 몸으로서 먹는 것을 의미한다. 예를 들면, 리투아니아의 농민은 햇곡식을 먹을 때 다음과 같은 의식을 행했다. 가을의 파종기 즈음, 모든 곡물이 수확되고 탈곡이 시작될 때, 농부들은 '사바리오스(Sabanos)', 즉 '뒤섞기[혼합]', 또는 '던지기' 라 불리는 제사를 행했다. 먼저 각종 농작물, 밀·보리·귀리·아마·콩·렌즈콩 등을 저마다 한 줌 가득 아홉 번 취하고, 그 한 줌을 셋으로 나눈다. 그리고 이와 같이 27개로 나눈 각 곡물을 던져서 하나의 무더기로 만들고 모두 뒤섞는다. 이때 쓰이는 곡물은 그 목적을 위해 가장 먼저 탈곡하고 키질해서 따로 골라낸 것이어야 한다. 이렇게 뒤섞은 곡물의 일부는 작은 빵을 굽는 데 쓰며, 빵은 온 가족에게 한 개씩 구워 주었다. 나머지 곡물은 다량의 보리나 귀리를 섞어 맥주를 빚는다. 양조된 첫 맥주는 농부와 그 가족들을 위한 것이고, 두 번째 맥주는 하인들에게 나누어준다.

맥주가 완성되면 농부는 손님이 없는 하룻밤을 택한다. 그는 맥주통 앞에 꿇어앉아 주전자에 하나 가득 부어 넣으면서 다음과 같이 기도한다.

"풍족한 결실의 대지여, 호밀보리, 그 밖의 온갖 곡물을 풍족하게 길러주소서."

다음에 아내가 기다리는 객실로 그 주전자를 가지고 간다. 객실의 마룻바닥에는 그해에 부화한 검거나 희거나 또는 얼룩덜룩한(붉은 것은 안 된다) 수탉과 같은 색의 암탉이 묶여 있다. 농부는 주전자를 들고 신에게 수확을 감사하고, 이듬해의 풍작을 기원한다. 온 가족이 손을 치켜 들고 기도한다.

"신이여, 그리고 대지여, 우리는 이 암탉과 수탉을 감사의 제물로 당신에게 바치나이다."

그와 동시에 농부는 나무 숟가락으로 닭을 때려서 죽이는데, 목을 잘라서는 안 된다는 규정이 있기 때문이다.

첫 번째 기도를 올린 뒤와 암탉과 수탉을 죽인 다음에도 각각 맥주를 주전자의 3분의 1씩 쏟아붓는다. 그의 아내가 한 번도 쓴 적이 없는 냄비에 닭을 삶는다. 그리고 큰 통을 마루 위에 엎어 놓고, 그 위에 앞에서 말한 빵과 삶은 닭을 올려놓는다. 그런 다음 새로운 맥주와 이 의식 말고는 한 번도 사용한 적이 없는 국자 하나, 그리고 세 개의 잔을 함께 가져온다. 농부가 국자로 맥주를 떠서 잔에 따르면 가족들은 큰 통 주위에 둘러앉는다. 여기서 아버지가 기도를 올리고 술 세 잔을 마신다. 나머지 가족들도 그렇게 한다. 다음에 빵과 닭고기를 먹고, 맥주를 또 한 순배 돌리면서 저마다 세 잔으로 각각 아홉 번씩 마신다. 음식물은 조금도 남겨서는 안 된다. 그러나 어떤 사정으로 남길 때에는 그 다음 날 아침에 똑같은 의식을 행하고 먹는다. 뼈는 개에게 던져 준다. 개가 먹다 남긴 것은 외양간의 소똥 밑에다 파묻는다. 의식은 12월 초순에 치르는 것으로 되어 있다. 식을 행하는 당일은 불길한 말을 절대 해서는 안 된다.

이것은 약 200년, 또는 그 이상의 옛 관습이다. 오늘날의 리투아니아에서는 햇감자를 먹을 때나 햇곡으로 만든 빵을 먹을 때, 식탁에 둘러앉은 사람들은 모두 머리칼을 서로 잡아당긴다. 그 의미는 잘 알 수 없으나, 리투아니아 이교도들은 경건히 제물을 바치면서 이와 같은 관습을 확실히 행한다. 외젤 섬의 많은 에스토니아족은 먼저 쇳조각에 한 번 입을 대지 않고는 햇곡으로 만든 빵을 먹지 않았다. 이 경우 쇳조각은 틀림없이 주물이고, 곡물에 깃드는 정령의 해를 피하려는 것이다.

오늘날 서덜랜드셔에서는 햇감자를 캤을 때는 가족 모두가 그것을 먹어야만 한다. 그렇지 않으면 감자에 깃든 정령이 화를 내서 감자가 오래가지 못한다고 한다. 요크셔의 어떤 지방에서는 요즘도 햇곡식은 목사가 베는 게 관습으로 되어 있다. 그리고 내게 정보를 제공해 준 어떤 사람은, 이렇게 해서 베어 낸 보리는 성찬 의식용 빵을 만드는 데 쓰인다고 믿고 있다. 만일 이 관습이 정확하게 보고된 것이라면(아마도 사실일 것이다), 이 사실은 가톨릭의 영성체 의식이 그보다도 훨씬 이전부터 있었던 고대 성찬 의식을 흡수한 것임을 보여준다.

일본의 아이누족은 각종 기장을 각기 남성과 여성으로 구별해, 모두 합해놓고 '신성한 부부의 곡식(Umurek haru kamui)'이라고 부른다. 그리하여 기장을 빻아서 보통의 식사용 떡을 만들기 전에 노인들은 자기네 몫으로 의식용 떡을 조금 만들게 한다. 준비되면 매우 진지하게 이렇게 기도한다.

"아, 곡물신이여, 우리는 당신에게 기도하나이다. 당신은 올해에 잘 자랐나이다. 당신은 향기롭습니다. 당신은 선합니다. 불의 여신은 기뻐하시리라. 우리 또한 크게 기쁩니다. 오, 곡물신이여, 당신께서 이 백성을 기르시옵소서. 우리는 이제 당신을 대접합니다. 우리는 당신께 참배하고, 당신께 감사를 드리나이다."

숭배자들은 이렇게 기도가 끝난 뒤 떡을 집어 먹는다. 그래야 비로소 일반인도 햇기장을 먹을 수 있다. 이처럼 경배의 여러 몸짓과 기도의 말들과 함께 기장을 아이누의 평안을 위해서 바친다. 이 바친 곡물은 틀림없이 신에게 바치는

마지막에 벤 곡물로 만든 빵을 먹는 것은 성찬으로서 곡물 정령을 먹는 것이 된다. 성조지의 날 수확될 곡식으로 만든 빵을 제물로 바치는 그리스 정교회 의식. 인사이트 가이드, 「크레테」

공물로 여겨지는데, 그 신은 바로 기장 씨앗 그 자체이다. 인간의 몸을 유익하게 해 주는 한 그것은 신이다.

동인도 제도의 부루 섬에서는 벼의 수확이 끝날 무렵 각 씨족이 합동으로 성찬 식사를 하기 위해 모이는데, 그때는 각 씨족의 성원 전체가 햅쌀을 조금씩 가져와야 한다. 이 식사는 '쌀의 영혼을 먹는 의식'이라고 불리는데, 그 명칭 자체가 성찬으로서의 성격을 뚜렷이 나타낸다. 이때 쌀을 조금씩 나누어 정령에게 바치기도 한다.

셀레베스의 미나하사에 사는 알푸르족 사제는 먼저 첫 볍씨를 뿌리고, 또 수확기에 무르익은 벼이삭의 첫 수확을 행한다. 그리고 그것을 볶아서 미숫가루로 만들어 그 일부를 가족들에게 나눠 준다. 셀레베스의 또 다른 구역인 볼랑몽곤도에서는 벼 수확이 시작되기 조금 전에 돼지나 닭을 제물로 바친다. 사제는 먼저 자기 밭의 벼를, 다음에 이웃의 벼를 벤다. 그가 벤 모든 볏단을 자기 밭의 것과 함께 말린 다음에 각각 밭주인에게 돌려주고, 돌려받은 사람들은 그것을 빻아서 밥을 짓는다. 여자들은 이것을 달걀과 함께 사제에게로 가져가고, 사제는 달걀만 신에게 바치고 밥은 여자들에게 돌려 준다. 가족들은 어린아이에 이르기까지 모두 그것을 먹어야 한다. 이 의식이 끝나야만 비로소 누구든지 자유롭게 벼를 수확할 수 있다.

인도 남부의 닐기리(Neilgherry) 구릉 지대의 한 부족인 부르거(Burgher)족이나 바다가(Badaga)족은 처음으로 한 줌의 씨앗을 뿌리고, 첫 곡물 다발을 벨 때는 마법사라고 알려진 이민족인 쿠룸바(Curumbar)족 남자에게 맡긴다. 최초로 벤 곡물 다발은 그날 중에 가루로 빻아서 과자로 만들어 첫 결실의 제물로 바친 다음, 그것을 도살한 동물의 고기와 함께 부르거족 남자와 온 가족들이 함께 먹는다. 이때 햇곡식으로 만들어 바친 음식은 마을 전체가 바친 희생 제물로 여긴다.

인도 남부의 힌두인 사이에서는 '풍골(Pongol)'이라고 하는 가족제의 의식에서 햅쌀밥을 먹는다. 이때 힌두교 점성학자의 지시에 따라 태양이 남회귀선에 들어가는 날 정오에 붙인 불로 새 냄비에 햅쌀을 담아 밥을 짓는다. 가족들은 냄비가 끓어오르는 모습을 열심히 지켜보는데, 그것은 밥물이 끓어오르는 모습에 따라서 앞으로 다가올 해의 양상이 바뀌기 때문이다. 예를 들면, 밥물이 빨리 끓어오르면, 다가오는 해는 번영의 해가 된다. 그러나 밥물이 끓어오르는 게 더디면 그 반대가 된다. 이렇게 햅쌀밥의 일부를 '가네샤(Ganesa)' 신상 앞에 바치고, 나머지는 가족들이 먹는다. 인도 북부 여러 지방에서는 새로운 햇곡식의 축제를 '나반(Navan)', 즉 '햇곡식'이라고 부른다. 농작물이 익으면, 그 주인은 길일을 택해서 밭에 나가, 봄 농작물이면 보리 이삭을 다섯이나 여섯 줄기, 가을 농작물이면 기장을 한 줄기만 뽑는다. 이것을 갖고 돌아가서 볶아 설탕·버터·우유와 뒤섞는다. 그리고 마을의 신들이나 선조들의 이름을 부르면서, 약간을 불 속에다 던지고 그 나머지들은 가족들이 함께 나누어 먹는다.

나이저 강가의 오니차(Onitsha)에서 햇감자 얌(yam)을 먹는 의식은 다음과 같이 기록되어 있다.

"각 가장이 얌 여섯 개를 가져오고 종려나무의 어린 가지를 잘라 그것을 대문께에 둔다. 그 뒤 얌을 세 개 굽고 콜라 열매와 물고기를 가져온다. 얌이 구워지면 '리비아(Libia)', 즉 마을의 주술사가 그것을 거친 가루로 만들고 나머지는 절반으로 쪼갠다. 그리고 한 조각을 집어 앞으로 수확해 얌을 먹게 될 사람들의 입술 위에 조금씩 놓는다. 그러면 사람들은 뜨거운 얌의 더운 김을 없애고, 자기 입 속에 집어 넣고는 '하느님, 저에게 새 얌을 먹게 해 주셔서 참으로 감사하나이다' 말한다. 그리고 물고기를 곁들여 감사하는 마음으로 그것을 먹는다."

영국령 동아프리카의 난디족은 가을에 곡식이 익기 시작하면, 밭을 가진 여자들이 모두 딸을 데리고 밭에 나가서 익은 곡식 이삭을 저마다 조금씩 자른다. 그리고 자기의 목걸이에 알곡 하나를 달고, 또 한 알을 씹어서 이마와 목, 가슴에 문지른다. 그녀들에게 즐거운 기색이라곤 찾아볼 수 없다. 슬픈 기분으로 햇곡식을 자루에 가득 넣어 가지고 집으로 돌아와서 다락방에서 말린다. 다락방 바닥은 작은 가지로 만든 것이기 때문에 엉성하다. 그래서 그 틈새로 곡식알이 화로 속에 떨어져서 소리를 내면서 탁탁 튄다. 사람들은 이러한 낭비를 막기 위한 아무런 방법도 찾지 않는다. 그 이유는 불 속에서 곡식알이 튀는 소리를 죽은 사람의 영혼이 그것을 먹는 소리로 믿기 때문이다. 며칠이 지나면 햇곡으로 죽을 쑤어서 우유와 함께 저녁 식사 때에 먹는다. 온 가족들이 조금씩 먹고, 오두막의 벽이나 지붕에 그것을 살살 뿌린다. 그리고 그것을 입에 조금 물고는 신에게 건강과 힘을 기원하고, 또 젖을 주십사하고 기도한다. 그러면 거기에 있던 다른 사람들도 그를 따라서 기도를 되풀이한다.

나탈과 줄룰란드의 카프레족은 카프레력이 시작할 때와 12월 끝 무렵 또는 1월 초에 집행되는 제례가 끝날 때까지는 아무도 새 곡물을 먹지 못한다. 사람들은 그때가 되면 왕의 집에 모여서 연회를 열고 춤을 춘다. 그들이 돌아가기 전에 '백성들의 봉헌'이 집행된다. 밀과 옥수수, 호박과 같은 땅의 결실물을 제물로 바친 짐승의 고기와 버무린 다음, '주약(呪藥)'을 섞고 큰 냄비로 삶아 왕이 손수 각자의 입에 조금씩 떠넣어 준다. 이렇게 신성하게 된 땅의 결실을 먹으면, 인간도 그해 동안 신성하게 되고, 작물을 바로 수확해도 된다. 만일 이 의식 이전에 새 결실물을 먹으면 그 사람은 죽는다고 믿는다. 만일 그런 사실이 드러났을 때 그는 사형당하거나, 아니면 적어도 가축을 모두 빼앗긴다. 새 결실물은 그것만을 위해 쓰이는 특별한 냄비에 넣어서 '남편과 아내'라고 불리는 두 개의 막대를 마찰해서 지핀 불에 올려놓고 조리해야 한다. 이러한 규칙은 이 새 결실물의 신성성을 잘 표현해 준다.

베추아나족에게는 새 농작물을 먹기에 앞서 먼저 자기 몸을 깨끗이 해야 하는 규칙이 있다. 이 정화 의식은 추장이 정한 1월의 길일, 신년의 시작에 즈음하여 집행한다. 그것은 부족의 큰 마을에서 집행하고, 성년 남자는 한 사람도 빠짐없이 모여든다. 저마다 손에 토착민들이 '레로체(lerotes)'라고 부르는 일종의 호리병박(이것은 호박과 박의 중간쯤 되는 것으로 기록되어 있다)의 잎을 들고 있다. 그리고 그 잎을 으깨어 짜낸 즙을 두 엄지발가락과 배꼽에 바른다. 많은 사람들은 그 즙을 온몸의 관절마다 바르나, 해박한 장로들은 이를 옛 전통에서 벗어난 천박한 짓이라고 한다.

어쨌든 대부락에서 이 의식이 끝나면, 남자들은 저마다 자기 부락으로 되돌아가 남녀노소를 가리지 않고 '레로체' 잎의 즙을 모든 사람에게 바른다. 동시에 몇 장의 잎을 으깨어 큰 나무접시에 담고 우유를 섞어 개에게 준다. 그리고 가족들은 죽을 먹고 난 뒤 접시를 '레로체' 잎으로 닦는다. 이 정화 의식이 완전히 끝나야 비로소 새 결실물을 마음대로 먹을 수 있고 그 전까지는 먹지 못한다.

브라질의 보로로족 인디언들은 주술사가 빌어주는 축복을 받기 전에 햇옥수수를 먹으면 반드시 죽는다고 믿었다. 그것을 축복하는 의식은 다음과 같다. 반쯤 익은 옥수수 껍질을 씻어서 주술사 앞에 놓으면, 그는 몇 시간이고 춤추며 노래하고 끊임없이 담배를 피워서 무아지경의 상태에 빠져 손발을 떨며 가끔 고함을 지르다가 갑자기 그것을 물어뜯는다. 큰 짐승이나 물고기를 잡은 경우에도 반드시 같은 의식을 치른다. 만일에 누구인가 이 의식이 끝나기 전에 성화(聖化)되지 않은 옥수수나 고기에 손을 대면, 당사자뿐만 아니라 그가 속한 부족 전체가 절멸한다고 보로로족은 굳게 믿었다.

북아메리카의 크리크족 인디언들은 '부스크(busk)'라 부르는 첫 수확제가 1년 중 가장 중요한 의례로 여겨진다. 그것은 곡물이 익고, 묵은 해가 끝나 새해가 시작하는 7월이나 8월에 집행된다. 그 제사가 끝날 때까지 인디언들은 아무도 새로 수확한 것을 먹지 않고, 또 그것에 손대려고도 하지 않는다. 마을마다 따로따로 '부스크'를 축하하기도 하고, 또 몇몇 마을이 힘을 모아 축하하는 일도 있다. 사람들은 '부스크'에 앞서 의복, 살림살이, 가구 따위를 새로 마련한다. 그리고 헌 옷가지나 쓰레기를 모으고, 남은 곡물과 그 밖의 모든 음식물과 함께 산더미처럼 쌓아서 불로 태워 버린다. 또 의식의 준비로 온 마을의 불기를 모두 끄고, 재도 깨끗이 치운다.

특히 신전의 화로나 제단을 깨끗이 청소하고 재를 없앤다. 이렇게 한 다음에 제사장은 '버튼스네이크(button snake)'라는 식물 뿌리 몇 개와 푸른 담뱃잎 몇 장, 햇곡식 조금을 화로의 밑바닥에 놓고, 또 그것을 백회로 발라서 덮고, 맑은 물로 구석구석 적신다. 또 어린 나무의 푸른 가지로 만든 정자를 제단 위에 세운다.

한편 가정에서는 여자들이 집 안을 정결히 하고, 낡은 화로를 새 것으로 바꾸고, 언제나 새로운 불과 새로운 수확을 받아들일 수 있도록 모든 요리 도구를 닦아서 준비해 둔다. 신성한 공공 광장도 "첫 수확의 제물을 더럽히지 않도록" 지난해 제사 때의 보잘것없는 찌꺼기마저 조심스럽게 쓸어 낸다. 그리고 지난 한 해 동안 쓰던 제물 그릇이나, 식사 때 쓰던 모든 그릇을 모조리 해가 지기 전에 신전 밖으로 내다버린다. 이 일이 끝나면, 그해의 첫 수확의 봉헌과 결혼의 규칙을 범하지 않았다고 생각되는 남자들이 신성한 광장에 모여 단식에 들어간다. 여자들(여섯 노파를 제외하고), 아이, 그리고 전사가 아닌 다른 사람들은 그 광장에 들어가는 것이 금지된다. 동시에 광장 구석구석에 감시원이 있어서 더럽다고 여겨지는 모든 사람과 동물을 들어가지 못하게 한다.

엄숙한 단식은 이런 상황에서 이틀 밤과 하루 낮 동안 실행되고, 이 의식의 참가자는 '뱃속의 내용물을 다 토해 내고 죄가 많은 육신을 청결히 하기 위해' 버튼스네이크 식물 뿌리의 쓰디쓴 즙을 마셔야만 한다. 광장 바깥 사람들도 청결해야 하기 때문에 한 노인이 많은 양의 푸른 담뱃잎을 광장 한 구석에 놓아두면, 한 노파가 그것을 바깥에 있는 사람들에게 나누어 주고, 사람들은 '자기 영혼을 괴롭히기 위해서' 그것을 씹어서 삼킨다. 이 단식 동안에 여자들과 아이들, 병자들은 정오가 지나면 먹는 것이 허용되나, 그 전에는 허용되지 않는다. 단식이 끝나는 아침이 되면, 여자들은 지난해의 음식물 상당량을 신성한 광장 바깥으로 갖고 나온다. 이윽고 음식물은 광장 안으로 옮겨져 배고픈 사람들 앞에 놓이는데, 사람들은 정오까지 남기지 않고 먹어치워야만 한다.

태양이 하늘 한가운데에서 기울기 시작할 무렵에 포고를 외치는 자가 집 안에 들어갈 것, 어떠한 나쁜 일도 행하지 말 것, 묵은 불을 틀림없이 끄고 남은 재까지 말끔히 버릴 것을 명한다. 이제 곳곳에는 아무 소리도 들리지 않는다. 제사장은 조용히 일어나 두 개의 나무를 마찰해서 새 불을 만들고, 그것을 푸른 정자 아래에 있는 제단 위에 올려 놓는다. 크리크족 인디언들은 이 새 불이 살인죄를 제외하고는 다른 묵은해의 모든 죄를 씻어 주는 것으로 믿는다. 다음에 새로운 수확물이 담긴 바구니가 운반된다. 제사장은 온갖 결실을 조금씩 끄집어내 곰 기름으로 문지르고, 적은 분량의 고기와 함께 '첫 수확의 제물과 지난 1년의 속죄 제물을 은혜가 많은 성스러운 불의 정령'에게 바친다. 동시에 신성한 토사제(버튼 스네이크의 뿌리와,카시나, 즉 검은 음료)를 조금 불에 끼얹어 성화한다.

이때까지 바깥에서 기다리던 사람들은 들어오지는 못하나 신성한 광장에 조금 더 접근한다. 여기서 제사장은 그들에게 설교를 시작하는데, 오래된 의식과 관습을 엄수해야 한다는 것과, 새로운 성화가 묵은 한 해 동안의 죄를 깨끗이 했음을 선포한다. 여자들에게는, 만일 묵은 불을 끄지 않은 자가 있거나, 깨끗하지 못한 행실을 한 자가 있으면, '성화가 자신뿐만 아니라 다른 사람들까지도 해칠 염려가 있으니 즉각 여기서 떠나라' 엄격히 경고한다. 그 다음에 성화를 갖고 신성한 광장의 밖으로 나간다. 여자들은 즐거운 마음으로 불씨를 집으로 가져가서 청결한 화로에 불을 지핀다. 여러 마을이 공동으로 이 제례를 집행할 경우에는 새로운 불은 몇 킬로미터라도 틀림없이 옮겨졌을 것이다.

그리고 수확물을 새로운 불로 삶아서 곰 기름을 곁들여서 먹는데, 이 기름은 꼭 준비해야 한다. 이 제례의 어떤 시점에 남자들은 햇곡식을 두 손으로 비벼 얼굴과 가슴에 문지른다. 그 행위에 이어서 제례가 집행되는 동안에 전사들은 거친 싸움의 채비를 하며 머리에 흰 깃털을 꽂고, 손에도 흰 깃털을 들고, 성화가 타오르는 신성한 정자 주변을 돌면서 춤을 춘다. 이 의식은 8일간 이어지고, 그 기간 중에는 엄격한 금욕 생활을 해야 한다. 제례가 끝날 무렵이면, 제단의 전사들은 모의 싸움을 벌인다. 이것이 끝나면 남녀가 함께 세 조로 나뉘어 성화 주위를 돌면서 춤을 춘다. 마지막에는 모두 흰 진흙을 몸에 바르고 강물에 뛰어들어 목욕한다. 그들은 여태까지 잘못한 죄가 있어도 모두 씻겨나가 어떤 재앙도 받지 않는다고 확신하면서 물에서 나온다. 그리고 희열과 평화스런 마음으로 그 자리를 떠난다.

앞에서 언급한 크리크족 인디언과 같은 계통의 한 부족인 플로리다의 세미놀족 인디언들도 햇곡식을 먹는 '푸른 곡물의 춤'이라고 불리는 청결 의식과 제사를 오늘날까지 매년 행한다. 이 의식을 치르기 전날 밤에 그들은 구토와 설사에 효험이 있는 '검은 음료'를 꿀꺽 삼킨다. 그들은 이 음료를 마시지 않는 사람은 안전하게 푸른 햇곡식을 먹을 수 없고, 그해 언젠가는 반드시 병에 걸린다고 믿는다. 음료를 마시는 동안에 춤이 벌어지고 주술사들도 거기에 참가한다. 이튿날이 되면 그들은 햇곡식을 먹고, 그 다음 날에는 단식을 하는데, 그것은 뱃속의 신성한 음식물이 보통 음식물과 섞이게 되면 오염될까 봐 두렵기 때문이다. 3일째에는 성대한 잔치가 벌어진다.

직접 땅을 일구지 않는 부족마저도 야생 과일을 처음으로 따 오거나 해당 계절의 구근류를 처음 취할 경우에, 때로 같은 의식을 행하기도 한다. 예를 들면, 아메리카의 북서쪽에 있는 살리시족과 티네(Tinneh)족 인디언들의 관습은 다음과 같다.

“젊은이들이 첫 딸기나 계절의 첫 구근을 먹을 때는 반드시 그 과실이나 식물에게 말을 걸어 호의와 도움을 간청해야 한다. 몇몇 부족들은 야생 과일을 따거나 구근을 채집할 때가 되면 정례적인 첫 수확제를 해마다 치른다. 연어를 먹는 부족은 ‘소케이(sockeye)’ 연어가 돌아오기 시작하면 이런 의식을 행한다. 이와 같은 의식은 추수감사제라기보다는 풍부한 농작물을 구하거나 특별히 희망하는 것을 얻기 위한 관습이었다. 왜냐하면 이 의식이 적절하게, 그리고 경건하게 집행되지 않으면 그 목적물의 ‘정령’에게 상처를 입혀 바라는 것을 얻지 못할 것을 염려했기 때문이다.”

예를 들면, 이 인디언들은 검은 야생 딸기의 어린 싹을 좋아하는데, 제철이 되어 첫 수확물을 먹기 전에 엄숙한 의식을 행한다. 이때 어린 싹은 새 냄비에서 조리된다. 의식을 도맡는 추장이나 주술사가 그 식물 정령에게 행운을 내려주고 새싹을 풍족하게 베풀어 달라고 기도하는 동안에, 참석한 사람들은 눈을 감은 채 큰 원형으로 서 있는다. 의식이 끝난 뒤, 조리된 새싹은 새 나무 접시에 담아 의식을 관장하는 자에게 넘기고, 참석한 사람 하나하나에게 조금씩 나누어 준다. 모두들 공손하게, 그리고 예절바르게 그것을 먹는다.

브리티시컬럼비아의 톰프슨 인디언은 해바라기 뿌리를 조리해서 먹는데, 그것을 하나의 신비적인 존재로 여기고, 그에 대한 여러 가지 터부를 지켜야 한다. 예를 들면 그 뿌리를 캐거나 조리하는 여자들은 금욕을 지켜야 하고, 그것을 조리하는 화덕 근처에는 남자를 절대 접근시키지 않는다. 젊은이들은 햇딸기나 구근류, 그 밖의 계절의 결실을 먹을 때 ‘해바라기 뿌리’를 향해서 다음처럼 기도한다.

“내가 당신을 먹는다는 것을 고하나이다. 언제나 제가 높이 오를 때 도와 주시고, 반드시 산봉우리에 다다를 수 있도록, 또 결코 헛발을 디디지 않도록 지켜 주소서. 해바라기 뿌리여, 내가 이 일을 당신에게 비나이다. 당신은 참으로 불가사의하고, 만물 가운데 가장 위대하나이다.”

이 기도를 생략하면, 먹는 사람은 게을러지고 잠꾸러기가 된다고 한다.

아메리카 북서쪽의 톰프슨 강 유역 인디언들과 그 밖의 여러 인디언 부족들의 그러한 관습은 시사적이다. 왜냐하면 그 관습은 계절의 첫 수확물을 먹을 때 행하는 의식의 기초를 이루는 동기나, 또는 적어도 그러한 동기 가운데 하나를 분명히 가리키고 있기 때문이다. 이들 인디언 의식의 동기는 인격적이고 얼마쯤 강력한 정령에 의해 식물이 살고 있으며, 따라서 그 몸의 일부로 믿고 있는 과실이나 뿌리와 같은 것을 탈 없이 먹기 위해서는 그것을 위로해야 한다는 데 있다. 이것이 야생 과실이나 뿌리에 대해서 사실이라면, 재배되는 과실이나 뿌리 등에 대해서도, 예를 들면 얌과 같은 것에도 어느 정도 사실이라는 개연성을 갖고 있다고 볼 수 있다. 특히 밀·보리·귀리·쌀·옥수수 같은 곡물에 대해서 그렇게 생각할 수 있을 것이다. 어떤 경우에서도 미개인들이 농작물의 첫 수확물 먹기를 망설이는 것과, 그들이 그 주저함을 극복하기에 앞서 집행하는 의식은 그 식물이나 나무가 정령에 의해서, 혹은 신에 의해서 살아가고 있으며, 탈 없이 새로운 수확물을 먹기 위해서는 먼저 그의 허락을 얻거나 그의 호의를 구해야 한다는 사고 방식에 따르고 있다고 추측해도 무방할 것이다.

그것은 실제로 아이누족이 분명히 증명한다. 그들은 기장을 '신의 곡물' 또는 '곡물신'이라 부르고, 새로운 기장으로 만든 과자를 먹으려고 할 때는 먼저 기장에게 기도하고 예배한다. 또 첫 수확물에 들어 있는 신이 명시되어 있지 않은 경우에도 그것을 먹기 위해 행하는 엄격한 준비 또는 정해진 의식을 행하지 않고 감히 그것을 먹는 사람은 위험에 처하게 될 것이란 관념이 암시되어 있다. 따라서 그 같은 모든 경우에서 첫 수확물을 먹는 것을 신과의, 또 강력한 정령과의 성례적 교류, 즉 성찬이라고 보아도 큰 무리가 없을 것이다.

이 결론에 일치하는 관습 중에는 새 수확물을 담기 위한 새 그릇이나 특별히 준비한 그릇을 사용하는 관습, 신과의 엄숙한 성찬에 들어가기 전에 먼저 참여자의 몸을 청결케 하는 관습이 있다. 이때 치르는 정화 의식 중에서, 햇곡식을 먹기 전에 하제를 쓰는 크리크족과 세미놀족의 관습만큼 뚜렷하게 성찬으로서의 신성한 성격을 보여 주는 예는 아마 드물 것이다. 그러한 의식이 의도하는 것은, 먹는 사람의 뱃속에 있는 보통의 음식물과 섞여 신성한 음식물이 오염되는 것을 방지하려는 데에 있다. 같은 이유에서 가톨릭 교도들은 성체성사 전에 단식을 행한다. 또, 고기와 우유만으로 살아가는 아프리카 동부의 유목민 마사이족의 젊은 전사들은 며칠 동안 우유만을 마시고, 그 다음에는 같은 기간 동안 고기만을 먹는데, 다른 음식물로 바꾸기 전에 뱃속에 있는 이전 음식물이 남아 있지 않은지를 확인해야 한다. 이를 위해 그들은 매우 강력한 하제와 구토제를 복용해 그 목적을 이룬다.

이상 우리가 검토한 일부 제의들에서, 첫 수확물은 신이나 정령에게 제물로 바치는 일과 성찬을 나누어 먹는 관습과 서로 결합되어 있었다. 시간이 지나면서 이 첫 수확물을 바치는 관습에서 성찬의 의례 성격은, 완전히 사라진 것은 아니나, 차츰 약화되는 경향을 보여 준다. 그리고 이제는 신이나 정령에게 첫 수확물을 바치는 것만으로도 햇곡식을 먹기 위한 충분한 준비가 된다고 생각하기에 이른다. 즉, 지고한 신들은 신들대로 자기 몫을 받고, 인간은 자유롭게 그 나머지를 받으면 된다는 것이다. 새로운 결실에 대한 이러한 견해는 첫 수확물이 더 이상 신적 생명으로 생동하는 것으로 간주되지 않으며, 다만 신이 인간에게 준 선물로 여겨지게 되었음을 암시한다. 이러한 변화에 따라 인간은 신에게서 받은 은혜 가운데 수확물의 얼마를 되돌려 주어 신에게서 받은 은혜에 보답하고, 감사와 존경의 마음을 표현해야 한다고 생각하게 되었다.

2 아스텍족의 신을 먹는 의식

아스텍족은 빵을 신의 몸으로 생각하여 성찬을 먹는 관습을 에스파냐인들이 멕시코를 발견하고 정복하기 전부터 지켰다. 그들은 해마다 5월과 2월 두 번 멕시코의 위대한 신 위칠로포츠틀리(Huizilopochtli) 또는 비칠리푸스틀리(Vitzilipuztli)의 신상을 밀가루 반죽으로 만들고, 나중에 그것을 잘게 부숴 엄숙하게 나누어 먹었다. 이러한 5월의 의식에 대해서 역사가 아코스타는 다음과 같이 기록하고 있다.

"멕시코인들은 5월에 그들의 신 비칠리푸스틀리를 기리는 축제를 열었다. 축제 이틀 전에 이미 내가 말한 처녀들(신전에 유폐되어 격리된, 말하자면 종교적 무녀들)은 많은 양의 사탕무 씨앗과 구운 옥수수를 섞어 벌꿀로 버무리고, 이 반죽으로 목상과 같은 크기의 신상을 만든다. 그리고 그것에 녹색과 청색, 또는 백색 유리알로 눈을 달고, 또 이미 말한 바와 같이 모든 장식이나 도구와 함께 옥수수 알을 박아 이빨을 만든다. 이것이 끝나면, 귀족들은 진짜 신상을 대하듯 아름답고 화려한 의상을 가지고 와서 이 상에 입힌다. 이렇게 단장시킨 다음에 신상을 의자에 앉히고, 어깨에 짊어질 수 있도록 가마에 태운다. 축제날 아침 해가 돋기 한 시간 전에, 그날 하루 비칠리푸스틀리 신의 '자매'라 불리는 처녀들이 모두 흰 옷을 입고 새 장신구를 걸치고 나온다. 그녀들은 살짝 구워서 아자하르(azahar) 오렌지 꽃과 같은 모양으로 만든 옥수수 화관을 머리에 쓰고 있다. 목에도 똑같은 것으로 만든 커다란 꽃목걸이를 두르고, 그것을 수대(綬帶)처럼 왼팔 아래까지 늘어뜨린다. 처녀들은 뺨은 붉은색으로 칠하고, 두 팔은 팔꿈치에서 손까지 붉은 앵무새 깃털로 덮는다."

이 처녀들처럼 붉은 옷을 입고 옥수수 화관을 쓴 젊은이들이 그 신상을 가마에 태우고, 피리와 나팔과 코넷, 북 등의 악기 소리에 맞추어서 가파르고 좁은 계단 위로 메고 올라가 거대한 피라미드 모양을 한 대신전 밑에까지 운반한다.

"그들이 이 신상을 끌어올리는 동안 모든 사람들은 존경과 두려움에 사로잡힌 채 신전의 안뜰에 서 있다. 젊은이들이 신전 꼭대기까지 올라가 미리 마련된 장미 오두막에 신상을 안치하면, 다른 젊은이들이 나타나 온갖 꽃들을 신전 안팎에 뿌린다. 이것이 끝나면, 모든 처녀들이 앞에서 말한 사탕무 씨앗과 구운 옥수수를 섞은 반죽덩이를 가지고 나온다. 이것은 신상을 만든 것과 같은 반죽으로 커다란 뼈 모양을 하고 있다. 처녀들이 그것을 젊은이들에게 넘겨주면, 그들은 그것을 신상 발 아래로 가지고 가 쌓는다. 그렇게 해서 더 이상 빈틈이 없을 때까지 차려 놓는다. 그들은 이 반죽덩이를 가리켜 비칠리푸스틀리의 살과 뼈라고 부른다.

이 살과 뼈를 차려 놓으면, 신전의 모든 장로와 사제, 보좌역, 그 밖의 성직자들이 모두 지위와 관습에 따라(그들의 사회에는 엄격한 질서가 있었기 때문에) 저마다 위계와 역할을 나타내는 다른 색깔로 마련된 베일을 쓴 채, 화관을 머리에 쓰고, 목에는 꽃목걸이를 두르고, 차례대로 나타난다. 이어서 그들이 숭배하는 신, 여신들과 똑같은 모습에 똑같은 의상을 입고 따라 나온다. 그리고 반죽덩이 옆에 자리잡고, 노래와 춤을 곁들인 어떤 의식을 치른다. 이렇게 하여 성직자들과 신들은 신의 뼈와 살로서 축복되고 성화된다. 이 의식과 축복이 끝나면, 그들은 그 반죽덩이를 자기들의 신 비칠리푸스틀리와 똑같이 숭배한다.

온 동네 주민들이 이 훌륭한 광경을 구경하러 몰려든다. 이 비칠리푸스틀리 축제날에는 반죽에 벌꿀을 첨가한 것 이외의 것을 아무것도 먹지 않도록 명령이 내려졌는데, 모든 곳에서 매우 엄격하게 그 명령이 지켜진다. 그리고 이것은 막 해가 뜨려고 할 무렵에 먹어야 하고, 정오가 되기 전까지 물이나 그 밖의 것을 아무것도 마셔서는 안 된다. 이 규칙을 어기는 것은 불길한 징조, 아니 신성

모독죄에 해당된다고 여긴다. 그러나 이 의식이 끝나면 무엇을 먹든지 상관이 없다. 그리하여 이 의식이 집행되는 동안에 그들은 어린아이들 앞에서 물을 감춰 버리고 물을 마시지 않는 까닭을 일러준다. 만일 어기면 신의 분노가 그들에게 내려서 죽는다고 하여, 그 규칙을 세심하고도 엄격하게 준수한다.

의식과 춤, 공양이 끝나면, 그들은 발가벗고 알몸이 된다. 그리고 신전의 사제나 장로들은 반죽덩이로 만든 신상을 가져와 거기에 붙어 있던 장식물을 모조리 떼어 버리고, 신상과 모든 성화물들을 산산이 부수어 버린다. 그리고 성찬의 형식으로, 그 파편들을 높은 사람부터 시작하여 남자와 여자, 그리고 어린아이에게 나누어 준다. 모두들 신의 육신을 먹는다고 하여, 고귀한 것으로 여기고 눈물을 흘리고 존경하며 두려워하는 마음으로 그것을 받는다. 집에 환자가 있는 사람은 그것을 받아 대단히 경외하고 숭배하는 마음으로 가져간다."

이 흥미진진한 인용에서 우리는 고대 멕시코인들이 그리스도교 선교사들이 도착하기 이전에 벌써 '화체(化體, transubstantiation : 빵과 포도주를 예수의 피와 살로 변화시키다)'의 교의를 충분히 알고 있었으며, 신성하고 엄숙한 종교 의식에서 이를 근거로 하여 행동했다는 것을 알 수 있다. 그들은 사제가 빵을 신성하게 하여 신의 육신으로 만들 수 있다고 믿는다. 그러므로 여기서 성화된 빵을 먹는 자는 신의 육신의 일부분을 자신 속에 섭취하는 것이 되고, 그 신과 신비적인 교감을 하게 된다는 것을 뜻한다. 화체의 교의, 즉 빵이 주술적으로 살로 변한다는 교의는 그리스도교 전파 이전, 혹은 그 출현 이전에 고대 인도의 아리안족에게도 잘 알려졌다. 공물로 바쳐진 떡은 인간의 표상이라고 브라만은 가르쳤고, 또 사제가 올바른 의식 절차를 따르기만 하면 그것은 사실상 인간의 진실한 몸으로 변하는 것임을 가르쳤다. 이와 관련해 다음과 같은 글이 전승되어 내려온다.

"그것(떡)은 아직 쌀가루로 있는 동안에는 사람의 머리카락에 불과하다. 그가 그것에 물을 부으면 피부가 된다. 그것을 반죽하면 살이 된다. 그것을 구우면 뼈가 된다. 그것을 구우면 어느 정도 굳어지며, 단단한 것이 뼈가 된다. 또 그것을 (불에서) 꺼내 버터를 바르면, 그것이 골수로 변한다. 이것으로 그들이 말하는 5단계의 동물 제물이라 부르는 의식이 완성된다."

또 이제 우리는 멕시코인이 그 신과의 엄숙한 교제의 날에 신의 살과 신의 뼈 자체로 존중되는 성화된 빵 말고는 어떤 음식을 먹는 것도 허락하지 않았던 이유와, 정오까지는 물조차 마시지 않았던 이유를 완전히 이해할 수 있다.

의심할 것 없이 그들은 보통 음식과의 접촉으로 뱃속에 있는 신의 육신의 일부분을 더럽히는 것을 두려워한 것이다. 이와 같은 경건한 두려움으로 말미암아 크리크족 인디언과 세미놀족 인디언이 첫 수확의 성찬에 참여하기에 앞서 강력한 하제로 체내를 씻어 내는 더 철저한 수단을 취했다는 것을 우리는 이미 살펴본 바 있다.

아스텍족은 12월 동지 축제 때 위칠로포츠틀리 신상을 먼저 죽이고, 나중에 그것을 먹었다. 이 엄숙한 의식을 준비할 때, 그들은 여러 씨앗을 가루로 만들어 어린아이의 피로 반죽하여 사람 모습을 한 신상을 만들었다. 신의 뼈는 아카시아나무 조각으로 만들었다. 이 신상은 신전의 제단에 안치하고 축제 당일이 되면 왕이 향을 바쳤다. 그리고 이 신상을 축제 다음 날 일찍이 큰 홀에 세운다. 그런 다음 케찰코아틀(Quetzalcoatl) 신과 같은 이름으로 불리면서 그 신의 역할을 하던 사제가 부싯돌을 끝에 꽂은 투창을 들고 반죽덩이로 만든 신상의 가슴에 던져 여러 차례 관통시킨다. 이것은 '위칠로포츠틀리 신의 몸을 먹기 위하여 그를 죽이는 의식'이라 불렀다. 한 사제가 신상의 심장을 베어 내 그것을 왕에게 주어 먹게 한다. 신상의 나머지 부분은 잘게 잘라서 요람 속에 있는 남자아이에 이르기까지 하나씩 나누어 준다. 그러나 여자는 절대 그것을 먹어서는 안 된다. 이 의식은 '테오콸로(teoqualo)'라고 불렀으며 '신을 먹는 의식'이란 뜻이다.

멕시코의 또 다른 축제에서는 구름이 덮인 산들을 의미하는 작은 인형을 만들었다. 사람들은 인형을 온갖 씨앗들로 반죽하여 만들고, 종이옷으로 단장했다. 사람에 따라 그 개수는 다섯 개나 열 개씩으로 정했는데, 열다섯 개를 만드는 사람도 있었다. 모두 만들면 사람들은 그것을 집 안의 기도실에 안치하고 숭배하였다. 밤의 의식에서는 네 차례에 걸쳐 작은 그릇에 음식을 담아서 신상에 바치는 제사를 지냈다. 그리고 나면 사람들은 날이 새도록 그 앞에서 노래를 부르거나 피리를 불거나 했다. 이제 날이 밝아질 무렵이 되면 사제들은 조각칼 같은 것으로 신상을 찌르고 목을 자르고 심장을 끄집어 낸 뒤, 푸른 접시에 담아 각 가정의 가장들에게 보냈다. 그것은 "이 신들에게 드리는 예배를 게을리하는 사람들이 걸린다고 하는 어떤 병을 예방할 수 있다" 여겨져 온 가족들이 나누어 먹었으며 특히 하인들이 즐겨 먹었다.

3 아리키아에 많은 마니

이제 우리는 "아리키아에 마니(Manii)가 많다"는 속담에 대해 설명할 수 있을 것이다. 로마인들은 사람 모습으로 만든 어떤 종류의 빵을 '마니아이(maniae)'라고 불렀는데, 그 빵은 특히 아리키아에서 만들었던 것으로 보인다. 이 빵 이름인 '마니아(Mania)'는, 콤피탈리아(Compitalia) 축제 때 털실로 만든 남녀 인형이 봉헌되는 '영혼의 어머니', 또는 '영혼의 할머니'의 이름이기도 했다. 그즈음 로마에서는 그러한 인형들을 집집마다 입구에 매달아 놓았다. 인형은 집안의 자유민들을 위한 것과, 그와는 다른 종류로서 노예를 위한 것이 있었다. 로마인들은 이날은 죽은 자의 영혼이 돌아다닌다고 믿었는데, 그 유령들이 호의적으로든 단순한 실수에 의해서든 집안의 산 사람 대신에 문에 걸린 인형을 잡아가기를 바랐던 것이다.

전해지는 바에 따르면, 이 털실로 만든 인형은 인간을 제물로 바치는 오래된 관습을 대체한 것이라고 한다. 물론 이를 매우 단편적이고 불확실한 전승만으로 확신할 수는 없다. 그러나 아리키아에서 만들었던 것으로 생각되는 인간 형태의 빵이 성찬용이었다는 것과, '숲의 왕'이 해마다 살해되던 옛날에, 멕시코의 신상 반죽의 경우처럼 그 형상을 빵으로 만들어 성찬으로 먹었다는 것을 보면, 인간 제물을 빵으로 대체했다고 짐작해도 무방할 것이다. 위칠로포츠틀리의 이름으로 집행되는 멕시코의 성찬도 인간 제물을 수반한 것이었다.

따라서 아리키아의 성스러운 숲의 창시자는 마니우스(Manius)로 불리는 인물이었으며, 그로부터 수많은 마니가 태어났다는 전설은 이와 같이 성찬의 빵에 붙인 '마니아에'란 이름을 설명하기 위해 만들어 낸 어원적인 신화일 것이다. 콤피탈리아 축제에서 마니아에게 봉헌된 인형이 인간 제물의 대체였다는 이야기로 거슬러 올라가면, 이 빵과 인간 제물의 근원적인 관계에 대한 희미한 기억을 더듬을 수도 있을 것이다. 그러나 그 이야기 자체는 근거가 없는 것으로 생각된다. 영혼이나 악마의 주의를 살아 있는 인간에게서 다른 곳으로 쏠리게 하기 위해서 인형을 매달아 놓는 관습은 로마뿐만 아니라 널리 아주 흔했기 때문이다.

예를 들면, 티베트인들은 모두 '늙은 어머니 콘마(Khonma)'의 권위에 순종하는 수많은 대지의 악마를 두려워한다. 로마인의 마니아, 즉 '영혼의 어머니', 또는 '영혼의 할머니'와 비교될 수 있는 이 여신은 황금색 옷을 입고, 손에 황금 올가미를 들고 숫양에 올라타고 있다. '늙은 어머니 퀸마'를 아내로 삼고 있는 더러운 악마를 집 안에서 쫓아버리기 위해 집의 바깥문 위에 샹들리에를 본떠서 만든 세공품을 고정시킨다. 그 속에 숫양의 두개골 하나, 금·은·터키옥과 같은 보석류와 쌀과 보리와 콩과 같이 마른 곡물을 조금 넣고, 끝으로 남자와 여자와 집 모양을 그린 그림을 넣어 둔다.

"남자와 아내와 집 모양이 그려진 그림을 사용하는 목적은 이런 공물을 바쳐도 여전히 악마들이 들어오려고 하는 경우에 그들을 속이려는 데 있다. 앞의 그림 속의 남녀가 그 집에 사는 거주자라고 믿게 해 그들의 분노를 그것에 터뜨리게 하여 진짜 거주자인 인간을 보호하려는 것이다."

모든 것이 마련되면 한 사제가 '늙은 어머니 퀸마'에게 기도를 올려 그녀가 기꺼이 이 맛있는 공물을 받아들이고, 악마들이 이 집에 침입해서 횡포를 부리거나, 위험을 가하지 않도록 땅의 열린 문을 닫아 달라며 기원한다.

질병의 예방과 치료 수단으로 인형을 쓰는 일도 있다. 병마가 인형을 실제 인간으로 오인하든지, 혹은 인형 속에 들어가도록 설득하거나 강요해서, 살아 있는 실제 사람들을 건강하고 안전하게 두고 떠나게 하는 것이다. 예를 들면, 셀레베스의 미나하사에 사는 알푸르족은 때때로 환자를 다른 집으로 옮기고, 베개와 옷으로 만든 인형을 침상 위에 남겨 둔다. 악마는 이 인형을 환자로 잘못 생각하고, 그 결과 환자는 회복된다는 것이다. 이러한 예방과 치료법은 특히 보르네오의 토착민들에게서 환영받은 것으로 보인다.

예를 들면, 카토엔고우(Katoengouw) 강가의 다약족은 어떤 유행병이 퍼져 있는 경우에 나쁜 병마가 착각하여 인간 대신에 인형을 데리고 가라고 문 입구에 나무 인형을 매달아 둔다. 보르네오의 올로응가쥬(Oloh Ngadju)족은 환자가 망령에게 고통받고 있다고 여겨질 경우에 보릿가루나 쌀가루로 인형을 만들어 환자의 몸 대신에 마루 아래 던져 두는데, 그렇게 하면 망령의 재앙에서 벗어날 수 있다고 믿었다.

보르네오 서부 지방의 어떤 곳에서는 보통 노파가 의사 역할을 맡고 있는데, 급한 중병에 걸린 사람이 생기면 나무 인형을 만들어 환자 머리를 일곱 번 두드리고 다음과 같이 외친다.

"이 인형은 환자의 몸 대신이다. 병마여, 인형으로 옮겨가라."

그리고 환자를 대신한 인형과 함께 쌀과 소금, 담배를 작은 바구니에 넣고, 병마가 그에게 침입했다고 생각되는 곳에 찾아간다. 그리고 인형을 땅에 똑바로 세워놓고 다시 병마를 향해 이렇게 빈다.

"오, 병마여, 여기에 환자의 몸 대신에 인형이 있다. 환자의 영혼을 편안하게 하고, 이 인형을 괴롭혀라. 이것은 환자보다도 아름답고 선량하기 때문이다."

바타크족 주술사들도 환자의 몸에서 병마를 유인해 인형 속으로 들어가게 한다. 바나나 나무로 사람의 얼굴을 만들어서 주술약으로 바른 인형에게로 병마를 내쫓는다. 주술사는 이 인형을 매우 빨리 옮겨 마을 경계선 멀리 던지거나 파묻는다. 때로는 환자의 성별에 따라 남자 또는 여자처럼 인형에 옷을 입혀 네거리나 큰길에 버려 두고, 지나가던 사람이 발견하고 놀라서 "아이고, 아무개가 죽었다" 외칠 것이라 기대한다. 그렇게 하는 것은 그러한 외침이 병마를 속여, 병마가 잔인한 목적을 이루었다고 믿고 환자에게서 떠나면 그 질병이 고쳐진다고 믿었기 때문이다.

말레이 반도의 사카이(Sakai) 부족에 속하는 마이다라트(Mai Darat)족은 모든 병을 '니아니(nyani)'란 정령들의 분노 때문이라고 믿는다. 그러나 다행히도 주술사는 그 유해한 존재를 환자의 몸에서 유인해 짚으로 만든 볼품없는 인형 속에 옮길 수 있다고 믿었다. 이 인형은 껍질을 벗긴 막대로 장식된, 작은 종 모양을 한 그릇에 넣어서 집 밖에 매달아 놓는다. 에웨 어족 흑인들은 천연두가 유행할 무렵에 마을에서 떨어진 어떤 곳을 깨끗이 쓸고 거기에 얕은 무덤을 많이 만든 다음, 마을 사람 수만큼 진흙으로 인형을 만들어서 그 무덤에 넣고 덮어 씌운다. 그리고는 음식과 물을 넣은 항아리를 천연두의 병마가 먹도록 그 곳에 진열하고, 병마가 그 인형에 붙고 산 사람을 괴롭히지 못하도록 기원한다. 또 이것을 더욱 확실하게 하기 위해서 마을로 통하는 모든 길은 폐쇄해 병마가 다니지 못하도록 한다.

이제까지의 예증으로 우리는 다음과 같이 추측할 수 있다. 고대 로마에서 콤피탈리아 축제 때 집집이 문에 매다는 털실 인형은 그 이전에 바친 인간 제물의 대체물이 아니라 '영혼의 어머니', 또는 '영혼의 할머니'에게 바친 대리 제물이다. 즉 그것은 마을을 돌아다니는 망령에게 인형을 각 집의 실제 거주자로 믿게 하거나 착각하게 하여, 사람들이 다시 한 해 동안 안심하고 살아갈 수 있도록 하기 위한 제물이라는 의미이다. 해마다 5월에 로마에서 사제들과 베스타 처녀들이 오래된 수블리키아 다리에서 티베르 강에 던진 등심초 인형도 이와 같은 의미를 지녔을 것이다. 그들의 목적은 악마들의 주의를 인간에게서 인형에게로 돌리고, 또 그 기분 나쁜 악마 패거리를 강 속에 떨어뜨려 바다 멀리 떠내려가게 하여, 도시에서 악마의 재앙을 깨끗이 씻어 내는 데 있었던 것이다.

고대 칼라바르(Calabar)의 토착민들도 정기적으로 이것과 똑같은 방법으로 그 마을을 괴롭히는 악마들을 없앴다. 경솔한 악마들을 애처로운 허수아비들 속으로 들어가도록 유인하여 강물에 던진 것이다. 로마 관습을 이와 같이 해석하는 견해는, 그것을 두고 '가장 뛰어난 정화 의식'이라고 기술한 플루타르코스의 증언으로써도 얼마쯤 뒷받침된다.

제51장
육식의 동종주술

이제까지 우리는 농경 사회 단계에 다다른 여러 민족에게서 나타난 신을 죽이는 풍습에 대해 훑어 보았다. 그리고 곡물 정령, 또는 다른 재배 식물의 정령이 일반적으로 인간의 형태나 동물의 형태로 표현되며, 몇몇 지방에서는 해마다 사람이나 동물로 표상되는 신을 살해하는 풍습이 성행했다는 것을 알게 되었다.

이처럼 그 상징물을 통해 곡물 정령을 살해하는 이유는 이 책 앞부분에 암시해 둔 바 있다. 즉, 그것은 정령이 아직 원기왕성할 동안, 그 정령을 생기 발랄한 후계자의 몸으로 옮겨서 그나 그녀(곡물 정령은 흔히 여성이다)가 나이 들어 쇠약해지지 않도록 하기 위함이라고 생각할 수 있는 것이다. 곡물 정령의 생기를 새롭게 하는 것이 바람직하기는 하지만, 그와는 무관하게 곡물 정령이 수확자의 낫이나 칼에 살해당하는 것은 피할 수 없는 일로 여겨졌다. 그러므로 그 정령을 믿는 숭배자들은 이 슬픈 필연성에 묵묵히 따를 수밖에 없다고 느꼈을 것이다.

더 나아가 우리는 신을 상징하는 인간이나 동물, 또는 인간이나 동물의 모습을 띤 빵의 형태를 통해 신을 성찬으로 먹는 풍습이 널리 퍼져 있음을 발견했다. 이렇게 신의 육체를 먹는 이유는, 원시적 사고 방식을 관찰하면 매우 간단하다. 미개인들은 일반적으로 동물 또는 인간의 고기를 먹으면 동물이나 인간의 육체적 성질은 말할 것도 없고, 그 도덕적 자질이나 지적 자질까지도 획득할 수 있다고 믿었던 것이다. 그리하여 미개인들은 자연히 신성하다고 간주되는 대상을 먹으면 그 동물의 물질적 본성은 물론 신성의 일부까지 얻을 수 있다고 기대한다. 그리고 동물들의 육체가 신의 피와 살로 이루어졌다는 구실이 없는 경우에도, 그 동물을 먹으면 온갖 덕이나 악덕을 얻을 수 있다는 일반적인 신앙은 여러 실례를 들어 설명할 수 있을 것이다. 그러한 생각은 복잡하게 뻗어나간 공감주술 또는 동종주술 체계의 일부이기 때문이다.

북아메리카 인디언들인 크리크족과 체로키족은 자연이 인간이나 동물에게 그들이 먹는 음식물의 성질이나 그들의 감각에 나타나는 성질을 불어넣어 주는 특성을 갖고 있다고 믿는다. 즉, 사슴고기를 먹은 자는 사슴의 성질이 주입됨으로써 미련한 곰이나 연약하고 지저분한 닭, 걸음이 느린 소, 또는 살만 찌고 시궁창에서 뒹구는 돼지고기 등을 먹고 살아가는 사람보다는 훨씬 민첩하고 총명하다고 믿는다. 그래서 어떤 장로들이 권하는 바에 따르면, 옛날에 그들의 가장 위대한 추장들은 식사할 때 어떤 규칙을 지켰다고 한다. 예를 들면 야비한 성질을 갖고 있는 동물이나 동작이 몹시 느린 동물의 고기를 먹으면, 자기에게 우둔함이 옮겨와 군사적, 공인적, 종교적 직무를 수행할 때 활기차게 행동하지 못하게 되므로 그 동물을 먹지 않았다고 한다.

에콰도르의 자파로(Zaparo)족 인디언은 꼭 필요하지 않는 한 미국산 멧돼지와 같은 살이 많은 고기는 먹지 않고 새·원숭이·사슴·물고기 같은 고기만 먹는다. 그 이유는 살이 많은 고기를 먹으면 그 동물처럼 둔해지고 민첩성을 잃게 되어 사냥하는 데 알맞지 않게 된다고 믿기 때문이다. 마찬가지로 브라질의 어떤 인디언 부족들은 행동이 둔한 동물이나 새나 물고기를 먹으려고 하지 않는다. 카리브족은 돼지고기를 먹으면 자기 눈이 돼지의 눈처럼 작아진다고 여겨 그것을 먹지 않는다. 또 거북이를 먹으면 둔하고 어리석어진다고 하여 먹지 않는다.

서아프리카의 팡(Fang)족의 혈기 왕성한 사나이들도 같은 이유로 결코 거북이를 먹지 않는다. 그것을 먹으면 활기와 다리의 민첩성을 잃는다고 믿기 때문이다. 그러나 노인들은 마음껏 거북이를 먹는다. 왜냐하면 이미 그들은 달리는 능력을 잃어버렸기 때문에 걸음이 느린 동물에게서 피해를 당할 일이 없기 때문이다.

이와 같이 대부분의 미개인들이 민첩성을 상실하지 않기 위해서 느린 동물의 고기를 먹지 않으려는 데 반하여, 남아프리카의 부시먼(Bushmen)족은 의도적으로 그런 동물의 고기를 먹었다. 그들이 이와 같이 하는 이유는 원시 철학의 기묘한 세련성을 보여 준다. 그들 생각에 따르면, 그들이 쫓는 사냥감은 사냥꾼의 체내에 있는 음식물에 의해서 공감적인 영향을 받는다는 것이다. 만일 그가 발이 빠른 고기를 먹게 되면 그 사냥감 또한 발이 빨라지게 되어 끝내 잡을 수 없게 되며, 반면에 발이 느린 동물을 먹으면 그 동물도 발이 느려지기 때문에 쉽게 잡을 수 있다는 것이다. 바로 이런 이유로 큰 영양(gemsbok)을 잡는 사냥꾼은 특히 발이 빠르고 가벼운 영양(springbok)을 먹지 않는다. 그들은 사실 발이 빠른 영양에 손을 대려고조차 하지 않았는데, 그 이유는 그 동물이 밤에도 잠을 자지 않는 매우 원기 왕성한 동물이기 때문에, 만일 그것을 잡아먹으면 그들이 쫓고 있는 영양도 잠자려 하지 않게 된다고 믿기 때문이다. 만약 그렇게 되면 어떻게 그것을 잡을 수 있단 말인가?

동종주술
나마콰족은 사자의 용기와 힘을 얻기 위해 사자고기와 피를 먹었다. 인사이트 가이드, 「아프리카 와일드 라이프」

나마콰족은 토끼고기를 먹지 않는다. 토끼고기를 먹으면 토끼와 같이 겁쟁이가 된다고 생각하기 때문이다. 그래서 그들은 표범이나 사자의 용기와 힘을 얻기 위해서 표범이나 사자고기를 먹고 그 피를 마신다. 부시먼족은 재칼의 심장을 먹으면 재칼과 같이 비겁해지기 십상이라 하여, 아이들에게 먹이려고 하지 않는다. 반대로 그들은 자식들이 표범처럼 용감하라고 그 심장을 아이들에게 먹인다. 동아프리카의 와고고(Wagogo)족은 누군가가 사자를 사냥하면, 사자와 같이 용감하게 되기 위해서 그 심장을 먹는다. 그러나 닭의 심장을 먹으면 겁쟁이가 된다고 믿는다.

질병이 줄루족을 휩쓸게 되면 주술사는 아주 늙은 개의 뼈 또는 늙은 암소나 수소, 그 밖의 매우 늙은 동물의 뼈를 고아서 병자와 건강한 자에게 먹게 한다. 이것을 먹으면 그 뼈의 동물과 같이 장수할 수 있다고 생각하기 때문이다. 이와 똑같이 주술사 메데이아는 늙은 아이손(Aeson) 왕을 회춘시키기 위해서 장수한 사슴의 간과 270년이나 살아온 까마귀 머리를 달인 것을 아이손의 혈관에 주입했다.

보르네오의 북서부에 사는 다약족의 젊은이와 전사는 사슴고기를 먹어서는 안 된다. 그것을 먹으면 그들은 사슴처럼 겁쟁이가 되기 때문이다. 그러나 여자와 노인은 자유롭게 먹을 수 있다. 그런데 같은 지방의 카얀족은 사슴고기를 먹을 때 생기는 나쁜 영향에 대해서는 같은 의견을 보이나, 야외에서 그것을 요리해서 먹을 수는 있다. 왜냐하면 야외에서 그것을 먹으면 이 동물의 겁 많은 정령이 곧 밀림 속으로 달아나 먹는 사람의 몸에 들어오지 않는다고 믿기 때문이다. 아이누족은 물까마귀의 심장은 그것을 먹은 사람을 매우 현명하게 할 뿐만 아니라 말을 썩 잘하게 한다고 믿고 있다. 그리하여 이 새를 죽이면 곧바로 찢어서 그 심장을 꺼내 식기 전에 삼켜 버린다. 이렇게 그 심장을 삼킨 사람은 달변가가 되고, 현명해져서 반대자의 의견을 모두 쉽게 논파할 수 있다고 믿는다. 북부 인도인들은 올빼미의 눈알을 먹으면 올빼미처럼 밤에도 잘 볼 수 있다고 믿었다.

칸사스(Kansas)족 인디언이 전쟁터에 나가는 경우에는 추장의 집에서 연회가 열리는 것이 관습으로 되어 있는데, 주된 고기는 개고기이다. 그들의 말에 따르면, 이 동물은 매우 용감해서 그 몸이 갈기갈기 찢겨도 주인을 지키려고 하기 때문에 용기를 북돋아 준다는 것이다. 동인도 제도의 부루 섬과 아루 섬의 사람들은 전투 때 대담하고 민첩하게 활동하기 위해서 개고기를 먹는다.

뉴기니의 포트모레스비(Port Moresby)와 모투모투(Motumotu) 지역의 파푸아족 젊은이들은 동물이나 물고기의 힘을 얻기 위해서 힘센 돼지나 작은 캥거루, 그리고 큰 물고기 등을 먹는다. 북부 오스트레일리아의 어떤 토착민은 캥거루나 에뮤(emu) 고기를 먹으면 전보다 높이 뛰어오르거나 빨리 달릴 수 있다고 믿는다. 아삼의 미리족은 남자들의 음식으로는 호랑이고기를 으뜸으로 생각한다. 그것이 그들에게 힘과 용기를 주기 때문이다. 그러나 그것은 여자에게는 알맞지 않다고 생각한다. 여자들을 지나치게 고집이 세게 만들기 때문이다.

한국에서는 호랑이 뼈가 용기를 불어넣는 수단으로 인식되기 때문에 표범의 뼈보다 비싼 값으로 매매된다. 서울에 살고 있는 한 중국인은 용감하고 사납게 되기 위해 호랑이 한 마리를 사서 통째로 먹었다고 한다. 북부 유럽의 전설에 따르면, 아우눈두(Aunund) 왕의 아들 잉기알드는 젊었을 때 매우 겁쟁이였으나, 여우의 심장을 먹고 나서는 대단히 대담해졌다고 한다. 또 히알토라는 사람은 곰의 심장을 먹고 그 피를 마신 뒤부터는 힘과 용기를 얻었다고 한다.

모로코에서는 혼수 상태의 환자가 개미를 삼키면 약효가 있고, 사자고기를 먹으면 겁쟁이가 용감해진다는 전설이 있다. 그러나 닭의 심장을 먹으면 겁쟁이가 될 염려가 있다고 하여 먹지 않는다. 중앙아시아의 터키인들은 아이가 늦게까지 말을 못 배우면 어떤 새의 혀를 아이에게 먹인다. 북아메리카의 어떤 인디언족은 브랜디를 심장과 혀를 달인 즙이라고 생각한다. "왜냐하면 그것을 마시면 무서운 것이 하나도 없고 이상한 말을 하게 되기 때문이다"라고 말한다. 자바에는 작은 탁상시계의 자명종 소리와 같이 날카로운 소리를 가끔 내는 작은 땅벌레가 있다. 그런데 선술집 작부가 목쉰 소리를 내면 술집 주인이 그 벌레 몇 마리를 먹이는데, 그 이유는 그것을 먹으면 그 여자는 본래의 소리를 되찾고, 보통 때와 같은 높은 소리를 낼 수 있다고 믿기 때문이다.

중앙아프리카의 다르푸르 주민은 간장에 영혼이 머물기 때문에 동물의 간을 먹으면 그의 영혼을 확장시킬 수 있다고 생각한다. "동물을 죽이면 반드시 간장을 끄집어 내어 먹는다. 그러나 그 간은 신성시되고 있기 때문에 손에 닿지 않도록 세심한 주의를 기울인다. 그것은 잘게 썰어서 날것으로 그냥 먹어야 한다. 따라서 칼끝이나 날카로운 막대기 끝에 고깃조각을 찔러서 입에 넣는다. 잘못하여 간을 만진 사람은 그것을 먹는 것이 엄격히 금지되며, 이 금지가 그에게는 가장 큰 불행으로 간주된다." 여자는 영혼을 갖고 있지 않다고 생각되기 때문에 간을 먹어서는 안 된다.

심지어는 죽은 자의 살덩이와 피를 먹기도 했다. 죽은 자가 용기있고 지혜로운 사람이라면 그런 두드러진 특성이 그것을 먹거나 마실 때 자기에 옮아온다고 믿었다. 그들은 그 특성들이 특정 부위에만 있다고 여겨서 그 부위만 먹으면 된다고 생각했다. 예를 들면, 동남아프리카의 산악 부족은 젊은이들을 조합이나 결사체의 지부에 가입시키는 의식이 여러 가지 있다.

이 가입 의식 중에는 신참자에게 용기와 지혜, 그리고 그 밖의 성질을 불어넣을 목적을 갖고 있는 의식이 있다. 뛰어난 용기를 갖고 있는 적이 시체가 되면, 용기가 들어 있다고 간주되는 간과 지혜가 들어있다고 믿어지는 귀, 인내심이 들어 있다고 생각되는 이마 가죽, 힘이 들어 있다는 불알, 그리고 다른 여러 덕이 들어 있다는 그 밖의 부분을 잘라서 재로 만든다. 이 재는 수소의 뿔에 넣어서 조심스럽게 보관되고, 할례 의식이 치러지는 동안에 다른 여러 성분과 섞어서 죽처럼 만든다. 그리고는 그 부족의 사제가 그것을 젊은이들에게 마시게 한다. 이 방법으로 살해된 사람의 힘과 용기와 지혜, 그 외의 덕은 그것을 먹은 사람에게 옮겨지는 것으로 믿는다.

산악 지대의 바수토족은 매우 용감한 적을 죽이면, 그 자리에서 심장을 도려내서 먹어 버리는데, 그 이유는 그 심장이 전투 때 용기와 힘을 준다고 생각하기 때문이다. 1824년 아샨티족이 찰스 매카시 경을 살해했을 때 용기를 갖고자 하는 아샨티족 추장들이 그의 심장을 먹었다고 한다. 그의 살은 말려서 같은 목적으로 부하들에게 나누어졌고, 그의 뼈는 부적으로 오랫동안 쿠마시에 보존되었다. 뉴그라나다의 나우라스족 인디언들은 카스틸리아 기병들처럼 대담해지기 위해서 기회만 있으면 에스파냐인의 심장을 먹었다. 시우족 인디언들은 용감한 적의 용기를 갖기 위해 그 적의 심장을 가루로 만들어서 마시곤 하였다.

이렇게 죽은 자의 심장을 먹는 일반적인 관습은 그것을 먹는 사람이 죽은 자의 특성을 얻을 목적으로 먹지만, 우리가 이미 살펴본 바와 같이 그 목적을 위해 유일하게 심장만을 먹는 것은 아니다. 예를 들면, 오스트레일리아의 동남부 테도라(Theddora) 부족과 응가리고(Ngarigo) 부족의 전사들은 죽은 자의 자질과 용기를 얻기 위해서 살해한 적의 손발을 먹었다. 뉴사우스웨일스 카밀라로이(Kamilaroi)족은 용기를 얻기 위해 용감한 자의 심장뿐만 아니라 간도 먹었다. 통킨에서도 용감한 자의 간을 먹으면 용맹해진다는 믿음이 있다. 같은 목적으로 중국인들은 처형된 악당들의 쓸개즙을 마셨다. 사라와크의 다약족은 손과 무릎을 튼튼하게 하기 위해서 살해된 적의 손바닥과 무릎 살을 먹는 풍습이 있었다. 중앙셀레베스의 악명 높은 인간 사냥꾼 부족인 톨랄라키(Tolalaki)족은 용감한 사람의 피를 마시고 뇌수를 먹는다.

필리핀 제도의 이탈론(Italone)족은 살해된 적의 용기를 얻기 위해 그 피를 마시고, 뒷머리와 창자의 일부분을 날것으로 먹었다. 필리핀의 다른 부족인 에푸가오(Efugao)족도 같은 이유로 적의 뇌수를 마신다. 마찬가지로 독일령 뉴기니의 카이(Kai)족은 살해된 적의 힘을 얻기 위해서 그들이 죽인 적의 뇌수를 먹는다. 서부 아프리카의 킴분다(Kimbunda)족은 새로운 왕이 즉위하면 용감한 전쟁 포로 한 사람을 죽인다. 그것은 왕이나 귀족들이 그 사람의 살을 먹고 힘과 용기를 얻기 위해서이다.

악명 높은 줄루족 추장 마투아나는 그가 정복한 부족의 추장 30명의 쓸개즙을 마셨는데, 그렇게 하면 자기가 강해진다는 믿음에서 비롯되었다. 또한 줄루족은 적의 앞이마 가운데 부위의 눈썹을 먹으면 확실히 적을 발견할 수 있는 시력을 얻을 수 있다고 생각했다. 셀레베스 섬의 미나하사 원주민들은 전쟁에 나가기에 앞서 용기를 얻기 위해 살해된 적의 머리칼 한 줌을 뽑아 끓인 다음 전사들에게 마시게 했다.

뉴질랜드에서 추장은 아투아(atua), 즉 신이었다. 신 중에는 강한 신도 있고 약한 신도 있는데, 추장들은 누구든지 강하게 되기를 바랐다. 그래서 그들은 다른 자의 영혼과 자기 영혼을 합치는 방법을 쓴다. 예컨대 어떤 무사가 추장을 죽이면, 그 자리에서 '아투아통가(atua tonga)', 즉 신성을 갖고 있다고 여겨진 추장의 두 눈을 도려내어 삼켰다. 그렇게 해서 그는 적의 육체를 죽였을 뿐만 아니라, 그 영혼마저 자기 것으로 한 셈이 된다. 따라서 추장을 많이 죽이면 죽일수록 그의 신성은 갈수록 커지게 된다.

이상의 사례로 보아, 미개인이 신성한 것으로 여기는 동물이나 사람의 고기를 먹는 이유를 이제 쉽게 이해할 수 있을 것이다. 신의 육체를 먹으면 그는 신의 속성과 힘을 공유하는 것이 된다. 곡물신의 경우, 신의 본래 육체는 곡물이다. 포도신의 경우에는 포도즙은 신의 피이다. 그래서 빵을 먹고 포도주를 마실 때, 그 숭배자는 자기가 믿는 신의 육체와 피를 먹는 것이 된다. 따라서 디오니소스와 같은 포도신의 의식에서 포도주를 마시는 것은 단순히 부어라 마셔라 하며 떠드는 환락이 아니라 엄숙한 성찬 의식이다. 그러나 이성적인 사람들은 제 정신으로 빵과 포도주를 섭취하는 것을 어떻게 신의 육체와 피를 먹는 것으로 생각하는지 이해하기 어려울 수도 있다. 이에 대해 키케로(Cicero)는 이렇게 말한다.

"우리는 흔히 비유적 표현으로 곡물을 케레스라 부르고, 포도주를 바쿠스라 부른다. 그렇지만 자기가 먹는 음식을 신이라고 믿을 만큼 정신 나간 사람이 어디 있겠는가?"

제52장

신성한 동물의 살해

1 신성한 독수리의 살해

앞의 여러 장에서 우리는 주로 농경으로 생활할 만큼 발달한 많은 공동체가 자신들의 곡물신을 보리나 쌀 등과 같은 고유한 형태로, 또는 동물이나 인간과 같은 차용한 형태로 죽여서 먹는 관습이 있는 것을 살펴보았다. 이제는 농경 민족과 마찬가지로 수렵 부족이나 유목 부족들도 그들이 숭배하는 존재를 죽이는 관습이 있다는 사실에 대해 알아볼 것이다. 사냥꾼이나 양치기들이 숭배하고 살해한 존재나 신들은, 만약 그들을 정말 그렇게 부를 수 있다면, 단순한 동물들이었다. 곧 이 동물들은 다른 초자연적 존재의 화신으로 간주되는 동물이 아니다.

이 첫 실례를 우리는 캘리포니아 인디언들에게서 찾아볼 수 있다. 그들은 맑고 온화한 하늘 아래 자리한 풍요로운 땅에 살면서도 가장 미개한 수준에 머물러 있다. 아카그케멤(Acagchemem) 부족은 큰 대머리수리를 숭배하여, 해마다 한 번씩 '파네스(Panes)', 즉 '새의 축제'라는 대축제를 열었다. 이 축제일로 선택된 날은 바로 그 전날 밤에 일반 대중에게 알려졌고, 그러면 곧 특별한 신전(vanquech)을 세울 준비가 진행되었다. 이 신전의 둘레에는 원형이나 타원형의 울타리를 치고, 그 위에는 치니그치니치(Chinigchinich) 신을 표현하는 박제된 코요테를 세워 둔다. 신전이 준비되면, 엄숙한 행렬로 독수리를 신전으로 옮겨 이 축제를 위해 마련된 제단 위에 올려놓는다. 그러고 나면 모든 젊은 여자들이 기혼이나 미혼 할 것 없이 마치 미친 것처럼 신전 주위를 서로 엇갈린 방향으로 이리저리 뛰어다닌다. 반면에 나이 든 남녀들은 이 광경을 조용히 바라본다.

이때 제사장은 안료나 깃털로 분장하여 그 숭배의 대상인 독수리 주변을 춤추면서 돈다. 이 의식이 끝나면, 그들은 그 독수리를 대신전으로 옮기는데, 군중들은 모두 성대한 행렬을 지어 뒤따른다. 제사장은 그 행렬 맨 앞에서 춤을 추고 노래를 부르면서 걸어간다. 신전에 도착하면, 그들은 피를 단 한 방울도 흘리지 않고 그 독수리를 죽인다. 그 뒤, 가죽을 깃털과 함께 벗겨 성물로 보관하거나 의식용 의상인 '파엘트(paelt)'를 만드는 데 쓴다. 나머지 살덩이는 신전의 동굴 속에 파묻는다. 노파들은 그 묘 주변에 모여 목메어 울고, 여러 종류의 씨앗이나 음식물 등을 그 위에 던지면서 이렇게 외친다.

"왜 당신은 돌아가셨습니까? 우리와 함께 계시는 편이 좋았는데. 그러면 당신은 우리와 같이 피놀레(pinole : 일종의 죽)를 쑤었을 텐데. 그리고 당신이 돌아가시지 않았더라면, 파네스를 열 필요가 없을 텐데."

이 의식이 끝난 뒤에도 춤은 사흘 동안이나 밤낮없이 이어진다. 그들이 말하는 바에 따르면 파네스(Panes)란 본래 여자였는데, 산으로 도망치다가 치니그치니치 신에 의해서 독수리로 바뀌었다고 한다. 그들은 이 독수리를 해마다 제물로 바쳐도 또 되살아나서 그 독수리의 해마다 집인 산으로 되돌아간다고 믿었다. 더욱이 그들은 이렇게 말한다.

"이 독수리는 죽이는 만큼 늘어난다. 그 까닭은 매년 각 마을의 소추장들이 같은 파네스 축제를 거행하는데, 희생된 그 새는 단지 하나에 불과하고 그것도 같은 암컷이라고 믿기 때문이다."

이와 같이 캘리포니아 인디언들이 주장하는 '다수 속의 단일(The unity in multiplicity)'이라는 관념은 매우 주목할 만한 것으로, 그것은 신성한 새를 죽이는 그들의 동기를 설명해 주기 때문이다. 우리가 자명한 것으로 생각하는 개체의 생명과 종의 생명이 다르다는 관념은, 이 캘리포니아 인디언에게는 이해하기 어려운 관념인 것으로 보인다. 그들은 종의 생명을 개체의 생명과는 다른 것으로 인식할 수 없다. 따라서 그들은 종의 생명이 위험과 재난에 맞닥뜨리게 되면, 개체의 생명도 마침내 위협을 받아 파괴된다고 생각한다. 그들은 분명히 어떤 하나의 종을 그대로 방치하면 그것은 개체와 다름없이 늙어 죽게 된다고 믿는다.

따라서 그들은 신성하다고 생각하는 어떤 종을 절멸로부터 구하기 위해서는 어떤 조치가 취해져야 한다고 생각한다. 그들이 생각할 수 있는 오직 한 방법은 혈관 속에 생명수가 여전히 활기차게 흐르고 있고, 아직 고령이라는 늪

속에 빠지지 않은 동종(同種)의 개체를 죽이는 일이다. 그들은 이렇게 하면 하나의 수로에서 벗어난 생명이 보다 신선하고 자유롭게 새로운 수로로 흐를 것이라고 생각한다. 바꾸어 말해, 이 살해된 동물은 청춘의 샘과 힘으로 되살아나 새 삶을 시작한다는 것이다.

우리에게 이러한 추리는 분명히 부조리한 것으로 보이며, 그 관습 또한 마찬가지이다. 이렇게 개체의 생명과 종의 생명을 혼동하는 비슷한 사례로 눈여겨볼 만한 것으로 사모아 제도의 경우가 있다. 거기에서 모든 가족은 어떤 동물을 그 가족의 신으로 섬긴다. 그러나 이 동물들 중 한 개체의 죽음은, 예를 들어서 신으로 믿는 올빼미 한 마리가 죽는다고 해도, 그 신의 죽음을 뜻하는 것이 아니다. "신은 아직 살아 있으며, 생존하는 모든 올빼미 안에 화신한다고 여겼다."

2 신성한 숫양의 살해

우리가 앞에서 살펴본 캘리포니아의 원시적인 의식은 고대 이집트의 종교와 비슷하다. 테베의 신인 암몬을 숭상하는 테베인과 그 외 모든 지역의 이집트인들은 숫양을 신성한 것으로 생각하여 제물로 삼지 않았다. 그러나 그들은 해마다 한 번씩 암몬 축제 때에 숫양을 살해하여 가죽을 벗기고, 그 가죽을 신상에 입혔다. 그러고 나서 그들은 숫양의 죽음을 애도하고, 신성한 무덤에 매장했다. 이 관습은 제우스가 양털 옷을 입고 숫양의 머리를 쓴 헤라클레스의 모습으로 나타난 적이 있다는 신화로써 설명된다. 물론 이 경우에 숫양은 테베의 동물신이며, 이것은 마치 늑대가 리코폴리스(Lycopolis)의 동물신이고, 염소가 멘데스(Mendes)의 동물신인 것과 같다. 바꾸어 말해서 숫양은 암몬 자신이었던 것이다.

사실 비문에 새겨진 암몬은, 인간의 육체에 숫양의 머리를 가진 반인반수의 모습을 하고 있다. 그러나 이것은 동물신이 완전한 인간신 단계에 다다르기 전에 거치는 과도기적인 상태를 보여주는 것에 불과하다. 그러므로 숫양은 암몬에 대한 제물로서가 아니라 암몬 자신으로서 살해되었다. 이 신과 짐승의 이러한 관계는 도살한 숫양의 가죽을 암몬 신상에 입히는 관습으로써 뚜렷하게 나타난다. 이와 같이 해마다 숫양의 신을 죽이는 이유는, 앞에서 제시한 신을 살해하는 일반적 관습과 신성한 독수리를 죽이는 캘리포니아 인디언의 특수한 관습의 이유와 같은 것이다.

이것을 이집트에 적용할 때, 이 해석은 어떤 일정 기간 이상 사는 게 허용되지 않는 황소의 신 아피스를 유추해 보면 더 확실해진다. 이미 앞서 논한 바와 같이 이렇게 인간신의 수명에 한계를 두는 목적은 노령으로 인한 쇠약에서 그를 지키려는 것이다. 이와 같은 추리는 테베의 숫양처럼 해마다 동물신을 죽이는(아마 더욱 오래된 것도) 관습을 설명해 줄 것이다.

인간신의 경우보다 테베의 의식 가운데 하나, 즉 신상에 동물 가죽을 두르는 관습은 특히 주목할 만하다. 만일 이 신이 처음에 살아 있는 숫양이었다면, 신상으로 그를 표현하는 관습은 후대에 발생한 것임에 틀림없다. 그렇다면 그것이 어떻게 발생했을까?

이 의문에 대한 대답은, 신성한 존재로 살해된 동물의 가죽을 보존하는 관습에서 찾아볼 수 있을 것이다. 우리가 이미 살펴본 바와 같이, 캘리포니아 인디언들은 독수리 가죽을 보존했다. 또 곡물 정령의 상징물로서 추수 밭에서 살해된 염소의 가죽은 여러 신앙상의 목적으로 보존되었다. 사실 이 가죽은 하나의 신의 표시나 유물로, 혹은 그 가죽 속에 신적 생명을 보유하고 있는 성물로 보존된다. 그래서 그 신의 고유한 모습이 되도록 그것은 박제되거나 틀 안에 팽팽히 고정되어 있어야 했다.

이런 신상은 처음에는 해마다 갱신되어 살해된 동물의 가죽으로 새로 만들어졌을 것이다. 그러나 일년짜리 신상에서 항구적인 신상으로의 전환은 어려운 일은 아니었다. 우리는 해마다 새로운 '5월의 나무(May- tree)'를 베는 옛 관습이 반영구적인 '5월의 기둥(May- pole)'을 보존하는 관습으로 바뀐 것을 살펴보았다. 그러나 이 기둥은 매년 생기 있는 잎과 꽃으로 단장되거나, 매년 생생한 어린 나무가 그 꼭대기에 붙여졌다.

이와 같이 신을 표상하는 박제된 가죽 신상이 나무나 돌 또는 금속으로 만든 영구적인 신의 이미지로 대체되었을 때, 이 영구적인 신상은 해마다 살해된 동물의 신선한 가죽으로 덮어씌워졌다. 그리고 이 단계에 이르게 되자, 숫양을 살해하는 관습은 자연스럽게 신상에 대한 희생 제물을 바치는 관습으로 해석되었고, 암몬이나 헤라클레스의 신화와 같은 이야기로 설명되었던 것이다.

3 신성한 뱀의 살해

서부 아프리카는 신성한 동물을 해마다 죽여서 그 가죽을 보존하는 관습의 또 다른 예를 보여 준다. 페르난도포 섬의 이사푸(Issapoo)족 흑인들은 코브라를 그들의 수호신으로 믿는다. 이 수호신은 그들에게 이익을 주기도 하고 해를 끼치기도 하며, 재물을 주기도 하고 질병과 죽음을 줄 수도 있다. 이사푸 족은 일 년에 한 번씩 이런 뱀 한 마리의 껍질을 벗겨, 그것을 광장의 가장 높은 나뭇가지에 꼬리가 늘어지게 걸어 둔다. 이것이 그들의 연례적인 의식이다. 이 의식이 끝나면 곧바로 지난 1년 동안 태어난 아기를 모두 데리고 나와서 뱀꼬리에 손을 대게 한다.

이 관습은 분명히 아기를 부족신의 수호 아래에 두기 위한 목적으로 행해진 것이다. 세네감비아의 왕뱀 씨족도 왕뱀이 태어난 지 8일 이내의 부족의 모든 아기에게 찾아온다고 믿었다. 그리고 고대 아프리카 뱀 씨족의 하나인 프실리족은 자기 씨족의 아이들에게는 뱀이 해를 가하지 않는다고 믿어 그들의 아기를 뱀 앞에 두고도 두려워하지 않았다.

4 신성한 거북의 살해

캘리포니아와 이집트와 페르난도포 섬의 관습에서, 동물 숭배는 농업과 아무런 관계가 없는 듯하므로, 그 기원을 수렵 단계 또는 유목 단계의 사회로 추측해 볼 수 있다. 이것은 다음에 설명할 주니족의 옛 관습에 대해서도 적용된다. 뉴멕시코의 주니족 인디언들은 현재 특수한 모습의 성벽이 있는 마을이나 촌락에 정착하여, 농업과 도기와 방적 기술로 살아가고 있다. 그런데 과거 그들이 행했던 관습은 앞에서 다룬 여러 실례와 조금 다른 특징을 가지고 있다. 이것은 목격자의 증언으로 아주 상세히 설명될 수 있을 것이다.

"한여름에 가까울수록 더위는 극심해졌다. 내 형제(의형제 삼은 인디언 형제)와 나는 날마다 서늘한 우리 집의 아래층 방에 앉아 있었다.—내 형제는 그의 이상한 풀무와 볼품없는 도구를 사용하여, 멕시코의 동전으로 미개인의 장식용 팔찌와 띠 그리고 귀걸이와 단추 등을 만들기에 바빴다. 그의 도구는 정말 형편없었으나 그가 인내와 기교로 빚어낸 작품은 매우 아름다웠다. 어느 날 나는 그를 지켜보고 앉아 있었는데, 50명의 남자들이 행렬을 지어 급하게 언덕을 내려와서는 들판 서쪽으로 사라지는 것이었다. 분장을 하고 조개껍질로 치장한 사제가 엄숙하게 그들을 이끌고 있었고, 그의 뒤를 횃불을 든 불의 신(Shu-lu-wit-si)의 역할을 맡은 자가 뒤따랐다. 그들이 사라진 뒤에 나는 '저것이 무엇이냐'고 형제에게 물었다. 그는 '그들은 카카(Kaka)의 마을과 우리 형제들의 집으로 가는 중이다' 라고 대답했다.

나흘 뒤 해가 질 무렵에 그들은 '멋진 춤(Kak'ok-shi)'이라 부르는 아름다운 장신구를 두르고 가면을 쓰고 같은 길을 줄지어 되돌아왔는데, 그 사람들은 각각 마치 어머니가 아기를 대하듯이 부드럽게, 살아 꿈틀거리는 거북이 가득 찬 상자를 들고 있었다. 불쌍한 거북 몇 마리는 부드러운 모포에 싸여 조심스럽게 머리와 앞발을 밖으로 삐죽 내밀고 있었다. 그리고 어떤 것은 깃털로 장식한 순례자들의 등에 업혀 있어서 마치 아이들 장난과 같은 우스꽝스럽고도 엄숙한 풍경이 연출되고 있었다.

그날 밤 내가 이층에서 저녁을 먹고 있을 때 총독의 처남이 들어왔다. 그는 마치 하늘에서 내려온 천사와 같이 식구들에게 환영받았다. 그는 떨리는 손가락으로 만신창이의 거북 한 마리를 들고 있었다. 그의 맨손과 맨발에 색칠한 흔적이 아직 남아 있었기 때문에, 나는 그 또한 그 신성한 행렬 가운데 한 사람이었다는 것을 바로 추측할 수 있었다. 나는 '당신도 카틀루엘론에 가셨군요?'라고 물었다.

지친 이 사나이는 '네'라고 길고 단조로운 여운을 남기면서 목쉰 소리로 대답하고는, 그를 위해 준비해 놓은 모피 위에 기진맥진하여 앉아 거북을 조용히 마루 위에 놓았다. 이 동물은 자유롭게 되었다는 것을 알아차리자 절뚝거리는 다리로 될 수 있는 한 빨리 기었다. 그러자 가족들은 일제히 접시와 숟갈, 컵을 던지고, 신성한 곡식 가루 주발에서 가루를 한줌 집어내어 황급히 거북을 방과 컴컴한 구석, 물항아리 주변, 반죽 그릇 뒤, 그리고 다시 마루 한복판으로 쫓으면서 그 곡식 가루를 거북의 등에 흩뿌렸다. 그런데 이상하게도 거북은 자기를 데리고 온 발병이 난 사나이에게로 접근했다.

'하하! 다시 나에게 돌아오는 걸 봐요' 이렇게 그는 감동하여 소리지르고 '만물의 어버이께서 오늘 참으로 큰 은혜를 내게 주셨소' 말했다. 그리고 그는 그 기어다니는 거북의 등을 상냥하게 어루만지고 깊은 숨을 들이마시면서, 동시에 신들의 은총을 구하는 기도를 했다. 그리고 한 손으로 턱을 받치고 깊은 사색에 잠긴 큰 눈으로 뿌린 가루 때문에 눈을 껌벅거리면서, 마치 고향의 물을 그리워하듯 미끄러운 마루를 기어다니는 거북을 지켜보았다. 이 중요한 때에 나는 용기를 내어 물었다. '왜 놓아주지 않아요? 물이라도 좀 주지 그래요?'

그 남자는 조용히 나에게 눈을 돌렸다. 그의 얼굴에는 고뇌와 분노와 연민의 정이 묘하게 엇갈리고 있었다. 반면에 경건한 가족들은 매우 두려운 눈으로 나를 보고 있었다. 그가 입을 열었다.

'불쌍한 젊은 형제여, 이것이 얼마나 귀한 것인가를 당신은 모를 거요. 이것이 죽을 것이라고 생각합니까? 죽지 않아요. 절대로 죽지 않는다고 나는 당신에게 자신있게 말할 수 있어요.'

'그러나 물과 먹을 것을 주지 않으면 죽고 말잖아요?'

'아뇨. 죽을 리가 없어요. 다만 내일 거처를 바꾸어서 그 형제들이 있는 집으로 돌아갈 뿐입니다. 아! 답답해. 당신은 알 리가 없어요' 하고는 그는 깊은 생각에 잠겼다. 그리고 다시 눈 먼 거북 쪽을 바라보면서 말했다.

'아, 이것은 불쌍하게 죽은 내 아이일까, 돌아가신 어버이일까, 아니면 나의 형제 자매인가! 어머니인가, 어느 누가 그것을 알까? 아마 나의 할아버지나 할머니일지도 모르지.'

이렇게 말하고 그는 매우 슬프게 울기 시작했다. 오열로 몸을 떨면서 울자, 그 곁에 있던 여자들과 아이들도 따라서 울었다. 그 사람은 마침내 두 손 속에 얼굴을 파묻었다. 나는 그의 슬픔에 동정을 표시한다는 것이 잘못된 일이라는 것을 알지만, 나는 거북의 그 찬 껍데기에 입을 맞추었다. 그리고 거북을 바닥에 내려놓고, 황급히 슬픔에 잠긴 가족들 곁을 떠났다.

다음 날 이 불쌍한 거북은 기도와 상냥한 탄원과 깃털, 그리고 제물이 바쳐진 다음 살해되었다. 이것은 '죽음의 호수 저 밑의 어두운 물 속에서 친구들과 함께 다시 한 번 영원한 생명으로 되돌아가도록' 그 살과 껍데기가 벗겨져 강에 던져졌다. 등껍데기는 조심스럽게 살을 발라낸 다음 말려서, 춤출 때 사용하는 악기로 만들어져 숫사슴 가죽에 싸여 지금도 내 형제 집의 새까맣게 그을린 서까래에 매달려 있다. 한 번은 나바호족 중의 한 사람이 국자와 그것을 바꾸자고 했으나, 그는 호된 비난을 받고 그 집에서 쫓겨났다. 누군가가 거북은 이제 살아 있지 않다고 암시라도 하면, 그 말은 그들에게 눈물의 홍수를 자아

신성한 동물의 살해—거북
인간의 영혼이 거북의 몸으로 환생하여 돌아온다고 믿는다. 따라서 거북을 죽이는 것은 그 영혼을 저승으로 되돌려보내는 것이다. 「세계의 천연기념물」 9권.

냈을 터이고, 그는 '거북은 단지 거처를 바꿔서 고인이 된 우리 형제들의 집에서 영원히 살기 위해서 떠났을 뿐이다'라는 대답을 듣게 될 것이다."

우리는 이 관습에서 인간의 영혼이 거북의 몸으로 옮겨간다는 신앙이 매우 뚜렷이 나타나 있는 것을 보게 된다. 이 전이의 관념은 주니족과 같은 종족에 속하는 모퀴족 인디언에게서도 찾아볼 수 있다. 모퀴족은 곰 씨족, 사슴 씨족, 늑대 씨족, 산토끼 씨족 등과 같은 토템 씨족으로 나누어진다. 그들은 그들의 선조가 곰, 사슴, 늑대, 산토끼 등이라고 믿는다. 그리고 씨족원이 죽으면 각기 자기가 속하고 있는 씨족에 따라서 곰이 되고 사슴이 되는 것으로 믿는다. 주니족도 여러 씨족으로 나뉘는데, 각 씨족의 토템은 모퀴족과 마찬가지로 여러 토템 중의 하나인 거북을 숭배한다. 이렇게 거북으로 환생한다는 그들 신앙은 그들 고유 토템 신앙의 하나이다.

그러면 친족의 영혼이 들어 있다고 믿는 거북을 죽이는 것은 어떤 의미가 있는가? 그 목적은 틀림없이 죽은 사람의 혼이 거북이가 되어 모여 있다는 저승과의 교류를 유지하는 것이다. 죽은 자의 영혼이 때때로 본래의 집으로 돌아온다는 것은 널리 퍼진 신앙이다. 따라서 눈에 보이지 않는 이 손님은 산 사람들에게 환영받고 대접을 받은 뒤에 다시 돌아간다. 주니족의 의식에서는 죽은 사람은 거북의 형태로 다시 집에 되돌아오는 것이다. 따라서 거북을 죽이는 것은 그 영혼을 저승에 되돌려 보내는 것이다. 그래서 신을 죽이는 관습에 대해서 이미 언급한 일반적인 해석은, 이 주니족의 관습에는 적용될 수 없는 것 같이 생각된다. 그러나 그 참다운 의미는 뚜렷하지 않다. 그리고 이 문제를 둘러싼 불명료성은 그 의식에 대한 후대인들이 제시한 보다 상세한 설명에 의해서도 깨끗하게 해소되지 않는다.

우리는 이것에서 그 관습이 정성어린 의식의 일부를 이룬다는 것을 알 수 있다. 이들은 농작물에 풍부한 비를 내리게 하기 위해서 하지에 이 의식을 치른다. 죽은 자의 영혼이 모여 있다고 하는 성스러운 코틀루왈라와 호수에 '그들의 일부인 거북'을 환영하기 위해 사자가 파견된다. 이렇게 거북이 엄숙하게 주니족에 인도되면 그들은 거북을 물통에 넣고, 그 곁에서 남신과 여신으로 분장한 남자들이 춤을 춘다.

"이 의식이 끝나면, 거북을 잡은 사람들이 그 거북을 집으로 갖고 가서 아침까지 서까래에 목을 매달아 놓았다가 삶아 먹는다. 거북의 알은 진미로 여겨지지만 거북고기는 피부약 이외로는 거의 쓰이지 않는다. 고기 중 일부는 '신들의 평의회(concil of the Gods)' 앞에 바치는 제물로서 코하크와(kohakwa : 흰 조개껍데기의 구슬)와 터키석 목걸이와 함께 강물에 던져진다."

여하튼 이 설명은 거북이 죽은 인간의 환생으로 믿어지고 있다는 결론을 확증해 준다. 왜냐하면 주니족 스스로 거북을 '주니의 분신'으로 불렀기 때문이다. 사실 그들 생각에 거북을 죽은 자들의 거처인 호수에서 데려왔으니, 그것은 거북의 모양을 가진 죽은 자의 영혼일 수밖에 없지 않겠는가? 하지 때 치러지는 의식의 기도와 춤의 주요 목적은 풍작을 위한 비를 얻자는 데에 있는 것으로 보인다. 따라서 주니족이 거북을 잡아 그 앞에서 춤추는 의도는, 동물로 화신한 선조의 영혼에게 그들의 자손을 위해서 비를 내려 달라고 탄원하기 위해서일 것이다.

5 신성한 곰의 살해

일본의 에조(Yezo) 섬, 그리고 사할린 제도 및 쿠릴 열도의 남부에 거주하는 미개 민족인 아이누족이 행하는 곰 희생제는 얼핏 보아도 의문스러운 점이 있다. 곰에 대한 아이누족의 태도를 정의한다는 것은 결코 쉬운 일이 아니다. 그들은 곰을 카무이(kamui), 즉 '신'이라고 부른다. 그러나 그들이 이방인을 '카무이'라 부르는 것을 보면, 그 말은 단순히 초인간적인 힘이나 비범한 힘이 부여된 존재란 정도의 의미를 가지는 것으로 보인다.

사람들은 흔히 '곰은 그들의 신이다', '아이누족의 종교에서는 곰이 중요한 역할을 맡는다', '여러 동물 중에서 특히 곰이 그들의 숭배를 받는다', '그들은 그들의 관습에 따라 곰을 숭배한다', '곰은 비정한 자연보다 더 숭배심을 북돋는 것이 틀림없다. 따라서 아이누족은 곰 숭배자의 부류에 넣어야 한다'라고들 말한다. 하지만 그들은 가능하면 언제든지 곰을 죽인다.

"예전에 아이누족은 곰 사냥이야말로 남자가 시간을 보내도 아깝지 않은 가장 이로운 일이라고 여겼다." "남자들은 가을, 겨울, 봄에 사슴과 곰 사냥을 간다. 그들의 공물이나 세금의 일부는 곰 가죽으로 치렀고, 그 마른 고기로 먹고 살았다." 사실 곰고기는 그들의 주식 가운데 하나이다. 그들은 곰고기를 소금에 절이거나 익히지 않고 먹는다. 그리고 곰의 가죽은 그들의 의복이 된다. 사실 이 주제에 대해 보고자들이 기록한 숭배는 주로 죽은 곰에게 바쳐진 것으로 보인다.

그리하여 그들은 가능한 한 언제나 곰을 살해하지만, 그 시체를 자를 때는 그들이 죽인 그 대리자인 신을 공경과 애도하는 마음으로 달래려고 애쓴다. 또 곰을 죽인 뒤에 아이누족은 꿇어앉아서 그것을 찬미하고, 경의를 표하면서 예배하고, 이나오(inao)라는 공물을 바친다. 또 곰이 덫에 걸리거나 화살에 맞아 부상을 당하면, 사냥꾼들은 사죄나 위로의 뜻이 담긴 의식을 올린다. 살해된 곰의 두개골은 그들이 사는 오두막의 성소에 안치되거나, 그 오두막 밖의 신성한 장대 꼭대기에 매달려서 숭배의 대상으로 취급된다. 이를테면 수수로 빚은 술이나 사케(sake)라는 독한 술을 곰의 두개골에 바치며 곰을 '신적 보호자' 또는 '존귀한 신'으로 부른다.

때로 아이누족은 여우의 두개골 또한 오두막 바깥의 신성한 장대에 매달아 두기도 한다. 그들은 이것을 악령을 없애는 부적으로 여기고, 길흉을 점칠 때 두개골에게 물어보기도 한다. 그러나 '살아 있는 여우는 곰만큼의 존경을 받지 못한다. 사람들은 여우를 교활한 동물로 생각하여 될 수 있으면 피하려고 한다'고 그들은 말한다.

곰은 아이누족이 신성시하는 동물이라고 말할 수 없을 뿐만 아니라 토템이라고 말할 수도 없다. 왜냐하면 그들은 자신들을 곰 씨족이라고 부르지도 않고, 그것을 자유롭게 죽여서 먹기 때문이다. 그런데 그들에게는 곰을 통해 자식을 얻은 여자의 전설이 있다. 그리고 산지에 살고 있는 대부분의 사람들은 그들이 곰의 후예라는 것을 자랑한다. 이런 사람들을 '곰의 후예'라고 부르는데, 그것을 자랑삼아 그들은 이렇게 말한다. "나는 산신의 자식이다. 나는 산을 지배하고 있는 신의 후손이다." 여기서 산신은 말할 나위도 없이 곰을 가리킨다. 따라서 이 방면의 권위자인 존 배첼러 목사가 믿는 바와 같이, 곰은 전에 특정 아이누 씨족의 토템이었을 가능성도 있다. 그러나 만일 그렇다고 해도, 이것으로는 전체 아이누족이 곰을 숭배한다고 설명할 수는 없다.

그러나 여기서 우리의 관심을 끄는 것은 아이누족의 곰 축제이다. 겨울이 다 지나갈 무렵 새끼곰을 잡아 마을로 끌고 온다. 너무 작은 놈일 때는 아이누족의 한 부인이 젖을 먹여서 기른다. 그러나 젖을 먹일 수 있는 여자가 없을 경우에는 손수 먹이를 주거나 입으로 씹어서 먹인다. 곰은 낮에는 아이들과 오두막 주변에서 놀며 무척 사랑받는다. 그러나 이 새끼곰이 사람에게 덤비거나 할퀼 만큼 자라게 되면, 튼튼한 나무우리 속에 가두어 잡아먹을 때까지 2, 3년 가량 물고기와 기장으로 만든 죽을 먹여 사육한다. 그러나 이 새끼곰이 단지 훌륭한 고기를 공급하기 위해서 사육되는 게 아니라 어떤 고귀한 존재, 즉 하나의 숭배물로서 간주된다는 사실이 참으로 놀랍다.

에조 섬에서는 주로 9월이나 10월에 축제가 거행된다. 그 축제를 거행하기 전 아이누족은 신들에게 '그 곰을 될 수 있는 대로 매우 귀중하게 취급해 왔다는 것을 말하고는 이제 더 이상 곰을 먹여 살릴 수 없어서 죽일 수밖에 없다'는 변명을 하고 사죄한다. 곰의 연회를 주최하는 사람은 자기 친척이나 친구들을 초대한다. 작은 마을에서는 온 동네 사람들이 연회에 참석하게 된다. 또 먼 마을에서 온 손님은 공짜로 술에 취할 수 있다는 기대에 유혹되어 거의 참석한다. 초대의 말은 주로 다음과 같다.

"본인 아무개는 산에 사는 사랑스럽고 신성한 것을 이제 제물로 바치려고 하나이다. 친구들과 어르신들은 이 연회석에 참석하옵소서. 이 신을 떠나 보내는 큰 기쁨을 함께 나누기를 희망합니다. 내왕하시옵소서."

초대받은 사람들이 모두 곰 우리 앞에 모이면, 선출된 한 사람이 곰에게 그를 선조들에게 보낸다는 것을 알린다. 그는 그들이 행하려는 것에 대해서 용서를 빌고, 곰이 노하지 않도록 소망하며, 곰에게 먼 여행 동안 먹을 것으로 막대를 깎아 만든 신성한 '이나오'와 과자와 술을 같이 보낸다고 하며 위로한다. 배첼러 씨가 들은 그런 이야기 가운데 하나는 다음과 같다.

"오, 신성한 신이시여, 당신은 우리의 사냥감을 마련해 주기 위해 이 세상에 보내졌습니다. 오, 당신 존귀한 작은 신이시여, 우리는 당신을 숭배합니다. 우리의 기도를 들어주소서. 우리가 많은 수고와 곤란을 겪으면서 당신을 기른 것은 당신을 사랑했기 때문입니다. 이제 당신은 크게 성장했기에 우리는 당신을 당신 부모 곁으로 보내려고 합니다. 당신이 부모에게 돌아가면 우리에 대해서 잘 말씀드리고, 우리가 친절했다는 것을 알려주십시오. 우리는 당신이 다시 우리에게 오기를 빕니다. 우리는 당신을 제물로 바칩니다."

그리고 곰을 밧줄로 묶어 우리에서 끄집어 내어 끝이 무딘 화살을 비 오듯이 쏘아 곰을 격분시킨다. 곰이 몸부림치다가 지쳤을 때, 곰을 말뚝에 묶고 재갈을 물려 목을 졸라 죽인다. 즉 두 개의 막대 사이에 곰의 목을 끼워 세게 조이는데, 모든 사람들이 힘을 모아 곰에게 압박을 가해 죽인다. 명사수가 화살 하나를 심장에 쏘아 명중시키는데, 이때 피를 흘리지 않게 해야 한다. 왜냐하면 만일 피 한 방울이라도 땅에 흘리면 매우 불길하다고 생각하기 때문이다. 그러나 때때로 남자들은 '그 곰이 지닌 용기와 그 밖의 덕을 갖기 위해서' 곰의 따뜻한 피를 마시기도 한다.

또 그들은 사냥의 성공을 기원하며 그 피를 몸이나 옷에 바르기도 한다. 마침내 곰이 몸부림치다가 죽으면, 그 가죽을 벗기고 목을 잘라 집의 동쪽 창문에 놓아 둔다. 그리고 곰의 입 앞에 곰고기 한 점과 곰고깃국, 기장떡 몇 개와 말린 물고기와 함께 차려 놓는다. 그리고 죽은 곰에게 기도를 올린다. 때때로 그 곰이 부모 밑으로 갔다가 다시 이승으로 나와 제물로 바쳐질 수 있도록 기도하는 경우도 있다.

곰이 자기 자신의 고기를 다 먹었다고 생각될 무렵에, 이 제례를 관장한 남자가 고깃국 그릇을 들어 곰에게 인사를 한 다음, 그 국 속의 고기를 참석한 군중들에게 나누어 준다. 늙은이나 젊은이 할 것 없이 모두 조금씩 먹어야 한다. 그 그릇은 방금 죽은 곰에게 바쳐진 것이기 때문에 '제물 그릇'이라고 불린다. 나머지 살코기를 요리하여 모든 사람이 똑같이 나누어 먹게 되는데, 각자는 적어도 한 입은 먹어야 한다.

이 제례에 참석이 허용되지 않는다는 것은 파문과 같은 것으로, 그 사람은 아이누족으로부터 추방되는 것을 의미한다. 전에는 뼈 이외의 곰고기의 각 부분은 잔치에서 모조리 먹어야 했으나, 오늘날에는 그 규칙이 많이 누그러졌다. 머리는 가죽을 벗겨 오두막 밖에 있는 신성한 막대 '이나오'의 옆에 있는 장대 꼭대기에 백골이 될 때까지 매어 둔다. 이들 두개골은 곰 축제 때뿐만 아니라 그것이 남아 있는 동안 숭배된다. 아이누족은 곰의 정령이 그 두개골 속에 머물러 있다는 것을 믿는다고 배첼러에게 확언했다. 따라서 그 곰의 두개골을 '신성한 보호자' 또는 '존귀한 신'으로 부른다는 것이다.

쇼이베 박사는 곰 살해 의식이 에조 또는 엣소 섬에 있는 화산만 지역의 한 마을인 쿠누이에서 8월 10일에 치러지는 것을 보았다. 이 의식 내용에 대한 그의 기술에는 앞의 보고서에서 보이지 않는 조금 흥미로운 특징이 있다. 따라서 그것을 요약할 가치가 있다고 보고 여기서 살펴보기로 한다.

오두막에 들어갔을 때 그는 외출복을 입은 약 30여 명의 아이누족 성인 남녀와 어린이들이 모여 있는 것을 발견했다. 먼저 그 집의 주인이 화로 위에 화신을 위한 헌주를 바치고, 이어 모두가 따라했다. 다음에 그 오두막 제단에 안치된 신에게 헌주를 바쳤다. 한편 곰을 기른 부인은 혼자 말없이 슬피 앉아 있다가 가끔 흐느끼곤 했다. 그 부인의 슬픔에는 전혀 가식이란 있을 수 없고 제례가 진행됨에 따라 슬픔은 더해만 갔다. 다음에 집주인과 몇 사람의 손님이 집 바깥에 나가 곰우리 앞에 헌주를 바쳤다. 술 몇 방울을 접시에 담아 곰에게 주었으나 곰은 곧 그것을 엎어 버렸다.

그리고 부인들과 소녀들이 우리 앞에서 춤을 추는데, 머리는 곰 쪽으로 돌리고, 무릎은 조금 굽히고, 발가락을 세워 깡충깡충 뛰고, 손뼉을 치면서 단조로운 노래를 불렀다. 그 부인과 많은 곰을 기른 것처럼 보이는 몇 사람의 노파들은 이따금 손을 곰 쪽으로 내밀면서 애정 있는 말을 건네고 눈물을 흘리면서 춤을 추었다. 젊은이들은 그다지 슬퍼하지 않았다. 그들은 노래 부르면서 웃고 있었다. 이 소란스러움에 놀란 곰은 슬피 울부짖으며 우리 속을 뛰어다녔다.

다음으로 아이누족의 오두막 바깥에 세워져 있는 '이나오' 혹은 '이나보스', 즉 신성한 말뚝 앞에 헌주가 올려졌다. 이 막대들은 1미터 가량의 높이인데, 그 끝은 나선형으로 깎여 있었다. 그들은 대나무 잎을 부착한 새 '이나오' 말뚝 다섯 개를 이 제례를 위해 추가로 세웠다. 이는 곰을 죽일 때에 늘 마련되는 것이다. 이 대나무 잎은 곰의 부활을 의미한다. 다음에 곰을 우리에서 끄집어 내어 밧줄로 목을 비틀어 맨다. 그리고 그 곰을 오두막 주위로 끌고 다닌다. 이러는 동안 남자들은 제사장의 지시에 따라 나무살촉이 달린 화살로 곰을 쏘았다.

쇼이베 박사도 그렇게 해야 했다. 그 다음 곰을 성스러운 '이나오' 말뚝 앞으로 끌고 와서 막대 하나를 입에 물리고, 아홉 명의 남자들이 곰의 목을 눌렀다. 5분도 못 되어 그 곰은 소리 한 마디 지르지 못하고 숨을 거두었다.

한편 부인들과 소녀들은 남자들 뒤에서 슬픔에 겨워하며 곰을 죽이는 그 남자들을 때리기도 하고 춤도 추었다. 이렇게 살해당한 곰의 시체는 성스러운 막대 앞에 있는 멍석 위에 놓였다. 그런 다음 성스러운 막대에서 칼과 화살통을 집어 곰의 목에 달아 주었다. 그 곰이 암놈이었기 때문에 목걸이와 귀걸이도 걸었다. 다음에 기장죽, 기장떡과 술사케 한 잔을 곰 앞에 바쳤다. 그리고 남자들은 멍석 위에 앉아서 죽은 곰에게 헌주를 바치고 취하도록 마셨다. 부인들과 소녀들은 모든 슬픔을 떨쳐버리고 즐겁게 춤을 추었는데, 그중에서도 노파들이 한결 즐거워했다. 잔치가 최고조에 이르렀을 무렵에, 앞에서 곰을 우리에서 끄집어 내었던 두 젊은이가 오두막 지붕 위에 올라가서 사람들이 있는 쪽으로 기장떡을 던졌다. 남녀노소를 떠나서 그것을 주우려고 앞을 다투었다.

이것이 끝나면, 곰의 가죽을 벗기고 내장을 빼낸 다음 목을 자른다. 머리 가죽은 벗기지 않고 그대로 두었다. 남자들은 피를 그릇에 받아서 열심히 마셨다. 관습으로 금지되지는 않았으나 여자들과 아이들은 그 피를 마시지 않았다. 간은 잘게 썰어서 소금을 찍어 먹는데, 여자와 아이들에게도 그 몫이 돌아갔다. 살코기와 나머지 내장들은 오두막으로 옮겨져, 하루 종일 두었다가, 다음 날 이 제례에 참석한 사람들에게 나누어졌다. 피와 간은 쇼이베 박사에게도 분배되었다.

곰의 내장을 뺄 때 부인들과 소녀들은 전날 추었던 춤과 같은 춤을 추었는데, 곰우리 둘레에서가 아니라 신성한 막대 앞에서 추었다. 이 춤이 시작되자 전날 누구보다 즐거워했던 노파들이 슬프게 눈물을 흘렸다. 사람들은 곰 머리에서 뇌수를 끄집어 내어 소금에 찍어 먹은 다음 머리에서 가죽을 벗겨 냈다. 그리고 이 두개골을 신성한 막대 옆에 있는 장대 위에 매달아 놓았다. 재갈로 썼던 막대와 그 시체에 걸어 두었던 칼과 화살통도 그 장대에 붙들어 매었다. 칼과 화살통은 한 시간쯤 지나서 떼어 냈으나, 나머지는 그대로 두었다. 그리고 의식에 참가한 모든 남녀들이 그 장대 앞에서 요란스럽게 춤을 추었다. 다시 술자리가 벌어졌는데 이번에는 여자들도 참가했다. 이것으로 제례는 끝났다.

1652년, 한 일본인 작가가 아이누족의 곰 축제에 대한 최초의 보고서를 세상에 발표했다. 그것은 프랑스 어로 번역되었는데, 다음과 같이 쓰여 있다.

"아이누족은 새끼곰을 보면 집으로 끌고 와서 부인이 자기의 젖을 먹여 기른다. 곰이 성장하면 물고기나 닭고기를 주어 기른다. 그리고 간을 얻기 위해 겨울에 죽인다. 이 곰의 간은 해독제로, 그리고 벌레물린 데, 체증, 복통약으로 효과가 있어 소중히 한다. 그 곰을 여름에 죽이면 약효도 전혀 없고 맛만 쓰다고 한다. 곰 도살은 일본력으로 1월에 시작된다. 그들은 곰의 목을 두 개의 긴 막대 사이에 끼워서 남녀 5, 60명이 목을 눌러 죽인다. 곰이 죽으면 그들은 살코기를 먹고, 간은 약으로 보존하고, 길이가 보통 3미터쯤 되는 검은 모피는 판다. 긴 것은 6미터 가량 되는 것도 있다. 곰 가죽을 벗기고 나면, 그것을 기른 사람들은 비탄에 잠기기 시작한다. 의식이 끝나면 그들은 그 피를 섞어 만든 떡을 도와 준 사람들에게 대접한다."

사할린의 아이누족도 새끼곰을 기른 다음, 위와 비슷한 의식을 거쳐서 곰을 죽인다. 그러나 그들은 곰을 신으로 숭배하지는 않고, 다만 여러 가지 임무를 부여하여 숲의 신에게 파견하는 사자로만 생각한다. 그 곰은 2년 동안 우리에서 기른 뒤에 제례 때 살해되는데, 그것은 반드시 겨울 한밤중에 거행된다. 희생제의 전날은 애도하며 보내는데, 노파들은 곰우리 앞에서 교대로 울부짖는다. 그리고 밤중 혹은 새벽에 한 사회자가 곰에게 자기들이 곰을 얼마나 잘 돌보았으며, 얼마나 맛있는 것을 먹이면서 길렀는가, 또 얼마나 물로 잘 씻겨 주었는가, 그리고 얼마나 따뜻하고 편안하게 해 주었는가를 길게 늘어놓으며 상기시키려 한다. 그런 다음 그는 이렇게 말한다.

"이제 우리는 당신을 위해 대제례를 올리려고 합니다. 두려워할 것은 없습니다. 당신을 해치는 것이 아닙니다. 우리는 단지 당신을 죽여서 당신을 사랑해 주시는 숲의 신에게 사자로 보낼 뿐입니다. 우리는 당신이 여태까지 먹어보지 못했던 최고의 음식으로 대접하고 당신을 위해서 모두들 슬퍼할 것입니다. 당신을 죽이는 사람은 우리 중에서 가장 뛰어난 사수입니다. 보시오. 그는 울면서 당신의 용서를 구하고 있습니다. 당신은 거의 고통을 느끼지 않을 것입니다. 왜냐하면 그만큼 재빨리 처리하기 때문입니다. 당신도 알다시피 우리가 당신을 언제까지나 보살펴 줄 수는 없습니다. 우리는 당신에게 할 만큼 다 했습니다. 이번에는 당신이 우리를 위해 희생할 차례입니다. 당신은 겨울에는 수달피와 검은 담비를, 여름에는 물개와 물고기를 풍부하게 보내 주도록 신에게 부탁해 주시오. 이 부탁은 절대 잊지 마시오. 우리는 당신을 사랑하고 있으며, 또 우리의 아이들도 당신을 결코 잊지 않을 것입니다."

입회자들이 막연한 감정으로 지켜보는 가운데, 곰이 그 최후의 식사를 먹을 때 노파들은 다시 울고 남자들은 울음을 억지로 삼키는 목소리를 낸다. 그리고 사람들은 위험을 무릅쓰고 곰을 밧줄로 묶어 우리에서 끌어 낸다. 그러고는 곰이 하자는 대로 우리를 세 번 돈 다음, 곰을 기른 주인집과 사회자의 집을 한 바퀴 돈다. 이것이 끝나면 곰을 말뚝에 묶는데, 그것은 보통 어느 곳에나 있는 신성한 '이나오' 말뚝으로, 장식이 되어진 나무막대이다. 사회자는 여기서 다시 곰에게 긴 이야기를 들려주는데, 때로는 날샐 때까지 계속되기도 한다. 그는 다음과 같이 외친다.

"기억하시오. 기억하시오. 당신은 평생 동안 우리가 당신을 위해 베푼 친절을 생각하시오. 이번은 당신이 우리에게 은혜를 베풀 차례입니다. 우리가 당신에게 부탁한 것을 잊지 마시오. 신이 우리들에게 풍요를 내리도록, 우리 사냥꾼들이 진기한 모피와 맛있는 동물을 잔뜩 갖고 오도록, 그리고 우리 어부들이 해변이나 바다에서 물개 떼를 발견할 수 있도록, 그들의 어망이 고기 무게로 찢어질 만큼 많이 잡히게 신들에게 부탁해 주시오. 우리가 희망을 걸 수 있는 것은 당신밖에 없습니다. 악령들은 우리를 비웃고, 우리에게 언제나 불친절하고, 악의를 갖고 대하지만, 당신 앞에서는 꼼짝도 못합니다. 우리는 당신에게 먹을 것과 기쁨과 건강을 베풀었습니다. 당신이 그 답례로 우리와 아이들에게 풍요를 가져오도록 이제 당신을 죽이고자 합니다."

이 이야기가 계속되는 동안 곰은 차츰 더 거칠어지고 흥분하여 무슨 영문인지도 모르는 채 귀를 기울인다. 곰은 나무 둘레를 뱅뱅 돌면서 슬프게 계속 우짖는다. 그때 아침 햇살이 비쳐오면, 사수가 곰의 심장을 향해 화살 하나를 쏘아 명중시킨다. 그리고 사수는 곧 활을 버리고 땅에 엎드린다. 노인들과 여자들도 그를 따라 엎드려 흐느껴 운다. 다음에 그들은 죽은 곰에게 쌀과 감자로 만든 음식을 바치고 연민어린 말을 한다. 곰이 행한 노고에 대해서 감사한 뒤에 머리와 네 발을 잘라서 성스러운 물건으로 보존한다. 그리고 곰의 살과 피의 잔치가 이어진다. 여자들은 예전에는 이 의식에 참석할 수 없었으나, 오늘날에는 남자들과 함께 참여한다.

피는 따뜻할 때 참석자 모두가 마신다. 고기를 굽는 것은 금지되었기 때문에 삶아 먹는다. 곰의 나머지 부분은 출입구를 통해 집 안으로 반입되지 못한다. 게다가 사할린 아이누족의 집에는 창문이 없다. 그래서 한 남자가 지붕 위로 올라가서 굴뚝으로 살과 머리, 그리고 가죽을 내려보낸다. 그런 다음 쌀과 감자를 곰 머리 앞에 놓고 담뱃대, 담배, 성냥을 정성스럽게 그 옆에 놓는다. 손님들은 그곳을 떠나기 전에 그 고기를 남기지 않고 모두 먹어야 하는 것이 관습이었다. 식사 때 소금과 후추의 사용은 금지되어 있으며, 개에게 곰고기를 한 점도 주어서는 안 된다. 잔치가 끝나면, 곰의 머리를 숲 속으로 가지고 가서 해골더미 위에 던져버린다. 이 해골더미는 옛날부터 이 의식 때마다 죽임을 당한 곰의 유골들로, 색이 하얗게 바랬으며 서서히 무너져 내리고 있었다.

동부 시베리아의 퉁구스(Tungus)족 가운데 하나인 길랴크족은 해마다 한 번 정월에 이와 비슷한 곰 축제를 행한다.

"곰은 온 마을 사람들의 가장 열렬한 열망의 대상으로, 그들의 종교적 의식에 중요한 역할을 하고 있다."

사람들은 늙은 암곰을 쏘아 죽이고 그 새끼곰을 마을에서 기르는데, 젖을 주어 기르지는 않는다. 곰이 충분히 자란 뒤에 우리에서 끄집어 내어 온 마을로 끌고 다닌다. 그러나 그에 앞서 먼저 강가로 데리고 간다. 그들은 그렇게 하면 물고기를 많이 잡을 수 있다고 믿는다. 그런 다음 집집마다 곰을 끌고 가는데, 각 집은 물고기나 술을 곰 앞에 바친다. 곰 앞에 절 하는 사람들도 있다. 곰이 집 안에 들어오거나, 곰에게 바친 음식물 냄새를 곰이 맡으면 행운이 온다고 여긴다. 그런데도 사람들은 끊임없이 곰을 놀려대거나 윽박지르거나 찌르거나 차거나 해서 곰을 화나게 한다.

이렇게 곰을 집집마다 끌고 다닌 뒤에, 말뚝에 붙잡아 매고 화살로 살해한다. 그리고 목을 잘라 대팻밥으로 장식하여 잔칫상 위에 놓는다. 사람들은 곰에게 용서를 빌고 경배한다. 다음에 그 고기를 삶아 훌륭하게 조각된 특별한 나무그릇에 담아 먹는다. 그들은 아이누족과는 달리 고기를 날로 먹거나 피를 마시지 않는다. 뇌수와 내장은 맨 나중에 먹는다. 대팻밥으로 장식한 두개골은 집 근처의 나무 위에 얹어 둔다. 그리고 남녀 모두 줄을 지어 곰 시늉을 하며 노래하고 춤을 춘다.

신성한 동물의 살해—곰
길랴크족은 곰에게 목숨을 잃는다면 그 혼이 곰의 육체로 옮겨진다고 믿는다. 인사이트 가이드, 「알래스카」

1856년 1월, 러시아 여행가인 폰 슈렌크와 그 일행은 테바치의 길랴크(Gilyak)족 마을에서 이러한 곰 축제를 볼 수 있었다. 이 의식에 대한 상세한 그의 보고에서 내가 앞에서 요약한 서술에 들어 있지 않은 약간의 특이한 관습이 언급되어 있다. 그가 말하는 바에 따르면, 곰은 아무르와 시베리아, 그리고 캄차카에 이르는 지역에 거주하는 여러 부족들의 생활에 매우 큰 부분을 차지하는데, 길랴크족만큼 곰을 중요시하는 부족도 없다.

곰은 아무르 계곡의 넓은 지역에 주로 서식하는데, 굶주리면 사나워져서 사람들에게 자주 나타났다. 이 때문에 이 지방에서는 곰을 가장 두려운 존재로 여겼다. 그러므로 길랴크족의 상상이 대부분 곰에 대한 것이라고 해서 이상할 것은 없다. 곰은 살아서나 죽어서나 길랴크족에게 미신적인 공포의 대상으로 후광을 받고 있는 것이다. 예를 들면, 어떤 길랴크족 사람이 곰과의 격투에서 목숨을 잃는다면, 그의 혼은 그 곰의 육체로 옮겨진다고 여긴다. 그런데도 곰고기는 길랴크족에게 여전히 매력 있는 음식이다. 그래서 그들이 곰을 잡으면 얼마 동안 기르는데, 특이한 어떤 향기를 내기 위해서 물고기를 먹이기도 한다. 그러나 후환 없이 그 진미를 맛보기 위해서 그들은 일련의 의식이 필요하다고 생각한다.

이 의식의 목적은 산 곰을 숭배하는 척 기만하거나 또는 곰에게서 떠나버린 영혼에게 경의를 표시하여 죽은 곰의 분노를 달래는 것이다. 숭배의 표시는 곰을 잡은 순간부터 시작된다. 환희 속에 잡은 곰을 집으로 끌고 와 우리에 가두면, 모든 마을 사람들이 차례로 먹이를 준다. 왜냐하면 그것은 한 사람이 사들인 것이건 잡은 것이건 간에, 어떤 의미에서 마을 전체의 공유물로 여겨지기 때문이다. 곰고기는 마을 전체의 잔치 때 제공되기 때문에 누구든지 그것이 살아 있는 동안에 먹이를 주어야 했다. 그 곰을 살려두는 기간은 그 나이에 따라 다르다. 늙은 곰은 단지 몇 개월만 기른다. 그리고 새끼곰은 성장할 때까지 기른다. 생포된 곰이 두껍게 지방층이 붙으면 이것은 축제가 가까워졌다는 신호가 되는데, 그 축제는 반드시 겨울, 즉 일반적으로 1월에 열리며 때로는 12월이나 혹은 2월에 거행되기도 한다.

이 러시아인 여행가가 목격한 축제는 며칠 동안 치러졌는데, 이 기간 중에 곰 세 마리를 도살하여 잡아먹었다고 한다. 사람들은 몇 차례 행렬을 지어 곰을 끌고 다니며 집집마다 방문했다. 이 마을 사람들은 곰을 존경하는 표시로, 그리고 곰이 환영받는 방문자라는 것을 나타내기 위해 먹을 것을 많이 주어 살찌게 했다. 그런데 곰을 끌고 방문하기 전에 길랴크족은 곰 앞에서 줄넘기를 했는데, 이것은 폰 슈렌크도 그렇게 생각한 것처럼 아마 곰에게 경의를 표시하기 위한 행동이었을 것이다.

그 세 마리의 곰을 살해하기 전날 밤에 곰을 달빛 아래 강의 얼음 위로 오랫동안 끌고 다녔다. 그날 밤 마을 사람들은 아무도 잠자리에 들지 않았다. 다음 날 다시 곰은 가파른 강둑을 따라 끌려가 부인들이 물을 긷는 얼음 구멍의 둘레를 세 번 돈 다음, 마을에서 그다지 떨어지지 않은 미리 정해진 곳으로 끌려가서 화살로 살해되었다. 제물을 바치는, 즉 곰을 처형하는 장소는 나무말뚝으로 둘러싸여 성스러운 곳으로 표시된다. 그리고 이 말뚝 꼭대기에는 대팻밥이 똘똘 말려서 드리워져 있다. 이런 종류의 말뚝은 아이누족과 마찬가지로 길랴크족에게도 모든 종교적인 의식에서 빼놓을 수 없는 의례적인 상징물이다.

축제를 벌일 집에서 죽은 곰들을 맞아들일 준비와 단장을 끝내면, 가죽을 벗기지 않은 곰의 머리를 집 안으로 갖고 들어온다. 그러나 그것은 출입구로 들여오는 것이 아니라 창문을 통해 들여온다. 그리고 곰고기를 요리할 화로 맞은편 선반 위에 그것을 걸어 둔다. 곰고기를 삶을 수 있는 자는 길랴크족의 최연장자뿐이다. 이것은 그가 누리는 최고의 특권이다. 부인과 어린이, 그리고 젊은이들은 그곳에 참가할 수 없다. 이 작업은 매우 엄숙하고도 신중하게 이루어진다.

러시아 여행가가 기록한 바에 따르면, 먼저 곰고기를 삶는 가마솥은 대팻밥으로 두텁게 감겨 있었고, 속은 눈으로 가득 채웠다. 왜냐하면 곰고기를 요리할 때 물을 사용할 수 없기 때문이다. 한편 당초무늬와 여러 종류의 조각으로 훌륭하게 장식된 커다란 나무 쟁반이 곰의 코 바로 밑에 놓였다. 이 쟁반의 한쪽 위에는 곰 모양이 부조되어 있고, 다른 한쪽 위에는 두꺼비 모양이 부조되어 있었다. 잘라낸 다리를 솥에 넣기 전에 마치 용서라도 비는 듯이 곰 머리 앞의 땅에 내려놓는다. 그리고 고기가 삶아지면 쇠갈고리로 건져올려서, 먼저 곰들에게 바치기 위해 그것을 곰 머리 앞에 있는 나무 쟁반에 담는다. 또 지방은 작게 썰어서 곰 앞에 있는 조그만 나무 쟁반에 놓았다. 나머지 내장도 모두 잘라내어 작은 그릇에 담았다. 이때 여자들은 여러 빛깔의 헝겊으로 붕대를 만든다. 해가 진 뒤에 '눈에서 흐르는 눈물을 말리기 위해' 눈 밑에 있는 곰의 코 둘레를 붕대로 감아 놓는다.

불쌍한 곰의 눈물을 닦는 의식이 끝나자마자, 길랴크족은 열심히 곰고기를 먹기 시작한다. 고기를 삶은 국물은 벌써 누군가가 먹어치웠다. 길랴크족이 곰고기나 고깃국물을 먹을 때 사용한 나무 그릇과 접시, 그리고 숟가락 등은 이 잔치에 쓰기 위해서 특별히 만든 것이다. 그것들은 곰의 모양이나 그 축제와 관계가 있는 무늬로 정성들여 장식된다. 그리고 사람들은 그것을 함부로 다루는 것에 강한 미신적인 가책을 갖고 있다. 뼈를 깨끗이 추려낸 뒤에 뼈는 고기 삶은 솥에 다시 넣는다. 식사가 끝나면, 한 노인이 손에 전나뭇가지를 들고 문간에 서서, 곰고기나 지방을 먹은 사람들이 나올 때마다 가볍게 때린다. 이것은 아마 존경해야 할 동물을 이렇게 취급한 것에 대하여 벌하는 뜻인 듯하다.

오후가 되면 부인들은 기이한 춤을 춘다. 어떤 때는 단지 한 부인만이 상체를 매우 기묘한 모양으로 굽히고, 두 손에 전나무 가지나 혹은 나무로 만든 심벌즈를 들고 춤을 춘다. 한편 다른 부인들은 곤봉으로 집의 기둥을 치면서 반주를 맞춘다. 폰 슈렌크에 따르면, 곰고기를 먹은 뒤에 가장 나이가 많은 노인이 마을에서 그다지 떨어져 있지 않은 숲 속으로 뼈와 두개골을 엄숙히 옮겼을 것이고, 두개골을 제외한 모든 뼈는 그곳에 묻혔을 것이다. 그 뒤에 어린 나무 한 그루를 지상에서 몇 센티미터쯤 높이에서 자르고, 그루터기를 쪼개어 두개골을 그 틈 사이에 밀어넣는다. 풀이 무성해서 그곳을 덮으면, 두개골은 사람들의 눈에서 사라질 것이다. 그것이 곰의 최후이다.

길랴크족의 곰 축제에 대한 또 다른 내용은 레오 슈테른베르크(Sternberg)가 기록한 것이다. 그것은 앞서 설명한 것과 전반적으로 맞아떨어진다. 그러나 약간 특이한 기술에 주의할 필요가 있다. 슈테른베르크에 따르면, 이 축제는 일반적으로 죽은 친척을 위해 행해진다고 한다. 죽은 자의 가장 가까운 친척이 새끼곰을 사거나 혹은 사로잡아서 제물로 바칠 만큼 성장할 때까지 2, 3년 동안 기른다. 이 축제에서는 어떤 특별한 손님들만이 곰고기를 먹을 수 있다. 그러나 고깃국물은 주인과 그 씨족원들도 자유롭게 먹을 수 있다. 매우 많은 양의 고깃국물이 이 축제 때에 준비되고 소비된다. 영예로운 손님은 주인의 딸이나, 그 씨족 여자들의 배우자 씨족에 속하는 사람들, 즉 사돈들이다. 이런 손님 중의 한 사람은 보통 그 주인의 사위인데, 그는 화살로 곰을 죽일 의무를 갖고 있다.

도살된 곰의 모피와 머리, 고기는 출입문으로 가져오는 것이 아니라 굴뚝을 통해 집 안으로 가져온다. 화살통을 곰 머리 앞에 놓고 그 옆에 담배와 설탕, 그리고 그 밖의 음식물을 차려 놓는다. 그러면 곰의 영혼이 제물들의 영혼을 갖고 먼 여행을 떠나는 것으로 믿는다.

곰고기를 삶을 때는 특별한 그릇을 쓴다. 불은 부싯돌과 강철로 만든 신성한 기구로 점화해야 한다. 이 신성한 기구는 씨족의 소유물이고 대대로 전승된 것인데, 이런 엄숙한 의례 이외에는 결코 사용하지 않는다. 모인 사람들에게 대접할 음식물 중에 일부는 특별한 그릇에 담아 곰의 머리 앞에 바친다. 이것을 '머리에 음식을 바치는 의식'이라 한다. 곰을 죽인 뒤에는 암수 한 쌍의 개를 제물로 바친다. 개의 목을 조르기 전에 먹을 것을 주고, 아주 높은 산꼭대기에 있는 그들의 신에게 돌아가서 가죽을 바꾸어 입고 다음 해에 곰으로 되돌아오도록 권유한다. 죽은 곰의 영혼도 같은 신에게 돌아가는데, 이 신은 동시에 원시림의 신이기도 하다. 곰의 영혼은 자기가 받은 제물을 등에 메고 개의 영혼과 그 의식에서 중요한 역할을 맡은 성스러운 말뚝 영혼 등의 시중을 받으면서 길을 떠난다.

길랴크족의 이웃 부족인 골디(Goldi)족도 거의 같은 방법으로 곰을 대한다. 그들은 곰 사냥을 나가 죽이거나 때로는 사로잡아서 우리에 가둬 먹을 것을 주고 자기의 자식 또는 형제라고 부른다. 대축제 때가 되면, 그것을 우리에서 끌어 내어 매우 정성스럽게 그 주변을 끌고 다니다가 죽여서 먹는다.

"두개골, 턱뼈, 귀는 악령을 쫓는 부적으로 나무 위에 걸어 둔다. 곰고기를 먹는 자는 누구든지 수렵에 대한 열정을 얻게 되어 용감해진다고 믿기 때문에 매우 맛있게 먹는다."

아무르 지방의 또 다른 퉁구스 부족인 오로치(Orotchi)족도 거의 같은 성격의 곰 축제를 거행한다. 새끼곰을 생포한 자는 누구든지 때가 되면 그것을 많은 사람들 앞에서 죽여 친구들과 함께 고기를 먹기 위해서 약 3년 동안 우리 속에서 곰을 기르는 것을 자기의 의무로 생각한다. 곰 축제는 개인이 여는 것이긴 하나 공식적인 것이기 때문에 각 오로치 부락에서는 해마다 교대로 그 축제를 거행한다. 창과 활과 화살로 무장한 사람들이 곰을 우리에서 끌어내어 밧줄로 곰을 묶어 집집마다 끌고 다닌다.

곰과 곰을 끌고 다니는 사람은 어느 집에서나 후한 음식 대접을 받는다. 이것은 이 마을뿐만 아니라 이웃 마을의 모든 집을 모조리 방문할 때까지 며칠 동안 이어진다. 이 기간 동안은 매일 유희와 여흥으로 떠들썩하다. 나중에 곰을 나무나 기둥에 묶고 사람들이 화살을 퍼부어 죽인다. 그리고 고기는 구워서 먹는다. 툰자(Tundja) 강의 오로치족은 여자들도 곰 축제에 참여하는 데 반해서 비(Vi) 강 유역의 오로치족 여자들은 곰고기에 손도 못 대게 한다.

이상의 여러 부족들이 곰을 대하는 방식에는 거의 종교적 숭배와 구별할 수 없는 특징이 있다. 예를 들면, 살아 있는 곰이나 죽은 곰에게 기원하는 기도가 그렇다. 곰고기를 포함한 음식물을 곰의 머리 앞에 바친다. 살아 있는 곰을 강에 데리고 가서 물고기가 풍족하기를 기대하고, 집집마다 끌고 다니면서 모든 가정이 축복되기를 바라는 길랴크족 관습이 숭배의 특징을 이룬다. 이 관습은 마치 유럽에서 봄에 5월의 나무 정령을 재현하는 인간 표상을 집집마다 끌고 다니면서 소생하는 자연의 모든 새로운 힘을 사람들에게 나누어 주는 것과 완전히 같다. 또 그 고기와 피를 엄숙하게 먹고 마시는 것, 특히 죽은 곰 앞에 놓은 뒤 성스럽게 된 음식물을 나누어 먹는 아이누족의 관습은 성찬의 관습과 일치함을 시사해 준다. 그리고 이러한 일치는 고기를 담거나 요리하기 위해서 특별한 그릇을 준비하거나, 종교적인 의식 말고는 결코 사용하지 않는 성스러운 도구로 그 고기를 요리하는 길랴크족의 관습으로도 확인된다.

그리고 아이누족의 종교에 관한 최고의 권위자인 배첼러 목사는 곰에 대한 아이누족의 존경을 숭배라고 명확하게 기록하고 있으며, 또 이 동물이 의심할 여지없이 그들의 신들 중 하나라고 확인하고 있다. 확실히 아이누족은 신을 지칭하는 '카무이'란 명칭을 자유롭게 곰에게 적용하고 있다. 그러나 배첼러 자신도 지적한 바와 같이, 이 어휘는 여러 의미를 갖고 있으며, 여러 대상에 적용되기 때문에 그 말이 곰에 적용된다고 해서 곧 그 동물이 실제로 신으로서 숭배된다고 섣불리 단정할 수는 없다. 사실상 사할린의 아이누족은 곰을 신으로 생각하지 않고 단지 신의 사자로 여길 뿐이다. 이것은 그들이 곰을 죽인 뒤 곰에게 전달할 말을 부탁하는 것으로 증명된다.

길랴크족도 그들의 안녕을 관장하는 산신령에게 보낼 선물과 함께 파견되는 사자로서 곰을 보고 있다. 동시에 그들은 곰이 마을에 있는 동안에는, 즉 그것을 사육하는 기간 중에는 언제나 잠복하여 그들의 재산을 빼앗거나 병에 걸리게 하여 육체를 파괴시키는 악령들을 추방시킨다고 믿는다. 그들은 축복을 가져다 주는, 인간보다 한 차원 높은 사실상 하나의 하위 신으로 곰을 다룬다. 또 길랴크족과 아이누족, 골디족은 공통적으로 곰고기나 피 또는 고깃국물을 먹고 마시면 이 동물의 절대적인 위력의 한 부분, 특히 그 용기와 체력을 얻을 수 있다고 믿었다. 그러므로 그들이 곰에게 최고의 존경과 애정을 가지고 대한다는 것은 조금도 이상하지 않다.

곰에 대한 아이누족의 분명치 않은 태도는, 그들이 다른 동물을 어떻게 다루는지를 검토하면 어느 정도 그 윤곽이 밝혀질 것이다. 예를 들면, 아이누족은 사람에게 닥쳐오는 재난을 그 울음소리로 경고하여 그 재난을 방비케 하는 '수리부엉이'를 수호의 선신으로 생각한다. 이와 같이 수리부엉이는 사람과 창조자 사이의 중개자로서 사랑받고 신뢰받고 또 경건하게 숭배된다.

그들이 수리부엉이에게 붙이는 각종 명칭은 그 신성과 중계자로서의 성격에 모두 의미가 있다. 아이누족은 기회가 있을 때마다 이 성스러운 새 한 마리를 사로잡아 새장에 넣어 기른다. 그리고 그것을 '사랑하는 하느님', 또는 '귀여운 작은 하느님'이라고 불러 그것을 숭배한다. 그런데 이 사랑스러운 작은 하느님을 교살하여 보다 상위의 신들이나 창조자에게 어떤 말을 전하기 위해서 중개자 자격으로 그것을 보낼 때가 온다. 다음은 바로 수리부엉이를 제물로 바칠 때 수리부엉이에게 기원하는 기도문의 한 사례이다.

"사랑하는 하느님, 우리는 당신을 사랑하기에 당신을 길렀습니다. 이제 당신을 당신 아버지의 곁에 보내려고 합니다. 우리는 오늘 여기에 먹을 것, 이나오, 술, 과자를 당신께 드립니다. 이것들을 당신의 부모님한테 가지고 가시면 매우 기뻐할 것입니다. 당신이 부모님의 곁에 도착하면 이렇게 말해 주시오. '저는 오랫동안 아이누 사람들과 함께 살았습니다. 어떤 아이누족의 아버지와 어머니께서 저를 길러 주었습니다. 저는 이제 당신 곁으로 왔습니다. 저는 많은 선물을 가지고 왔습니다. 아이누에 살고 있을 때, 저는 거기에서 그들이 겪는 온갖 고난을 보았습니다. 어떤 사람은 악령에 사로잡혔고, 어떤 사람은 들짐승에 상해를 입었고, 어떤 사람은 산사태로, 어떤 사람은 배가 난파되어 괴로움을 받았으며, 많은 사람들이 병에 걸린 것을 보았습니다. 나를 길러 준 아이누족은 매우 궁핍합니다. 아버지시여, 저의 말에 귀를 기울이시어 하루속히 아이누를 굽어보시고 그들을 도와 주시옵소서.' 이렇게 말입니다. 만약 당신이 이렇게 말한다면 당신의 아버지는 우리를 도와 주실 것입니다."

또한 아이누족은 독수리를 새장에 넣어 기르고, 그것을 신으로서 섬긴다. 그리고 사람들을 재앙으로부터 보호해 주도록 요구하면서 독수리를 제물로 바친다. 이때 그들은 다음과 같이 말하면서 기도한다.

"오, 고귀한 신이시여. 오, 신이신 새여, 제 말을 들어 주십시오. 당신은 이 세상에 살지 않습니다. 왜냐하면 당신의 집은 창조자와 그 황금독수리가 살고 있는 곳에 있기 때문입니다. 그러므로 저는 당신에게 이나오와 여러 가지 귀한 것을 바칩니다. 당신은 이 이나오를 타고 영광의 하늘에 있는 당신의 집으로 올라가옵소서. 그곳에 도착하면, 당신은 당신과 같은 신들을 불러 이 세상을 통치해 준 것에 대하여 우리를 대신하여 감사드리소서. 저는 당신에게 탄원하노니 부디 당신은 이 세상에 다시 돌아오셔서 우리를 통치해 주시옵소서. 오, 존경해 마지않은 분이시여, 조용히 가소서."

아이누족은 또 매를 숭배하여 새장에서 기르다가 제물로 바친다. 매를 죽일 때에는 다음과 같은 기도를 이 새에게 드려야 한다.

"오, 하느님이신 매여. 당신은 참으로 훌륭한 사냥꾼입니다. 당신의 지혜를 저에게 내려 주시옵소서."

매를 사육하는 동안에는 극진하게 대접하고, 매를 살해할 때에 이 형식에 따라서 기도를 드리면, 매는 틀림없이 사냥꾼을 도와 줄 것이라고 믿는다.

이와 같이 아이누족은 신성한 것으로 취급하는 동물을 살해하여 여러 방면에서 이익을 얻으려고 한다. 즉, 아이누족은 그 동물들이 천상에 있는 신들과 신의 친족에게 그를 위해서 전언해 주도록 기대한다. 그들은 그 동물 고기의 일부를 먹거나 그 밖의 다른 방법으로 그 동물이 갖는 여러 가지 힘을 얻으려고 희망한다. 또 분명히 그들은 그 동물이 이 세상에 몸을 가지고 다시 부활하기를 기대한다. 그래야만 그 동물을 다시 잡아서 살해할 수 있고, 그럼으로써 이전에 얻은 모든 이익을 다시 얻을 수 있기 때문이다. 그들이 숭배하는 곰과 독수리를 죽이기에 앞서 기도를 올려 그 동물들이 다시 돌아오기를 간청하는데, 이것은 분명히 그것이 미래에 다시 부활한다는 신앙을 나타내는 것이다. 만일 이 점에 대해서 어떤 의심이 있다면, 그것은 다음과 같은 배첼러의 말로 해소될 것이다.

"아이누족은 사냥 중에 살해하거나 제물로 바치는 새와 동물의 영혼은 다시 육체를 갖추어 이 지상에 되살아 올 것으로 굳게 믿고 있다. 또 그 동물들은 인간, 특히 아이누의 사냥꾼을 위해서 나타난다고 믿는다. 아이누족은 그 동물을 잡아먹는데, 그 이유는 다른 종류의 동물이 죽은 동물을 대신해 같은 방식으로 키워 잡아먹을 수 있기를 희망하기 때문이다. 그리고 동물을 제물로 바칠 때도 동물이 잡아먹히는 것이 마치 그 동물에게 영광이고 또 기쁨이나 되는 것처럼 그 동물에게 다시 돌아와 다음 의례 때 제물로 바치게 해 달라는 기도를 올린다. 사실상 이것이야말로 이 부족의 관념이다." 앞뒤 문맥으로 보아 알 수 있듯이 마지막 말은 특히 곰 제례에 대한 것이다.

이렇게 아이누족이 숭배하는 동물을 죽여서 기대할 수 있는 이익 중에는 현재와 미래에 있을 수많은 기회에 그 동물의 고기와 피를 얻고자 하는 데 있다. 그리고 그 기쁜 전망은 죽은 동물의 영혼 불멸과 육체적인 부활에 대한 굳은 신앙에서 나온다. 이와 같은 신앙은 세계 여러 지방의 미개 사냥꾼들이 공통적으로 갖고 있는 것이다.

따라서 이 신앙은 뒤에 이야기할 여러 진기한 관습을 발생시켰다. 이것을 설명하기에 앞서 아이누족과 길랴크족, 그리고 그의 여러 부족들이 숭배와 비탄을 표출하면서 우리 속에 길들인 곰을 죽이는 엄숙한 의식은 아마 사냥꾼들이 우연히 숲에서 살해한 야생 곰에 대해서 행하는 같은 의식의 연장이나 찬미에 불과하다는 것을 검토할 필요가 있다. 사실상 길랴크족의 사례를 볼 때, 우리는 이러한 사실을 명백하게 알 수 있다. 슈테른베르크는 이와 관련하여 다음과 같이 말한다.

"길랴크족이 거행하는 의식의 의미를 이해하려면, 흔히 잘못 가정하는 것처럼, 곰 축제는 집에서 기른 곰을 살해할 때뿐만 아니라 길랴크족이 곰 사냥에 성공한 모든 경우에도 축제가 거행된다는 것을 먼저 기억해 두어야 한다. 이런 경우의 의식은 조금 위엄이 덜 하지만 본질적인 면에서는 곰 축제와 다를 바가 없다. 예컨대 숲에서 죽인 곰의 머리와 모피를 마을로 가져올 때, 음악과 엄숙한 의식으로 개선식이 거행된다. 그들은 사냥한 곰의 머리를 집에서 기른 곰의 경우와 같이 성화된 선반 위에 안치하고 먹을 것과 제물을 바친다. 또한 영예로운 손님들도 모인다. 또 개를 제물로 바치고, 집에서 기른 곰의 경우와 같이 뼈는 정해진 곳에 묻어 존경의 표현으로서 보존한다. 따라서 앞서 설명한 곰 세 마리를 한꺼번에 죽이는 겨울의 대축제는 곰 한 마리 한 마리를 죽이는 경우에 거행하는 의식의 연장에 불과하다."

그러므로 이 부족들의 관습에서 드러나는 뚜렷한 모순, 즉 자신들이 습관적으로 사냥하고 죽이고 먹는 동물들을 숭배하고 거의 신격화하는 것은 우리가 언뜻 느끼는 것처럼 그렇게 부자연스러운 일이 아니다. 그 부족들은 그렇게 행동할 수밖에 없는 매우 현실적인 이유를 가지고 있기 때문이다. 피상적인 관찰자의 눈에 비치는 것처럼 미개인들이 비논리적이고 비실제적인 것은 아닌 것이다. 그들은 자신과 관계되는 여러 문제에 대해서 깊이 생각하고, 그것을 이론화한다. 비록 그 결론이 때때로 우리의 것과 매우 다르다 할지라도, 그들이 인생의 어떤 근본 문제에 대한 강한 인내력과 깊은 사고력을 가지고 있지 않다고 부정할 수는 없다.

그러므로 이 경우 미개인이 곰 일반을 인간에게 매우 이로운 동물로 다루고, 또 그 종의 몇몇 개체를 뽑아서 거의 신성처럼 숭배한다고 해서, 우리가 그들을 비논리적이라거나 모순을 범하고 있다고 성급하게 경멸할 것이 아니다. 도리어 우리 자신을 그들의 관점에 맞추어 그들이 보는 대로 사물을 보는 인내를 가지고, 우리의 세계관을 두껍게 채색하고 있는 선입관을 제거하도록 노력해야 한다. 그렇게 한다면 우리는 미개인의 행동이 우리의 눈에 어리석은 것으로 보일지라도, 그들이 보통 한정된 그들의 경험과 조화를 이루는 일련의 이론에 근거하여 행동한다는 것을 발견하게 될 것이다. 나는 이것을 다음 장에서 설명하려고 한다.

즉 아이누족과 동북아시아의 다른 여러 부족들이 행하는 엄숙한 곰 축제는 미개인들이 소박한 철학의 원리에 따라서 자신이 잡아먹는 동물들에게 관례적인 존경을 표하는 것을 보여주는 인상적인 사례에 지나지 않는다는 것을 제시하고자 한다.

제53장
야생동물에 대한 사냥꾼들의 위로

미개인들은 영혼은 내재하며 사실상 불멸한다는 이론에 근거한 생명관을 단지 사람에게만 국한한 것이 아니라, 생명이 있는 창조물 일반에까지 적용했다. 보통 자신만이 불멸의 특권을 갖고 있으며 동물들에게는 없다고 주장하는 문명인보다 미개인은 훨씬 너그럽고 아마 보다 논리적일 것이다. 미개인들은 교만하지 않다. 그들은 보통 동물도 인간과 같이 감정과 지성을 부여받았다고 믿었으며, 또 사후까지 생존하여 실체 없는 정령으로서 떠돌거나 동물의 몸으로 다시 태어난다고 믿었다.

이와 같이 살아 있는 모든 것을 완전히 인간과 같은 처지에서 생각하는 미개인들은 어떤 동물을 죽이고 먹는 행위에 대해 우리와 매우 다르게 생각하고 있었음이 틀림없다. 우리는 동물의 지성이 인간의 지성에 훨씬 미치지 못하고, 또 동물에게는 불멸의 영혼이 없다고 생각한다. 이와는 달리 동물을 죽이는 원시 사냥꾼은 그 소박한 철학적 이론에 따라 자신이 자기가 죽인 동물 정령, 또는 그 동물 전체에게 복수를 당할 위험에 처할 것이라고 생각한다. 동물들도 인간과 마찬가지로 동족이라는 유대와 피의 복수에 대한 의무로 결속되어 있어서, 자신의 종족에게 가한 해를 앙갚음할 것으로 여긴 것이다. 따라서 미개인들은 죽여야 할 절박한 이유가 없는 동물과, 또 그 동족을 죽인 것에 대해서 피의 보복을 할 우려가 있는 사납고 위험한 동물은 죽이지 않는 것을 규칙으로 삼는다.

이를테면, 악어가 바로 미개인들이 회피하는 동물이다. 이렇게 악어를 회피하는 풍습은 더운 나라들에서만 발견된다. 이곳은 일반적으로 먹을 것이 풍부해서 미개인은 딱딱하고 맛없는 고기를 얻을 필요가 없고, 따라서 악어를 죽일 이유도 없다. 그러므로 미개인들은 악어의 생명을 되도록 빼앗지 않는 것이 관습이다. 악어를 살해하는 경우는 피의 복수의 규칙을 따를 때만, 즉 악어에게 살해당한 동족의 원수를 갚을 때뿐이다. 예를 들면, 보르네오의 다약족은 악어가 먼저 사람들을 죽이지 않는 한 절대로 악어를 죽이지 않는다. 그들은 다음과 같이 말한다.

"그와 그 친족들이 매우 쉽게 악어에게 보복할 수 있는데, 굳이 공격해야 할 필요가 어디 있겠는가? 그러나 만일에 악어가 사람 목숨을 앗아간다면, 악어에게 보복하는 것은 유족의 신성한 의무라고 생각하여 범법자를 쫓는 경찰관의 정신으로 사람을 잡아먹은 악어를 덫으로 잡는다. 그 경우에도 다른 사람들은 물러서서 자기와 관계 없는 싸움에 끼어들기를 매우 꺼린다. 사람을 잡아먹은 악어는 정의의 네메시스(Nemesis)의 추적을 받는다고 믿는다. 그래서 누군가 어느 한 마리라도 잡으면, 사람들은 그것이 곧 죄를 저지른 악어이거나 또는 그 공범자라고 확신한다."

마다가스카르 섬의 토착민도 다약족과 같이 "악어가 그들의 동료를 살해하지 않는 한 결코 악어를 죽이려고 하지 않는다. 그들은 이 동물 중의 한 마리를 이유 없이 죽이면, '동해복수법(lex talionis)', 즉 '탈리온 법칙'의 원칙에 따라 반드시 인명이 해를 당하게 된다" 이렇게 믿고 있다. 마다가스카르 섬의 이타시 호수 근처에 사는 사람들은 해마다 악어에게 선포식을 행한다. 그들은 악어가 동료를 죽이면 그 수만큼 악어를 죽여 보복할 것이라고 선포하고, 또 선량한 악어하고는 조금도 싸울 의사가 없고, 단지 인명을 앗아가는 잔인한 악어들하고만 싸울 것이니 멀리 떨어져 있도록 경고한다.

마다가스카르 섬의 여러 부족들은 자기들을 악어의 후예로 생각한다. 이 비늘 있는 파충류를 사실상 인간이나 그들의 형제로 여기는 것이다. 만일 이 동물 중의 한 마리가 분수를 모르고 자기의 친족인 인간을 잡아먹으면, 부족의 추장이나 그가 부재 중일 때는 부족의 관습에 능통한 장로가 사람들을 물가로 이끌고 가서 범죄자에게 정의의 무기로 응징하겠다고 선언한다. 그리고 갈고리에 먹이를 꿰어 강이나 호수 속에 던진다. 그 다음 날 죄를 저지른 악어나 그 일행의 한 마리가 강가로 끌려나와 심한 추궁을 받아 사형선고가 내려지고 처형된다. 이와 같이 정의의 요구는 충족되고, 율법의 존엄이 입증된다. 죽은 악어를 마치 친족이나 되는 듯이 애도하며 매장한다. 그 유해 위에 무덤을 만들고, 악어의 머리 위치를 표시하는 돌을 세운다.

호랑이 또한 미개인이 회피하는 위험한 동물 중 하나다. 그 한 마리를 죽이

원시 사냥꾼들은 자기가 죽인 동물의 정령 또는 그 동물의 동족들에게 복수를 당할 위험이 있다고 생각하여, 보복을 할 수 있는 사납고 위험한 동물은 죽이지 않는 것을 규칙으로 삼는다. 인사이트 가이드, 「스리랑카」

면 다른 호랑이의 적개심을 자극할 수 있기 때문이다. 수마트라 원주민들은 자기 방어를 위해서, 또는 호랑이가 원주민의 친구나 친척을 죽인 바로 뒤가 아니면, 어떤 일이 있어도 호랑이를 잡거나 해치려고 하지 않는다. 유럽인이 호랑이 덫을 놓을 때에 그 근처 부족 사람들은 밤중에 그 현장에 가서, 그 덫은 자기들이 놓는 것이 아니고 또 자기들의 동의에 의한 것도 아님을 알린다고 한다. 벵골 만에 있는 라자마할 근처의 언덕에 사는 주민들은 호랑이에게 친족이 잡아먹히지 않는 한 이 동물을 죽이려 하지 않는다. 친족이 잡아먹히는 사고가 났을 경우에는 호랑이 사냥을 나간다. 그리고 호랑이 사냥에 성공하면 화살을 시체 위에 놓고 살해된 친족에 대한 보복으로 이 짐승을 죽였다는 사연을 신에게 고하면서 기도한다. 그리고 호랑이가 그같은 도발 행위를 저지르지 않는 한 다시는 호랑이를 공격하지 않을 것을 맹세한다.

캐롤라이나 인디언들은 뱀을 만나면 죽이려고 하지 않고, 길 옆으로 비켜 지나간다. 그 이유는 뱀을 죽이면, 뱀의 친족이 그들의 형제나 친구 또는 친척들 가운데 누군가를 죽여 복수한다고 믿기 때문이다. 세미놀 인디언들도 방울뱀을 죽이지 않는다. 체로키족 인디언들은 방울뱀을 뱀족의 추장으로 믿고 두려워하며 숭배한다. 부득이한 경우를 제외하고는 체로키족은 방울뱀을 죽이려 하지 않는다. 만일 죽이는 경우에도 자기 스스로 또는 사제의 중개를 통해서 일정한 방식에 따라 그 뱀의 영혼에게 용서를 구하며 속죄해야 한다. 이런 조치를 취하지 않으면 죽은 뱀의 친척 중 한 마리가 복수자로 파견되어 살해자를 습격하여 물어 죽인다고 믿는다.

또한 체로키족은 누구나 감히 늑대를 죽이려고 하지 않는다. 왜냐하면 그들은 살해된 짐승의 친척은 반드시 복수를 하며, 늑대를 죽일 때 쓰인 무기는 주술사에 의해 정화하지 않으면 사용하지 못한다고 믿기 때문이다. 그러나 어떤 사람들은 그러한 범죄에 대한 속죄 의식을 알고 있기 때문에 아무런 처벌도 받지 않고 늑대를 죽일 수 있다. 그래서 가축이나 물고기 덫이 늑대의 습격으로 피해를 받을 경우에 사람들은 때때로 그들을 고용하기도 한다. 동부 수단의 제벨누바 지방에서는 영국의 검은지빠귀를 닮은 검은 새의 둥우리에 손을 대거나 새끼를 치우는 것을 금한다. 이를 어기면 어미새가 추수를 망치는 폭풍을 일으켜 복수를 한다고 사람들은 믿었다.

그러나 미개인들은 분명히 동물을 죽이지 않고는 살아갈 수 없다. 그는 그 동물 중의 어떤 것을 잡아먹어야 한다. 만약 그렇지 않으면 굶어 죽는다. 그래서 그가 죽느냐, 동물이 죽느냐의 큰 문제에 부딪힐 경우에는, 그들도 신앙적 거리낌을 제쳐놓고 하는 수 없이 동물의 생명을 빼앗는다. 동시에 그는 자신의 제물이 된 그 동물과 그 동물의 동족을 위로하기 위해서 가능한 일은 무엇이든지 감행한다. 예컨대 동물을 죽일 때도 그는 동물에 대해서 존경의 마음을 나타내고, 죽일 수밖에 없는 자신의 입장을 변명하거나 혹은 그 책임을 감춘다. 그리고 자신이 살해한 동물의 시체를 명예롭게 다룰 것을 약속한다. 이와 같이 죽음의 공포를 제거하면서 그는 그 희생자에게 운명을 감수하도록 달래고, 또 그 동물의 동족들도 유인하여 살해하려는 것이다.

예를 들면, 캄차카 반도의 원주민들은 먼저 동물의 용서를 구한다. 그들은 동물에게 결코 나쁘게 생각하지 말도록 기원하지 않고서는 육지의 동물이나 바다의 동물을 절대로 죽이지 않는다. 그리고 그들은 또한 그 동물이 희생되는 것이 아니라 축제의 손님이 되는 것으로 생각하도록 삼나무 열매 따위를 바친다. 그들은 이렇게 하면 같은 종류의 다른 동물들이 머뭇거리는 것을 막는다고 믿었다. 즉, 그 동물들이 꺼리지 않고 사람들 앞에 나타난다는 것이다.

예를 들면, 곰을 죽이고, 그 고기로 잔치를 베푼 뒤에 그 잔치의 주인은 그 곰의 머리를 잎으로 싸서 다른 여러 가지 장식물들과 함께 참석한 사람들 앞에 내어 놓는다. 그리고 그들은 곰이 죽게 된 책임을 러시아인들에게 돌려 곰의 노여움을 그쪽으로 돌린다. 동시에 그들은 자기들이 죽인 곰이 얼마나 좋은 대접을 받았는가를 다른 곰들에게 알려 주고, 다른 곰들도 두려워 말고 오도록 요청한다.

물개나 강치(sea–lion) 그리고 그 밖의 동물들도 캄차카 반도의 주민들에게 같은 의식으로 존경을 받았다. 그들은 곰풀과 비슷한 식물의 가지를 그들이 죽인 동물의 입 속에 쑤셔 넣는다. 그리고 이빨을 드러내 놓고 있는 두개골을 향해 두려워하지 말고 자기 동료들에게 가서 그들도 자신처럼 붙잡혀서 훌륭한 대접을 받는 것이 얼마나 좋은지를 말하도록 권유한다.

오스탸크(Ostiak)족은 곰을 사냥하여 죽인 다음에 그 머리를 잘라 나무에 걸어 놓는다. 그리고 그 주변에 둘러서서 엄숙한 기도를 올린다. 그리고 슬픈 목소리로 다음과 같이 말한다.

"누가 당신을 죽였습니까? 그건 바로 러시아인입니다. 당신의 목을 자른 것은 무엇입니까? 바로 러시아인의 도끼입니다. 당신의 가죽을 벗긴 것은 무엇입니까? 그것은 바로 러시아인이 만든 칼입니다." 이러면서 그들은 곰의 시체 쪽으로 다가간다. 그들은 또 날아가는 화살을 더 빨리 날게 한 새털은 그들도 모르는 새에게서 나온 것이고, 그들은 단지 화살을 쏘았을 뿐이라는 것을 설명한다. 그들이 이렇게 말하고 행동하는 것은 이렇게 곰을 달래지 않으면 살해된 곰의 망령이 다음 기회에 그들을 습격한다고 믿기 때문이다. 또 그들은 죽은 곰의 가죽 속을 건초로 채우기도 한다. 그리고 조롱과 멸시하는 노래로 승리를 축하하고, 또 그 동물에 침을 뱉고 발로 찬다. 그런 다음 뒷발로 그 동물을 세워 놓는다. 그리고 오랫동안 죽은 곰을 수호신 대하듯 모든 존경의 마음을 표시한다.

코랴크족은 곰이나 늑대를 죽이면, 그 가죽을 벗겨서 그들 중의 누군가 한 사람이 그것을 뒤집어 쓴다. 그리고 그 동물을 죽인 것은 자기들이 아니라 다른 사람, 예컨대 러시아인이라고 말하면서 가죽을 쓴 사람의 둘레를 춤추면서 돈다. 여우를 죽였을 때에는 그 가죽을 벗겨서 시체를 풀로 감싼다. 그리고 죽은 여우에게 자기가 얼마나 따뜻한 환영을 받았는지, 어떻게 낡은 옷 대신에 새 옷을 받았는지를 친구 여우들한테 가서 말하도록 부탁한다.

코랴크족의 의식에 대한 보다 상세한 설명은 훨씬 후대의 저술가에 의해서 기록되었다. 그 저술가의 말에 따르면, 살해된 곰을 집으로 가져올 때, 여자들은 횃불을 들고 춤추면서 그것을 맞으러 나온다고 한다. 머리부터 가죽을 벗기면 한 여인이 그 곰 가죽을 뒤집어 쓰고 춤을 추면서 사람들에게 성내지 말고, 친절하게 대해 주소서' 이렇게 곰에게 간청한다. 그리고 나무 그릇에 곰고기를 담아 죽은 곰에게 "친구여, 잡수십시오" 말하면서 바친다. 이어 죽은 곰 혹은 그 정령을 그의 고향으로 보내는 의식을 거행한다. 이제부터 여행하게 될 곰을 위해서 풀 망태에 소시지 모양의 음식과 사슴고기를 준비한다. 그런 다음 사람들은 곰 가죽 속에 건초를 채우고 집 둘레를 돈다. 이렇게 하면 곰의 영혼은 솟아오르는 태양을 향해 떠난다는 것이다. 이런 의식의 목적은 살해한 곰과 그 동료들의 노여움에서 사람들을 지키고, 앞으로 있을 곰 사냥의 성공을 보장하려는 데 있다.

핀(Finn)족은 살해된 곰에게 자기들이 살해한 것이 아니라 나무에서 떨어졌거나 또는 다른 사고 때문에 죽은 것이라고 설득한다. 그뿐만 아니라 그들은 곰을 위해서 장례식을 거행한다. 그리고 그 의식이 끝날 때쯤 노래 부르는 사람이 이제까지 사람들이 곰에게 표시한 존경심을 상세히 설명한다. 그들은 죽은 곰에게 다른 곰들도 그 곰처럼 이곳에 와서 죽으면 이처럼 후한 대접을 받는다는 것을 다른 곰들에게 전해 달라고 설득한다. 랩족은 곰을 성공적으로 죽이면, 그들이 해를 입지 않았다는 것과 곰에게 치명상을 준 곤봉이나 창 따위가 손상되지 않았다는 것에 대해서 곰에게 고마움을 표시한다. 그리고 그들은 곰이 폭풍을 일으키거나, 그 밖의 다른 방법으로 그들을 파멸로 몰아넣지 말도록 기도한다. 그것이 끝나면 곰고기로 잔치를 베푼다.

정기적으로 잡아먹는 곰에게 보내는 사냥꾼의 이러한 숭배는 베링 해협에서 라플란드에 이르기까지 구대륙의 북부 전역에 걸쳐서 볼 수 있다. 이것은 북아메리카에서도 비슷한 형태로 나타난다. 아메리카 인디언들에게 곰 사냥은 매우 중요한 행사인데, 이에 앞서 장기간의 단식과 정화 의식이 수반된다. 그들은 사냥하기에 앞서 먼젓번 사냥 때 살해된 곰들의 영혼에 속죄의 제물을 바치고, 사냥꾼들에게 호의를 보이도록 청원한다. 사냥꾼들은 곰을 죽이면 담배 파이프에 불을 붙이고, 파이프를 곰의 입에 밀어 넣은 뒤, 대롱 속으로 바람을 불어 넣어 곰의 입 안에 연기를 가득 채운다. 그리고 살해된 것에 대하여 격분하지 않도록, 그리고 앞으로의 사냥을 방해하지 말도록 곰에게 간청한다. 곰고기는 통째로 구워서 먹는데, 한 조각도 남길 수 없다. 곰 머리를 빨강과 청색으로 칠하여 말뚝 위에 걸어 놓고, 살해한 곰에게 온갖 칭찬을 늘어놓는다.

오타와족의 곰 씨족은 곰을 죽이면 곰고기로 제물을 바치면서 다음과 같이 말한다. "우리가 당신을 죽였다고 원한을 품지 마시오. 당신은 우리 아이들이 굶주리고 있다는 것을 잘 알 것입니다. 우리 아이들은 당신을 좋아하고, 뱃속에 당신을 넣어 두고 싶어합니다. 추장의 아이들에게 먹히는 것은 명예가 아닙니까?"

브리티시컬럼비아의 누트카 인디언들은 곰을 죽이면 그것을 집 안으로 운반하여 대추장 앞에 세워 놓는다. 그리고 곰 머리 위에 추장의 관을 씌우고 몸에는 하얀 털을 뿌린다. 그리고 음식이 들어 있는 쟁반을 그 앞에 놓고 말과 몸짓으로 먹을 것을 권한다. 그것이 끝나면 가죽을 벗기고 고기를 삶아 먹는다.

정기적으로 곰을 잡아 죽이는 사냥꾼들은 다른 위험한 동물에 대해서도 비슷한 존경심을 표시한다. 카프레족 사냥꾼들은 코끼리에게 화살을 비 오듯이 퍼부을 때 다음과 같이 소리친다.

"위대한 지도자시여, 우리를 죽이지 마시오. 추장이시여, 우리를 때리거나 밟지 마시오."

코끼리가 죽으면 그것은 완전히 사고사였던 것처럼 꾸며 여러 가지로 변명한다. 성대한 의식을 치르면서 존경의 표시로 코끼리의 코를 땅에 파묻는다. 그들은 코를 묻는 이유를 다음과 같이 말한다.

"코끼리는 대왕이시다. 그 코는 그의 손이다."

아막소사 카프레족은 코끼리를 공격하기에 앞서 코끼리에게 큰 소리를 지르고, 그들이 코끼리를 존경한다는 것을 표시하고, 자기들은 구슬을 얻거나 필수품을 보급하기 위해서 꼭 상아가 필요함을 분명히 설명한다. 그리고 이제부터 시작하려는 살해에 대해서 용서를 구한다. 코끼리를 죽인 다음에 그들은 코끼리의 코끝과 상아를 팔아서 얻은 몇 가지 물품을 땅에 파묻는데, 이렇게 하는 것은 자기들에게 닥쳐올지도 모를 재앙을 피하기 위한 것이다.

동부 아프리카의 몇 부족은 사자를 죽이면, 그 시체를 왕 앞으로 가져간다. 왕은 땅에 엎드려 얼굴을 그 짐승의 코에 문질러서 존경을 표시한다. 서아프리카의 두서너 지방에서는 어떤 이가 표범을 죽이면, 그 사람을 표범을 죽인 죄로 묶어서 추장 앞으로 끌고 온다. 그는 동료인 표범을 살해한 죄로 추궁 받는다. 그러나 그는 표범은 숲의 두목이고, 따라서 이방인이 아니냐고 자신을 변호한다. 그러면 그는 석방되고 상까지 받는다. 한편 살해된 표범은 추장의 관을 씌워 마을에 세워 둔다. 그리고 그날 밤에 표범을 위하여 춤을 춘다. 바간다족은 그들이 살해한 들소의 정령을 매우 두려워하여 언제나 그 위험한 정령을 달랜다. 그들은 살해된 들소의 머리를 마을이나 바나나 밭에 절대로 들이지 않으며, 소의 머릿고기는 반드시 들에서 먹는다. 그 뒤에 그들은 두개골을 그 목적을 위해 세운 작은 오두막에 안치하고, 술을 제물로 바치고, 그곳에서 정령이 자기들에게 해를 끼치지 않도록 기도한다.

미개 사냥꾼이 즐겁게 사냥을 하면서도 공포와 전율을 느끼는 또 다른 무서운 동물은 고래이다. 동북 시베리아 해안에 거주하는 코랴크족은 고래를 죽인 뒤에 합동으로 의례를 올리는데, 그 의식의 주요한 부분은 다음과 같다.

"살해당한 고래가 그 마을을 찾아온다는 것, 그리고 잠시 머무르는 동안에 마을 사람의 존경을 받는다는 것, 그리고 다음 해에도 그 방문을 반복하기 위해서 다시 바다로 되돌아간다는 것, 그리고 자기가 받은 친절한 대접을 동료인 다른 고래들에게도 알려서 그 고래들을 이 마을로 찾아오도록 유혹할 것이라는 등의 생각으로 이루어졌다. 코랴크족의 관념에 따르면, 고래도 다른 동물과 마찬가지로 부족, 또는 한 종족을 만들고는 코랴크족과 같이 촌락을 이루어서 살고 있다고 여긴다. 따라서 고래는 동족 중 하나가 살해되면 복수를 시도하기도 하고, 또 고래가 받은 친절에 대해서는 감사의 생각을 갖기도 한다고 여긴다."

마다가스카르 섬의 북방에 있는 세인트메리 섬의 주민들은 고래를 잡으러 갈 경우에 공격의 목표를 새끼고래에 둔다. 그들은 어미고래에게 그들이 새끼고래를 죽여야 하는 까닭을 말하고, 그리고 새끼고래를 잡을 때 어미고래는 아무쪼록 바다 밑으로 내려가 주기를 부탁한다. 그 장면을 보면 어미의 감정이 폭발하기 때문이다.

서부 아프리카 아줌바(Ajumba)족의 사냥꾼들은 아징고 호수에서 암컷 하마를 죽였을 때에는 그 하마의 머리를 자르고 네 발과 내장을 제거한다. 그리고 사냥꾼은 발가벗고 온통 피로 물든 하마의 늑골 속으로 들어가 무릎을 꿇고 앉아 전신을 그 동물의 피와 배설물로 씻으면서, 암컷 하마의 영혼에게 앞으로 어미가 될 소망을 꺾은 것에 대해서 원한을 품지 않도록 기도한다. 또한 다른 하마들이 그 하마의 죽음으로 복수심을 일으켜 카누를 들이받거나 뒤엎지 말도록 그 영혼에게 간청했다.

브라질 인디언들은 표범과 비슷한 살쾡이를 두려워한다. 살쾡이가 잔인하게 약탈을 잘하기 때문이다. 그 살쾡이를 덫으로 잡으면 그들은 그것을 죽여서 시체를 마을로 가지고 온다. 부인들은 그 시체를 여러 색깔의 깃털로 장식하고, 발에는 팔찌를 끼우고, 그리고 슬피 울면서 다음과 같이 말한다.

"당신은 무지 탓으로 붙잡혀 살해된 것이니 우리 자식들에게 복수하지 마십시오. 왜냐하면 우리가 당신을 속인 것이 아니라 당신이 속은 것이니까요. 우리 남편들은 단지 맛이 있는 다른 동물을 잡기 위해서 덫을 놓았을 뿐입니다. 우리는 당신이 그것에 걸려들리라고는 생각조차 못했습니다. 그러니 당신은 우리 자식들에게 복수하지 않도록 동료들에게 전해 주시오!"

블랙풋족 인디언들은 덫으로 독수리를 잡아 죽이면, '독수리 집'이라고 불리는 특별한 오두막에 그것을 가지고 들어간다. 그곳에서는 벌써 독수리를 환영하기 위한 준비를 갖춰 놓았다. 그들은 죽은 독수리들을 한 줄로 땅 위에 늘어놓고 머리를 막대로 받쳐들게 한 다음, 죽은 독수리들의 정령이 동료들에게 가서 그들이 인디언에게서 좋은 대접을 받았다는 것을 말해 주도록 각 독수리의 주둥이에 마른 고기 한 조각씩 넣어 준다. 오리노코 지방의 인디언 사냥꾼들도 동물을 죽이면, 그 입을 벌려 보통 그들이 마시는 술 몇 방울을 떨어뜨린다. 이것은 죽은 동물의 영혼이 그 친구들에게 가서 그가 받은 환대를 말하여 친구들도 같은 환대를 받을 수 있다는 희망에 솔깃해서 빨리 죽으러 오도록 하기 위한 것이다.

테턴(Teton)족 인디언들은 여행 중에 회색 거미나 노란색 발을 가진 거미를 보면 죽인다. 그렇게 하지 않으면 재앙이 온다고 믿기 때문이다. 그러나 그들은 거미를 죽일 때 거미를 죽이려 한다는 것을 거미가 모르도록 세심한 주의를 한다. 만일 거미가 그 사실을 알아채면, 그 영혼이 동료들에게 말해서 동료들 중의 누군가가 반드시 복수를 할 것이라고 믿기 때문이다. 그래서 거미를 눌러 죽일 때 인디언은 이렇게 말한다.

"아, 할아버지 거미여, 당신을 죽이는 것은 바로 벼락님입니다."

거미는 바로 살해되고, 인디언은 자신들이 말한 대로 믿는다. 그 영혼은 아마 다른 거미들에게 달려가서 벼락이 자기를 죽였다고 말할 것이다. 따라서 아무런 재앙도 일어나지 않을 것이다. 어떻게 거미 따위가 벼락에게 저항할 수 있겠는가?

그러나 미개인들이 위험한 동물하고만 우호적인 관계를 유지하기를 바라는 것은 아니다. 미개인의 야생동물에 대한 존경심은 어느 정도 그 동물의 힘과 사나움에 비례한다. 예를 들어, 캄보디아의 미개인인 스티엔(Stien)족은 모든 동물이 영혼을 지녀서 사후에 떠돌아다닌다고 믿기 때문에, 동물을 죽였을 때는 영혼이 찾아와 그들을 괴롭히지 않도록 반드시 용서를 구한다. 그리고 그들이 제물을 바칠 때도 그 제물은 동물의 크기와 힘에 비례한다. 코끼리를 죽였을 때에 행하는 의식은 그야말로 성대하게 7일이나 계속 이어진다. 북아메리카 인디언들도 같은 차등을 두고 있다.

"곰과 들소, 그리고 수달은 먹을 것을 공급해 주는 신, 즉 '마니도(manido)' 이다. 곰은 무서우나 고기맛이 좋다. 그들은 곰이 살해당해 잡아먹히는 것을 좋아하지 않는다는 것을 알지만, 곰에게 그 고기를 먹게 해달라고 용서를 비는 의식을 행한다. '우리는 당신을 죽이지만 당신 종족은 절대로 전멸되지 않는다' 라고 그들은 기도한다. 곰의 머리와 앞발은 숭배의 대상이다. 위험하지 않은 여러 동물의 '마니도' 들은 이따금 멸시를 받는다. 자라와 족제비, 그리고 스컹크 같은 것이 그렇다."

이러한 차별은 시사적이다. 두려움의 대상이 되는 동물이나 맛이 좋은 동물, 또는 그 양쪽을 겸한 동물은 경건한 의식으로 존경을 받는다. 그러나 무섭지도 않고 맛도 없는 동물은 멸시받는다. 우리는 두렵고 동시에 맛이 좋은 동물에 대한 존경심을 예를 들어 설명했다. 이제 먹을 수 있거나 가죽이 비싼 동물 또한 비슷한 존경이 표시된다는 것을 밝힐 때이다.

시베리아의 검은 담비 사냥꾼들은 담비를 잡았을 때 아무에게도 보여 주지 않는다. 그들은 잡은 검은 담비를 이러쿵저러쿵 평하면, 앞으로 한 마리의 검은 담비도 잡히지 않는다고 믿는다. 한 사냥꾼은 검은 담비가 멀리 모스크바만큼 떨어진 곳에서도 자기들에 대하여 하는 말을 들을 수 있다고 믿는다. 그 사냥꾼은 오늘날 검은 담비 사냥이 부진한 주요한 이유가 살아 있는 검은 담비 몇 마리가 모스크바에 보내졌기 때문이라고 말했다. 그곳에서 검은 담비는 괴상한 동물이라고 이상스러운 눈총을 받았는데, 검은 담비는 그것을 참을 수 없었다는 것이다. 그는 검은 담비 사냥이 부진한 또 다른 원인이 비록 작은 이유이기는 하나, 옛날보다 세상이 훨씬 나빠져서 오늘날 사냥꾼들이 자기가 잡은 것을 공동 사냥물에 내놓지 않고 그대로 감추어 두는 데 있다고 주장한다. 이것 또한 검은 담비가 참을 수 없는 일이라고 그는 말한다. 알래스카 사냥꾼들은 검은 담비와 비버(바다삵)의 뼈를 개가 다니지 않는 곳에 1년 동안 보존했다가 그 뒤에 정중하게 파묻는다. 이는 비버와 검은 담비를 지키는 정령이 그 뼈가 경솔하게 다루어진다고 생각되면, 앞으로 그것들을 잡을 수 없게 하기 때문이다.

캐나다 인디언들도 비버의 뼈, 적어도 그 뼈의 일부분을 개에 물리지 않도록 세심하게 주의한다. 그들은 열심히 비버의 뼈를 모아 보존한다. 그리고 비버가 그물에 잡히면 그 뼈를 강에 던져 버린다. 인디언들은 비버가 자기의 뼈가 어떻게 처리될지 모른다고 설명한 예수회 선교사에게 다음과 같이 말했다.

"당신은 비버 사냥에 대해서 아무것도 모르면서 지껄이고 있소. 비버가 죽기 전에 그 영혼이 그를 죽이는 사람의 오두막에 들어와서 그가 자기 뼈를 어떻게 취급하는지 자세히 지켜본단 말이오. 만일 뼈를 개에게 주기라도 하면, 다른 비버들에게 이것을 알려 앞으로 사람들에게 잡히려고 하지 않을 것이오. 그 반대로 뼈를 불이나 강물 속에 던지면 그들은 대단히 만족스럽게 여겨서 즐거운 마음으로 그물에 걸려들 것이오."

그 인디언들은 비버를 잡기 전에 먼저 비버 대왕에게 엄숙한 기도를 드리고 담배를 바친다. 그리고 사냥이 끝나면, 설교자가 죽은 비버를 애도하며 장례 설교를 한다. 그는 비버의 용기와 지혜를 찬양하여 말한다.

"당신에게 명령하던 추장, 즉 당신을 모든 비버 전사들 가운데서 뽑은 그 추장의 목소리를 당신은 이제 들을 수 없습니다. 주술사만이 이해할 수 있는 당신의 목소리도 이제 호수 밑바닥에서 들려오지 않습니다. 당신은 이제 잔인한 강적인 수달과 싸우지 않아도 됩니다. 그러나 당신의 모피는 무기를 사는 데 필요하오. 우린 훈제한 당신의 고기를 아이들에게 가져다 줄 것입니다. 우리는 단단한 당신의 뼈를 개가 물게 하지 않을 것입니다."

아메리카 인디언들은 같은 이유로 큰 영양과 사슴, 그리고 큰 사슴을 숭배한다. 그들은 그 동물들의 뼈를 개에게 주거나 불에 태워서는 안 된다. 또 그 동물들의 지방덩이를 불 위에 던져서도 안 된다. 왜냐하면 죽은 동물의 영혼이 자기 뼈가 어떻게 처리되는지를 보고, 살아 있는 동료나 죽은 동료에게 알린다고 믿기 때문이다. 이 동물들은 자기 시체가 학대받으면 현세와 내세에서도 잡혀주지 않는다고 한다. 파라과이의 치퀴트(Chiquite)족 인디언의 주술사가 병자에게 사슴고기나 바다거북의 고기를 버린 적이 없었느냐고 질문을 한다. 만일 그가 그런 적이 있다고 대답하면, 주술사는 이렇게 말한다.

"너를 죽이고 있는 것은 바로 그것이다. 사슴이나 바다거북의 영혼이 네가 저지른 악한 일에 대해 복수하려고 몸 속에 들어온 것이다."

캐나다 인디언들은 사냥철이 임박하지 않는 한 사슴 태내의 새끼는 먹지 않는다. 그것을 먹으면 어미사슴이 수치를 느껴 잡히려고 하지 않는다는 것이다.

인도 제도의 티모르라우트 섬에서는 어부가 잡은 바다거북의 두개골을 모두 처마 아래에 걸어 놓는다. 어부는 다음에 고기를 잡으러 가기 전에 그가 가장 최근에 죽인 바다거북의 해골에게 말을 걸고, 그 턱 사이에 참마를 집어넣고서 바다에 있는 동료들을 꾀어 내 잡히도록 해달라고 기도한다. 중부 셀레베스의 포소 지방에서는 사냥꾼들이 그들이 죽인 사슴이나 멧돼지의 턱뼈를 보존하여 집 안의 화롯가에 걸어 둔다. 그리고 턱뼈에게 말한다.

"당신의 할아버지와 조카들, 그리고 아이들이 도망치지 않도록 당신의 동료들에게 소리쳐 알리시오."

죽은 사슴과 멧돼지의 영혼은 그 턱뼈 근처를 맴돌면서 주위에 살아 있는 사슴이나 멧돼지의 영혼을 꾀어 내 사냥꾼의 덫에 걸리게 한다는 것이 그들의 생각이다. 교활한 미개인들은 그와 같이 살아 있는 동물을 유혹할 미끼로 죽은 동물을 이용하는 것이다.

그란차코의 렝구아족 인디언들은 타조 사냥을 좋아한다. 그러나 그들이 타조 한 마리를 죽여서 마을에 가지고 돌아올 때, 그들은 원한을 품고 있을 타조의 영혼을 속이기 위해서 여러 방법을 찾는다. 그들은 죽음이라는 자연적인 충격이 사라지면, 타조의 영혼이 그 시체에서 달아난다고 생각한다. 인디언들은 이 관념에 따라서 타조의 가슴 깃털을 뽑아서 간격을 두고 길에 뿌린다. 그러면 그 영혼은 깃털이 던져질 때마다 멈추어 다음처럼 생각한다는 것이다.

"이 털은 내 몸의 전체일까, 아니면 일부일까?"

이 의문이 타조에게 휴식을 준다. 타조의 영혼이 모든 털을 하나하나 생각하다가 귀중한 시간을 다 썼을 때쯤이면 사냥꾼들은 안전하게 마을에 도착하게 된다는 것이다. 기만당한 영혼은 헛되이 마을 주변을 떠돌 뿐이다. 그 영혼은 이미 마을로 뛰어들 용기는 사라졌다고 믿는다.

아메리카 인디언들은 그들이 숭배하는 큰사슴의 시체나 뼈를 함부로 하면 죽은 동물의 영혼이 다른 동료에게 알려 잡혀 주지 않는다고 믿는다. 인사이트 가이드, 「알래스카」

베링 해협 부근의 에스키모는 물개와 해마, 그리고 고래와 같은 바다 짐승의 영혼이 그 방광에 붙어 있고, 이 방광을 바다로 되돌려 주면 되살아나 번식하여 사냥감들이 늘어난다는 것이다. 이 믿음 때문에 모든 사냥꾼들은 자기가 죽인 모든 바다짐승의 방광을 반드시 잘라서 보존한다. 그리고 해마다 겨울에 열리는 엄숙한 축제 때가 되면, 광장에 모여 춤을 추면서 한 해 동안 잡은 모든 바다짐승의 영혼이 깃들어 있는 방광에게 음식물을 대접한 뒤, 그것을 얼음 구멍을 통해 물 속으로 던진다. 에스키모들이 이렇게 하는 이유는 이와 같이 환대를 받은 동물들의 영혼이 다시 물개나 해마, 그리고 고래로 환생하여 기꺼이 사냥꾼들에게 다시 창이나 작살에 찔리거나 잡히기 위해 모여든다고 믿기 때문이다.

같은 이유로 생계 대부분을, 혹은 부분적으로 어업에 의존하는 부족은 물고기를 정성을 다하여 숭배한다. 페루 인디언들은 "가장 많이 잡는 물고기를 숭배한다. 그 까닭은 '저 위의 세계'(천국을 그들은 그렇게 부른다)에서 창조된 최초의 물고기는 모든 종류의 물고기를 낳았으며, 부족의 생존을 위해서 그 후손들을 풍부하게 보내 준다고 생각하기 때문이다. 이런 이유로 그들은 다른 물고기보다 정어리를 숭배한다. 마찬가지로 홍어를 숭배하는 지방도 있고, 돔발상어를 숭배하는 지방도 있다. 또 아름답다는 이유로 금빛 물고기를 숭배하기도 한다. 어떤 곳에서는 가재를 숭배하기도 한다. 또 물고기가 없거나 물고기를 잡는 방법을 모르는 지방에서는 더 큰 신들이 없기 때문에 게를 섬긴다. 간단히 말해서 그들은 그들에게 가장 이로운 물고기를 신으로 숭배한다."

브리티시컬럼비아의 콰키우틀족 인디언들은 연어를 죽이면 그 영혼이 반드시 연어의 나라로 돌아간다고 생각한다. 그리하여 그들은 뼈나 고기 찌꺼기를 바다 속에 던지는데, 이는 그것이 연어로 다시 태어난다고 믿기 때문이다. 만일 뼈를 태우면 그 영혼은 없어져서, 연어가 부활할 수 없다는 것이다. 마찬가지로 캐나다의 오타와족 인디언들은 죽은 물고기의 영혼이 다른 물고기의 몸으로 옮겨간다고 믿으며, 물고기 영혼의 감정을 거스르게 되면 그 물고기는 다시 잡히지 않는다고 해서, 물고기 뼈를 태우지 않는다.

휴런족은 물고기 뼈를 태우면 그 영혼이 다른 물고기에게 잡히지 않도록 주의를 줄 우려가 있다고 하여 불에 굽는 것을 매우 삼간다. 또 부족에는 물고기에게 설교하여 그들에게 잡히도록 설득하는 사람들이 있다. 훌륭한 설교자를 그들은 너도 나도 데려가려고 한다. 왜냐하면 그들은 현명한 사람의 설득은 물고기를 유혹하여 그물에 걸리게 하는 데 무척 큰 효험을 갖고 있다고 믿기 때문이다. 프랑스의 선교사 사가르가 머물던 휴런족의 어떤 어촌에서는 물고기를 설득하는 설교자가 자신의 웅변을 자랑했는데, 그것은 참으로 대단한 것이었다. 설교자는 매일 저녁 식사 뒤에 한자리에 모인 마을 사람들이 완전히 침묵을 지키는 것을 관찰한 뒤 물고기에게 설교를 시작한다. 그의 설교 주제는 휴런족이 물고기 뼈를 태우지 않는다는 것이었다.

"그는 기이한 종교적 열정으로 그 주제를 확대한다. 그리하여 그는 물고기들을 존경하고 그 뼈를 태우지 않는 친구에게 물고기들이 봉사하는 것은 의무이기 때문에 두려워하지 말고 잡히라고 권고하고 유인하고 초대하고 간청했다."

듀크오브요크 섬의 원주민들은 매년 카누를 꽃과 양치류로 장식하고, 조개화폐를 신거나 혹은 실었다고 가정하면서, 지금까지 잡아먹은 그 물고기들에게 보상하기 위해 그것들을 바닷물 위에 띄워 보낸다. 다른 물고기들을 달래기 위해서 특히 처음 잡은 물고기를 후하게 대우할 필요가 있다. 이런 행동은 나중에 잡히게 될 물고기에게 영향을 미친다고 여긴다. 그래서 마오리족은 언제나 '다른 물고기들이 찾아와 잡히도록 권고해 달라는 기도'를 드리고, 처음에 잡은 물고기를 다시 바다로 놓아 준다.

물고기가 그 계절의 최초의 것일 경우에 취하는 예방 수단은 한결 엄숙하다.

연어가 잡히는 강에서 봄에 고기가 강을 거슬러 올라올 때, 북아메리카 태평양 연안의 인디언과 같이 주로 물고기로 생활을 영위하는 부족들은 그 물고기를 대단히 숭배하며 맞아들인다. 브리티시컬럼비아 인디언들은 연어가 강으로 올라오기 시작할 때에 첫 물고기를 영접하러 나가곤 한다. 그들은 연어에게 이렇게 말하면서 문안 드린다.

"여보시오 고기님들, 여러분들은 모두 추장들이십니다."

알래스카의 틀링깃(Thlinkeet)족은 제철에 잡힌 최초의 넙치를 조심스럽게 추장으로 예우하며 말을 건넨다. 그리고 그것을 기리는 의례를 올린 다음에 고기잡이를 시작한다.

캘리포니아의 카로크족은 봄이 되어 부드러운 남풍이 불기 시작하면서 연어가 클래머스 강을 거슬러 올라올 때에 풍어를 위해서 춤을 춘다. 카레야(Kareya), 즉 '신의 인간'으로 불리는 인디언 중의 한 사람이 산에 들어가서 10일 동안 단식한다. 이 사람이 마을로 돌아오면 사람들은 도망치고, 그는 강에 가서 처음으로 잡은 연어를 조금 먹고 나머지는 습기 찬 오두막 안에 마련된 성화로 불을 붙인다.

"만일 가족들이 굶주리더라도 인디언들은 이 의식이 끝날 때까지, 그리고 의식이 끝난 뒤 열흘 동안 연어를 잡을 수 없다."

카로크족은 또한 다음의 것을 믿는다. 창을 간수하기 위한 오두막을 만드는 데 쓰이는 막대를 강가에서 모을 때에는 강가로 가지 않는다. 왜냐하면 그것을 연어가 보게 되면 다음에 연어를 잡지 못하게 된다고 믿기 때문이다. 그 막대는 가장 높은 산꼭대기에서 가져와야 한다. 그런데 다음해에도 같은 막대로 오두막을 짓거나 작살로 사용하면, "늙은 연어들이 어린 연어들에게 그것을 말해주기 때문에" 어부는 헛수고만 하게 된다고 여긴다.

5월에서 6월경에 아이누족이 살고 있는 강가에 나타나는 고기가 있는데, 아이누족들은 그것을 매우 좋아한다. 아이누족은 정화 의식의 규칙을 지키면서 고기잡이 준비를 한다. 그들이 고기잡이에 나갈 때, 집에 남은 부인들은 반드시 침묵을 지켜야 한다. 만약 그렇게 하지 않으면 부인들의 소리를 듣고 고기들이 달아난다고 믿는다. 첫 물고기가 잡히면 어부들은 그것을 집으로 갖고 온다. 그러나 그들은 그 물고기를 출입문으로 가지고 들어오지 않고, 오두막 끝에 뚫려 있는 작은 구멍을 통해서 안으로 갖고 들어온다. 만일 그것을 출입문으로 갖고 들어오면, 다른 고기들이 그것을 보고 달아나기 때문이다. 이것은 다른 미개인들이 어떤 경우에 사냥물을 집 안으로 들여올 때 출입문이 아니라 창문이나 굴뚝 구멍, 혹은 오두막 뒤에 특별히 만든 구멍을 사용해야 한다는 관습을 부분적으로 설명해 준다.

어떤 미개인들이 사냥물의 뼈와 그들이 일상적으로 먹는 동물의 뼈를 숭배하는 특별한 이유는, 그 뼈를 간직하면 미래에 그것이 다시 살덩어리가 붙어 소생한다는 믿음에서다. 그래서 뼈를 파손하는 것은 앞으로 사냥물을 감소시키는 일이 되므로 그들은 자신의 이익을 위해서 뼈를 그대로 보존하는 것이다. 대부분의 미니타리 인디언들은 살해하여 살을 발라낸 들소 뼈는 다시 살이 붙어 생명을 얻고, 살이 쪄서 이듬해 6월에 다시 나타난다고 믿는다. 그래서 아메리카의 서부 대초원에서는 들소의 두개골이 원으로 또는 좌우 대칭적으로 정돈되어 부활을 기다리고 있는 것을 볼 수 있다.

다코타(Dacota)족은 개를 잡아 잔치를 벌인 다음에 조심스럽게 그 뼈를 모아서 닦고 씻은 뒤에 파묻는다.

"알다시피 이렇게 하는 이유는, 한편으로는 개 한 마리로 잔치를 베푼 것이 결코 개들을 존중하지 않아서가 아니라는 것을 다른 개들에게 입증하기 위해서고, 또 한편으로는 그 동물의 뼈는 소생해서 다른 한 마리의 개가 된다는 믿음에서 비롯한 것이다."

랩족은 어떤 동물을 제물로 바쳤을 때 반드시 뼈와 귀, 심장과 성기(그 동물이 수컷일 경우), 그리고 사지에서 떼어 낸 고기 몇 점을 따로 간직해 둔다. 그리고 고기를 먹은 뒤에 그 동물을 바친 신이 땅 밑에 있는 죽은 자들의 세계인 '자브메아이모(Jabme-Aimo)'에서 뼈에 살을 다시 붙여 생명을 회복시켜 준다고 믿고, 그 뼈와 나머지를 해부학적 순서로 관 속에 넣어 보통 의식으로 매장한다. 그들은 가끔 곰고기로 잔치를 벌인 뒤에도 그와 같이 뼈를 묻는 것에 만족한다. 랩족은 살해된 동물의 부활이 저승에서 이루어진다고 믿는다.

이것은 캄차카 반도 원주민들도 같다. 캄차카 반도 원주민들도 모든 동물들은 가장 작은 파리에 이르기까지 모두 죽음에서 부활하여 지하에서 산다고 믿는다. 이에 반해서 북아메리카 인디언들은 동물의 부활을 이 세상에서 구한다. 특히 몽고 계통의 여러 부족에서 치러지는 관습, 즉 제물로 바친 동물의 가죽 속에 무엇을 집어넣거나 그 가죽을 기둥에 걸어놓는 관습은, 동물의 부활이 이 세상에서 이루어지기를 바라는 부활 신앙을 가리킨다.

일반적으로 미개인들이 먹거나 제물로 바치는 동물의 뼈를 파손하는 것을 반대하는 이유는 그 동물이 반드시 부활한다고 믿기 때문이거나, 같은 종의 다른 동물을 위협하고 살해된 동물의 영혼을 노하게 하는 것을 두려워하기 때문이다. 북아메리카 인디언과 에스키모들이 동물 뼈를 개에게 주지 않는 것도 아마 뼈의 파손을 예방하기 위한 것이라고 볼 수 있다.

그러나 죽은 사냥물의 부활을 원치 않는 경우도 있는 듯하다. 어떤 사냥꾼들은 동물의 허벅지 힘줄을 잘라 그 동물이나 영혼이 일어나서 도망치는 것을 막음으로써 부활을 방해한다. 라오스 쿠이(Koui)족의 사냥꾼들이 주장하는 그러한 관습의 동기는 다음과 같다. 그들에 의하면 사냥에 나가서 그들이 외우는 주문의 효험이 없어질지도 모르고, 또 그 결과로 살해된 동물이 살아나서 도망칠지도 모른다는 것이다. 그러므로 그 재난을 막기 위해서 사냥물을 죽이자마자 허벅지의 힘줄을 잘라 버린다.

알래스카의 에스키모들은 여우를 죽였을 때, 여우의 영혼이 부활하여 걸어가는 것을 막기 위해서 다리의 모든 힘줄을 조심스럽게 잘라 버린다. 그러나 조심성 많은 미개인들이 희생 동물의 영혼을 무기력하게 하기 위한 방법으로 단지 힘줄을 자르는 것만을 사용한 것은 아니었다. 그 옛날 아이누족은 사냥을 나가서 첫 여우를 잡으면 그 입을 단단히 동여매는데, 그것은 여우의 영혼이 빠져 나가 다른 여우들에게 사냥꾼이 접근한다는 것을 알려 주는 것을 막기 위한 것이다. 아무르 강변의 길랴크족은 그들이 살해한 물개의 영혼이 자기를 죽인 사람들을 알아 봐서 그 사람의 사냥을 방해하고 결국 그 사람에게 복수할 우려가 있다 하여 죽인 물개의 눈을 뽑아 버린다.

미개인들에게는 그 위력과 사나움 때문에 두려워하는 동물과, 기대할 수 있는 이익 때문에 숭배하는 동물 말고도 때로는 숭배를 하고 제물을 바쳐 그 영혼을 달래야 할 필요가 있다고 생각하는 동물들도 있다. 농작물이나 가축을 해치는 해충이나 해로운 동물이 바로 그것이다. 농부들은 그 무서운 적의 피해로부터 벗어나기 위해서 여러 미신적인 고안에 기댄다. 그 방법 중에는 그런 해로운 것들을 죽이거나 위협하는 것과, 농작물을 풍작케 하고 가축을 살찌게 해달라고 그 해로운 것들을 달래거나 설득하는 방법이 있다.

예를 들어, 외젤 섬의 에스토니아 농민들은 곡물에 큰 해를 끼치는 곤충인 바구미를 무척 두려워한다. 그들은 바구미에 좋은 이름을 붙인다. 그리고 만일 아이들이 그것을 죽이려고 하면 "그러지 마라, 우리가 그것을 죽이면 죽일수록 그것은 더욱 우리를 해친다" 말한다. 그들은 바구미를 보면 죽이지 않고 땅에 파묻는다. 사람에 따라서는 그것을 들판의 돌 밑에 놓고 곡물을 바치기도 한다. 그들은 이렇게 하면 벌레가 해를 덜 끼친다고 믿는다.

트란실바니아의 색슨족은 참새를 농작물에 접근시키지 않기 위해 씨 뿌리는 사람이 맨 처음 뿌리는 씨 한 줌을 머리 너머로 던지면서 "참새야, 그건 네 몫이다" 말하고 본격적으로 씨를 뿌리기 시작한다. 또한 곡물을 잎벌레의 피해로부터 막기 위해서 눈을 감고 세 줌의 귀리를 여기저기에 뿌린다. 잎벌레에 그런 공물을 바쳤기 때문에 그는 그 벌레들이 농작물을 해치지 않으리라고 확신한다.

새나 짐승, 그리고 벌레로부터 농작물을 보호하는 트란실바니아의 방법은 다음과 같다. 농부가 씨를 뿌린 뒤에, 그는 빈손으로 씨뿌리는 흉내를 내면서 밭의 구석구석을 다시 돌아다닌다. 그리고 "나는 이것을 너희들을 위해 뿌린다. 나는 이것을 아버지이신 하느님의 이름으로 날아다니고 기고 걷고 서로 울고, 그리고 뛰는 모든 짐승을 위하여 뿌린다" 이렇게 말한다.

다음에 설명하는 것은 벌레를 밭에서 쫓는 독일의 방법이다. 해가 진 뒤나 한밤중에 그 집의 주부나 가족 중의 다른 여자가 빗자루를 끌면서 밭을 온통 걸어다닌다. 그 여자는 뒤를 돌아보아서는 안 되고, "안녕하세요, 풀쐐기 어머님, 바깥 주인과 함께 교회에 가시지요" 계속 중얼거린다. 밭의 문은 다음 날 아침까지 열어 둔다.

농부들은 해충을 다룰 때 한편으로는 가혹하게 다른 한편으로는 너그럽게 다루는 중용을 발휘한다. 즉, 그는 친절하게 다루지만 가끔 야무진 맛을 보여 주어 자비와 혹독함을 조절하는 것이다. 고대 그리스의 어떤 농업서는 자신들의 토지를 쥐의 피해로부터 막으려는 농부들에게 다음 사항을 권유한다.

"한 장의 종이를 꺼내어 다음과 같이 써라. '이곳에 있는 쥐들아, 나는 너에게 엄중히 명한다. 우리들에게 해를 끼치지 말라. 그리고 다른 쥐에게도 그렇게 하지 말라고 해라. 우리는 너에게 저 편의 밭을 주겠다(여기서 땅을 정확히 지정해야 한다). 그러나 만일 너를 다시 붙잡으면, 나는 신들의 어머니의 이름으로 너를 일곱 조각으로 갈기갈기 찢으리라.' 이렇게 기록해서 해가 뜨기 전에 밭

가운데 있는 쪼개지지 않은 돌 위에 그 종이를 붙이고, 글씨가 쓰인 쪽을 위로 향하도록 하라."

아르덴 고원에서는 쥐 피해를 피하기 위해 다음처럼 되풀이한다.

"숫쥐야, 암쥐야. 위대한 신의 이름으로 너에게 명하노라. 내 집에서, 내 모든 거처에서 나가라. 이러이러한 곳으로 옮겨가 그곳에서 너의 생애를 마쳐라."

그리고 이와 같은 내용을 종이에 적고, 그것을 접어서 한 장은 쥐가 나가는 문 밑에, 그리고 또 한 장은 쥐가 지나가는 길에 둔다. 이 의식은 해가 솟을 때에 행해야 한다.

몇 해 전, 아메리카의 어떤 농부도 쥐들에게 권고장을 보냈다고 한다. 그 내용은 그의 농작물이 부족하여 겨울 동안에 쥐들을 먹여 살릴 수 없다는 것, 그리고 이제까지는 쥐들에게 할 바를 다했으나 수확이 매우 적으니 제발 쥐들 스스로를 위해서라도 이곳을 떠나 곡식이 많은 이웃집으로 가 줄 수 없겠느냐는 것이었다. 그는 이 편지를 쥐들이 읽도록 자기 곳간 기둥에 핀으로 붙여 두었다고 한다.

때로는 퇴치하고자 하는 동물 한두 마리를 잡아서 특별히 대우하고, 반대로 나머지는 혹독할 만큼 엄격히 다루면 기대한 바대로 목적을 이룰 수 있다고 생각되는 경우가 있다. 동인도 제도의 발리 섬에서는 밭을 못쓰게 만드는 쥐를 대량으로 잡아서 사람을 화장하듯 태워 버린다. 하지만 그중에서 두 마리만은 살려 흰 아마포의 작은 꾸러미 속에 싼다. 사람들은 신을 대하듯이 그 앞에 절을 하고는 그것을 놓아 준다.

사라와크의 다약족이나 이반(Iban)족은 새나 벌레가 농작물에 심한 피해를 주면, 해를 끼치는 종(種)의 동물 한 마리(예를 들어 참새 한 마리와 메뚜기 한 마리 식으로)를 잡는다. 그러고는 이 못된 손님을 먹을 것을 풍족하게 실은 나무껍질로 된 작은 배에 넣어서 강물에 띄워 보낸다. 이렇게 해서도 그 귀찮은 것들을 쫓지 못하면, 다약족은 더 효력이 있다고 생각되는 방법을 쓴다. 그것은 실물과 같은 크기로 만든 진흙 악어를 밭에 놓고, 먹을 것과 술, 옷을 대접한 뒤, 닭·돼지를 제물로 바치는 것이다. 그들은 이런 환대를 받고 감격한 그 무서운 동물이 즉각 농작물을 먹어치우는 모든 작은 동물들을 해치울 것이라고 생각했다.

알바니아에서는 밭이나 포도원이 메뚜기나 풍뎅이로 말미암아 황폐하게 되면, 여자들이 머리를 풀어헤친 채 모여 그 벌레 몇 마리를 잡아서 장례를 치루는 시늉을 하고, 행렬을 지어 연못이나 강에 가서 빠뜨려 버린다. 그리고 부인들 가운데 한 사람이 "우리보다 앞서 간 메뚜기와 풍뎅이여" 이런 노래를 부른다. 그러면 나머지 부인들도 그 노래를 되풀이하여 합창한다. 이와 같이 몇 마리의 메뚜기와 풍뎅이의 장례식을 올리면, 그 곤충 전체가 죽게 된다는 것이다.

시리아에서는 쐐기벌레가 포도원이나 밭을 해치면, 처녀들이 모여 벌레 한 마리를 잡고 한 처녀가 그 벌레의 어머니 역할을 한다. 그리고 애도하면서 그 벌레의 장례를 치른다. 그 뒤에 그들은 벌레들이 모조리 밭을 떠나도록 하기 위해서 그 '어머니'를 위로하면서 벌레가 있는 밭으로 이끈다.

제54장
동물 성찬의 유형

1 이집트형과 아이누형

이제 우리는 곰에 대한 아이누족과 길랴크족의 모호한 행동을 이해할 수 있는 단계에 온 듯하다. 앞에서 이미 우리가 인간과 하등 동물 사이에 세우는 뚜렷한 경계선이 미개인들에게는 없다는 것에 대해 설명한 바 있다. 미개인들은 그 사나운 힘뿐 아니라 지적 능력에서도 인간 외의 다른 여러 동물들이 자신들과 동등하거나 또는 뛰어난 존재라고 생각한다. 그래서 선택에 따라서든 필요에 따라서든 동물의 생명을 빼앗는 경우, 스스로의 안전을 고려해서 단지 살아 있는 동물뿐만 아니라 죽은 동물의 정령에게도 될 수 있는 대로 피해를 끼치지 않아야 한다고 생각한다. 미개인들이 이렇게 생각하는 것은, 마치 미개인의 한 부족이 그 부족원에게 가해진 위해나 모욕에 대해서 복수하는 것과 마찬가지로, 동물들도 그 종족 중 한 마리에 가해진 모욕을 보복한다고 믿기 때문이다.

이미 살펴보았듯이, 미개인들이 자신들이 죽인 동물들에게 피해를 보상하는 방법들 중 하나는 그 동물과 같은 종 가운데서 선택된 한 마리를 남달리 숭배하는 것이다. 이 행동으로써 그들은 나머지 같은 종류의 동물을 손에 닿는 대로 죽여도 아무런 보복을 당하지 않을 것이라고 여겼던 것이다. 이 원리는 모순되어 보이는 곰에 대한 아이누족의 태도를 설명해 줄지도 모른다. 곰고기와 가죽은 때마다 그들에게 음식물과 옷감을 마련해 준다. 그런데 곰은 지혜롭고 힘 센 동물이므로, 그 종족에게 여러 동료의 죽음으로 말미암은 손실에 대해 보상할 필요가 있는 것이다. 그리고 그 보상은 새끼곰을 길러 살아 있는 동안에는 존경하여 잘 대우하고, 애도와 숭배심을 특별히 드러내며 살해하는 것으로 이루어진다. 이렇게 하면 다른 곰들은 위로받고 동족의 죽음 때문에 그 살해자를 공격하거나, 그 지역을 떠나 아이누족의 생계 수단을 빼앗는 식으로 보복하지 않을 것이라고 여긴다.

이와 같이 원시적인 동물 숭배는 두 가지 형태를 취하는데, 그 형태는 어떤 점에서는 서로 상반된다. 즉, 한편에서는 동물을 숭배하여 살해하거나 먹지 않는다. 이와 달리 동물을 관례적으로 살해하고 먹기 때문에 숭배하기도 한다. 이 두 숭배의 형태를 볼 때, 우리는 미개인들이 동물을 숭배하는 목적은 그 동물에게서 받는 적극적 이익과 소극적 이익을 얻고자 하는 데 있음을 알 수 있다.

동물을 잡아먹지 않고 숭배할 때의 이익은 동물이 사람에게 베푸는 보호와 충고, 그리고 원조와 같은 적극적인 형태와, 그 동물이 사람에게 끼치는 피해로부터 면하려는 소극적인 형태의 이익이 발생한다. 반면 동물을 잡아먹고 숭배할 때의 이익이란, 동물의 고기와 가죽이라는 물질적인 형태로 얻은 것을 의미한다. 이 두 숭배의 형태는 어느 정도 정반대이다. 즉, 동물은 숭배받기 때문에 잡아먹히지 않는 반면에, 잡아먹히기 때문에 숭배받기도 한다. 그러나 이것은 우리가 북아메리카 인디언에게서 본 바와 같이, 두 가지 형태를 모두 보여 주는 부족도 있다.

북아메리카 인디언들은 분명히 토템 동물을 숭배하기 때문에 그 대상이 되는 동물은 죽이지 않는 반면에, 그들이 먹는 동물이나 물고기도 마찬가지로 숭배한다. 오스트레일리아의 원주민들은 우리가 알고 있는 가장 원시적인 형태의 토테미즘을 갖고 있다. 그러나 그들이 북아메리카 인디언들과 같이 그들이 먹는 동물을 달래려는 뚜렷한 증거는 없다.

오스트레일리아 원주민들이 풍부한 사냥물의 공급을 확보하기 위해서 사용한 방법은 위로가 아니라 북아메리카 인디언들과 같이 공감주술에 그 기초를 두고 있다. 그리고 오스트레일리아 원주민들은 인류의 진보 단계에서 확실히 아메리카 인디언들보다 한결 미개한 초기 단계에 있음을 보여준다. 그렇기 때문에 오스트레일리아 사냥꾼들은 풍부한 사냥물을 확보하는 방법으로 그 동물을 숭배해야겠다고 생각하기보다는 공감주술로 그 목적을 이루려고 한 것 같다.

이 사실은 바로 공감주술이야말로 인간이 필요에 따라 자연의 모든 힘을 이용하려고 노력한 가장 초기 방법 가운데 하나라는 것을 보여 준다. 그렇게 믿을 만한 충분한 이유가 있는 것도 사실이다.

앞서 설명한 동물 숭배의 두 가지 다른 형태에 대응하여 동물신을 죽이는 관습에도 두 가지 다른 형태가 있다. 그 하나는 숭배되는 동물을 죽이지 않는 경우인데, 이 경우에도 특별한 때는 그것을 죽이고 가끔 먹기까지 한다. 이러한 관습의 실례는 이미 제시했으며 설명도 한 바 있다. 그 두 번째는 숭배되는 동물을 살해하는 경우로, 그 동물 중의 한 마리를 살해하는 것은 신을 죽이는 것을 의미하기 때문에 그 자리에서 사죄를 하고 제물을 바치면서 속죄한다. 특히 그 동물이 힘이 세고 위험한 동물일 때는 더욱 그렇다. 그리고 이러한 일반적인 속죄 말고도 해마다 특별한 속죄를 실시한다. 이때는 그 종족 중에서 선출된 한 마리가 그들의 대단한 숭배와 신뢰를 받으면서 살해당한다.

이 두 가지 성스러운 살해 형태를 구별하기 위해서 이집트형과 아이누형이라고 불러도 좋을 것이다. 그러나 자칫하면 관찰자에 따라 이 둘을 혼동하기 쉽다. 그래서 어떤 예가 어떤 유형에 속하는지를 알려고 하기 전에 성찬식을 위해 살해되는 그 동물이 평소에는 소중하게 여겨지는지, 상습적으로 살해되는지를 확인할 필요가 있다. 동물의 생명을 소중히 여기는 것이 이집트형 성찬이고, 그렇지 않고 죽이는 것이 아이누형 성찬이다.

유목민들의 관습은 두 가지 성찬식 유형을 모두 제시해 준다. 아돌프 바스티안(Adolf Bastian)은 다음과 같이 말한다.

"유목민들은 때때로 동물의 뼈를 무례하게 다루는 이방인들에게 그들의 동물을 팔아야 하는 일도 있으므로, 동물들에게 가한 신성을 보상하려고 한다. 즉, 그들은 그 동물 중에서 한 마리를 숭배의 대상으로 성화하고, 그 고기를 가족들만 모여 문을 잠그고 성찬으로서 먹는다. 그런 다음 그 동물의 뼈를 숭배하는 의식을 치른다. 이 의식은 엄밀하게 하면 그 동물 한 마리 한 마리에게 의식적 존경을 바쳐야 하나, 편의상 뽑힌 동물에게 존경을 표시하고, 모든 동물에게 표시한 것으로 간주한다. 이런 종류의 가족적인 성찬식 식사는 여러 부족들, 특히 코카서스의 부족 사이에서 보인다.

아브하즈(Abchase)족 목동들은 봄이 오면 허리띠와 물통을 손에 들고 공동으로 식사를 하는데, 이것을 성찬으로도 볼 수 있고, 또 상호 원조나 상호 부조의 서약으로도 볼 수 있다. 왜냐하면 모든 서약 중에서 가장 강력한 것이 바로 신성한 음식을 함께 먹으면서 나눈 약속인데, 서약을 깨뜨린 사람은 자기 몸 속에 음식물과 함께 들어가 동화된 신의 복수를 절대로 피할 수 없기 때문이다."

이런 성찬은 그 동물 한 개체를 학대한 것에 대하여 그 종족 전체에게 속죄하는 것을 뜻하기 때문에 아이누형, 즉 속죄형에 해당된다. 그리고 원리는 이 유형과 같으나 세부적인 면에서는 다른 속죄형이 있는데, 양고기를 주식의 하나로 삼는 칼무크(Kalmuck)족의 양에 대한 속죄가 그렇다. 부유한 칼무크족은 '하늘의 숫양' 또는 '정령의 숫양'이란 이름으로 흰 숫양을 성화하는 관습이 있다. 이 숫양은 절대로 털을 깎거나 팔지 않는다. 그러나 그 동물이 늙어 주인이 새 숫양을 성화하고 싶을 때에는 이웃들을 초청한 가운데 늙은 숫양을 죽이고 연회를 베풀어 그것을 나누어 먹는다. 그 시기는 주로 양이 살찔 가을의 어느 길일을 택해, 주술사가 그 늙은 숫양에게 젖을 뿌린 뒤 죽인다. 그 고기를 먹은 다음, 뼈는 지방 일부와 함께 흙의 제단 위에서 불태운다. 그리고 가죽은 머리와 다리가 달린 채 매달아 놓는다.

이집트형 성찬의 예는 토다족에서 찾을 수 있다. 토다족은 인도 남부의 유목 민족으로 주로 물소의 젖을 먹고 산다. 이 토다족의 물소는 어느 정도 신성시되고, 사람들에게서 매우 친절한 대우와 숭배를 받는다. 그들은 절대로 암물소고기는 먹지 않고, 일반적으로 수소의 고기도 거의 먹지 않지만, 단 하나의 예외가 있다. 해마다 한 번씩 마을의 성년 남자들은 모두 한 달도 되지 않은 어린 수송아지를 잡아먹는 의식에 참가한다. 그들은 이 송아지를 숲 속으로 끌고 가서 그들이 신성시하는 나무로 만든 몽둥이로 죽인다. 그런 다음 나무토막을 비벼 성화를 피워, 그 송아지고기를 숯불로 구워서 남자들만 먹는다.

여자들은 그 모임에서 제외된다. 이때가 토다족이 물소고기를 먹는 유일한 경우이다. 가축을 가장 큰 재산으로 여기는 중앙아메리카의 마디족과 모루족은 농사를 짓고 있지만, 어느 엄숙한 때에는 새끼양을 죽인다. 펠킨 박사는 이 관습에 대해서 이렇게 기록한다.

"놀라운 의식이 1년에 한 번 일정한 시기에 거행된다. 나는 그 의식이 과연 어떤 의미가 있는지 확인할 수 없다. 그러나 그것은 사람들의 마음을 위로하는 듯하다. 왜냐하면 의식이 끝나기 전에는 무척 슬퍼하나, 의식이 끝나면 그들은 매우 즐거운 것처럼 보이기 때문이다. 그 의식을 다음과 같이 행한다. 남녀노소를 떠나서 모든 사람들이 큰 무리를 이루고 모여들어서 골목길(실제로는 좁은 길) 옆에 세워진 원형 돌무더기 주위에 앉는다. 한 소년이 선택된 새끼양을 끌고 와서 모여 앉은 사람들의 둘레를 네 번 돈다. 사람들은 새끼양이 지나갈 때 그 털을 조금씩 뽑아 자기 머리카락 속에 넣거나 몸의 다른 부분에 붙여 놓는다. 그런 다음 새끼양을 그 돌무더기 위로 끌고 오면, 사제직에 속하는 한 사나이가 그것을 죽인다. 그는 그 피를 조금 받아서 사람들에게 네 번 뿌린다. 그리고 각 사람들 몸에 피를 발라 준다. 아이들에게는 가슴뼈의 아래 부분에 피로 작은 원을 그려주고, 여자나 처녀들에게는 가슴 위쪽에, 남자들에게는 양어깨에 피를 발라 준다. 그리고 그는 이 의식을 설명하고, 새끼양에게 친절하게 대하라고 간절히 요청한다. 때때로 그 설교는 길어지기도 하지만, 이 설교가 끝나면 사람들은 일어나서 저마다가 나뭇잎 하나씩을 돌 위에나 옆에 놓고 매우 즐거운 표정으로 그곳을 떠난다. 새끼양의 두개골은 돌 옆에 있는 나무에 매달고, 그 고기는 가난한 사람들이 먹는다.

이 의식은 때로는 소규모로 치러지기도 한다. 만일 어떤 가족이 병이나 죽음 등의 큰 불행을 당하는 경우에는, 친구나 이웃들이 와서 새끼양을 도살하는 경우도 있다. 이렇게 하면 앞으로 닥칠 재앙을 피할 수 있다고 한다. 이와 같은 의례는 죽은 친구의 무덤에서도 거행되었고, 또 오랫동안 멀리 떠나 있던 아들이 돌아왔을 때와 같은 좋은 일이 있을 때에도 행해졌다."

해마다 새끼양을 도살할 때, 이와 같이 사람들이 드러내는 슬픔은 그 새끼양이 신성한 동물 또는 신이라는 것을 보여 주기 위한 것이다. 이렇게 그 숭배자들이 새끼양의 죽음을 애도하는 것은 마치 캘리포니아 인디언들이 신성한 독수리의 죽음을, 그리고 이집트인들이 테베 숫양의 죽음을 애도하는 것과 같다.

모든 숭배자에게 새끼양의 피를 바르는 것은 신과의 영적 교제를 표현하는 방식이다. 즉 그들은 신적 생명의 매개물을 피와 고기를 섭취하여 내적으로 취하지 않는 대신, 피를 바르는 행위로써 외적으로 취하는 것이다.

2 신성한 동물의 행렬

신성한 동물을 이 집 저 집으로 끌고 다님으로써 그 동물의 신적인 영험이 전파되기를 바라는 교제의 형태는, 곰을 죽이기 전에 온 마을로 끌고 다니는 길랴크족의 관습으로도 예시되었다. 한편, 이와 비슷한 사례인 신성한 뱀과의 영적인 교제 형태는 펀자브의 뱀 씨족이 잘 보여 준다. 그들은 매년 한 차례, 9월에 9일 동안 모든 계급과 모든 종파의 사람들이 뱀에게 예배를 한다. 8월 끝 무렵쯤 뱀 씨족 가운데, 특히 미라산(Mirasan)족은 밀가루 반죽으로 뱀을 만들어 검은색과 붉은색 칠을 하고, 그것을 키 위에 올려 놓는다. 그러고는 그것을 마을 집집마다 갖고 다니면서 다음과 같이 말한다.

"신이 그대들과 함께 하기를! 재앙은 모두 사라져라. 우리의 수호자(Gugga)의 말씀에 영광이 있으라!"

그리고 나서 그들은 뱀을 올려 놓은 키를 선사하고, 또 다음처럼 말한다.

"밀가루로 만든 작은 과자와 버터 한 조각을 주시오! 이 뱀에 복종하면 그대와 그대의 집은 번영하리라!"

엄밀히 말하면 요구대로 과자와 버터를 내주어야 하지만, 그런 일은 드물다. 대신 사람들은 보통 한 줌의 밀가루나 곡식을 준다. 새로 며느리를 맞이한 집이나 딸을 시집 보낸 집, 그리고 아들을 낳은 집은 보통 1과 4분의 1루피, 또는 옷감을 조금 내놓는다. 뱀을 갖고 돌아다니는 사람은 때로 다음과 같이 노래하기도 한다.

이 뱀에게 천 조각을 베푸시오.
그러면 뱀은 건강한 신부를 보내줄 것이니.

이렇게 각 집을 방문한 다음, 밀가루 반죽으로 만든 뱀을 매장하고 조그마한 무덤을 만든다. 9월의 아흐레 동안 여자들은 그곳으로 예배하러 간다. 여자들은 우유를 담은 동이를 뱀의 무덤 앞에 갖고 와서, 일부를 뱀에게 바치고 땅에 엎드려 이마가 땅에 닿게 절한다. 그리고 집으로 돌아가서 나머지 우유를 아이들에게 나누어 준다.

여기서 밀가루로 만든 뱀은 분명히 진짜 뱀의 표현임에 틀림없다. 사실 뱀이 많은 지방에서는 이 예배가 밀가루 뱀의 무덤에서 거행되는 것이 아니라 뱀이 있는 곳으로 알려진 숲 속에서 열린다. 해마다 모든 사람들이 거행하는 이 예배 이외에 뱀 부족 사람들은 새 달의 매일 아침에도 예배한다. 펀자브 지방에서는 뱀 씨족이 흔하다. 그 사람들은 뱀을 죽이지 않는다. 그들은 물려도 해를 입지 않는다고 말한다. 만일 그들이 죽은 뱀을 보게 되면, 그들은 뱀에게 옷을 입혀주고 관습에 따라 장례식을 치러 준다.

인도의 뱀 숭배에 매우 비슷한 의식이 요사이까지 유럽에 남아 있었는데, 그것은 틀림없이 원시적인 이교주의에 그 기원을 둔 것이다. 가장 잘 알려진 예는 '굴뚝새 사냥'이다. 여러 유럽인들, 즉 고대 그리스인과 로마인, 근대 이탈리아인, 에스파냐인, 프랑스인, 독일인, 네덜란드인, 덴마크인, 스웨덴인, 영국인, 그리고 웨일스인은 굴뚝새를 왕, 작은 왕, 새들의 왕, 울타리의 왕 등으로 부르고, 그것을 죽이면 재수가 없다고 한다. 영국에서는 굴뚝새를 죽이거나 그 둥지를 해치는 사람은 그해가 가기 전에 틀림없이 뼈가 부러지거나 암소가 젖 대신 피를 분비하는 등 무서운 재앙에 부딪히게 된다고 믿었다. 스코틀랜드에서는 굴뚝새를 '하늘에 계신 암탉의 귀부인'이라고 부른다. 그리고 소년들은 다음과 같이 노래 부른다.

> 저주 받으리라, 저주 받으리라, 열 번도 더 저주 받으리라.
> 하늘의 암탉 여왕을 괴롭힌 자여.

브르타뉴 생도낭의 주민들은 아이들이 둥지 속에 있는 굴뚝새 새끼를 만지면, 얼굴이나 다리 등에 '성 로렌스의 불', 즉 종기가 나서 고생한다고 믿었다. 프랑스의 또 다른 지방의 사람들은 굴뚝새를 죽이거나 둥지를 망가뜨리면, 그 사람의 집에 벼락이 떨어지거나 혹은 나쁜 짓을 한 손가락이 비틀려 떨어지거나, 또는 적어도 불구가 되거나 그 사람의 소가 다리를 앓게 될 것이라고 믿었다.

이와 같은 신앙에도 굴뚝새를 해마다 죽이는 관습이 영국과 프랑스에 널리 퍼져 있었다. 만(Man) 섬에서는 18세기 무렵까지 이 관습이 성탄절 전야나 성탄절날 아침에 행해졌다. 12월 24일 저녁이 되면 하인들은 휴가를 얻는다. 그들은 잠도 자지 않고 자정에 모든 교회의 종이 울릴 때까지 거리를 돌아다닌다. 기도가 끝나면 그들은 굴뚝새를 잡으러 나간다. 한 마리를 발견하면 그 새를 죽여 날개를 펴 긴 막대 끝에 맨다. 그리고 다음과 같이 노래 부르면서 집집마다 긴 막대를 가지고 다닌다.

> 우리는 얼레꼴레의 로빈을 위해 굴뚝새를 사냥했네.

우리는 깡통 같은 잭을 위해 굴뚝새를 사냥했네.
우리는 얼레꼴레의 로빈을 위해 굴뚝새를 사냥했네.
우리는 모든 이들을 위해 굴뚝새를 사냥했네.

그들은 집집마다 돌아다니면서 모을 수 있을 만큼 돈을 모으고, 굴뚝새를 상여에 싣고 교구 묘지까지 행렬을 지어 옮긴다. 그리고 무덤을 만들어 묻는다. 이 장례는 "맹크족의 언어로 장송가를 부르면서 가장 장엄하게 치른다. 이것이 끝나면 성탄절이 시작된다." 장례가 끝나면, 묘지 바깥에 있던 사람들은 음악에 맞추어서 원을 그리며 춤을 춘다.

18세기의 어느 저술가에 따르면, "아일랜드에서는 굴뚝새를 요즘도 성탄절 당일에 농부들이 잡아 죽이고, 그 다음 날인 성 스테파노 축일에 직각으로 서로 엇갈린 두 개의 굴렁쇠 가운데에 그 다리를 거꾸로 매달고, 남녀노소 할 것 없이 모든 사람들이 굴뚝새가 모든 새들의 왕이라는 아일랜드의 돌림노래를 부르면서 행렬을 지어 돌아다닌다" 한다.

렌스터와 코노트 지방에서는 오늘날에도 여전히 '굴뚝새 사냥'을 한다. 성탄절날과 성 스테파노(St. Stephen) 축일에 소년들은 굴뚝새를 잡아서 죽인 다음, 그것을 빗자루 끝에 담쟁이덩굴로 묶어 다음과 같이 노래를 부르면서 집집마다 찾아다닌다.

굴뚝새야, 굴뚝새야, 그대는 모든 새들의 왕,
성 스테파노 축일에 담쟁이덩굴에 붙잡혔구나.
몸집은 작아도, 그 가족은 많다네.
마음씨 좋은 안주인, 아무쪼록 우리를 잘 대접해 주오.

사람들이 돈과 음식(빵, 버터, 달걀 등)을 주면, 그것으로 소년들은 저녁에 잔치를 벌인다.

19세기 전반에 프랑스 남부의 여러 지방에서도 같은 관습이 있었다. 예를 들면, 카르카손에서 생장 거리의 젊은이들은 해마다 12월의 첫 일요일에 막대기를 들고 마을을 떠나 덤불 속을 두들기면서 굴뚝새를 찾곤 했다. 가장 먼저 그 새를 쳐서 떨어뜨린 사람을 '왕'이라 불렀다. 그리고 장대 끝에 굴뚝새를 매달아 '왕'을 선두에 세우고, 모두들 행렬지어 마을로 돌아온다. 섣달 그믐날 저녁 때 그 '왕'과 사냥에 나간 사람들은 북을 치고 피리를 부는 자들을 선두에 세우고 횃불을 들고 거리를 누빈다. 그리고 집집마다 찾아다니며 그 가운데 한 사람이 현관에 새해 연도와 '왕 만세'라고 분필로 쓴다.

주현절(1월 6일) 아침에 왕은 왕관을 쓰고 푸른 외투를 입은 채 홀을 들고 다시 화려한 행렬로 행진한다. 왕 앞에는 장대 끝에 묶인 굴뚝새를 든 자가 걸어간다. 그 장대는 올리브와 떡갈나무, 때로는 떡갈나무에 기생한 겨우살이로 만든 푸른 화환으로 꾸며졌다. 왕은 성 빈센트 교회의 대미사에 참석한 뒤, 호위를 받으며 주교와 시장, 그리고 장관과 명사들을 방문하여 그날 밤에 열릴 연회와 무도회에 쓸 경비를 거둬들인다.

이 '굴뚝새 사냥'의 관습과 우리가 이미 살펴본 관습, 특히 길랴크족의 곰 행렬과 인도의 뱀 행렬 풍습 사이에는 매우 뚜렷한 유사점이 있기 때문에, 이 관습이 모두 같은 사고 체계에 속한다는 것은 의심할 나위가 없다. 거기서는 숭배받는 동물이 매해 한 번씩 장엄하게 살해된다. 그리고 그 동물이 죽기 직전이나 바로 뒤에 이 죽은 신 또는 죽어 갈 신에게서 발생한다고 보는 신적인 영험의 일부분을 모든 숭배자들이 받을 수 있도록 그 동물을 들고 집집마다 방문한다. 민속에 남아 있는 많은 종교적인 행렬의 흔적에서 판단해 보면, 이 종교적 행렬이 선사 시대 유럽인들의 의식에서는 매우 중요했다는 사실을 알 수 있다.

예를 들면, 스코틀랜드 고지대에서는 호그마나이(Hogmanay)라고 불리는 한 해의 마지막 날에 한 사나이가 암소 가죽을 걸치고 집집마다 찾아다닌다. 그는 날가죽 한 조각을 묶은 막대로 무장한 젊은이들의 호위를 받는다. 암소 가죽을 두른 사나이는 그가 방문한 모든 집 주변을, 그 집이 자신의 오른쪽으로 오도록 하여, 태양이 움직이는 방향으로 세 번 돈다. 한편 다른 사람들은 손에 든 막대로 북소리만큼 큰 소리가 나도록 암소 가죽을 두드리며 그를 뒤쫓는다. 사람들은 이 소란 속에서 집들의 벽도 두드리면서 다닌다. 마을을 돌다가 집 안에 들어와도 좋다는 승낙을 받으면, 행렬 중 한 사람이 입구에 서서 다음과 같은 말로 가족들을 축복한다.

"신이시여, 바라옵건대, 이 집과 이 집에 딸린 모든 것들을 축복해 주소서. 소와 돌, 그리고 목재에 이르기까지! 고기와 잠자리의 담요와 몸에 걸칠 옷감을 풍부하게 내려 주시고, 이 가정의 사람들을 건강하게 해 주소서."

이어서 사람들은 저마다 막대에 매단 쇠가죽을 불에 그을린다. 그리고 불에 그을린 쇠가죽을 그 집 사람들의 코나 가축의 코에 문지른다. 이렇게 하면 다음 해 1년 동안 그들은 병이나 그 밖의 재앙, 특히 사악한 마법으로부터 보호받을 수 있다고 여겼다. 이 의식 전체를 '칼루인(calluinn)'이라 부르는데, 이 호칭은 쇠가죽을 두드릴 때 나는 큰 소리에서 유래한 것이다. 이 의식은 적어도 18세기 후반까지 세인트킬다를 포함한 헤브리디스 제도에서 치러졌으며, 19세기에 이르러서도 꽤 많은 부분이 남아 있었다.

제55장
재앙 옮기기

1 무생물에게 옮기기

우리는 이제까지 여러 민족들이 수렵, 유목, 그리고 농경의 사회 단계에서 행했던 신을 살해하는 관습에 대해 살펴보았다. 그 과정에서 우리는 사람들이 그 기묘한 관습을 행하게 된 동기를 설명하고자 했는데, 그런 관습의 한 측면은 아직도 고찰해야 할 필요가 있다. 사람들은 때때로 죽어 가는 신이 온 부족의 축적된 불행과 죄악을 영원히 짊어지고 떠남으로써 그 부족을 결백하고 행복하게 해 준다고 믿었다. 우리의 죄와 고뇌를 어떤 다른 존재에게 옮겨서 우리 대신 감당하게 할 수 있다는 생각은 미개인들에게는 흔한 것이었다. 이것은 육체와 정신, 그리고 물질적인 것과 비물질적인 것을 구별하지 못하는 데서 생겨난 발상이다. 미개인들은 목재나 돌 또는 그 밖의 짐을 자신의 등에서 타인의 등으로 옮길 수 있는 것처럼, 고통과 슬픔도 다른 사람에게 옮겨 대신 짊어지게 할 수 있다고 생각했다. 미개인들은 이러한 생각에 따라 행동했고, 그 결과로서 자신이 짊어지고 싶지 않은 고통을 다른 사람에게 부담시키기 위한 온갖 불쾌한 수단들이 생겨났다.

간단히 말해서, 괴로움을 대신 짊어진다는 원리는 보통 사회적·지적 문화가 낮은 단계에 있는 종족들에게 널리 이해되고 실천되고 있다. 이제 나는 세련된 형이상학과 교묘한 신학으로 포장하지 않고, 매우 소박하게 미개인들 사이에서 발견되는 그대로의 이론과 관습을 설명하고자 한다.

교활하고 이기적인 미개인들이 이웃 사람을 희생시키고 자신을 안전하게 하기 위해서 취하는 방법은 다양하다. 여러 사례 가운데 대표적인 것 몇 가지만을 인용하려고 한다. 먼저 우리는 그들이 재앙을 떨쳐 버리려 할 때, 그것을 꼭 사람에게만 옮기는 것은 아니라는 사실을 주목해야 한다. 즉, 그것은 어떤 동물이나 물건에게도 똑같이 옮겨진다. 물건의 경우에는 보통 그릇이 되는데, 그 고통은 최초로 그것을 만지는 사람에게 옮겨진다고 한다. 동인도 제도의 몇몇 섬에서는 환자의 얼굴을 어떤 나뭇잎으로 때린 다음에 그 잎을 버리면, 간질병을 치료할 수 있다고 믿는다. 그렇게 하면 그 병은 그 나뭇잎으로 옮겨가서 나뭇잎과 함께 버려진다는 것이다. 오스트레일리아의 어떤 흑인들은 치통을 치료하기 위해서 불에 달군 창을 뺨에 대었다가 그것을 내던진다. 그러면 치통은 '검은 돌(karriitch)'로 바뀌어 그 창과 함께 사라진다는 것이다. 이런 검은 돌들은 낡은 무덤이나 모래 언덕에서 발견된다. 그들은 그 돌들을 모아서 적이 있는 쪽으로 던지면 적에게 치통이 옮겨진다고 여긴다. 우간다의 유목민인 바히마족은 때때로 고질적인 종기를 앓는다.

"이 병을 치료하는 방법이란 주술의에게서 약초를 받아 그것을 종기에 문지르고, 사람들이 많이 오가는 길에 파묻어서 질병을 다른 사람에게 옮기는 것이다. 그 파묻힌 약초를 맨 처음 밟은 사람이 병에 걸리고, 본래의 환자는 치유된다는 것이다."

질병의 경우 때때로 병을 다른 사람에게 옮기는 예비 조치로서 병을 먼저 인형에게 옮긴다. 예를 들어, 바간다족의 주술의들은 때때로 진흙으로 환자의 모형을 만들어 환자의 친척에게 그 모형을 환자의 몸에 문지르게 한다. 그 다음 그것을 길에 파묻든지 혹은 길 옆에 있는 풀 속에 감추든지 한다. 그러면 그 모형 위를 가장 처음 지나가거나 그 옆을 지나간 사람이 병에 걸린다는 것이다. 이따금 인형을 사람과 같이 보이게 하기 위해서 바나나 꽃으로 묶어 만들기도 한다. 이것을 진흙으로 만든 인형과 같이 쓴다. 그러나 그런 음흉한 목적으로 이 모형을 사용하는 것은 가장 무거운 죄에 해당한다. 그 인형을 사람들이 많이 다니는 길에 파묻다가 체포된 사람은 누구나 반드시 사형에 처해졌다.

티모르 섬의 서부 지역에서는 멀고 지루한 여행을 계속할 때, 잎이 달린 나뭇가지로 부채질한 뒤에 그것을 특정 장소에 던진다. 그 장소에 그들의 선조들도 그 가지를 던졌다. 그러면 그들이 느낀 피로는 나뭇잎으로 옮겨가서 그들 뒤에 남겨진다고 생각했다. 나뭇잎 대신에 돌멩이를 사용하는 때도 있다. 바바르 군도에서는 피곤한 사람들은 그들이 피로를 돌멩이에 옮길 수 있다고 믿고 돌멩이로 몸을 두드린다. 그리고 그 돌멩이를 특별히 지정된 어떤 장소에 던진다.

재액 던지기
안데스 지방의 아파체타에서 여행객들이 던진 돌무덤.

이와 비슷한 신앙과 관습은 세계 여러 지역에서 행해졌고, 그리하여 여행자들이 이따금 길 옆에서 볼 수 있는 돌이나 나뭇잎, 막대기들의 더미가 만들어졌다. 이곳을 지나가는 토착민들은 지나갈 때마다 그 위에 돌멩이, 나무 조각 또는 잎사귀를 더한다. 예를 들면, 솔로몬 제도와 뱅크스 제도의 원주민들은 가파른 내리막길이나 험한 길의 어귀에 있는 퇴적더미 위로 "내 피로야, 저리로 가라" 말하면서 돌멩이나 잎사귀를 던진다. 이 행동은 종교적인 의식이 아니다. 왜냐하면 퇴적더미 위에 던지는 것은 영적인 힘을 갖고 있는 존재에게 바치는 제물이 아니며, 또 그 행동을 하면서 하는 말도 기도가 아니기 때문이다. 그것은 오직 피로를 없애기 위한 주술 의식일 뿐이다. 단순한 미개인들은 이런 의식을 통해 막대기나 잎, 돌에 피로를 옮겨서 해소할 수 있다고 생각한 것이다.

2 동물에게 옮기기

재앙을 운반하거나 옮기는 매개로서 때때로 동물이 쓰이기도 한다. 무어인은 두통이 생기면 새끼양이나 염소를 끌고 와서 그것이 쓰러질 때까지 때리는 경우가 있는데, 그 이유는 그렇게 하면 두통이 그 동물에게 옮겨간다고 믿기 때문이다. 모로코의 부유한 무어인들은 정령과 악령의 주의를 말로부터 분산시켜 멧돼지 속으로 들어가게 하기 위해 외양간에 멧돼지를 기른다. 남아프리카의 카프레족은 다른 치료법이 효험이 없을 경우에는 "이따금 환자 앞에 염소를 끌고 와서, 부락 사람들의 죄를 그 동물에게 고백하는 관습을 따른다. 또 때로는 환자의 피 몇 방울을 염소의 머리 위에 떨어뜨려, 그 염소를 사람이 살지 않는 초원으로 쫓아 버린다. 그러면 그 병은 동물에게 옮겨 가서 사막 속에서 길을 잃게 된다는 것이다." 아라비아에서는 전염병이 퍼지면 사람들은 낙타가 그 병을 짊어지도록 하기 위해서 그 동물을 마을 구석구석으로 끌고 다닌다. 그런 다음 그들은 그것을 신성한 어떤 장소에서 목 졸라 죽이는데, 그것으로써 그들은 낙타와 전염병을 한꺼번에 없앤 것이라고 생각한다. 대만의 원주민들 사이에 천연두가 퍼지면, 그들은 병마를 암퇘지의 몸 속으로 몰아 넣고 그 귀를 잘라 태워서 전염병에서 벗어날 수 있다고 믿었다.

말라가시족은 재앙을 옮기는 기구를 '파디트라(faditra)'라고 부른다.

"파디트라는 개인의 행복과 평화와 번영에 해로운 재앙이나 질병을 없앨 목적으로 '시키디(역술가 위원회)'에서 선택한 물건이다. 그들이 고르고 지정한 것이라면, 재나 분할 화폐, 양, 호박 또는 그 밖의 어떤 것도 다 파디트라가 될 수 있다. 어떤 물건을 지정하면 사제는 사람에게 해롭다고 인정되는 모든 재앙을 영원히 가져가도록 파디트라에게 명령한다. 파디트라가 재인 경우에는 그것을 바람에 날려 보낸다. 돈이라면 그것을 깊은 물 속 등 다시 발견될 수 없는 곳으로 던진다. 양인 경우에는 한 남자가 어깨에 양을 둘러메고 먼 곳으로 옮기는데, 그는 파디트라가 재앙을 나르는 것이므로 마치 파디트라에게 크게 화가 난 것처럼 투덜대면서 온 힘을 다해 달린다. 또 파디트라가 호박인 경우에는 그것을 어깨에 지고 조금 가다가 격분한 얼굴로 땅바닥에 내던져 버린다."

한 마다가스카르인은 점쟁이에게서 자신이 비참한 죽음을 맞이할 운명에 있으나, 어떤 의식을 올리면 그 운명을 피할 수 있다는 이야기를 들었다. 그는 피가 가득 담긴 작은 그릇을 머리에 이고 황소에 올라타야 했다. 그러고는 그 황소 머리 위에 피를 뿌리고, 다시는 되돌아올 수 없는 광야로 그 동물을 쫓아 버렸다.

수마트라의 바타크족은 그들이 '저주를 날려보낸다'는 의식을 치른다. 예를 들어 부인이 애를 낳지 못하면, 소와 물소, 그리고 말의 머리를 나타내는 세 마리의 메뚜기 신에게 제물을 바친다. 그리고 저주가 제비에게 옮겨가 그 새와 함께 날아가도록 해달라는 기도와 함께 제비를 날려 보낸다.

"말레이 사람들은 보통 사람이 사는 집에서 살지 않는 동물이 집 안에 들어오는 것을 흉조로 여긴다. 들새가 집 안에 날아 들어오면 조심스럽게 붙잡아 기름을 바른 다음, 집 안의 불운과 불행을 모두 갖고 날아가라는 말을 되풀이하여 외면서 공중에 놓아 준다."

고대 그리스에서도 부인들이 집 안에서 잡은 제비에게 똑같은 행동을 취했던 것으로 보인다. 그들은 제비에게 기름을 붓고, 집 안의 불운을 없앨 목적으로 제비를 날려 보냈다. 카르파티아의 후줄족은 흐르는 물로 얼굴을 씻고 "제비야, 제비야, 나의 주근깨를 가져가고 나에게 장미 같은 뺨을 다오" 말을 하면, 그가 봄에 처음으로 본 제비에게 그 주근깨를 옮길 수 있다고 생각한다.

남부 인도의 닐기리 언덕의 바다가족은 어떤 사람이 죽으면, 죽은 사람의 죄가 새끼 물소에게 옮겨진다고 믿는다. 이를 위해서 사람들이 시체 곁으로 모여 그 시체를 마을 바깥으로 운반한다. 그곳에서 종족의 어른 한 분이 시체 머리맡에 서서 바다가족의 어느 누구나 저지를 수 있는 긴 죄목 일람표를 낭송한다. 그러면 그의 뒤를 따라 다른 사람들은 각 죄목의 마지막 구절을 되풀이한다. 죄의 고백은 세 번 반복한다.

"이들의 전통적인 표현 방식에 따르면, 한 사람이 저지를 수 있는 죄의 총수는 1,300개가 된다고 한다. 집행자는 고인이 그것을 모두 범했다고 인정하면서 '그 죄들이 신의 깨끗한 발 아래로 날아가려는 것을 막지 말라'고 소리 높이 외친다. 그가 그 말을 끝내면, 모였던 사람은 모두 '날아가려는 것을 막지 말라'고 소리 높이 외친다. 그 어른은 다시 상세하게 '고인은 뱀을 죽였다. 그것은 죄다'라고 외친다. 곧 마지막 말을 뒤따라 모든 사람들이 '그것은 죄다'라고 외친다. 이때 그 집행자는 손을 송아지에 얹어 그 죄를 송아지에게 옮겨가게 한다. 이런 인상적인 방법으로 죄의 목록 전체가 열거된다. 그러나 이것으로 끝난 것이 아니다. 집행자는 '모든 사람들에게 평안을'이라고 마지막으로 외친 다음에, 다른 사람에게 그 자리를 넘겨 준다. 그러면 새로운 집행자와 함께 다시 고백이 시작되고, 모든 사람은 '그것은 죄다' 외친다. 이렇게 세 차례 반복된다. 그리고 엄숙한 침묵이 지켜지는 가운데 그 송아지는 자유의 몸이 된다. 유대인의 속죄양처럼 그 송아지는 결코 일상적인 노동에 사용되어서는 안 된다."

클레이튼 목사가 목격한 바다가족의 장례식에서는 새끼 물소를 상여 둘레에 세 번 돌게 한 다음, 고인의 손을 송아지 머리 위에 얹는다. "이렇게 하면 송아지가 고인의 모든 죄를 짊어지는 것으로 여긴다. 그 다음엔 송아지가 아무도 오염시키지 못하도록 아주 먼 곳으로 쫓아버린다. 그 송아지는 절대로 팔리지 않으며, 신에게 바친 신성한 동물로 간주된다."

이 의식의 의미는 고인의 죄가 송아지에게 옮겨지는 것, 또 그로 말미암아 고인의 죄가 사면된다는 것에 있다. 그들은 이 송아지는 바로 사라지고 다시 그 울음소리가 들리지 않게 된다고 말한다.

3 인간에게 옮기기

때때로 사람들은 다른 사람들을 위협하는 재앙을 자기에게 오도록 하는 희생양 역할을 하기도 한다. 실론 섬에서는 의사도 손 쓸 수 없을 만큼 중병인 환자가 있으면 악마 춤을 추는 사람이 초청된다. 그는 악령에게 공물을 바치고, 악령을 상징하는 가면을 쓰고 춤을 추면서 환자의 몸에서 병마를 하나하나 꾀어 내어 자기 몸 속에 끌어들인다. 이렇게 질병의 원인을 성공적으로 끌어낸 뒤에, 이 꾀 많은 춤꾼은 상여 위에 죽은 척하고 눕는다. 그러면 마을 사람들은 그 상여를 마을 바깥의 들판으로 들고 나가 그곳에 놓고 마을로 돌아온다. 이윽고 사람들이 다 가버리면, 그는 곧 소생하여 서둘러 마을로 되돌아와 보수를 청한다.

1590년, 아그네스 샘슨이라는 스코틀랜드의 여자 주술사가 로버트 커스란 사람의 병을 치료하고 나서 유죄 선고를 받은 적이 있다. "그 병은 커스가 덤프리스에 있었을 때 서부의 한 주술사에 의해 앓게 된 것이었다. 그런데 그 여자 주술사는 그 병을 자기 몸에 옮겨서 다음 날 아침까지 끙끙 앓았다. 그리고 아침이 되자 요란한 큰 소리가 집 안에서 들려왔다." 그 소리는 여자 주술사가 옷을 사용해서 병을 자기 몸에서 고양이나 개에게 옮기려고 하다가 일어난 것이었다. 그런데 불행하게도 이 시도는 부분적으로 실패했다. 물론 본디의 환자 로버트 커스는 회복되었다. 그러나 그 병이 동물에게 옮겨 가지 않고 달케이스 지방의 알렉산더 더글러스라는 자에게 옮겨진 것이다. 결국 그는 시름시름 앓다가 죽고 말았다.

뉴질랜드 한 지방의 주민들은 죄에 대한 대속이 필요하다고 생각한다. 그래서 그 지방에서는 어떤 한 사람에게 의식을 행함에 따라 부족의 모든 죄가 그에게 옮겨진다고 믿었다. 이때 사람들은 양치식물 줄기를 미리 그 사람에게 감아 놓았다가 강물로 집어 던지는데, 그는 강물 속에서 감긴 것을 푼다. 그러면 그 줄기는 사람들의 그 죄를 가지고서 바다로 떠내려간다고 여긴다.

재앙에 못박기
못을 박을 때마다 병과 고통이 인간 모양의 물신에게 전달된다고 여긴다. 아프리카 카콩가의 응가지 마을에서 출토된 것.

마니푸르의 왕 라자의 죄는 위급시에 다른 사람에게 옮겨지곤 했는데, 그것은 거의 죄수에게 옮겨졌다. 죄수는 그 고통을 대신 받고 나면 사면되었다. 그런 죄를 옮기기 위해 라자와 그의 아내는 훌륭한 예복을 입고 광장에 세워진 처형대 위에서 목욕재계한다. 그리고 죄수는 그 처형대 밑에 웅크리고 있다. 목욕한 물이 죄수에게 뚝뚝 떨어지면 그 부부의 죄는 씻겨 내려가 인간 속죄양에게 옮겨진다고 여긴다. 이때 죄를 완전하게 옮기기 위해서 라자 부부는 훌륭한 예복을 그 속죄양에게 넘기고, 그들은 새로운 옷을 입고 저녁때까지 사람들과 함께 즐겼다.

인도의 트라방코르에서는 라자의 임종이 임박했을 때, 1만 루피의 사례금을 받고 죽어 가는 사람의 죄를 자기 몸에 지닐 것에 동의할 신성한 브라만을 찾는다. 그래서 의무의 제단 위에 자신을 희생할 준비를 모두 끝낸 성자는 임종의 방에 안내되어 죽어 가는 라자를 꽉 끌어안고 이렇게 말한다.

"왕이시여, 나는 당신의 죄와 병을 대신 모두 짊어지겠습니다. 전하께서는 만수무강하시고 행복하게 이 나라를 다스리시옵소서."

그는 이렇게 괴로워하는 라자의 죄를 홀로 짊어진 채, 이 나라에서 추방되어 다시는 되돌아올 수 없다.

슈일러(Schuyler)가 투르키스탄의 우치쿠르간에서 본 한 노인은 죽은 자의 죄를 대신 짊어지는 대가로 생계를 유지하며, 죽은 자의 영혼을 위해 평생을 기도로 보냈다고 한다.

우간다에서는 전쟁터에서 군대가 돌아왔을 때 어떤 재앙이 병사들에게 붙어 있다는 신탁이 내려지면, 포로 가운데 한 여자와 전리품 중 암소, 산양, 닭, 개 한 마리씩을 뽑는다. 그리고 그들을 탈취해 온 나라의 국경까지 엄격한 호위를 붙여 돌려보낸다. 그곳에서 병사들은 그 여자 노예와 동물들의 손발을 꺾어 죽게 내버려 둔다. 그 여자와 동물들이 우간다까지 기어 돌아올 수 없으리만큼 불구가 되어야 하기 때문이다. 또 재앙을 그 대리자들에게 옮기는 것을 확실히 하기 위해서 먼저 사람과 가축들에게 문지른 풀 더미를 그들에게 묶는다. 이것이 끝난 뒤에야 비로소 그 군사들은 정화되었음이 선언되고, 성 안에 돌아오는 것이 허용되었다.

우간다의 왕이 즉위할 때에는 왕이나 왕비에 붙어 있을지도 모를 모든 부정을 없앨 목적으로 속죄양인 한 사나이를 상처내어 부뇨로(Bunyoro)에 보내는 관습이 있다.

4 유럽에서의 재앙 옮기기

이제까지 인용한 재앙 옮기기의 실례는 대부분 미개인이나 야만인들의 관습을 예로 든 것들이다. 그러나 질병과 불행, 그리고 죄악이라는 짐을 한 사람에게서 다른 사람으로, 또는 동물이나 사물로 옮기려는 그와 같은 시도는 고대와 현대 유럽의 문명화된 여러 민족에서도 볼 수 있다.

로마인은 열병을 치료할 때 환자의 손톱과 발톱을 깎아서, 그 부스러기를 밀랍과 섞어 해가 뜨기 전에 이웃집 문에 붙였다. 그러면 열병이 환자에게서 그 이웃집으로 옮겨간다고 여긴 것이다. 그리스인들도 이러한 방법을 사용했던 모양이다. 왜냐하면 플라톤이 이상국가 건설을 위한 규칙을 주장하면서, 사람들이 밀랍으로 만든 인형이 자기 집 대문이나 그들 부모의 묘비에 붙어 있거나, 혹은 교차로에 놓여 있는 것을 보고 어찌 두려워하지 않겠느냐며 이에 대해 언급하고 있기 때문이다.

4세기에 보르도의 마르켈루스는 아직도 유럽 각지의 미신적인 사람들 사이에서 유행하는 사마귀 치료법을 처방했다. 그것은 다음과 같다. 먼저 환자의 몸에 난 사마귀 수와 같은 개수의 작은 돌들을 준비하여, 사마귀를 그것들로 문지른다. 그 다음 그 돌들을 담쟁이덩굴 잎에 싸서 한길에 던져 놓는다. 그러면 그것을 줍는 사람에게 사마귀가 생길 것이며, 본디의 환자는 치료된다는 것이다. 오크니 제도의 사람들은 때로 환자를 씻기고, 그 물을 출입문 쪽에 버린다. 그러면 병마가 환자를 떠나 처음 그곳을 지나가는 사람에게 옮아갈 것이라고 믿는 것이다. 바바리아의 열병 치료법은 종이에다가 "열병아, 물러가라. 난 지금 집에 없다" 이렇게 써서, 그것을 남의 주머니 안에 넣는 것이다. 그들은 그러면 그 사람은 열병에 걸리고 환자는 낫게 된다고 생각한다. 보헤미아 지방에서는 똑같은 병에 대해 다음과 같은 방법을 쓴다. 빈 냄비를 가지고 교차로로 가서 그것을 거기에 던져 놓고 도망 온다. 그러면 가장 처음 그것을 발로 차는 사람은 병에 걸리고 환자는 완치되는 것이다.

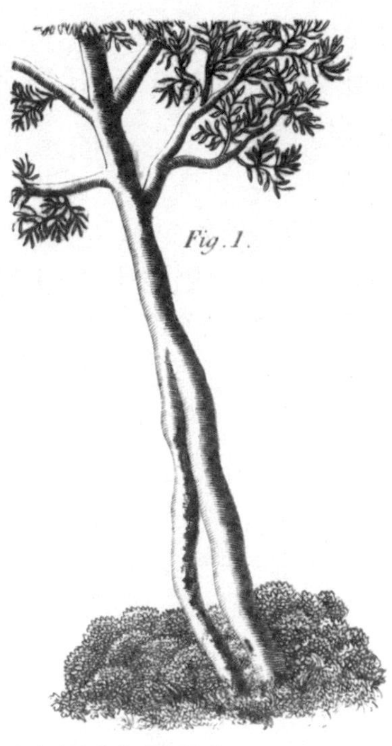

갈라진 물체에 재앙 전가
어린아이가 이 나무 틈새로 지나가면 탈장이 낫는다고 한다.「신사의 잡지」, 1802, 보들리언 도서관, 옥스퍼드

이따금 유럽에서도, 미개 사회에서와 마찬가지로 사람의 고통이나 질병을 동물에게 옮기려는 시도가 이루어졌다. 고대의 엄숙한 저술가들은 전갈에게 물렸을 때 당나귀를 꼬리 쪽으로 타거나, 그 짐승의 귀에 "전갈이 물었어"라고 속삭일 것을 권한다.

그들은 어느 경우에나 고통은 사람에게서 당나귀로 옮겨진다고 생각했다. 이런 종류의 여러 치료법은 마르켈루스에 의해서 기록으로 남아 전해진다. 예를 들어, 그는 치통 치료법은 다음과 같다고 말해 준다. 야외에서 긴 장화를 신고 서서, 개구리의 목을 잡아 그 입 속에 침을 뱉고, 치통을 가져가도록 부탁한 다음 놓아 준다. 그러나 이 의식은 길일과 좋은 시간에 하지 않으면 안 된다.

체셔에서도 이와 비슷한 방법으로 유아의 입이나 목을 침범하는 아구창으로 알려진 질병을 치료한다. 체셔에서는 어린 개구리의 머리를 환자의 입 안에 잠깐 넣어 두면 개구리가 질병을 가져가 환자가 낫는다고 믿었다. 때때로 그러한 치료를 행하는 어떤 노파는 이렇게 말했다.

"나는 불쌍한 개구리가 며칠 지나서 씩씩거리고 기침하는 것을 확실히 들었어요. 그러고는 죽었어요. 이 가여운 개구리가 정원에서 기침하는 소리를 들을 때는 가슴이 아팠지요."

노샘프턴셔, 데번셔와 웨일스에서 기침을 치료하는 방법은 버터를 바른 빵의 두 조각 사이에 환자의 머리카락 하나를 밀어 넣고 샌드위치를 개에게 주는 것이다. 그러면 그 개가 기침을 하게 되고 환자는 회복된다고 믿었다. 어떤 동물과 음식물을 나누어 먹어서 그 병이 옮겨가는 일도 있다. 예를 들면, 올덴부르크에서는 누가 병에 걸리면 달콤한 우유 그릇을 개 앞에 놓고, "이봐, 개야, 네가 병에 걸리고, 내가 건강해지기를!"이라고 말한다. 그리고 우유를 한 모금 마신 다음에 개가 핥고 다시 환자도 한 모금 마셔야 한다. 이렇게 환자와 개가 세 번 되풀이한다. 그러면 개가 열병에 걸리고, 환자는 열이 내린다는 것이다.

열병에 대한 보헤미아의 치료법은 해뜨기 전에 숲에 나가 도요새 둥지를 찾아내는 것이다. 그것을 발견하면 새끼 한 마리를 잡아서 사흘 동안 집에서 기른다. 그리고 숲 속에 가서 다시 놓아 준다. 그러면 곧바로 열병이 사라진다고 여겼다. 도요새가 열병을 갖고 갔기 때문이다. 마찬가지로 베다 시대의 옛 힌두족들은 결핵을 파란 어치새에게 옮겨서 놓아 주었다. 그들은 이렇게 외친다.

"오, 결핵이여, 날아가라. 파란 어치새와 같이 날아가라! 사나운 폭풍과 회오리바람과 함께, 자, 사라져라!"

웨일스 랜드글라의 마을에서는 처녀 순교자인 성 테클라를 기리는 교회가 있는데, 그곳에서 사람들은 닭에게 간질병을 옮겨 그 병을 치료했다. 적어도 옛날에는 그렇게 치료했다. 환자는 먼저 신성한 우물에서 손발을 씻고, 제물로 4펜스를 우물 속에 떨어뜨린 뒤, 우물 주위를 세 번 돌고 주기도문을 세 번 반복했다. 다음에 환자의 성별에 따라 수탉이나 암탉을 결정하고, 그 닭을 광주리에 넣어 먼저 우물 주변을 돈 다음에 교회를 돌았다. 다음에 환자는 교회로 들어가 날이 밝을 때까지 성찬용 탁자 밑에 누웠다. 그리고 제단에 6펜스를 바치고 닭을 교회에 둔 채 그곳을 떠났다. 닭이 죽으면 병은 닭에게 옮겨간 것으로 생각되었다. 따라서 환자는 병에서 벗어난 것이다. 1855년까지도 이 마을의 나이든 교구 사제는 옮겨진 병 때문에 닭이 비틀거리는 것을 보았다고 아주 뚜렷하게 기억했다.

고통을 받는 사람은 때로 질병이나 불운을 무생물에게 옮기려고도 한다. 아테네에는 한 오래된 기둥에 비스듬히 기대어 지어진 작은 세례 요한 교회가 있다. 열병 환자들은 이곳에 와서 밀랍 먹인 실을 그 기둥의 안쪽에 붙이면, 열병을 기둥에 옮길 수 있다고 믿었다. 브란덴부르크의 마르크에서는 현기증 환자가 해진 뒤에 알몸으로 아마밭 주위를 세 바퀴 뛰면, 현기증이 아마에 옮겨지고 환자는 회복된다고 믿는다. 병이나 그 밖의 고통을 흡수하기 위해 유럽에서 가장 보편적으로 쓰이는 것은 나무와 관목이다. 불가리아의 열병 치료 방법은 해뜰 때 버드나무 주위를 세 바퀴 뛰어서 돌고 이렇게 말하는 것이다.

"열병이 너를 떨게 하리라. 태양이 나를 따뜻하게 하리라."

그리스의 카르파토스 섬에서는 사제가 앓는 사람의 목에 붉은 실을 동여맨다. 다음 날 아침에 환자의 친구들이 실을 풀어서 산으로 가지고 가 나무에 매면, 병이 나무로 옮겨간다고 믿는다. 이탈리아인도 실을 어떤 나무에 매어 열병을 치료하고자 했다. 밤중에 왼쪽 팔목에 실을 감고, 이튿날 아침에 그 실을 나무에 매달아 놓는다. 그렇게 하면, 열병은 나무에 묶이고 환자는 낫는다고 믿었다. 그러나 환자는 다시 그 나무 밑을 통과하지 않도록 조심해야 한다. 만약 그랬다가는 열병이 그 속박을 끊고 다시 그 환자에게 들이닥친다는 것이다.

플랑드르에서의 오한 치료 방법은 아침 일찍이 오래된 버드나무에 가서 나뭇가지 하나에 세 매듭을 묶고 이렇게 말한다.

"잘 잤나, 버드나무. 내가 너에게 오한을 주리라. 잘 있게, 버드나무."

그러고는 망설임없이 뒤돌아서 도망친다. 존넨베르크에서는 통풍을 고치려고 할 때, 어린 떡갈나무에게 가서 그 가지에 매듭을 하나 매고 이렇게 말한다.

"고귀한 전나무여, 안녕하신가. 나의 통풍을 가져왔다네. 여기 매듭 하나를 만들어서 그 속에 통풍을 가두어 두겠네!"

통풍을 사람에게서 나무에 옮기는 또 다른 방법은 다음과 같다. 환자의 손톱을 깎고, 다리에서 털을 뽑아 그것을 떡갈나무에 뚫은 구멍 속에 넣는다. 그리고 그 위에 쇠똥을 발라 구멍을 메운다. 그 뒤 3개월 동안 환자가 통풍을 앓지 않으면, 떡갈나무가 환자 대신에 병에 걸렸다고 믿었다. 체셔에서는 사마귀를 치료하기 위해 베이컨 한 조각으로 사마귀를 문지르고, 물푸레나무 껍질을 가늘게 벗겨 그 베이컨을 껍질 사이에 집어넣는다. 그러면 곧 사마귀는 손에서 사라지고, 그 나무껍질에는 울퉁불퉁한 혹이 생길 것이라고 여겼다. 영국 허트퍼드셔 지방의 버크햄프스테드에는 오랫동안 오한 치료로 유명했던 떡갈나무가 있었다. 이 나무에 그 병을 옮기는 일은 간단하지만 고통스러운 방법을 통해 이루어졌다. 환자의 머리채를 떡갈나무 사이에 쑤셔 넣고, 갑자기 잡아당긴다. 그러면 나무에 끼인 머리카락이 뽑히면서 그와 함께 오한도 그것에 달라붙게 된다고 한다.

제56장
재앙의 공적 추방

1 악령의 편재

재앙을 다른 사람이나 동물 또는 사물로 옮겨가는 원시적인 원리에 대해 앞 장에서 설명하고 예를 들었다. 그런데 이 방법은 공동 사회 전체를 침범하는 온갖 재앙에서 그 사회를 구제하는 데도 쓰였다. 그 공동체 안에 쌓인 슬픔을 곧바로 없애려는 시도는 결코 드물거나 예외이지 않았다. 오히려 그것은 여러 곳에서 시행되었으며, 시간이 지나면서 특별한 때에만 행하던 것이 주기적이거나 연례적인 것으로 발전했다.

그런 시도를 행하는 사람들의 마음 상태를 이해하기 위해서는 어느 정도의 노력이 필요하다. 우리들은 자연에서 인격성을 없애고, 그것을 우리 감각에 주어진 가지런한 하나의 인상을 일으킨 미지의 원인으로 환원하는 철학에 익숙해 있다. 그러나 미개인들에게 이러한 자연 현상은 정령이 변장한 것이나 정령이 만들어 낸 것으로 비춰진다. 고대 시대에 우리와 매우 가까웠던 정령들은 차츰 우리에게서 멀어져 갔다. 마침내 과학이라는 마법의 지팡이에 의해 쫓겨나, 화롯가나 가정에서, 폐허가 된 절이나 수도원, 담쟁이덩굴이 무성한 고탑에서, 숲 속의 빈 터와 쓸쓸한 호수에서, 번개가 내리치는 음산한 구름에서, 또 은빛 달을 베개로 삼거나 붉은 노을이 황금빛 저녁을 물들이는 아름다운 구름에서 사라진 것이다.

정령들은 하늘에 있는 그들의 마지막 성에서마저도 자취를 감추었다. 푸른 하늘은 이제 하늘 세계의 영광을 감추는 휘장으로 더 이상 비쳐지지 않게 되었다. 단지 볼 수 있는 사람은 아이들뿐이다. 또 시인들의 꿈 속에서나 또는 열렬한 웅변술을 가진 사람만이 사라져 가는 정령들의 마지막 분노와 눈에 띄지 않는 그들의 날갯짓과 조롱투의 웃음소리를 볼 수 있고, 이제 아련히 사라져

가기만 하는 천사들의 음악을 들을 수 있을 뿐이다.

그러나 미개인들은 그렇지 않다. 그들의 생각에 세계는 이성적인 철학자들이 이미 몰아낸 가지각색의 존재로 가득하다. 여전히 요정과 악령과 유령과 귀신들은 밤낮으로 미개인의 주변을 떠돌고 있는 것이다. 그 악령들은 미개인의 뒤를 따라다니며 그들의 감각을 홀리고, 그들의 마음 속에 들어가서 변덕스럽고 심술궂은 갖가지 방법으로 그들을 괴롭히고 기만하고 고통을 준다. 미개인들은 자신에게 닥친 재앙, 그들이 입은 손실, 그들이 견뎌야 하는 고통 등을 마땅히 주술 탓으로 돌리지 못할 경우에는, 거의 그것을 정령들의 원한과 분노와 변덕 탓으로 돌린다. 그래서 미개인들은 정령들의 끊임없는 출몰에 넌더리를 내고, 그 끊임없는 원한에 분노하는 것이다.

이에 미개인들은 정령들에게서 벗어나려고 끝없이 노력한다. 그들은 때때로 궁지에 몰리고 인내심도 바닥나면 정령들에게 거세게 반격을 가한다. 그들은 자신의 땅에서 모든 정령들을 한꺼번에 쫓아내고, 그것들로 득실대던 공기를 깨끗이 하기 위해 죽을 힘을 다해 노력하는 것이다. 이와 같이 고난을 모조리 쓸어버리려는 미개인들의 노력은 주로 귀신이나 유령을 대대적으로 사냥하거나 추방하는 형태를 취한다. 만일 그들이 자신을 괴롭히는 것들을 털어 낼 수만 있다면, 그들은 행복하고 순수하게 새 생활을 시작할 수 있다고 여겼다. 말하자면, 에덴 동산의 이야기나 옛 노래에 나오는 황금 시대와 같은 세상이 오리라고 생각했던 것이다.

2 재앙의 임시적 추방

우리는 이제 미개인들이 때때로 의지했던 재앙의 대청소가 왜 악령을 강제적으로 추방하는 형태를 취하는지 이해할 수 있게 되었다. 미개인들은 자신들이 겪는 고난의 모두는 아닐지라도, 많은 경우의 원인을 그런 악령들에게서 찾아낸다. 그리고 만일 그들이 그 악령들에게서 자신을 구해 낼 수만 있다면, 모든 것이 나아질 것이라고 생각한다. 이런 믿음에서 행해지는, 공동체 전체의 쌓이고 쌓인 재앙을 쫓으려는 미개인들의 공적인 기도는 두 가지로 나뉘는데, 그 기준은 추방되는 재앙이 비물질적이고 비가시적인 것이냐, 아니면 물질적인 매개체나 속죄양으로 구체화된 것이냐이다.

전자는 재앙을 직접 추방하는 것이므로 무매개적 또는 직접적 추방이라 할 수 있고, 후자는 간접적, 또는 매개적 추방, 즉 속죄양 추방이라고 할 수 있을 것이다. 먼저 전자의 예부터 설명하기로 하자.

뉴기니와 뉴브리튼 섬 사이에 있는 루크 섬에서는, 어떤 불행이 생기면 모든 사람이 함께 뛰고 소리치고 저주하고 사납게 외치고, 그리고 막대기로 하늘을 치면서 그 재앙의 원인이라고 생각되는 악령을 내쫓는다. 재앙이 일어난 장소에서 그들은 악령을 한 발짝 한 발짝 바닷가로 몰고 간다. 이윽고 바닷가에 도착하면 악령을 섬에서 내쫓기 위해서 두 배나 큰소리로 소리를 지르고 외친다. 그러면 악령은 주로 바다나 로틴 섬으로 물러난다고 믿었다. 뉴브리튼 섬의 원주민들은 질병이나 가뭄 또는 흉작 등 모든 불행을 사악한 정령 탓으로 돌린다.

예를 들면, 장마철에 접어들거나 많은 사람들이 병에 걸려 죽을 경우, 모든 주민들은 나뭇가지와 막대기를 들고 달밤에 밭으로 나가 아침까지 거세게 소리를 지르면서 땅을 치고 짓밟는다. 이렇게 하면 악령들이 쫓겨 간다는 것이다. 또한 횃불을 들고 온 마을을 돌아다니기도 한다.

뉴칼레도니아 섬 원주민들은 모든 재난이 어떤 강력하고 사악한 정령에 의해서 일어나는 것으로 믿는다. 그래서 그들은 악령에게서 벗어나기 위해서 때때로 큰 구덩이를 파고 그 둘레에 모든 부족이 모인다. 그리고 악령을 저주한 뒤에 흙으로 구덩이를 메우고, 악을 쓰면서 그 위를 짓밟는다. 그들은 이것을 '악령파묻기'라고 부른다. 중부 오스트레일리아의 디에리족은 중병이 발생하면, 주술사가 박제된 캥거루 꼬리로 그 병이 일어난 집 안팎의 땅을 쳐서 '쿠치(Cootchie)'라는 악령을 쫓는다. 그들은 그 악령이 집에서 어느 정도 떨어진 거리까지 쫓겨날 때까지 추격한다.

셀레베스 지방의 미나하사 원주민들은 재앙이나 무서운 전염병이 잇따라 마을에 일어나면, 마을을 침범한 악령 탓으로 돌리고, 또 반드시 마을에서 악령을 쫓아 내려 한다. 그래서 이른 아침에 아이들을 포함한 모든 주민은 그들의 가재 도구를 꾸려서 집을 떠난다. 그리고 마을 바깥에 임시로 만든 집에 머문다. 여기서 그들은 며칠을 지내면서 제물을 바치고 마지막 의식 치를 준비를 한다.

이윽고 남자들은 가면을 쓰거나 얼굴을 검게 칠하고, 손에는 모두 칼이나 총 또는 창과 빗자루 등을 들고 조용히 마을로 돌아간다. 그 뒤 사제의 신호에 따라서 그들은 사납게 길을 누비고 다니고 집 안과 마루 밑(집은 말뚝 위에세워져 있다)으로 뛰어다니면서 소리를 지르고, 벽과 문, 그리고 창을 때려 악령을 내쫓는다. 다음에 사제들과 나머지 주민들은 성화를 들고 마을로 돌아와서 각 집 둘레를 아홉 번씩, 그리고 그 집으로 통하는 사다리 둘레를 세 번씩 돌아다닌다. 다음에 그들은 성화를 부엌으로 가져가서 사흘 동안 꺼뜨리지 않고 태운다. 그러면 악령들은 쫓겨 가고 그 마을은 환희에 젖는다.

할마헤라의 알푸르족은 전염병을 악령 탓으로 돌리는데, 그들은 다른 마을에서 온 악령이 자신들을 잡아가려 한다고 생각한다. 그래서 마을의 질병을 없애기 위해 주술사가 악령을 쫓아 내야 한다. 주술사는 모든 마을 주민들에게서 값진 옷을 받아 네 개의 광주리에 담는다. 그리고 그것을 숲으로 가지고 가서 악령이 있으리라고 짐작되는 곳에 놓고, 조롱하는 말로 악령에게 이곳을 떠나라고 명한다.

뉴기니 서남쪽에 위치한 케이 섬에서는 악령들을 죽은 사람의 영혼과 완전히 다른 것으로 여기며 강력한 한 무리를 이룬다고 믿는다. 거의 모든 나무와 동굴이 이런 악령들의 거처이며, 그것들은 화를 무척 잘 내 아주 작은 자극에도 곧 덤벼든다고 한다. 악령들은 질병과 재앙을 보내 그들의 불만을 나타낸다. 그래서 전염병이 극성을 부리는 데 별다른 치료책이 없을 경우, 그 마을 사람들은 사제를 선두에 세워 마을에서 얼마쯤 떨어진 어떤 장소로 간다. 그리고 해가 지면 두 개의 장대를 세우고 그 사이에 빗장을 건다. 그 빗장에 그들은 쌀주머니와 나무로 만든 총과 징과 팔찌 등을 걸어 놓는다. 모든 사람이 그 장대 앞에 자리를 잡고 죽음과 악령들에게 말한다.

"호! 호! 호! 야, 나무에 거처하는 악령들아, 동굴에 사는 악령들아, 땅 위에 사는 악령들아! 우리는 너희에게 총과 징과 그 밖의 여러 물건들을 주겠다. 이제 병을 거두어 많은 사람들을 병으로 죽게 하지 마라."

그러고 나서 그들은 곧 쏜살같이 마을로 뛰어간다.

니아스 섬에서는 어떤 사람이 중병에 걸려 모든 치료법이 소용이 없으면, 주술사가 병의 원인이 된 악령을 쫓아 낸다. 그는 장대 한 개를 문 앞에 세우고, 장대 끝과 지붕 사이를 야자 잎으로 만든 밧줄로 맨다. 그리고 주술사는 돼지 한 마리를 갖고 지붕에 올라가서, 거기서 돼지를 죽여 땅 위로 굴려 떨어뜨린

편재하는 악마
양쪽의 호위를 받고 있는 병의 악마가 병자를 집어 삼키려고 한다. 19세기, 실론에서 발견된 목재에 그려진 것. 왕립전시관, 미술관과 박물관, 브라이턴

다. 악령은 돼지를 먹기 위해서 서둘러 야자 잎으로 만든 밧줄을 타고 서둘러 지붕에서 내려온다. 그러면 주술사가 불러들인 선량한 정령이 다시 악령이 지붕 위로 기어오르지 못하도록 막는다. 그래도 효험이 없으면, 사람들은 다른 악령들이 여전히 그 집에 머물고 있기 때문이라고 생각한다. 그래서 그것들을 쫓아 내는 대대적인 작전을 펼친다. 지붕에 달린 창문 하나만 두고 그 밖의 출입문과 창을 모두 닫는다. 그리고 그 집 안에서 징과 북으로 요란하게 소리를 내면서 칼로 여기저기를 친다. 이에 겁먹은 악령들은 지붕 창문으로 탈출해 야자 잎으로 만든 밧줄을 타고 도망친다. 지붕에 달린 창문을 빼놓고는 모든 창과 문은 닫혀 있기 때문에 악령은 두 번 다시 집으로 되돌아올 수 없다고 믿는다.

전염병의 경우에도 이와 비슷한 순서를 밟는다. 즉 마을 출입문 하나만을 제외하고 모두 닫는다. 주민들은 모두 소리를 지르고 징과 북을 치고, 칼을 휘두른다. 이렇게 악령을 쫓아 내고 나면, 열어 놓았던 문도 닫아 버린다. 그 뒤 8일 동안 마을은 포위 상태에 들어가 아무도 들어갈 수 없다.

버마의 한 마을에서는 콜레라가 발생하면, 건강한 남자들이 지붕으로 기어올라가서 대나무와 몽둥이로 그 주변을 마구 두들겨 댄다. 나머지 주민들은 그 밑에서 북 치고 나팔 불거나 고함지르고, 마루와 벽, 냄비 또 그 밖의 시끄러운 소리를 내는 물건을 마구 두들긴다. 이 소동은 사흘 밤낮 동안 이어지는데, 이것이 콜레라를 몰아내는 데 가장 효험이 있는 것으로 여겼다.

인도 동남부의 쿠미(Kumi)족은 천연두가 처음으로 발생하면, 그것을 아라칸(Aracan)에서 온 악령이라고 생각한다. 마을은 출입금지 상태에 들어가 누구도 드나들 수가 없다. 주민들은 원숭이 한 마리를 땅 위에 내동댕이쳐 살해하여 그 시체를 마을 출입구에 걸어 놓는다. 그리고 그 피를 모래와 섞어 집집마다 뿌리고 모든 집의 입구를 원숭이 꼬리로 쓸어 낸다. 그리고 악령에게 떠나라고 간청한다.

서부 아프리카의 황금 해안에서는 전염병이 극성을 부리면 주민들은 곤봉과 횃불로 무장하고 악령을 쫓기 위해 출동한다. 일정한 신호에 따라 주민들은 질색할 만큼 고함지르고 집 안 곳곳을 두들기면서 다닌다. 그리고 미치광이처럼 길을 뛰어다니면서 횃불을 허공에 마구 휘두른다. 이 소동은 겁먹은 악령이 마을 입구를 통해 달아났다고 누군가가 알릴 때까지 계속된다. 사람들은 그 악령을 추격하여 멀리 숲까지 몰아 내고 다시는 오지 말도록 위협한다. 악령의 추방에 이어서 그들은 마을의 수탉을 모두 죽이는데, 이것은 닭 울음소리가 추방된 악령에게 마을로 되돌아오는 방향을 알려 준다고 생각했기 때문이다.

휴런 마을에서는 병이 유행하는데도 그 치료법이 효험이 없을 때에는, '로누이로야(Lonouyroya)'라고 불리는 의식을 치른다. "그들은 이 의식이 악령을 마을에서 쫓아 내는 가장 알맞은 방법이라고 말한다. 이 방법을 쓰지 않으면 악령은 계속해서 그들의 육체와 정신에 모든 병과 질환을 일으킨다는 것이다." 사람들은 어느 날 저녁에 미친 듯이 마을을 뛰어다니다가 오두막에 들어가서 무엇이든지 닥치는 대로 깨고 뒤집어 엎는다. 그리고 타다 남은 나무들과 불을 길바닥에 내던지거나, 밤새도록 고함지르고 노래 부르며 뛰어다닌다. 그리고 아침이 되면 칼이나 개 또는 모피 등을 꿈에 보았다며 이 집 저 집을 찾아다니면서 선물을 요구한다. 그들은 꿈 속에서 보았던 물건을 받을 때까지 조용히 서 있다가 바라던 것을 받으면 축복을 빌어 주고 탄성을 지르면서 오두막에서 뛰쳐 나온다. 꿈 속에서 본 것을 받은 사람들은 건강이 보증된다고 믿는다. 이에 반해 바라던 것을 얻지 못한 사람은 자기 운명이 끝장났다고 생각한다.

때때로 미개인들은 질병이라는 악령을 집에서 내몰지 않고, 얌전히 환자 몸 속에 남겨 두고 악령이 그들을 쫓아오지 못하도록 도망치기도 한다. 예를 들어, 파타고니아족은 천연두가 널리 퍼지면, 그것을 악마의 장난이라고 믿고 환자를 버리고 도망친다. 그들은 도망 중에 무서운 병마가 따라오지 못하도록 무기를 가지고 허공을 치며 자기 주변에 물을 뿌린다. 그들은 7일 동안 행진을 하여 악령이 쫓아오지 못하리라고 생각되는 곳까지 도망친다. 그리고 악령을 막는 방법으로 마치 적들의 공격에 방어하려는 것처럼 무기를 배치하는데, 이때 무기의 날은 그들이 왔던 방향을 향하도록 한다.

그란차코의 룰레(Lule)족 인디언과 토노코테(Tonocote)족 인디언들도 전염병의 습격을 받으면, 도망치는 방법을 택한다. 그런데 그들은 똑바로 가지 않고 꾸불꾸불한 길로 간다. 그들은 전염병이 쫓아올 때 길이 꾸불꾸불하면 쉽게 지쳐서 따라올 수 없다고 생각하기 때문이다. 뉴멕시코의 인디언들은 천연두나 그 밖의 전염병이 돌면 날마다 그 거처를 바꾼다. 그들은 산 속 가장 깊은 곳으로 가서 가장 가시가 많은 잡목 숲을 골라 숨는다. 그러면서 천연두가 가시에 찔릴까 봐 두려워 쫓아오는 것을 단념하기를 바라는 것이다. 언젠가 랑군을 방문 중이던 몇 명의 친(Chin)족이 콜레라에 걸린 적이 있었다. 그때 그들은 악령을 위협하기 위해 칼을 꺼내 들고 걸었으며, 악마의 눈에 띄지 않기 위해서 덤불 속에서 낮 시간을 보냈다.

3 재앙의 정기적 추방

재앙의 추방은 임시적인 것에서 주기적인 것으로 바뀌는 경향을 보인다. 미개인들은 오랫동안 그들 주변에 쌓인 모든 사악한 힘에서 벗어나 새롭게 인생을 시작하기 위해, 어떤 정해진 시기, 즉 보통 매년 한 번씩 대대적인 악령 제거 의식을 하는 것이 바람직하다고 생각하기에 이르렀다. 오스트레일리아의 어떤 원주민들은 해마다 죽은 자의 영혼을 추방했다. 바원 강가에서 그 의식을 목격한 리들리 목사의 설명은 다음과 같다.

"노인과 젊은이로 이루어진 20명의 합창단이 노래를 부르고 부메랑으로 박자를 맞추고 있었다. 그때 갑자기 한 남자가 나무껍질로 만든 돗자리 밑에서 뛰쳐 나왔다. 그는 몸에 하얗게 파이프 점토 칠을 하고, 머리와 얼굴에 빨간색과 노란색의 줄무늬를 그리고 있었으며, 머리에는 1m 가량의 막대기로 고정된 깃털 다발이 달린 관을 쓰고 있었다. 그렇게 나타난 그는 20분 동안 위를 바라보며 꼼짝 않고 서 있었다.

옆에 서 있던 한 원주민이, 그는 죽은 자들의 영혼을 찾고 있는 것이라고 말해 주었다. 그런데 마침내 그가 천천히 움직이기 시작하더니 갑자기 전속력으로 여기저기를 뛰어다니면서, 마치 우리에게는 보이지 않는 적들을 쫓는 것처럼 나뭇가지를 휘둘렀다. 이제쯤 이 무언극이 거의 끝났으리라고 생각했을 때, 갑자기 비슷하게 차린 열 명 이상의 남자가 나무 뒤에서 나타나서 알 수 없는 적들과 격렬하게 싸워댔다. ……드디어 정력을 몽땅 쏟은 몇 가지 동작이 끝난 뒤에, 그들은 밤을 꼬박 새우고 해가 솟고도 몇 시간 동안이나 계속된 이 격정적인 상태를 진정시키고 휴식을 취했다. 그들은 영혼들이 적어도 1년 동안은 추방되었다고 만족하는 것 같았다. 강가에 위치한 마을마다 그 의식을 행하고 있었는데, 그것은 매해 거행되는 관습이라고 들었다."

한 해의 일정한 시기가 악령을 모조리 추방할 수 있는 적기로 예정되어 있다. 그 적기는 태양이 몇 주일이나 몇 달 동안 사라졌다가 다시 지평선상에 나타나는 때이다. 바로 북극의 겨울이 끝날 무렵이다. 따라서 알래스카의 최북단, 그리고 아메리카의 북단에 위치한 배로곶의 에스키모들은 태양이 다시 나타날 때를 집에서 '투냐(Tuña)'라는 악령을 추방할 시기로 생각한다.

그 의식을 배로곶에서 겨울을 지낸 미국의 극지 탐험대가 목격했다. 에스키모들은 회의소 앞에 불을 피우고, 늙은 부인을 한 사람씩 모든 집 문 앞에 세운다. 남자들이 그 회의소 주변에 모이면 젊은 부인들과 소녀들은 칼로 악령들을 몰아 낸다. 그들은 칼로 침상과 사슴 가죽 밑을 맹렬하게 찌르고, '투냐'에게 물러가라고 외친다. 악령이 모든 구멍과 구석에서 쫓겨났다고 생각되면, 그들은 악령을 마루에 있는 구멍 밑으로 밀어 낸 다음 큰 소리를 치며 미친 듯한 몸짓으로 바깥으로 내쫓는다. 그동안 문 앞에 있던 노부인은 악령이 되돌아오지 못하도록 긴 칼로 허공을 친다. 사람들은 각기 그 악령을 불 쪽으로 몰아 불 속으로 들어가도록 유인한다.

이때 모든 사람들은 불 주위를 반원형으로 둘러싸고, 지도자격인 남자 몇몇이 그 악령을 거세게 비난한다. 그리고 사람들은 그 말이 끝난 뒤 자기 옷을 세차게 털고, 악령에게 자기 몸에서 떠나 불 속에 들어가라고 외친다. 이때 두 사람이 실탄 없는 소총을 들고 앞으로 나오고, 또 다른 사람이 요강을 갖고 와서 불 속에 내동댕이친다. 동시에 그 사수 중의 한 사람이 불을 겨냥하여 총을 쏜다. 연기가 무럭무럭 피어오를 때 또 한 발을 쏜다. 이것으로 한동안 '투냐'는 죽은 것으로 생각된다.

매년 거행되는 재앙 추방
잉카 시대의 페루에서 9월에 거행되었던 재앙 추방 의식인 시투아. 구아만 포마데 아얄라의 모사, 「누에바 코로니카」, 1615년경 전재.

배핀랜드의 에스키모들은 늦가을이 되어 폭풍이 육지로 휘몰아치면서 엷게 언 바다의 얼음을 칠 때, 그리고 바다에 떠다니는 얼음덩어리끼리 서로 부딪혀서 매우 요란한 소리를 내면서 깨질 때, 또 얼음덩어리가 난잡하게 서로 엉켜 쌓여 있을 때, 재앙을 옮기는 망령들의 소리가 들린다고 한다. 죽은 자의 망령이 거칠게 오두막의 문을 두드린다고 한다. 그러나 죽은 자의 망령들은 그 집으로 들어갈 수 없지만, 만일 망령에게 붙잡히면 재앙을 당하게 되어 곧 병들어 죽는다고 여긴다. 이 무렵에는 머리에 털이 나지 않은 커다란 개의 유령이 살아 있는 개를 추격하는데, 개가 그 유령을 보면 경련을 일으켜서 죽는다고 한다. 게다가 수없이 많은 악령이 돌아다녀 에스키모들에게 질병과 죽음, 악천후를 가져다 주고, 사냥감을 없애려고 기를 쓴다고 생각한다.

이 악령들 가운데 가장 두려운 것은 저승의 여왕인 '세드나(Sedna)'와 죽은 에스키모들을 손아귀에 쥐고 있는 그 여왕의 아버지이다. 다른 악령들이 하늘과 물 속에 있는 반면, 그 여왕은 저승(땅 속)에서 나타난다. 바로 이때가 주술사들이 바쁜 시기이다. 주술사들이 가냘프게 타오르는 등잔불이 희미하게 비치는 오두막 뒤편의 신비스러운 어둠 속에 앉아 악령들을 불러 내느라 노래하고 기도하는 소리가 들려온다. 무엇보다 어려운 일은 '세드나'를 쫓는 일이다. 이 의식은 가장 유능한 주술사에게 맡겨지며 다음과 같이 진행된다.

오두막 지붕에 달린 작은 출구를 제외하고 오두막의 마루에 밧줄을 감는다. 이 출구는 바다표범이 호흡하는 구멍을 나타낸다. 주술사 둘이 그 옆에 선다. 한 사람은 마치 겨울에 바다표범의 구멍을 지키듯이 창을 들고 있으며, 또 한 사람은 작살 줄을 쥐고 있다. 세 번째 주술사가 오두막 뒤편에 앉아, 그곳으로 '세드나'를 유인하기 위해 주술의 노래를 부른다. 그러면 '세드나'가 거칠게 숨을 쉬면서 오두막 마루 밑으로 접근하는 소리가 들려온다. 이윽고 '세드나'가 그 출구에 나타난다. 그때 즉시 작살로 그녀를 찌른다. 그러면 '세드나'는 화를 버럭 내며 작살이 꽂힌 채 황급히 가라앉는다.

두 주술사는 있는 힘을 다하여 작살 줄을 잡아당긴다. 격렬한 싸움이 벌어지고, 마침내 '세드나'는 발악적인 행위로 작살 줄을 끊고 빠져 나와 아들리분(Adlivun)에 있는 그녀의 집으로 돌아간다. 작살을 출구에서 꺼내 보면, 피가 묻어 있는 것이 발견된다. 주술사들은 그것을 자신들의 용감한 노력의 증거라고 자랑스럽게 보여 준다. 드디어 '세드나'와 다른 악령들은 쫓겨난 것이다.

다음 날 그 사건을 축하하기 위해 큰 축제가 벌어진다. 그러나 그들은 아직도 주의해야 한다. 왜냐하면 상처 입은 '세드나'가 화가 나서 오두막 밖에 나와 있는 사람들을 보는 대로 누구든지 잡아가기 때문이다. 그래서 그들은 두건 위에 부적을 붙여서 세드나에게서 자기들을 보호하려고 한다. 이 부적은 그들이 태어난 뒤에 처음으로 입던 옷 조각으로 만든 것이다.

이로쿼이족 인디언들은 휴런족 인디언들이 특정한 시기에 행한 것과 같은 '꿈의 축제'를 벌이며, 1월이나 2월 또는 3월(이 시기는 일정치 않다)에 새해를 시작했다. 이 의식은 며칠 또는 몇 주일간 이어지고, 하나의 농신제(農神祭), 즉 사투르날리아(Saturnalia) 형식을 취한다. 이때 여러 모습으로 변장한 남녀들이 오두막에서 오두막으로 걸어가면서 무엇이든지 닥치는 대로 때려부수거나 내던진다. 이때는 어떠한 방종도 허락되는 시기이다. 사람들은 모두 미쳐 버린 것으로 여기고, 따라서 그들이 무엇을 하든 책임이 면제된다. 그래서 사람들은 이때에 마음에 들지 않는 사람을 흠씬 때리거나, 얼음처럼 차가운 물을 끼얹거나, 혹은 오물이나 뜨거운 재를 끼얹어 여느 때의 원한을 풀곤 했다. 때로는 불타는 나무나 석탄을 처음 만나는 사람의 머리에 던지는 사람들도 있었다. 이런 사람들의 행패에서 벗어날 수 있는 유일한 방법은 그들이 꾼 꿈을 알아맞히는 것이다.

축제 기간 중 그들은 마을에서 악령을 쫓아 내는 의식을 치른다. 남자들은 야수들의 가죽을 뒤집어 쓰고 얼굴을 기묘한 가면으로 가린다. 그리고 손에는 거북 껍데기를 들고 기괴한 소리를 지르면서 이 집 저 집으로 돌아다닌다. 그들은 방문한 모든 집에서 화로 속의 불타는 숯이나 뜨거운 재를 꺼내 마루 주변에 뿌려 댄다. 이 축제에 앞서 죄를 고백하는데, 이는 악령들을 공개적으로 추방하기 위한 준비이다. 그것은 사람들의 마음에서 무거운 도덕적 부담을 없애기 위한 방법, 즉 그 부담을 모아서 없애는 방법이었다.

페루 잉카족은 9월에 시투아(Situa) 축제를 거행하는데, 이 축제의 목적은 수도와 그 인근 지역에서 모든 질병과 재앙을 쫓아 내는 것이었다. 축제가 9월에 열리는 이유는 이때쯤 장마가 시작되고, 첫 비와 더불어 질병이 생기기 때문이다. 축제의 준비로 그들은 추분 뒤의 첫 번째 달 첫날에 단식을 행한다. 낮 동안에 단식을 하고, 밤이 되면 옥수수로 못생긴 과자를 만든다. 이 과자는 두 종류로 만든다. 하나는 다섯 살부터 열 살까지 아이들의 피로 반죽되었는데, 그 피는 미간에 상처를 내어 얻은 것이다.

이 두 종류의 과자는 따로따로 굽는다. 왜냐하면 저마다 다른 용도에 쓰이기 때문이다. 각 가정은 맏형 집에 모여 잔치를 행한다. 그리고 맏형이 없는 사람들은 손위의 친척 집으로 간다. 그날 밤에 낮 동안 단식하던 자들은 목욕재계하고 피로 반죽된 과자를 조금 떼어서 머리와 얼굴, 가슴과 어깨, 그리고 팔다리에 문지른다. 이렇게 하면 과자가 그들의 허약함과 질병을 모조리 가져간다고 믿는다. 그 다음에 가장은 그 과자로 집 입구를 문지른다. 그리고 과자를 그 집 사람들이 정화 의식으로 몸을 깨끗이 했다는 표시로 그곳에 남겨 둔다.

한편 대사제는 태양의 신전에서 같은 의식을 행한다. 태양이 떠오르자마자 모든 주민들은 태양에게 그 수도에서 모든 악령이 추방되기를 기도한다. 그리고 피로 반죽하지 않은 과자를 먹으면서 단식을 끝낸다. 이렇게 그들은 태양신을 한 사람의 인간으로 숭배하기 위해서 일정한 시간에 예배를 드리고, 단식을 끝마친다. 이때 잉카 왕족 한 사람이 태양신의 사자로 성에서 내려왔다. 그는 훌륭한 옷차림을 하고 몸에는 망토를 두르고 손에는 창을 들었다. 창은 여러 색깔 깃털로 장식되었는데, 그 깃털은 창의 날에서 손잡이에 이르기까지 부착되어 있었고, 그 창은 황금의 둥근 고리로 꾸며졌다.

이 사자는 창을 휘두르면서 성에서 언덕을 거쳐 대광장으로 달려 내려왔다. 그 광장에는 옥수수를 발효한 즙으로, 제물을 바칠 때 쓰는 황금 단지가 분수 모양으로 서 있다. 여기서 네 사람의 잉카 왕족이 저마다 손에 창을 들고 망토를 두르고 그를 기다렸다. 그 사자는 자기 창을 네 개의 창에 부딪치고 태양신이 그들을 자신의 사자로 삼아 수도에서 악령을 쫓아내라고 명령했다고 그들에게 알린다. 그러자 네 사람은 각기 흩어져서 그 수도에서 여기저기로 통하는 네 개의 왕도(王道)로 달려간다.

그들이 달려가는 동안 사람들은 귀천을 가리지 않고 모두 그들의 집 앞에서 환성을 질렀다. 그리고 마치 먼지를 털어 버리듯이 옷을 털었다. 그리고 그들은 이렇게 외친다.

"재앙아, 물러가라. 우리는 이 축제가 올려지기를 기다렸노라. 만물의 창조자시여, 우리가 다시 이 축제를 기릴 수 있도록, 또 다음 해를 맞이할 수 있도록 허락해 주소서."

그들은 옷을 턴 다음 세수할 때와 같이 머리와 얼굴, 팔다리 등을 손으로 문지른다. 이렇게 털고 씻는 것은 집에서 재앙을 쫓아 내고 태양의 사자들이 그 재앙을 수도에서 추방하기 위한 것이다. 그리고 이 의식은 잉카 왕족들이 달리는 왕도에서뿐만 아니라 그 수도 외곽 구석구석에서도 거행한다.

그뿐만 아니라 잉카의 왕족들도 주민들 속에 섞여 춤을 추고, 강물이나 샘에서 목욕재계한다. 그러면 몸에서 질병이 빠져 나간다고 여겼다. 다음에 그들은 끈으로 둘둘 말은 짚으로 큰 횃불을 만들어 다음 사람에게 차례로 넘겨준다. 그리고 서로 때리면서 "모든 재앙이여, 물러가라" 외친다. 한편 뛰는 사람들은 각기 창을 들고 그 수도 외곽으로 1, 2킬로미터쯤 뛰어간다. 그곳에는 이미 다른 네 명의 잉카족이 기다리고 있다가 창을 건네받아서 이어서 뛴다. 이렇게 창은 릴레이로 24에서 29킬로미터 정도 운반된다. 그리고 마지막 주자들은 자기 자신과 창을 강물에 씻고, 그곳에 창을 세워 추방된 재앙이 다시 수도로 되돌아올 수 없도록 경계선을 표시한다.

기니아 원주민들은 해마다 모든 마을에서 재앙을 추방하기 위해 일정한 날을 잡아 성대한 의식을 벌인다. 황금 해안의 악심(Axim)에서는 이 연례적인 액풀이를 하기 전에 8일간의 축제를 벌인다. 그 축제 기간 중에 환락과 환희, 도약과 무용, 노래로 시끌벅적하다.

"철저하게 풍자할 수 있는 자유가 허용되고, 처벌과 방해를 조금도 받지 않고 아랫사람과 윗사람의 잘못과 악랄성과 기만을 얼마든지 말할 수 있다."

8일째 되는 날 그들은 음흉스럽게 외치면서 악령을 사냥하러 나간다. 그들은 막대기와 돌 또는 손에 잡히는 것은 무엇이든지 던져서 악령을 내쫓는다. 그리고 악령을 마을에서 먼 곳까지 쫓아 냈다고 생각이 되면 마을로 돌아온다. 이런 의식은 동시에 백 개 이상의 마을에서 이루어진다. 악령이 다시 그들 집으로 돌아오지 않을 것이라는 것을 확신하기 위해서 부인들은 나무나 흙으로 만든 그릇들을 씻거나 닦아서 '온갖 오염과 악령'을 없앤다.

1884년 10월 9일, 한 영국인이 황금 해안의 케이프코스트 성에서 거행된 의식을 목격했다. 그는 그것을 다음과 같이 기록했다.

"오늘 밤 '아본삼(Abonsam)'이라는 악령을 마을에서 쫓는 연례적인 의식이 있었다. 8시를 알리는 대포 소리가 성에서 울리자, 사람들은 악령을 위협하기 위해 집에서 총을 쏘고, 가구를 모두 문 밖으로 내놓고, 막대기로 방의 구석구석을 친다. 그리고 될 수 있는 한 큰 소리를 지른다. 그들은 악령을 집 안에서 쫓아 냈다는 생각이 들면, 거리로 의기양양하게 뛰쳐 나간다. 그리고 이번에는 마을에서 바다로 악령을 쫓아 내기 위해서 바다로 횃불을 던지고, 소리를 지르고, 막대기를 서로 치고, 낡은 냄비를 두드린다.

그들은 이 행사를 거행하기에 앞서 4주간의 죽음과 같은 침묵을 지킨다. 즉, 총을 쏘거나 북을 치거나 재잘거리는 것이 허용되지 않는다. 만일 이 기간 동안에 두 사람이 의견 불일치로 마을에서 소란을 피우면, 그들은 즉시 왕 앞으로 끌려가서 엄청난 벌금을 문다. 만일 개나 돼지 또는 양이나 염소를 방치하여 길에서 누군가에 의해 발견되면 도살되거나 끌려 가더라도 그 주인은 보상을 요구할 수도 없다. 이 침묵은 악령을 속이기 위한 것이다. 다시 말해 침묵 기간 동안에 경계심을 늦추던 악령이 갑자기 소음을 들으면 놀라 겁을 먹고 그곳을 떠난다는 것이다. 만일 이 침묵 기간 중에 사람이 죽어도 이 기간이 끝날 때까지 그 친척들은 울 수도 없다."

때때로 악령을 추방하는 날은 농사짓는 시기와 관련되어 정해진다. 예를 들면, 서아프리카에 있는 토고랜드의 호(Ho)족 사람들은 매년 액풀이를 새 참마를 먹기 전에 거행한다. 추장들은 사제와 주술자를 소집해서 새로운 얌 감자를 먹고 즐길 때가 되었으므로 마을을 청결하게 하고 악령을 쫓아야 한다고 말한다. 따라서 주민들을 해치는 악령과 마녀, 그리고 모든 재앙은 나뭇잎과 덩굴식물로 유인시켜 장대에 잡아 맨다. 사람들은 그 장대를 마을 밖 길 위에 꽂아 놓는다. 그날 밤에는 절대로 불을 피울 수 없고, 음식도 먹어서는 안 된다.

그 다음 날 아침에 부인들은 그들의 집과 난로를 청소하고 깨어진 나무 접시에 청소한 쓰레기를 쌓는다. 그리고 사람들은 "우리의 몸 속에서 우리를 괴롭히는 모든 질병들이여, 우리는 오늘 너희들을 내던지려고 한다" 소리를 내어 기도한다. 그리고 아다클루 산 쪽으로 있는 힘을 다해 달려가 자기 입을 두드리면서 이렇게 외친다.

"오늘 나가라. 오늘 나가라. 사람을 죽이는 놈아, 오늘 나가라! 악령아, 오늘 나가라. 두통을 앓게 하는 자여, 오늘 나가라! 안로 산 아다클루 산은 모든 악한 것들이 가야 할 곳이다."

그리고 아다클루 산의 어떤 나무에 이르러 그들은 모든 것들을 집어던지고 돌아온다.

뉴기니의 동남부에 위치한 키리위나에서는 새 참마를 수확하면 주민들이 잔치를 벌이고 며칠 동안 춤을 춘다. 팔찌와 토착민들의 화폐와 같은 많은 보물을 미리 준비한 제단 위에 보기 좋게 진열한다. 이 잔치가 끝나면, 사람들은 함께 모여서 소리지르고, 집의 기둥을 두드리고, 교활한 악령들이 잠복한다고 생각되는 모든 물건을 뒤집어 엎어 버려 악령들을 마을에서 내쫓는다. 주민들이 한 선교사에게 한 설명에 따르면, 그들은 악령들을 맞아 환대하고 잔치를 벌이고 보물을 마련해 주었기 때문에 이제는 악령들이 떠날 때라고 말한다. 악령들은 춤을 보았고, 노래를 들었고, 참마의 혼을 배불리 먹었고, 단 위에 진열한 돈과 그 밖의 훌륭한 물건들의 혼을 제 마음대로 즐기지 않았는가? 악령들이 이 이상 더 무엇을 바랄 수 있단 말인가? 그러니 그들은 이제 떠나야만 한다.

인도 동북부 지방의 호족들에게 1년 중 가장 큰 축제는 정월에 거행되는 수확제이다. 이때는 곳간에 곡식이 찰 때고, 그들의 표현을 빌리면 주민들에게 악령이 가득 찰 때이다.

“그들은 이 시기에 남자나 여자나 모두 매우 나쁜 버릇을 가득 몸에 지니고 있기 때문에 격정을 쏟아낼 구멍을 활짝 열어 울분을 토하게 하는 것이 사람들의 안전에 절대로 필요하다는 기묘한 관념을 가지고 있다.”

이 의식은 마을 신에게 세 마리의 닭을 바치는 것으로 시작하는데, 그 비율은 수탉 한 마리에 암탉 두 마리이고, 그중 한 마리는 반드시 검은 닭이어야 한다. 이 제물과 함께 팔라나무의 꽃과 쌀가루로 만든 빵과 참깨를 같이 바친다. 이 제물은 마을의 사제가 바치는데, 사제는 앞으로 다가올 1년 동안에 어른이나 아이들이 모두 재앙과 질병으로부터 보호받고, 또 알맞은 비가 내려 풍작이 되기를 기도한다.

몇몇 지방에서는 죽은 자들의 영혼을 위하여 기도한다. 이때 악령이 그곳에 나타난다고 여겨, 악령을 물리치기 위해서 남녀노소 할 것 없이 줄을 지어 손에는 몽둥이를 들고 사냥하는 것처럼 막대기를 휘두르고, 거친 노래를 부르고, 큰 소리로 고함치면서 악령들이 견딜 수 없을 때까지 마을 곳곳을 돌아다닌다. 그리고 그들은 향락과 음주에 흠뻑 젖어 녹초가 된다. 의식은 이제 소동으로 변해, 종들은 주인에 대한 의무감을, 아이들은 부모들에 대한 존경심을, 남자는 부인에 대한 배려를, 여자는 근신과 수치와 정숙함을 송두리째 잊어버리고 모두 발광하는 술주정꾼이 된다. 평상시의 호족은 보통 조용하고 내성적이고 여자에게 예의가 바르고 점잖다.

“그러나 이 축제 기간 동안에는 그들의 성질을 일시적으로 변화시킨다. 아들과 딸들은 난폭한 말로 부모를 욕하고, 부모는 아이들을 구박한다. 남자와 여자는 성욕의 포로가 되어 거의 동물과 같아진다.”

호족의 친족이며 그 이웃에 사는 문다리(Mundari)족도 거의 같은 방법으로 축제를 벌인다.

“이들의 축제는 농신제를 꼭 닮아서 축제 기간 동안에 농장 노동자들은 주인에게 환대를 받고, 주인에게 무슨 말이라도 할 수 있는 자유가 최대한 허용된다. 이것이 1년 동안의 노고를 끝내는 수확제이다. 그리고 이것은 다시 1년을 시작하기 전의 잠깐 동안의 휴식이다.”

힌두쿠시족의 몇몇 부족은 호족이나 문다리족과 같이 추수가 끝난 뒤에 악령을 추방한다. 가을의 마지막 추수가 끝나면, 그들은 곳간에서 악령을 쫓아낼 필요가 있다고 생각한다. 이때 사람들은 죽 같은 것을 먹고, 집의 가장은 총으로 마루를 쏘고 밖으로 나가서 탄약이 다 떨어질 때까지 총을 쏜다. 그의 이웃들도 같은 일을 한다. 그 다음 날은 종일 잔치를 벌인다. 치트랄에서는 이 축제를 '악령 추방'이라고 부른다.

이것과 반대로 인도의 콘드족은 수확할 때가 아니라 씨를 뿌릴 때 악령을 추방한다. 그들은 이때에 증식과 수확의 신인 '피테리 펜누(Pitteri Pennu)'를 숭배한다. 축제의 첫날에는 볼품없는 수레를 광주리로 만들어서 몇 개의 막대기 위에 올려놓고, 대나무로 만든 바퀴를 수레에 달아맨다. 사제는 이 수레를 먼저 부족의 추장 집으로 가지고 간다. 농사와 관련된 의식을 집행할 최상의 권한이 그 추장에게 있다. 사제는 여기서 여러 종자와 깃털을 조금씩 받는다. 그런 다음 사제는 그 수레를 마을의 모든 집으로 끌고 가서 같은 것을 기증받는다. 끝으로 수레는 모든 젊은이의 호위 아래 마을 변두리 들판으로 옮겨지는데, 이때 그들은 서로 때리거나 장대로 거칠게 허공을 가른다. 이렇게 운반된 씨앗들은 '씨앗의 약탈자인 악령들' 몫이라고 말한다.

"악령들은 수레와 함께 추방되는 것으로 생각된다. 그리고 수레와 그 속의 것이 악령들에게 던져지면, 악령들은 더 이상 종자나 곡물에게 간섭할 구실이 없어진다는 것이다."

자바의 동쪽에 있는 발리 섬에서는 일정한 날을 잡아 대규모로 악령을 쫓아낸다. 보통 이 악령 추방을 위해 택한 시기는 아홉 번째 달인 '어두운 달'로 정해진다. 악령들을 오랫동안 내버려 두면 땅이 '더워진다'고 한다. 그래서 발리 섬에 사람들이 편안하게 살도록 사제는 악령들을 강제로 내쫓는 명령을 내린다. 지정된 날에 그 마을과 다른 먼 지방에서 온 주민들은 주 신전에 모여 그곳 사거리에서 악령들을 위해 제물을 바친다.

사제들이 기도를 낭송한 다음에 악령들에게 준비한 음식을 먹으라는 신호로 뿔나팔을 크게 분다. 동시에 수많은 사람들이 앞으로 나와 대사제 앞에서 타오르는 성화로 그들의 횃불에 불을 붙인다. 그리고 바로 구경꾼들처럼 곳곳으로 흩어져서 "떠나라! 사라져라!" 외치면서 한길이나 골목길로 행진한다. 집에 남아 있는 사람들은 그들이 지나가면, 고막이 터질 만큼 크게 문이나 기둥을 두드려 악령들의 추방에 한몫 거든다. 이렇게 집에서 추방된 악령들은 미리 준비해 둔 잔치 자리로 도망친다. 그런데 그곳에는 사제가 악령들에게 저주를 퍼부으면서 그 지방에서 나갈 것을 요구한다.

마지막 악령이 떠나면, 이 대소동은 죽음과 같은 침묵으로 바뀌고 다음 날까지 종일 침묵이 계속된다.

악령들은 자신들의 옛 집으로 되돌아오기를 갈망한다고 한다. 그래서 악령들에게 이곳은 발리 섬이 아니고 사람들이 살지 않는 황야라고 생각하도록 하기 위해서, 그들은 아무도 24시간 동안 집을 떠나지 않도록 한다. 그동안에는 취사와 같은 일상적인 가사마저도 중단된다. 다만 경비원들만 길거리에 모습을 보일 뿐이다. 이방인들이 들어오는 것을 경계하기 위해서 모든 입구에 가시덩굴을 쳐 둔다.

사흘 동안 이 포위 상태는 풀리지 않는다. 그 뒤가 되어도 논에서 일하거나 시장에서 사고파는 것은 금지된다. 많은 사람들은 여전히 집에 머물면서 카드놀이나 주사위놀이로 시간을 보낸다.

통킹에서도 해마다 대대적으로 악령을 추방하는 '텍키도(Theckydaw)' 의식을 거행했다. 사망자가 속출하거나 코끼리나 장군의 마구간에 있는 말이나 그 나라의 가축들이 죽을 경우에 특히 그랬다.

"그들은 그 원인을 반란이나 폭동을 일으켜 사형된 사람들, 그리고 왕이나 장군 또는 왕족의 생명을 뺏으려는 사람들의 사악한 영혼 탓으로 돌렸다. 그리고 반란자들이 자신들이 받은 처벌에 보복하기 위해서 모든 것을 파괴하고 무서운 폭력을 휘두른다고 여겼다. 그들은 악령들을 막기 위한 자신들의 신앙을 바탕으로 '텍키도' 제도를 고안하게 되었다. 이 '텍키도' 제도는 악령을 내몰고 국토를 깨끗이 하는 알맞은 수단으로 생각되었다."

그 의식을 거행하는 날은 보통 새해가 시작되고 한 달 뒤인 2월 25일이었다. 이것은 현재 쓰이는 달력으로는 1월 25일에 해당된다. 그 한 달 동안은 잔치와 환락과 철저한 방종의 시기였다. 한 달 동안 나라의 옥쇄는 상자 속으로 들어간다. 말하자면 법률은 잠드는 것이다. 재판소는 모두 문을 닫는다. 채무자는 독촉을 받지 않는다. 좀도둑이나 싸움질, 그리고 폭행과 같은 가벼운 범죄는 처벌도 받지 않고 도망칠 수 있었다. 다만 반역죄와 살인죄만이 예외이며, 옥쇄가 다시 그 효력을 되찾을 때까지 구금된다.

'텍키도' 의식이 끝날 무렵 그들은 악령들을 추방한다. 보병과 포병의 대부대가 깃발을 휘날리고 전쟁 때와 같은 장엄한 위세로 정돈하면,

"장군은 죄가 많은 악마나 악령들에게 고기를 제공하고 먹고 마시도록 권유

하고서는(그 부족에서는 처형에 앞서 범죄자를대접하는 것이 보통이고 또 관습적이므로) 곧바로 그는 나라를 불안케 하고 코끼리와 말 등을 죽인 악령들의 범죄를 글자와 몸짓 등의 기묘한 말로 추궁한다. 이 범죄들 때문에 악령들은 모두 이 나라에서 추방되고 유배되어야 한다는 것이다. 그래서 세 발의 대포를 최후의 신호로 발사한다. 곧이어 그 신호에 따라 모든 대포와 총들을 발사한다. 이 무서운 소리 때문에 악령들은 쫓겨날 것이다. 매우 무지한 그들은 이렇게 해야만 악령들을 실제로, 그리고 효과적으로 추방할 수 있다고 믿는다."

캄보디아에서는 3월에 악령을 추방한다. 악령들의 거처로 생각되는 깨어진 석상과 돌조각을 수집하여 수도로 옮긴다. 그리고 되도록 많은 코끼리를 모은다. 보름날 밤에 총을 일제히 발사하면 코끼리들은 무서운 기세로 악령들을 쫓아 낸다. 이 의식은 사흘 동안 계속된다. 시암에서는 매년 12월 마지막 날에 악령을 추방한다. 신호를 알리는 대포가 궁전에서 발사되면, 다음 성루에서 대포를 쏘아 응답한다. 이렇게 대포는 성루에서 성루로 이어져서 마지막 성문까지 이른다. 이렇게 악령은 한 걸음 한 걸음씩 쫓겨 가게 된다. 이 의식이 끝나면, 그들은 추방된 악령들이 되돌아오는 것을 막기 위해서 성화된 밧줄을 수도의 성벽에 둘러맨다. 이 밧줄은 튼튼한 개밀 짚으로 꼬아 만든 것으로 빨간색과 노란색, 그리고 파란색으로 저마다 채색되어 있다.

악령이나 마녀 또는 악마를 해마다 추방하는 의식은, 우리가 오늘날 그 후손들이 지키는 관습을 판단해 보건대, 유럽의 이교도들 사이에서도 일반적으로 행한 것으로 보인다. 예를 들면, 동부 러시아의 핀족 이교도인 보티아크(Wotyak)족 처녀들은 12월 마지막 날이나 새해 첫날에 그 끝이 아홉 갈래로 갈라진 막대기로 무장하고 한곳에 모인다. 그녀들은 이것으로 집이나 정원의 구석구석을 치면서 "악령아, 마을에서 사라져라" 외친다. 그리고 나서 그 막대기를 마을 아래로 흐르는 강물에 던지는데, 그러면 악령은 막대기와 함께 다음 마을로 흘러내려간다는 것이다. 이 악령은 다음 마을에서도 똑같이 추방된다.

다른 방법으로도 악령을 추방한다. 미혼 남자들은 모든 집에서 귀리와 고기, 브랜디를 받는다. 그들은 이것을 들로 갖고 가서 전나무 아래에서 불을 피우고, 귀리를 삶아서 "광야로 나가라. 다시는 집 안으로 들어오지 마라" 말하면서 가지고 온 음식을 먹는다. 그리고 마을로 돌아와 처녀들이 있는 집으로 들어간다. 그리고 처녀들을 붙잡아 "악령이 너에게서 떠나라" 말하면서 눈 속으로 내

던진다. 귀리와 남은 음식물을 모두 그들이 기부한 분량에 따라서 모든 집에 분배하고, 가족들은 그것을 나눠 먹는다.

말미즈 지방의 어떤 보티아크족에 따르면, 젊은 남자들은 그들이 집 안에서 발견한 사람이면 누구든지 눈 속에 내던지는데, 그들은 이것을 '사탄의 추방'이라고 부른다. 그리고 "신이여, 우리를 질병이나 전염병으로 괴롭히지 마십시오. 우리를 숲의 정령의 밥이 되게 하지 마십시오"라는 기도와 함께 삶은 귀리를 조금 불 속에 던진다.

이러한 의식의 가장 오랜 형식은 카잔(Kasan) 행정구의 보티아크족에게서 찾아볼 수 있다. 먼저 정오 무렵에 악령에게 제물이 바쳐진다. 그리고 모든 사람들이 말을 타고 마을 광장에 모여서 어느 집에서부터 시작할 것인가를 결정한다. 이 문제로 이따금 격론이 벌어지는데 하여간에 그것이 해결되면, 그들은 말을 말뚝에 매고 채찍이나 참피나무로 만든 곤봉, 그리고 불이 붙은 나뭇가지 뭉치로 무장한다. 그들은 불이 붙은 나뭇가지 뭉치를 악마가 가장 싫어하는 것이라고 믿는다. 이렇게 무장한 그들은 큰 소리를 지르면서 집과 정원의 구석구석을 때리고 나서 문을 닫고, 도망가는 악령에게 침을 뱉으며 나아간다. 이렇게 그들은 악령을 모든 집에서 다 쫓을 때까지 집집마다 돌아다닌다. 그런 뒤에 그들은 큰 소리를 지르고 곤봉을 여기저기로 휘두르면서 마을 밖으로 말을 타고 달려 나간다. 그리고 그들은 다시 악령에게 침을 뱉는다.

동부 러시아의 또 다른 핀족인 체레미스족은 참피나무 곤봉으로 벽을 두드려 악령을 그들의 거처에서 쫓아 낸다. 그들은 총을 쏘고, 칼로 땅을 찌르고, 갈라진 틈으로 시뻘건 숯불을 끼워 넣기도 한다. 또 그들은 옷을 털면서 불 위를 뛰어넘는다. 어떤 지방에서는 참피나무로 만든 긴 나팔을 불어서 악령을 쫓는다. 악령이 숲으로 도망칠 때, 그들은 그 축제를 위해 장만한 치즈 과자와 달걀을 나무에 던진다.

그리스도교를 믿는 유럽에서도 1년 중의 정해진 시기에 악령의 힘을 추방하는 옛 이교도의 관습이 오늘날까지 남아 있다. 예를 들면, 칼라브리아의 몇몇 마을에서는 3월에 마녀를 추방하기 시작한다. 이 의식은 밤에 교회 종소리와 함께 시작되는데, 사람들은 "3월이 왔다" 외치면서 한길로 뛰쳐 나온다. 그들의 말에 따르면, 마녀는 3월이 되면 거리를 떠돌기 때문에 3월 한 달 동안 매주 금요일 밤마다 의식을 되풀이한다고 한다. 미리 짐작할 수 있듯이, 고대 이교도

의식은 교회의 의식과 결합된 부분이 많다. 알바니아에서는 부활절 전날 밤에 젊은이들이 송진이 많은 나무 횃불을 들고, 그것을 흔들면서 줄지어 온 마을을 돌아다닌다. 그리고 끝으로 횃불을 강물에 던지고 이렇게 외친다.

"자, 코레(Kore)여! 우리는 너를 이 횃불과 함께 강물에 함께 던진다. 다시는 돌아오지 말아라."

슐레지엔의 농민들은 마녀가 '수난의 금요일'에 떠돌아다니면서 대단한 위력으로 나쁜 일을 저지른다고 믿는다. 그래서 슈트렐리츠 근방의 웰스에서는 '수난의 금요일'에 헌 빗자루를 무기로 삼아 큰 소리를 지르면서 집과 농장과 외양간에서 마녀를 내쫓는다.

중부 유럽에서는 마녀를 쫓는 알맞은 시기가 5월 1일 전날 밤인 '발푸르기스의 밤(Walpurgis Night)'이다. 이때는 악의로 가득 찬 해로운 존재들의 힘이 최고도에 이른다고 생각되었다. 예를 들면, 티롤에서도 다른 지방들처럼 이때 악령을 추방하는 의식을 '마녀 화형식'이라고 부른다. 이것은 5월제 때 거행하는데, 사람들은 여러 날 전부터 준비에 바쁘다. 목요일 한밤중에 송진이 많이 붙은 나뭇가지와 검은색과 빨간색 반점이 있는 독당근나무와 백화채나무와 로즈메리나무와 자두나뭇가지로 다발을 만든다. 이 다발은 교회에서 정식 사면을 받은 남자들이 5월제까지 보존했다가 태운다.

4월의 마지막 3일 동안에 모든 집들을 청소하고, 노간주나무의 열매와 향으로 향을 피운다. 5월제에 저녁종이 울리고 땅거미가 지면 '마녀 화형식'이라는 의식이 시작된다. 성인 남자와 소년들은 채찍과 종, 그리고 항아리와 냄비를 두드려서 큰 소리를 낸다. 부인들은 향로를 운반한다. 개들은 사슬이 풀려서 컹컹 짖으면서 뛰어다닌다. 교회 종이 울리자마자 장대에 묶은 나뭇가지 다발에 불을 지르고 향을 피운다. 그런 다음에 집 안의 모든 종과 저녁식사 종을 치고, 항아리와 냄비를 두드려 요란한 소리를 낸다. 개들도 덩달아 짖는다. 이때 모든 사람들은 큰 소리를 질러야 한다. 이 와중에 그들은 다음과 같이 한껏 소리를 내어 지른다.

마녀여, 도망가라.
어서어서 도망가라.
그러지 않으면 화를 당하리라.

그리고 나서 그들은 각 집과 뜰 그리고 마을을 일곱 번씩 뛰어 돈다. 그들은 이렇게 연기를 피워서 마녀를 그 숨어 있던 곳에서 몰아 낸다. 발푸르기스의 밤에 마녀를 쫓아 내는 이 관습은 근래까지도 보헤미아의 게르만족과 바이에른의 여러 곳에서 행해졌으며, 그 의식이 여전히 남아 있는 곳도 있다. 예를 들면, 뵈머발트 산맥에서는 마을의 젊은이들이 모두 해가 진 뒤에 높은 곳, 특히 네거리 같은 곳에 모여서 한동안 있는 힘을 다해 채찍을 휘두른다. 이렇게 하면 채찍 소리가 들리는 곳에서는 마녀가 해를 끼칠 수 없기 때문에, 그 사악한 존재가 쫓겨 나간다는 것이다. 어떤 곳에서는 젊은이들이 채찍 소리를 내는 동안에 목동들이 피리를 분다. 그런 지방의 사람들은 고요한 밤중에 길게 울려 퍼지는 이 피리 소리가 마녀를 내쫓는 데 매우 효과적이라고 여긴다.

마녀를 추방하는 또 다른 시기는 성탄절과 구세주가 다시 나타난 공현절(1월 6일) 사이의 12일간이다. 슐레지엔의 몇몇 지방에서는 성탄절과 새해 사이에 밤새도록 송진을 태운다. 이것은 그 톡 쏘는 듯한 연기로 마녀나 악령들을 집과 농장에서 멀리 쫓아 내기 위한 것이다. 또 성탄절 전야와 새해 전날 밤에 악령들에 의한 해를 방지하기 위해서 들과 목장에, 또는 덤불과 나무에 총을 쏘고, 과일나무를 짚으로 감는다. 보헤미아의 젊은이들은 성 실베스테르 축일인 새해 전야에 둥글게 서서 공중을 향하여 세 번 총을 쏜다. 이것은 '마녀 사격하기'라고 불리는데, 그 목적은 마녀를 위협해서 쫓기 위한 것이다.

신비스러운 열이틀 동안의 마지막 날은 그리스도의 공현절, 또는 12일절(Twelfth Night)이다. 이날은 유럽의 여러 지역에서 오래 전부터 악령의 힘을 추방하는 적기로 선택되어 왔다. 루체른 호수에 위치한 브룬넨에서는 12일제 밤에 소년들이 횃불을 들고 줄지어 서서, 피리와 종과 채찍으로 요란한 소리를 내어 숲의 두 여자 정령인 '스트루델리(Strudeli)'와 '스트라텔리(Stratteli)'를 놀라게 해 쫓아낸다. 그들은 이때 소리를 크게 지르지 않으면 그해에는 나무가 과일을 거의 맺지 못할 것이라고 생각한다. 남부 프랑스의 라브뤼기에르 지방에서는 12일제 전야에 종과 냄비 등을 두들기는 등 온갖 방법으로 시끄러운 소음을 일으키며 거리를 뛰어다닌다. 그리고 횃불과 불타는 나무 다발을 휘두르면서 귀청이 떨어져 나갈 정도로 고함을 질러, 마을에서 떠도는 유령들과 악령들을 쫓아 내고자 한다.

제57장
공적 속죄양

1 구체화된 재앙의 추방

우리는 이제까지 '직접적' 혹은 '즉시적'이라고 할 수 있는 재앙의 일반적인 추방을 살펴봤다. 이러한 유형의 재앙은 적어도 보통 사람의 눈에는 보이지 않는 것인데, 그 추방 방식은 주로 허공을 치거나 큰 소리를 질러서 악독한 정령을 위협하여 쫓아 내는 것이었다. 이제 추방의 두 번째 종류에 대해 알아보자. 이 추방의 유형에서 재앙의 영향은 눈으로 볼 수 있는 형태로 구체화되어 있거나, 적어도 물질적인 매개물에 머물러 있다. 이 매개물은 보통 사람이나 마을 또는 도시에서 악령들을 끄집어 내는 수단이 된다.

캘리포니아의 포모(Pomo)족은 7년마다 악령을 추방하는 의식을 치르는데, 이 의식에서 악령은 그로 분장한 인간에 의해 표현된다.

"20명에서 30명의 사나이들이 광대 옷을 입고 거친 안료로 얼굴을 분장한 채, 송진 담은 그릇을 머리 위에 얹고는 은밀히 주변 산으로 간다. 이 사람들이 악령의 역할을 담당하는 것이다. 한편 마을에서는 한 사자(使者)가 집회소 꼭대기로 올라가서 군중들에게 연설한다. 드디어 저녁때 미리 합의된 신호에 따라서 얼굴에 분장을 한 사람들이 산에서 내려 온다. 그들은 머리 위에는 불타는 송진 그릇을 얹고, 악령을 표시하기 위해 고안한 것들, 예를 들어 괴성 지르기, 이상한 동작, 또 기묘한 복장 등을 하고 있다. 놀란 부인들과 아이들이 살기 위해 필사적으로 도망치면, 남자들이 악령들을 포위해 버린다. 그들은 불로써 악령에 맞선다는 원리에 따라 불타는 나무 조각을 공중에 던지고, 고함을 지르면서 잔인하고 피에 굶주린 악령들에게 미치광이 같이 돌진한다. 이렇게 무서운 광경을 만들어 내면 거기에 모인 수백 명의 여자들은 큰 공포심에 떨게 된다. 그리고 곧 비명을 지르며 정신을 잃고 그들의 용감한 보호자들에게 매달린다. 마침내 악령들은 집회소로 들어가는 데 성공하여 마을에서 가장 용기 있는 자들이 집회소로 들어가 악령들과 담판을 짓기 시작한다. 이 연극의 결과로, 남자들은 용기가 생기게 되고 악령들은 집회소에서 추방된다. 성대한 행진과 격렬한 모의 격투로 악령들은 산 속으로 추방당한다."

북아메리카의 만단족 인디언들은 봄이 되어 강둑에 있는 버드나무 잎이 늘어질 무렵 연례적인 대축제를 벌이는데, 그 의식 가운데 하나가 악령을 추방하는 일이다. 한 남자가 악령으로 분장하기 위해 얼굴을 검게 칠하고 대초원에서 마을로 들어가 부인들을 쫓아다니며 놀라게 한다. 그리고 물소 춤을 추며 물소 역할을 맡는다. 그 춤의 목적은 다음 1년 동안 물소를 풍족하게 공급하기 위한 것이다. 그러나 악령은 마을에서 쫓기는데, 여자들은 쉿쉿 소리를 내며 조롱하고 막대기로 때리고 흙을 던져 악령을 쫓아 낸다.

오스트레일리아 퀸즐랜드의 중부 원주민들은 '몰롱가(Molonga)'라 불리는 사악한 존재가 있다고 믿는데, 그 몰롱가는 어떤 의식을 거행하지 않으면, 눈에 보이지 않은 채 그 마을 주위를 떠돌면서 남자를 죽이거나 여자들을 범한다고 한다. 이 의식은 5일간 계속 되는데, 이때 갖가지 춤을 춘다. 괴상하게 칠하고 분장한 남자들만 그 춤을 춘다. 5일째 밤에 붉은 흙과 붉은 빛깔의 날개를 몸에 걸치고, 끝에 깃털을 단 긴 창을 가진 사나이가 몰롱가로 분장해서 어둠 속을 뚫고 구경꾼들을 헤쳐 나갈 듯이 행동한다. 흥분은 최고조에 이르고, 비명과 고함 소리가 들끓는다. 그러나 악령은 다시 한 번 공격하는 척하고는 어둠 속으로 사라진다.

캄보디아 왕가는 해마다 12월 마지막 날 밤에 악령들을 추방한다. 이 의식은 악령으로 분장한 사람들이 왕궁의 뜰에서 몇 마리의 코끼리에게 쫓기는 것으로 행해진다. 그리고 그렇게 해서 악령들을 몰아내고 나면, 신성한 무명실로 왕궁을 둘러싸 그것들이 다시 들어오지 못하게 한다. 남부 인도 미소르의 문제라바드 지방에서는 콜레라나 천연두가 일어나면, 주민들이 모여서 병마를 꾀어 목상 속에 들어가게 한다. 그리고 보통 밤에 그것을 이웃 마을로 운반한다. 그러면 이웃 마을 주민들도 똑같이 그 목상을 다음 마을로 운반한다. 이렇게 병마가 든 목상은 차례로 마을에서 강기슭까지 옮겨지고, 마침내 강물에 던져진다.

그러나 추방된 악령들이 구체적인 모습으로 표현되는 일은 매우 드물다. 악령들은 다만 그것을 운반하는 구체적이면서 눈에 보이는 매개물 속에 존재하는 것으로 생각되는 것이다. 이제부터 악령의 추방을 편의상 임시적인 것과 주기적인 것으로 나누어 생각하고자 한다. 먼저 임시적 추방부터 살펴보기로 하자.

2 물질적 매개물에 의한 재앙의 임시적 추방

악령들을 운반하는 매개물은 그 종류가 다양하며, 가장 흔한 것은 작은 배이다. 예를 들어, 세람 섬 남부 지방에서는 온 마을이 역병에 시달리면, 작은 배를 만들어서 거기에 모든 사람들이 기부한 곡식과 담배와 달걀 등을 싣고, 작은 돛을 올린다. 준비가 끝나면 한 남자가 큰 소리로 다음과 같이 외친다.

"역병들아, 천연두와 학질과 홍역, 그 밖의 역병들 모두 잘 들어라. 너희들은 오랫동안 여기에 머물면서 우리를 너무나 괴롭혀 왔다. 그러나 이제 우리를 그만 괴롭히거라. 자, 여기 너희들을 위해 배를 마련하고 여행하는 동안 충분히 먹을 것도 마련해 놓았다. 음식과 구장 잎과 빈랑나무 열매와 담배도 부족하지 않을 것이다. 그러니 바로 이곳을 떠나라. 다시는 우리 가까이 오지 마라. 여기에서 멀리 떨어진 나라로 가라. 풍랑이 어서 너희들을 그곳으로 실어가, 앞으로 마을 사람들이 건강하게 살 수 있기를, 다시는 태양이 너희들 머리 위에 떠오르는 것을 보지 않기를."

그 다음 열 명 또는 열두 명의 남자들이 배를 바닷가로 운반했다가 뭍바람이 불면 바다 멀리 띄워 보낸다. 그들은 이렇게 하면, 이제 영구히 또는 적어도 다음 의식 때까지는 병에 시달리지 않게 된다고 확신한다. 만일 마을에 그 병이 다시 발병하면, 그들은 그것은 앞의 병과는 다른 것이라고 생각하고 적당한 시기가 되면 같은 방법으로 쫓아 낸다. 악령을 실은 배가 보이지 않게 되면, 그것을 옮겼던 사람들이 마을로 돌아와서 이렇게 외친다.

"이제 병마는 떠났소. 아주 사라졌소. 멀리 쫓아 냈소. 바다 저 너머로 사라져 버렸소."

이 말을 들은 사람들은 모두 집에서 뛰쳐 나와 기쁨에 넘쳐 징을 치고, 온갖 악기를 두드리면서 이웃 사람에게 그 말을 전한다.

동부 인도의 여러 섬에서도 이와 비슷한 의식을 흔히 행한다. 예를 들면 티모르라우트 섬에서는 질병의 원인인 악령들을 속이기 위해서 사람 모양의 인형과 장거리 여행에 대비한 식량을 실은 작은 배 '프로아(proa)'를 풍랑에 띄운다. 그것이 떠내려가면 사람들이 이렇게 외친다.

"오, 병이여, 이곳을 떠나라. 돌아가라. 이 가난한 곳에서 너는 무엇을 하려는 것이냐?"

이 의식을 거행한 뒤 사흘째 되는 날에 돼지를 잡아, 그 고기 몇 점을 태양에 살고 있다는 '두딜라(Dudilaa)'에게 바친다. 그 마을의 최고령자가 이렇게 기원한다.

"당신에게 간청합니다. 우리 손자와 아이들, 그리고 여자와 남자들을 건강하게 해 주소서. 돼지고기와 쌀을 먹게 해 주시고, 야자술을 마실 수 있도록 해 주소서. 나는 약속을 지킬 터이니, 이 제물을 드시고 마을 사람들 모두에게 건강을 베푸소서."

만일 이 작은 배가 사람들이 사는 어떤 곳에 도착하면, 병은 거기서 일어난다. 그래서 작은 배가 도착하면 그곳에 사는 주민들 사이에서는 큰 동요가 일어난다. 그들은 악령들이 불을 무서워한다는 점을 이용해 곧바로 배를 태워 버린다.

동인도 제도의 부루 섬에서는 병마를 운반하는 작은 배 길이가 10미터쯤이고, 돛과 노와 닻 등이 갖추어져 있으며 식량도 충분히 싣는다. 사람들은 하루 종일 징과 북을 치고 악령들을 위협한다. 다음 날 아침에 열 명의 건장한 젊은이들이 물 항아리에 담가 두었던 나뭇가지로 사람들을 때린다. 그것이 끝나자마자 젊은이들은 바닷가로 뛰어가, 그 나뭇가지를 작은 배에 싣는다. 그리고 재빨리 다른 작은 배를 바다에 띄워, 병마를 태운 작은 배를 바다 쪽으로 멀리 끌고 간다. 거기에서 그들은 작은 배를 띄워 보낸다. 그 가운데 한 사람이 큰 소리로 외친다.

"할아범 천연두여, 가라. 즐겁게 가라. 다른 나라로 가라. 여행하는 데 충분한 식량을 실었다. 이제 더 이상 줄 것도 없다."

그들이 다시 육지로 되돌아오면 모두들 바닷물로 목욕한다. 이 의식에서 나뭇가지로 사람들을 때리는 이유는 분명히 그들에게서 병마를 내쫓기 위해서이고, 그래서 급하게 나뭇가지를 작은 배에 실어서 바다 멀리 띄워 보낸 것이다.

세람 섬의 내륙지방에서도 천연두나 그 밖의 질병이 번지면, 사제는 신성한 나뭇가지로 모든 집을 때린다. 그런 다음 그 나뭇가지를 강물에 던져 바다로 흘러가게 한다. 러시아의 보티아크족 또한 마을에서 악령을 추방하는 데 쓰인 막대기를 강물에 던지는데, 그럼으로써 강물이 악령이 묻은 막대기를 멀리 떠내려 보내기 때문이다. 병자를 쫓는 악령들을 유혹하기 위해서 환자를 상징하는 인형을 배에 싣는 것은 결코 드문 일이 아니다.

예를 들면, 보르네오 해안의 많은 부족들은 다음과 같이 전염병을 쫓아 내려 한다. 그들은 먼저 야자수로 하나 또는 그 이상의 인형을 대충 만들어 쌀과 같은 식량과 함께 작은 뗏목이나 작은 배, 또는 충분히 장식된 말레이식 배에 싣는다. 이 배는 야자수 꽃과 그 잎으로 만든 리본으로 꾸민다. 그러고 나서 썰물 때 바다로 떠내려 보낸다. 주민들은 자신들이 바라는 대로 그 배가 질병을 함께 싣고 떠내려간다고 믿는다.

때때로 공동 사회 전체를 위협하는 악령이나 병마들을 운반하는 매개물로서 동물이나 속죄양을 사용하는 경우가 있다. 인도 중부 지방에서는 콜레라가 발생하면 마을 주민들은 모두 해가 진 뒤에 자기 집으로 돌아간다. 그리고 사제들이 시가를 행진하면서 각 집의 지붕에서 짚 하나씩을 뽑아, 쌀과 버터기름, 그리고 심황과 함께 마을 동쪽에 있는 신전에서 불사른다. 동시에 주홍빛으로 칠한 병아리를 연기 나는 방향으로 쫓는데, 그것은 그 병아리들이 병을 운반한다고 믿기 때문이다. 이 방법이 실패하면 염소로 대체하고, 또 이것마저 실패하면 마지막으로 돼지를 사용한다.

콜레라가 인도의 바르(Bhar)족과 말란(Mallan)족, 쿠르미(Kurmi)족에 퍼지면, 그들은 염소나 물소를 끌고 와서(어느 것이건 암컷이어야 하고, 될 수 있는 한 검은 것이어야 한다) 소량의 곡식과 정향(丁香)과 연단(鉛丹)을 노란 천에 싸서, 그것을 그 동물의 등에 매어 마을 밖으로 쫓아낸다. 그 동물을 마을의 경계선 저 너머까지 추방하여 다시 되돌아오지 못하게 한다. 때로는 물소에 빨간 물감으로 표시해서 이웃 마을로 쫓아 내기도 하는데, 그러면 물소가 그곳으로 역병을 옮긴다고 믿는다.

백나일 강 유역에 사는 유목 민족인 딩카족의 각 가정은 신성한 암소 한 마리를 기른다. 마을이 전쟁이나 기근 또는 그 밖의 어떤 천재지변으로 위협을 받으면, 마을 추장은 어떤 특정 가정에 신성한 암소를 속죄양으로 바칠 것을 요구한다. 이 암소는 여자들에 의해서 강가로 인도되어 맞은편 강가로 추방된다. 그곳에서 광야를 헤매다가 굶주린 야수의 밥이 되도록 내버려 둔다. 그러고 나서 여자들은 조용히 되돌아오는데, 그때 뒤를 돌아보면 그 의식은 아무런 효험이 없다고 사람들은 믿었다. 1857년, 볼리비아와 페루의 아이마라(Aymara)족 인디언들은 역병으로 고생할 때, 환자의 옷을 검은 낙타에 두르고 그 옷에 술을 부었다. 그리고 낙타가 역병을 갖고 가기를 희망하면서 산 위에 풀어 놓았다.

때때로 속죄양은 사람이 되기도 한다. 예를 들면, 우간다의 왕들은 이따금 그 적인 반요로(Banyoro)족이 우간다의 왕과 국민들이 병들어 죽도록 주술을 걸고 있다는 신탁을 받았다. 그런 재앙을 피하기 위해서 우간다의 왕은 반요로의 국경에 속죄양을 보내곤 했다. 보통 속죄양은 한 남자와 한 소년, 또는 부인 한 사람과 그녀의 아이였는데, 이들은 어떤 표시나 육체적인 결함 때문에 선발되었다. 그 표시나 육체적 결함을 신이 제물을 나타내기 위해 남긴 징표라고 여겼던 것이다. 또 이들 인간 제물과 함께 암소, 염소, 닭, 개를 한 마리씩 선발하는데 이들은 신이 지정한 곳에 도착할 때까지 건장한 병사들의 호위를 받았다. 그리고 마침내 목적지에 다다르면 병사들은 제물의 팔다리를 부러뜨려 다시는 우간다에 돌아오지 못하도록 불구로 만들고, 적지에서 기진맥진하여 죽도록 내버려 두었다. 그렇게 함으로써 역병은 제물의 몸으로 옮겨지고, 또 이것이 본디 역병이 있던 나라로 되돌아간다고 믿었던 것이다.

중국의 어떤 원주민 부족들은 역병을 예방하기 위해서 근육이 매우 발달한 힘센 사나이를 선발해 속죄양으로 삼는다. 그의 얼굴을 안료로 칠한 뒤, 그에게 모든 병마와 악령들이 들어가게 하기 위해 온갖 익살을 부리게 한다. 이때 그는 한 사제의 도움을 받는다. 마침내 속죄양은 징과 북을 치는 남녀들에 쫓겨 허둥지둥 마을 밖으로 달아난다. 펀자브 지방에서는 가축의 전염병을 치료하기 위해 '차마르(Chamar)' 계급의 한 남자를 고용해서, 그의 얼굴을 마을 외곽 쪽으로 돌리게 하고, 빨갛게 달군 낫으로 낙인을 찍어서 소의 전염병을 갖고 가도록 밀림 속으로 쫓아 낸다. 이때 그는 뒤돌아보아서는 안 된다.

3 물질적 매개물에 의한 재앙의 정기적 추방

속죄양 또는 다른 물질적인 매개물을 통한 재앙의 추방은, 눈에 보이지 않는 재앙의 직접적인 추방과 같은 이유로 정기적인 행사로 바뀌어 갔다. 예를 들면, 인도 제도 중의 레티, 그리고 라코르 섬의 주민들은 해마다 보통 3월에 모든 질병을 바다로 떠내려 보낸다. 그들은 길이 약 3미터 가량의 작은 배를 만들어 그것에 돛과 노, 그리고 방향타와 그 밖의 도구를 갖추어 놓는다. 그리고 각 가정에서 거둔 약간의 쌀과 과일, 닭 한 마리와 달걀 두 개, 그리고 농작물을 황폐하게 하는 곤충 등을 싣는다. 그런 다음에 그들은 이렇게 외치며 그 배를 바다에 띄운다.

"여기서 모든 병을 가져가라. 다른 섬으로, 다른 나라로 가져가라. 태양이 떠오르는 동쪽으로 그 병들을 퍼뜨려라."

보르네오의 비아자(Biaja)족도 매년 모든 주민들의 죄와 재앙을 실은 작은 배를 바다에 띄운다. 그리고 항해 중 바다에서 이 불길한 배와 우연히 만난 선원들은 그 배에 실린 모든 불행을 겪게 될 것이라고 믿었다.

영국령 북부 보르네오에 있는 투아란 지방의 두순족도 이와 같은 관습을 거행한다. 그 의식은 1년 중의 가장 중요한 행사로 치러진다. 그 목적은 지난 열두 달 동안에 집 안팎에 모여 있었을 것으로 생각되는 모든 악령들을 엄숙하게 추방하고, 다음 1년 동안 그 마을에 행운이 찾아오도록 하는 것이다. 의식에서 악령들을 유인해서 내쫓는 일은 주로 여자들이 맡는다. 이때 그들은 가장 훌륭한 옷을 입고 줄지어 마을을 통과한다. 그중 한 부인이 새끼돼지를 바구니에 넣어 등에 지고 나르는데, 다른 여자들은 적당한 때에 막대기로 새끼돼지를 때린다. 새끼돼지의 비명소리가 배회하는 악령들의 주의를 끌도록 하려는 것이다. 또 집집마다 여자들이 캐스터네츠나 심벌즈를 두드리고, 양 손으로 놋쇠로 만든 작은 방울 뭉치를 흔들면서 춤을 추고 노래를 부른다.

마을 전 가구에서 이 의식을 반복하여 행하고 나면, 행렬은 강 쪽으로 내려간다. 그러면 여자들이 각 집에서 내쫓은 모든 악령들도 행렬을 따라 강가로 간다고 생각한다. 거기에 작은 배가 준비되어 있는데, 그 안에는 식량, 옷, 조리용 냄비와 칼 등의 제물이 실려 있다. 또 갑판에는 야자나무 잎으로 만든 남자나 여자, 또는 동물과 새의 형상으로 만든 인형이 가득 쌓여 있다. 이윽고 악령들이 작은 배를 탔다고 여겨지면, 강물에 배를 띄워 보낸다. 만약 그 배가 멀리 가지 못하고 마을 근처에서 좌초하여 정박하게 되면, 여자들은 거기에 태운 악령들이 상륙하여 마을로 되돌아오지 못하게 하기 위해 부랴부랴 그 배를 떠밀어 낸다. 끝으로 악령들을 꾀어내는 데 쓰인 새끼돼지는 도살되어 버려진다.

인도 벵골 만의 카르니코바르 섬 사람들은 해마다 가뭄이 시작되면 배 모형을 만들어 온 마을로 들고 다닌다. 그러면 집집마다 쫓아 낸 악령들을 불러 모아 배에 싣는다. 그리고 배를 물에 띄워 바람따라 멀리 떠내려보낸다. 이 의식은 1897년 7월에 카르니코바르에서 그것을 목격한 한 선교사에 의해 기록되었다. 그에 따르면, 사흘 동안 사람들은 카누 모양의 큰 배 두 척을 준비하기에 바쁘다. 그 배에는 돛대를 세우고 어떤 잎사귀들을 싣는데, 그 잎사귀는 악령을 추방하는 데 쓸모 있는 속성을 지녔다.

이렇게 젊은이들이 작업하는 동안에, 악령을 쫓는 주술사들과 그 마을의 연장자들은 집 안에 앉아서 차례로 노래를 부른다. 그러면서 그들은 이따금 막대기로 무장하고 마을 밖으로 나간 뒤, 해변을 돌아보면서 악령들이 마을로 들어오는 것을 막는다. 의식의 나흘째 되는 날은 '돛으로 악령을 추방하는 날'이라 부른다. 저녁에 마을 사람들이 모두 모이는데, 여자들은 재가 담긴 바구니와 악령을 쫓아내는 잎사귀 다발을 갖고 있다. 이 잎은 모두에게 분배된다. 모든 준비가 완료되면, 한 무리의 건장한 남자들이 악령을 쫓는 주술사의 호위병과 함께 마을 공동묘지의 오른쪽 해변가로 배 한 척을 운반해서 바다에 띄워 보낸다. 그들이 되돌아오면, 다른 남자들이 다른 배 한 척을 공동묘지의 왼쪽으로 운반하여 바다에 띄워 보낸다. 악령들을 태운 배가 바다로 띄워지면, 여자들은 해안에서 바다로 재를 던지고, 군중들은 이렇게 외친다.

"도망가라. 악령아, 도망가라. 두 번 다시 오지 마라."

바람과 파도가 순조롭기 때문에 카누는 미끄러지듯이 흘러간다. 그리고 그날 밤 모든 사람들이 모여 악령이 초우라 지방 쪽으로 떠난 것을 축하하여 잔치를 벌인다. 이와 비슷한 악령의 추방을 카르니코바르의 다른 여러 마을에서도 해마다 한 번씩 거행한다. 그러나 마을마다 그 의식을 거행하는 장소와 시기는 다르다.

중국의 여러 원주민 부족들은 대축제를 해마다 3월에 치른다. 이 축제는 지난 12개월 동안의 모든 재앙을 몰아 낸다는 이유로 모든 사람이 즐거워하는 가운데 거행된다. 재앙을 추방하는 것은 다음과 같은 방법으로 해야만 효과가 있다고 믿는다. 커다란 항아리에 화약과 돌과 쇳조각을 넣고 땅에 파묻는다. 그리고 도화선에 불을 붙여 항아리와 그 안의 물건들이 날아가게 한다. 돌과 쇳조각은 지난해의 질병과 재앙을 상징하는데, 폭발로 그것이 흩어지면 질병과 재앙 자체가 없어진다는 것이다. 이 축제는 흥청거리거나 술에 취한 상태에서 거행한다.

기니 해안의 연안에 위치한 구 칼라바르에서는 악마와 유령을 2년에 한 번씩 공식적으로 추방하고 있으며, 또 그것이 관습이다. 이처럼 악령들의 은거지에서 쫓겨난 정령들 중에는 지난해 추방 의식 이후 그 마을에서 죽은 사람들의 영혼도 있다. 한 기록에 따르면, 11월에 거행하는 그 추방 의식의 3주 또는 약 1개월 전에 사람과 동물을 나타내는 소박한 인형들, 예를 들면 악어나 표범, 코끼리나 황소 또는 새 모양의 인형을 나무로 깎아 만들어서 헝겊을 두르거나 싸구려 금속으로 찬란하게 꾸며 집집마다 문전에 세워 둔다고 한다.

의식을 거행하는 날 새벽 세 시 무렵에 모든 주민들은 길가로 나와 귀청이 터질 듯한 고함을 지르며, 잠복한 모든 악령과 망령을 인형 안에 몰아넣기 위해 매우 흥분한 상태로 행진한다. 그러면 악령이 인형과 함께 마을에서 추방될 수 있다고 믿는다. 그 목적을 위해 사람들은 떼를 지어 길가를 돌아다니면서 집집마다 문을 두드리고, 총을 쏘고 북을 치고 피리를 불거나 종을 치고 냄비를 두드리는 등 낼 수 있는 소음은 모조리 낸다.

이 대소동은 동틀 때까지 계속되는데, 그 이후 차츰 가라앉다가 해가 뜨면 완전히 그친다. 그때까지 사람들은 집을 철저히 청소한다. 그리고 위협받은 악령들이 인형이나 펄럭거리는 헝겊 속에 뒤죽박죽 숨은 것으로 여긴다. 이 인형들을 조금 전에 집에서 청소한 쓰레기와 함께 전날 태운 잿더미에 던진다. 그런 다음 악령이 붙은 인형들을 얼른 집어서 소란스러운 행렬을 지어 해안까지 옮기고는 북을 치면서 바닷물에 던져 버린다. 그러면 썰물이 그 인형들을 바다로 흘려 보낸다. 이렇게 하여 마을은 다음 2년 동안 악령과 망령이 없는 마을이 되기를 기원한다.

구체화된 재앙을 해마다 이와 비슷하게 추방하는 것은 유럽에서도 알려진 일이다. 남부 유럽의 집시들은 부활절 일요일 저녁에 요람과 같이 두 개의 엇갈린 나무 조각 위에 종이 상자와 같은 나무 그릇을 만들어 얹는다. 그 속에 향료 식물과 약용 식물을 뱀이나 도마뱀 말린 것과 같이 넣는데, 거기에 있던 사람들은 누구나 그것을 넣기 전에 먼저 손으로 만져야 했다. 그런 다음에 그 그릇은 흰색과 붉은색의 털실로 감아서, 나이가 가장 많은 남자가 천막에서 천막으로 운반하다가 마지막에 흐르는 물 속으로 던진다.

이에 앞서 사람들은 그것에 침을 한 번씩 뱉고, 주술사는 그것에 몇 가지 주문을 외운다. 그들은 이 의식을 치르고서 그것을 그대로 두면, 1년 동안 그들을 괴롭힐 모든 질병을 물리칠 수 있다고 믿는다. 그리고 그 상자를 호기심으로 열어 보는 사람은 누구나 그의 가족과 함께 다른 사람은 걸리지 않는 질병에 걸리게 된다고 믿는다.

1년 동안 쌓인 질병을 공개적으로 추방하는 수단으로 속죄양이 가끔 동물이 되는 경우가 있다. 예를 들면, 아삼 지방의 가로(Garo)족은 다음과 같이 행한다.

"개인적인 질병에 대한 제물 외에 매년 한 차례 공동체나 마을 전체 단위로 의식을 행한다. 앞으로 1년 동안 숲의 위험과 질병과 불행에서 주민들을 보호하는 목적으로 행하는 의식이다. 전형적인 사례로 '아송타타(Asongtata)' 의식이 있다. 큰 마을 어귀에는 많은 돌들이 순서와 규율도 없이 세워져 있는 것을 볼 수 있다. 이 돌은 '아송(asong)'이라는 이름으로 알려져 있고, 그 돌 위에는 아송타타가 요구하는 살아 있는 제물을 바친다. 가장 먼저 염소를 제물로 바치고, 한 달 뒤에는 호리호리한 원숭이(꼬리가 긴 원숭이)나 대나무쥐를 바친다. 선택된 동물은 목을 밧줄로 묶어 두 남자가 양쪽에서 그 동물을 끌고 집집마다 돌아다닌다. 그것을 집 안으로 끌고 들어가면, 거기에 모인 마을 사람들은 집 밖에서 벽을 두드리고 그들의 집 안을 차지한 악령들을 위협해서 밖으로 몰아낸다.

이렇게 마을을 순회한 다음에 원숭이나 쥐를 마을 어귀로 끌고 가서 '다오(dao)'로 일격을 가해 죽이고, 내장은 끄집어 내고 땅에 세운 대나무 십자가에 못 박아 매단다. 못 박힌 동물 주변에는 길고 뾰족한 대나무를 둘러 세워 놓는데, 그 대나무는 동물 주변에 다른 것들을 못 들어오게 하는 울타리인 셈이다. 이 대나무는 본디 적들이 들어오지 못하도록 막기 위해서 울타리를 마을 곳곳에 둘러 쳐놓았던 것이다. 지금은 숲 속의 야수로부터 인간의 생명을 보호하고 질병에 걸리지 않기 위한 상징이 된다. 이 의식을 위해 필요한 '랑구르' 원숭이는 의식을 치르기 며칠 전에 잡아온 것인데, 만약 이 원숭이를 못 잡으면 갈색 원숭이를 대신 사용한다. 단 '훌로크(huloclx)' 원숭이는 쓸 수 없다."

이 경우에 못 박히는 원숭이나 쥐는 공식적인 속죄양으로, 인간을 대신해 고통을 받고 죽어서 다가오는 해의 모든 질병과 불행에서 사람들을 구제한다고 생각된다.

서부 히말라야에 있는 주하르의 보티야(Bhotiya)족은 해마다 정해진 날에 개를 한 마리 골라서 술이나 인도 대마(일종의 마취약)로 취하게 하고 과자를 먹인 다음, 마을을 끌고 다니다가 놓아 준다. 그런 다음 개를 쫓아가 몽둥이와 돌로 죽인다. 그렇게 해야만 1년 동안 병이나 불행이 마을에 찾아오지 않는다고 믿는다. 브러돌번의 어느 지방에서는 새해 첫 날에 개를 문 앞으로 데리고 가서 빵 조각을 주고 쫓아 내면서 이렇게 말한다.

"가거라, 개야. 올해 안에 이 집에서 사람이나 가축이 죽으면 네 머리를 처치하겠다."

7월 10일 '속죄제'에 유대의 대사제는 살아 있는 염소의 머리에 두 손을 얹고, 이스라엘 자손들의 모든 죄를 고백하고, 부족 전체의 죄를 이 동물에게 옮긴 다음 그것을 광야로 쫓아 냈다.

부족의 죄를 정기적으로 짊어지는 속죄양은 인간일 수도 있다. 나이지리아의 오니차에서는 두 사람이 매해 그 지방의 죄를 씻기 위해서 제물로 바쳐지곤 했다. 이 인간 제물은 공적인 기부금으로 사들인다. 지난 한 해 동안에 방화나 절도, 그리고 강간이나 마법 등과 같은 중죄를 저지른 사람은 모두 2파운드 가량을 기부하기로 되어 있다. 그렇게 모은 돈은 그 나라의 내무부에 납입되고, 백성들의 중죄를 대신 받을 인신 제물 두 사람을 사는 데 쓰였다. 병에 걸린 사람들이 제물로 선택되었으며, 한 사람은 육지에, 또 한 사람은 강에 바쳐졌다. 또한 그들을 죽이기 위해 이웃 마을에서 한 남자를 고용했다.

1858년 2월 27일, 테일러(J.C.Taylor) 목사는 그 제물 가운데 한 사람을 목격했다. 인신 제물은 19세나 20세쯤의 여자였다. 사람들은 그 여자를 넘어뜨려 왕궁에서 강까지 약 3킬로미터 거리를 산 채로 끌고 갔다. 그 여자를 뒤따르던 군중들은 "사악한 년, 사악한 년"이라고 외쳤다. 그렇게 하는 의도는 '그 나라의 죄악'을 없애기 위한 것이다. 그녀는 마치 그들의 모든 죄악이라는 짐이 운반되는 것처럼 무자비하게 끌려갔다. 나이지리아의 삼각주에 있는 많은 부족들은 영국 정부의 감시에도 이러한 관습을 아직도 비밀리에 해마다 치른다고 한다.

서부 아프리카의 요루바(Yoruba)족 흑인들은 일단 인간 제물이 뽑히면, 그 사람이 자유인이건 노예건, 귀족이건 부유한 사람이건, 천한 출신이건 간에 그를 '올루워(Oluwo)'라고 부른다. 그는 억류 기간 동안 잘 먹으며 언제나 바라는

공적 속죄양
유대의 대사제는 염소에게 이스라엘 자손들의 모든 죄를 고백하고, 그 죄를 이 동물에게 옮긴 다음 광야로 쫓아낸다.

것은 무엇이든지 제공된다. 그가 제물로 바쳐질 때가 오면, 그는 보통 왕이 살고 있는 마을이나 도시의 한길을 행렬을 따라 끌려 다닌다. 왕은 모든 백성들의 죄와 범죄, 그리고 불행과 죽음을 없애고 정부와 모든 가족과 개인의 안녕을 위해서 그를 제물로 바친다. 그 인간 제물의 신원을 감추기 위해서 재와 석고를 쓰는데, 그의 머리 위에 재를 마구 뿌리고 석고 반죽으로 그의 얼굴을 바른다.

한편 사람들은 집에서 뛰쳐 나와 그들의 죄와 범죄, 그리고 고뇌와 죽음을 인간 제물에게 옮기려고 그에게 손을 얹는다. 이 행진이 끝나면 그는 신전으로 끌려가 참수된다. 그의 마지막 말이나 죽어 가는 신음 소리는 바깥에 모인 사람들에게 환호성을 지르게 하는 신호가 된다. 이것으로 그들은 그가 인신 제물로 받아들여지고, 신의 노여움은 진정될 것이라고 믿는다.

시암에서는 1년 중 정해진 날, 방탕하여 몸을 망친 한 여인을 뽑아 들것에 실어 북과 피리 소리에 맞춰 거리를 돌아다니는 관습이 있다. 군중들은 그 여자에게 욕하고, 흙을 던진다. 이렇게 온 시가를 돈 다음 사람들은 그 여자를 성 밖의 퇴비장이나 가시덤불 위에 버리고, 두 번 다시 성 안으로 돌아오지 말라고 명령한다. 사람들은 이렇게 하면 그 여자가 하늘에 있는 사악한 힘이나 악령들을 모두 끌어당긴다고 믿는다.

수마트라의 바타크족은 국토를 정화하고 신들의 호의를 얻기 위해 공개적인 제물로 붉은 말이나 물소를 바친다. 전에는 한 남자가 물소와 함께 말뚝에 결박되었다가 물소가 도살되면 추방되었다고 한다. 그러고 나서 아무도 그를 맞이하거나 그와 이야기하거나 그에게 먹을 것을 주지 않는다. 의심할 바 없이 사람들은 그가 주민들의 죄와 불행을 대신 짊어진 것으로 믿었다.

때로는 신성한 동물이 속죄양이 되기도 한다. 말라바르(Malabar) 사람들은 암소에 대해서 힌두교적인 존경을 보이며, 그것을 잡아먹는 것을 살인죄나 고의적인 살인과 같이 추악한 범죄로 여긴다. 그렇지만 브라만들은 사람들의 죄를 암소 한 마리 혹은 더 많은 암소들에게 옮긴다. 이 암소는 브라만이 지정한 장소로 끌려가 버려진다. 고대 이집트인들은 수소를 제물로 바칠 때, 그들이 이 제물을 바치지 않으면 자신과 이집트 땅을 침범할 모든 재난과 불행을 그 수소의 머리로 불러들인다. 그런 다음 그 머리를 그리스인에게 팔거나 강물에 던졌다. 어쨌든 우리가 알고 있는 시대의 이집트인은 일반적으로 수소를 숭배했다고는 말할 수 없다. 왜냐하면 그들은 일상적으로 수소를 잡아먹었기 때문이다.

이집트인들이 수소나 암소를 구별하지 않고 소를 신성시했다는 증거가 매우 많다. 그러나 모든 암소들을 신성시하여 제물로 바쳤던 것은 아니며, 수소도 어떤 자연적인 표시가 없는 한 제물이 되지 않았다. 사제는 수소를 제물로 바치기 전에 그것들을 모두 검사한다. 만일 그 수소가 정당한 표시를 갖고 있으면, 사제는 제물로 바쳐도 좋다는 증명으로서 낙인을 찍어 준다. 낙인이 없는 수소를 제물로 바친 자는 사형에 처해진다.

또 검은 수소인 아피스(Apis)와 므네비스(Mnebis), 특히 아피스의 숭배는 이집트의 종교에서 중요한 역할을 맡았다. 자연사한 모든 수소는 마을 밖에 조심스럽게 매장되고, 나중에 그 유골은 이집트의 각처에서 수집되어 한 곳에 묻힌다. 이시스의 대축제에서 수소를 제물로 바칠 때, 모든 숭배자들은 그들의 가슴을 치면서 애도한다. 따라서 전체적으로 볼 때 수소는 본디 암소의 경우처럼 이집트인들에 의해서 신성시되었으며, 또 사람들의 불행을 그 머리에 짊어지고, 살해된 수소는 본래 신성한 속죄양이었다고 추측할 수 있다. 중앙아프리카의 마디(Madi)족이 해마다 살해하는 새끼양은 신성한 속죄양으로 보인다. 거북을 제물로 삼은 주니족도 부분적으로 이와 같다고 할 수 있다.

마지막으로 신적인 인간이 속죄양이 될 수도 있다. 예를 들면, 인도의 곤드(Gond)족은 11월에 농작물의 수호신인 '간샴데오(Ghansyam Deo)'에게 숭배 의식을 거행한다. 그런데 이 의식에서는 신 스스로 숭배자들 중 한 사람의 머리에 내린다고 믿었다. 그러면 그 사람은 갑자기 발작 증세를 일으켜 비틀거리다가 밀림 속으로 뛰어들어간다. 그 사람을 그곳에 혼자 내버려 두면 그는 미쳐서 죽는다고 믿었다. 그래서 사람들은 그 사나이를 데려온다. 그렇지만 하루이틀 정도에 그는 제정신으로 돌아오지 않는다. 그는 마을 사람들의 죄를 대신 짊어질 희생양으로 선발된 것이다.

동부 코카서스의 알바니아족은 달 신전에 많은 신성한 노예를 가두어 두고 있다. 그들의 대부분은 영감을 얻어 예언했다. 그 가운데 한 사람이 영감을 받아 광기를 나타내고, 앞에서 말한 밀림 속의 곤드족처럼 숲 속을 혼자 떠돈다. 그러면 대사제는 그를 신성한 사슬로 묶어와 1년 동안 호강시킨다. 1년이 끝나면, 그의 몸에 기름을 바르고 제물로 바치기 위해 끌고 나간다. 인간 제물을 죽이는 것을 직업으로 삼으며, 또 민첩하게 살해할 수 있는 한 남자가 군중 속을 헤치고 나와 신성한 창을 인간 제물의 옆구리에 던져서 심장을 꿰뚫는다. 그리하여 살해된 남자가 넘어지는 형태를 보아서 공동체의 안녕에 대한 길흉을 판단한다. 시체는 특정한 장소로 옮겨지고, 정화 의식으로 사람들이 그를 밟는다.

이렇게 사람들이 제물의 시체를 발로 밟는 것은, 유대인의 대사제가 동물 머리에 손을 얹어서 그 부족의 죄를 속죄양에게 옮기는 것처럼, 부족들의 죄를 인간 제물에게 옮기는 것임을 분명하게 보여 준다. 그리고 이 실례를 통해서 사람들이 그 인간 제물을 신적인 영혼이 지펴진 것이라고 믿었다는 것과, 이 때문에 인간신이 사람들의 죄와 불운을 제거하기 위해 살해되었다는 것을 뚜렷하게 알 수 있다.

티베트의 속죄양 의식은 몇 가지 주목할 만한 특징을 보여 준다. 티베트의 새해는 2월 15일 무렵에 나타나는 초승달과 함께 시작된다. 그 뒤 수도인 라사(Lhasa)의 통치권은 평상시의 통치자들 손에서 데방(Debang) 수도원의 승려에게 23일간 위임된다. 이 특권은 최고의 금액을 낸 승려에게 넘어간다. 이 새로운 승려를 '잘노(Jalno)'라고 부른다. 그는 은지팡이를 짚고 라사의 시가를 누비면서 자신이 통치권을 위임받았다고 직접 선포한다. 이웃의 모든 승원과 사원의 승려들이 그에게 경의를 표하기 위해서 모여든다. 잘노는 자신이 부과하는 벌금은 모두 자기 부수입이 되기 때문에 자기의 이익을 위해 제멋대로 권력을 행사한다. 그가 얻은 수입은 그가 권력을 살 때 쓴 금액의 약 열 배에 이른다. 그의 부하들은 주민들의 비행을 적발하기 위해서 온 시가를 돌아다닌다. 이때 거의 모든 집에 세금이 부과되고, 가장 작은 위반일지라도 가차 없이 벌금이 부과된다. 잘노의 이 잔혹성으로 말미암아 노동자들은 23일이 끝날 때까지 도시에서 떠나지 않을 수 없게 된다.

그러나 이 노동자들이 빠져 나가더라도 바깥에서 온 승려들이 그 자리를 메운다. 이 기간에 라사 주변 수 킬로미터에 이르는 모든 불교 사원에서 문을 열고, 승려들이 쏟아져 나온다. 주위의 산지에서 라사에 들어오는 모든 길은 수도에 들어가려는 승려들로 가득찬다. 어떤 승려는 걸어서 가고, 어떤 승려는 말을 타고 간다. 또 당나귀를 타고 가는 승려도 있고, 소를 타고 가는 승려도 있다. 그들은 모두 불경과 취사 도구를 갖고 있다. 그 승려들이 들어서면, 도시의 길이라는 길, 광장이라는 광장은 마치 벌떼처럼 메워지고, 거리는 온통 주홍색으로 변한다. 무질서와 혼잡은 이루 말할 수 없다. 이 신성한 사람들의 무리는 기도를 올리거나 야만스럽게 고함을 지르면서 길을 건너간다. 그들은 만났다 하면 서로 밀치고 싸우고 난투극을 벌인다. 코에서는 피가 흐르고, 눈은 퍼렇게 멍이 들고, 머리는 터진 채 자유롭게 길거리를 돌아다닌다.

해가 뜨기 훨씬 전부터 해가 진 뒤까지 주홍색 가사를 입은 승려들이 라사의 대사원인 마친드라나트(Machindranath) 사원에서 살며시 풍겨오는 향내를 맡으며 불공을 드린다. 그리고 승려들은 차와 국과 돈의 시주를 받기 위해 하루에 세 번 떼지어 나간다. 대사원은 도시의 중앙에 위치한 웅대한 건물로, 주위에 시장과 상점들로 둘러싸여 있다. 그 사원에 안치된 불상들은 황금과 보석으로 화려하게 장식되어 있다.

잘노는 통치 기간이 끝난 뒤에도 24일째 되는 날부터 다시 정권을 잡는다. 그는 열흘 동안 전과 같이 독재를 한다. 이 열흘 동안의 첫날에 승려들은 다시 대사원에 모여서 백성들의 질병과 그 밖의 재앙을 제거하여 주도록 불공을 드리고, 속죄의 표시로 한 남자를 속죄양으로 삼는다. 이 남자는 살해되지는 않으나, 그가 겪는 의식은 때때로 치명적일 수도 있다. 이를테면 사람들은 곡식을 그의 머리에 던지고, 얼굴의 반은 희게, 반은 검게 칠한다. 이처럼 괴상하게 분장하고, 모피로 만든 상의를 팔에 걸친 속죄양을 '세월의 왕'이라고 부른다. 이 왕은 시장에서 좋아하는 것을 무엇이든지 집어먹고, 사람들에게 검은 야크(들소)의 꼬리를 흔들면서 돌아다닌다. 이때 사람들은 그들의 액운을 그 왕에게 옮긴다. 이윽고 열흘째 되는 날에 라사의 모든 사람들은 대사원으로 행진하여 그 앞에 늘어선다. '세월의 왕'은 사원에서 끌려 나와 모여 있는 군중들에게서 작은 기증품을 받는다. 그런 다음에 그는 잘노를 조롱하면서 이렇게 말한다.

"우리가 오감을 통해서 느끼는 것은 환상이 아니다. 당신이 가르치는 것은 모두 거짓이다."

잘노는 한동안 대라마를 대표해서 그런 이단적인 의견들에 도전한다. 논쟁은 차츰 치열해지나, 결국에는 양자가 주사위를 던져서 문제를 결정하기로 합의를 한다. 잘노는 만약 자기가 지면 자기가 속죄양이 되겠다고 제의한다. 만일 '세월의 왕'이 이기면, 큰 재앙이 일어날 것이라고 믿는다. 그러나 잘노가 이기면 환성이 터진다. 왜냐하면 잘노가 이기면 그의 적인 '세월의 왕'은 라사 사람들의 모든 죄를 짊어질 제물로서 신들에게 인정되었음이 증명되기 때문이다.

행운은 언제나 잘노의 편이다. 잘노의 주사위에는 언제나 6이 나오는 데 반하여 '세월의 왕'에게는 언제나 1이 나오기 때문이다. 이것은 얼핏 보아서 이상한 것 같지만 결코 그렇지가 않다. 왜냐하면 잘노의 주사위에는 단지 6만 표시되어 있고, 그의 상대편 것에는 1만 표시되어 있기 때문이다. '세월의 왕'은 섭리의 손가락이 그렇게도 뚜렷이 자기에게 불리하게 겨누어진 것을 보고, 공포를 느껴 백마를 타고 도망간다. 그는 도망갈 때 흰 개, 흰 새, 소금 등 정부가 그를 위해 준비한 그 밖의 것을 휴대한다. 그의 얼굴은 아직도 반은 희고 반은 검게 칠한 그대로이고, 여전히 가죽으로 만든 상의를 입고 있다. 모든 사람들이 그를 조롱하고 고함을 지르면서 뒤쫓는다. 그리고 계곡에서 공포탄을 쏜다.

이렇게 라사에서 추방된 '세월의 왕'은 삼야스(Samyas) 사원의 큰 '공포의 방'에 7일 동안 억류된다. 그 방은 기괴하고 무서운 악령들의 조상과 큰 뱀과 야수들의 가죽으로 둘러싸여 있다. 여기서 그는 체탕 산으로 들어가 수개월 또는 1년 동안 좁은 동굴 속에서 추방자로 머물러야 한다. 그 기간이 끝나기 전에 그가 죽으면 사람들은 길조라고 생각한다. 만약 살아 남으면 그는 라사로 돌아와서 다음 해에 다시 속죄양 역할을 맡는다.

아시아의 로마라고 할 만한 이 격리된 불교 수도에서 아직도 해마다 거행되고 있는 이 기묘한 의식은 다음과 같은 점에서 흥미롭다. 이 의식은 뚜렷한 종교적인 계층, 즉 자기 자신을 구원하는 일련의 신성한 구원자들, 대리로 속죄하는 대리적 희생들과, 특권을 가지고 있는 동안 스스로 신의 고통과 형벌의 짐을 버리고 화석화하는 과정을 밟는 신들을 나타낸다.

우리는 잘노에게 자신들의 생명을 담보로 매우 짧은 기간 동안 권력과 영광을 구입하는 그 임시왕들, 즉 죽음을 면치 못할 신들의 후계자를 그리 힘들이지 않고 알아볼 수 있다. 그가 대라마의 일시적인 대리자라는 것은 확실하다. 또 그가 사람들을 위해서 속죄양이 될 의무가 있고, 또 있었다는 것은, 주사위의 판정이 그에게 불리하면 속죄양인 '세월의 왕'과 자리를 바꾸겠다는 그의 제안으로 보아 거의 확실하다. 이 문제를 주사위로 해결한다는 조건이 그 제안을 무의미한 형식으로 만든다는 것도 사실이다.

그러나 그 형식은 하룻밤 사이에 쑥쑥 성장하는 버섯과 같이 저절로 자라는 것은 아니다. 그 형식은 지금은 비록 생명 없는 형식이고 의미를 잃은 빈 껍질에 불과하나, 한때는 생명도 의미도 있었다. 그리고 이제는 어느 곳으로도 빠져 나갈 수 없는 막다른 골목이지만, 예전에는 그 길이 죽음으로 이른다 할지라도 어떤 곳으로 통하는 길이었다는 것을 우리는 확신한다.

그 옛날 티베트의 속죄양이 시장에서 짧은 방종 기간을 거쳤다 해도 다음의 목적지가 죽음이었다고 추측할 수 있다. 다음과 같이 유추해 볼 때 확실히 그렇다는 것을 알게 된다.

즉, 사람들이 그의 뒤에서 공포탄을 발사했다는 것, 그 의식이 때때로 치명적일 수 있다는 기록, '세월의 왕'의 죽음이 행복의 징조라는 신앙, 이 모든 것이 최종 목적지가 죽음이라는 사실을 확인해 준다. 그러므로 우리는 잘노가 몇 주일 동안 신의 대리자로서 행동하기 위해서 비싼 값을 치른 뒤에, 임기가 끝났을 때 직접 죽기보다는 마땅히 대리인이 대신 죽기를 원했다는 것은 의심할 여지가 없다.

따라서 고통스러우면서도 피할 수 없는 이 일은 불쌍한 작자, 사회에서 추방당한 사람, 또는 세상의 산전수전을 겪고 사는 비참한 사람들에게 주어졌다. 즉 일정 기간 동안 마음대로 할 수 있으면 며칠 뒤에 자기 생명을 버리는 데에 쉽게 동의할 만한 그런 자들에게 말이다. 여기서 본래의 대리자인 잘노에게 허용된 시간은 몇 주일인 데에 반해서, 그의 대리자에게 허용된 기간은 며칠 단위로 단축되어 있는 것에 주목하자. 어떤 문헌에 따르면 그 기간이 열흘이라고 하기도 하고, 또 다른 문헌에 따르면 7일이라고 하기도 한다. 이것으로 보아 그 짧은 기간도 그렇게 타락하거나, 그렇게 병든 양에게는 충분히 긴 기간으로 생각되었음이 틀림없다. 모래 시계 속에서 아주 빨리 흘러내리는 얼마 안 되는 모래 또한 귀중한 세월을 수년간 낭비해 온 사람에게는 충분히 많아 보였을 것이다.

그래서 얼굴에 분칠을 하고 여기 라사의 시장을 돌아다니면서 검은 야크의 꼬리로 불행을 소탕하는 광대에게서, 우리는 대리인의 대리, 사제 대리의 대리, 고귀한 자들의 무거운 짐을 대신 등에 지는 대리자의 모습을 뚜렷이 볼 수 있다. 그러나 이 실마리는, 우리가 이것을 올바르게 추적한다면, 잘노에게서 끝나는 것이 아니며, 곧 라사의 교황 자신, 즉 대라마에까지 직접 연결된다. 잘노는 단지 그의 일시적인 사제 대리자일 뿐이니까 말이다.

여러 나라에서 치르는 비슷한 여러 관습들을 볼 때, 우리는 이에 대해 다음과 같은 결론을 내리게 된다. 만일 이 인간신이 어떤 대리자의 손에 잠시 그 신적인 권력을 양도한다면, 그가 자신을 대신하여 죽을 존재이기 때문이라는 것이다. 그리하여 역사의 등불이 미치지 않은 세월의 안개 속에서, 아시아를 위한 신의 지상적 대리인, 즉 불교의 교왕이 보여주는 그 비극적인 모습은, 백성들의 슬픔을 짊어지는 비통한 인간신으로서, 양 떼를 위해 그의 생명을 버리는 훌륭한 목자로서 어렴풋이 떠오르게 된다.

4 속죄양에 대한 개괄적인 고찰

한 마을이나 도시 또는 나라에 일정 기간 동안 쌓인 재앙을 공개적으로 추방하는 관습에 대한 이상의 고찰은, 전반적으로 다음과 같은 몇 가지 점을 시사해 준다.

첫째, 재앙의 직접적 추방 혹은 매개적 추방은 모두 그 의도면에서 같다는 것이다. 바꾸어 말하면, 재앙이 보이지 않는 것이냐 혹은 물질적 형태로 구체화되느냐 하는 것은, 단지 어떤 종족을 해치고 있는 재앙을 완전히 없애려는 의식의 주된 목적에서 볼 때 큰 차이가 없는 문제라는 것이다. 만일 이와 같은 두 종류의 추방 형식을 연결하는 어떤 고리가 필요하다면, 들것이나 배에 재앙을 실어 떠나보내는 의식이 그에 해당할 것이다. 왜냐하면 이 경우, 한편으로는 재앙이 보이지도 않고 그것을 만질 수도 없으나, 다른 한편으로는 그 재앙을 운반하고 있는 눈에 보이고 만질 수 있는 매개체가 있기 때문이다. 그리고 이 속죄양도 바로 이런 기구에 다름 아닌 것이다.

둘째, 재앙을 완전하게 소탕하는 것을 정기적으로 거행하는 경우에 그 기간은 보통 1년이다. 그리고 그 의식을 거행하는 시기는 보통 한대와 온대에서는 겨울의 초기나 말기, 열대에서는 우기의 초기나 말기이다. 그 시기는 이와 같이 계절이 뚜렷하게 변화하는 시기와 일치한다. 이렇게 기후의 변화가 심할 때에는 사망자의 수가 쉽게 늘어나는데, 특히 의식주가 빈약한 미개 사회에서는 더욱 그러했을 것이다. 미개인들은 그러한 재난을 악령의 소행으로 여겼고, 따라서 악령을 추방해야 한다고 생각하게 되었다. 그리하여 뉴브리튼 섬과 페루의 열대 지방에서는 우기 초기에 악령들을 추방하는 의식이 치러졌고, 배핀랜드의 황량한 해안 지역에서는 북극의 혹독한 겨울이 가까워질 때 그 행사를 치렀다.

이에 비해 부족 사회가 농경 단계에 이르렀을 때, 악령을 대대적으로 추방하는 시기는 자연히 파종 시기나 수확 시기와 같은 농경상의 중요한 시기와 일치한다. 그러나 그런 시기 자체가 자연히 계절의 변화와 일치하기 때문에, 사회가 수렵이나 유목 생활에서 농경 생활로 바뀐다 해도 해마다 거행하는 추방 의식의 시기에는 변화가 없다. 우리가 이미 살펴본 바와 같이, 인도와 힌두쿠시의 어떤 농경 사회는 수확기에 악령을 대대적으로 추방하는 의식을 거행하는 데 반하여, 파종기에 치르는 사회도 있다. 그러나 1년 중 어느 시기에 악령을 대대적으로 추방하든 간에, 바로 그 시기가 보통 새해의 시작이다. 그 이유는 사람들이 새해를 맞이하기 전에 지난 한 해 동안의 고난에서 벗어나려고 애를 쓰기 때문이다. 그래서 대다수의 공동 사회에서는 새해가 시작될 때 악령들을 엄숙하고 공개적으로 추방하는 것이다.

셋째, 악령을 공개적이고 정기적으로 추방하는 의식을 거행하기 전후에 보통 대대적인 방종의 기간이 있는데, 이 기간 동안에는 보통 사회의 구속은 무시되고, 중죄를 제외한 모든 범죄는 처벌받지 않는다. 기니(Guinea)와 통킹(Tonking)에서는 악령을 공개적으로 추방하기에 앞서 방종의 기간이 앞선다.

라사의 정규 정부의 기능이 정지하는 것도 이와 비슷한 일반적인 방종 기간의 풍습일 것이다. 인도 호족의 방종 기간은 악령을 추방한 다음에 온다. 이로쿼이(Iroquoi)족은 방종 기간이 악령을 추방하기에 앞서 오는지 혹은 뒤에 오는지 분명치 않다. 여하튼 그 의식을 거행할 때 행동에 대한 모든 일반적인 규범이 특별히 누그러지는 것은, 그 방종 기간을 전후하여 악령을 완전히 소탕했다는 사실로 확실하게 설명될 수 있다.

한편 악령을 일제히 소탕하고 모든 죄를 사면하는 것이 눈앞에 이르렀다고 예견될 때, 사람들은 다가오는 의식이 그들이 범하고 있는 죄악을 깨끗이 없애 줄 것으로 믿고, 제멋대로 행동한다. 다른 한편으로는 그 의식이 시작하자마자 사람들의 마음은 악령들로 가득 찬 억눌린 분위기에서 해방된다. 그들은 그 분위기 속에서 대체로 억눌려 있었다. 따라서 환희를 처음으로 폭발시킬 때, 일반적으로 관습과 도덕의 굴레에서 과감히 벗어나는 것이다. 게다가 그 의식이 수확기에 거행되는 경우에는 식량이 풍부하여 물질적인 만족감을 느끼기 때문에 감정의 발산이 더욱 고조된다.

넷째, 속죄양으로서 신성한 사람이나 동물을 사용하는 것에 특히 주목할 필요가 있다. 여기서 우리는 재앙을 추방하는 관습에 직접적으로 관심을 갖게 되는데, 이 재앙이 나중에 살해되는 신에게 옮겨간다고 믿는 경우에 한해서만 관심을 갖는다. 신성한 인간이나 동물을 공적 속죄양으로서 쓰는 관습은 이제까지 인용한 실례보다 훨씬 더 널리 분포되어 있다고 생각할 수 있다. 왜냐하면 이미 지적한 바와 같이 신을 살해하는 관습은 인류 역사의 초기부터 시작되었기 때문에, 후대에 이르러 그 관습이 계속 실행되는 경우에도 그 관습을 잘못 해석하기 쉽기 때문이다.

즉, 동물이나 인간의 신성을 망각하고, 그 신성한 인간이나 동물을 단지 통상적인 제물로서 간주하기에 이른 것이다. 살해되는 존재가 사람인 경우에 특히 그렇다. 왜냐하면 한 민족이 문명화하면서 인간을 제물로 사용하지 않거나, 불가피하게 제물로 바쳐야 할 경우에는 어차피 죽게 될 천한 사람을 제물로 선택하기 때문이다. 그러므로 이와 같이 신을 죽이는 것은 때때로 범죄자의 사형과 혼동되기도 한다.

죽어 가는 신이 어째서 사람들의 죄와 슬픔을 짊어지고 사라져야 하는가 하는 질문에 대해서는, 신을 속죄양으로 삼는 관습 속에, 한때 명확하게 서로 별개인 두 관습이 결합되어 있기 때문이라고 답변할 수 있다. 앞에서 시간이 지나면서 신성한 생명이 쇠퇴하는 것을 구하기 위해서 인간신이나 동물신을 죽이는 관습을 살펴보았다. 또한 1년에 한 번씩 재앙과 죄를 대대적으로 추방하는 관습이 있다는 것도 살펴보았다. 이제 사람들이 그 두 관습을 결합할 생각을 하게 된다면, 아마 결국은 죽어 가는 신을 속죄양으로 삼는 관습으로 발전했을 것이다.

죽어 가는 신을 살해하는 것은 본래 죄를 제거하기 위해서가 아니라, 노령으로 인한 쇠약으로부터 신적 생명을 구원하기 위해서 살해되는 것이다. 하여튼 그는 어차피 살해되어야 했기 때문에 사람들은 그 기회를 잡아서, 그 사람과 함께 무덤 저 너머에 있는 미지의 세계로 그들의 고뇌와 죄를 보내는 것이 낫다고 생각했을 것이다.

신을 속죄양으로 사용하는 의식은 우리가 앞에서 살펴본 '죽음의 추방'이라는 유럽의 민족적 관습이 지닌 애매성을 해소해 준다. 이 의식에서 이른바 '죽음의 신'이라는 것은 본래 식물 정령이고, 그 정령이 활기차게 다시 살아나기 위해서 매해 봄마다 살해된다고 믿는 것에는 그럴 만한 근거가 있다.

그러나 내가 이미 지적한 바와 같이, 그 의식에는 이 가정만으로는 설명할 수 없는 어떤 특징이 내포되어 있다. 예를 들면, '죽음의 인형'을 운반해서 파묻거나 태워 버리는 가운데 나타나는 기쁨의 표시나, 운반자들이 나타내는 공포와 혐오 같은 것이 그렇다. 그러나 이 특징들은 이 존재가 단지 죽어 가는 식물의 신일 뿐만 아니라, 지난 한 해 동안에 사람들을 괴롭히던 모든 재앙을 짊어진 공적인 속죄양이었다고 생각하면, 곧 이해가 될 것이다. 그럴 때에 기쁨을 느끼는 것은 자연스럽고 적절한 일인 것이다.

그리고 죽어 가는 신이 본래 그 자신 때문이 아니라 자신이 짊어지고 가는 죄와 불행 때문에 공포와 혐오의 대상이 되는 것이라면, 이러한 현상은 단지 운반자와 그 짐을 구별하지 못하는 데서 생기는 것일 뿐이다. 그 짐이 해로운 성격의 것일 경우에는 그 운반자는 단지 운반 기구에 불과한데도, 그 짐의 사악한 속성이 그에게 물들어 있는 것처럼 두려움과 기피의 대상이 되는 것이다. 동인도 제도의 여러 부족들도 질병이나 죄를 실은 배를 두려워하고 회피한다는 것도 이와 같은 이유이다.

또한 널리 행해진 이 관습에서 '죽음의 신'이 신성한 식물 정령의 표현인 동시에 속죄양이라고 보는 견해는, 그 추방 의식이 주로 슬라브족들에 의해 언제나 봄에 치러졌다는 사실로도 어느 정도 뒷받침된다. 왜냐하면 슬라브족의 1년은 봄에 시작되며, 그런 점에서 언제나 봄에 행해진 '죽음의 추방' 의식은 새해가 시작되기 전 지난 한 해 동안 쌓이고 쌓인 재앙을 추방하는 보편적인 관습의 한 예라고 할 수 있기 때문이다.

제58장
고대의 인간 속죄양

1 고대 로마의 인간 속죄양

우리는 이제 고대의 관습에서 나타나는 인간 속죄양(제물) 사례를 살펴볼 준비가 되었다. 해마다 3월 14일이면 짐승 가죽을 뒤집어 쓴 한 남자가 행렬을 지은 사람들 속에서 로마 거리로 끌려다니며 길고 흰 회초리로 매를 맞고 도시 밖으로 쫓겨났다. 그는 '마무리우스 베투리우스(MamuriusVeturius)', 즉 '늙은 마르스'라고 불렸다. 그 의식이 옛 로마력(3월 초하루에 시작한다)의 첫 보름 바로 전날에 거행되었던 것으로 미루어 보아, 이 남자는 해가 바뀌면서 추방된 지난해의 마르스를 상징했으리라.

마르스는 본디 전쟁의 신이 아니라 식물의 신이었다. 로마 농부들이 그 곡식과 포도, 그리고 과일나무와 잡목 숲이 번창하기를 기원하며 기도를 올린 대상은 바로 마르스였다. 또한 농작물의 성장을 위해서 제물을 바치는 것을 그 임무로 삼던 '아르발 형제교단(Arval Brothers)'의 사제들이 거의 모두 마르스에게만 기도를 하였다. 또 앞에서 살펴본 바와 같이, 풍작을 기원하기 위해서 10월에 말을 희생 제물로 바쳤던 대상도 다름 아닌 마르스였다. 게다가 농부들은 '숲의 마르스'란 이름 아래 이 마르스에게 가축의 번성을 위해서 제물을 바쳤다.

우리가 이미 살펴본 바와 같이, 가축들은 나무신들의 특별한 배려를 받고 있다고 보통 생각된다. 즉, 마르스에게 3월이라는 봄의 달을 봉헌한 것은 마르스를 싹이 움트는 식물신으로 정했음을 뜻하는 것으로 보인다. 이와 같이 봄으로 시작하는 신년 초에 늙은 마르스를 추방하는 로마의 관습은, 만약 슬라브의 관습에 대해 앞에서 말한 나의 견해가 옳다면, 슬라브족의 '죽음의 추방' 관습과 같은 것이다. 로마와 슬라브 관습의 유사성은 이미 여러 학자들이 이야기했다. 그러나 학자들은 로마의 마무리우스 베투리우스와 이 신에 들어맞는 슬라브족 의식의 신적 인물들을 늙은 식물신의 상징이라기보다 묵은 해의 상징으로 보았다. 그러므로 후대에 그 의식을 직접 치른 사람들조차도 이렇게 해석되기에 이른 것은 있을 수 있다.

그러나 어느 한 시기를 인격화한다는 것은 미개인들에게는 지나치게 추상적인 관념이다. 그런데 슬라브족의 의식에서 그랬던 것처럼 로마인의 의식에서도 신의 대리인은 식물신으로 여겨졌을 뿐만 아니라, 속죄양으로도 취급되었던 것으로 보인다. 늙은 마르스의 추방이 이 점을 암시한다. 이 점을 고려하지 않는다면 식물신이 도시에서 쫓겨나야 하는 이유도 없기 때문이다. 그러나 그는 식물신인 동시에 속죄양이었기 때문에 그가 짊어진 비참한 짐을 경계선 저 너머 다른 땅으로 옮겨야 했던 것이다. 그래서 마무리우스 베투리우스는 실제로 로마의 적인 오스칸(Oscan)족의 땅으로 추방되곤 했던 것으로 보인다.

2 고대 그리스의 인간 속죄양

고대 그리스에서도 인간 속죄양의 관습은 일반적이었다. 플루타르코스의 고향인 카이로네아에서는 이런 종류의 의식을 그 고을 관청에서는 최고집정관이, 각 가정에서는 가장이 거행했다. 로마인들은 이 의식을 '기근의 추방'이라고 불렀다. 의식의 형식은 한 노예를 '아그누스 카스투스(마편초과의지 중해 지역 식물)'로 만든 지팡이로 때린 뒤, "기근을 데리고 나가라. 대신에 부와 건강을 가지고 들어오라"는 말과 함께 집 밖으로 쫓아 내는 것이었다. 플루타르코스는 자기 고향의 집정관이 되었을 때 고을의 관청에서 이 의식을 집행하기도 했으며, 이 관습이 나중에 불러오게 된 논란에 대한 기록을 남겼다.

그러나 문명화한 그리스에서의 속죄양 관습은 인자하고 경건한 플루타르코스가 주재한 소박한 의식보다는 훨씬 어두운 양상을 보인다. 그리스 식민지 중에서 가장 번화하고 찬란한 지역 가운데 하나였던 마르세유에서는 전염병이 걷잡을 수 없이 퍼질 때마다 빈민 계급에 속하는 한 남자를 속죄양으로 바쳤다. 그는 꼬박 1년 동안 공공 비용으로 생활하며 원하는 대로 정갈한 음식을 먹을 수 있었다. 그렇게 정해진 1년이 끝나면 사람들은 그에게 성스러운 옷을 입히고, 그의 몸을 신성한 나뭇가지로 장식한 뒤 온 시가지로 끌고다녔다. 그리고 모든 재앙이 그 사람의 머리 위에 떨어지도록 기도를 올렸다. 그런 다음 그를 시가지 밖으로 쫓아 내는데, 이때 성 밖에 있는 사람들이 던지는 돌에 맞아 죽기도 했다.

아테네인들은 공공 비용으로 신분이 낮고 쓸모없는 사람들을 정식으로 사들여 부양했다. 그리하여 도시에 전염병이나 가뭄 혹은 기근과 같은 재앙이 닥치면, 그런 자들 가운데 두 사람을 골라 속죄양으로 바친다. 한 사람은 남자를 위해서, 다른 한 사람은 여자를 위해서 제물로 바쳐지는 것이다. 남자를 위한 제물은 목에 검은 무화과 열매를 실로 꿰어 목걸이를 만들어 걸고, 여자를 위한 제물은 흰 무화과 열매를 걸었다. 여자를 대신해서 희생되는 사람은 때때로 여자인 경우도 있었다. 이들은 온 시가지로 끌려다니다가 제물로 바쳐지게 되었는데, 마지막에는 틀림없이 성 밖에서 돌에 맞아 살해되었던 것으로 보인다.

이런 희생제의는 공공 재난과 같이 특별한 때만 행해진 것은 아니었다. 아테네에서는 해마다 5월에 치러지는 타르겔리아(Thargelia) 축제에서 남자와 여자를 위하여 두 사람의 속죄양이 아테네 밖으로 끌려나와 돌에 맞아 죽었다. 트라키아의 압데라(Abdera) 시에서는 매해 한 번씩 공개적으로 정화 의식을 올렸는데, 그 목적을 위해 뽑힌 시민 한 사람이 다른 사람들의 목숨을 구하기 위해서 속죄양으로, 즉 대속 제물로서 돌에 맞아 죽었다. 이렇게 처형되기 6일 전에 그는 "홀로 모든 사람의 죄를 짊어지기 위해서" 사회적으로 추방당했다.

레우카디아(Leucadia) 사람들은 그들이 사는 섬의 남단에 위치한 '연인들의 도약장'이라는 깎아지른 하얀 절벽에서 해마다 한 번씩 죄인 한 사람을 속죄양으로 바다 속에 던졌다. 그들은 그 죄인을 가볍게 떨어뜨리기 위해서 그에게 살아 있는 새와 날개를 달아 주었다. 그리고 작은 배들로 선단을 꾸려 밑에서 그를 받아 국경 너머로 옮기기 위해 대기했다. 이 인정 넘치는 보호책은 속죄양을 바다로 던져서 빠져 죽게 하는 오래된 관습이 누그러진 것이다. 레우카디아의 이 의식은 아폴론 신에게 제물을 바칠 때 거행했다. 이 의식이 치러진 절벽은 옛날에 아폴론 신전과 성소가 있었던 장소로 알려진다. 이 밖에 다른 곳에서는 매해 한 젊은 남자를 "젊은이여, 우리의 제물이 되어다오" 라는 기도와 함께 바다에 던지는 것이 관습이었다. 이 관습은 사람들을 괴롭히는 재앙을 없애거나 다른 해석에 따르면, 그들이 입은 바다 신의 은공을 갚아 자신을 구제하기 위해 거행한 것으로 보인다.

죽은 자의 영혼 달래기
죽은 자의 영혼은 선악을 가리지 않고 살아 있는 사람에게 영향을 미치기 때문에 경의를 표해야 한다. 포르파와 아내에게 살아 있는 자식들이 음식을 바치는 그림. 이집트의 목제 상자. 기원전 2580년경. 쿨벤키얀 박물관, 더럼

기원전 6세기에 소아시아의 그리스인들은 다음과 같이 속죄양의 관습을 행했다. 어떤 도시가 전염병이나 기근 또는 그 밖의 사회적 재앙으로 고통을 당하면, 그들은 사회를 괴롭히는 모든 재앙을 어떤 사람에게 짊어지도록 하기 위해서 못생긴 사람이나 불구자 한 사람을 뽑았다. 그는 공동체를 괴롭히는 모든 재앙을 떠안고 정해진 곳으로 끌려간다. 그곳에서 말라 비틀어진 무화과와 보리빵 한 조각, 치즈가 주어진다. 그가 음식을 먹고 나면, 사람들은 해총(海葱, Squill : 백합과식물 일종)과 야생 무화과 나뭇가지 또는 다른 나뭇가지로 그의 생식기를 일곱 번 때린다. 그때 특수한 가락을 연주하는 피리소리가 울린다. 그것이 끝나면, 사람들은 그를 관목으로 쌓아 올린 장작더미 위에서 화장한 뒤에 그 재를 바다에 던진다. 아시아의 그리스인들도 이와 같은 관습을 타르겔리아 수확제 때에 해마다 올린 것으로 보인다.

방금 설명한 의식에서 해총과 야생 무화과 나뭇가지로 희생 제물을 때리는 것은 그의 고통을 더하려는 데 그 의도가 있지는 않다. 그런 의도였다면 아마 몽둥이로 그를 때렸을 것이다. 그 의식에서 이렇게 제물을 때리는 진정한 의미를 만하르트가 잘 설명한다. 그에 따르면, 고대인들은 사악한 힘을 막아내는 주술적인 힘을 해총이 지녔다고 생각했다고 한다. 따라서 그들은 출입구에 해총을 걸어 놓고 정화 의식에 사용하기도 했다. 그래서 아르카디아족의 축제 때나 사냥꾼이 빈손으로 돌아올 때, 언제나 해총으로 '판(Pan)' 신상을 매질하는 관습은 그 신을 벌하자는 것이 아니라, 사냥꾼에게 사냥감을 공급하는 신으로서의 신성한 기능을 행사하기 위해 그를 방해하는 사악한 힘을 없애려는 의미를 지닌 것이다.

이와 마찬가지로 인간 속죄양의 생식기를 해총 등으로 치는 목적은, 귀신과 그 밖의 사악한 힘이 행사하던 모든 힘과 마술에서 그의 생식력을 회복하는 데에 있음이 틀림없다. 그리고 해마다 인간 희생양을 제물로 바치는 타르겔리아 축제는 5월에 거행되는 이른 수확제였으므로, 우리는 그가 창조적이고 풍요롭게 하는 식물신의 상징임을 인정해야 한다. 내가 이미 지적했듯이, 이 신의 대리인은 신적 생명을 늙은 나이의 쇠약함으로 더럽히지 않고 영원히 활기차게 유지하기 위해서 해마다 살해된 것이다. 그리고 그를 살해하기에 앞서, 살해된 사람을 대신한다고 생각되는 그의 후계자, 즉 새로운 신 또는 새롭게 재현된 늙은 신에게 완전한 활동력을 그대로 옮기기 위해서 그 생식력을 자극하는 행위는 자연스러운 것이다.

이러한 이론은 가뭄이나 기근과 같은 특별한 경우에 바치는 속죄양에 대해서도 그대로 적용된다. 만일 농작물이 농부의 기대만큼 수확되지 않으면, 농부는 그 이유를 대지의 결실을 주관하는 신의 생식력에 결함이 있음으로 보았을 것이다. 그리고 그 신은 어떤 마술에 걸렸거나 늙어서 쇠약해지는 것으로 생각되었으리라. 따라서 그는 다시 되살아나 그 자신의 젊은 정력을 정체된 자연에 쏟도록 하기 위해서, 이미 언급한 의식 절차를 거쳐 대리자를 죽였던 것이다.

같은 원리로 우리는 마무리우스 베투리우스가 회초리로 맞는 이유와, 카이로네아 의식을 거행할 때 노예가 아그누스 카스투스로 맞는 이유, 유럽 어떤 지방에서 '죽음의 신'이라는 인형이 막대기와 돌로 공격받는 이유, 그리고 바빌론에서 신의 역을 맡은 죄인이 십자가에 못 박히기 전에 채찍을 맞는 이유를 이해할 수 있다. 채찍으로 때리는 것은 신성한 고행자의 고통을 더해 주려는 것이 아니다. 그와는 정반대로 그를 괴롭힌다고 생각되는 모든 나쁜 힘을 결정적인 순간에 몰아내기 위한 것이다.

이제까지 나는 타르겔리아 축제에서 바친 인간 제물이 일반적으로 식물 정령을 상징하는 것으로 주장했다. 그러나 패튼(W.R. Paton)은 그 불쌍한 존재들이 특히 무화과나무의 정령으로 분장했다고 지적했다. 패튼은 성장 촉진법, 즉 야생 무화과 나뭇가지를 재배한 무화과 나뭇가지에 걸어 두는 인공수정법이

타르겔리아 축제 당일에서 약 한 달 뒤인 6월에 그리스와 소아시아에서 행해진다는 것을 지적했다. 또 그는 한 사람은 남자를, 또 다른 한 사람은 여자를 표현하는 두 인간 속죄양의 목에 검은 무화과 열매와 흰 무화과 열매를 거는 것은, 모방주술의 원리에 따라 무화과나무의 성장을 돕도록 고안된 성장 촉진법을 그대로 본뜬 것이라고 시사했다.

패튼은 더 나아가 이 성장 촉진법이란 사실상 수컷 무화과나무와 암컷 무화과나무의 수정이므로, 두 사람의 인간 속죄양 간의 모의 결혼, 혹은 진짜 결혼은 모방주술의 원리에 따라서 그 무화과나무의 사랑을 모방한 것이라고 추정한다. 이 견해에 따르면, 야생 무화과 나뭇가지와 해총으로 인간 제물의 생식기를 때리는 관습은 남녀의 생식력을 자극하기 위한 주술이었다고 할 수 있다. 즉, 무화과나무 암수로 저마다 분장한 남녀, 그리고 실제건 거짓이건 간에 그들의 결혼에 의한 결합이 나무의 결실을 돕는다고 믿은 것이다.

어떤 나무로 인간 속죄양을 때리는 관습에 대한 나의 해석은 많은 유사한 사례로써 타당성을 뒷받침할 수 있다. 예를 들자면, 독일령 뉴기니의 카이(Kai)족은 바나나를 빨리 성장시키기 위해 이미 과일을 맺은 바나나 나무에서 잘라 낸 가지로 그것을 때린다. 어린 바나나 나무에 그것을 접촉시키면 결실력이 옮겨진다고 믿고 있음이 분명하다. 이와 마찬가지로 뉴칼레도니아에서는 타로(taro)감자를 그 줄기로 가볍게 치면서, “나는 타로감자가 자라도록 때린다” 말한다. 그리고 밭 가장자리에 그 줄기를 꽂아 둔다.

아마존 강 어구의 브라질 인디언들은 자기 생식기를 크게 하고 싶을 때, 아마존의 달에 ‘아닝가(aninga)’라는 흰 수초 열매로 그의 생식기를 때린다. 수초는 아마존 강 유역에 얼마든지 널려 있다. 그 열매는 먹을 수 없으며 바나나와 비슷하게 생겼다. 그 열매를 거기에 사용하는 이유는 모양이 생식기와 비슷하기 때문이다. 이 의식은 초승달이 떠오르기 전 3일이나 떠오른 다음 3일 동안 행해진다.

헝가리의 베케스 지방에서는 교미하는 개를 떼어 놓기 위해 처음 사용한 막대기로 임신을 못 하는 여인을 때리면 잉태가 된다고 여긴다. 이 경우에 잉태하는 힘이 그 막대기에 깃들어 있고, 그것을 여자와 접촉시키면 그 힘이 여자에게 옮겨진다는 것이다. 중부 셀레베스의 토라자족은 용설란이라는 식물은 베어도 바로 다시 자라나기 때문에, 그것이 강력한 영혼을 가지고 있다고 여긴

한다. 그래서 어떤 사람이 병에 걸리면, 환자의 약해진 영혼을 그 식물의 강력한 영혼으로 강하게 하기 위해 환자의 친구들은 용설란 잎으로 환자의 정수리를 때린다.

이런 비슷한 사례들은 나의 선배 연구자인 만하르트와 패튼의 견해를 따라서 그리스의 타르겔리아 수확제에서 인간 제물에게 가하는 구타에 대해 내가 내린 해석을 뒷받침해 준다. 따라서 생생한 푸른 나무와 가지로 제물의 생식기를 때리는 행위는 남자나 여자의 생식력을 늘이는 하나의 주술이라고 설명하는 것이 가장 자연스럽다. 이런 주술을 행하여 그 나무와 가지의 결실력을 남자나 여자에게 옮겨 주고, 그들에게서 사악한 힘을 없애 주는 것이다.

이 해석은 두 사람의 제물이 한 사람은 남성 일반을, 다른 한 사람은 여성 일반을 표현한다는 사례에서 쉽게 확인된다. 이 의식을 거행하는 계절, 즉 그것이 수확기에 치러졌다는 점은 이 의식이 농업적인 의미를 갖고 있었다는 이론과 잘 부합된다. 또 제물들의 목에 검은 무화과 열매와 흰 무화과 열매를 실로 꿰어 건다는 것과 야생 무화과 나뭇가지로 제물의 생식기를 때리는 것은, 이 의식이 무엇보다도 무화과나무를 결실케 하는 데에 그 의도가 있었음을 강력하게 시사한다.

이 절차는 그리스 여러 지역의 고대와 근대의 농부들이 실제로 무화과나무의 풍작을 기원하기 위해 규칙적으로 행한 절차와 아주 비슷하다. 우리가 대추야자나무의 인공수정이 그 옛날에 메소포타미아의 농업과 종교에서 중요한 역할을 했다는 점을 기억한다면, 무화과나무의 인공수정이 그리스 종교의 엄숙한 의식에서도 그 정당함을 주장했으리라는 것을 의심할 여지가 없다.

만일 이런 생각들이 옳다면, 우리는 분명히 이렇게 결론을 지어야 한다. 타르겔리아 축제에서의 인간 제물은 후기 고전 시대에서는 주로 전체 민중들의 죄와 불행과 슬픔을 대신 짊어지는 공적 속죄양으로 표현되었으며, 그보다 더 앞선 시기에는 곡물 화신이지만, 특히 무화과나무의 화신으로 나타났다는 것이다. 그리고 제물들을 때리는 것과 살해하는 목적은, 주로 그리스의 여름의 타는 듯한 더위에서 시들기 시작하는 식물의 힘을 자극하고 소생시키기 위한 것이다.

그리스의 속죄양에 관한 이와 같은 의견이 옳다고 한다면, 이것은 이 책의 주요 이론에 대해 제기될 수도 있는 이의의 가능성을 원천적으로 막아 준다.

아리키아의 사제가 숲의 정령의 대리인으로서 살해되었다는 이야기에 대해서 고대에는 그런 관습의 예가 없다는 반대 의견이 제기될지도 모른다. 그러나 이제 아시아의 그리스인들이 정기적으로 또는 특별한 경우에 살해한 인간을 식물신의 화신으로서 생각했다는 것을 뒷받침할 만한 이유가 제시되었다. 아테네 사람들이 제물로 바치기 위해 사들여 부양했던 사람들은 이와 마찬가지로 신성한 존재로 취급되었을 것이다.

그들이 사회적으로 버림받은 자라는 것은 문제가 되지 않았다. 미개인들의 생각으로는, 누군가 신의 대변자나 화신으로서 선정되는 것은 그가 높은 도덕적 자질이나 사회적 지위를 가지고 있기 때문이 아니었다. 그들은 신적인 영감은 선한 자나 악한 자, 또는 신분이 높은 자나 낮은 자를 가리지 않고 똑같이 내린다고 보았던 것이다. 이렇게 아시아의 문명화된 그리스인이나 아테네인들이 관례적으로 신의 화신으로 여긴 사람들을 제물로 바쳤다고 한다면, 역사의 여명기에 아리키아 숲에서 반(半)야만족인 라틴족이 이와 비슷한 관습을 치렀을 것이라고 가정하는 데에는 아무런 문제가 없다.

그러나 이 논쟁의 결말을 내기 위해서는, 신을 상징하는 인신 살해 관습이 고대 이탈리아의 아리키아 숲 이외의 지역에서도 익숙하게 성행했음을 증명하는 것이 바람직하다. 나는 이제 이 증거를 제시하려고 한다.

3 로마의 농신제

우리는 앞에서 많은 민족들이 연례적인 방종의 기간을 보내는 관습이 있었음을 보았다. 그 기간 동안에는 법과 도덕 규범의 구속이 내팽개쳐졌고, 모든 주민들은 환락과 즐거움에 도취되어 정상적인 일상 생활에서는 절대로 용납되지 않는 음산한 격정을 발산했다. 욕정과 범죄의 법석으로 타락하기 쉬운, 억눌렸던 인간 본성의 그러한 폭발은 보통 한 해의 마지막에 일어난다. 그리고 그 시기는 내가 이미 지적한 바와 같이 농사철, 특히 파종기나 수확기와 관련된다. 이런 방종의 관습 중에서 가장 잘 알려졌고, 근대적인 용어로서도 그 명칭이 적용되는 것이 '사투르날리아(Saturnalia) 축제', 즉 농신제이다. 이 유명한 축제는 로마력의 마지막 달인 12월에 치러졌는데, 파종과 농경의 신인 사투르누스(Saturnus)의 복된 통치를 기념하기 위한 것이었다.

이 사투르누스는 고대 이탈리아의 정의와 자비의 왕으로 태고에 지상에서 살았으며, 산 여기저기에 흩어져 살던 사람들을 일정한 곳에 정착시켰고, 그들에게 농경 기술을 가르쳤고, 율법을 주었고, 그리고 그들을 평화롭게 다스렸다. 그의 통치는 전설적인 '황금시대'였다. 대지는 풍족하게 열매 맺었으며, 행복한 세계를 괴롭히는 전쟁이나 불화의 소리도 없었다. 그리고 부지런하고 만족을 느끼는 농부의 핏속에 독약과 같은 사악한 탐욕심도 없었다. 노예와 사유 재산이라는 말조차 없었다. 모든 사람들은 만물을 공유했다. 그 선한 신, 그 인자한 왕이 갑자기 사라졌다.

그러나 그에 대한 기억은 먼 후세까지 간직되었다. 그를 기념하기 위한 여러 신전들이 세워졌다. 그리고 이탈리아의 많은 산과 언덕들에 그의 이름이 붙여졌다. 그러나 그의 찬란한 통치의 전설 뒤에 검은 그림자가 뒤따랐다. 즉, 그의 제단들은 인간 제물들의 피로 얼룩졌다고 한다. 그리고 세월이 흘러 보다 자비로운 세상이 되어서는 인간 제물 대신에 인형이 쓰였다고 한다.

고대의 기록자들이 이 농신제에 대해서 우리에게 남긴 기록 중에는, 그 신의 종교가 지닌 어두운 측면을 말해 주는 흔적은 거의 없거나 전혀 존재하지 않는다. 연회와 소란과 미친 듯한 환락의 추구는 고대의 카니발을 특징짓는 것인데, 그것은 12월 17일부터 23일까지 7일 동안 고대 로마의 거리와 광장과 집 안에서 계속되었다.

그러나 그 축제 가운데 가장 주목할 만한 특징은, 고대인들이 이 축제 때 노예에게 방종할 자유를 허락했다는 점이다. 자유인과 노예의 구별은 이 기간 동안 한동안 없어졌다. 노예는 주인을 조롱할 수도 있고, 주인과 함께 술에 취할 수도 있고, 나란히 식사할 수도 있다. 그리고 다른 때 같으면 구타나 투옥이나 사형을 받을 만한 행동에 대해서도 아무런 질책도 받지 않았다. 그뿐만이 아니라 주인과 노예의 지위가 뒤바뀌어 식사 때에 주인이 노예의 시중을 들었다. 그리고 주인은 노예가 다 먹고 마실 때까지 설거지를 해서는 안 되었고, 주인이 먹을 식사는 마련되지 않았다.

이 지위의 뒤바뀜은 널리 실행되어서, 각 가족은 잠시 모의 공화국이 되어서 국가의 고위 관리들이 노예에 의해 면직되고, 마치 노예들이 실제로 집정관이나 장군이나 재판관의 권력을 차지한 것처럼 명령을 내리고 법률을 공포하기에 이르렀다.

뿔춤 고대 의식
군데스트룹에서 출토된 기원전 1000년경의 은제 그릇에 새겨진 고대 의식 부분. 국립박물관, 코펜하겐

이와 같이 사투르날리아 축제 때 노예들에게 주어지는 권력처럼, 자유인에게도 이 농신제 때 주사위를 던져서 차지하는 모의 왕권이 있었다. 주사위로 당첨된 자는 왕권을 누리고, 일시적인 그의 신하에게 장난기 있고 익살 맞는 명령을 내린다. 그는 어떤 신하에게는 술을 섞으라고 명령하고, 또 어떤 신하에게는 그것을 마시라고 명하는가 하면, 어떤 신하에게는 노래를 부르라고 명하고, 또 어떤 신하에게는 춤을 추라고 명한다. 그리고 어떤 신하에게 자기 자신을 욕하라고 명하기도 하며, 또 어떤 신하에게는 피리 부는 소녀를 업고 집집마다 돌아다니라고 명한다.

이 사투르날리아(농신제) 축제 기간에 노예에게 허용되는 자유에 대해서 다음과 같은 해석이 가능하다. 즉, 농신 사투르누스가 통치하던 시대의 사회 상태를 본떴을 것이라는 점과, 또 사투르날리아 축제라는 것은 일반적으로 사투르누스 왕의 훌륭한 통치를 한동안 재생하는 것에 지나지 않는다고 말이다. 그렇다면, 그 주연을 주재하는 모의왕이 본래는 사투르누스 왕 자신의 표현이었을 것이라고 추측할 수 있다. 이 추측은 막시미아누스와 디오클레티아누스 치세 때 다뉴브 지방에 주둔하던 로마 병사들이 농신제를 치른 것에 대한 매우 흥미롭고도 재미있는 기록으로써 강력한 뒷받침을 받고 있다. 비록 완전한 기록은 아니지만 말이다.

그 기록은 파리 도서관에 소장된 그리스어 원고 속에서 발견되었고, 겐트

(Ghent)의 프란츠 퀴몽(Franz Cumont) 교수에 의해 출판된 성 다시우스의 순교 이야기 속에 수록되어 있다. 그 행사와 관습에 대한 보다 간략한 두 개의 이야기가 밀라노와 베를린에 소장된 원고 속에 나온다. 그 하나는 1727년 우르비노에서 출판된 알려지지 않은 책 속에 이미 햇빛을 보았다. 하지만 로마의 고대와 근대 종교사에서 차지하는 그 기록의 중요성은, 퀴몽 교수가 수년 전에 이 세 이야기들을 한데 묶어서 출판해 학자들의 주의를 끌 때까지 아주 무시되었던 모양이다. 어느 모로 보나 믿을 만한 이 이야기 중 가장 긴 것은 공문서에 근거한 것으로 보인다. 이 세 가지 이야기에 따르면, 하부 모이시아에 소재한 두로스토룸(Durostorum)에 주둔한 로마 병사들은 다음과 같이 매해 농신제를 거행했다고 한다.

축제를 치르기 30일 전에 그들은 제비뽑기로 그들 가운데 젊고 수려한 남자를 뽑아 사투르누스처럼 분장하기 위해 왕의 옷을 입힌다. 그런 다음 그 모의 왕은 병사들의 호위를 받으며 행진하여 앞으로 나간다. 그는 아무리 야비하고 수치스러운 짓일지라도 어떤 환락도 맛볼 수 있는 완전한 자유를 누릴 수 있다. 그의 통치가 매우 즐거운 것이긴 했지만, 불행하게도 그 기간은 짧으며 또 비극적으로 끝날 수밖에 없다. 왜냐하면 30일간의 기간이 끝나고 사투르날리아 축제가 시작되면, 그는 자신이 재현한 사투르누스 신의 제단 위에서 목이 잘렸기 때문이다. 서기 303년의 사투르누스 추첨에서는 그리스도 교인인 다시우스가 뽑혔다. 그러나 그는 이교도 신의 역할을 맡음으로써 자신의 최후가 방탕과 음란으로 더럽혀지는 것을 거절했다. 로마 사령관 바수스의 위협과 질책도 그의 신념을 흔들 수 없었다. 이렇게 그는 그리스도교 순교 역사가들이 상세하고도 정확하게 기록한 것과 같이, 이 농신제가 열리는 그 달 24일에 해당되는 11월 20일 금요일 4시에 두로스토룸에서 요한이라는 병사에 의해 목이 잘리고 말았다.

이 이야기를 퀴몽 교수가 출판한 이후, 그때까지 의심받고 부정되던 그 역사성이 흥미로운 하나의 발견으로 확인받게 되었다. 안코나 곶에 있는 대성당 지하실에는 여러 유물 가운데 그리스 어 비문을 새긴 흰 대리석 관이 보존되어 있다. 그 비문은 유스티니아누스 황제 시대의 문자로 다음과 같이 기록되어 있다.

"두로스토룸에서 운반된 성스러운 순교자 다시우스 여기 잠들다."

이 석관은 1848년 산펠레그리노 교회에서 이 대사원의 지하실로 옮겨진 것이다. 돌에 새겨진 비문에서 알 수 있듯이, 산펠레그리노 교회의 제단 밑에는 두 사람의 다른 성자의 유골과 함께 이 순교자의 유골이 오늘날에도 보존되어 있다. 이 석관이 얼마나 오랫동안 산펠레그리노에 있었는지는 알 수 없다. 그러나 적어도 1650년에 거기에 있었다는 기록이 남아 있다. 이 성자의 유골은 야만인들의 계속적인 침입으로 모이시아가 점령되어 쑥대밭이 되었던 시기, 즉 그 순교자가 죽은 다음에 연이어 계속된 몇 세기 동안의 고난의 시대에 안전을 꾀하기 위해서 안코나에 옮겨진 것으로 생각된다.

그것은 여하간 다시우스가 신화적인 성자가 아니라 실제로 생존한 인물이며, 기원후 첫 수세기 동안에 신앙을 지키기 위해 두로스토룸에서 순교한 사실은, 별개의 것이면서도 서로를 증명하는 순교자의 기록과 비문에 의해서 확실시된다. 우리는 무명의 순교 역사가가 성 다시우스(St. Dasius)의 순교를 주요한 사실로 기록했다는 것을 감안하면, 순교의 모습과 원인에 대한 그의 증언을 합리적인 것으로 받아들일 수 있다. 더욱이 그의 기록이 무엇보다도 정확하고 사실적이며, 신비적인 요소가 전혀 없기 때문에 그의 증언은 한결 합리적이라 할 수 있다. 그러므로 나는 로마 병사들이 거행한 농신제에 대한 그의 기록을 믿을 만한 것으로 결론짓는다.

이 기록은 호라티우스와 타키투스 시대의 로마에서 겨울의 주연을 주관한 고대 축제의 주재자인 '사투르날리아 왕'의 임무에 대해 새로운 관점을 제공해 준다. 즉, 불이 화로에서 딱딱 소리를 내면서 잘 타오를 때, 축제를 벌이는 무리들로 길이 메워질 때, 그리고 저 멀리 북쪽으로 맑고 찬 공기 속에 소락테 산이 백설의 봉우리를 드러낼 때, 술잔치가 고조되고 흥미가 차츰 도를 더해 격렬해지는 데만 관심을 쏟는 단순한 익살꾼이나 광대의 역할만이 그의 임무가 아니었던 것으로 보인다.

이제 이 화려하고 개화된 도시 로마의 익살스러운 모의왕과 다뉴브 강에 주둔했던 거친 병사들의 음울한 왕을 비교해 보자. 또 우리가 다른 시대와 다른 나라들에서 모의 왕관을 쓰고 왕의 옷을 입고 단 몇 시간 또는 며칠 동안만 환락을 즐긴 뒤에 수명을 다하지 못하고 비명에 가는, 익살맞기도 하고 비극적이기도 한 일련의 닮은 모습을 상기해 보자.

우리는 고전 시대의 작가들이 묘사한 로마의 '사투르날리아 왕'에서 원형의 모습과는 다른 희미한 복사판만을 발견할 뿐이다. 그러나 의심의 여지 없이 원형의 주요한 특징은 다행히도 무명의 저자가 저술한「성 다시우스의 순교」에 의해 남아 있다. 사투르날리아 축제에 대한 순교 역사가의 기록은, 아마 그 학자에게는 알려지지 않았던 다른 지방의 비슷한 의식에 대한 기록과 잘 일치한다. 따라서 그의 기록이 실질적으로 정확한 것임을 기정 사실로 인정할 수 있다.

여기서 신의 대리인인 모의왕을 죽이는 관습은 결코 모의왕의 축제를 주재하기 위해 임명하는 관습에서 발전했을 리는 없다. 오히려 그 반대로 보는 편이 옳을 것이다. 더 야만적인 시대인 고대 이탈리아에서는 그 관습이 보편적이었다고 가정할 수 있다. 왜냐하면 고대 이탈리아에서 사투르누스를 숭배하는 의식이 널리 퍼져 있었고, 왕의 역할을 할 만한 인물이 뽑혀 전통적으로 농신제의 모든 특권을 누린 뒤에 살해되었기 때문이다. 이때 모의왕은 세상을 위해 자기 목숨을 바치는 선한 신의 자격으로 자신의 손이나 다른 사람의 손에 의해, 칼이나 불로 또는 교수대에서 죽음을 맞았다. 그러다가 문명이 발달하면서 로마와 다른 대도시에서는 아우구스티누스 시대 훨씬 전부터 문화의 발달로 그 잔인한 관습은 누그러졌고, '사투르날리아 축제왕'에 대해서 그다지 주의를 기울이지 않았던 몇 사람의 고전적 기록자들의 기록 중에 나타나는 바와 같이, 전혀 피를 보지 않는 형태로 변형된 것이다.

그러나 로마에서 멀리 떨어진 지방에서는 역사가 더 깊고 더 엄격한 그 관습이 오랫동안 남아 있었음에 틀림없다. 그리고 이탈리아가 통일된 뒤에, 로마 정부가 이 야만적인 관습을 억눌렀다 해도 그 관습에 대한 기억은 농부들에게 이어져 내려왔을 것이다. 마치 우리 사이에서 가장 저급한 형식의 미신이 오늘도 지켜지는 것처럼, 때때로 이 관습이 재연되었을 것이다. 아마 로마의 독재 정부가 그 독재 권력을 서서히 누그러뜨리기 시작할 때, 국경 주변에 주둔했던 거친 병사들 사이에서 특히 그랬을 것이다.

이제까지 때때로 고대의 사투르날리아 축제와 근대 이탈리아의 카니발 사이의 유사성이 주목받아 왔다. 그러나 우리에게 주어진 모든 사실을 생각해 보면 우리는 그 유사성이 동일성으로 귀착되는 것은 아닌가 하는 의문을 갖게 될 것이다. 이탈리아와 에스파냐, 그리고 프랑스 등 로마의 영향을 가장 깊게 그리고 오랫동안 받은 나라들에서 열리는 카니발의 뚜렷한 특징은 축제의 계절을 의인화한 해학적인 인물이다. 그런데 이 인물은 짧은 영광과 방종의 생애를 마치고 사람들이 가장된 슬픔, 또는 감추지 않는 기쁨을 표현하는 가운데 공개적으로 총에 맞거나 불태워져 죽었고, 그것도 아니면 다른 방법으로 살해되었다. 카니발에 대한 우리의 견해가 옳다면, 이 기괴한 인물은 바로 '사투르날리아 왕'의 직접적인 계승자이다.

즉, 그는 축제의 주인인 농신 사투르누스 역할을 맡은 실제 인물이었으며, 그 축제가 끝났을 때 자신이 연출한 배역으로서 진짜 죽임을 당했던 것이다. '12일절 전야제(Twelfth Night)'에 등장하는 '콩의 왕(King of the Bean)'과 중세기의 '바보주교(BishopofFools)', '얼빠진 대수도원장(AbbotofUnreason)', '무질서의 왕(Lord of Misrule)' 등은 모두 이와 같은 종류의 인물들로, 아마 같은 기원을 가지고 있을 것이다. 여하튼 우리는 상당한 개연성을 가지고, '숲의 신'의 화신으로서 살다가 죽은 아리키아의 '숲의 왕'이 해마다 로마에서 살해되던 파종의 신 '사투르누스 왕'의 대리자에 대응하는 사례라고 결론지을 수 있을 것이다.

제59장
멕시코의 신 죽이기

고대 멕시코의 아스텍족만큼 신의 대리자인 인간을 제물로 바치는 관습을 일반적으로, 그리고 엄숙하게 지킨 민족은 없었던 것으로 보인다. 그들이 행한 놀라운 희생제의는 우리에게 잘 알려져 있다. 그 의식에 대해서는 16세기에 멕시코를 정복한 에스파냐인들이 충분한 기록을 남겼기 때문이다. 에스파냐 인들은 야만적이면서도 잔인한 종교를 믿는 먼 나라에서 자기네 교회의 교리와 의식과 많은 유사점을 발견하고 강한 호기심을 느꼈다. 예수회 선교사 아코스타는 다음과 같이 말한다.

"그들은 훌륭하다고 생각되는 포로를 끌고 왔다. 그리고는 그를 우상에게 제물로 바치기에 앞서, 우상의 이름을 그에게 붙이고 우상과 똑같은 장식으로 그를 치장한다. 그들은 그가 자신들의 우상을 대신한다고 하면서, 진짜 우상을 대하는 것과 똑같이 그 제물이 될 포로를 숭배하고 존경한다. 그 대표성이 지속되는 기간은 1년이기도 하고 6개월일 수도 있으며, 또는 그보다 짧은 기간일 수도 있다. 그 동안에 그는 먹고 마시고 즐긴다.

그가 거리를 나가면 사람들이 와서 그에게 경배를 올리고 선물을 바친다. 또 아이들과 환자를 데리고 와서 치료를 부탁하고 축복을 내려달라고 기원하기도 한다. 그는 바라는 대로 무엇이든지 할 수 있으나, 다만 도망만은 치지 못하도록 열 또는 열두 명의 사내들이 그의 뒤를 따른다. 때로는(길을 지날 때 경배를 받기 위해) 그는 작은 피리를 불어 사람들에게 숭배의 준비를 갖추게 하기도 한다. 축제가 시작될 쯤이면 그는 통통하게 살이 오른다. 그러면 사람들은 그를 살해하여 나눠 먹는다. 이것이 그를 제물로 바치는 엄숙한 절차이다."

아래의 구체적인 몇 가지 실례들은 아스텍족 관습에 대한 일반적 설명을 예증해 준다. 멕시코력에서 가장 성대한 제전인 '톡스카틀(Toxcatl)축제'에서는 해마다 한 젊은 남자가 신 중의 신인 '테스카틀리포카(Tezcatlipoca)'의 화신으로서

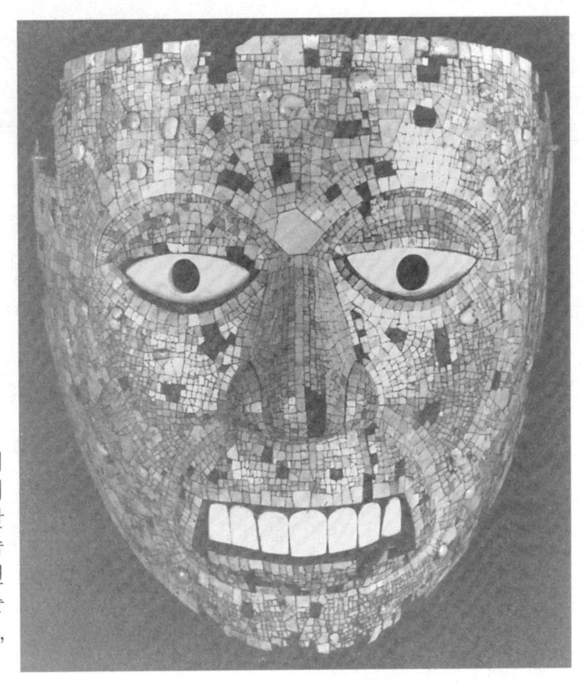

멕시코의 신 죽이기
15세기에 터키석, 조개껍데기로 만든 모자이크 가면. 멕시코의 태양과 창조의 신 케찰코아틀로 여겨진다. 왕이 죽으면 이 신의 모습을 한 가면을 얼굴에 씌워 매장했다. 출토지 : 멕시코, 대영박물관, 런던

희생되었다. 그는 1년 동안 '신 중의 신' 테스카틀리포카가 구현된 인간으로서 숭배받다가 제물이 되는 것이다. 아스텍 종교에 대한 최고 권위자인 옛 프란체스코 수도사 사하군(Sahagun)에 따르면, 이 인간신을 제물로 바치는 의식은 부활절이나 부활절 며칠 뒤에 올려졌다고 한다. 그의 말이 옳다면, 이 톡스카틀 의식은 그 성격에서나 시기에서 그리스도교 구세주의 죽음과 부활을 기념하는 제전과 일치한다. 더 정확하게 그 희생제의는 아스텍력으로는 다섯 번째 달의 첫날에 치르는데, 사하군에 따르면 그 달은 4월 23일이나 27일에 시작한다고 한다.

이 축제에서 그 위대한 신은 인간 대리자로서 살해되고, 다시 다른 인간 대리자의 몸으로 되살아난다. 그런데 그 대리자는 1년이라는 숙명적인 기간 동안 신의 영광을 즐기다가, 그 기간이 끝날 때 다른 전임자와 마찬가지로 살해된다. 이 고귀한 권위를 위해 뽑히는 젊은이는 포로 중에서 아름다운 육체를 지녔는지 여부의 조건에 따라 선발된다. 그는 몸에 작은 상처도 없어야 하며 갈대처럼 날씬하고, 기둥과 같이 꼿꼿하고, 키가 크지도 작지도 않아야 한다. 만일 호

화로운 생활 때문에 지나치게 살이 찌면, 강제로 소금물을 마셔서 살을 빼야 한다. 그는 또 그 높은 지위에 알맞은 우아함과 위엄을 갖추어 행동해야 한다. 그러기 위해서는 최고의 신사와 같이 품위 있게 처신하며, 말을 정확하고 우아하게 하며, 피리를 불고, 담배를 피우고, 우아하게 꽃 향기를 맡도록 조심스럽게 훈련을 받는다.

그는 신전에서 품위 있게 사는데, 귀족들이 그를 시중들며 존경하고 음식물을 갖고 가서 대접하며 왕처럼 섬긴다. 왕 자신도 '이미 그를 신으로 숭상하기 때문에' 호화로운 옷을 입혀 치장하도록 배려했다. 그의 머리에는 독수리 깃털을 붙이고, 허리까지 내려뜨린 머리카락에는 흰 닭털을 붙였다. 이마에는 구운 옥수수 모양의 화관을 씌웠고, 두 어깨 위와 겨드랑이 밑으로 화환을 걸쳤다. 코에는 황금 장식을 걸고, 팔에는 황금 팔찌를 찼다. 그리고 황금 방울을 두 다리에 매달아 그가 걸을 때마다 딸랑딸랑 울리게 했다. 두 귀에는 터키 구슬로 만든 귀걸이를 매달고, 터키 구슬로 만든 팔찌를 두 손목에 장식했으며, 조개로 만든 목걸이를 가슴까지 늘어뜨렸다. 그리고 망사로 만든 외투를 입고 허리에 화려한 띠를 둘렀다.

이렇게 보석으로 장식된 아름다운 사람이 피리를 불고, 담배를 피우고, 꽃의 향기를 맡으면서 거리를 유유히 걸어가면, 사람들은 그 앞에 엎드려 겸손과 복종의 표시로 흙을 입 속에 집어 넣으면서 한숨과 눈물로 그에게 기도한다. 여자들은 아이를 안고 와서 신을 대하듯이 아이들을 그에게 보였다. 왜냐하면 그는 그들의 주님이며, 사람들이 그를 주님으로 인정했기 때문이다. 그는 지나갈 때 이와 같이 그를 숭배하는 모든 사람에게 정중하고 공손하게 답례한다. 그가 도망치는 것을 막기 위해서 어디에 가나 왕궁의 제복을 입은 시종 여덟 명이 그를 호위한다. 그 가운데 네 명은 왕궁의 노예처럼 정수리를 밀었으며, 다른 네 명은 무사와 같이 머리카락을 늘어뜨렸다. 만일 그가 도망칠 경우에는 호위대장이 신의 대리자로 그를 계승하여 대신 죽어야 한다.

그는 죽기 20일 전에 옷을 갈아입고, 우아하게 양육되고 여신의 이름을 가진 네 명의 처녀, 즉 '꽃의 여신', '어린 옥수수 여신', '물 속의 우리 어머니 여신', '소금의 여신'을 신부로 맞아들여 교제한다. 죽기 전 5일 동안에 신의 영광이 이 운명의 제물에게 소나기와 같이 쏟아진다. 왕궁의 모든 신하가 인간신을 따라다니는 동안 왕은 궁전에 머물러 있어야 한다. 장엄한 잔치와 춤이 지정된 장소에서 규칙적으로 계속 해서 벌어진다.

그 운명의 날, 이 젊은 남자는 아내들과 몸종들의 시중을 받으면서 차양 덮개가 있는 카누를 타고, 호수를 건너서 작은 언덕 하나가 물가에 솟아 있는 곳으로 간다. 그 언덕은 '작별의 산'이라고 부른다. 이곳에서 아내들이 그에게 최후의 작별 인사를 하기 때문이다. 다음에 그는 시종들만의 호위를 받으며 길가에 있는 작고 쓸쓸한 신전으로 간다. 그 사원은 일반적인 멕시코 신전들과 같이 피라미드 양식으로 지어졌다.

산 제물 종교 의식 : 인간신
사제들이 산 제물의 가슴을 찢고 심장을 끄집어 내어 태양신에게 바친다. 사하군, 「누에바·에스파냐 전사」

젊은이가 계단을 하나씩 오를 때마다 영광스러운 시절에 불었던 피리를 하나씩 부러뜨린다. 정상에 이르면, 사제들이 그를 붙잡고 돌 위에 눕힌다. 그러면 사제 중 한 사람이 그의 가슴을 찢어 열고 심장을 끄집어 내어 높이 치켜들고 태양에게 제물로 바친다. 죽은 신의 육체는 보통 제물의 시체와 같이 굴리지 않고 신전의 계단 밑까지 운반한다. 그리고 그곳에서 머리를 잘라 창에 꿴다. 이것이 멕시코 만유신전(萬有神殿)의 최고신 역할을 맡은 자에게 정해진 최후였다.

멕시코에서는 신으로 짧은 기간 동안 영광스럽게 살다가 비참하게 죽은 인물이 비단 남자들에게만 한정된 것은 아니다. 여자들도 여신들의 대리자로 영광을 즐기다가 비참한 운명을 나누도록 허용되었다. 오히려 강제되었다고 말하는 것이 옳다. 7일 동안의 엄격한 단식 뒤에 시작되는 9월의 대축제 때, 열두 살이나 열세 살 정도의 가장 아름다운 노예 소녀를 성화시켜 옥수수 여신인 '치코메코후아틀(Chicomecohuatl)'의 대리자로 희생시켰다.

그들은 여신의 옷을 소녀에게 입히고, 머리에는 옥수수 모양의 관을 씌우고, 목에는 옥수수 목걸이를 하고 양손에도 옥수수를 들게 하고, 옥수수 꼭지를 본떠서 초록색 새털을 머리의 관 위에 똑바로 꽂는다. 이렇게 하는 것은 옥수수가 축제 때 거의 익기는 했으나 아직도 완전히 익지는 않았기 때문에 나이 어린 소녀를 택하여 '옥수수 여신'의 역할을 시키기 위한 것이라고 한다. 사람들은 단식으로 쇠약해진 사람들의 원기를 회복시키기 위해 아름답게 단장하고 머리에 팔랑거리는 초록색 새털을 붙인 이 불쌍한 아이를 이 집 저 집으로 끌고 다니며 즐겁게 춤을 춘다.

밤이 되면 사람들은 모두 신전으로 모여들어 신전의 뜰을 많은 등불과 촛불로 밝힌다. 그들은 거기서 밤을 새우는데, 한밤중이 되면 나팔과 피리와 뿔고둥으로 엄숙한 음악이 연주된다. 그러면 옥수수와 후추와 여러 종류의 씨앗으로 가득 채운 '팔란킨(Palangiun)'이라 부르는 가마가 신전 뜰에 들어선다. 가마꾼들은 여신의 목상이 안치되어 있는 방의 문 앞에 가마를 내려놓는다. 그 방은 안팎으로 옥수수와 후추, 그리고 호박과 장미로 만든 화환과 여러 종류의 씨앗으로 눈이 부실 만큼 장식되어 있다. 마루 전체가 경건한 사람들이 제물로 바친 푸른 식물들로 가득 찼다. 음악이 그치면 훨훨 타오르는 등불과 그윽한 향 냄새가 나는 향로를 든 사제들과 귀인들의 엄숙한 행렬이 여신의 역을 맡은 소녀를 가운데에 두고 나타난다. 그리고 소녀를 가마에 태우는데, 소녀는 수북히 쌓인 옥수수와 후추와 호박 속에 꼿꼿하게 서서 가마에서 떨어지지 않도록 두 손으로 난간을 붙잡는다. 그리고 사제들은 그 소녀를 둘러싸고 향내 나는 향로를 흔든다.

음악이 다시 울린다. 음악이 연주되는 동안에 신전의 한 성직자가 갑자기 면도칼을 들고 그 소녀에게 다가가 소녀의 머리 위에 꽂혀 있는 초록색 깃털과 그것을 묶었던 머리카락을 맨 아래 부분에서 싹둑 잘라 버린다. 그리고 그 깃털과 머리카락을 장엄하고 엄숙한 의식으로써 여신의 목상에 바치면서 그해에 여신이 사람들에게 베푼 대지의 결실과 풍작에 대해 눈물을 흘리면서 감사를 드린다. 이렇게 성직자가 울고 기도할 때, 신전의 뜰에 서 있는 사람들도 모두 그와 같이 울고 기도한다. 그 의식이 끝나면 소녀는 가마에서 내려지고, 밤을 지샐 장소로 옮겨진다. 그러나 사람들은 날이 샐 때까지 횃불이 비치는 신전의 뜰을 지킨다.

이윽고 아침이 밝아도, 신성한 곳을 떠나는 것은 신을 모독하는 일로 생각하는 군중들로 신전의 뜰은 여전히 가득하다. 사제들이 다시 소녀를 데리고 나타났다. 소녀는 관을 쓰고 옥수수를 목에 두르고 여신의 옷차림을 하고 있었으며, 전과 같이 양손으로 난간을 짚은 채 가마 속에 서 있다. 그리고 신전의 장로들은 그 가마를 어깨에 메고, 향내 나는 향로가 흔들리고, 음악이 연주되고, 노랫소리가 들리는 가운데 행렬을 지어 넓은 안뜰을 거쳐 위칠로포츠틀리(Huitzilopochtli) 신 앞으로 갔다가 다시 이 소녀로 인격화된 '옥수수 여신'의 목상이 안치되어 있는 방으로 되돌아온다. 이곳에서 사람들은 소녀를 가마에서 내리게 하여 신성한 방의 마루에 잔뜩 깔린 옥수수와 야채더미 위에 세운다. 소녀가 거기에 서 있는 동안, 장로들과 귀인들은 모두 일렬로 서서 그곳으로 들어온다.

산 제물 종교 의식 : 옥수수 여신
사제는 산 제물의 목을 자르고 살가죽을 벗겨 그 속에 들어간다. 사하군, 「누에바·에스파냐 전사」

그런데 그들은 저마다 7일의 단식 동안에 속죄할 셈으로 귀에서 뽑은 마르고 엉겨붙은 피가 담긴 접시를 들고 있다. 그들은 한 사람씩 소녀의 앞에서 웅크리고 앉는다. 이는 우리가 무릎을 꿇고 엎드리는 것과 같다. 그리고 그들은 접시에서 핏덩이를 긁어모아 소녀 앞에 던지는데, 이것은 '옥수수 여신'의 화신인 소녀가 그들에게 베푼 은혜에 대한 감사의 제물이다. 남자들이 그와 같이 겸손하게 그들의 피를 여신의 인간 대리자에게 바치고 나면, 이번에는 여자들이 긴 줄을 지어 한 사람씩 소녀 앞에 쭈그리고 앉아서 접시에서 핏덩이를 긁어서 던진다.

이 의식은 오랫동안 이어진다. 왜냐하면 귀한 사람이나 천한 사람이나 젊은이나 늙은이나 할 것 없이, 신으로 분장한 소녀 앞을 지나가면서 제물을 바쳐야 했기 때문이다. 그것이 끝나면, 그들은 기쁜 마음으로 집에 돌아가서, 고기와 온갖 음식을 즐겁게 먹는다. 이것은 마치 경건한 그리스도 교도들이 사순절의 긴 금욕 뒤에 부활절을 맞아 고기와 그 밖의 육체적인 즐거움을 만끽하는 것과 같다고 할 수 있다. 그리고 그들은 마음껏 먹고 마시고 휴식을 취하여 원기를 되찾은 다음 신전에 돌아와서 축제의 결말을 관람한다.

축제의 결말은 다음과 같다. 군중이 모여들면, 사제들은 여신의 화신인 소녀 앞에서 엄숙히 향을 피운다. 그런 다음에 옥수수와 씨앗 더미 위에 소녀를 던져서 눕힌 다음, 목을 자르고, 솟아나오는 피를 그릇에 담아, 그 피를 여신의 목상과 그 방의 벽, 그리고 마루를 가득 채운 옥수수와 호박, 씨앗, 야채와 같은 제물에 뿌린다. 그런 다음에 그들은 목이 잘린 몸뚱이의 살가죽을 벗긴다. 그리고 사제들 중 한 사람이 그 피투성이의 살가죽 속에 가까스로 들어간다. 이것이 끝난 뒤 그들은 소녀가 입던 옷을 모조리 그 사제에게 입히고 머리에는 사제관을 씌우고, 목에는 황금색 옥수수 목걸이를 걸고, 양손에는 깃털과 황금 장식을 한 옥수수를 쥐어 준다.

이렇게 치장이 끝나면 그들은 사제를 군중 속으로 안내한다. 사제는 자신에게 너무 작은 소녀의 끈적끈적한 살가죽과 옷을 입어 불편했으나, 기대에 어긋나지 않게 될 수 있는 한 민첩하게 뛰고 과장된 몸짓을 지어 마치 선도자처럼 행동한다. 거기에 모인 사람들은 북에 맞추어서 춤을 춘다.

이러한 관습에서 어린 소녀와 옥수수 여신과의 일치는 완벽해 보인다. 소녀가 목에 건 황금색 옥수수와 양손에 든 인공의 옥수수, 그리고 옥수수 꼭지를 본떠서 머리에 꽂은 초록색 깃털 등은 모두 곡물 정령의 화신으로서의 소녀를 설명하는 것이다. 또한 축제가 벌어질 때는 옥수수가 아직 충분히 여물지 않은 어린 상태이기 때문에, 그것을 나타내기 위해서 특별히 소녀가 선출되었다는 것도 이미 잘 알고 있는 사실이다. 소녀를 옥수수와 옥수수 여신과 동일시하는 것은 옥수수더미 위에 소녀를 세우는 것에서도 뚜렷이 나타난다. 거기에서 소녀는 모든 주민의 존경과 피의 제물을 받는다. 사람들은 그렇게 하여 소녀가 신으로서 베풀었다고 생각하는 은혜에 대해서 소녀에게 감사의 답례를 했다. 또한 소녀를 옥수수와 씨앗더미 위에서 목을 자르고, 소녀의 피를 옥수수 여신 목상뿐만 아니라 옥수수, 후추, 호박, 씨앗, 야채더미 위에 뿌리는 관습은, 옥수수 여신의 피를 대표적인 농작물들에 주입시켜 옥수수의 경작과 대지의 모든 결실을 촉진하고 강화할 목적이었다고밖에는 생각할 수 없다.

이렇게 논란의 여지가 없는 듯한 멕시코의 희생제의와 그 의미는 농작물을 위해 바치는 그 밖의 인간 제물에 대해서 내가 이미 제시한 해석을 강화해 줄 것이다. 만일 옥수수에 그 피가 뿌려진 멕시코의 소녀가 옥수수 여신의 화신으로 여겨진 것이라면, 이와 비슷하게 곡물의 씨앗 위에 피가 흩뿌려진 포니족 소녀도 여성형 '곡물 정령'의 화신으로 생각된 것이라고 할 수 있다. 그리고 다른 부족들이 농작물의 성장을 촉진하기 위해 살해한 인간 제물에 대해서도 이는 마찬가지일 것이다.

시페토텍의 돌가면
농작물 결실을 지배하는 신. 이 가면은 인간의 생가죽을 뒤집어 쓴 상태를 표현하고 있다. 1400~1520, 출토지 : 멕시코, 대영박물관 소장.

끝으로 죽은 옥수수 여신의 살가죽이 벗겨지고, 그 가죽과 함께 여신이 가졌던 모든 신성한 장식을 두른 무시무시한 차림으로 사람들 앞에서 춤을 추는 이 성스러운 연극의 결말은 다음과 같은 가설로 가장 잘 설명될 수 있을 것이다. 즉 그런 옷을 입고 춤을 추는 의도는 신의 죽음에 뒤이어 곧 신의 부활이 뒤따름을 확증하려는 데 있다는 것이다. 그리고 만일 그렇다면, 우리는 신을 상징하는 인간을 죽이는 관습이 일반적으로, 아니 언제나 신의 정력을 영속시키는 수단으로 생각되어 온 것이라고 추론할 수 있다. 사람들은 신을 자연사하도록 내버려 둔다면 늙은 나이로 말미암아 쇠약해지고 허약해질 것이기 때문에 이런 의식으로써 그의 젊음의 활력을 보존해야 한다고 믿었던 것이다.

이러한 멕시코의 의식은 다음 사실을 확실히 증명한다. 즉 내가 아리키아에서 성행했다고 생각하는 종류의 인신 공회 의식은 문화 수준이 그리 떨어지지 않는 민족에 의해 행해지던 관습이다. 비록 아리키아 사제직이 그 기원을 두는 초기 이탈리아 부족의 문화와 비교하면 그리 높은 수준은 아니라 할지라도 말이다. 세계의 일부 지역에서 이런 종류의 희생제의가 널리 행해졌음을 보여주는 실증적이고 뚜렷한 증거는, 그 증거가 불충분하고 신뢰성이 부족한 지역에서도 그것이 보급되어 있었을 가능성이 있음을 시사한다. 또 우리가 이제까지 검토한 사실을 종합해 볼 때에도, 신으로 간주하던 인간을 살해하는 관습은 세계 많은 지역에 퍼져 있었음을 알 수 있다.

제60장
하늘과 땅 사이

1 땅 밟지 않기

우리는 이 책의 첫머리에서 두 가지 질문과 마주한 바 있다. 왜 아리키아 사제가 그의 선임자를 살해해야 했는가? 그리고 그러기에 앞서 왜 그는 황금가지를 꺾어야 했던가? 이 두 질문 가운데 전자에 대해서는 이제 대답을 얻었다. 나의 의견이 옳다면, 아리키아 사제는 공동 사회의 안녕과 심지어 자연 일반의 운행도 그의 생명에 의해 직접적으로 좌우될 수 있다고 생각되던 신성한 왕들이나 인간신들 가운데 하나였다. 그러나 그러한 신적인 주권자의 신하들이나 숭배자들이 그와 자신과의 정확한 관계가 무엇인지에 대해 스스로 뚜렷한 생각을 가지고 있었던 것으로 보이지는 않는다. 이 점에 대한 그들의 생각은 아마 애매하고 가변적이었을 것이다. 그러므로 그것은 우리가 논리적 정확성으로 그 관계를 규정하려 하다가는 오류를 저지르기 쉽다.

그들이 알고 있는 것, 아니 안다고 생각한 것은 다만 그들 자신, 가축, 농작물이 신비적으로 그들의 신적 왕과 관련되어 있으며, 그 결과 왕이 건강한 지 허약한 지에 따라서 공동 사회가 건강하거나 약하게 되고, 짐승과 가축 떼도 번창하거나 병에 걸리고, 농사도 풍작을 거두거나 흉작이 된다는 것이었다. 그들이 상상할 수 있는 가장 나쁜 사태는 그들의 지배자가 병이나 늙은 나이로 말미암아 자연사하는 것이다. 왜냐하면 지배자를 추종하던 자들의 생각에 그런 자연사는 자신들과 그들의 소유물에 참혹한 결과를 가져다 줄 것이었기 때문이다. 이를테면 치명적인 유행병은 사람과 짐승을 모조리 휩쓸어 버릴 터이고, 땅은 더 이상 결실을 거부할 것이다. 그뿐이 아니다. 자연 질서 자체가 무너질 것이다.

이런 재난을 막기 위해서 왕이 아직 인간신으로서 건강한 상태에 있을 동안에 그를 죽게 해서, 성스러운 생명을 깨끗하게 그의 후계자에게 계승하여 젊음을 갱신하려고 했다. 다시 말해 왕의 신성한 생명에 영원히 신선한 젊음을 유지시키기 위해 그처럼 활력에 충만한 왕의 화신이 영원히 이어져야 했다. 그것이야말로 파종과 수확, 여름과 겨울, 비와 햇빛의 공급에 결코 차질이 없도록 하는 확고한 담보물이라고 생각했다. 나의 추측이 옳다면, '네미 숲의 왕', 아리키아 사제가 규칙적으로 그 후계자의 검에 살해되어야만 했던 이유가 바로 그것이다.

그러나 우리는 계속 묻게 된다. '황금가지'란 무엇인가? 아리키아 사제직의 각 후보자는 사제를 죽이기 전에 왜 황금가지를 꺾어야 했는가? 이제 이런 물음에 답하려고 한다.

우리가 살펴보았듯이, 신적 왕이나 사제들의 생명을 조절하는 규칙이나 터부 가운데 두 가지를 다루는 것부터 시작하는 것이 좋을 것 같다. 내가 독자의 주의를 환기시키고자 하는 첫 번째 규칙은, 신적인 인간은 자기 발로 땅을 밟지 못한다는 것이다. 멕시코의 사포텍족의 대사제가 이 규칙을 지켰다. 그의 발로 조금이라도 땅을 밟으면 신성성이 더럽혀진다고 믿었다.

멕시코의 황제 몬테수마(Montezuma)도 절대로 땅에 발을 대지 않았다. 그는 언제나 귀족들의 어깨로 이동했다. 어디서든 내릴 때는 귀족들이 호화찬란한 주단을 깔고, 왕은 그 위를 걸어야 했다. 일본의 미카도는 발로 땅을 밟는 것을 수치스러운 타락으로 여겼다. 사실상 16세기에 그런 일은 미카도의 지위를 빼앗는 데 충분한 것이었다. 미카도는 궁성 밖에서 사람들의 어깨로 이동했으며, 궁성 안에서는 호화로운 주단 위에서 걸었다.

타히티의 왕과 왕비는 세습 영토를 제외하고는 어디에서든지 땅을 밟아서는 안 되었다. 그들이 밟는 곳은 어디나 신성화되었기 때문이다. 한 곳에서 다른 곳으로 여행할 때는 신성한 시종들의 어깨로 이동했다. 그들은 언제나 성화된 여러 수행원들을 거느리고 다녔다. 수행원들을 교대할 필요가 생겼을 때 왕과 왕비는 발을 땅에 대지 않고, 다른 수행원들의 어깨를 짚고 옮겨 갔다.

도수마의 왕이 땅을 밟는 경우, 그것은 불길한 징조였으므로 속죄 의식을 치러야 했다. 페르시아 왕은 궁성 안에서 아무도 밟을 수 없는 양탄자 위를 걸었다. 그가 마차에 타거나 말을 탈 때를 빼놓고는 궁성 밖에서 땅 위에 내려서는 것을 볼 수가 없었다. 그 옛날 시암 왕은 절대로 땅 위에 서지 않고, 황금 왕

말레이의 결혼식에서 신랑·신부는 하룻동안 왕과 왕비 대우를 받는다. 두 사람은 가짜 왕좌에 앉는 대신 태양빛이 차단되고 땅에 발을 디딜 수 없다. 인사이트 가이드, 「인도네시아」

좌에 앉은 채로 이리저리 운반되었다. 또 옛날 우간다의 왕은 그 어머니나 왕비와 함께 그들이 사는 넓은 영지 바깥을 결코 걸을 수 없었다. 그들이 외출할 때마다 물소 씨족 남자들이 어깨로 그들을 운반했고, 그들 중 몇 사람은 왕족들의 여행에 따라다니면서 교대로 이들을 운반했다. 왕은 목마를 타고 두 발을 수행원의 두 팔 밑에 넣었다. 왕의 수행원이 피로해지면, 그는 왕의 발이 땅에 닿지 않도록 하여 다음 수행원의 어깨 위로 왕을 옮겼다. 이런 방법으로 그들은 왕이 여행할 때 빠른 속도로 하루 동안에 먼 거리를 여행할 수 있다. 수행원들이 필요할 때 곧 불러올 수 있도록 왕궁 안에는 특별한 숙소가 마련되어 있다.

콩고 남부 지방의 한 민족인 바쿠바(Bakuba)족, 혹은 부숑고(Bushongo)족은 몇 해 전까지지도 왕족이 땅을 밟는 것을 금지했다. 그들은 짐승 가죽이나 의자, 혹은 네 발로 기어가는 노예의 등에 앉아 이동해야 했다. 발은 다른 사람의 발 위에 얹었다. 여행할 때는 다른 사람의 등에 업혀서 이동했다. 그러나 왕은 굴대를 받친 가마를 타고 여행했다.

남부 나이지리아의 아우카 근처의 이보(Ibo)족의 경우, '지신(地神)'의 사제는 많은 터부를 지켜야 했다. 예를 들면, 시체를 보아서는 안 되고, 길에서 시체를 만나게 되면 팔로 두 눈을 가려야 했다. 그는 갖가지 음식, 예를 들면 계란, 새고기, 양고기, 개고기, 수사슴고기 등을 삼가야 한다. 그는 가면을 쓰거나 만지지 못한다. 가면을 쓴 자는 그 집 안에 들어가지 못하고, 개가 그의 집에 들어오면 개를 죽여서 버린다. '지신'의 사제로서 그는 맨땅에 앉아서는 안 되고, 땅에 떨어진 것도 먹지 못했다. 사람들은 그에게 흙을 던져서는 안 되었다. 고대 브라만 의식에 따르면, 왕은 취임식에서 호랑이 가죽과 황금 널빤지를 밟았다. 그는 멧돼지 가죽으로 만든 신을 신고, 살아 있는 동안에는 맨발로 땅을 밟지 않았다.

그러나 일생을 신성시되거나 터부시되고, 그로 말미암아 평생 땅을 밟는 것이 금지된 인물 이외에, 특정 경우에 한해서만 신성성 혹은 터부의 성격을 띠고, 그 신성성이 유지되는 한정된 시기에만 이 금기의 적용을 받는 인물이 있었다. 예를 들면, 중부 보르네오의 카얀족이나 바하우족은 여사제들이 어떤 의식을 진행하는 동안에 땅 위를 걷지 못하며, 널빤지를 깔고 걸어야 했다. 또한 전쟁에 나가는 전사들은 터부의 분위기에 싸이게 된다. 그래서 북아메리카의 어떤 인디언들은 그들이 원정을 나가 있는 동안에는 맨땅 위에 앉으면 안 되었다. 라오스에서는 코끼리 사냥 때문에 많은 터부가 생겨났다. 그 하나가 사냥꾼 대장은 땅을 밟아서는 안 된다는 규칙이다. 그가 코끼리에서 내릴 때에는 다른 사람들이 그가 걸어갈 수 있도록 나뭇잎을 발 밑에 깔아 놓는다.

원시 철학자들은 신성시되거나 터부시되는 사람들은 확실히 신성성과 주술적 힘, 금지력 또는 신비적인 성질로 가득 차 있다고 믿었다. 그들은 이러한 것이 물질적인 실체나 액체와 같은 형태로, 마치 라이덴 병(Leyden jar ; 하나의 축전지)에 전기가 충전되어 있듯이, 신성한 인물에 충만한 것이라고 생각했다. 그리고 라이덴 병의 전기가 양도체와 접촉할 때 방전되는 것처럼 인물 속의 신성성이나 주술의 힘은, 마법적 액체에 대해 뛰어난 양도체 역할을 다하는 땅과 접촉하면 방출되고 고갈된다고 우려했다. 따라서 그들은 신성시되거나 터부시된 인물은 땅을 밟지 않도록 조심해야 한다고 여겼다.

즉, 그는 스스로를 유리병처럼 목 부분까지 소중한 실체나 액체로 가득 채워야 하며, 결코 그것을 유출해서는 안 되었다. 그리고 이를 위해 그는, 전기 용어를 빌려 말 그대로 절연되어야 했다. 실제로 많은 사례에서, 터부시된 사람의 절연은 그 자신을 위해서뿐만 아니라 다른 사람들을 위해서도 확실히 예방책으로서 권장되었음을 볼 수 있다. 신성성 또는 터부는 말하자면 작은 접촉에 의해서도 폭발하는 폭발물이기 때문에, 공동체의 전반적인 안녕이란 견지에서 신성시되거나 터부시되는 인물을 좁은 범위 안에 가둬, 인접한 사물들을 폭발시키거나 해치거나 파괴하지 않도록 할 필요가 있었던 것이다.

2 태양 보지 않기

주의해야 할 두 번째 규칙은 신적인 인간에게 태양이 비쳐서는 안 된다는 것이다. 이 규칙을 따른 사례로는 미카도와 사포텍족의 대사제를 들 수 있다. 사포텍족의 대사제는 대지가 감히 붙잡을 수 없고, 태양도 감히 그 위에 비칠 수 없는 신으로 생각되었다. 일본인들은 미카도가 신성한 몸을 야외에 드러내는 것을 허용하지 않았고, 태양도 그의 머리 위를 비칠 자격은 없다고 생각했다. 남아메리카의 그라나다 인디언들은 "지배자나 통치자가 될 사람들은 남자건 여자건 관계없이 어렸을 때부터 수년 동안 감금되었으며, 어떤 사람들은 7년 동안 유폐되는 경우도 있었다. 그런 감금지는 태양을 볼 수 없을 만큼 밀폐된 곳이었다. 우연히라도 태양을 보았을 경우, 그들은 지정된 종류의 음식만 먹어야 하고, 지도적 지위는 박탈당한다. 또 특정한 시기마다 그들의 간수이던 사람들이 그 은둔처, 또는 감옥에 들어가 그들을 혹독하게 매질했다."

또 보고타에서 왕위를 물려받는 사람은 왕자가 아니라 왕의 누이의 아들이었는데, 그들은 또한 어렸을 때부터 엄격한 훈련을 받아야 했다. 신전 안에서 그는 완전히 세상을 등진 생활을 해야 했다. 그는 태양을 보아서는 안 되고, 소금을 먹어서도 안 되고, 여자와 이야기해서도 안 되었다. 그의 주변에는 언제나 호위자들이 둘러싸고 있었고, 그들은 그의 행동 하나 하나를 감시하고 기록했다. 만일 그가 자신에게 주어진 규칙들 중의 단 하나라도 어기게 되면, 그는 파렴치한 자로 여겨져 왕위 계승권을 빼앗겼다. 또 소가모소(Sogamoso) 왕국의 왕위 계승자도 왕위를 잇기에 앞서, 신전 속에 갇혀 태양이나 불빛을 보지 못한 채, 7년 동안이나 절식을 해야 했다. 페루의 잉카족의 왕위를 계승할 왕자 또한 빛을 보지 못하고 갇혀 지내며 한 달 동안 금식해야 했다.

3 사춘기 소녀들의 격리

세계 많은 지방에서, 사춘기에 들어선 소녀들이 앞에서 말한 두 가지 규칙, 즉 땅을 밟지 않는 것과 태양을 보지 않는 규칙을 개별적 혹은 집단적으로 지키고 있는 것에도 주목할 만하다. 예를 들면, 로앙고족의 토착민들 가운데 사춘기 소녀들은 격리된 오두막에 갇혔는데, 맨몸의 어떤 부분도 땅에 닿게 해서는 안 되었다. 남아프리카의 줄루족과 그 친족의 여러 부족 사이에서 사춘기의 첫 징조, 즉 초경이 걸을 때, 땔나무를 모을 때, 들에서 일할 때 나타나면, 소녀는 강으로 달려가 며칠 동안 갈대숲 속에 숨어서 남자들 눈에 띄지 않도록 한다. 또 태양에 노출되면 말라버린 해골처럼 쪼그라든다고 생각하여, 햇빛이 닿지 않도록 모포로 조심스럽게 머리를 덮었다. 그리고 해가 지면 어둠을 타 집에 돌아와서 한동안 오두막에서 격리 생활을 한다.

니아사 호수의 북단에 있는 한 부족, 아와응콘데(Awa N'konde)족에게도 첫 월경 뒤의 처녀는 몇몇 동성 친구들과 함께 어두운 집에 격리하는 규칙이 있다. 그 집의 마루는 마른 바나나 잎으로 덮여 있는데, 그 안에서는 어떤 불도 켜서는 안 되었다. 그곳은 '아와숭구(Awasungu)의 집'이라 불렸는데, 그것은 '심장이 없는 소녀들의 집'이란 의미이다.

뉴아일랜드의 사춘기 소녀들은 4년이나 5년 동안 작은 오두막에 유폐되어 어둠 속에서 지내야 했으며, 발을 땅에 닿는 것을 금지당했다. 이 관습은 한 목격자에 의해 다음과 같이 기록되었다.

"나는 어느 교사에게서 이곳의 소녀들과 관련된 기묘한 관습에 대해 들었다. 그래서 추장에게 나를 소녀들이 있는 집으로 안내해 달라고 청했다. 집은 길이가 약 7.5미터고, 갈대와 대나무 울타리가 둘러져 있었다. 그 집의 입구에는 새끼줄을 쳐서 그곳이 엄격히 '터부'시되어 있음을 알리고 있었다. 대문 안쪽으로는 높이 약 4미터, 밑바닥의 직경은 5미터 또는 6미터 가량이며, 밑에서 2미터 가량의 지점에서 꼭대기로 올라갈수록 작아지는 원추형 오두막이 세 채 있었다. 이 오두막은 판다누스 나무의 넓은 잎으로 매우 조밀하게 엮어서 만들어진 것이었다. 그래서 전혀 빛이 들지 않거나 공기가 조금도 통할 수가 없어 보였다. 각 오두막은 한쪽에만 입구가 나 있었는데, 그것은 야자 잎과 판다누스 잎으로 엮은 이중문으로 닫혀 있었다. 또 지상에서 1.5미터쯤에는 마루 역할을 하는 대나무 평상 하나가 걸려 있었다. 이런 우리 속에 소녀들은 저마다 한 명씩 유폐되고, 적어도 4년 또는 5년 동안 머무르며 전혀 집 밖으로 나가는 것이 허용되지 않는다고 했다.

나는 이 말을 들었을 때 거의 믿을 수가 없었다. 사실이라고 믿기에는 너무

사춘기에 들어선 소녀들은 땅을 밟지 않는 것과 태양을 보지 않는 규칙을 지키며, 터부시된 장소에서 일정 기간 격리 생활을 해야 했다. 인사이트 가이드, 「인도네시아」

무서운 일이었다. 나는 추장에게 오두막 내부를 보고 싶고, 소녀들에게 몇 개의 구슬을 선사하기 위해 만나고 싶다고 말했다. 추장은 그것은 '터부'이며, 소녀들을 만나는 것은 가까운 친족 외에 아무도 허용되지 않는다고 대답했다. 그러나 약속한 구슬이 유인 역할을 했던 것 같다. 그는 책임지고 문을 열어 주는 것이 허용된 단 한 사람의 노파를 부르러 사람을 보냈다. 우리가 기다리고 있는 동안 무엇인가를 거부하며 두려움을 표현하는 듯한 투덜대는 소리로 소녀들이 추장에게 말하는 소리가 들려왔다. 잠시 뒤 노파가 나타났다. 확실히 노파는 상냥한 간수나 보호자 같이 보이지는 않았다. 게다가 노파는 우리를 우호적인 눈초리로 보지 않았기 때문에 추장이 소녀들을 만나보게 하라는 요구에 호의를 보여 줄 것 같지 않았다. 그러나 노파는 추장의 명령을 거역할 수 없어 문을 열 수밖에 없었다.

소녀들이 우리를 내다보았다. 그리고 추장이 구슬 선물을 받아도 좋다고 말하자, 소녀들은 구슬을 달라고 손을 내밀었다. 그러나 나는 집 안을 관찰하고 싶어서 일부러 좀 떨어져서 소녀들을 아주 바깥으로 유인해, 소녀들 쪽으로 구슬을 내밀기만 했다. 나의 이런 의도는 뜻밖의 문제로 곤란에 부딪치게 되었다.

이 소녀들이 이곳에 유폐되어 있는 동안에 발을 땅에 닿지 못하게 되어 있기 때문이었다. 그러나 소녀들은 구슬을 갖고 싶어했다. 그래서 노파는 바깥에 나가서 나뭇조각과 대나무 가지를 많이 모아 가지고 왔다. 노파는 그것을 땅 위에 깔았다. 그리고 한 소녀에게로 가서 부축하여 내려주고, 소녀가 나무 조각을 하나하나씩 밟고 구슬을 집을 만한 오두막 가까이 올 때까지 소녀의 손을 잡아 주었다. 나는 그 소녀가 나온 내부를 관찰하기 위해 안으로 들어갔다.

내가 머리를 들이밀자, 속의 공기는 매우 탁하고 숨이 막힐 듯했다. 그러나 내부는 깨끗했고 물을 넣어 줄 대통이 몇 개 있을 뿐이었다. 방은 대나무 평상 위에 겨우 앉거나 누울 정도의 넓이밖에 되지 않았다. 그리고 문이 닫히면 안은 틀림없이 무척 어두워질 것이다. 소녀들은 하루에 한 번 각 오두막 가까이에 놓인 나무 물통에서 목욕하기 위해 나오는 것 말고는 절대로 외출이 허용되지 않았다. 소녀들은 그 속에서 땀을 무한정 흘린다고 한다. 그들은 아주 어렸을 때부터 이 숨막히는 오두막 속에 유폐되고 처녀가 될 때까지 그곳에 머물러야 했는데, 그때야 비로소 밖으로 나와 준비된 성대한 혼인 잔치를 갖게 된다는 것이다. 한 소녀는 14, 5세 가량이었는데, 추장은 그 소녀가 5년 동안 그곳에 유폐되었고, 곧 밖으로 나올 것이라고 우리에게 일러 주었다. 다른 두 소녀는 8세와 10세 가량이었다. 그들은 앞으로 몇 해 더 그곳에 갇혀 있어야 한다."

영국령 뉴기니의 카바디 지역에서는 추장의 딸들은 약 12, 3세 때에 2년에서 3년 동안 오두막에 유폐되고, 어떤 구실이건 그곳에서 나가는 것이 허용되지 않는다. 그곳은 햇빛이 전혀 들어가지 못할 정도로 밀폐되어 있었다. 북부 뉴기니의 해안에 서로 인접한 두 부족인 야빔(Yabim)족과 부카우아(Bukaua)족의 사춘기 소녀는 5, 6주간 동안 집 안의 안방에 격리된다. 소녀는 몸이 더럽혀지면 안 되기 때문에 맨바닥에 앉지 못한다. 그래서 그 소녀는 통나무 위에 웅크리고 앉아야 한다. 그리고 땅을 밟지 못한다. 그러므로 부득이 잠깐 집에서 떠나야 하면, 거적으로 몸을 싸고 야자 열매를 둘로 쪼갠 다음 덩굴로 샌들과 같이 발에 매어서 걷는다.

보르네오의 오트다놈(Ot Danom)족에서는 8세에서 10세 가량의 소녀들을 작은 방이나 다락에 가두고, 오랫동안 외부와의 접촉을 전혀 못하게 한다. 이 다락방은 집의 다른 부분과 같이 지면에서 말뚝으로 지탱되어 있고, 구석 쪽에 단 하나의 작은 창에 빛이 새어 들어올 뿐이다. 그렇기 때문에 소녀는 캄캄한 어둠 속에 있게 된다. 소녀는 어떤 핑계든지, 아주 절실한 목적이든지 간에 이 방에서 떠나지 못한다. 가족 누구라도 유폐된 동안에는 소녀를 만날 수 없다. 다만 한 여자 노예만이 소녀의 시중을 들도록 지명될 뿐이다. 거의 7년간이나 되는 이 쓸쓸한 유폐 기간 동안 소녀는 돗자리를 짜거나, 그 밖의 수공예로 시간을 보낸다.

소녀의 신체 성장은 오랫동안의 운동 부족으로 발육이 불완전하고, 처녀가 되어 바깥에 나올 때 얼굴빛은 양초처럼 창백하다. 그녀는 마치 새로 탄생한 것 같이 태양, 땅, 물, 나무, 꽃을 본다. 그리고 성대한 잔치가 벌어지고, 한 노예를 죽여 그 피를 그녀에게 발라 준다. 이전에 세람 섬에서도 소녀들이 사춘기가 되면 어두컴컴한 오두막에 스스로 들어가 생활했다.

캐롤라인 제도의 야프(Yap) 섬에서는 만일 소녀가 길에서 초경을 하게 되면, 그 소녀는 땅에 앉지 못하고 야자 열매의 껍질을 얻어 깔고 앉아야 한다. 또 그 소녀는 집에서 떨어진 오두막에 며칠 동안 갇히고, 그 뒤 월경 중인 여자들이 거처하기 위해 특별히 마련된 집에서 백일 동안 지내야 한다.

토러스 해협의 마부이악 섬에서는 소녀에게 월경의 징조가 나타나면, 집의 어두운 구석에 관목으로 울타리를 만든다. 여기서 소녀는 어깨띠, 팔찌, 무릎 바로 밑에 붙이는 다리 장식, 발목 장식 등으로 꾸미고, 머리에는 화관을 쓰며, 조개 장식을 두 귀와 가슴 등에 붙인 채 울타리 속에서 지낸다. 울타리는 높아서 그녀의 머리만 보일 뿐이다.

이러한 격리 상태에서 3개월 동안 거기에 머물러야 한다. 그동안에 햇볕을 소녀에게 쬐게 해서는 안 되고, 밤이 되어야 울타리에서 빠져 나오는 것이 허용된다. 그때 가족들은 관목으로 된 울타리를 바꿔준다. 그녀는 자기 손으로 먹거나 손으로 음식물을 만져서는 안 되고, 소녀를 돌보도록 특별히 정해진 이모 한두 명이 먹여 준다. 이 이모들 가운데 한 명이 숲 속에서 특별한 불로 소녀를 위해 음식을 장만한다. 소녀는 거북이 번식하는 계절 동안에 바다거북의 고기나 그 알을 먹는 것이 금지되지만 채소는 먹을 수 있다. 남자는 소녀의 아버지일지라도 격리 기간 동안에는 그 울타리 속에 들어가서는 안 된다. 만일 그 기간에 아버지가 딸을 본다면, 고기잡이에 나가 악운에 부딪힐 것이 확실하고, 또 카누를 탔을 경우 파선된다고 믿는다.

3개월이 지나게 되면, 시종들이 그녀를 깨끗한 물이 흐르는 냇가로 데려간다. 이때 소녀는 발이 땅에 닿지 않도록 시종들의 어깨에 매달려서 간다. 그 주위에는 부족의 부인들이 소녀의 주변을 둥그렇게 둘러싸고 물가까지 호송한다. 물가에 도착하면 소녀의 장식을 벗겨 버리고, 시종들이 소녀와 함께 물 속으로 들어간다. 그런 다음 다른 여인들은 소녀와 시종들에게 물을 끼얹는다. 모두들 물에서 나오면, 시종 가운데 한 사람은 풀더미를 만들어 놓고 그 위에 소녀를 앉게 한다. 다른 여자들은 모래톱에 뛰어가서 작은 게 한 마리를 잡아 다리만을 잘라서 급히 물가로 돌아온다. 그동안 불을 피워 그 게 다리를 불에 굽는다. 시종들이 소녀에게 구운 게 다리를 먹인다.

그 뒤에 소녀는 새롭게 치장되고 모두들 줄지어서 마을에 돌아온다. 이때 소녀는 두 이모 사이에 끼어 행렬 복판에 위치하고, 이모들은 소녀의 손목을 잡는다. 마을에 도착하면, 이모부들이 소녀를 인수하여 그중 한 이모부의 집으로 이끈다. 그리고 그 집에서 모두들 음식을 먹는다. 비로소 소녀는 혼자서 식사할 수 있게 허용된다. 춤이 벌어지고 소녀가 춤판의 주역이 되어 격리 기간 중에 시중을 들어 준 두 이모의 남편들 사이에 끼어 춤을 춘다.

오스트레일리아 북부 퀸즐랜드의 케이프요크 반도의 야라이칸나(Yaraikanna) 부족은 사춘기 소녀를 한 달이나 6주 동안 혼자 살게 한다. 여자는 누구든지 그 소녀를 만날 수 있으나, 남자는 허락되지 않는다. 소녀는 특별히 마련된 오두막에 머물고, 그곳 마루 위에 반듯이 누워 지낸다. 그녀는 태양을 보아서는 안 되고, 해가 완전히 질 때까지 눈을 감고 있어야 한다. 이렇게 하지 않으면 콧병에 걸린다고 여긴다. 이 격리 기간 중에 소금에 절인 음식은 절대 먹어서는 안 되며, 이를 지키지 않으면 뱀에게 목숨을 빼앗긴다고 믿는다. 한 노파가 시중을 들며, 초목의 뿌리나 감자, 물을 먹고 지낸다. 오스트레일리아의 몇몇 부족은 사춘기 소녀를 흙 구덩이 속에 지내게 하는 관습이 있다. 이것은 아마 햇볕을 쬐지 않도록 하기 위해서였을 것이다.

캘리포니아 인디언들 사이에서 초경을 한 소녀는 "특수한 초자연적인 힘을 소유하고 있는 것으로 믿는다. 이것은 반드시 소녀가 더럽다거나 해로운 것으로 간주된다는 의미는 아니다. 그러나 때로는 소녀의 행동에 나쁜 힘이 잠재되어 있다고 강하게 여겨지는 경우도 있다. 그래서 소녀는 자기 집과 공동 사회에서 격리될 뿐만 아니라 주변 환경과 격리되는 방 안까지 마련되었다. 소녀에게 내리는 강력한 금지령은 자기 주변을 둘러보아서는 안 된다는 규칙이었다. 소녀는 언제나 머리를 수그리고 있어야 하고, 자연과 태양을 보는 것이 금지되었다. 몇몇 부족은 소녀를 모포로 덮어 씌웠다. 이와 관련된 관습 중 많은 것들은 북태평양 연안 지역의 경우와 매우 비슷하다. 예를 들면, 자기 손으로 머리를 만지거나 긁는 것을 금지하는 따위이다. 그래서 그녀에게 머리를 만지거나 긁는 데 사용하는 특별한 도구가 있었다. 때로 그녀는 다른 사람이 먹여 줄 때만 먹을 수 있고, 다른 때는 아예 단식을 해야 했다."

워싱턴 지방의 해안에 거주하는 치누크(Chinook)족 인디언들은 추장의 딸이 사춘기가 되었을 때, 그 소녀를 5일 동안 사람들의 눈을 피하게 한다. 사람들과 하늘을 보아서도 안 되었고, 딸기를 따서도 안 되었다. 만일 하늘을 쳐다보면 날씨가 불순해지고, 딸기를 따면 비가 내린다고 믿었다. 또 삼목 껍질로 만든 수건을 가문비나무에 걸어 놓으면 그 나무는 곧 시들어 버린다고 믿었다. 그녀는 특별히 마련된 출입문으로 드나들고, 마을에서 멀리 떨어진 냇물에서 목욕했다. 며칠 동안 단식해야 하고, 더 오랜 기간 신선한 음식을 먹어서는 안 되었다.

밴쿠버(Vancouver) 섬의 아트(Aht)족 인디언들이나 누트카족 인디언들은 소녀들이 사춘기가 되면, 집 안의 복도에 두고 "햇빛이나 불빛을 볼 수 없도록 거적으로 완전히 둘러싼다. 이곳에서 소녀는 여러 날을 머문다. 물은 제공되나 먹을 것은 주어지지 않는다. 이 격리 기간이 길어지면 길어질수록 그의 부모에게 더욱 큰 영광이 된다. 그러나 그녀가 이 성인식의 시련 기간 동안에 어쩌다 불빛이나 햇빛을 본 것이 알려지면, 그녀는 일생 동안 불명예스럽게 살아야 한다."

그 소녀를 가려 놓은 병풍에는 신비적인 뇌신조(雷神鳥)가 그려져 있다. 격리 기간 동안에 그녀는 움직이거나 눕지도 못하고, 언제나 웅크린 자세로 앉아 있어야 한다. 자기 손으로 머리를 만질 수도 없고, 빗이나 그 용도로 마련된 뼛조각으로 머리를 긁는 것만이 허용된다. 몸을 긁는 것도 금지된다. 몸을 긁으면 흉터를 남긴다고 믿기 때문이다. 이런 과정을 거쳐 성인이 된 뒤에도 8개월 동안은 고기, 특히 연어를 먹지 못하며, 더욱이 혼자 먹어야 하고, 자기 컵과 접시를 사용해야 한다.

브리티시컬럼비아의 체차우트(Testaut)족은 사춘기 소녀에게 얼굴까지 내려오는 큰 털모자를 씌우고, 햇빛을 차단시켰다. 그녀가 얼굴을 햇빛이나 하늘에

드러내면 비가 내린다고 믿기 때문이다. 또 털모자는 불로부터 얼굴을 보호해 주는 역할을 했다. 불이 그녀의 피부에 닿아서는 안 되기 때문이다. 손을 보호하기 위해서 벙어리장갑을 끼고, 이빨이 움푹 파이지 않도록 하기 위해서 짐승 이빨을 물고 있다. 또 얼굴을 검게 칠하지 않았다면 꼬빡 1년 동안 피를 보아서는 안 된다. 이 규칙을 어기면 장님이 된다고 믿는다. 2년 동안 그 모자를 쓴 채 혼자 오두막에서 살아야 한다. 그러나 다른 사람들을 만나는 것은 허용된다. 2년이 지나면, 한 남자가 그녀의 모자를 벗겨 던져 버린다.

브리티시컬럼비아의 빌쿨라(Bilqula) 혹은 벨라쿨라(Bella Coola)족은 소녀가 사춘기에 이르면, 침실로 사용되는 별도의 칸막이 방에 머물러야 하는데, 그곳에 따로 화로를 놓는다. 안채에는 드나들지 못하고 가족용 화로에 가서도 안 된다. 또한 나흘 동안 움직이지 말고 앉은 자세로 머물러 있어야 한다. 낮 동안에 금식하고, 아침 일찍 조금만 먹고 마시는 것이 허용된다. 그녀는 나흘 동안의 격리 뒤에 마루 밑에 뚫린 다른 입구를 통해서만 그 방을 떠날 수 있다. 왜냐하면 집이 말뚝 위에 높이 세워져 있기 때문이다. 그러나 여전히 안방에는 들어가지 못한다. 집을 떠날 때는 태양으로부터 얼굴을 보호하는 큰 모자를 쓴다. 태양이 얼굴 위에 비치면 눈병이 난다고 믿는다. 그녀는 언덕에서 딸기를 따는 것은 허용되나, 1년 동안 강이나 바닷가에 가서는 안 된다. 만일 연어를 날것으로 먹으면, 그녀는 의식을 잃거나 입이 긴 부리로 변한다고 여긴다.

알래스카의 틀링킷족 혹은 콜로시(Kolosh)족 인디언들은 소녀가 여성의 징조를 보이면, 그 소녀는 작은 오두막이나 울타리에 유폐되곤 했다. 그곳은 작은 공기 구멍 하나만 제외하고 완전히 밀폐된다. 이 어둡고 더러운 거처에서 소녀는 불도 없이, 운동도 하지 못하고, 교제도 없이 1년 동안 기거해야 한다. 소녀의 어머니와 여자 노예 한 사람만이 소녀에게 음식을 날라다 줄 수 있다. 음식은 작은 창문 안에 놓여진다. 소녀는 흰머리독수리의 날개뼈로 물을 마셔야 했다. 나중에 이 격리 기간은 곳에 따라서 6개월이나 3개월 또는 그 이하로 단축된다. 소녀는 자신의 시선이 하늘을 더럽히지 않기 위해서 긴 자락이 달린 모자 같은 것을 써야 한다. 그녀는 햇빛을 받을 자격이 없기 때문이다. 그리고 그녀의 시선은 사냥꾼이나 어부나 노름꾼에게 불행을 가져다 주고, 사물을 돌로 변화시키고, 다른 사람에게 재앙을 가져다 준다고 여긴다.

유폐 기간이 끝나면, 그녀의 낡은 옷들은 태워 버리고, 새 옷으로 갈아입고 연회가 베풀어진다. 이때 소녀의 아랫입술에 입과 나란히 구멍 하나를 뚫고, 그 틈을 벌려 두기 위해서 나무 조각이나 조개 껍데기 조각을 끼워 둔다. 알래스카 에스키모족의 하나인 코니악(Koniag)족의 사춘기 소녀는 작은 오두막에서 6개월 동안 엎드린 자세로 있어야 했다. 6개월이 지나면 오두막은 그 소녀가 등을 펴고 앉을 만큼 넓혀진다. 그러나 그 자세로 6개월을 더 머물러 있어야 한다. 이 동안에 소녀는 부정한 존재로 간주되므로 아무와도 교제할 수 없다.

파라과이의 국경 부근에 있는 남부 브라질의 과라니(Guarani)족은 사춘기의 징조가 소녀에게 나타나면, 숨을 쉴 구멍만 남겨 두고, 그물침대(해먹) 속에 소녀를 넣고 꿰매 버린다. 소녀는 이틀이건 사흘이건 월경이 계속되는 동안 시체와 다름없이 계속 그대로 방치된다. 그동안 소녀는 아주 엄격한 금식을 지켜야 했다. 금식이 끝나면 소녀는 한 노파에게 넘겨진다. 그 노파는 소녀의 머리카락을 자르고, 머리카락이 귀를 가릴 만큼 길게 자랄 때까지 어떤 육식도 엄격히 사양할 것을 소녀에게 명했다.

이와 비슷한 경우로 볼리비아의 동남부 치리구아노(Chriguano)족은 소녀를 자루 속에 넣어 오두막의 천장에 매단다. 거기서 소녀는 한 달 동안 머물렀다. 두 달째에 그 자루는 천장에서 절반쯤 내려지고, 세 달째에 막대기를 든 노파들이 오두막에 들어가서, 소녀를 해친 뱀을 사냥하는 것이라고 말하면서 닥치는 대로 무엇이든지 치면서 뛰어다녔다.

그란차코 인디언 부족인 마타코(Mataco)족 혹은 마타과요(Mataguayo)족 사춘기 소녀는 얼마 동안 격리되어 있어야 한다. 그녀는 오두막의 한 구석에 누워 나뭇가지나 그 밖의 물건에 덮이고, 누구와도 만나거나 이야기하는 것이 허용되지 않는다. 그리고 그 동안에 고기와 생선으로 만든 음식을 먹는 것도 허용되지 않는다. 그동안 한 남자가 그 집 앞에서 북을 친다.

동부 볼리비아의 인디언족인 유라카레(Yuracare)족은 소녀가 사춘기의 징조를 보이게 되면, 소녀의 부친이 집 근처에 종려나무 잎으로 작은 오두막 한 채를 세운다. 이 오두막 안에 부친은 딸을 감금하고 햇빛을 보지 못하게 한다. 거기에서 딸은 엄격히 금식하면서 나흘 동안 머문다.

영국령 기아나의 마쿠시(Macusi)족은 소녀가 사춘기의 첫 징조를 보일 때 소녀를 오두막의 가장 높은 곳 그물 침대에 매달아 놓는다. 소녀는 처음 며칠 동안은 낮에 그 침대에서 떠나지 못하고, 밤에 내려와서 불을 지피고 그 옆에서 밤을 지내야 한다. 그렇게 하지 않으면 목과 목구멍, 몸의 여러 곳에 종기가 난다고 한다. 월경이 계속되는 동안에 소녀는 엄격히 금식해야 한다. 월경이 끝나면, 내려와서 오두막의 가장 컴컴한 구석에 소녀를 위해 만든 작은 칸막이 방에서 살아야 한다. 아침이면 그녀는 손수 음식을 만들 수 있으나, 그녀만을 위한 별도의 불과 자신의 식기를 사용해야 한다.

약 열흘 뒤에 주술사가 와서 그녀와 그녀가 만진 귀중한 물건들에 주문을 외거나 입김을 불어 초경의 저주를 풀어 준다. 그녀가 쓰던 항아리와 물 그릇들을 깨뜨리고, 조각들은 파묻는다. 소녀는 초경 뒤 처음으로 목욕한 다음에 어머니에게서 가느다란 회초리로 매를 맞아야 하는데, 이때 소리를 질러서는 안 된다. 두 번째 월경이 끝난 다음에도 소녀는 다시 매를 맞으나, 그 뒤에는 매를 맞지 않는다. 이제야 소녀는 '깨끗'해지고 다시 사람들과 어울릴 수 있게 된다.

기아나의 다른 인디언들은 소녀를 그물 침대에 넣어서 한 달 동안 오두막의 천장에 두었다가, 소녀를 어떤 큰 개미 떼에게 내맡긴다. 물리면 매우 아프다. 소녀는 개미에게 물리는 것 외에 때로는 그물 침대 속에서 높이 매달려 밤낮으로 금식하는 수난을 겪게 되고, 내려왔을 때는 뼈와 살가죽만 남게 된다.

힌두족 소녀가 사춘기에 이르면, 그녀는 어두운 방에 나흘 동안 갇히고 태양을 보는 것이 금지된다. 그녀는 부정한 존재로 여겨지기 때문에 아무도 그녀를 만져서는 안 된다. 음식은 밥과 우유, 설탕, 두부, 간을 하지 않은 타마린드(tamarind) 콩 등이다. 닷새가 되는 날 아침에, 다섯 명의 유부녀들이 그녀를 물가로 데리고 간다. 그들은 소녀의 몸에 심황 물감을 바른 다음에 모두 함께 목욕하고 집에 돌아오는데, 그녀가 지냈던 방에서 돗자리와 그 밖의 물건들을 내다 버린다.

벵골의 라르히(Rarhi)족 브라만은 사춘기 소녀를 혼자 지내게 하고, 어떤 남자의 얼굴을 보는 것도 허용하지 않는다. 사흘 동안 소녀는 어두운 방에 갇혀서 몇 가지 고행을 해야 한다. 이 기간 동안 물고기, 육류, 과자 등은 금지되며, 쌀과 버터만으로 살아야 한다.

말라바르의 티얀(Tiyan)족 소녀는 초경 시작부터 나흘 동안은 부정한 존재로 여긴다. 이 기간 동안 그녀는 집의 북쪽에 있어야 하고, 어린 야자 잎과 화환으로 장식된 방 안에서 특별한 풀로 만든 돗자리 위에서 잠자야 한다. 다른 한 소녀가 시중을 들고 함께 자도록 되어 있으나, 그 밖의 다른 사람 또는 나무나 식물도 접촉해서는 안 된다. 또 소녀는 하늘을 보아서는 안 되고, 까마귀나 고양이를 보면, 소녀에게 재난이 있으리라 여긴다. 먹는 것은 소금기가 없는 야채, 타마린드 콩, 고추 등으로 엄격히 규정했다. 그녀는 악령과 싸우기 위해 칼을 준비했는데, 그 칼을 돗자리 위에 두거나 자기 몸에 지니고 다녔다.

캄보디아에서 사춘기 소녀는 모기장으로 덮인 침대에 들어가 100일 동안 지내야 한다. 그러나 보통 4일, 5일, 10일, 20일로 충분하다고 여긴다. 그것은 높은 기온과 촘촘한 모기장으로 덮인 것만으로 상당한 시련이기 때문이다.

또 다른 보고서에 따르면, 캄보디아의 소녀가 사춘기에 이르면 '그늘에 들어간다'고 한다. 그 가문의 계급과 지위에 따라서 다르지만, 며칠부터 몇 해까지 계속되는 격리 기간 동안에 소녀는 낯선 남자의 눈에 띄어서는 안 되고, 육류나 물고기 등을 먹지 못한다는 따위의 수많은 규칙을 지켜야 한다. 어떤 곳에도, 심지어 절에도 가지 못한다. 그러나 이런 격리 상태는 일식 때만은 중단된다. 그때 그녀는 외출하여 태양을 이빨로 물어서 일식을 일으킨다고 생각되는 괴물에게 기도를 올린다. 일식 때만 격리의 금지령이 풀어지고 외출이 허용되는 것은, 그들이 성년을 맞이하는 소녀에게 태양을 보는 것을 금지한 규정이 얼마나 문자 그대로 해석되고 있는가를 보여 주는 듯하다.

이처럼 널리 분포되어 있는 미신은 전설과 민담 속에 그 흔적을 남겼을 것으로 예상된다. 사실 그렇다. 고대 그리스의 다나에(Danae)에 대한 이야기는 이런 종류에 속하는 설화일 것이다. 즉, 다나에는 그녀의 부친에 의해서 지하 방, 혹은 놋쇠로 만든 탑에 유폐되었으나, 황금빛 소나기의 형태로 접근한 제우스에 의해 수태를 하게 되었다고 한다. 이와 비슷한 이야기는 시베리아의 키르기스(Kirghis)족의 시조 설화 속에도 있다. 어떤 칸(Khan)에게는 아름다운 딸이 있었는데, 그는 그 딸을 어떤 남자도 만나 볼 수 없도록 쇠로 만든 어두운 집에 가두어 놓았다. 그는 한 노파에게 딸의 시중을 들게 했는데, 소녀가 자라서 처녀가 되자 노파에게 이렇게 물었다.

"할머니는 어딜 그렇게 자주 다녀오세요?"

노파가 대답했다.

"공주님, 밖에는 밝은 세계가 있지요. 그 밝은 세계에 공주님의 아버지와 어머니가 살고, 여러 사람들이 살고 있지요. 내가 가는 곳이 바로 거기랍니다."

소녀가 말했다.

"친절하신 할머니, 아무에게도 말하지 않을테니, 내게 그 밝은 세계를 보여주세요."

그래서 노파는 그녀를 집 밖으로 데리고 나갔다. 그러나 소녀는 밝은 세상을 보자 비틀거리더니 기절해 버렸다. 그리고 그때 신의 시선이 소녀에게 떨어져서 그녀는 임신을 하게 되었다. 이에 소녀의 부친은 화가 나서, 딸을 황금 궤에 넣어 넓은 바다 위에 띄워 보냈다(요정의 황금은 물에 뜰 수 있다). 그리스 신화에서의 황금빛 소나기, 또 이 키르기스족의 신화에서의 신의 시선은 아마 햇빛과 태양을 의미하고 있을 것이다. 이렇게 여자가 태양에 의해서 아이를 잉태할 수 있다는 생각은 신화에서 드문 것이 아니며, 이러한 관념에 대한 흔적은 근래의 결혼 관습 속에도 남아 있다.

4 사춘기 소녀를 격리하는 이유

이렇게 사춘기 소녀들에게 일반적으로 내려지는 속박은 원시인들이 월경혈에 대해서 보편적으로 품고 있는 뿌리 깊은 공포에서 비롯된 것이었다. 그들은 언제나 그것을 두려워했는데, 특히 초경의 경우에 심했다. 그러므로 초경 때 여자들에게 가해지던 제한들은 거의 그 신비스러운 출혈이 뒤에 재발할 때 강제되던 것들보다 한결 더 엄격했다. 그 공포와 거기에 근거한 관습의 몇 가지 실례는 이 앞 부분에서 몇 가지 예를 들어 설명한 바 있다. 이처럼 월경은 원시인들의 마음 속에 주기적으로 공포감을 느끼게 하여 그들의 생활과 제도에 깊은 영향을 끼쳤기 때문에, 사례를 좀 더 들어 설명할 필요가 있다.

예를 들면, 남부 오스트레일리아의 엔카운터베이(Encounter Bay) 부족에게는 다음과 같은 미신이 있다.

"매달 월경 때마다 여자는 강제로 집에서 격리되는데, 그때 젊은 남자나 소년이 접근하면 고함을 지른다. 그러면 남자는 그 여자를 피해서 돌아간다. 만일에 그 여자가 이 점을 소홀히 하면 질책을 받고, 때로는 그 여자의 남편이나 가까운 친척에게 심한 매를 맞는다. 왜냐하면 어릴 때부터 소년들은 그런 피를 보면 일찍 머리카락이 희어지고, 체력이 쇠약해진다고 들어 왔기 때문이다."

중부 오스트레일리아의 디에리족은 여자들이 그 기간에 물고기를 먹거나 강물에서 목욕을 하면, 물고기가 모두 죽고 강물이 마른다고 믿는다. 같은 지역의 아룬타족은 월경 중의 여자에게 남녀 공동의 주요 식량이 되고 있는 '이리아쿠라(irriakura)' 뿌리의 채집을 금한다. 그들은 여자들이 이 규칙을 깨뜨리면 더는 그 뿌리를 얻을 수 없을 것이라고 여긴다.

오스트레일리아의 어떤 부족들 중에는 월경 중인 여자의 격리는 질책이나 구타보다도 한결 더 엄격하고, 더욱 심한 형벌로 강요되었다. 예를 들면, 와켈부라(Wakelbura) 부족은 월경 중인 여자가 남자와 같은 길로 집 안에 들어가는 것을 금지하는 주거에 대한 규칙이 있다. 이 규칙을 깨뜨리면 큰 막사 안에서 사형을 당한다. 그 이유는 월경 중인 여자들에 대한 공포 때문이다. 이 기간 동안에 여자는 집에서 격리되며 적어도 800미터는 떨어진다. 월경 중인 여자는 토템 나뭇가지 몇 개를 허리에 매고, 언제나 감시와 보호를 받는다. 왜냐하면 불행하게도 어떤 남자가 월경 중인 여자를 본다면, 그는 죽는다고 생각하기 때문이다. 만일 여자가 자신을 남자에게 보였다면 그녀는 사형될 것이다. 여자가 월경이 끝나면 몸에 빨갛고 희게 칠을 하고, 머리를 깃털로 장식하여 집으로 돌아온다.

토러스 해협의 섬 중 하나인 무랄루그(Muralug) 섬에서는 월경 중인 여자는 해산물을 먹어서는 안 된다. 이 규칙을 어기면 고기잡이에 실패한다고 토착민들은 믿는다. 뉴기니의 서쪽에 위치한 갈레라에서 여자들은 월경 중에 담배밭에 들어가는 것이 금지되고, 이를 어기면 그 식물이 병들게 된다고 믿는다. 수마트라의 미낭카바우어족은 월경 중인 여자가 논 가까이에 가면 논농사를 망친다고 믿는다.

남아프리카의 부시먼족은 소녀가 엄격한 격리 상태에 있어야 할 시기에, 그 여자가 남자를 흘끗 쳐다보기만 해도 그는 우연히 있던 그곳에서 들고 있던 것을 그대로 든 채 움직이지 못하고, 말하는 나무로 변한다고 생각한다. 남아프리카에서 가축을 기르는 여러 부족들은 월경 중인 여자가 우유를 마시면 가축들이 죽는다고 믿는다. 그리고 그 여자의 피가 한 방울이라도 땅에 떨어져서, 그 위를 소가 지나가면 같은 재난이 일어난다고 두려워한다. 그런 재난을 예방하기 위해서 월경 중인 여자뿐만 아니라 모든 여자들은 가축우리에 들어

가는 것이 금지되어 있다. 그뿐만 아니라 여자들은 마을에 들어올 때나 한 오두막에서 다른 오두막으로 이동할 때 일반 통로가 아닌 다른 길로 가야 한다. 그들은 가축들이 서 있거나 누워 있는 마을의 중앙광장을 피하기 위해 집 뒤에 있는 길로 돌아가야 한다. 이런 여자들의 길은 카프레 마을의 어디에서나 발견된다.

이와 똑같이 바간다족 사이에서 월경 중인 여자는 절대로 우유를 마시거나 우유가 들어 있는 그릇을 만져서도 안 된다. 또 남편의 소유물에 손을 대거나 돗자리에 앉거나 남편의 음식을 장만해서도 안 된다. 월경 중인 여자가 남편의 물건을 만지면, 그것은 남편의 죽음을 바라는 것이 되거나, 또는 실제로 그의 죽음을 바라서 주술을 행하는 것과 똑같이 여겨졌다. 그 여자가 남편의 어떤 물건을 만지면 남편은 틀림없이 병에 걸릴 것이고, 남편의 무기를 만졌다면 남편은 다음 싸움에서 반드시 죽게 될 것이다.

또 바간다족은 월경 중인 여자가 우물에 가는 것을 허용하지 않았다. 만약 이를 어기면 잘못을 고백하고 주술사가 그 여자를 위해서 속죄하지 않는 한, 우물은 마를 것이며 그 여자가 병으로 죽을 것이라고 두려워했다. 영국령 동부 아프리카의 아키쿠유(Akikuyu)족은 마을에 새 집을 세우고 아내가 그곳에 처음으로 불을 지피는 날에, 그 집 안에서 우연히 월경을 치르게 되면, 다음 날 바로 그 집을 허물고 넘어뜨려야 한다. 그 아내는 어떤 이유가 있더라도 두 번째 밤을 그 집에서 자서는 안 되기 때문이다. 만약 어기면 그 여자나 집에 재앙이 내리게 된다는 것이다.

「탈무드」에 따르면, 여자가 월경 시작 때 두 남자 사이를 지나가면 그들 중 한 사람을 죽이는 것이 된다. 레바논의 농부들은 월경 중인 여자들은 갖가지 재앙의 원인이라고 여긴다. 그녀의 그림자는 꽃을 시들게 하고, 나무를 말라죽게 하며, 심지어는 뱀도 꼼짝하지 않게 만든다고 한다. 또한 그녀가 말을 타면 그 말이 죽거나 적어도 오랫동안 불구가 되어 버린다고 한다.

오리노코의 과이퀴리(Guayquiry)족은 여자가 월경 중일 때, 그녀가 밟는 모든 것은 죽어 버리고 그녀가 통과한 곳을 남자가 밟게 되면 그의 발이 부어오른다고 믿는다. 코스타리카의 브리브리족 인디언들 사이에서는 월경 중인 기혼 여자는 접시 대신 바나나 잎만을 사용하는데, 월경이 끝나면 그것을 외딴 곳에 던져 버린다. 만약 소가 그 잎을 보고 먹으면 차츰 쇠약해져서 죽어버릴 것이기 때문이다. 또 그 여자는 특별한 그릇으로 물을 마시는데, 그 이유는 나중에 같은 그릇으로 물을 마신 사람은 누구든지 반드시 쇠약해져서 죽게 된다고 믿기 때문이다.

북아메리카 인디언 부족 가운데 대부분은 월경 중에 있는 여자들을 부정하다고 여겨, 집이나 마을에서 떨어져 특별히 마련된 오두막에서 사는 것이 관습이었다. 그녀들은 거기서 홀로 먹고 자며, 불을 지펴 몸을 따뜻하게 하고, 엄격히 남자와의 교제를 삼가면서 격리 생활을 한다. 그리고 남자들도 그녀들을 전염병에나 걸린 것처럼 멀리한다.

예를 들면, 아메리카합중국의 크리크족 인디언과 그 친족 부족은 월경 중인 여자들을 마을에서 떨어진 오두막에서 살도록 강요했다. 거기서 여자들은 적들에게 살해되거나 어떤 위험이라도 무릅쓰고 머물러 있어야 했다. 그 기간에 여자들에게 가까이 가는 것은 '가장 무섭고 위험한 오염'으로 여겼다. 만약 적들이 그녀들을 살해했다면, 위험은 그들에게도 미치게 되며, 신성한 약초와 뿌리를 사용해서 오염을 정화해야 했다. 브리티시컬럼비아의 스첼리스(Stseelis)족 인디언들은 월경 중인 여자가 화살의 묶음을 넘어가면, 그 화살들은 전혀 쓸모없게 되고, 그 소유자는 죽게 된다고 믿는다. 또 그녀가 총을 들고 있는 사냥꾼 앞을 가로질러 가면 그 총은 결코 쏠 수가 없다고 믿는다.

허드슨 만의 치프웨이(Chippeway)족과 그 밖의 인디언 부족 사이에서도 월경 중인 여자들은 집에서 쫓겨나 나뭇가지로 세운 오두막에 거처를 정한다. 그녀들은 머리와 가슴을 효과적으로 감추는 긴 머릿수건을 쓴다. 또 가구나 남자들이 사용하는 물건들에 절대 손을 대서는 안 된다. 그것들을 만지면 그것은 부정을 타게 되고, 그 뒤에 그것들을 사용하면 질병이나 죽음과 같은 재앙이나 불행이 온다고 믿기 때문이다. 그 여자들은 백조의 뼈로 물을 마셔야 한다. 일반 통행로를 걷거나 동물의 통로로 다녀서도 안 된다.

그녀들은 "강이나 호수의 얼음 위나 혹은 남자들이 비버를 사냥하는 곳이나, 어망이 쳐져 있는 곳 가까이에 가는 것이 절대로 허용되지 않는다. 사냥이나 어획의 성공을 방해할 우려가 있기 때문이다. 그들은 또 그 시기에는 어떤 동물의 머리도 먹어서는 안 되며, 사슴, 큰뿔사슴, 비버, 그 밖의 여러 동물의 머리가 최근에 썰매나 등짐으로 운반되었던 길을 걷거나 건너가는 것조차 금지된다. 이런 관습을 어기는 것은 중죄로 여긴다. 왜냐하면 그랬다가는 사냥에서 이제까지와 같은 성공을 거두지 못하게 방해하는 원인이 된다고 굳게 믿기 때문이다."

마찬가지로 랩족도 어부들이 잡은 물고기를 내려놓는 해변에 월경 중인 여자가 지나가는 것을 금한다. 그리고 베링 해협의 에스키모는 사냥꾼이 월경 중인 여자에게 접근하면 성과가 없다고 믿는다. 같은 이유로 캐리어 인디언들은 월경 중인 여자가 동물들이 지나다니는 길을 건너가지 못하게 한다. 만일 필요하다면, 그녀는 등에 업혀서 운반된다. 그들은 그녀가 강이나 호수를 걸어서 건너가면 고기들이 몽땅 죽는다고 믿는다.

유럽의 문명화된 민족들 중에서도 여성의 신비적인 월경 상태를 둘러싼 미신들이 미개인들 못지않게 많다. 현존하는 가장 오래된 백과사전인 플리니우스의 「박물지 Natural History」 속에 월경에 기인하는 것으로 예상되는 위험의 항목은 미개인들의 것보다 훨씬 더 많다.

플리니우스에 따르면, 월경 중인 여자와의 접촉은 포도주를 식초로 변화시키고, 농작물을 시들게 하고, 묘목을 말라 죽게 하고, 정원을 시들게 하고, 과일을 가지에서 떨어뜨리고, 거울을 흐리게 하고, 면도칼을 무디게 하고, 쇠와 놋쇠를 녹슬게 하고(특별히 달이기울 때), 꿀벌을 죽이거나 적어도 벌집에서 쫓아내고, 임신한 말을 유산시킨다는 것 등이다. 이와 마찬가지로 유럽의 여러 지역에서는 월경 중인 여자가 양조장에 들어가면 맥주가 시어진다고 믿고 있다. 만일 월경 중인 여자가 맥주나 포도주, 식초, 우유를 만지면 썩어 버리고, 잼을 만들면 오래 가지 않는다고 여겼다. 또한 암말을 타면 그 말은 유산하게 되며, 꽃봉오리를 만지면 시들고, 벚나무에 오르면 나무는 죽는다고 한다. 브룬스윅의 주민들은 돼지를 도살할 때 월경 중인 여자가 도우면 돼지고기가 썩는다고 믿는다. 그리스의 칼림노스 섬에서 그 시기에 있는 여자는 물을 길러 우물에 가거나, 흐르는 강을 건너거나, 바다에 들어가서는 안 된다. 그 여자가 보트를 타면 폭풍이 일어난다고 믿는다.

이와 같이 월경 중인 여자들을 격리하는 목적은, 그 시기의 여자들에게서 발산하는 것으로 추측되는 위험한 영향을 중화하는 데에 있다. 그 위험이 초경 때에 특히 크다는 사실은, 그 위기 상황에서 소녀들을 고립시키기 위해 취한 기이한 예비 조치에서 드러난다. 그런 종류의 조치 중에서 두 가지에 대해서는 이미 예를 들어 살펴보았다. 즉, 그런 소녀에게는 땅과 접촉해서는 안 된다는 규칙과 태양을 보아서는 안 된다는 규칙이 적용되었다. 이 규칙들의 일반적인 효과는 하늘과 땅 사이에 소녀를 머무르게 하는 데 있다. 남아메리카의 경우와 같이 그물 침대에 싸여 천장에 매달리거나, 혹은 뉴아일랜드의 경우처럼 지면에서 떨어져 어둡고 좁은 다락 안에 감금되면, 그녀로 말미암은 재앙이 일어나는 것을 막을 수 있다고 생각된다.

왜냐하면 그녀는 땅과 태양에서 모두 차단되었기 때문에 무서운 전염으로 두 개의 큰 생명의 원천에 독을 퍼뜨릴 수 없게 되었기 때문이다. 요컨대 전기 용어로 말하자면, 그녀는 절연되어서 해를 끼치지 못하는 것이다. 그러나 그와 같이 소녀를 격리, 또는 절연하기 위해서 취하는 예방 조치는 타인의 안전과 함께 그녀 자신의 안전에 대한 염려도 내포되어 있다. 지시된 규칙을 게을리하면, 그녀도 고통받는다고 여겼기 때문이다. 이와 같이 우리가 이미 보았듯이 줄루족 소녀들은 첫 월경 때 태양이 자기들에게 비치면 쇠약해져서 해골처럼 된다고 믿었으며, 또 마쿠시(Macusi)족은 젊은 부인이 규칙을 어기면 몸의 여러 곳에 상처를 입는다고 믿는다.

간단히 말해서, 사람들은 소녀가 여러 가지 한계를 지키지 않으면, 그녀 자신과 자기가 접촉하는 모든 것에 파멸을 가져온다고 믿는다. 그녀가 무서운 위력으로 충전되어 있다고 생각하기 때문이다. 관계된 모든 사람의 안전을 위해 필요한 경계선 안에 그 위력을 억눌러 놓는 것이야말로 문제의 터부가 지닌 목적이다.

신적인 왕과 사제가 이와 같은 규칙을 준수하는 것에도 같은 설명이 적용된다. 이른바 사춘기 소녀들의 부정함과 신적인 인간의 신성함은 미개인의 관점에서는 실질적으로 다르지 않다. 그들은 그 힘들은 신비적인 위력이 다르게 나타난 것에 불과하다고 생각했다. 즉, 그것들은 일반적인 다른 힘들과 마찬가지로 그 자체로서는 좋지도 나쁘지도 않으며, 어떻게 이용되느냐에 따라 유익하거나 유해한 것이 된다고 여긴 것이다. 따라서 사춘기 소녀들과 같이, 신적인 인물들이 땅과 접촉하거나 태양을 보아서는 안 되었던 것은 다음과 같은 이유 때문이다. 한편으로 그들의 신성이 땅이나 하늘에 접촉할 때 그것들에 치명적인 파괴력을 미치지 않을까 하는 두려움 때문이고, 또 한편으로는 신적인 존재가 그의 영험한 힘을 방출하고 나서, 사람들의 안녕과 심지어 세계의 안녕까지도 좌우하는 주술적 기능을 수행할 수 없게 되지나 않을까 하는 두려움 때문이다.

따라서 이런 문제의 규칙 또한 이미 이 책의 앞부분에서 검토한 바 있는 터부의 항목 속에 들어간다. 터부는 신적 인물의 생명 보존과 동시에 그의 백성과 숭배자들의 생명 보존을 공고히 하는 데 목적이 있다. 즉 존귀하고도 위험성을 지닌 신적 인간의 생명은 될 수 있는 한 하늘에도 땅 위에도 아닌, 그 양자 사이에 있을 때만이 안전하고 무해할 수 있다고 여겨진 것이다.

제61장
발데르 신화

하늘도 아니고 땅도 아닌 그 사이에서 산다고 말할 수 있는 신이 바로 노르웨이의 발데르(Balder)이다. 발데르는 선하고 아름다운 신으로 주신 오딘(Odin)의 아들이며, 모든 신들 가운데 가장 지혜롭고 온유한 존재로서 누구보다 큰 사랑을 받는 신이었다. 그의 죽음에 관한 이야기는 신판 산문시 「에다 Edda」 속에서 다음과 같이 서술되고 있다.

어느 날 발데르는 자기의 죽음을 예고하는 듯한 불길한 꿈을 꾸게 된다. 그래서 그 즉시 신들은 회의를 열어 그를 모든 위험에서 보호하기로 결정했다. 그의 어머니 프리그(Frigg)는 불과 물, 쇠와 모든 금속은 물론, 돌과 흙, 나무, 질병, 독약에게서 발데르를 해치지 않겠다는 서약을 받고, 모든 네 발 달린 짐승, 새, 또 기어다니는 생물들에게서도 그 맹세를 받아 냈다. 그 결과 발데르는 불사신으로 보였다. 그래서 신들은 그를 한가운데 세운 채 활을 쏘고, 도끼로 베고, 또 돌을 던지며 즐겼다. 하지만 무슨 짓을 하더라도 그를 해칠 수 없었으며, 이에 그들 모두가 기뻐했다.

그러나 재앙의 신 로키(Roki)만은 이것을 보고 기분이 상해, 노파로 분장하여 프리그에게 다가갔다. 그러고는 그녀가 발데르를 해치지 못하도록 모든 것들에게 맹세를 받아냈기 때문에, 신들의 무기조차도 발데르를 해치지 못한다고 말했던 것에 대해 물었다.

"정말 모든 것이 발데르를 해치지 않기로 맹세했단 말입니까?"

프리그가 대답했다.

"발할라 동쪽에 겨우살이가 자라고 있는데, 그것만은 너무 어려서 맹세를 받지 못했지요."

그래서 로키는 그곳으로 가서 겨우살이를 꺾어 신들의 집회에 갔다. 그는 집회소 밖에 서 있는 눈먼 신 호데르(Hother)를 보고 물었다.

"당신은 발데르에게 왜 아무것도 던지지 않았소?"
호데르가 말했다.
"그가 서 있는 곳이 보이지 않고, 또 던질 것이 없었소." 그러자 로키가 말했다.
"다른 신들이 모두 행하는 대로 발데르에게 경의를 표시하시오. 내가 그가 서 있는 곳을 가르쳐 주리다. 이 나뭇가지를 그에게 던지시오."
호데르는 로키가 가리키는 대로 겨우살이를 발데르에게 던졌다. 겨우살이는 발데르에 명중되어 그는 죽어 넘어졌다.

이것은 신들과 인간들에게 닥친 재앙 중 가장 큰 것이었다. 잠시 동안 신들은 말없이 서 있다가 큰 소리로 통곡했다. 신들은 발데르의 시체를 바닷가로 옮겼다. 거기에 발데르의 배가 있었다. 배 이름은 '링고른(Ringhorn)'이었으며, 가장 거대한 배였다. 신들은 그 배를 띄우고, 그 위에서 발데르를 화장하려 했으나 배가 움직이지 않았다. 그래서 신들은 '히로킨(Hyrrockin)'이라는 여자 거인을 불러왔다. 그녀는 늑대를 타고 와서 배를 밀었는데, 너무나 세게 밀어 굴림 막대에서 불꽃이 튀고 온 땅이 진동했다. 그리고 나서 발데르의 시체는 배 위의 장작더미 위에 올려졌다. 그런데 그의 아내 난나가 그것을 보고, 슬픔으로 가슴이 터져서 죽고 말았다. 신들은 그녀도 남편과 함께 장작더미 위에 올려놓고 장작더미에 불을 지폈다. 발데르의 말도 마구와 함께 장작더미 위에서 불태워졌다.

실제 인물이었든 신화적인 인물이었든 간에 발데르는 노르웨이에서 숭배되었다. 노르웨이의 장엄한 산들 깊숙한 곳에는 아름다운 송네(Sogne) 피오르드의 한 만이 있는데, 이곳은 울창한 소나무에 덮이고, 높은 폭포수가 아래 해안의 검푸른 물에 미처 떨어지기 전에 물보라가 되어 날리고 있었다. 그곳은 '발데르의 숲'으로 불렸다. 그 신성한 땅이 말뚝으로 둘러싸였고, 그 울타리 안에 많은 신상들이 안치된 광대한 신전 한 채가 세워져 있다. 그중에서 발데르만큼 숭배되는 신은 아무도 없다. 이교도들이 그 장소에 대해 품는 존경은 대단해서 누구나 그곳에서 다른 사람을 해치거나, 다른 사람의 가축을 훔치거나, 여자를 범해서는 안 되었다. 여자들은 신전 안의 신상들을 돌보았는데, 불을 피워 신상을 따뜻하게 해주고 기름을 발라 헝겊으로 닦는 일이었다.

발데르 전설의 신화적 외피에 깔려 있는 역사적인 핵심에 대해서 여러 가지로 생각될지 모르나, 그 이야기의 상세한 내용들은 다음 사실을 나타낸다. 즉, 그 이야기는 의식에서 극화되는 신화로, 말하자면 상징적인 언어로 묘사된 자연적 효과를 가져오기 위해 주술적 의식으로서 연출되는 신화에 속한다는 것이다.

신화는 성스러운 의식의 집행자들이 이야기하고 연기하기 위한 대본으로 기록되었을 때처럼 그 세부묘사에서 가장 생생하고 사실적이다. 노르웨이의 발데르 전설이 그런 종류의 신화였다는 것은, 이 전설에 나오는 사건들과 비슷한 의식을 노르웨이인과 유럽의 여러 다른 민족들이 실연하고 있다는 것을 증명함으로써 더욱 뚜렷해질 것이다.

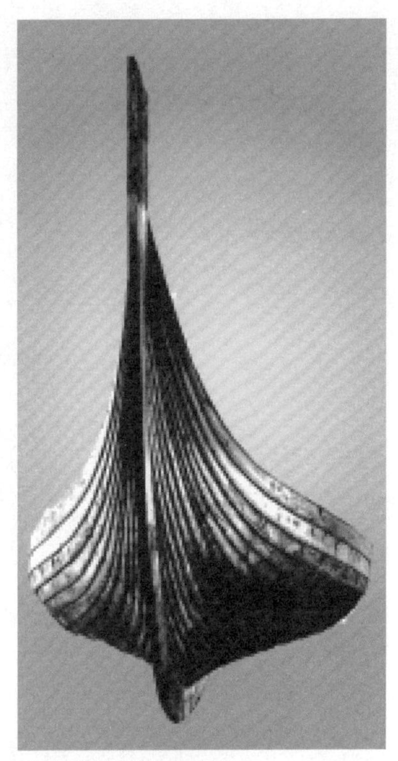

신화 배후에 있는 진실
노르웨이의 고크슈타트에서 발굴된 왕자와 함께 매장되었던 배의 복원된 모습. 국립 고대유물박물관, 오슬로, 노르웨이

발데르 전설에는 주요한 두 가지 사건이 있다. 첫째는 겨우살이를 꺾는 일이고, 둘째는 신의 죽음과 그 시체를 불태우는 일이다. 이 두 사건은 별개로든 결합된 형태로든 유럽의 여러 지역 사람들이 해마다 준수하는 의식에서 유사한 형태로 재연된다. 이러한 의식들은 다음의 장들에서 기술되고 논의될 것이다. 먼저 매년 행하는 불 축제에 대해 알아보고, 그 다음에 겨우살이를 채취하는 의식에 대해 살펴보기로 하자.

제62장

유럽의 불 축제

1 불 축제의 개관

아득한 옛날부터 유럽 전역의 농촌에서는 해마다 일정한 날에 모닥불을 피우고, 그 주변에 둘러앉아 춤추거나 그것을 뛰어넘는 관습을 행했다. 이런 종류의 관습들은 그 역사적 증거를 볼 때 중세까지 거슬러 올라간다. 또한 이와 유사한 고대 관습의 존재는 이것이 그리스도교의 전파보다 훨씬 앞선 시기에서 그 기원을 갖는다는 강력한 내적 증거를 수반하는 것이다. 사실상 북유럽의 불 축제에 대한 가장 오랜 증거는, 8세기의 그리스도교 종교회의가 그것을 이교 의식으로 배격했다는 사실에서 찾아볼 수 있다. 그리고 그런 의식에서 불 속에 인형을 던져 태우거나, 살아 있는 인간을 태우는 흉내를 내는 것은 드문 일이 아니었다. 고대에는 그 의식에서 실제로 산 사람이 불태워졌으리라고 믿을 만한 근거도 있다. 이러한 관습에 대해 간단하게 개관함으로써 인간 제물의 흔적을 찾을 수 있고, 또한 그 의미를 밝힐 수 있을 것이다.

이 모닥불 축제를 행하는 계절은 보통 봄과 하지 무렵이다. 그러나 몇몇 지방에서는 늦가을이나 겨울, 특히 할로윈(Halloween : 萬聖節 전야, 10월 31일)이나 성탄절, 또는 주현절 전야에 거행하기도 한다. 그러나 지면 관계상 그런 축제 모두를 자세하게 쓸 수는 없기 때문에, 몇 가지 실례를 들어 축제의 일반적 성격을 설명하고자 한다. 이제부터 보통 사순절(四旬節, Lent : 부활절을 준비하기 위한 참회 기간)의 첫 일요일과 부활절 전야, 5월제에 거행되는 불 축제부터 살펴보기로 하자.

2 사순절의 불 축제

사순절 첫 일요일에 모닥불을 피우는 관습은 벨기에, 북부 프랑스, 독일의 많은 지방에 퍼져 있었다. 예를 들면, 벨기에의 아르덴(Ardennes)에서는 이른바 '위대한 불의 날' 1주일 전이나 2주일 전에 아이들이 이 농장 저 농장으로 장작을 모으러 다닌다. 그랑달뢰에서는, 아이들의 요구를 거절하는 사람은 누구나 다음 날 꺼진 불의 재로 그 사람 얼굴에 검은 칠을 하려고 덤비는 아이들에게 쫓겨 다니게 된다. '위대한 불의 날'이 오면, 그들은 관목, 특히 노간주나무와 싸리나무를 베어서 저녁에 여기저기 높은 곳에서 모닥불을 피운다. 일반적으로, 마을이 대형 화재로부터 안전하기 위해서는 모닥불 일곱 개를 피워야 한다고 전해진다. 만일 이때 뫼즈 강이 얼어 있다면, 모닥불은 얼음 위에서도 점화된다. 그랑달뢰에서는 마크랄(Makral), 즉 '마녀'로 불리는 장대를 장작더미의 한가운데에 꽂아 놓고, 그 마을에서 가장 최근에 결혼한 남자가 불을 붙인다.

몰란벨츠(Morlanwelz)에서는 짚으로 만든 남자 인형을 불태운다. 또 모닥불을 피우고 젊은이들과 아이들이 그 주변을 에워싸고 춤추고 노래 부르며, 그해에 풍성한 수확을 거두고 행복한 결혼을 하기 위해서, 혹은 복통을 예방하기 위해서 타다 남은 불 위를 뛰어넘기도 한다. 브라반트(Brabant)에서는 19세기 초엽에 이르기까지 사순절의 첫 번째 일요일에 여자들과 여장한 남자들이 불타는 횃불을 들로 들에 나가는 관습이 있었다. 거기에서 그들은 복음서의 사순절에 대한 기록에 등장하는 '악한 씨를 뿌리는 자'를 몰아내기 위해서 춤추고, 우스꽝스러운 노래를 불렀다. 에노 지방의 파추레이지에서는 1840년까지 이런 관습이 '에스쿠비언(Escouvion)' 또는 '스쿠비언(Scouvion)'이라는 이름으로 행해졌다. 그 지역 사람들은 그 일요일을 '작은 스쿠비언의 날'이라고 불렀으며, 그때가 되면 젊은이들과 아이들이 불타는 횃불을 들고, 이곳저곳의 들판이나 과수원을 뛰어다니곤 했다. 그리고 그들은 뛰면서 목소리를 한껏 높여 다음과 같이 외쳤다.

> 능금이여, 배여, 버찌들이여 익어라.
> 스쿠비언을 위하여!

이 말과 동시에 횃불을 든 자들은 불타는 횃불을 돌리다가 사과나무와 배나무, 벚나무 가지 속에 던졌다. 그 다음 두 번째 일요일은 '큰 스쿠비언의 날'이라 불렀으며, 이날은 불타는 횃불을 들고 과수원으로 뛰는 경주가 오후부터 어두워질 때까지 계속되었다.

프랑스의 아르덴 지방에서는 온 마을이 사순절의 첫 일요일에 모닥불을 피우고 그 주위를 돌면서 춤추고 노래했다. 여기에서도 불을 붙이는 사람은 최근에 결혼한 남자나 여자이다. 이 지방에서는 오늘날에도 이 관습이 보존되어 있다. 그때 고양이를 불 속에서 태우거나 혹은 그 불에 그을려 죽이곤 했는데, 고양이를 태우는 동안에 목동들은 질병과 마법에서 동물들을 보호하는 확실한 수단으로써 연기와 불꽃 속을 뚫고 지나갔다. 몇몇 지방에서는 모닥불 주위에서 춤이 활발할수록 그해의 농작물이 풍성해진다고 믿었다.

프랑스의 쥐라(Jura) 산맥 서쪽에 있는 프랑슈콩테(Franche-Conté) 지방에서는 사순절의 첫 일요일에 불을 붙이는 것이 관습이기 때문에 '횃불의 일요일'로 알려져 있다. 토요일이나 일요일에 마을의 젊은이들은 짐수레에 타고 마을을 돌면서 처녀들이 있는 집집마다 찾아가서 장작을 구걸한다. 장작을 충분히 얻으면, 그것을 마을에서 조금 떨어진 곳으로 운반하여 쌓고 불을 피운다. 그 지역의 모든 사람들은 불 구경을 하기 위해 나온다. 몇몇 마을에서는 '안젤루스(Angelus) 종소리'가 울릴 때 "불에게! 불에게!" 이렇게 외침을 신호로 이 행사가 시작된다. 젊은이와 처녀들, 아이들이 모닥불 주위에서 춤춘다.

그리고 불꽃이 잦아들면, 그들은 앞을 다투어 불꽃 위를 뛰어넘는다. 이 때 옷을 태우지 않고 건너뛴 젊은 남녀는 그해 안에 결혼하게 된다고 믿는다. 젊은이들은 또 불이 붙은 횃불을 들고 시가나 밭을 돌다가 과수원을 통과할 때, "잎사귀보다 많은 과일이 열리기를!" 하고 외친다. 두(Doubs) 지방의 라비롱(Laviron)에서는 최근까지도 모닥불 책임을 맡은 사람은 그해에 갓 결혼한 젊은 부부였다. 모닥불 한가운데는 나무로 만든 수탉을 꼭대기에 달아맨 장대를 세웠다. 경기가 시작되고, 거기서 이긴 사람은 그 수탉을 상으로 받았다.

오베르뉴(Auvergne)에서는 사순절의 첫 일요일 저녁이 되면 곳곳에서 불을 지핀다. 모든 마을과 부락, 심지어 모든 외딴 농장은 땅거미가 지기 시작할 때 타오르는 모닥불 '피고(figo)'를 피운다. 훨훨 타는 불은 높은 곳에서도 평지에서도 볼 수 있다. 사람들은 불 주위에서 춤추고 노래하면서 불꽃 위를 뛰어넘는다. 그리고 그들은 계속하여 '그라나미아(Grannas-mias)'라는 의식을 치른다. 이때 '그라노미오(granno-mio)'란 장대 꼭대기에 짚으로 매어놓은 횃불을 가리키는 말이다. 장작이 절반쯤 탔을 때, 참석자들은 그 불을 횃불에 붙이고 근처

생명의 나무
소용돌이 무늬의 덩굴로 둘러싸인 십자가에 매달린 그리스도. 산 클레멘테 교회, 로마

과수원이나 들, 그 밖의 과일나무가 있는 곳으로 들고 간다. 그들은 행진하면서 한껏 소리를 높여 "그라노는 나의 친구, 그라노는 나의 아버지, 그라노는 나의 어머니" 이렇게 노래한다. 그리고 그들은 타오르는 횃불을 나뭇가지 밑으로 갖다 대면서 다음과 같이 노래 부른다.

"횃불이여, 타오르거라. 모든 과일나무 가지마다 바구니 가득히!"

어떤 마을에서는 사람들이 씨를 뿌린 밭을 뛰어다니면서 횃불의 재를 떨어뜨린다. 그리고 닭이 1년 동안 달걀을 많이 낳도록 그 재를 닭장에 넣어 준다. 이런 의식이 모두 끝나면, 그들은 모두 집에 돌아가서 잔치를 벌인다. 그날 밤의 특별한 요리는 과일 튀김과 팬케이크이다. 여기서 과일나무, 씨뿌린 밭, 닭장에 횃불을 들고 다니는 것은 분명히 풍작을 기원하는 주술이다. 그리고 기도를 올리는 그라노, 즉 횃불을 붙인 그라노는 포메롤(Pommerol) 박사가 시사한 바와 같이, 아마 고대 켈트족의 신 그라누스(Grannus)일 것이다. 그라누스 신은 로마인들이 아폴론과 동일시하는 신으로, 이 신에 대한 숭배는 프랑스, 스코틀랜드, 그리고 다뉴브 강가에서 발견된 비문으로 증명된다.

사순절의 첫 일요일에 과수원과 밭을 풍요롭게 하기 위해서 과수원과 밭 주변에 짚으로 만든 횃불을 들고 다니는 관습은, 횃불을 붙이건 붙이지 않건 간에 프랑스에서는 일반적으로 행하는 것으로 보인다. 예를 들면, 피카르디에서는 사순절의 첫 일요일에 횃불을 들고 밭을 돌면서 들쥐, 독보리, 깜부기 등을 물리쳤다. 그들은 그렇게 하는 것이 과수원에 좋은 영향을 끼쳐 풍작이 오고 양파가 크게 자란다고 생각했다. 아이들은 땅을 보다 기름지게 하기 위해서 손에 횃불을 들고 들을 뛰어다녔다.

쥐라와 콩브댕 사이의 한 마을인 베르제에서는 봄에 올리는 이 횃불을 산꼭대기에서 점화한다. 횃불을 들고 다니는 사람들은 마을의 집집마다 방문하여 볶은 콩을 요구하며, 그해에 결혼한 모든 부부를 강제로 춤추게 했다. 중부 프랑스의 베리 지방에서는 사순절 첫 일요일에 모닥불을 지피지는 않으나, 해가 진 다음 마을의 모든 주민들이 짚으로 만든 횃불을 들고 곳곳으로 흩어져서 들, 포도원, 과수원을 뛰어다닌다. 멀리서 이것을 바라보면, 어둠 속에서 반짝이는 수많은 불들이 움직이는 것이 마치 들을 건너고, 산을 타고, 골짜기를 끼고 내려오는 도깨비불과 같다. 남자들이 과일나무 주위에서 횃불을 돌리면, 여자와 아이들은 밀 짚단을 그 나무줄기에 감는다. 이 의식의 목적은 지상의 과일들이 걸리기 쉬운 여러 전염병을 막는 데 있는 듯하다. 이때 밀 짚단을 나무줄기에 감으면 더 많은 결실을 맺게 된다고 사람들은 믿었다.

독일, 오스트리아, 스위스에서도 이러한 관습이 널리 행해졌다. 예를 들면, 서부 프로이센의 아이펠에서는 사순절의 첫 일요일에 젊은 사람들이 이 집 저 집에서 짚과 관목을 모으곤 한다. 그들은 이것을 언덕 위로 옮겨 키가 크고 곧은 너도밤나무 둘레에 쌓는다. 그리고 그 나무에 마치 십자가 모양이 되도록 직각으로 막대기 하나를 매어둔다. 이 십자가 모양의 나무를 '오두막', 또는 '성'이라고 부른다. 이것에 불을 지피면, 젊은 사람들은 불타는 횃불을 들고 소리 높여 기도하면서 불타는 '성' 둘레를 모자를 벗고 행진한다. 때때로 짚으로 만든 인형을 '오두막' 속에서 불태우기도 한다. 사람들은 그 불에서 나는 연기의 방향을 지켜본다. 연기가 보리밭 쪽으로 흘러가면 그것은 풍성한 수확을 약속하는 것으로 여겼다.

바로 이날에 아이펠의 몇몇 지방에서는 짚으로 만든 커다란 수레 하나를 세 마리의 말이 언덕 꼭대기까지 끌고 올라가는 풍습이 있다. 날이 저물면 소년들은 그곳까지 행진하여 수레에 불을 질러 언덕 아래로 굴린다. 오베르슈타트펠트에서는 최근에 결혼한 젊은 남자가 수레를 마련해야 한다. 룩셈부르크의 에히터나흐 근처에서는 이 의식을 '마녀 화형식'이라고 부른다.

티롤의 포랄베르크에서는 사순절의 첫 일요일에 길쭉한 어린 전나무 둘레에 짚과 장작을 쌓아올린다. 그 나무에 낡은 옷들과 화약을 쑤셔 넣은 '마녀'라고 불리는 인형을 꼭대기에 매어 놓는다. 밤이 되면 거기에 불을 붙인다. 그러면 소년과 소녀들은 횃불을 흔들며 그 주위를 돈다. 이때 '키 속에는 곡식, 흙에는 쟁기'라는 가사가 들어 있는 노래를 부르며 춤춘다. 스와비아에서는 사순절의 첫 일요일에 '마녀', '늙은 마누라', 또는 '겨울의 할멈'으로 불리는 인형을 만들어 장대 꼭대기에 붙들어 맨다. 이것을 장작더미 한복판에 세우고 불을 지핀다. 이 '마녀'가 타고 있는 동안에 젊은이들은 불붙은 둥근 원반을 공중에 던진다. 원반은 나무로 만든 얇고 둥근 조각들로, 직경이 8, 9센티미터 정도 되고, 태양과 별의 빛을 모방하여 눈금을 끝에 새긴 것이다. 그것은 가운데에 구멍 하나가 뚫려 있고, 그 구멍에 막대를 집어넣게 되어 있다. 원반을 공중에 던지기 전에 먼저 불을 붙이고, 막대를 이리저리 흔든다. 이와 같이 원반에 전달된 추진력은 경사진 널빤지에 대고 막대기를 강하게 내던질 때 더욱 커진다. 불붙은 원반은 그렇게 공중 높이 올라갔다가, 땅으로 떨어질 때까지 긴 불의 곡선을 그린다. 그날 밤에 불에 탄 '마녀'와 재가 된 원반 조각을 집에 가져와서 아마 밭에 심는다. 그러면 해충을 그 밭에서 없앨 수 있다고 믿는다.

헤세와 바바리아의 경계선상에 있는 뢴(Rhon) 산지에서는 사순절의 첫 일요일에 주민들이 언덕 꼭대기나 높은 곳까지 행진하곤 했다. 아이들이나 젊은이들은 손에 횃불이나 타르를 바른 빗자루와 짚단으로 둘둘 말은 장대를 들고 다닌다. 그리고 가연성 물질을 잔뜩 감은 수레바퀴에 불을 붙여 언덕 아래로 굴린다. 젊은이들은 횃불과 불붙은 빗자루를 높이 쳐들고 밭을 여기저기 뛰어다닌다. 그리고 이것을 산더미 같이 쌓고 그 둘레에 서서 찬송가나 노래를 부른다. 불타는 횃불을 들고 들로 뛰어다니는 목적은 '사악한 씨를 뿌리는 자를 쫓아내기' 위함이다. 혹은 1년 동안 땅의 결실을 보존하고, 그것을 축복하는 성모를 기념하기 위해서이다. 뢴과 포겔 산지 사이에 있는 헤세의 이웃 몇 마을 사람들은 불타는 수레바퀴가 굴러가는 곳은 모두 우박과 폭풍우의 피해를 면할 것이라고 믿었다.

스위스에서도 사순절의 첫 일요일에 언덕 위에서 모닥불에 점화하는 풍습이 오늘까지 전해진다. 스위스에서는 이날이 일반적으로 '불꽃의 일요일'로 알려져 있다. 그 풍습은 루체른 전역에 널리 퍼져 있다. 소년들은 이 집 저 집에서 장작을 얻어서, 그것을 눈에 띄는 산이나 언덕 위에 미리 세워 둔 장대 주변에 쌓는다. 그 장대에 '마녀'로 불리는 짚 인형을 매어 둔다. 땅거미가 질 무렵에 장작에 불을 붙이고 젊은이들은 그 불 주위를 격렬하게 춤추면서 맴돈다. 어떤 자는 채찍을 휘두르고 어떤 자는 종을 친다. 그들은 불기운이 잦아질 무렵에 그 불 위를 뛰어넘는다. 이것을 '마녀 화형식'이라고 부른다. 같은 지역의 다른 곳에서도 예전에는 수레바퀴에 짚과 가시덤불로 묶은 다음 불을 붙여 언덕 아래로 굴리는 풍습이 있었다. 어둠 속에서 불꽃이 많이 튈수록 그해의 수확은 풍성하리라고 믿었다. 그리고 춤추는 사람들이 불꽃 위로 높이 뛸수록 아마는 크게 성장한다고 여겼다. 모닥불에 점화하는 사람은 반드시 최근에 결혼한 남자나 여자로 제한하는 지방도 있었다.

사순절의 첫 일요일에 모닥불을 피우는 관습과, 사순절과 같은 계절에 '죽음의 신'이라고 불리는 인형을 '죽음의 운반' 의식의 일부로 불태워 버리는 관습을 구별하기란 거의 불가능하다. 오스트리아 슐레지엔의 슈파헨도르프에서는 '루페르트의 날(Rupert's Day)', 즉 참회의 화요일 아침에 털코트와 털모자를 허수아비 인형에 씌우고 마을 밖의 동굴 속에서 태운다. 그 인형이 타는 동안에 마을 사람들은 저마다 그 인형 조각을 잡아채어 그의 정원에서 가장 높은 나뭇가지에 매달거나 자기 밭에 파묻으려 애쓴다. 이러한 풍습이 전해 내려오는 것은 이렇게 하는 것이 풍작을 가져온다고 마을 사람들이 믿고 있기 때문이다. 이 의식은 '죽음의 매장'이라고 알려져 있다. 짚으로 만든 인형으로 '죽음의 신'을 표현하지 않는 경우에도, 이 관례적인 행사의 의미는 아마 같을 것이다. 왜냐하면 '죽음의 신'이란 이름은 내가 명백히 제시한 바와 같이 그 의식의 본래 의도를 표현하지 않기 때문이다.

아이펠 산맥의 코베른에서는 젊은이들이 '참회의 화요일'에 짚 인형을 만든다. 이 인형은 정식 재판을 통해 그해 동안 마을에서 일어난 모든 절도죄의 주범으로 기소당한다. 이윽고 사형이 선고되면, 사람들은 짚 인형을 온 마을로 끌고 다니며 돌팔매질을 한 뒤 장작더미 위에서 불태운다. 그 다음 그들은 불타는 장작더미 주위에서 춤을 추는데, 가장 최근에 결혼한 여자는 그 위를 뛰어넘어야 한다.

올덴부르에서는 '참회의 화요일' 저녁에 사람들이 짚으로 긴 다발을 만들어 불을 붙이고 휘돌리며, 째는 듯한 소리를 지르고, 광적인 노래를 부르면서 밭을 뛰어다니곤 한다. 그러고 나면 마지막으로 밭에서 짚 인형을 태워 버린다. 뒤셀도르프 지방에서는 참회의 화요일에 태울 짚 인형을 아직 타작하지 않은 곡물의 단으로 만든다. 취리히에서는 춘분 다음 첫 일요일이 되면 마을의 장난꾸러기들이 작은 수레에 짚 인형을 태워서 마을로 끌고 다니고, 소녀들은 '5월의 나무'를 들고 다닌다. 그리고 저녁 기도의 만종(晩鐘)이 울리면, 그 짚 인형을 태운다. 아헨에서는 '재의 수요일(Ash Wednesday)'(사순절 첫날)에 한 남자를 완두 짚 속에 넣어 지정된 장소로 옮기는 관습이 있다. 여기서 그 사람이 완두 짚더미에서 가만히 빠져 나오면 그 짚을 불태우는데, 이 광경을 보는 아이들은 그 남자가 불타고 있는 것으로 생각한다. 발디레드로(티롤)에서는 사육제의 마지막 날에 밀짚과 덤불로 만든 인형을 태운다. 그 인형은 '할멈'으로 불렸으며, 따라서 그 의식의 명칭은 '할멈의 화장'이었다.

3 부활절의 불 축제

이 불 축제가 개최되는 또 다른 경우는 부활 주일 전야, 즉 부활절 전날인 토요일이다. 부활절 전날, 가톨릭 국가에서는 관례적으로 성당의 모든 불을 끄고 부싯돌과 강철, 때로는 볼록렌즈로 새 불을 붙이곤 했다. 그리고 이 새 불로 대형 부활절 촛불에 불을 붙이고, 다시 그것으로 꺼진 성당 안의 모든 불을 붙였다. 독일의 여러 지역에서는 교회 부근의 광장에 새 불로 모닥불을 피우기도 했다. 사람들은 그것을 성스러운 불로 여겨 떡갈나무와 호두나무, 너도밤나무 등의 가지를 가지고 와, 그 성화에 까맣게 태워 집으로 가지고 간다. 이렇게 태운 나뭇가지 중 일부는 집에 도착하는 즉시 신이 화재, 번개, 우박에서 가정을 지켜 주기를 기원하는 기도를 올리며 새로 붙인 불로 다시 태운다. 이렇게 모든 집은 '새 불'을 받게 된다. 이 가지 중 몇 개는 1년 동안 간직하며, 심한 폭풍우가 일어날 때 번개로부터 자기 집을 보호하기 위해 난롯불 위에 놓거나 지붕 속에 끼워 두기도 한다.

나머지 막대기는 신에게 우박과 엽고병으로부터 농작물을 지켜 달라는 기도를 하면서 밭이나 과수원, 그리고 목장에 둔다. 사람들은 이런 과정을 거친 밭과 과수원은 다른 곳들보다 더 많은 수확량을 낸다고 믿는다. 그 속에서 자라는 곡식과 식물들은 우박에 쓰러지지 않고, 쥐나 해충, 그리고 딱정벌레에게 갉아 먹히지 않으며, 어떤 마녀로부터도 안전하고, 곡식알의 사이도 뜨지 않고 풍성해진다고 여겼다. 이 까맣게 태운 나뭇가지는 쟁기질을 할 때도 쓰였다. 또한 부활절 모닥불의 재와 성화된 종려나무 가지의 재는 파종기에 씨앗과 함께 섞여 뿌려지기도 했다. 가끔 '유다(Judas)'라는 나무 인형을 성화된 횃불로 태우는 경우도 있는데, 이 풍습이 사라진 지방에서도 횃불 그 자체는 여전히 '유다 화형식'이란 명칭으로 불리고 있다.

부활절 불 축제에서 보이는 이교적 성격은 농부들이 이것을 치르는 양식과 그들이 불놀이와 연관짓는 미신적인 신앙에서 뚜렷하게 알 수 있다. 동쪽의 알트마르크와 안할트에서 브룬스윅, 하노버, 올덴부르크, 하르츠 지방과 헤세를 지나 베스트팔리아에 이르는 북부 독일과 중부 독일에서는 이 부활절의 불이 오늘날까지도 여전히 언덕 위에서 동시에 불타고 있다. 그 불은 때로는 40여 개나 한꺼번에 시야에 들어온다. 부활절이 다가오기 훨씬 이전부터 젊은이들은 장작을 모으기에 여념이 없다. 농부들은 누구나 장작 또는 타르통이나 석유 등을 기쁘게 내주기 때문에, 그것이 곧 산더미처럼 쌓인다. 그래서 이웃 마을들과 서로 가장 크게 불꽃을 올리려고 경쟁한다. 해마다 그 불은 같은 언덕 위에서 점화되기 때문에 그 언덕은 때때로 '부활절의 산'이라 불리기도 한다. 높은 곳에 올라가서 불이 차례차례로 피어오르는 것을 바라보는 것은 장관이 아닐 수 없다. 농부들은 불빛이 비치는 범위 안에 있는 모든 밭은 풍작이 되며, 그 빛이 비치는 집들은 화재나 질병에서 안전하다고 믿는다.

폴크마르센이나 헤세의 여러 지방 주민들은 바람이 어느 방향으로 불꽃을 휘몰아치는가를 관찰하여 아마 씨를 그 방향으로 파종하곤 한다. 그렇게 해야 풍작을 가져올 것으로 확신하기 때문이다. 이 불 축제에서 타다 남은 나무는

신성한 부활절의 불을 붙이는 순례자들. 인사이트 가이드, 「예루살렘」

벼락으로부터 집을 보호해 준다고 여긴다. 또 그 재는 밭을 기름지게 하고, 쥐로부터 밭을 보호하고, 재를 가축의 음료수와 섞으면 그것이 가축을 살찌게 하고 역병에 걸리지 않게 한다고 여긴다. 불꽃이 잦아들면 젊은이나 늙은이 할 것 없이 그 위를 뛰어넘고, 때로는 가축들을 검게 그을은 나뭇단 위로 지나가게 한다. 몇몇 지방에서 타르통이나 짚으로 둘러싼 수레바퀴에 불을 붙여 언덕 아래로 굴리기도 한다. 다른 지방에서는 소년들이 횃불과 짚단을 모닥불로 불을 붙인 다음 그것을 손으로 휘돌리면서 뛰어다닌다.

뮌스터란트에서는 부활절의 불을 언제나 정해진 언덕 위에서 점화한다. 그래서 그곳을 '부활절의 산' 혹은 '유월절(逾越節, Passover)의 산'이라고 부른다. 마을의 모든 사람들은 불 주변에 모인다. 청년들과 처녀들은 부활절의 찬송가를 부르면서 불꽃이 꺼질 때까지 불 주위를 빙빙 돈다. 그리고 처녀들은 한 줄로 서서 차례로 불을 뛰어넘는다. 이때 처녀들의 양옆에서 두 젊은이가 손을 잡고 도와 준다. 해가 지면 소년들은 불타는 짚단을 들고 풍작을 위해서 밭 위를 뛰어다닌다. 올덴부르크의 델멘호르스트에서는 나무 두 그루를 베어 내어 땅에 나란히 세운 다음, 저마다 타르통 열두 개를 쌓아올리는 풍습이 있다. 다음에 잘라 낸 곁가지들을 그 나무들 주위에 쌓아놓고, 부활절의 토요일 밤에 소년들이 불타는 콩덩굴을 들고 주변을 뛰어다니다가 거기에 불을 붙인다. 의식이 끝나면, 장난꾸러기들은 상대편의 얼굴을 서로 검게 칠하려고 하거나 어른들의 옷을 검게 칠하려고 애쓴다.

알트마르크에서는 부활절의 불이 보이는 범위 안에서는 1년 동안 곡식이 잘 자라고 화재를 염려할 필요가 없다는 전설이 있다. 하르츠 산지의 브라운뢰데에서는 부활절의 불로 다람쥐를 태우는 것이 풍습이었다.

상 프랑켄의 포르츠하임 근처에서는 '유다'로 불리는 짚으로 만든 인형을 부활절의 토요일에 성당 안뜰에서 태우는 관습이 있었다. 마을 전체가 유다를 태울 장작을 기부하며, 타다 남은 나무는 그 뒤에 따로 간수했다가 보리의 질병을 예방하기 위해 발푸르기스 날(5월 1일)에 밭에 묻었다.

상 바바리아의 알텐네베르크에서는 약 백여 년 전부터 다음과 같은 관습이 있었다. 부활절의 토요일 오후에 젊은이들은 장작을 모아서 보리밭에 쌓아올리고, 한가운데에 짚으로 싼 큰 나무 십자가를 더미 한가운데 세운다. 저녁 예배가 끝난 다음에 그들은 성당 안의 성화된 촛불로 등잔에 불을 붙이고, 먼저 장작더미에 불을 붙이려고 그것을 들고 전속력으로 달린다. 부인이나 처녀들은 누구도 불에 접근할 수 없으나 먼 곳에서 그것을 바라보는 것은 허용된다. 불꽃이 일어나면, 남자들은 "우리는 유다를 불태우고 있다!" 외치면서 환성을 지르고 즐긴다. 먼저 장작더미에 도착해서 점화한 자는 부활절의 일요일에 여자들로부터 갖가지 물감을 칠한 달걀을 교회 문 앞에서 받는다. 이 의식 전체의 목적은 우박을 막는 데 있다.

상 바바리아의 다른 마을에서는 부활절의 토요일 밤 아홉 시와 열 시 사이에 치르는 의식을 '부활절 사나이 화형식'이라 부른다. 마을에서 약 1.6킬로미터 떨어진 언덕 위에 청년들이, 마치 한 남자가 두 팔을 벌린 것처럼 보이는 높은 십자가를 짚으로 싸서 세운다. 이것이 '부활절 사나이'이다. 18세 미만의 젊은이들은 아무도 이 의식에 참가할 수 없다. 한 청년이 교회에서 가져 온 신성한 촛불을 들고 '부활절 사나이' 옆에 선다. 나머지 사람들은 일정한 거리를 두고 십자가 둘레에 큰 원을 그리고 선다. 약속된 첫 번째 신호에 따라 그들은 원을 세 번 돌며, 두 번째 신호가 떨어지면 십자가와 그 옆에 신성한 촛불을 들고 서 있는 청년을 향해서 똑바로 달려간다. 먼저 도착한 자가 '부활절 사나이'

에 점화할 권리를 갖는다. '부활절 사나이'가 타고 있는 동안의 환희는 그야말로 대단한 것이다. 마침내 '부활절 사나이'가 다 타버리면, 나머지 청년들 가운데서 세 사람이 뽑힌다. 이 사람들은 막대기로 잿더미 주변에서 세 번 원을 그리면서 돈다. 그러고 나서 모두 그곳을 떠난다. 부활절 월요일에 마을 사람들은 재를 모아서 그것을 자기 밭에 뿌린다. 또한 '종려주일(Palm Sunday)'에 성화된 종려나무 나뭇가지와 '수난의 금요일(Good Friday)'에 까맣게 태운 막대기를 밭에 세운다. 이것은 모두 우박으로부터 밭을 보호하자는 목적에서 행했다.

스와비아의 몇몇 지방에서 부활절의 불은 쇠나 강철 또는 부싯돌로 일으켜서는 안 되며 반드시 나무의 마찰로 점화해야만 했다.

부활절 불 축제의 풍습은 독일 중부와 서부 지역의 북쪽에서 남쪽 전 지역에 걸쳐 행해진 것으로 보인다. 이러한 관습은 네덜란드에도 있었는데, 이 지역 사람들은 불을 가장 높은 언덕에서 점화했고, 그것을 에워싸고 춤추며 불꽃, 또는 잿불 위를 뛰어넘었다. 여기에서도 독일에서와 마찬가지로, 장작은 젊은이들이 집집마다 돌면서 받아 모은다. 스웨덴의 많은 지방에서는 부활절 전야에 총을 곳곳에 발사하며, 언덕이나 산 위에 거대한 불을 점화한다. 일부는 이러한 관습의 목적이 이 부활절 시기에 특히 활기차게 움직이는 트롤(Troll)과 그 밖의 악령들을 몰아내는 데 있다고 생각하기도 한다.

4 벨테인의 불 축제

스코틀랜드의 중부 고지 지방에서는 5월 1일에 거행되는 5월제 의식 때에 '벨테인(Beltane)의 불'로 알려진 모닥불을 점화했는데, 이 의식에는 인간을 희생했던 흔적이 매우 뚜렷하게 남아 있다. 모닥불을 피우는 풍속은 18세기까지 다양한 지역에서 행해졌고, 이에 대한 그 시대 작가들의 설명은 스코틀랜드에 남아 있는 고대 이교의 기묘하고 흥미 있는 모습을 보여 준다. 그러므로 이제부터 잠시 이 의식을 그러한 작가들의 서술을 빌려 묘사해 보자. 이것에 대해 가장 완전한 기술을 남긴 사람은 크리프 근처 오크터타이어의 영주이자 시인 로버트 번스의 후원자며, 월터 스콧 경의 친구였던 존 램지(John Ramsay)인데, 그는 다음과 같이 전한다.

"그러나 드루이드교의 축제 중에서 가장 주목할 만한 것은 벨테인의 축제,

즉 5월제이다. 이 축제는 최근까지도 기이한 의식과 함께 고지 지방 일부에서 거행되었다. ……드루이드교의 다른 공식 의례와 같이 이 벨테인의 축제도 언덕이나 작은 산 위에서 행해진 것으로 생각된다. 드루이드 사제들은 우주를 벨(Bel)의 신전으로 여기기 때문에, 그가 사람의 손으로 만든 집에 산다고 상상하는 것조차 신성 모독으로 여겼다. 따라서 그들은 야외에서 희생 제의를 올렸다. 의식은 보통 가장 장엄한 자연과 대면하여, 온기와 질서에 가장 가까이 접근할 수 있는 언덕 꼭대기에서 열렸다.

전하는 말에 따르면, 지난 100년 동안 고지 지방에서는 그렇게 축제를 거행했다고 한다. 그러나 드루이드교가 갈수록 쇠퇴하면서 각 부락의 사람들은 이 축제를 가축들이 풀을 뜯어먹고 있는 목초지 주변의 둔덕이나 언덕에서 치르게 되었다. 젊은이들은 아침에 그 언덕으로 가서 도랑을 파고, 집회를 위해서 그 꼭대기에 잔디를 깔았다. 그리고 그 중앙에 장작이나 그 밖의 연료더미를 놓고 정화된 불로 점화했다. 옛날에는 이 불을 '테인에이지진(tein-eigin)', 즉 '초자연적인 불' 또는 정화(淨火)라고 불렀다. 오랜 시간이 지나면서 이제 그들이 평범한 보통의 불로도 만족하게 되었다고 해도, 여기서 그 불을 피우는 과정을 기술해 둘 필요가 있다. 왜냐하면 그들은 그 뒤에도 매우 위급할 때에는 여전히 이 '초자연적인 불'에 의존하는 것으로 보이기 때문이다.

축제 전날 밤 그 지방의 모든 불이 조심스럽게 꺼지고, 다음 날 아침의 성화를 만드는 재료를 준비한다. 가장 원시적인 방법이 스카이, 멀, 티레 같은 섬들에서 이용되던 방법이다. 먼저 잘 건조된 떡갈나무 판자 가운데에 구멍 하나를 뚫는다. 다음에 같은 떡갈나무로 만든 송곳을 구멍에 꼭맞게 끼운다. 그러나 내륙의 몇몇 지방에서는 이 방식이 달랐다. 그들은 사각형의 생나무를 사용하고 그 가운데에 나무 굴대를 쓴다. 어떤 지방에서는 그 굴대나 송곳을 번갈아 회전시키는데, 세 차례에 세 명을 사용하는 지방도 있고, 세 차례에 아홉 명을 쓰는 지방도 있다. 만일 그들 가운데 누구인가 살인이나 강간, 절도 또는 그 밖의 극악무도한 범죄를 저지른 자가 있다면 불이 일어나지 않는다거나, 일어난다 해도 성스러운 영험이 일어나지 않을 것이라고 믿었다. 심한 마찰로 불꽃이 튀기 시작하면, 그들은 늙은 자작나무에 기생하여 자라며 가연성 물질인 주름버섯을 그 불꽃에 갖다 댄다. 이 불은 하늘에서 직접 얻어온 것으로 여겨지며, 영험함을 갖고 있는 것으로 여긴다. 그들은 이 불을 사람이나 가축 모두를 마법에 걸리지 않게 하는 예방약으로, 그리고 악성 질환을 물리치는 최상의 치료제로 여겼다. 그리고 가장 독한 독약조차도 이 불에 가까이 닿기만 하면 그 성질이 변한다고 믿었다.

이 '초자연적인 불'로 모닥불을 점화한 다음에 일행은 음식물을 준비한다. 그리고 식사가 끝나면, 불 주변에서 노래하고 춤추며 즐긴다. 이 향연이 끝날 무렵에, 이 의식을 이끌어간 사람은 달걀을 넣어 만든 둥근 부채 모양을 한 과자, '암보낙 베알틴(am bonnach beal–tine)', 즉 '벨테인 과자'를 만든다. 이 과자를 집회에 참석한 사람들에게 장엄한 형식을 갖춘 뒤 여러 조각으로 잘라서 나누어 준다. 그중에 특별한 조각 하나가 있는데, 그것을 가진 자는 '벨테인의 카를린'이라 불렀다. 그러나 이 말은 매우 모욕적인 말이다. '벨테인의 카를린'이 누구인지 결정되면, 일행은 그를 잡아서 불 속에 집어넣는 흉내를 낸다. 그러나 대부분의 사람들이 이것을 말려 그의 목숨은 구제된다. 어떤 지방에서는 그 사람을 땅 위에 눕히고 팔다리를 찢는 시늉을 한다. 그러고 나서 달걀 껍데기 세례를 받고 1년 내내 괴상한 이름을 가지게 된다. 이 축제가 사람들의 뇌리에 생생하게 기억될 동안, 그들은 '벨테인의 카를린'을 죽은 사람인양 다룬다.

퍼드셔 서부의 아름다운 지역인 칼란더 교구에서는 이 벨테인의 풍습이 18세기 끝 무렵까지 성행했다. 이에 대해서는 그즈음의 교구 목사가 다음과 같이 기술하고 있다.

"벨탄(Beltan) 혹은 '벨테인 축제'라고 불리는 5월 초하루에 도시나 마을의 소년들은 모두 푸른 잔디에 둥글게 도랑을 파고, 일행을 모두 수용할 수 있는 둥근 테이블을 만든다. 그리고 불을 피워 달걀과 우유로 커스터드(custard)를 만든다. 그들은 오트밀 과자를 빚어 돌 위에 놓고 약한 불에 굽는다. 커스터드를 먹은 뒤에 그 과자를 되도록 크기와 모양을 같게 하여 사람들 수와 같게 나누고, 그 가운데 하나를 완전히 검게 칠한다. 모든 과자를 모자 속에 넣은 뒤, 다들 눈을 감고 그 속에서 하나씩 끄집어 낸다. 모자를 들고 있는 사람은 마지막 과자를 갖게 된다. 여기서 그 검은 과자를 집은 사람이 바알(Baal) 신에게 바쳐질 인간 제물이 되는 것이다. 사람들이 이렇게 하는 것은 그 신이 사람과 가축을 그해 동안 풍성하게 해 준다는 믿음 때문이다. 동양의 여러 나라와 마찬가지로 예전에 이 나라에서도 그런 잔인한 인신 제물이 바쳐졌다는 것은 의심할 여지가 없다. 그러나 오늘날에는 누군가를 희생시킨다는 행위만 남아 있을 뿐이다.

이제는 제물로 결정된 사나이가 불꽃을 세 번 뛰어넘도록 강제하는 것만으로 그친다. 이것으로 축제는 끝나 버린다."

1769년 퍼드셔에 여행한 토머스 페넌트는 다음과 같이 설명한다.

"5월 1일, 이날이 되면 마을의 모든 목동들은 벨테인(Bel-tein) 축제, 즉 시골풍의 성찬을 거행한다. 목동들은 사각형 도랑을 파고 그 복판에 잔디를 남겨 둔다. 그 가운데 모닥불을 피우고 그 불로 달걀과 버터, 오트밀, 우유를 재료로 하여 코들(caudle)이라는 죽을 만든다. 그리고 이 죽 말고 다량의 맥주와 위스키를 가져온다. 참석자들은 누구나 자기 몫을 기부해야 한다. 이 의식은 죽을 조금씩 땅에 붓는 것으로 시작된다. 이때 사람들은 모두 표면에 뾰족한 것이 아홉 개나 튀어나온 오트밀 과자를 집는다. 그 뾰족한 것은 저마다 소와 양을 지켜 주는 수호자로 알려진 특정한 존재나 가축의 실제 가해자인 특정한 존재에게 바친다.

다음에 사람들은 불 쪽으로 얼굴을 돌리고, 그 뾰족한 것을 분질러 어깨 너머로 던지면서, '이것을 내가 당신에게 드립니다. 나의 말을 지켜 주소서. 내가 이것을 드립니다. 나의 양을 지켜 주소서'라고 말한다. 그것을 끝낸 다음 그들은 해를 끼치는 동물에게도 같은 의식을 행한다. '이것을 내가 당신에게 드립니다. 오, 여우님! 나의 어린 양을 해치지 마십시오. 이것을 당신에게 드립니다. 오, 두건을 쓴 까마귀님! 이것을 당신에게 드립니다. 오, 독수리님이여! 이것을 당신에게 드립니다.' 이 의식이 끝나면 그들은 자양식을 먹는다. 이렇게 의식이 모두 끝나면, 위임받은 두 사람이 거기에 남은 것들을 감추어 버린다. 그리고 다음 일요일에 다시 모여서 그때 감춘 음식을 먹어 버린다."

18세기의 또 다른 작가는 퍼드셔의 로지레이트 지방에서 열리던 벨테인 축제를 다음과 같이 기술하고 있다.

"5월 1일, 벨테인으로 불리는 축제는 해마다 이곳에서 거행된다. 주로 소치는 사람들이 그것을 치렀는데, 그들은 짝을 지어 들에 모여서, 끓인 우유와 달걀로 손수 식사를 마련한다. 이 축제를 위해서 특별히 구운 과자를 함께 먹는다. 그 과자는 표면 전체에 젖꼭지와 같은 작은 혹이 붙어 있다."

이 보고서에는 모닥불에 대해서는 설명이 없으나, 아마 모닥불이 점화되었을 것으로 추측된다. 왜냐하면 같은 시대의 어떤 저술가에 따르면, 로지레이트 지방의 동쪽에 접하고 있는 커크미카엘 지방에서 5월 1일이 되면 들에 불을 피우고, 성화된 과자를 굽는 풍습이 사라지지 않았다는 것을 보고하고 있기 때문이다. 본래 그 혹이 달린 과자는 불에 탈 운명에 있는 희생자 '벨테인 카를린(Beltane carline)'을 결정할 목적으로 쓰인 것으로 가정해도 무방할 것이다. 이런 풍습의 자취는 5월 1일, 정오경에 특별한 오트밀 과자를 구워 언덕 아래로 굴려 버리는 풍습 속에 남아 있다. 과자가 굴러가는 동안 부서지게 되면, 그 사람은 그해 안에 죽거나 재앙을 만난다고 생각되기 때문이다. 스코틀랜드에서 '배노크(bannock)'로 불리는 이 과자는 흔한 방법으로 굽지만, 거품을 낸 달걀, 우유 또는 크림, 그리고 소량의 오트밀을 조금 섞은 것으로 얇은 껍질이 입혀져 있다. 인버네스셔의 킹구시와 그 근방에서도 이 관습을 행했다.

스코틀랜드의 동북부 지방에서는 벨테인 불이 18세기 후반까지도 있었다. 몇몇 농장의 목동들이 마른 풀을 모아 불을 피우고 불더미 옆에서 '사우드웨이스(Southways)'를 세 번 춤추곤 했다. 그러나 후대의 기록자에 따르면, 이 지방에서 벨테인의 불은 5월 1일이 아니라, 옛날 달력으로 5월 2일에 피웠다고 한다. 주민들은 그날 저녁과 밤에 마녀가 왔다 갔다 하면서 가축에 주문을 걸거나, 우유를 훔친다고 믿었다. 마녀들의 못된 소행을 막기 위해서 모든 농부들이 마가목의 가지와 인동덩굴, 특히 마가목 가지를 외양간의 입구에 놓고 불을 지른다. 낡은 이엉, 짚, 왜전나무나 빗자루를 무더기로 쌓아올린 다음, 해가 지면 불태워버린다. 몇 사람이 불덩어리를 들어올리면, 나머지 사람도 갈퀴나 작대기로 그것을 될 수 있는 대로 높이 쳐들고 여기저기 뛰어다닌다. 한편 젊은이들은 "불아! 타라. 마녀를 태워 죽여라. 불아! 불아! 마녀를 태워 죽여라"라고 외치면서 그 불 둘레를 돌며 춤추거나 연기 속을 빠져 나가거나 한다. 어떤 지방에서는 귀리나 보릿가루로 만든 매우 크고 둥근 과자를 그 재 속에 굴렸다. 연료가 모두 없어졌을 때, 주민들은 재를 여기저기로 멀리 뿌렸다. 그리고 어두워지면, "불아! 마녀를 태워 죽여라" 외치면서 그 주변을 계속 뛰어다닌다.

헤브리디스에서는 벨테인 과자(bannock)를 성 미카엘(St. Michael) 축일에 만드는 과자보다 작으나 같은 방법으로 만든다. 그런 과자를 이제 위스트에서는 만들지 않으나, 앨런 신부는 약 25년 전 그의 할머니가 만드는 것을 본 기억이 있다. 거기에서는 5월 1일에 치즈도 만들었다. 그것은 우유 생산을 방해하는 마귀를 쫓기 위한 부적으로, 다음 벨테인 축제까지 간직되었다. 벨테인의 갖가지 풍습과 다른 지방에서 거행한 풍습은 같았던 것으로 생각된다. 모든 불을 끈 다음에 언덕 위에 불을 크게 지르고, 그해 동안 가축의 전염병을 예방하기 위해 소들을 태양이 움직이는 방향으로 불 둘레를 돌게 했다. 사람들은 각기 그 불을 집으로 가지고 가서 불을 붙였다.

웨일스(Wales)에서도 옛날에는 5월 1일에 벨테인 불을 점화하는 풍습이 있었다. 점화하는 날은 5월 1일 저녁부터 3일까지였다. 이 불은 때로는 떡갈나무 두 조각을 마찰해서 일으켰다. 그것에 대한 기록은 다음과 같다.

"그 불은 이런 방법으로 붙였다. 남자 아홉 명이 각자의 주머니를 뒤집어서 몸에 화폐나 그 밖의 금속물이 없는 것을 확인한다. 다음에 그들은 가장 가까운 숲에 들어가서 각기 다른 나뭇가지 아홉 개를 잘라서 불 피울 곳으로 가져온다. 거기에 잔디를 파서 웅덩이를 만들고, 엇갈리게 그 장대를 세운다. 웅덩이 둘레에 사람들이 모여 서서 그 진행을 바라본다. 그 가운데 한 사람은 떡갈나무 조각 두 개를 들고 불꽃이 일어날 때까지 세차게 비빈다. 그 불꽃을 장대에 붙이면 불이 일어난다. 때로는 나란히 두 개의 불을 피우는 경우도 있다. 이것을 하나건 둘이건 간에 '축제의 모닥불'이라고 불렀다. 귀릿가루와 보릿가루로 만든 둥근 과자를 네 조각으로 자르고, 그것을 작은 자루에 넣는다. 참석한 사람은 누구나 한 개씩 그 자루에서 끄집어 내야 한다. 마지막에 자루 속에 남은 하나는 자루를 들고 있는 사람의 몫이다. 보릿가루로 만든 과자를 끄집어 낸 사람은 누구나 불꽃 위를 세 번 뛰어넘거나, 두 개의 불 사이를 세 번 뛰어서 빠져 나가야 한다. 이렇게 하면 풍작이 확실하다고 믿는다. 이 시련에 부딪힌 사람들의 고함소리나 비명소리를 먼 곳에서도 들을 수 있었다. 귀릿가루로 만든 과자를 꺼낸 사람들은 보릿가루로 만든 과자를 꺼낸 사람들이 불꽃 위를 세 번 뛰어넘거나, 두 불 사이를 세 번 달리는 동안, 찬성의 의미로 노래를 부르며 손뼉을 친다."

모닥불을 세 번 뛰어넘거나 모닥불 사이를 세 번 빠져 나가면, 풍족한 수확을 확보할 수 있다는 신앙은 주목할 만하다. 어떻게 하여 그 결과가 초래되느냐에 대해서는 웨일스의 민속에 대한 다른 기록자에 의해서 시사된다. 그에 따르면 "5월이나 하지에 피우는 축제의 불은 그곳의 땅을 마법으로부터 지켜서 풍작을 준다고 생각되곤 했다. 재도 주술적인 효과가 있다고 여겨졌다." 그러므로 축제 때 모닥불의 열기가 직접 땅 속의 종자에 활력을 주는 것이 아니라, 간접적으로 마법의 사악한 영향력을 중화하거나, 혹은 마녀의 몸을 불태워 밭을

전차와 태양
덴마크의 트룬트홀름에서 출토된 선사시대의 의식용 전차. 하지절 불 축제가 존재했다는 사실이 나타나 있다.

풍요케 한다고 믿었던 것으로 보인다.

아일랜드에서도 벨테인 축제의 불을 피웠던 모양이다. 왜냐하면 코르막(Cormac), 또는 그의 이름을 빌린 어떤 사람이 이렇게 말했기 때문이다.

"벨테인 축제, 즉 5월제는 에린(Erin)의 드루이드 사제가 그날 주술로 일으킨 '행운의 불' 혹은 '두 개의 불'에서 유래되었다. 그때 가축을 한 해 동안 질병으로부터 보호하기 위해 그 불이 있는 곳으로 끌고 가거나 불 사이로 통과시켰다."

5월제 혹은 그 전야에 가축을 모닥불 쪽으로 몰고 가거나 불 사이를 빠져나가게 하는 관습은 오늘날까지도 아일랜드인의 기억 속에 얼마쯤 남아 있다.

스웨덴의 중부와 남부 지방에서는 5월 1일이 성대한 축제일이다. 이 축제의 전야에는 반드시 부싯돌을 마찰시켜 피운 불로 점화하는 성대한 모닥불이 모든 언덕이나 동산 위에서 타오른다. 큰 촌락은 모두 저마다의 모닥불을 피우고, 마을 젊은이들은 그 주위를 둘러싸고 원을 그리면서 춤을 춘다. 노인들은 그 불꽃이 북쪽으로 기우는지 남쪽으로 기우는지를 지켜본다. 그들의 말에 따르면 만약 그것이 북쪽으로 기울면 봄이 춥고 늦게 오며, 반대로 남쪽으로 기울면 그해 봄은 온화하고 따뜻하다. 보헤미아에서도 5월제 전야에 젊은이들이 언덕, 낮은 산, 네거리, 목장 등에 불을 피우고 그 주위에서 춤을 춘다. 그들은 빨갛게 타오르는 불꽃 위를 뛰어넘고, 그 속을 통과하기도 했다. 이 의식은 '마녀 화형식'이라고 불린다. 어떤 지방에서는 모닥불 속에 마녀를 상징하는 인형을 불태우기도 했다.

이 5월제 전야는 악명 높은 '발푸르기스의 밤'으로, 사람들은 이날 눈에는 보이지 않지만 마녀들이 몸서리치는 일들을 하기 위해 공중에 가득 떠돌아다닌다고 믿었다. 이 마녀의 밤에 포이그틀란트의 아이들도 언덕 위에 모닥불을 피우고, 그 위를 뛰어넘는다. 그리고 불붙인 빗자루를 흔들거나 그것을 공중에 던진다. 모닥불이 미치는 밭에는 축복이 내려진다. 마녀의 밤에 불을 피우는 것을 '마녀 추방'이라고 부른다. 5월제 전야, 즉 발푸르기스의 밤에 모닥불을 피우는 이러한 관습은 마녀들을 불태워 없앨 목적으로 행해졌으며, 주로 티롤, 모라비아, 작센, 슐레지엔에서 성행했다.

5 하지절의 불 축제

전 유럽에서 불 축제가 거행되는 계절은 보통 하지, 즉 하지절 전야(6월 23일)나 하지절(6월 24일)이다. 유럽 사람들은 하지절에 세례 요한의 이름을 붙여 희미한 그리스도교적 색채를 가미시켰으나, 이 축제가 그리스도교 기원보다 훨씬 이전부터 존재했음은 의심할 여지가 없다. 하지절, 즉 세례 요한의 축일(성 요한제)은 태양의 운행상 일대 전환점이 되는 날로서, 이날부터 태양은 나날이 하늘 높이 올라가기를 멈추고 천체의 궤도를 따라 다시 내려오기 시작한다. 원시인은 하늘을 가로지르는 이 위대한 빛의 운행을 보고 그것에 대해 생각하면서, 그와 같은 순간을 불안하게 볼 수밖에 없었을 것이다. 그들은 아직 자연의 드넓은 주기적인 변화 앞에서 자신들이 얼마나 무기력한지를 깨닫지 못한 상태였다. 따라서 램프의 꺼져 가는 불꽃을 다시 점화할 수 있는 것처럼, 그들은 자신들이 쇠퇴해 가는 듯 보이는 태양의 소생에 도움을 줄 수 있다고 생각했을 것이다. 그리고 아마도 이러한 발상이 유럽 농민들의 하지절 축제의 기원이 되었을 것이다.

정확한 기원이 무엇이든 간에, 서쪽으로는 아일랜드에서부터 동쪽으로는 러시아에 이르기까지, 북쪽으로는 노르웨이와 스웨덴에서 남쪽으로는 에스파냐와 그리스에 이르기까지 하지절 축제를 거행하고 있다. 중세의 어떤 기록자에 따르면, 이 하지절 축제의 큰 특징 세 가지는 모닥불을 피우는 것, 횃불을 들고 밭을 행진하는 것, 수레바퀴를 굴리는 것이라고 한다. 그의 말에 의하면, 소년들은 독한 연기가 피어오르도록 하기 위해 여러 가지 뼈나 오물을 태웠다고 한다. 그리고 이것은 이 시기에 여름의 더위에 자극받아 교미를 하던 해로운 용들이 공중에서 그 종자를 떨어뜨려 우물이나 강을 오염시키지 못하도록, 그것들을 연기로 내쫓기 위해서였다고 설명한다. 또 바퀴를 굴려 내리는 관습은 황도의 최정점에 다다른 태양이 그 뒤부터 내려가기 시작했음을 뜻한다고 한다.

하지절 불 축제의 주요한 특징은 우리가 이미 언급한 봄의 불 축제의 특징과 비슷하다. 이 두 의식이 비슷하다는 사실은 다음의 여러 실례에서 명백히 알 수 있을 것이다. 16세기 전반의 한 기록자가 우리에게 알려 주는 바에 따르면, 독일의 모든 시골과 마을에서는 성 요한제 전야에 공식적인 모닥불을 피우고, 남녀노소 모두 그 주변에 모여서 춤과 노래로 시간 가는 줄을 몰랐다고 한다. 이때 사람들은 쑥과 마편초로 만든 화관을 쓰고, 손에 든 참제비꽃다발 사이로 불을 보는데, 그렇게 하면 1년 내내 눈병에 걸리지 않는다고 믿는다. 그리고 그곳을 떠날 때 "모든 불운은 우리를 떠나서 이것과 함께 타버려라" 말하면서, 그 쑥과 마편초를 불에 던지고 떠난다.

모젤 강이 내려다보이는 언덕 위에 있는 콘츠 마을에서는 하지절 축제가 다음과 같이 행해진다. 험난한 슈트롬베르크 언덕 위로 많은 짚이 운반된다. 모든 주민은, 적어도 각 가정에서는 할당된 짚을 이곳에 기부해야 한다. 저녁에 어른이나 아이, 남자들만 모두 이 언덕 위로 소집된다. 부인과 처녀들은 여기에 참가할 수 없고, 언덕 중턱의 한 샘가에 자리를 잡아야 한다. 언덕 위에는 마을 사람들이 갖고 온 짚으로 완전히 싸인 수레바퀴가 세워져 있다. 나머지 짚다발은 횃불로 쓰인다. 바퀴 양쪽에 차축이 1.5미터쯤 나와 있는데, 그것은 바퀴를 굴릴 때 젊은이들의 손잡이가 된다.

드디어 이웃의 지르크 마을 촌장이 신호를 내린다. 그는 언제나 이 역할의 사례로 버찌 한 바구니를 받는다. 신호와 함께 횃불로 수레바퀴에 불을 붙이면, 그것은 바로 불길에 휩싸인다. 힘세고 걸음이 빠른 젊은이 두 사람이 수레바퀴의 양쪽 손잡이를 잡고 힘차게 경사면을 달려 내려가기 시작한다. 그러면 큰 환호성이 터지고, 어른들도 아이들도 횃불을 공중에 휘돌린다. 이때 바퀴가 굴러 내려가는 동안 꺼지지 않도록 조심해야 한다. 바퀴를 조정하는 젊은이들의 목표는 그것을 불태우면서 모젤 강물에 던지는 일이다. 그러나 산 중턱의 거의가 포도밭으로 덮여 있어서 진로를 방해하고, 때때로 바퀴가 강물에 도착하기 전에 타버리는 수가 있어서 성공하는 일은 매우 드물다.

수레바퀴가 샘가에 자리를 잡은 여자나 처녀들의 옆을 굴러갈 때, 또 환호성이 터져 나온다. 이것에 화답하듯이 언덕 위에서도 다시 환호성이 일어난다. 이웃 마을 사람들도 모젤 강 건너편 여기저기의 언덕에 서서 이 광경을 바라보는데, 이쪽에서 환호성을 지르면 그에 답하는 환호성이 울려 퍼진다. 만일 불타는 바퀴가 다행히 강둑에 도착해서 물 속으로 들어가면, 그해 포도의 풍작은 확증되고, 콘츠의 주민들은 마을 주변 포도밭에서 짐수레 한 대 분량의 백포도를 징수할 권리를 갖게 된다. 만일 이 의식의 집행을 소홀히 하면, 가축들은 현기증과 경련을 일으켜서 외양간에서 쓰러진다고 믿었다.

이 하지절의 불 축제는 적어도 19세기 중엽까지 북부 바바리아 전역에서 불타오르곤 했다. 불은 특히 산꼭대기에서 점화되었으나 얕은 곳에서도 멀리, 그리고 넓게 점화되기도 했다. 밤의 어둠과 정막 속에서 불꽃의 가물거리는 빛에 비친, 움직이는 사람들의 무리는 참으로 인상적인 광경이었다고 한다. 병든 가축은 그 불꽃 속을 지나가 병을 고치고, 다른 가축들도 1년 동안 모든 종류의 전염병과 재해로부터 보호받았다. 그날은 각 가정의 호주들이 자기 집 화로의 불을 모두 끄고, 하지절 불 축제에서 갖고 온 타다 남은 불로 새로운 불을 붙였다. 사람들은 그해에 성장하는 아마의 높이를 하지절 불꽃의 높이로 판단했다. 불타오르는 장작을 뛰어넘을 수 있는 사람은 수확시 보리를 벨 때 등의 아픔을 느끼지 않을 것이 확실하다고 믿었다.

바바리아의 많은 지방에서는 아마가 젊은이들이 불 위를 뛰어넘는 높이만큼 자란다고 믿었으며, 다른 지방에서는 늙은이들이 하지절의 불 축제에서 꺼진 장작 세 개를 밭에 세워 두는데, 그렇게 하면 아마가 잘 자란다고 믿었다. 또 다른 곳에서는 화재 예방으로 숯덩이를 지붕에 꽂아 두었다.

뷔르츠부르크(Würzburg) 마을에서는 시장 한가운데에서 모닥불을 피우곤 했다. 그리고 그 불을 뛰어넘은 젊은이들은 꽃, 특히 쑥과 마편초로 만든 화환을 두르고, 손에 참제비고깔 가지들을 들었다. 참제비고깔의 작은 가지 사이로 불을 바라본 사람은 그해 동안 눈병으로 고통받지 않는다고 그들은 믿었다. 또 16세기 뷔르츠부르크에서는, 마을 주교의 신도들이 산에서 불타는 나무 원반을 공중으로 던지는 관습이 있었다. 원반은 탄력 있는 막대기를 써서 쏘아 올리는데, 그것이 어둠 속에 날아가는 모습은 마치 화룡(火龍)의 등장과 거의 비슷했다.

스와비아에서도 그와 똑같이 젊은 남녀들이 손을 마주잡고 아마가 3엘(ell : 1엘은 45인치(114.3cm)) 높이로 자라도록 기원하면서 하지절 모닥불을 뛰어넘으며, 짚으로 만든 바퀴에 불을 지르고 언덕 아래로 굴려 보낸다. 때로는 사람들이 하지절 모닥불 위를 뛰어넘을 때, "아마야, 아마야, 금년에는 7엘 높이로 자라라" 외치기도 했다. 로텐부르크에서는 '안겔만(천사)'이라고 불리는 사람 모양을 한 인형을 꽃 속에 싸서 하지절 불에 태우곤 했다. 그런 다음 소년들은 빨갛게 타오르는 불 위를 뛰어넘었다.

바덴에서도 아이들은 '성 요한의 날'에 하지절 모닥불을 위해서 집집마다 다니며 장작을 모았다. 그리고 젊은 남녀들은 짝을 지어서 그 불 위를 뛰어넘었다. 여기서도 다른 곳에서와 같이 축제의 불은 수확과 밀접한 관계가 있었다. 몇몇 지방에서는 불 위를 뛰어넘은 사람들은 수확기에 허리의 아픔을 느끼지 않는다고 믿었다. 때때로 젊은이들은 불꽃 위를 뛰어넘을 때 "자라라, 아마야! 7엘 높이가 되도록!" 하고 외쳤다. 아마나 보리가 불꽃의 높이까지 성장한다든지, 그것을 뛰어넘는 높이까지 자란다는 믿음은 바덴에 널리 퍼진 것으로 보인다. 불 위로 누구보다 높이 뛴 젊은이들의 부모들은 가장 풍성한 수확을 거둔다고 믿었다.

한편 만일 불 축제에 아무것도 기부하지 않은 사람이 있으면, 그의 농작물은 조금도 축복을 받지 못할 것이며, 특히 아마는 결코 자라지 않는다고 믿었다. 장거르하우젠 근처의 에더스레벤에서는 땅 위에 높은 장대를 세우고, 땅까지 닿는 쇠사슬로 타르통을 그것에 걸어 놓았다. 그리고 타르통에 불을 붙이고 환호성 속에서 그것을 장대의 주위로 휘둘렀다.

덴마크와 노르웨이에서도 하지절 불은 성 요한제 전야에 길거리나 광장이나 언덕 위에서 점화했다. 노르웨이 사람들은 그 불이 가축들로부터 질병을 쫓아버린다고 생각했다. 아직도 그 불은 하지절 전야에 노르웨이 전국에 타오른다고 한다. 그 불은 마녀들을 쫓아내기 위해서 점화하는데, 마녀들은 큰 마녀가 사는 블로크스베르크로 그날 밤 곳곳에서 날아간다고 한다.

스웨덴에서는 성 요한(성 한스)의 날 전야는 1년 중에 가장 즐거운 밤이다. 그 나라의 몇몇 지방, 특히 보후스와 스카니아를 비롯한 노르웨이와 국경상에 있는 지방에서는 성 요한의 전야 대포를 쏘아 대며 옛날에 '발데르의 화장(火葬) 불'이라고 불리던 모닥불로 축하한다. 이 불은 밤에 언덕이나 작은 산 위에서 점화되어, 주위의 풍경에 찬란한 빛을 던진다. 사람들은 불을 에워싸고 춤추고, 불 위를 뛰거나 불 속을 지나간다. 노를란드의 몇몇 지방에서는 성 요한제 전야에 모닥불이 사거리에서 점화된다. 연료는 아홉 개의 다른 종류의 나무로 준비되고, 구경꾼들은 그날 밤에 돌아다닌다고 믿는 트롤과 그 밖의 악령들의 힘을 봉쇄하기 위해 독버섯(Bäran)을 불 속에 던진다. 왜냐하면 그 신비적인 계절이 되면 산들이 열려서, 깊숙한 동굴의 심연에서 무서운 악령들이 나타나서 춤추고 즐기기 때문이다.

트롤의 무리 가운데 하나가 근처에 있으면, 그것이 모습을 나타낸다고 농부들은 믿는다. 만약 어떤 동물, 예를 들면 숫양이나 암양이 딱딱 소리를 내고 불타는 장작 가까이에 우연히 나타나면, 농부들은 '악마'가 모습을 나타낸 것이라고 굳게 믿는다. 또 스웨덴에서 치르는 성 요한제 전야가 불의 축제인 동시에 물의 축제라는 사실은 기억해 둘 만한 가치가 있다. 그날이 되면 신성한 샘들은 놀라운 약효를 가진다고 생각되어 많은 병자들이 병을 고치기 위해 몰려들기 때문이다.

오스트리아의 하지절 관습과 신앙은 독일과 비슷하다. 예를 들면, 티롤의 여러 지방에서는 모닥불을 피우거나 불타는 원반을 공중에 던진다. 인(Inn) 강 하류의 계곡에서는 하지절에 누더기 옷을 입힌 인형을 수레에 태워 마을에 끌고 다니다가 불태운다. 그것은 '로터(Lotter)'로 불리다가 사실과 다르게 전해져 '루터(Luther)'로 되었다. 마틴 루터를 그와 같은 인형으로 화형시키는 마을들 중 하나가 암브라스이다. 이 마을 사람들은 성 요한제 밤 11시와 12시 사이에 마을을 돌면서, 세 개의 우물에서 목욕한 사람은 그 다음 해에 죽을 사람을 점칠 수 있다고 믿는다.

그라츠에서는 성 요한제 전야(6월 22일)에 '타터만(Tatermann)'이라 불리는 인형을 만든다. 그리고 그 인형을 빨래터까지 끌고 가서 불이 붙을 때까지 불타는 빗자루로 내리치는 관습이 있다. 티롤의 로이테에서는 아마는 하지절 불을 뛰어넘은 높이만큼 자란다고 믿었고, 타서 검게 된 나뭇조각을 갖고 돌아와서 그날 밤중에 아마 밭에 세우고, 아마 수확이 끝날 때까지 그대로 둔다. 남부 오스트리아에서는 높은 곳에서 모닥불을 피우고, 소년들이 송진이 있는 횃불을 휘두르면서 뛰어다닌다. 그 횃불을 세 번 뛰어넘을 수 있는 사람은 그해에 열병을 앓지 않는다고 한다. 이따금씩 수레바퀴에 송진을 바르고, 불을 붙여서 언덕 아래로 굴려 보내기도 한다.

보헤미아 전역에서는 오늘날에도 여전히 하지절 전야에 모닥불을 피운다. 그날 오후에 소년들은, 기부를 거절하는 구두쇠들은 재앙을 받는다고 위협하면서 집집마다 돌아다니며 연료를 손수레에 거두어 모은다. 때로는 청년들이 숲속에서 키가 크고 꼿꼿한 떡갈나무 한 그루를 베어 언덕 위에 세워 둔다. 그러면 처녀들은 그 나무를 나뭇잎 다발과 화환, 붉은 리본으로 꾸민다. 그런 다음 덤불을 그 주변에 쌓고, 밤이 되면 불을 지른다.

불꽃이 일고 있는 동안, 젊은 청년들은 그 나무에 기어 올라가서 처녀들이 장식해 놓은 화환과 나뭇잎 다발을 뽑아들고 내려온다. 그 뒤에 젊은 남녀들은 모닥불을 사이에 두고 서서 화환을 통해 서로 바라본다. 그리고 마음이 맞아 그해에 결혼할 수 있는 사람이 있는지 찾는다. 처녀들은 또 불꽃을 가로질러 청년들에게 화환을 던져 주는데, 연인이 던져 주는 화환을 받지 못하는 못난 사내에게는 재앙이 닥친다고 여겼다. 불꽃이 잦아들면, 남녀는 쌍쌍이 손을 붙잡고 불을 세 번씩 뛰어넘는다. 그러면 그해 동안 말라리아에 걸리지 않고, 아마는 젊은이들이 뛰었던 높이만큼 자란다고 믿는다. 또한 하지절 전야에 아홉 개의 모닥불을 본 소녀는 그해 안에 결혼하게 된다고 믿는다. 불에 그을린 나뭇잎 다발은 집에 갖고 와서 그해 동안 잘 보관한다. 벼락이 칠 때면 이 다발을 화로에 태우며 기도한다. 또 암소가 병에 걸리거나 새끼를 낳을 때, 이 이파리를 조금 먹인다. 사람이나 가축이 병에 걸리지 않도록 집과 외양간을 연기로 그을릴 때도 이 이파리를 쓴다.

때로는 낡은 수레바퀴에 송진을 칠하고 불을 질러 언덕 위에서 아래로 굴려 보내기도 한다. 소년들은 쓰다 버린 빗자루를 될 수 있는 대로 많이 수집하여 송진을 바르고 불을 붙여 머리 위에서 휘돌리거나 하늘 높이 던져 버리기도 한다. 혹은 불붙은 빗자루를 휘두르고 소리를 지르며 떼지어 언덕을 달려 내려가기도 한다. 타다 남은 빗자루와 나뭇조각을 배추밭에 세워 두면 병충해를 막는다고 여긴다. 어떤 사람들은 하지절 모닥불에서 검게 타다 남은 숯덩이와 재를 파종한 자기의 밭과 목장, 그리고 정원과 지붕에 뿌리거나 꽂아 두어 벼락이나 불순한 날씨를 막는 부적으로 사용하기도 한다. 또 그 재를 지붕에 뿌리면 화재를 막을 수 있다고 믿는다.

다른 몇몇 지방에서는 하지절 불이 타고 있는 동안에 야생 쑥을 머리에 얹거나 허리에 두른다. 이렇게 하면 망령, 마녀, 질병을 예방할 수 있다고 믿는다. 특히 쑥으로 만든 화환은 눈병의 확실한 예방약이 된다고 믿는다. 소녀들은 때때로 들에 핀 꽃으로 만든 화환을 통해 모닥불을 보며, 눈을 튼튼하게 해 주도록 기도한다. 이것을 세 번 반복하면 그해 동안 눈병을 앓지 않는다는 것이다. 보헤미아의 여러 지방에서는 암소를 마법으로부터 보호하기 위해서 하지절 불 속으로 지나가게 하는 관습이 있었다.

슬라브의 여러 나라에서도 비슷한 의식으로 하지절 축제를 치른다. 성 요한제 전야에 러시아의 젊은 남녀들이 저마다 짝지어, 쿠팔로(Kupalo) 밀짚 인형을 안고 모닥불을 뛰어넘는 것을 우리는 이미 살펴보았다. 러시아의 다른 지방에서는 성 요한제 밤에 쿠팔로 인형을 태우거나 강물에 던진다. 또 러시아의 몇몇 지방에서는, 연기나 불꽃을 뛰어넘을 때 젊은이들은 화환이나 신성한 풀로 만든 띠를 몸에 두른다. 때로는 우유를 탐내는 마법사나 마녀로부터 재난을 막기 위해서 소들을 모닥불 사이로 지나가게 한다.

소러시아(오늘날의 우크라이나)에서는 성 요한제 밤에 말뚝을 땅에 박고 짚을 씌운 다음 불을 지른다. 불꽃이 오르면 농부들의 아내들은 자작나무 가지를 그 속에 던지면서 "나의 아마가 이 가지만큼 자라도록 해다오!" 말한다. 루데니아에서는 나무를 마찰시켜서 일으킨 불로 모닥불을 피운다. 노인들이 불을 일으키고 있는 동안, 나머지 사람들은 공손하게 침묵을 지킨다. 그러다가 그 불꽃이 나무에서 일어나면 일제히 즐거운 노래를 부른다. 모닥불이 타오르자마자, 젊은이들은 서로 손을 잡고 불꽃이나 연기 속으로 짝지어 뛰어넘는다. 이것이 끝나면, 가축들을 차례대로 불 속으로 몰아넣어 지나가도록 한다.

프로이센과 리투아니아의 여러 지방에서는 하지절 전야에 큰 모닥불을 피운다. 눈으로 볼 수 있는 모든 고지대에서 불꽃이 타오른다. 그 불은 마법과 천둥, 우박과 가축병을 예방하는데, 특히 다음 날 아침에 불 탄 자리에 소를 몰고 지나가면 효험이 있다고 믿는다. 특별히 이 불은 마법과 주문으로 암소한테서 우유를 훔치려는 마법사의 술책으로부터 농부들을 지킨다고 한다. 그 다음 날 아침에 모닥불을 피운 젊은이들이 집집마다 돌면서 우유를 한 잔씩 거두어 모으는 이유가 바로 이 때문이다. 또 그들은 같은 이유로 암소들이 목초지로 나가는 문 위나 울타리 위에 야생 쑥을 꽂는다. 이것이 마법을 방지한다고 생각하기 때문이다.

동부 프로이센의 마수렌 지방에서는 하지절 전야에 마을의 모든 불을 끄는 것이 관습이다. 다음에 떡갈나무 말뚝을 땅에 박고, 거기에 굴대와 같이 바퀴를 붙인다. 마을 사람들은 릴레이식으로 이 바퀴를 빨리 돌려 그 마찰로 말미암아 불이 일어나도록 한다. 그리고 새로운 불에서 점화된 나뭇조각을 각자 집으로 갖고 가서 벽난로에 불을 붙인다. 세르비아에서는 하지절 전야에 목동들이 자작나무 껍질로 만든 횃불에 불을 붙여 외양간과 가축의 우리로 돌아다닌다. 그런 다음 언덕에 올라가서 횃불이 모두 탈 때까지 머문다.

헝가리의 마자르(Magyar)족 사이에서 하지절 불 축제는 유럽의 많은 지방에서 보이는 바와 같은 양상을 띠고 있다. 많은 곳에서 하지절 전야에 높은 곳에서 불을 지르고 그것을 뛰어넘는 관습을 지킨다. 구경꾼들은 젊은이들의 뛰는 모양을 보고 그들이 곧 결혼할 것인가를 예상한다. 이날 돼지를 기르는 사람들은 나무로 만든 차축에 붙인 바퀴를 돌려서 불을 일으킨 다음, 이 불 속을 지나가도록 돼지를 몰아넣어서 악마를 쫓는다.

마자르족과 똑같이 대(大)투란(Turan)계에 속하는 러시아의 에스토니아족도 하지절을 축하한다. 사람들은 성 요한제의 불이 가축들을 마녀의 재앙으로부터 지켜 준다고 믿으며, 그 불 옆에 가지 않는 사람의 보리밭에는 엉겅퀴가 생기고, 귀리에는 잡초가 무성하게 자란다고 한다. 에스토니아의 외젤 섬에서는 하지절 불에 장작을 던질 때 "잡초는 불에, 아마는 밭에!"라고 외친다. 또는 세 개의 장작을 불꽃 속에 던지면서 "아마야, 길게 자라라!" 말한다. 또 불에서 검게 탄 숯덩이를 갖고 돌아와서 가축들이 새끼를 많이 낳도록 하는 부적으로 간직해 둔다. 이 섬의 몇몇 마을에서는 꼭대기에 깃발을 꽂은 나무 주변에 장작이나 타기 쉬운 것들을 쌓아올려서 모닥불을 붙인다. 이 깃발에 불이 붙기 전에 장대로 그것을 쳐서 떨어뜨린 사람에게는 행운이 온다고 한다. 옛날에 이 불은 새벽녘까지 계속되고 광란의 광경으로 끝났으며, 여름 아침의 빛이 더하여 한결 더 무시무시하게 보였다.

유럽의 동부에서 서부로 눈길을 돌리면, 거기에서도 같은 성격의 하지절 의식을 올리고 있음을 알 수 있다. 19세기 중엽까지 하지절에 불을 피우는 관습은 프랑스에서는 일반적으로 행했으며, 모닥불을 피우지 않은 마을이 거의 없었다고까지 전할 정도로 널리 퍼져 있었다. 사람들은 그 불 주위에서 춤추며 뛰어넘고, 그 속에서 검게 탄 막대기를 갖고 돌아와서 벼락과 화재, 마법으로부터 집을 지키기 위해 간직해 두었다.

브르타뉴에서는 하지절 불 축제의 관습이 오늘날까지 계속되고 있다. 불꽃이 꺼지면 그곳에 모인 모든 사람은 모닥불 주변에 무릎을 꿇고, 한 노인이 소리높이 기도를 올린다. 기도가 끝나면, 모두 일어서서 모닥불을 세 번 돌고, 세 번째에 멈춰 서서 저마다 작은 돌멩이를 집어 불 속에 던진 다음 흩어진다. 브르타뉴와 베리에서는 하지절 모닥불을 아홉 번 돌면서 춤을 춘 소녀는 그해 안에 결혼하리라고 믿었다. 오른(Orne)의 계곡에서는 태양이 지평선으로 넘어가려는 순간 모닥불을 피우는 것이 관습이다. 농부들은 가축을 마법, 특히 우유와 버터를 훔치려는 마녀나 마법사의 주문을 물리치기 위해서 불 사이로 지나가게 한다.

노르망디의 쥐미에주에서는 19세기 전반까지 하지절 의식이 매우 오래된 고대의 특징을 띤 기이한 양상을 지녔다. 매년 6월 23일, 즉 성 요한제 전야에 '초록 늑대 형제단'은 새로운 단장을 뽑는다. 선출이 끝나면, 이 새 단장은 '초록 늑대'란 칭호를 받게 되고, 긴 초록 외투에 차양이 없는 원추형의 매우 높은 초록 모자를 쓰고 이상한 의상으로 분장한다. 이렇게 갖추어 입고 그는 성 요한의 찬가를 부르며, 십자가와 성스러운 깃발을 들고 행진하는 형제단의 선두에 서서 '슈케(Chouguet)'라고 불리는 곳까지 의젓하게 걸어간다.

행렬은 여기서 사제, 성가대의 지휘자, 성가대의 환영을 받으며 교구 교회로 안내받는다. 미사를 마친 뒤에 모두들 '초록 늑대'의 집에 옮겨 가서 그곳에서 간단하게 식사 대접을 받는다. 밤이 되면 꽃으로 장식한 젊은 남녀들이 방울소리에 맞추어 모닥불을 피운다. 이때 '초록 늑대'와 그의 형제단은 두건을 어깨까지 늘어뜨리고, 서로 손을 맞잡고 다음 해의 '초록 늑대'로 선출될 남자의 뒤를 따라 모닥불 주변을 달린다. 그 행렬의 선두와 맨 끝의 남자만이 손을 잡지 않고 자유로웠으나, 이들의 임무는 미래의 '초록 늑대'를 포위하여 세 번 붙잡는 일이다. 다음 해의 초록 늑대는 손에 든 장대로 형제단의 공격을 막으면서 도망치려 애쓴다. 드디어 형제단이 다음 해의 초록 늑대를 붙잡는 데 성공하면, 불타는 모닥불 곁으로 끌고 가서 그를 불 속에 던지는 흉내를 낸다.

이 의식을 끝내면 그들은 '초록 늑대'의 집으로 간다. 거기에서 간단한 저녁 식사가 마련된다. 그리고 한밤중까지 일종의 종교적인 경건함이 계속된다. 그러나 12시가 되면 이 모든 것은 변한다. 억제는 방종으로 변한다. 경건한 찬송가는 부어라 마셔라 법석대는 바스코적 가요로 변하고, 촌스러운 바이올린의 떨리는 음조도 '초록 늑대 형제단'이 지르는 요란한 소리에 삼켜지고 만다. 이튿날 6월 24일, 즉 하지절에도 같은 사람들이 같은 방법의 소란스러운 잔치를 벌인다. 의식 가운데 하나는 행렬을 짓고 총을 쏘면서, 아주 커다란 성스러운 빵 덩어리를 옮기는데, 그 빵을 겹겹이 쌓고 리본으로 장식된 초록 색깔의 피라미드 모양의 관을 씌웠다. 그 뒤에 제단 위에 놓인 신성한 방울을 다음 해의 '초록 늑대'로 정해진 사람에게 역할의 상징으로 주었다.

엔(Aisne) 지방의 샤토티에리에서는 성 요한제에 모닥불을 피우고 그 주위에서 춤추는 관습이 1850년 무렵까지 남아 있었다. 6월에 비가 많은 해에 특별히 모닥불을 피우는데, 모닥불이 비를 멈추게 할 수 있다고 사람들은 믿었다. 보주에서는 하지절 전야에 언덕 위에서 불을 피우는 습관이 아직도 계속되고 있으며, 그곳의 주민들은 모닥불이 대지의 결실을 풍성케 하고 풍작을 약속한다고 믿는다.

푸와투 지방의 거의 모든 마을에서도 성 요한제 전야에 모닥불을 피운다. 주민들은 손에 호두나무 가지를 들고 세 차례 불 주위를 행진한다. 양치는 여자나 아이들은 호두나무와 현삼과(玄蔘科)의 '버바스쿰(Verbascum)' 가지를 불꽃 속에 던진다. 사람들은 호두나무는 치통을 예방하고 버바스쿰은 가축을 질병이나 마법으로부터 보호하는 것으로 믿었다. 불이 꺼지면 사람들은 재를 조금 갖고 돌아갔는데, 그것은 벼락을 막아 주는 부적으로 간직하거나, 혹은 밭에 뿌려 보리의 깜부기병과 독보리를 없애기 위해서였다. 푸와투에서도 풍요한 결실을 얻기 위해서 성 요한제 전야에 짚으로 싼 불타는 수레바퀴를 밭 위에 굴리는 관습이 있었다.

남부 프랑스 코맹주의 산지에서는 높은 나무의 줄기를 갈라서 그 틈 사이에 대팻밥을 쑤셔 넣고, 그 나무에 하지절 불을 피웠다. 그 나무 꼭대기에는 화환을 묶어 두고, 불을 지르는 순간 최근에 결혼한 남자가 사닥다리로 기어 올라가서 그 화환을 가지고 내려와야 한다. 같은 지방의 평지에서 하지절 불 축제의 재료는 일상적인 방법으로 쌓아올린 땔감이었다. 그러나 이것은 지난해 하지절 축제 이후에 결혼한 남자들이 쌓아올린 것이어야 하고, 그들은 저마다 이 나뭇더미 위에 화환을 올려 놓아야 한다.

프로방스에서 하지절 불을 지금도 피우고 있다. 아이들은 집집마다 장작을 구하러 다니는데, 빈손으로 돌아가는 일은 거의 없다. 옛날에는 사제와 시장, 의원들이 행렬을 지어 모닥불을 피우는 곳으로 걸어가서 불을 붙이기도 했다. 그 뒤에 모인 사람들은 불타는 모닥불 주위를 세 차례 돌았다. 엑스(Aix)에서는 앵무새 모양의 표적을 쏘는 데 능란한 젊은이들 가운데 선발된 이름만의 왕이 하지절 축제를 주관했다. 그는 자신의 부하들을 뽑고, 화려한 일행의 호위를 받으면서 모닥불을 피우는 곳까지 행진하여 점화하고, 맨 먼저 그 주위에서 춤을 추었다. 다음 날 그는 추종자들에게 아낌없이 선물을 나누어 주었다. 그의 통치는 1년간 이어지고, 그동안 그는 일정한 특권을 누렸다. 그는 성 요한제에 '성 요한 기사단'의 단장이 집행하는 미사에 참석하도록 허용되었다. 또 사냥의 권리가 주어졌으나, 병정들은 그의 집 안에 머무를 수 없었다.

마르세유에서도 이날에 직업조합의 한 남자가 '양날 도끼(badache)의 왕'을 선발했다. 그러나 그가 모닥불에 점화한 것 같지는 않다. 모닥불은 지사나 고관들에 의해서 성대한 의식 속에 점화되었다고 한다.

벨기에에서는 하지절 불을 피우는 관습이 대도시에서 사라진 지 오래되었지만, 시골이나 작은 마을에서는 여전히 지속되고 있다. 이 나라에서는 성 요한제 전야의 불 축제나 춤과 똑같은 관습을 성 베드로의 날(6월 29일) 전야에 거행한다. 사람들은 성 베드로의 날 축제의 불은 성 요한제와 같이 용들을 쫓아버리기 위해 점화되었다고 말한다. 프랑스의 플랑드르에서는 1789년까지 남자 모양의 짚 인형을 하지절 불 축제에 태웠고, 여자 모양의 짚 인형은 성 베드로의 날 당일, 즉 6월 29일에 태웠다. 벨기에 사람들은 복통을 예방하기 위해 하지절 불을 뛰어넘고, 화재를 방지하기 위해 타다 남은 재를 집에 간직해 둔다.

하지절에 모닥불을 피우는 관습은 스코틀랜드의 여러 지방에서도 행했으며, 보통 춤을 추면서 돌고 불을 뛰어넘기도 했다. 웨일스에서는 세 종류 또는 아홉 종류의 나무와 지난해 하지절 이후에 조심스럽게 간직해 두었던 타다 남은 숯덩이를 모닥불 피우는 데에 사용했다. 모닥불은 보통 높은 곳에서 피웠다. 글러모건 계곡에서는 짚으로 둘러싼 수레바퀴에 불을 붙여 언덕 아래로 굴려 보내는 관습이 있었다. 그 바퀴가 끝까지 오랫동안 타면 풍성한 수확이 기대되었다. 만(Man) 섬의 주민들은 하지절 전야에 모든 밭에서 바람이 부는 방향으로 불을 지르고, 그 연기가 곡식 위를 스쳐 가도록 했다. 또 가축을 우리에 가두어 놓고는 불이 붙은 금작화 가지를 들고 몇 차례 그 주위를 돈다. 아일랜드에서는 가축, 특히 새끼를 낳지 않은 가축을 하지절 불 속으로 몰아넣어 지나가게 하고, 밭을 기름지게 하기 위해 재를 뿌리거나 병충해를 예방하기 위해 불붙은 석탄을 밭으로 나른다.

스코틀랜드에서는 하지절 불 축제의 흔적이 거의 없다. 그러나 퍼드셔의 고원지대에서는 그 계절에 소를 기르는 사람들이 손에 횃불을 들고 태양이 순환하는 방향으로 소 외양간을 세 차례 도는 관습이 있었다. 그것은 가축들을 깨끗이 하고 가축들이 병에 걸리지 않도록 하기 위해서였다.

하지절 전야에 모닥불을 피우고 그 주위에서 춤추고 불을 뛰어넘는 관습은 에스파냐 전체와 이탈리아와 시칠리아의 여러 지방에서 최근까지 일반적으로 행해졌다. 말타 섬에서는 성 요한제 전야(하지절 전야)에 도시와 시골의 길가나 네거리에서 거대한 불을 점화한다. 예전에는 '성 요한 기사단'의 우두머리가 그 날 밤에 신성한 병원 앞에 놓인 송진통에 불을 붙이는 관습이 있었다. 그리스에서도 성 요한제 전야에 모닥불을 피우고 그것을 넘어뛰는 관습이 아직도 보편적이라고 한다. 그 목적은 벼룩의 해를 피하기 위해서이다. 다른 설명에 따르면, 여자들은 그 불을 뛰어넘을 때 "나의 죄를 이곳에 남겨 둔다" 이렇게 큰 소리로 외친다.

레스보스에서는 성 요한제 전야의 모닥불을 세 곳에 피우고, 그 불을 세 번 뛰어넘는다. 이때 머리 위에 돌 하나를 얹고 "나는 토끼 불을 뛰어넘는다. 내 머리는 돌이다!"라고 말한다. 칼림노스 섬에서는 하지절의 모닥불이 벼룩의 구제와 다가오는 해의 풍작을 확증하는 것으로 여긴다. 사람들은 머리 위에 돌을 얹고 노래하면서, 불 주위에서 춤추다가 타다 남은 불 위를 뛰어넘는다. 불이 약해지면 돌을 그 속에 던지다가, 불이 거의 꺼지면 무릎을 꿇고 십자를 그은 다음 바로 바다에 들어가 목욕한다.

하지절이나 그 전날 밤에 모닥불을 피우는 관습은 북아프리카, 특히 모로코와 알제리의 회교도 사이에서도 널리 퍼져 있다. 그것은 베르베르족과 아랍족, 또는 아랍 어를 쓰는 부족들에게도 일반적인 관습이다. 이들 나라에서는 하지(6월 24일)를 '란사라(l'anŝara)'로 부르고, 안뜰과 네거리와 들판, 때로는 타작마당 등에서 불을 피웠다. 모닥불의 연료로는 타면서 짙은 연기를 내뿜고 향기로운 냄새를 풍기는 식물들이 많이 쓰인다. 그러한 식물들 중에는 큰 회향풀·백리향·운향(芸香)·파슬리·개꽃·제라늄·박하 등이 있다. 사람들은 그 연기에 자신과, 특히 어린이들을 쏘이고, 또 그것을 과수원이나 농작물 쪽으로 가게 한다. 그들 또한 그 불을 뛰어넘는데, 어떤 지역에서는 누구든지 일곱 번 반복해서 뛰어넘어야 한다. 더욱이 집을 연기에 쐬기 위해 불붙은 장작을 집집마다 가져간다. 뿐만 아니라 불 속에 물건들을 통과시키고 환자를 데리고 와서 회복을 위한 기도를 올리며 그 모닥불과 접촉하게 했다. 모닥불의 재도 효험이 있는 것으로 믿어서 사람들은 머리나 몸에 재를 문지른다. 어떤 곳에서는 불을 뛰어넘으면 모든 불행에서 벗어나며, 아이가 없는 부부는 자손을 얻는다고 생각한다.

북부 모로코에 있는 리프 지방의 베르베르족은 그들 자신, 가축, 과수원을 지킬 목적으로 하지절에 불을 많이 이용한다. 그들은 건강을 유지하기 위해 모닥불을 뛰어넘고, 과일이 익기 전에 떨어지는 것을 막기 위해 과일나무 밑에 불을 피운다. 또 그들은 모닥불의 재를 반죽하여 머리카락에 비비면 머리카락이 빠지는 것을 막는다고 믿는다. 그러한 모로코의 관습에서 효험의 원천은 모두 연기에 있다고 여겨진다. 그들은 그 연기에 사람·동물·과일나무·곡물의 재앙을 없애는 주술적인 힘이 있다고 믿는 것이다.

회교도들이 보내는 하지절 축제는 특히 눈여겨볼 만하다. 왜냐하면 회교력은 순전히 음력이고 윤달을 끼워넣지 않아서, 태양력으로 고정된 축제일을 표시할 수 없기 때문이다. 모든 엄격한 회교의 제례는 달의 운행에 따르고 있고, 따라서 그 시행일은 지구가 태양 주위를 도는 공전 주기로 인해 차츰 태양력과 편차가 생긴다. 이러한 사실도 그리스도교를 믿는 유럽의 여러 민족들에게 그랬던 것처럼, 북아프리카의 회교도들에게도 하지절 불 축제가 민족의 공인된 종교와는 전혀 관계가 없는 먼 옛날 이교의 유물임을 증명해 주는 것이다.

할로윈의 요정들
스코틀랜드의 시인 번스의 「할로윈」에는 카실리스 도우난에 요정들이 모이는 내용이 나온다고 한다. 번스의 작품 「작품 Ⅱ」에 삽입된 동판화, 1888. 보들리언 도서관, 옥스퍼드

6 할로윈의 불 축제

앞의 설명에서 여러 유럽 민족의 이교적 선조들 사이에서 가장 인기 있고 널리 퍼져 있던 연례적인 불 축제는 하지절 전야나 하지절 당일의 대축제였다고 추론할 수 있을 것이다. 이 불 축제와 하지절 축제의 일치는 결코 우연이 아니다. 그와는 반대로 그들은 의도적으로 시간을 맞추어 지상에서 치르는 불의 의식을 태양이 항로상 최고점에 다다르는 시기에 일치시킨 것이라고 보아야 한다. 그리고 만일 그렇다면, 하지절 축제의 옛 창시자들이 태양의 뚜렷한 노정과 그 전향점을 관찰했으며, 따라서 그 선조들이 천문학적 관찰에 따라 어느 정도 자기들의 축제 일정을 조절했다는 결론이 나온다.

그러나 이것은 유럽 대륙 전역에 퍼져 살던 원주민격의 사람들에게는 매우 확실하게 적용되는 사실이라고 생각되지만, 유럽의 변두리, 즉 서북방에 있는 섬들이나 대서양에 돌출해 있는 섬지방과 곶지방에 거주한 켈트계의 여러 민족에게는 해당되지 않는 것으로 보인다. 켈트족의 주요한 불 축제는 옛날처럼 화려하지도 않고 제한된 지역 안에 잔존하기는 하지만 근대에 이르기까지, 아니 우리 세대까지 남아 있다. 그런데 그 날짜를 정할 때 그들은 태양의 위치는 전혀 고려하지 않은 것으로 보인다. 그러한 축제로는 두 가지가 있는데, 그것들은 6개월의 간격을 두고 치러졌다. 하나는 '5월제'의 전야에 행해졌고, 또 하나는 '올할로이븐(Allhallow Even)', 즉 오늘날 일반적으로 불리는 '할로윈(Hallowe' en)', 다시 말해서 만성절(滿聖節, Allhallows' Day) 전날인 10월 31일에 행해졌다.

이 날짜는 태양이 운행하는 네 개의 극점, 즉 동지와 하지, 춘분과 추분의 어느 것과도 일치하지 않는다. 또 그것들은 농경의 주요한 계절, 즉 봄의 씨뿌리는 계절과 가을의 수확하는 계절과도 일치하지 않는다. 왜냐하면 5월제 시기에는 이미 파종한 지 오래이고, 11월이면 수확은 이미 끝나 곡식 창고에 저장되고, 밭은 헐벗고 과일나무도 수확이 끝나고 누런 잎사귀들마저 이미 땅에 떨어져 굴러다니는 시기이기 때문이다. 그러나 5월 1일과 11월 1일은 유럽에서는 한 해의 전환점이 된다. 5월 1일은 여름의 알맞은 더위와 풍성한 식물 성장을 예고하고, 또 11월 1일은 겨울의 추위와 메마름을 알린다.

박식하고 현명한 어떤 저자가 잘 지적한 바와 같이, 이와 같은 1년의 전환은 유럽의 농부에게는 비교적 중요하지 않는 반면, 유럽의 목축민들에게는 중요한 관심거리였다. 왜냐하면 목축민들이 가축을 들에 몰고 나가서 싱싱한 풀을 먹이는 것은 여름이 다가오는 때이고, 또 가축들을 안전하게 외양간으로 보호하는 것은 겨울이 가까워질 때이기 때문이다. 따라서 켈트족이 1년을 5월과 11월 초로 양분하는 것은 그 민족이 주로 목축민이고, 가축에 의존했기 때문이다. 따라서 1년의 일대 전환이 초여름 가축이 외양간에서 나가는 날과 초겨울에 가축이 다시 외양간으로 돌아오는 날을 의미하는 시기로 한 해를 나눴다는 것은 결코 부조리하다고 생각되지 않는다. 오늘날 켈트족이 살고 있는 아주 먼 중부 유럽에서조차 이와 비슷하게 1년을 양분한다. 이는 분명 한편에서는 '5월제'와 그 전야(Walpurgis Night), 또 다른 한편에서는 희미한 그리스도교의 미명 아래 죽은 자들에 대한 고대 이교적 축제를 감추고 있는, 11월 초에 거행되는 '만령절(萬靈節, Feast of All Souls)'이 널리 퍼지면서 생겨난 관습으로 볼 수 있다. 여기서 우리는 유럽 전역을 통해서 하지와 동지에 따른 1년의 천체적인 구분보다 초여름과 초겨울이라는 1년의 지상적인 구분이 시대적으로 먼저 행해졌으리라고 추측할 수 있다.

여하튼 간에 '5월제'와 11월 1일에 거행한 켈트족의 큰 두 축제는, 더 정확히 말해서 이 두 날의 전야는 그 집행 양식과 신앙면에서 서로 밀접하고 흡사하게 연결된다. 또한 똑같이 양쪽에 내포된 고대적인 성격을 보아 알 수 있듯이, 고대의 순수한 이교적 기원을 보여 준다. 여름을 안내하는 '5월제'와 켈트족이 일컫는 벨테인에 관해서는 이미 언급했다. 이제 이에 대응하는 축제, 즉 겨울이다가옴을 알리는 할로윈 축제에 대해 설명을 하고자 한다.

두 축제 가운데 어쩌면 할로윈이 옛날에는 더 중요했을 것이다. 왜냐하면 켈트족은 벨테인 축제보다는 할로윈을 1년의 시작으로 삼았기 때문이다. 색슨족 침략자들의 포위에 맞서 오랫동안 켈트족의 언어와 습관을 보존했던 요새인 만(Man) 섬에서는 근대에 이르기까지 구력 11월 1일을 새해 첫 날로 간주했다. 그래서 만 섬 사람들은 할로윈절(구력)에 "오늘은 새해 전날 밤이라네. 호군나(Hogunnaa)!"라고 시작되는 섣달 그믐날의 노래를 만 섬의 언어로 부르면서 돌아다니곤 했다. 고대 아일랜드에서는 해마다 할로윈, 즉 삼하인(Samhain) 축일 전야에 새로운 불을 점화하고, 이 성화로 아일랜드의 모든 불을 다시 점화하곤 했다. 이 관습은 삼하인 혹은 만성절(11월 1일)이 신년의 첫 날이었음을 가리킨다. 왜냐하면 새로운 불을 해마다 피우는 것은 그 축복된 영향을 앞으로 열두 달 동안 존속시키기 위해 자연스럽게 해가 시작할 때 거행되었기 때문이다.

켈트족이 11월 1일을 새해의 시작으로 삼았다는 다른 견해는, 켈트 계통의 여러 민족이 특히 다가오는 해의 행운을 알아보기 위해 할로윈 당일에 자주 행하던 온갖 점술로 확인된다. 왜냐하면 미래를 엿보기 위한 그런 방책을 실천에 옮길 수 있는 때는 신년의 시작보다 더 합리적인 시기가 있을 수 없기 때문이다. 켈트족은 예견과 점복의 시기로 할로윈 축일이 벨테인 축일을 훨씬 능가한다고 생각한 듯하다. 이런 점에서 우리는 그들이 벨테인 축일보다 할로윈 축일을 새해의 첫날로 여겼으리라고 어느 정도의 확실성을 갖고 추리할 수 있다.

이러한 결론을 내리게 하는 계기가 되는 또 다른 중요한 사항은 할로윈과 죽은 자들의 관련성이다. 켈트족뿐만 아니라 전 유럽이 가을에서 겨울로 넘어가는 할로윈의 밤을, 옛날부터 죽은 자의 영혼이 화롯가에서 몸을 녹이고, 부엌이나 사랑방에서 친척이 베푸는 사랑이 넘치는 환대로 위로를 받기 위해 자기 옛집으로 돌아온다고 믿었던 시기였던 것으로 보인다. 겨울이 다가와 헐벗은 들판이나 잎이 떨어진 숲 속에서 추위에 떨며, 굶주린 불쌍한 영혼들이 낯익은 화로가 있는 오두막의 피신처로 찾아올 것이라는 것은 아마 자연스러운 생각이었을 것이다. 흔들리는 나뭇가지 사이에 찬바람이 거세게 불고, 눈보라가 웅덩이에 깊이 쌓일 때, 암소들조차 사료를 먹고 보호받기 위해 숲 속이나 언덕 위에 있는 목장에서 떼지어 집으로 되돌아온다. 하물며 착한 남편과 아내라면 죽은 자의 영혼에게 베푸는 것을 거부할 수 있었겠는가?

그러나 '가을이 그 창백한 해를 겨울에 양보하는' 그날, 눈에 보이지 않게 떠돌아다닌다고 상상된 것은 그저 죽은 자들의 영혼만이 아니다. 그날 마녀들은 빗자루를 타고 공중을 떠돌아다니거나, 또는 암코양이를 타고 길 위로 뛰어다니면서 사람들에게 재앙을 일으키기에 매우 바쁘다. 암코양이는 그날 밤 새까만 준마로 변한다. 요정들도 자유롭게 날고, 모든 종류의 요괴들도 자유롭게 헤매 다닌다.

그러나 켈트족 농부들의 마음속에 언제나 할로윈이 신비와 외경의 마력을 지녔다는 생각이 자리잡기는 했지만, 적어도 근대에 이르러서 대중화된 이 축제는 결코 음산한 분위기를 띠고 있지 않았다. 오히려 그 반대로 회화적인 특성과 즐거운 오락이 가미되어 1년 중에 가장 즐거운 밤이 되었다. 스코틀랜드 하일랜드 지방에서 축제에 로맨틱한 아름다움을 첨가하는 데 공헌한 것 중에는 모닥불이 있었다. 그 모닥불은 높은 곳에서 간격을 두고 활활 타올랐다.

"가을의 마지막 날 아이들은 양치류, 타르통, '가이니스(gainisg)'로 불리는 길고 가느다란 식물 줄기와 모닥불에 필요한 것들을 모았다. 그것들을 집 근처의 한 언덕 위에 산더미처럼 쌓아올리고, 저녁때 그것에 불을 붙였다. 그 불을 '삼나간(Samhnagan)'이라고 불렀다. 이 불은 어느 집에나 있었고, 누가 가장 큰 불을 피우는지 관심이 집중되었다. 모든 지역은 모닥불로 찬란했고, 고원의 호수 건너편에서나 높은 곳에서 비치는 모닥불의 불빛은 참으로 형언할 수 없는 그림과 같은 광경이었다."

퍼드셔의 고원 지대에서는 5월 1일에 지피는 벨테인의 모닥불처럼, 할로윈의 불을 매우 성대하게 피웠다. 칼란더 교구에서는 이 할로윈의 불이 18세기 말까지 타올랐다. 불이 꺼지면, 재를 조심스럽게 동그라미 형태로 쓸어 모아, 그 축제에 참가한 여러 가족들의 각자를 대표하는 돌을 그 원둘레 가까이 안에 놓는다. 다음 날 아침, 만일 그 돌의 어느 것이 위치가 바뀌어졌거나 해를 입은 흔적이 발견되면, 그 돌이 대표하는 인물은 저주받게 되어 그날부터 12개월 안에 죽는다고 믿는다. 발크히더에서는 19세기 후반까지 각 가정에서 할로윈의 불을 피웠으나, 주로 아이들이 그 관습을 지켰다. 불은 인가 근처 작은 산에서 피웠고, 그 주변에서 춤을 추는 일은 없었다.

버컨 같은 스코틀랜드 동북부의 몇몇 지역에서도 할로윈의 불을 피웠다. 마을 사람들과 농부들은 모두 각자의 불을 피워야 했다. 시골에서는 소년들이 집집마다 다니면서 "마녀를 태우니 숯을 주세요" 말하면서 집주인에게 연료를 얻는다. 충분히 연료를 수집한 뒤, 짚과 금작화나무와 그 밖의 잘 타는 물건들과 함께 산더미처럼 쌓아올리고 불을 피운다. 불기가 한창일 때 소년들은 교대로 땅을 기어서 타지 않을 한도에서 불 가까이 다가가 연기에 몸을 맡긴다. 다른 아이들은 달려가서 연기 속을 통과하거나 엎드려 있는 친구 위를 뛰어넘는다. 불더미가 다 타면 아이들은 그 재를 뿌리는데, 누가 가장 많이 뿌리는가를 경쟁하는 것이다.

웨일스의 북부 지방에서는 할로윈 때 집집마다 모닥불을 피우는 관습이 있다. 그 불은 인가 부근의 눈에 잘 띄는 장소에서 피운다. 불이 거의 꺼질 무렵, 저마다 미리 표시해 둔 흰 돌을 재 속에 던진다. 그리고 모두 재를 에워싸고 기도를 올리고 돌아가서 잠자리에 든다. 다음 날 아침 일어나자마자 그들은 돌을 찾으러 가서 자기 돌을 찾지 못하면 그 사람은 다음 해의 할로윈을 보지 못하고 죽는다고 한다.

존 리즈(J. Rhys) 경에 따르면, 언덕에서 불을 피워 할로윈을 축하하는 관습은 아직 웨일스에 남아 있을 수도 있다고 한다. 아직도, 불가에 모여 있던 사람들이 마지막 불꽃이 꺼질 때 갑자기 "털을 깎은 검정암퇘지가 맨 뒤의 사람을 붙잡는다!" 고함을 지르며 도망치곤 하던 것을 기억하는 주민들이 있다는 것이다. 리즈 경이 지적했듯이, 그 말은 본래는 그들 가운데 한 사람이 진짜로 제물이 되었다는 것을 뜻한다. 오늘날까지도 이 말은 여전히 카나번셔에서 쓰이고 있으며, 이곳에서는 사나운 검정암퇘지에 대한 이야기를 어린아이들을 겁주는데 때때로 사용한다.

이제 우리는 남부 브르타뉴에서 모든 사람들이 하지절의 모닥불에 돌멩이를 던지는 이유를 이해할 수 있을 것이다. 의심할 바 없이 이곳에서도 스코틀랜드의 고지 지방과 웨일스에서처럼 생명과 죽음의 징조를 만성절 아침에 확인된 돌멩이의 위치와 상태로 판단했던 것이다. 이와 같이 켈트 계통의 세 종족 사이에서 발견된 관습은 아마도 그들이 분파하기 이전부터, 혹은 적어도 이방 민족들이 그들의 분열을 조장하기 이전부터 존재했을 것이다. 또 다른 켈트족이 살고 있는 지방인 만 섬에서도 근대까지 불을 피워 할로윈을 축하했고, 요정이나 마녀의 해로운 힘을 막기 위해 고안한 모든 일반적인 축하 의식을 거행했다.

7 동지절의 불 축제

고대 유럽의 이교도들이 오늘날까지 여러 지역에 그 자취가 남아 있는 불의 대축제로서 하지절을 축하했다면, 동지절에도 그것에 대응하는 의식을 거행했을 것이라고 생각해 볼 수 있다. 하지와 동지, 혹은 좀 더 학술적인 용어로 하지점과 동지점은 하늘을 통과하는 태양의 운행에 있어 2대 전환점이 된다. 미개인의 관점에서 보면, 하늘에 있는 거대한 발광체의 빛과 열이 줄어들거나 늘어나는 이러한 대전환기에 지상에서 불꽃을 태우는 것만큼 더 적당한 일은 없었을 것이다.

고대 동지절의 불 축제는 영국에서 '율로그(Yule log)'나 '클로그(Clog)' 또는 '블록(Block)'의 이름으로 부르던 옛 관습으로 최근까지도 현대 그리스도교 국가에 남아 있었다. 그 관습은 유럽의 전 지역에 퍼져 있었으나, 특히 영국, 프랑스, 남부 슬라브에서 성행했던 것으로 보인다. 아무튼 그 관습에 대한 가장 상세한 설명은 이들 지방에서 나온 것이다. 이미 오래 전에 영국의 골동품 연구가 존 브랜드(J. Brand)는 율로그(성탄절 전야에 불 피우는 굵은 장작)가 하지절 모닥불의 겨울판임을 지적한 적이 있다. 즉 겨울의 호된 추위 때문에 야외 대신 집 안에서 모닥불을 피웠다는 것이다. 이러한 견해는 율로그에 수반된 많은 기묘한 신앙에 의해 뒷받침되고 있는데, 이러한 신앙은 그리스도교와는 아무런 관계가 없으며 그 이교적인 기원을 확연히 드러내는 것들이다.

그런데 이 두 축제가 모두 불의 축제라 하더라도 겨울의 축제는 집 안에서 올릴 수밖에 없기 때문에, 율로그는 사적인 의식이나 가정적인 의식의 성격을 지녔으며, 공적인 여름의 축제와는 뚜렷한 대조를 이룬다. 여름의 축제에서는 사람들이 광장이나 눈에 띄는 높은 곳에 모여서, 공동으로 큰 모닥불을 피우고 춤추며 함께 그 주변에서 즐겼던 것이다.

이 오랜 율로그 관습은 19세기 중엽까지 중부 독일의 몇몇 지방에서 지속되었다. 예컨대 지크(Sieg)와 란(Lahn) 계곡에서는 율로그, 즉 큼직한 떡갈나무 토막을 난로 바닥에 밀어 넣고 태웠지만, 그 토막은 1년이 되어도 재가 되지 않았다. 새로운 율로그를 다음 해에 놓을 때, 낡은 율로그의 숯덩이를 가루로 빻아서 주현절 기간에 밭에 뿌렸는데, 이것이 농작물의 성장을 촉진한다고 믿었다. 웨스트팔리아의 몇몇 마을에서는 율로그, 즉 '그리스도 장작불(Christbrand)'이 조금만 타더라도 불에서 끄집어 내 보관하는 관습이 있었다. 이것을 잘 간직해 두었다가 천둥이 치고 번개가 번쩍일 때 또다시 불 속에 넣었다. 율로그가 타고 있는 동안에는 집에 절대로 벼락이 떨어지지 않는다고 믿었기 때문이다. 웨스트팔리아의 다른 마을에서는 수확할 때 마지막 다발 속에 율로그를 매어놓는 오래된 관습이 있었다.

프랑스의 여러 지방, 특히 프로방스에서는 율로그 혹은 '트레포아(Tréfoir)'라고 부르는 관습이 오래 전부터 행해졌다. 17세기의 한 프랑스 저술가는 이 관습에 대해 다음과 같이 비난했다.

"트레포아 혹은 성탄절 장작불에 붙인 나무토막을, 성탄절 전야에 처음으로 불을 붙이고 주현절까지 날마다 계속해서 몇 시간씩 태우고 침상 밑에 넣어 두면, 한 해 동안 화재와 벼락으로부터 보호받고, 겨울철에 가족들의 발이 동상에 걸리지 않으며, 또 그것을 소가 마시는 물에 담그면 다산하고, 나무토막의 재를 밭에 뿌리면 보리가 병충해에 걸리지 않는다고 이 지방 사람들은 믿었다. 이런 신앙은 미신에 불과하다."

플랑드르와 프랑스의 몇몇 지방에서는 타다 남은 율로그를 반드시 집 안의 침상 밑에 간직해서 벼락을 예방했다. 베리에서는 천둥소리가 들리면 가족 중 한 사람이 율로그 조각을 들고 나와 불 속에 던져 넣었는데, 이것이 번개를 막아 준다고 믿었기 때문이다. 또 페리고르에서는 율로그의 숯과 재를 조심스럽게 모아서, 부어오른 임파선을 치료하기 위해 간직해 두었다. 농부들은 타다 남은 율로그 조각을 쟁기의 쐐기를 만드는 데 사용했는데, 그 이유는 씨앗을 더 잘 성장시키기 위해서라고 주장한다. 여자들은 닭을 위해서 주현절까지 율로그 조각을 간직한다. 어떤 사람들은 타다 남은 율로그를 흔들면 불꽃이 튀는 수만큼 많은 병아리를 얻을 수 있다고 여긴다. 또 다른 사람들은 해충을 쫓아버리기 위해서 불 꺼진 율로그를 침상 밑에 간수한다. 프랑스의 여러 지방에서는 숯이 된 율로그가 번개를 막아줄 뿐 아니라 마법으로부터 집을 보호해 준다고 생각한다.

영국에서도 율로그에 대한 관습과 신앙은 비슷하다. 존 브랜드의 말에 따르면, "성탄절 전야에 그들은 '성탄절의 양초'로 불리는 큰 초에 불을 켜고, '율클로그(Yule-clog)'나 '성탄절 통나무(Christmas-block)'라 불리는 나무 토막을 화톳불 속에 올려놓아 집 안을, 말하자면 밤을 낮과 같이 환하게 밝히곤 했다"고

한다. 그리고 새 율로그는 지난 해 타다 남은 한 조각의 율로그와 함께 불을 붙여야 한다는 관습이 있어서, 사람들은 이런 목적을 위해 1년 동안 헌 율로그를 보관하곤 했다. 사람들은 타다 남은 율로그를 간직한 집은 악령이 해를 끼칠 수 없으며, 화재와 벼락으로부터 보호 받는다고 믿었다.

이렇게 율로그를 들여오는 의식은 오늘날까지 남부 슬라브족, 특히 세르비아인의 사회에서 매우 장엄하게 집행된다. 그 나무는 흔히 떡갈나무가 쓰였으나 때로는 올리브나무나 너도밤나무가 사용되는 경우도 있다. 그들은 자신들이 키우는 소나 양, 돼지, 염소 등이, 타오르는 통나무를 쳤을 때 튀는 불꽃과 같은 수효만큼 새끼를 낳는다고 믿었다. 우박의 피해를 막기 위해 율로그 조각을 밭에 놓아 두는 사람도 있었다. 알바니아에서는 최근까지도 성탄절에 율로그를 태우고, 땅을 기름지게 하기 위해 그 재를 밭에 뿌리는 것이 일반적인 관습이었다. 카르파티아의 슬라브족인 후줄인은 성탄절 전야(구력 1월 5일)에 나무 조각을 마찰하여 불을 일으켜, 그것을 12야제까지 계속 태웠다.

타다 남은 율로그를 1년 동안 보존하면, 그것이 화재, 특히 벼락에서 집을 지켜 준다는 신앙이 널리 퍼져 있다는 것에 주목할 필요가 있다. 율로그가 주로 떡갈나무(참나무)인 까닭으로, 이러한 믿음이 떡갈나무를 벼락의 신과 관련시키는 고대 아리안족 신앙의 유물일지도 모른다는 주장은 가능성이 있는 이야기이다. 율로그의 재가 사람뿐만이 아니라 가축도 치유하고, 암소에게 새끼를 낳게 하고, 대지의 결실을 촉진한다는 관념도 위와 같은 근원에서 유래되었는지의 여부는 연구를 필요로 하는 문제이다.

8 정화

이제까지 기술한 불 축제는 모두 1년의 일정한 시기에 주기적으로 거행되었다. 하지만 아득한 옛날부터 유럽 많은 지방의 농민들은 이런 정기적인 불 축제 때뿐만이 아니라 곤궁과 재난의 시기마다, 특히 가축이 전염병에 걸렸을 경우에 불의 의식에 의존하는 관습이 있었다. 이 주목할 만한 의식들을 언급하지 않으면, 유럽의 불 축제들에 대한 설명은 결코 완전해질 수 없을 것이다. 이 의식들은 다른 불 축제의 원천과 기원으로 간주될 수도 있는 것들이기 때문에 우리는 눈여겨봐야 한다.

정화와 재액
유럽에서는 중세 초기부터 위급 상황시에 불을 피우는 관습이 행해졌다. 그 목적은 모든 재앙과 재액을 피하기 위함이었다. 브뤼겔, 「죽음의 승리」, 프라도 미술관, 마드리드

확실히 이 의식은 아주 먼 고대에서 유래된 것임에 틀림없다. 튜튼 계열의 여러 민족 사이에서는 그 의식들이 일반적으로 '정화(淨火, need-fire)'라는 명칭으로 알려져 있다. 사람들은 때때로 정화를 보다 일반적인 방법으로 일으키는 '길들인 불(tame fire)'과 확실히 구별하기 위해서, '들불(wild fire)'로 부르기도 했다. 또 슬라브 민족은 이것을 '살아 있는 불(living fire)'이라고 부른다.

이 불 축제는 교회가 그것을 이교적인 미신으로서 몰아낸 중세기 초부터, 그것이 독일, 영국, 스코틀랜드, 아일랜드 등에서 때때로 행해졌던 19세기 전반에 걸쳐 그 역사를 찾아볼 수 있다. 슬라브 민족에서는 한결 더 오래까지 이 관습이 남아 있었던 것으로 보인다. 그 의식을 집행했던 시기는 보통 전염병이 돌거나 가축들이 병에 걸린 때였다. 사람들은 이 시기야말로 정화가 묘약으로서 효과를 드러낼 것이라고 믿었기 때문이다. 정화로 치료되는 동물에는 소와 돼지,

말, 때로는 거위도 포함되었다. 정화를 일으키기 위한 불가결한 예비 조치는 인근의 모든 불씨를 하나도 남기지 않고 끄는 것이었다. 등불 하나라도 집 안에 켜져 있으면, 정화가 절대로 붙지 않는다고 여겼기 때문이다. 보통 그 마을 전체의 불을 끄는 것으로 충분했으나, 때로는 그 범위가 이웃 마을이나 교구 전체까지 확대되기도 했다.

스코틀랜드 고지 지방의 어떤 마을에서는 지정된 날에 그들의 빛과 불을 꺼야 하는 규칙이 있었다. 정화는 보통 집 밖에서 피웠으나, 세르비아의 어떤 지방에서는 어두운 방에서 피우기도 했다. 때때로 그 장소가 네거리나 길의 우묵한 곳이 되기도 한다. 스코틀랜드 고지 지방에서 의식을 집행하는 적절한 곳은 언덕이나 강 가운데의 조그마한 섬이었다.

정화를 일으키는 의례적인 방법은 두 개의 나무 조각을 마찰하는 것이었다. 부싯돌이나 강철로 일으켜서는 안 되었다. 매우 예외적이긴 하지만, 남부 슬라브족에서는 대장간의 모루 위에 쇠붙이를 때려서 정화를 일으키는 관습이 있다고 기록하고 있다. 나무가 지정되어 있는 곳에서는 보통 떡갈나무를 썼다. 그러나 라인 강 하류 지방에서는 떡갈나무 말고도 전나무를 사용했다. 슬라브 계열의 여러 지방에서는 포플러나 산딸나무를 그 목적으로 썼다. 재료는 두 개의 나뭇조각으로 간단히 묘사되어 있다. 때로는 아홉 종류의 다른 나무를 필요로 한 것 같이 생각되나, 그것은 정화를 일으키기 위한 것이 아니라 아마 모닥불에 지필 장작이었을 것이다. 정화를 일으키는 방법은 지방에 따라 다르다. 가장 일반적인 것은 다음과 같다.

통나무 두 개를 서로 약 45센티미터의 간격을 두고 땅 속에 박는다. 이 두 개의 통나무가 마주 보는 측면에 각각 하나씩 구멍을 뚫고, 그 사이에 매끈한 가로대나 굴림대를 끼워 고정한다. 그런 다음 양쪽 구멍에 아마포를 넣고, 굴림대의 양끝이 단단히 고정되도록 밀어 넣는다. 또 더 쉽게 불을 붙이기 위해서 굴림대의 끝에 송진을 바르기도 한다. 다음에 굴림대에 밧줄을 감고, 그 밧줄의 양 끝을 둘 또는 그 이상의 사람들이 잡는다. 그리고 양쪽에서 교대로 밧줄을 당겨 굴림대를 빠른 속도로 회전시켜 그 마찰로 구멍에 밀어 넣은 아마포에 불이 붙게 하는 것이다. 드디어 불꽃이 튀면 재빨리 아마 부스러기로 밧줄에 옮겨 붙게 해서 불꽃이 찬란히 일 때까지 휘휘 흔든다. 이렇게 불이 붙었을 때 짚에 그 불을 옮기고, 그 타는 짚으로 모닥불을 위해 준비해 둔 연료에 점화한다. 이따금 수레바퀴, 짐마차의 바퀴, 혹은 물레까지도 불을 피우는 기구가 되기도 한다.

스코틀랜드의 애버딘셔에서는 그것을 '큰 바퀴'로 불렀다. 멀(Mull) 섬에서는 그 바퀴를 아홉 개의 떡갈나무 굴대 위에서 동쪽에서 서쪽으로 회전시켰다. 때로는 그저 두 장의 널빤지를 마찰시켜 불을 일으키기도 한다. 어떤 경우에는 불을 일으키는 데 쓰는 바퀴와 그것을 회전시키는 차축은 둘 다 새 것이어야 한다고 정해져 있다. 마찬가지로 굴림대를 돌리는 밧줄도 새것이어야 한다. 밧줄은 가능하면 사람을 교살할 때 사용한 교수대의 밧줄에서 얻은 끈으로 꼰 것이어야 한다. 그러나 이것은 준엄한 규칙이라기보다는 완전을 기하기 위한 권고였다.

정화를 일으킬 수 있고, 혹은 일으켜야 하는 사람에게는 온갖 규칙이 있다. 때로는 굴림대를 돌리는 밧줄을 잡아당기는 두 사람이 반드시 형제여야 하며, 혹은 적어도 같은 세례명을 가진 사람이어야 하거나, 때로는 정결한 젊은이면 충분하다는 것 등이다. 브륀스윅의 몇몇 마을에서는 정화를 일으키는 사람들의 세례명이 같지 않으면 헛수고가 된다고 믿었다. 슐레지엔에서는 정화를 일으키기 위해 사용되는 나무는 쌍둥이 형제 둘이서 베어와야 하는 관습이 있다.

스코틀랜드 서쪽 여러 섬에서는 81명의 기혼 남자가 아홉 명씩 한 조가 되어 릴레이식으로 두 장의 커다란 널빤지를 마찰시켜서 불을 일으킨다. 북부 위스트에서는 불을 일으키는 81명의 사람들이 모두 장남이었으나, 그들이 기혼자였는지 미혼자였는지에 대해서는 언급되지 않았다. 세르비아에서는 때때로 11세부터 14세의 소년 한 명과 소녀 한 명이 알몸으로 암실에서 정화를 일으키기도 했다. 또 한 노인과 노파가 같은 암실에서 정화를 일으키는 일도 있다. 불가리아에서도 정화를 일으키는 사람은 알몸이어야 했다.

케이스네스에서는 몸에서 모든 종류의 금속을 떼어 낸다. 오랫동안 나무를 마찰시킨 뒤에도 불이 일어나지 않으면, 정화를 일으키는 사람들은 마을에서 여전히 어떤 불이 타고 있기 때문이라고 결론을 짓는다. 그래서 집집마다 철저한 수색이 진행되며, 어떤 불이라도 발견되면 곧바로 꺼 버리고, 태만한 호주는 벌금 또는 처벌되거나 질책을 받는다.

정화가 마침내 타오를 때, 그것으로 모닥불을 지핀다. 불기가 조금 누그러지면, 병에 걸린 가축들을 몰아서 타다 남은 불 위를 뛰어넘게 한다. 때로는 규칙적인 진행 순서에 따라 먼저 돼지, 다음에 소, 끝으로 말을 넘어가게 한다. 때에 따라서는 두세 번씩 연기와 불꽃 속으로 몰기 때문에 타 죽는 일도 이따금 생긴다. 모든 짐승이 통과하자마자, 젊은이들은 난폭하게 재와 타다 남은 것에 돌진해서 서로 그것을 끼얹거나 검게 칠한다. 가장 검게 칠해진 사람들이 의기양양하게 가축을 몰고 마을로 오는데, 그는 오랫동안 그것을 씻지 않았다. 사람들은 이 모닥불에서 재가 묻은 탄 나뭇조각을 집에 갖고 돌아와 새 화롯불을 다시 피우는 데 쓴다. 타다 남은 나뭇조각은 물로 불을 끈 다음 가축들의 여물통에 집어넣고 얼마 동안 그 속에 그대로 둔다. 정화의 재는 또 해충으로부터 농작물을 보호하기 위해 밭에 뿌려진다. 때로는 재를 집에 갖고 와서 질병의 약으로 사용하고, 아픈 곳에 뿌리거나, 물과 섞어서 환자가 복용하기도 했다.

스코틀랜드 서부의 여러 섬과 인근 지역에서는 집 안의 화로에 정화로 새 불을 붙이자마자, 물을 솥에 가득 부어 넣고 데워서, 그 물을 병에 걸린 사람이나 가축에 끼얹는다. 또 사람들은 모닥불의 연기에도 특별한 영험함이 있다고 생각했다. 스웨덴에서는 과일나무와 고기 그물을 그 연기에 그을리는데, 그러면 과일나무는 풍성한 결실을 얻고, 그물에는 물고기가 많이 걸리게 된다고 믿었기 때문이다.

스코틀랜드의 고지 지방에서는 정화를 마법을 없애는 가장 좋은 처방으로 생각했다. 멀 섬에서는 온역 퇴치를 위해 불을 피울 경우, 병든 어린 암소를 잘게 썰어 불에 태우고 제물로 바치는 의식을 수반했다고 한다. 슬라보니아와 불가리아의 농부들은 가축의 전염병을 더러운 악령이나 흡혈귀로 생각하고, 그것과 가축 사이에 불로써 경계를 쳐서 전염병을 억제할 수 있다고 여겼다.

정화를 가축의 전염병 치료제로 사용하는 관습에는 어디에나 근원적으로 비슷한 관념이 깔려 있을 것이다. 독일의 어떤 지방의 사람들은 가축들에게 전염병이 발생하기 전에 알맞은 기회를 타 해마다 정화를 피움으로써 그 재앙을 막으려 했다. 폴란드에서도 이와 비슷하게 매해 성 로코(St. Rochus)의 날이 되면, 농부들이 마을 길에 불을 피우고 전염병 예방을 위해 가축들을 그 불 속으로 세 차례 지나가게 한다고 전해진다. 우리는 헤브리디스에서도 해마다 같은 목적, 같은 방법으로 가축들을 벨테인의 모닥불 주위를 돌게 하는 것을 보았다. 스위스의 몇몇 주에서는 요즘도 안개를 몰아내고자 할 때면 아이들이 나무의 마찰로 정화를 일으킨다.

제63장
불 축제에 대한 해석

1 불 축제의 개관

유럽의 불 축제에 대한 이제까지의 탐구는 어느 정도의 보편적 정보를 제시해 준다. 우선 그 의식들이 서로 유사성을 지니고 있다는 것은 놀라운 사실이다. 성대한 모닥불을 피우는 것, 그 위를 뛰어넘는 것, 가축을 몰아서 그 속을 통과하게 하거나 그 주변을 돌게 하는 관습은 전 유럽을 통해서 보편적이었던 것으로 보인다. 또한 불타는 횃불을 들고 밭 또는 과수원, 목장이나 가축우리의 주변을 도는 행진이나 경주에 대한 관습도 마찬가지일 것이다. 이에 비해 불붙은 원반을 공중에 던지거나 불타는 수레바퀴를 언덕 아래로 굴리는 관습은 그리 일반적이지 않은 것들이다.

율로그의 관습은 그 개인적이고 가정적인 성격 때문에 다른 불 축제의 의식과 구별된다. 그러나 이 차이는 단지 한겨울의 추운 날씨에 말미암은 것인 듯하다. 추운 날씨에는 야외에서 공공 집회를 갖기가 여의찮을 뿐만 아니라, 비가 쏟아지거나 눈이라도 내리면 가장 소중한 불을 꺼뜨려 집회의 목적을 망치기 쉽기 때문이다. 이런 지역성과 계절적인 차이를 제외하면, 불 축제들은 그 거행 시기와 지역에 관계없이 일반적으로 꽤 밀접한 유사성을 보여 준다.

그리고 의식 자체가 서로 비슷하듯이, 사람들이 의식에서 얻으려고 기대하는 바도 서로 비슷하다. 그러한 불이 사용되는 형태는 고정된 장소에서 피우는 모닥불이든, 이곳저곳으로 운반되는 횃불이든, 혹은 장작더미에서 타다 남은 재든 크게 중요한 것이 아니다. 사람들은 그것이 적극적으로 농작물과 사람, 짐승을 자극하거나 소극적으로 벼락·화재·고사(枯死)·노균병·해충·불임·질병, 그리고 무엇보다도 마법 따위의 위험과 재앙으로부터 피하게 하여, 작물의 성장과 사람과 가축의 안전을 지켜준다고 생각한 것이다.

그러나 우리는 자연스레 다음과 같은 의문을 갖게 된다. 그와 같이 크고 다양한 이익이 과연 어떻게 그러한 소박한 수단으로써 얻어진다고 믿게 된 것일까? 또 어떤 이유에서 그들은 불과 연기, 타다 남은 것과 재를 이용해서 그와 같이 많은 이득을 얻거나 재앙을 피할 수 있다고 상상하게 되었을까?

근대의 학자들은 불 축제에 대해 두 가지의 다른 해석을 내놓았다. 한편에서는 불 축제란 사람과 동물, 식물에 필요한 태양빛의 공급을 확보하려는 태양주술 또는 주술적 의식이라고 주장했다. 즉 모방주술의 원리에 따라서 하늘의 빛과 열의 위대한 근원을 지상에서 모방하기 위해 모닥불을 피움으로써 인간과 동식물에 필요한 태양빛의 공급을 확보하려는 의식이라는 것이다. 이것은 빌헬름 만하르트의 견해이다. 그것을 태양설(Solar theory)이라고 불러도 좋을 것이다.

다른 한편에서는 불 축제 의식의 불은 반드시 태양과 관계가 있는 것이 아니라 단순히 정화에 목적이 있다는 것이다. 즉, 그 불은 마녀나 악령, 요괴와 같은 인격적인 것이건, 공중에 가득 차 있는 오염이나 악의 비인격적인 것이건 간에 모든 해로운 힘을 불태워서 파괴하고 정화하기 위해 계획된 것이라는 주장이다. 이것은 에드워드 웨스터마크(Edward Westermarck) 박사와 외젠 모크(Eugen Mogk) 교수의 견해이다. 이것을 정화설(Purificatory theory)이라고 부를 수 있을 것이다.

확실히 그 두 이론은 의식에서 주요한 역할을 하는 불에 대한 매우 다른 두 가지 개념을 가정하고 있다. 첫 번째 태양설에 따르면, 불은 우리의 위도선상에 있는 태양빛처럼 식물의 성장과 인간과 동물의 건강과 행복을 위해 만물의 발달을 촉진하는 따뜻하고 창조적인 힘이다. 두 번째 정화설에 따르면, 불은 정신적이건 물질적이건 간에 사람과 동식물의 생명을 위협하는 모든 유해한 요소들을 폭발하고 태워 버리는 격렬한 파괴력이다. 불은 태양설에 따르면 자극제이지만, 정화설에 따르면 소독제이다. 그 불의 힘은 태양설에서는 적극적인 힘이고, 정화설에서는 소극적인 힘이다.

이 두 가지 해석은 불의 성격면에서는 다른 견해를 보이지만, 전체적으로 서로 모순되는 것은 아니다. 우리는 불 축제에서 점화된 불은 태양의 빛과 열을 모방하는 데 주목적을 두고 있다고 판단했다. 그렇다면 일반적으로 그 불이 지니고 있다고 생각되는 정화와 소독의 성격은 태양빛의 정화와 소독이라는 속성에서 직접 유래하는 것으로 볼 수 있지 않을까? 이렇게 그 의식에서 태양빛의 모방이 1차적이고 근원적인 것이라면, 죄를 정화하는 불의 힘은 2차적이고 파생적이라고 결론을 내릴 수 있다.

이와 같은 결론은 두 개의 상반된 견해 사이에서 중개적인 위치를 차지하고, 또 양측 모두의 진리적인 요소를 시인하는 것으로, 이 책의 초기 판본에서도 일찍이 이러한 결론을 받아들였다.

그러나 그 뒤에 웨스터마크 박사가 정화설의 정당성을 강력하게 주장했는데, 그의 주장은 참으로 큰 무게를 가졌다. 또 여러 실례를 들어 충분히 재검토한 결과, 증거들이 그에게 결정적으로 유리하게 기울었다고 말하지 않을 수 없다. 그러나 이 문제는 아무런 검토 없이 태양설을 포기만큼 간단한 것이 아니다. 따라서 태양설에 반대하는 의견을 서술하기에 앞서, 태양설을 지지하는 견해를 소개하고자 한다. 빌헬름 만하르트와 같이 박식하고 명석한 연구가의 지지를 받은 태양설은 경청할 만한 것이기 때문이다.

2 불 축제의 태양설

이 책의 앞 부분에서 우리는 다양한 지역의 미개인들이 태양빛을 얻기 위해서 주술에 호소하는 것을 보았다. 그러므로 유럽에서 거주하던 원시인들이 같은 일을 행했다 하더라도 놀랄 만한 일은 못 된다. 사실상 유럽의 기후가 연중 대부분이 춥고 구름이 끼인 날씨라는 것을 생각하면, 태양주술의 관습은 적도 가까이에 살면서 필요 이상의 태양빛을 자연스럽게 얻는 미개인들보다 유럽의 여러 민족들에게 훨씬 더 중요한 역할을 했으리라는 것을 알 수 있다. 태양설의 견해는 한편으로는 불 축제의 시기라는 측면에서, 다른 한편으로는 그 성격의 측면에서 뒷받침될 것이다. 또한 이 축제들의 효과로서 식물의 성장과 기후에 미칠 것으로 기대되던 영향도 이 이론을 지지하는 증거가 되어 줄 것이다.

먼저 불 축제의 시기에 관련해서 살펴보자. 가장 중요하고도 널리 퍼져 있는 두 가지 축제가 하지점과 동지점, 즉 태양이 정오에 각각 최고와 최저의 고도에 다다르는 천체 운행의 두 전환점과 거의 정확하게 일치하는 것이 단순한 우연일 수는 없다. 실제로 성탄절이라는 한 겨울 축제에 대해서 우리는 이미 추측의 단계를 넘어서 있다. 우리는 뚜렷한 증거를 통해 성탄절은 태양의 탄생에 대한 고대 이교도의 축제를 대신하기 위해서 교회가 제도화한 축일이라는 사실을 알고 있다.

태양은 확실히 이 1년 중 낮이 가장 짧은 날에 다시 살아나며, 그 뒤부터 태양의 빛과 열이 증대되다가 하지절에 이르러 완전한 성숙에 도달하게 되는 것으로 여겼다. 그러므로 성탄절의 민속 축제에서 매우 뚜렷하게 나타나는 율로그가 근본적으로 꺼져가는 것으로 보이는 태양의 빛에 다시 불을 붙여서, 괴로워하는 동지절의 태양을 돕기 위해 고안된 것이라고 상상하는 것은 억지로 꾸며낸 추측이 아니다.

불 축제 중에 어떤 것은 그 시기뿐만 아니라 축제를 치르는 양식도 의도적으로 태양을 본뜬 것을 암시해 준다. 그 의식에서 때때로 실행되는 불타는 수레바퀴를 언덕 아래로 굴리는 관습은 하늘에서의 태양의 운행을 모방한 것으로 볼 수 있으며, 그 모방은 태양의 연례적 쇠퇴가 시작되는 하지절에 특히 행해졌다. 사실상 그것에 대해서 기록한 사람들 중의 몇 사람이 이 관습을 그처럼 해석했다. 기둥 하나를 중심으로 불타는 타르통을 휘돌리는 관습도 태양의 운행에 대한 지극히 회화적인 모방이라고 말할 수 있을 것이다.

축제 때 불붙은 원반을 공중에 던지는 일반적인 관습도 틀림없이 태양을 본뜬 모방주술의 하나일 것이다. 다른 많은 경우처럼 여기에서도 모방이나 공감을 통해서 주술적 힘이 효력을 나타낸다고 생각되었을 것이다. 즉, 희망하는 결과를 모방하면 실제로 그 결과를 만들어 낼 수 있다고 믿었던 것이다. 다시 말해서 사람이 태양의 천제 운행을 본뜨면, 하늘에서의 운행을 정확하고도 신속하게 수행하도록 태양에게 도움을 줄 수 있다는 것이다. 일반적으로 하지절의 불로 알려진 '하늘의 불'이란 명칭은 지상의 불과 천상의 불 사이에 연관성이 있다는 관념을 뚜렷이 암시한다.

또 그런 시기에 근본적으로 불을 붙이는 방식도 그 불은 모의 태양으로 만들기 위한 것이라는 견해를 뒷받침해 준다. 몇몇 학자의 견해대로, 옛날에 주기적인 이 축제에서 반드시 두 개의 나무 조각을 마찰해서 불을 얻었다는 설은 무척 있음직하다. 부활절과 하지절 축제 때 몇몇 지역에서 아직도 여전히 그런 방법으로 불을 피우며, 스코틀랜드와 웨일스에서도 벨테인 축제 때 그런 방법으로 불을 피웠다고 확실하게 보고되어 있다.

그러나 이 주기적인 의식에서 변함없이 나무를 마찰해 불을 붙였다는 사실을 거의 확정시켜 주는 것은 바로 정화의 사례이다. 정화는 언제나 나무를 비

죽음·불·풍요를 반영하는
발데르 신화
▶ 풍요를 기원하며 왕의 몸을 태우다. 드 브리, 「동양의 인도」, 1605, 보들리언 도서관, 옥스퍼드

▶ 매년 1월의 마지막 날 영국의 셰틀랜드 섬 러위크에서 거행되는 불 축제에서 매년 타오르는 불과 왕의 매장이라는 주제가 놀랄 만큼 잘 나타나 있다.

벼서 일으켰고, 때로는 수레바퀴를 돌려서 일으키기도 했다. 이 목적을 위해서 사용되는 수레바퀴가 태양을 나타낸다는 것은 그럴듯한 추측이다. 그리고 규칙적으로 집행된 축제의 불을 옛날에도 같은 방법으로 피웠다면, 이는 불 축제가 본래 태양주술이었다는 견해를 뒷받침해 준다. 쿤(Kuhn)이 지적한 바와 같이, 사실 하지절 불을 본래 그처럼 피웠음을 보여 주는 몇 가지 사례가 있다.

우리는 돼지를 기르는 헝가리의 많은 사람들이 하지절 전야에 아마포로 싼 나무 굴대로 수레바퀴를 돌려서 불을 붙이고, 그 불 속으로 돼지를 몰아넣는 것을 이미 보았다. 스와비아의 오베르메를링겐에서는 '성 비투스(St. Vitus) 축일'(6월 15일)에 수레바퀴에 불을 붙여서 '하늘의 불'을 만들었다. 이때 그 바퀴에 송진을 칠하고 짚으로 쌌는데, 길이 6미터 가량의 둥근 막대의 끝은 바퀴 축에 끼웠다. 이 불은 산꼭대기에서 붙여졌는데, 불꽃이 솟아오르면 사람들은 하늘을 우러러보며 양팔을 벌려 무엇인가를 중얼거렸다. 여기서 수레바퀴에 막대를 끼워 고정하고 그것에 불을 붙이는 방식은, 정화의 경우처럼 본래 바퀴를 돌려 불을 일으켰다는 사실을 보여준다. 이 의식이 집행되는 날(6월 15일)은 하지에 가깝다.

마수렌(Masuren)에서는 그렇게 얻어진 새 불이 모닥불을 피우는 데 사용되었다고 말하지는 않았으나, 하지날에 바퀴를 떡갈나무 막대로 빠르게 회전시켜서 실제로 불을 일으켰다는 것을 이미 앞에서 우리는 살펴보았다. 그러나 그런 실례에서, 바퀴의 사용이 단지 마찰을 키워 발화 작업을 쉽게 하기 위한 기계적인 고안에 불과하다는 사실을 기억해야 한다. 그것이 어떤 상징적인 의미를 갖고 있다고는 볼 수 없다.

더욱이 이 모닥불이 주기적이건 일시적이건 간에 기후와 식물에 영향을 끼친다고 생각되었는데, 이 축제 때 피우는 불이 태양주술이었다는 견해를 뒷받침해 준다. 그것은 불의 효력이 태양빛의 효력과 비슷하기 때문이다. 예를 들면, 비가 많이 오는 6월에 하지절 불을 피우면 비를 멈추게 할 수 있으리라는 프랑스의 민간 신앙은, 모닥불이 축축한 땅과 비에 젖은 나무들을 말리면서 검은 구름들을 없애 버리고 태양을 찬란하게 비추게 한다는 것을 나타내는 듯 보인다. 이와 비슷하게 스위스 아이들이 안개가 짙은 날에 안개를 없애기 위해서 정화를 사용하는데, 이는 마땅히 태양주술로 해석될 수 있을 것이다. 보주 산지에 사는 사람들은 하지절 불이 땅의 결실을 보호하고, 풍작을 약속한다고 믿는다.

스웨덴에서는 다가오는 계절의 추위와 더위는 '5월제' 모닥불의 불꽃이 날아가는 방향으로 결정된다. 남쪽이면 따뜻하고, 북쪽이면 춥다는 식이다. 물론 오늘날에는 불꽃이 날아가는 방향은 단지 기후의 징조를 나타내는 하나의 점복에 지나지 않으며, 기후에 영향을 끼친다고는 생각하지 않는다. 이것은 주술이 점술로 퇴화해 간다는 것을 보여 주는 한 사례이다.

예를 들면 아이펠 산지에서는 연기가 보리밭 쪽으로 가면, 그것은 풍성한 수확의 징조가 된다. 그러나 더 오래된 견해에 따르면, 연기와 불꽃이 징조를 나타냈을 뿐 아니라 불꽃의 열이 태양처럼 곡물에 작용해서 실제로 풍성한 수확을 얻게 한다고 여겼다. 아마 이런 신앙에서 만 섬의 주민들도 연기가 그들의 밭 위로 가도록 불을 피웠을 것이다.

또 남아프리카의 마타벨레족은 4월 무렵에 '연기가 농작물 위로 지나가면 그것의 결실을 도울 것이라는 생각에서' 밭의 바람이 부는 방향에 따라 거대한 모닥불을 피웠다. 줄루족도 밭의 바람이 부는 방향으로 불을 피워 그 위에 약용 식물을 태우면, 식물이 그 연기를 받고 더욱 풍성하게 열매 맺을 거라고 믿는다. 또 모닥불이 보이는 범위 내에 있는 보리는 결실이 풍성해진다고 유럽 농민들은 믿었는데, 이런 그들의 신앙은 모닥불이 농작물을 잘 자라게 하고 열매 맺게 하는 힘을 지녔다고 보는 신앙의 잔재라고 해석해도 좋을 것이다.

이러한 신앙은 모닥불에서 타다 남은 조각을 가져다 밭에 꽂아 두면 그 나무 조각이 농작물의 성장을 돕는다는 생각으로 재현된다. 그리고 그 신앙은 불꽃이 흐르는 방향으로 아마 씨앗을 뿌리는 관습, 씨를 뿌릴 때에 모닥불의 재를 농작물 씨앗과 섞는 관습, 밭을 기름지게 하기 위해서 재를 뿌리는 관습, 새싹을 돋게 하기 위해서 율로그 조각을 쟁기에 묶는 관습의 기초가 된다고 할 수 있을 것이다. 아마나 대마가 불꽃의 높이만큼, 혹은 사람들이 그것을 뛰어넘는 높이만큼 성장한다는 신앙도 틀림없이 같은 사고 방식에 속한다.

또 모젤 강변에 있는 콘츠에서 만일 언덕 아래로 굴러간 수레바퀴에 붙은 불이 꺼지지 않고 강에 다다르면, 이것은 포도 풍작의 전조로서 갈채를 받았다. 이 신앙은 매우 확실했기 때문에, 이 의식이 성공했을 경우 불 축제 의식을 거행한 자들은 이웃의 포도원 소유주들에게 세금을 징수할 권리를 갖는다. 여기서 꺼지지 않은 바퀴는 구름이 끼지 않은 태양을 나타낸 것으로 간주되고, 그 태양은 풍성한 포도 수확의 징조가 된다. 그래서 이 사람들이 포도밭을 돌아다니면서 받은 마차 한 대 분량의 백포도는 그들이 포도를 위해 얻은 태양빛에 대한 사례로 통할 것이다.

마찬가지로 글러모건 계곡에서는 불타는 바퀴를 하지절 당일에 언덕 아래로 굴려 보내곤 했는데, 불이 붙은 그 바퀴가 언덕 밑에 닿기 전에 꺼지면 흉작이 된다고 생각했다. 그와 반대로 바퀴가 끝까지 불이 붙은 채 오랫동안 계속 타오르면 농부들은 그해 여름에 풍작을 기대했다. 이 사례에서도 소박한 사람들이 수레바퀴의 불과 농작물이 의존하는 태양빛 사이에서 직접적인 연관성을 찾으려 한다는 것은 자연스러운 일이다.

그러나 민간 신앙에서 모닥불이 촉진하고 결실케 하는 작용력은 식물의 세계에만 국한되지 않는다. 그 범위는 동물계까지 확대된다. 예를 들면, 새끼를 낳지 않은 가축을 하지절 불 속으로 몰아서 지나가게 하는 아일랜드의 관습,

물에 담근 율로그가 암소를 도와서 새끼를 낳게 한다는 프랑스의 신앙, 율로그를 흔들어서 생긴 불꽃의 수효만큼 병아리·송아지·새끼양·새끼염소가 태어날 것이라는 프랑스와 세르비아의 민간 신앙, 닭 둥지에 모닥불의 재를 넣으면 많은 달걀을 낳는다는 프랑스 민간 신앙, 가축을 늘리기 위해서 가축이 먹는 물에 모닥불의 재를 섞어 주는 독일의 관습에서 동물계까지 신앙이 확대되는 것을 알 수 있다.

그뿐만 아니라 인간의 생식력마저도 이 불의 온화한 열에 의해 촉진된다고 믿는 뚜렷한 증거들이 있다. 모로코 사람들은 아이가 없는 부부가 하지절의 모닥불을 뛰어넘으면 아이를 얻을 수 있다고 생각한다. 하지절의 모닥불 위를 세 번 뛰어넘는 처녀는 곧 결혼해서 여러 아이들의 어머니가 될 것이라는 아일랜드의 신앙도 있다. 플랑드르에서는 순산을 소원하는 부인들이 하지절의 불을 뛰어넘는다.

프랑스 여러 지방에서는 만일 소녀가 아홉 개의 모닥불 주위에서 춤추면, 그 여자는 그해에 틀림없이 결혼하게 된다고 여겼으며, 보헤미아에서는 여자가 아홉 개의 모닥불을 보기만 해도 결혼하게 된다고 믿는다. 또 한편 레크라인에서는 젊은 남녀가 함께 하지절 불을 뛰어넘을 때, 불에 옷을 그을리지 않으면 젊은 여자는 12개월 안에 어머니가 될 수 없을 것이라고 한다. 즉, 불꽃이 여자에게 닿지 않으면 수태하지 못한다는 것이다.

스위스와 프랑스의 여러 지방에서는 율로그에 불을 붙일 때, 여자가 아이를 낳고 암염소는 새끼를 낳게 해달라고 기도를 올린다. 몇몇 지방에서는 최근에 결혼한 사람이 모닥불을 붙여야 한다는 규칙을 지켰는데, 그 사람이 불에서 생식력과 다산력을 얻든, 불이 그 힘을 나누어 주었든 간에, 그 규칙은 같은 계통의 사고에 속한다고 볼 수 있다. 손에 손을 잡고 불 위를 뛰어넘는 일반적인 관습은 그렇게 하면 그들의 결혼이 다산으로 축복을 받는다는 생각에 근거하는 것이 분명하다. 그리고 그해에 결혼한 부부가 횃불을 들고 춤추어야 하는 관습도 같은 동기에서 설명된다.

그리고 유럽인들 사이에서 5월제에 행사한 방종과 마찬가지로 에스토니아인이 하지절 축제에 벌인 방종의 정경은 단순히 휴일을 즐기기 위한 것이 아니다. 오히려 그러한 난잡함은 어떤 신비적인 유대감으로 정당화되었다는 소박한 관념에서 나온 것이다. 그들은 이 유대감이 한 해의 전환점에 있는 천체의 운행과 인간의 생명을 연결시킨다고 생각한 것이다.

우리가 검토하고 있는 불 축제에서 모닥불을 피우는 관습은, 보통 횃불을 들고 밭·과수원·목장·양 떼와 소 떼 주변을 도는 관습과 연관성이 있다. 의심할 여지 없이 두 관습은 같은 목적을 둔 다른 방법일 뿐이다. 즉, 불이 한 자리에 있건, 아니면 이동할 수 있건 간에 불에서 흘러나오는 이익을 얻으려는 목적은 같다는 말이다. 그러므로 만일 우리가 불 축제의 태양설을 받아들인다면, 그것을 또 횃불에 적용하지 않을 수 없다. 그래서 우리는 불타는 횃불을 들고 시골을 행진하거나 달리는 관습이, 태양의 온화한 힘을 멀리 그리고 넓게 퍼뜨리는 수단에 불과한 것이며, 깜박거리는 불빛은 태양빛의 미약한 모방이라는 것을 생각해야 한다. 예를 들면 때때로 밭을 기름지게 하기 위해 횃불을 들고 돌아다니는 관습이나, 같은 목적으로 마름병을 예방하기 위해 모닥불에서 가져온 타다 남은 숯을 밭에 놓아 두는 관습은 횃불이 태양빛을 본뜬 것이라는 견해를 뒷받침해 준다.

노르망디에서는 12일절(Twelfth Day) 전야에 이끼를 태우거나 두더지나 들쥐를 쫓아버리기 위해, 남녀노소 할 것 없이 불이 붙은 횃불을 들고 밭이나 과수원을 맹렬히 뛰어다니면서 그 불을 나뭇가지에 휘두르거나 과일나무의 줄기에 내던진다.

"그들은 이 의식이 이중의 목적을 이룰 수 있다고 믿는다. 즉, 이 의식이 재난이 되는 해충을 내쫓아 버리고, 나무와 밭, 심지어 가축에게까지 생식력을 내려준다는 것이다."

그리고 그들은 의식이 오래 계속되면 될수록 다음 가을의 결실이 풍성해진다고 믿는다. 보헤미아에서는 불타는 빗자루를 공중에 높이 던질수록 옥수수가 풍작을 이룰 것이라고 생각한다.

그와 같은 생각들은 유럽에만 국한되지 않는다. 다른 지역을 예로 들자면 옛 한국에서는 신년 축제가 시작되기 며칠 전부터 궁정의 내시들이 횃불을 흔들면서 축문을 외었다. 그들은 그렇게 하면 다가오는 계절에 풍성한 결실을 보장받는 것으로 믿었다. 또 포와투에서는 밭을 비옥케 하기 위해서 밭 위에 불타는 바퀴를 굴렸는데, 이 관습은 한결 더 회화적인 형식으로 이와 같은 생각을 구체화한 것이라고 할 수 있다. 왜냐하면 단순히 횃불이 태양의 빛과 열만을 표현한 것이라면, 불타는 바퀴는 태양 자체를 본뜬 것이기 때문이다.

그들은 이 모의 태양이 실제로 땅을 지나감으로써 땅을 살리고, 땅에 태양의 은혜로운 힘을 준다고 믿었던 것이다. 또 불붙은 나무 조각을 들고 가축 주위를 도는 관습은 가축을 모닥불 속에 몰아넣어 통과시키는 관습과 같은 맥락으로 볼 수 있는 것이다. 그러므로 모닥불 관습을 태양주술로 본다면 횃불 또한 같은 의미로 해석되어야 한다.

3 불 축제의 정화설

이제까지 우리는 유럽의 불 축제에서 불을 피우는 것은 인간과 가축, 곡물과 과일에 필요한 풍부한 태양빛을 확보하기 위한 주술의 의미를 갖는다는 이론을 검토했다. 지금부터는 이 태양설에 반대되는 이론을 살펴보기로 하자. 이 반대 이론에서 불은 창조의 힘(creative agent)이 아니라 정화의 힘(cleansing agent)으로 사용된다. 이 불은 모든 살아 있는 것들을 위협하는 해로운 것들을 불태워 버려 사람과 동식물을 정화해 준다. 이 해로운 것들이 물질적이건 정신적이건 말이다.

먼저 우리는 불 축제의 관습을 지킨 민족이 태양설이 아닌 정화설을 강력하게 주장했는지 살펴볼 필요가 있다. 이것은 정화설을 지지하고 태양설을 반대하는 강력한 논거가 될 것이다. 왜냐하면 민족의 풍습에 대한 보편적인 해석은 특수한 경우를 제외하고는 결코 배척되어서는 안 되기 때문이다. 또한 지금의 경우에는 그렇게 할 만한 적절한 이유도 없는 것으로 보인다.

불을 유해한 것들을 절멸시키는 파괴적 힘으로 보는 관념은 아주 단순명료해서, 이런 축제를 생각해 낸 소박한 농부들의 마음에서 떠날 수 없다. 그러나 불을 태양의 방사물로서, 혹은 물리적 공감이라는 유대감으로 태양과 연관된 것으로서 보는 관념은 그다지 단순하거나 명료하지 않다. 그리고 이러한 민속적인 관습의 설명에 있어서 불이 태양빛을 만들기 위한 주술로 쓰였다는 사실을 인정한다 하더라도, 더 단순한 관념이 바로 우리 앞에 놓여 있고, 더욱이 이 관념이 민족의 명백한 증거로 뒷받침된다면, 우리는 굳이 어려운 관념을 의지할 필요가 없다.

불 축제의 경우에 그 민족은 불의 파괴적인 성질을 계속 되풀이해서 생각한다. 그리고 그들이 불로 퇴치하고자 한 대재앙을 마법처럼 여겼다는 것은 커다란 의미를 갖는다. 마법사를 불태우거나 쫓아 버리기 위해서 불이 사용된 사실은 자주 보고되고 있다. 그 의도는 때때로 마녀 인형을 불태우는 관습에서 생생히 나타난다. 그러므로 마법의 공포가 각 시대를 통해 유럽인의 마음속에 크게 자리잡고 있었음을 생각할 때, 우리는 이 모든 불 축제의 근본적인 의도가 단순히 마녀를 멸하고 없애려는 데 있다는 것을 짐작할 수 있다. 이 마녀들은 사람들과 가축, 농작물에 엄습하는 거의 모든 불행과 재앙의 원인으로 여겨졌던 것이다.

이 생각은 모닥불과 횃불이 각 재앙에 가장 먼저 구체적으로 어떤 해결책을 마련해 주었는지 검토할 때 확인될 것이다. 그런 재앙 가운데 가장 먼저 가축의 질병을 들 수 있을 것이다. 마녀가 저지른 모든 재앙 중에서 가축에게 끼치는 위해, 특히 암소한테서 우유를 훔치는 짓만큼 지독한 위해는 없을 것이다. 주기적인 불 축제의 근원으로서 간주될 수 있는 정화가 무엇보다도 우선적으로 소의 전염병이나 그 밖의 가축병에 대한 치료제로서 점화되었다는 것은 의미가 깊다. 그리고 이 상황은 전반적인 근거로 보아 충분히 있음직하다. 왜냐하면 정화를 피우는 관습의 기원이 유럽의 선조들이 가축 떼가 생산한 것을 주로 먹고 살았던 시대, 그리고 생활상 농업이 아직 종속적인 역할을 하던 시대까지 거슬러 올라가기 때문이다.

마녀와 늑대는 오늘날에도 유럽의 많은 지방에서 목축을 경영하는 사람들이 가장 두려워하는 두 가지 큰 적이다. 그들이 두 적을 막기 위한 강력한 수단으로 불을 사용했다는 것은 놀랄 만한 일이 못 된다.

이에 비해 슬라브족 사람들이 정화로 퇴치해야 할 적은 살아 있는 마녀보다는 오히려 흡혈귀와 그 밖의 악령들인 것으로 보인다. 그리고 그 의식의 목적은 실제로 그것들을 불꽃 속에 태워 버리는 것보다는 사악한 존재들을 몰아내는 데 있다. 그러나 당면한 문제에서는 그런 구별이 그다지 중요하지 않다. 중요한 것은 슬라브족 사이에서 지금 검토 중인 모든 불 축제의 기원이 되는 정화가 태양주술이 아니라는 점이다. 즉, 정화는 해로운 것들을 불의 열기로 태우거나 혹은 쫓아 버려 사람과 가축을 보호하는 수단에 지나지 않는다. 마치 농부들이 맹수들을 불태우거나 쫓는 것처럼 말이다.

또 모닥불은 우박의 피해에서 밭을 보호하고 집을 벼락으로부터 지켜 주는 것으로 생각된다. 그런데 우박과 벼락은 때때로 마녀가 일으키는 것으로 여겼다. 그래서 마녀를 막는 불은 필연적으로 우박과 천둥이나 번개를 막기 위한 부적 역할을 동시에 하게 된다. 또 모닥불에서 가져온 타다 남은 나뭇조각은 일반적으로 집 안에 보존되어 화재 예방으로 쓰이는데, 이것은 아마도 하나의 불이 다른 불을 막는다고 보고, 동종주술의 원리에 따라서 행했을 것이다. 동시에 그 목적은 방화하는 마녀를 궁지에 빠뜨리는 데 있었다고도 생각된다. 또 사람들은 복통을 예방하기 위해 모닥불을 뛰어넘고 시력이 약해지는 것을 예방하기 위해 그 불을 응시한다. 독일과 아마 그 밖의 지방에서도 복통과 눈병은 모두 마녀의 술책이라고 믿는다. 또 하지절 불을 뛰어넘거나 불의 주변을 도는 것은 수확할 때 허리의 아픔을 막아 준다고 하고, 독일에서는 그런 아픔을 '마녀의 일격(witch-shots)'이라 부르며 마녀 탓으로 돌린다.

그러나 만일 불 축제의 모닥불과 횃불이 본래 마녀나 마법사를 방어하기 위한 무기였다고 한다면, 그 계절에 공중에 던지는 불붙은 원반뿐만 아니라 언덕 아래로 굴려 보내는 불붙은 수레바퀴에도 같은 설명을 적용할 수 있을 것이다. 원반이나 바퀴도, 사람들의 눈에 보이지 않게 공중에서 돌아다니거나 밭과 과수원, 산허리의 포도밭에 자주 나타나는 마녀들을 불태우는 데 목적이 있다고 추측할 수 있다. 확실히 마녀들은 빗자루나 그 밖의 편리한 수레를 타고 공중을 떠다닌다고 생각되었다. 그들은 이렇게 마녀들이 어두운 밤에 공중을 날아다닌다고 생각했기 때문에, 그들에게 불붙인 원반이나 횃불 또는 빗자루와 같은 무기를 던져 잡는 것이 효과적인 방법이라고 여겼던 것이다.

남부 슬라보니아의 농부들은 마녀가 검은 우박구름을 타고 온다고 믿는다. 그래서 그들은 "빌어먹을 헤로디아야, 너의 어머니는 이교도다. 신의 저주를 받고, 구세주의 피로 족쇄를 차라" 저주하면서 그 마녀를 떨어뜨리려고 구름을 겨냥해 쏜다. 또한 화로에 성스러운 기름, 월계수의 잎, 야생 쑥을 넣어 연기를 피운다. 그 연기가 구름까지 올라가서 마녀들을 마비시켜 땅으로 떨어뜨린다고 믿은 것이다. 그리고 마녀가 가볍게 착륙할 수 없도록 집 안에서 의자를 끄집어 내 거꾸로 세워 놓는다. 이것은 마녀가 떨어질 때 의자다리에 부딪쳐 다리가 부러지도록 하기 위함이다. 그뿐 아니라 마녀가 추락하면서 몸이 잘리거나 조각나게 하려는 의도로 커다란 낫과 같은 무시무시한 기구들의 날을 위로 향하여 세워 두기도 했다.

이 견해로 보자면, 모닥불·횃불·원반·수레바퀴 등을 이용해 얻으려는 풍요와 다산의 효과가 그 불이 주술적으로 증대시킨 태양열의 직접적인 결과로 생각되는 것은 아니다. 즉 그것은 단지 동식물의 생식력을 마법의 치명적인 방해로부터 자유롭게 하여 얻어지는 간접적인 결과로 여겨졌을 것이다. 그리고 이것은 동식물의 생식력 뿐만 아니라 인간의 생식력에도 적용될 수 있는 것이다. 예컨대 모닥불은 결혼을 촉진하며, 아기 없는 부부에게 자손을 준다고 믿었다. 하지만 이 경사스러운 효과는 반드시 불 속에 있는 소생과 다산의 힘으로부터 직접적으로 나오는 것은 아니다. 그것은 해로운 장해들을 없애 주는 불의 힘에 부수적으로 뒤따르는 결과이다. 즉 그러한 결과는 마녀나 마법사의 주술로 생긴, 남녀의 결합을 방해하는 사악한 장해들을 불의 힘이 제거함으로써 간접적으로 발생하는 효과인 것이다.

전반적으로 보아, 의례적인 불의 정화적 힘을 주장하는 이론은 그것을 태양에 연관짓는 반대 이론보다 더 설득력이 있고 여러 증거들에도 한결 들어맞는 것으로 보인다.

제64장
인간 불태우기

1 인형 불태우기

이 시점에서 우리는 다시 물어야 한다. 불 축제에서 인형을 불태우는 행위의 의미는 무엇인가? 이제까지의 검토로 미루어 볼 때, 이 문제에 대한 대답은 뚜렷하다. 그 불은 주로 마녀를 불태우기 위해 피우는 것으로 알려졌고, 또 불태우는 인형은 때때로 '마녀'로 불렸다. 이러한 점에서 우리는 의식 때 사용되는 이 인형이 마녀나 마법사를 나타내고, 또 그것들은 사악한 자들 대신 불태우는 대체물이라고 결론을 내릴 수 있다. 왜냐하면 그 무렵 사람들은 공감주술 또는 모방주술의 원리에 따라서, 마녀 인형을 파괴하면 마녀를 실제로 살해할 수 있다고 믿었기 때문이다. 불 축제에서 인간의 모양을 한 짚 인형을 태우는 일에 대한 이와 같은 해석은 전체적으로 보아 가장 신빙성이 높은 것으로 생각된다.

그러나 그 해석은 모든 경우에 다 적용되는 것은 아니어서, 어떤 것은 다른 해석이 허용되거나 요구될지도 모른다. 이미 앞서 이야기했던 바와 같이, 그렇게 불태우는 인형은 봄에 태우거나 파괴하는 '죽음의 인형'과 거의 구별할 수 없기 때문이다. 앞서 이른바 '죽음의 인형'을 나무 정령, 또는 식물 정령의 상징이라고 할 수 있는 근거는 이미 살펴보았다.

그렇다면 봄과 하지절 모닥불에 태우는 다른 인형에 대해서도 그와 똑같은 해석을 할 수 있을까? 나는 그럴 수 있다고 생각한다. 왜냐하면 '죽음의 인형' 조각을 농작물의 성장을 위해서 밭에 넣어 두는 것과 같이, 봄의 모닥불에 태워 재가 된 인형 조각을 작물에 해충을 없애 주기를 바라는 신앙에서 때때로 밭에 두는 일도 있기 때문이다. 또 갓 결혼한 신부가 '참회의 화요일'에 짚 인형을 태운 불을 뛰어넘어야 하는 규칙은 아마 그녀를 다산하게 하려는 의도일 것이다. 그런데 우리가 앞서 살펴본 바와 같이, 여자에게 아이를 많이 낳도록 축복하는 힘은 나무 정령의 속성이었다. 따라서 신부가 뛰어넘어야 할 불타는 인형은 나무 정령 또는 식물 정령의 상징이라고 생각하는 것이 타당한 전제일 것이다. 인형을 타작하지 않은 보릿단으로 만들거나 머리에서 발끝까지 꽃으로 장식했을 경우를 보면, 그 성격상 인형은 식물 정령을 상징하는 것임에 거의 틀림없다. 또 인형 대신 생나무건 장작이건 간에 때때로 나무를 봄과 하지절 불 축제 때 태우는 관습은 주목할 만한 일이다. 나무 정령이 인간의 형태로 흔히 표현되는 점을 생각하면 어떤 경우에는 나무, 또 다른 경우에는 인형이 그러한 불에 탈 때 그 인형과 나무는 모두 나무 정령을 상징하고 서로 같은 것으로 간주된다고 해도 지나친 추측은 아닐 것이다.

또 그것은 다음과 같은 점을 관찰할 때 더 뚜렷하게 확인된다. 첫째, 태우게 될 인형은 '5월의 나무'와 동시에 운반되는데, 그때 인형은 소년들이, '5월의 나무'는 소녀들이 운반한다. 둘째, 때때로 인형은 생나무에 묶여 그 나무와 함께 불태운다. 이러한 사례에서 우리가 나무 정령에 대해 이미 아는 바와 같이, 그 정령이 나무와 인형에 의해서 이중적으로 표현되어 있다는 것은 의심할 여지가 없다. 은혜로운 식물 정령을 대표하는 그 인형의 참다운 성격이 때로는 망각되기도 한다는 것은 이상한 일도 아니다. 은혜로운 신을 태우는 관습은 후대의 사고 방식으로 볼 때 무척 이상한 것이기 때문에 오해받기 쉽다. 그래서 인형을 불태우는 관습을 계속 갖고 있는 민족이 시간이 흐름에 따라 여러 이유에서 그들이 혐오하는 인물, 예를 들면 이스카리오트 유다나 루터 혹은 마녀 따위를 인형과 동일시했다고 해서 조금도 이상할 것이 없다.

신 또는 그 대리자를 살해하는 일반적인 이유에 대해서는 이미 앞에서 검토한 바 있다. 그런데 이 신이 식물의 신인 경우에는 그를 불태워 죽여야 하는 특별한 이유가 있다. 그것은 빛과 열이 식물의 성장에 필수적이기 때문이다. 즉 공감주술의 원리에 근거해서, 식물의 인간적 대리자에게 그러한 영향이 미치게 하는 방법으로 나무와 농작물에 필요한 빛과 열을 확보하고자 한 것이다. 바꾸어 말해서 태양을 상징하는 불에 식물 정령을 태우면, 잠시나마 식물이 풍부하게 태양의 빛과 열을 공급받을 수 있다고 여긴 것이다. 그런데 만일 그 목적이 단지 식물이 충분한 태양빛을 얻도록 하는 것이라면, 그것은 공감주술의 원리상 그 식물의 대리자를 불태우지 않고, 단지 불에 통과시키는 것만으로도 더 효과적으로 성취되지 않겠느냐는 반대론이 제기될 것이다. 실제로 그런 사례가 더러 있다.

우리가 살펴본 바와 같이 러시아에서는 하지절 때 쿠팔로의 짚 인형을 불에 태우지 않고 다만 그 속으로 통과시킬 뿐이다. 그러나 앞에서 열거한 이유로 보아 이때 신은 필연적으로 죽어야 한다. 그래서 다음 날 사람들은 쿠팔로의 짚 인형에서 장식물을 떼어 낸 다음 그것을 강물에 던진다. 이러한 러시아의 관습에서 불 속에 인형을 지나가게 하는 것은 단순히 정화가 아니라 아마 태양주술일 것이다. 그 관습에서 신의 살해는 독립적인 행위이고, 그를 살해하는 양식, 즉 익사는 기우주술일 것이다. 그러나 일반적으로 사람들은 이렇게 뚜렷하게 구별할 필요성을 느끼지는 않았다. 그래서 그들은 이미 열거한 여러 이유에서, 식물신을 상당한 열에 노출시키는 것과 또 죽이는 것이 이롭다고 판단했고, 이에 그를 불태워 죽이는 방법으로 그런 두 이익을 적당히 결합하게 된 것이다.

2 인간과 동물 불태우기

유럽의 불 축제와 관계되는 민속에는 고대의 인신 공회 관습을 암시하는 어떤 특징이 있다. 유럽에서는 살아 있는 사람이 이따금 나무 정령이나 곡물 정령의 대리역을 하고, 그 자격으로 모의 죽음을 당하는 관습이 있었다는 것을 우리는 이미 살펴보았다. 그러므로 어떤 특별한 이익이 생긴다면 충분히 그들을 불태워 죽일 수도 있었을 것이다. 인간의 고통은 원시인들의 고려 대상이 되지 못했다. 오늘 우리가 살펴보는 불 축제에서 인간을 태우는 것을 본뜨는 의식은 때때로 실제로 인간을 태운 옛 관습의 누그러진 흔적으로 간주하는 것이 마땅하다고 할 만큼 노골적으로 실행된다. 예를 들면 이미 살펴본 바와 같이 아헨에서는 짚더미에 뒤덮인 남자가 매우 그럴듯하게 연기하기 때문에 아이들은 실제로 그가 불에 타고 있다고 생각한다.

노르망디의 쥐미에주에서는 온몸을 풀이나 이파리로 덮은 남자를 '초록 늑대'라고 부르며 쫓다가 붙잡아 하지절의 불 속에 던지는 흉내를 냈다. 이와 비슷하게 스코틀랜드의 벨테인 불 축제에서는 거짓으로 인간 제물을 붙잡아 불꽃 속으로 내던지는 흉내를 내고, 그 다음부터 얼마간 사람들이 그의 이야기를 할 때에는 그를 죽은 사람으로 다루었다. 또 스코틀랜드 동북 지방의 할로윈 불 축제에서는 젊은이가 최대한 불 가까이에 누우면 다른 젊은이들이 그 위를 뛰어넘는 관습이 있는데, 거기서도 우리는 이런 것들과 비슷한 관습의 흔적을 찾아볼 수 있다. 엑스(Aix) 섬의 이름뿐인 왕은 1년 동안 통치권을 행사한 뒤 가장 처음으로 하지절 모닥불 주변을 춤추면서 돌았다. 아마도 그는 옛날에는 모닥불의 연료로서 불태워졌을 것이며, 후대에 이르러 그 달갑지 않은 의무를 면제받고, 다만 불 붙이는 역할을 하게 되었을 것이다.

만하르트는 오스트리아 볼페크 지방의 관습에서 나뭇잎을 두른 식물 정령의 대리자를 불태워 죽이는 옛 관습의 흔적을 발견해 냈는데, 이것은 아마 타당한 추정일 것이다. 그곳에서는 하지절 당일에 푸른 전나무 가지로 완전히 몸을 싼 한 소년이 떠들썩한 무리들과 함께 이 집 저 집 다니면서 모닥불을 피울 장작을 모은다. 그때 소년들은 다음과 같이 노래부른다.

> 나는 숲의 나무를 원합니다.
> 시큼한 우유는 싫어요.
> 하지만 맥주와 포도주를 주신다면,
> 숲의 사나이는 즐거워진답니다.

바바리아의 여러 지방에서는 하지절 모닥불에 쓸 연료를 수집하려고 집집마다 다니는 소년들이, 그들 가운데 한 아이를 뽑아 머리에서 발끝까지 전나무의 푸른 가지로 장식하고 밧줄로 묶은 채 온 마을을 끌고 다닌다. 뷔르템베르크의 무스하임에서는 성 요한제 불 축제가 보통 14일 동안 이어지다가 하지절 이후 두 번째 일요일에 끝난다. 이 마지막 날에 어른들은 모닥불을 아이들에게 맡기고 숲으로 들어간다. 그들은 거기서 한 젊은이를 나뭇잎과 가지로 분장한다. 그렇게 꾸민 남자가 모닥불이 있는 곳으로 가서 불을 밟아 흩뜨린 뒤 꺼버린다. 참석한 사람들은 모두 그를 보고 달아난다.

그러나 이보다 더한 경우도 있다. 우리가 이미 살펴본 바와 같이, 이런 기회에 바치는 인간 제물의 가장 뚜렷한 흔적은 약100년 전 스코틀랜드의 하일랜드 지방에서 행하던 벨테인의 불 축제에 여전히 남아 있었다. 바로 켈트족이 이 축제를 치렀는데, 이 민족은 유럽의 외진 곳에 위치해 외부의 영향으로부터 거의 격리되어 있었다. 아마도 이런 지리상의 위치 때문에 켈트족은 유럽 서부에 있는 다른 민족보다도 자기들의 옛 이교적 풍습을 잘 보존했으리라. 그러므로 확실한 증거로 켈트족이 조직적으로 인신 제물을 불태워 의식을 거행한 사실이 알려졌다는 것은 의미심장한 일이다.

이 인신 제물에 대해 율리우스 카이사르가 쓴 아주 초기의 기록이 남아 있다. 그는 그때까지 독립해 있던 갈리아의 켈트족 정복자로서, 그것을 상세하게 관찰할 수 있는 충분한 기회를 가졌다. 이때 그 민족의 고유한 종교와 관습은 토착적인 환경 그대로 아직 생생하고 활발하며, 로마 문명의 용광로에 들어가기 전이었다. 카이사르가 영국 해협으로 로마 군대를 인솔하기 약 50년 전에, 포시도니오스(Posidonios)라는 그리스 탐험가가 갈리아를 여행하며 그 인신 제물에 대해 관찰한 바 있었다.

카이사르는 포시도니오스가 살펴본 내용을 자신의 기록 속에 통합한 것으로 보인다. 그리스의 지리학자인 스트라보(Strabo)와 역사가인 디오도로스도 켈트족 인신 제물에 대한 자료를 포시도니오스의 저작에서 얻은 듯하나 저마다 독립적이고, 카이사르도 독립적이었다. 왜냐하면 이 세 가지 서술은 어느 것이나 각각 다른 것에서는 발견될 수 없는 몇 가지 기록을 포함하기 때문이다. 따라서 이 세가지 서술을 종합해 보면, 우리는 어느 정도의 확실성을 갖고 포시도니오스의 원본을 복원할 수 있고, 기원전 2세기 끝 무렵 갈리아의 켈트족이 행한 인신 제물의 모습을 알 수 있을 것이다. 다음은 그 관습의 주요한 윤곽이 될 것으로 보인다.

켈트족은 사형 선고를 받은 죄수들을 모아 두었다가 5년마다 한 번씩 치러지는 대축제에서 신에게 제물로 바쳤다. 그런 인간 제물을 많이 바칠수록 대지의 결실도 풍요로워진다고 믿었다. 그래서 제물로 바치기 위한 죄인이 충분하지 않으면, 전쟁 포로가 그 부족을 보충하기 위해 희생되었다. 정해진 시기가 되면, 드루이드 사제들이 인간 제물을 바쳤다. 어떤 자는 화살로 쏘아 죽이고, 어떤 자는 창으로 찔러 죽이고, 또 어떤 자는 다음과 같은 방법으로 불태워 죽였다. 먼저 고리버들 줄기와 풀로 거대한 인형 거푸집을 만든다. 그 속을 살아 있는 사람, 소와 다른 여러 종류의 가축으로 채운 다음, 그 인형에 불을 지르면 거대한 인형은 그 속의 살아 있는 것들과 함께 타버린다.

5년마다 한 번씩 거행하는 대축제는 이와 같았다. 그러나 이렇게 큰 규모로

5년마다 열리는 축제에 엄청난 인명의 희생이 뒤따르는 것 말고도 같은 종류의 축제가 보다 작은 규모로 해마다 열렸다고 보는 것이 합당할 것이다. 유럽의 많은 지방에서는 이런 연례적 축제를 통해 인간 제물의 흔적을 남기면서, 불 축제 중에서 적어도 몇 가지는 직접 계승했을 것이다. 드루이드 사제가 인간 제물을 집어넣는데 사용한 고리버들 줄기와 풀로 엮어 만든 거대한 인형 거푸집은, 오늘날에도 이따금 나무 정령의 대리자인 인간을 감싸는 데 사용하는 잎사귀로 만든 틀을 연상시킨다. 그래서 만하르트는 확실히 그런 희생 제물의 적절한 집행에 따라 땅의 풍요와 다산이 좌우된다고 믿는 사실을 보고, 고리버들 줄기와 풀로 감싼 그 켈트족의 살아 있는 제물이야말로 나무 정령이나 식물 정령의 대리인이라고 해석했던 것이다.

드루이드 사제가 고리버들 줄기로 만든 거대한 인형 거푸집은 현대까지는 아니라더도 근대에 이르기까지 유럽의 봄과 하지절의 축제에서 비슷한 사례가 있었던 것으로 보인다. 두에(Douai)에서는 적어도 19세기 초엽까지 해마다 7월 7일과 가장 가까운 일요일에 행진하는 관습이 있었다. 이 행렬의 주요한 특징은 높이가 약 10미터에서 15미터에 이르는 고리버들 줄기로 만든 거대한 인형인데, '고리버들 거인'이라고 불렀다. '고리버들 거인'은 그 속에 들어 있는 사람들이 굴림대와 밧줄을 조종하여 거리를 행진했다. 그 인형은 창과 검, 철모와 방패를 가진 기사처럼 무장했다. 같은 모양이지만 조금 작은 고리버들로 만든 그의 아내와 세 아이의 인형이 그 뒤를 따랐다.

됭케르크(Dunkerque)에서는 거인들의 행렬이 6월 24일, 하지절 당일에 있었다. '됭케르크의 소동'으로 알려진 이 축제는 많은 구경꾼들을 매혹했다. 거인은 때때로 23미터 높이의 고리버들로 세공한 거대한 인형으로서, 황금색 줄이 있는 길고 푸른 망토를 발끝까지 닿게 입었다. 그 속에는 12명 이상이 숨어서 거인을 조종해 춤추게 하거나, 관중에게 머리를 끄덕이게 하기도 했다. '파파레우스(PaPa Reuss)'로 불리는 이 거대한 인형은 주머니 속에 거인국에나 나올 법한 어린아이 한 명을 넣고 다녔다. 행렬의 맨 끝에는 거인의 딸이 행진하는데, 마찬가지로 고리버들로 만들어졌으며 크기는 아버지보다 조금 작았다.

브라반트와 플랑드르 지방의 여러 마을에서도 마찬가지로 '고리버들 거인'들이 있었고, 그것들은 해마다 행진하며 사람들을 기쁘게 해 주었다. 그리고 그들은 이 거대한 인형들을 좋아했고 애국적 열성으로 그것들에 대해서 이야기하며 바라보는 것에 싫증을 내지 않았다. 벨기에 안트베르펜에서는 이 거인이 너무 거대하여 성문을 지나갈 수가 없었다. 그러므로 벨기에의 다른 거인들은 장엄한 불 축제 때 흔히 방문했지만, 안트베르펜의 거인은 이웃 마을에 있는 형제 거인들을 방문할 수가 없었다.

영국에서도 인공적인 거인들이 하지절 불 축제의 주요한 특색이었던 모양이다. 이에 대해 16세기의 어떤 저술가는 다음과 같이 기록하고 있다.

"런던의 하지절 가장 행렬은 사람들을 놀라게 했다. 크고 보기 흉한 거인들이 마치 살아 있는 듯이 완전하게 무장한 채 행진했다. 그 속에는 갈색 종이와 아마 부스러기로 가득 차 있었는데, 장난꾸러기들이 밑으로 들여다보고 짓궂게 그것을 찾아내어 웃음거리로 만들기도 했다."

체스터에서는 매년 치르는 하지절 전야의 가장 행렬에 거인 인형 네 구와 여러 동물, 목마, 그 밖의 것들을 등장시켰다. 코번트리에서는 거인의 아내를 거인의 옆에 배치했다. 옥스퍼드셔의 버퍼드에서는 거인과 용 인형을 온 마을에 끌고 다니며 즐겁게 하지절 전야제를 거행했다. 이렇게 걸어다니던 영국의 마지막 거인은 솔즈베리에 남아 있다. 1844년경 어느 골동품 연구자가 테일러 협회의 낡은 창고에서 거인이 썩어 가는 것을 발견했다. 그것의 몸집은 '5월제'의 '푸른 잎사귀 옷의 잭'이 입곤 했던 것과 같은 나뭇가지와 굴렁쇠로 만들어져 있었다.

이상의 경우에서 거인들은 다만 행렬 속에 모습을 나타냈다. 그러나 때로는 거인들이 하지절 모닥불에 태워지기도 했다. 예를 들면, 파리의 '우르스(Ours) 가(街)'의 주민들이 해마다 거대한 고리버들 인형에게 군복을 입혀, 며칠 동안 온 시가지를 끌고 다니다가 7월 3일, 구경꾼들이 〈거룩하신 여왕을 찬송하라(Salve Regina)〉를 부르는 가운데 엄숙하게 태워졌다. 왕의 칭호를 가진 한 사람이 불붙은 횃불을 손에 들고 의식을 맡았다. 불타는 인형 조각이 군중들 사이에 뿌려지면, 군중들은 그것을 잡으려고 야단법석이었다. 이 관습은 1743년에 폐지되었다. 프랑스의 브리 섬에서는 고리버들로 만들어진 9미터 가량의 거인이 해마다 하지절 전야에 불태워졌다.

드루이드 교단은 '고리버들 거인' 안의 살아 있는 동물을 태우는 관습과 유사한 의식을 봄과 하지절 축제에 행했다. 피레네 산지의 뤼송(Lucon)에서는 하지절 전날에 튼튼한 고리버들로 만든 속이 빈 기둥을 교외의 대광장에 약 30

미터 정도의 높이로 세우고, 맨 꼭대기까지 초록색 이파리로 장식했다. 또한 얻을 수 있는 한 가장 아름다운 꽃과 관목을 몇 뭉치 그 밑에 솜씨 있게 놓아 배경 장식을 만들었다. 그런 다음, 기둥 속에 불에 잘 타는 불쏘시개를 채우고 점화할 수 있도록 준비해 둔다. 오후 여덟 시 정각이 되면, 사제들과 나들이옷을 갖춰 입은 젊은 남녀들의 성대한 행렬이 찬송가를 부르면서 온 마을을 돌아다니다가 그 기둥 둘레에 자리를 잡는다.

그러는 동안 주변의 언덕 위에서 모닥불이 타오르며 장관을 이룬다. 이어 될 수 있는 대로 많이 잡아 온 살아 있는 뱀을 기둥 속에 던져 넣고 횃불로 불을 붙인 다음 약 50명의 소년들과 젊은이들이 횃불을 휘두르면서 기둥 주변에서 미친 듯이 춤을 춘다. 그러면 불에 놀란 뱀들은 꼭대기로 기어오르다가 밖으로 나와 결국 밑으로 떨어지고 만다. 살려고 몸부림치는 뱀들을 둘러싼 구경꾼들은 열광적으로 즐거워한다. 이것이 리송 및 인근 주민들이 자랑하는 연례적 축제로, 이 지방의 전설은 그 기원을 이교에 두고 있다.

옛날에 파리의 그레브(Greve) 광장에서 점화된 하지절 불 축제는 살아 있는 고양이가 가득 들어 있는 바구니나 통, 또는 자루를 모닥불 한가운데에 세운 높은 기둥에 매달아 불태워 죽이는 관습이 있었다. 때로는 여우를 태우기도 했다. 이 모닥불의 타다 남은 숯이나 재는 행운을 가져온다고 믿고, 그것을 사람들이 가지고 갔다. 프랑스 왕들은 때때로 그런 구경거리를 보았을 뿐만 아니라 손수 모닥불에 점화하기도 했다. 1648년 루이 14세는 장미 화관을 쓰고 장미꽃 다발을 손에 든 채 이 모닥불에 불을 붙이고 춤추다가 공회당에서 열리는 향연에 참석했다. 그러나 파리에서 왕이 하지절 불 축제를 맡은 것은 이때가 마지막이었다.

메츠에서는 하지절 불 축제를 광장에서 성대하게 치렀는데, 열두 마리의 고양이를 고리버들로 만든 둥우리에 넣어 산 채로 태우면 군중들은 그것을 보고 즐거워했다. 알프스의 고지 가프(Gap)에서도 하지절 모닥불에 고양이를 태우는 관습이 있었다. 러시아에서는 흰 암탉을 이따금 하지절 모닥불에 태웠다. 마이센이나 투린지아에서는 말의 머리를 모닥불 속에 던졌다.

때로는 봄의 불 축제 때 동물을 불태우기도 한다. 보주에서는 '참회의 화요일'에 고양이를 불태웠다. 알자스에서는 고양이를 부활절의 모닥불에 던졌다. 아르덴에서는 사순절의 첫 일요일에 불붙인 모닥불에 고양이를 던졌다. 때로는 잔인성을 더하기 위해서 작대기 끝에 고양이를 산 채로 달아매고 불태워 죽이기도 했다. 악마를 대신하는 고양이는 아무리 괴롭혀도 지나치지 않다고 여겼던 것이다. 고양이가 불꽃 속에서 타고 있는 동안 목동들은 가축들을 몰아 무리하게 그 불을 뛰어넘게 했다. 이것을 질병과 마법을 막기 위한 확실한 방법으로 생각한 것이다. 우리는 다람쥐를 때때로 부활절의 모닥불에 태웠다는 사실을 이미 살펴보았다.

이와 같이 고대 갈리아의 켈트족이 행한 제물 의식은 근대 유럽의 통속적인 축제 속에 그 잔재가 남아 있는 듯하다. 그 의식들은 프랑스나 고대 갈리아의 영역에 포함되는 보다 넓은 지역에서 '고리버들 거인'을 태우거나 고리버들로 만든 기둥 속에 동물을 넣어 태우는 관습에 가장 뚜렷한 흔적을 남기고 있다. 이런 관습들은 주로 하지절 당일이나 그 무렵에 행한다고 말할 수 있다. 이런 점에서 변형되고 퇴화된 원시적인 의식도 그 후계자들이 하지절에 집행한다는 것을 추측할 수 있을 것이다.

이 추측은 유럽의 민족적 관습의 전반적 연구에 의해 시사되는 결론, 즉 하지절 축제가 대체로 유럽의 미개한 아리안족이 거행한 매년의 모든 축제 중에서 가장 널리 전파되고 가장 엄숙했다는 결론과 부합된다. 이와 동시에 우리는 영국의 켈트족 사이에서는 1년 중의 주요한 불 축제가 확실히 벨테인 축제(5월제)와 할로윈 축제(10월 31일)였다는 사실을 기억해 두어야 한다. 이 사실은 갈리아의 켈트족도 인간과 동물을 태워서 바치는 의식을 포함한 주요한 불의 의식을 하지절보다도 5월 초나, 11월 초에 집행하지 않았을까 하는 의문을 갖게 한다.

그래도 우리에게는 이러한 의문점이 남아 있다. 그런 의식의 의미는 무엇일까? 왜 사람들과 동물들이 그런 축제에서 불에 타 죽어야 했던가? 만일 근대 유럽의 불 축제를 마녀와 마법사를 불태워 버리거나 추방하여 마법의 힘을 무너뜨려 버리려는 시도라고 해석하는 것이 옳다면, 켈트족의 인간 제물도 똑같이 해석해야 할 것이다. 즉, 드루이드 사제들이 '고리버들 거인' 속에 넣어 태운 사람들, 마녀 또는 마법사라는 이유로 사형 선고를 받은 것과 불에 의한 처형법을 채택한 것은, 앞서 살펴보았듯이 산 채로 불태워 죽이는 것이 사악하고 위험한 존재들을 없애 버리는 데 가장 확실한 방법으로 여겼기 때문이라고 추측할 수 있다. 켈트족이 인신 제물과 함께 불태워 죽인 가축과 많은 종류의 야생동물에게도 같은 해석을 적용할 수 있을 것이다. 또한 그들은 이들 동물도 마법사의 주문에 걸려 있거나, 마법사가 실제로 지독한 음모를 수행할 목적으로 자기들의 모습을 그 동물로 변장한 것이라 믿었을 것이다.

이 추측은 근대의 불 축제에서 가장 일반적으로 불태워지는 산 제물이 고양이였고, 사람들이 생각하기에 산토끼를 제외한다면 고양이야말로 확실히 마녀들이 가장 잘 변신하는 동물이었다는 일반적 믿음으로써 확인된다. 때때로 뱀과 여우를 하지절 불 축제에서 불태우는 관습을 앞에서 살펴보았다. 웨일스와 독일의 마녀들은 여우나 뱀의 모습으로 변신한다고 보고 되어 있다. 간단히 말해서 마녀가 수시로 변신할 수 있는 동물이 매우 다양했다는 것을 생각할 때, 고대 갈리아나 근대 유럽의 의식에서 불태운 동물의 다양성이 그 가설로 쉽게 설명될 것이다. 그와 같은 희생 제물은 그것이 동물이었다는 이유에서가 아니라, 사악한 목적을 이루기 위해 그 모습을 동물의 형태로 바꾼 마녀였다는 이유에서 불타 죽는 운명이 되었다고 추측할 수 있을 것이다.

고대 켈트족의 제물 의식을 이런 식으로 설명하는 데는 한 가지 장점이 있다. 그런 해석은 일찍부터 발전되어 온 합리주의의 영향이 마법의 신앙을 불신하고 마녀를 불태우는 관습을 폐지시킨 약 2세기 이전까지 유럽의 마녀에 대한 취급 방식과 합치되는 일관성을 보여 준다.

이제 우리는 드루이드 사제들이 많은 사람들을 처형할수록 땅의 풍요와 다산이 증대한다고 믿은 까닭을 아마 이해할 수 있을 것이다. 오늘날의 독자들에게는 교수형 집행관의 활동과 대지의 생산력과의 관계가 얼핏 보아서 명확하지 않을 것이다. 그러나 조금만 숙고해 보면 알 수 있을 것이다. 즉, 말뚝이나 교수대에서 사라지는 범행자들은 마녀들이며, 농부의 농작물을 말라 죽게 하고 우박과 폭풍으로 농작물을 넘어뜨리는 일은 마녀들의 즐거움으로 간주되었다. 따라서 농부의 노력을 마비시키고 그 희망을 꺾어 버리는 주요한 원인 중의 하나를 없애는 마녀 처형은, 풍성한 수확을 확보해 주는 수단임에 틀림없다.

지금 우리가 이야기하고 있는 이 드루이드교의 제물 의식에 대해 만하르트는 다른 설명을 한다. 그는 드루이드 사제들이 '고리버들 거인' 속에 가두어 불태운 사람들은 식물 정령을 상징하며, 따라서 그러한 관습은 농작물을 위해 필요한 태양빛을 얻을 목적으로 행해진 주술적인 의식이었다고 생각했다. 또

만하르트는 모닥불로 불태우곤 했던 동물이, 이미 언급된 바와 같이 이따금 동물의 형태를 취한다고 여겨지던 곡물 정령을 대표한다는 견해에 기울었던 것으로 보인다. 이 이론은 확실히 조리가 있으며, 위대한 만하르트의 지지에 의해 신중히 고려해 볼 가치를 갖게 된다. 이 이론은 지금까지 이 책의 여러 판본에서 채택되기도 했다.

그러나 생각을 거듭해 본 결과, 이 이론은 전체적으로 인간과 동물을 마녀나 마법사로 간주해 불태워 죽였다는 이론에 비해 조금은 수긍하기 어려운 점이 있다. 이 후자의 견해는 불 축제를 거행하는 민족들 스스로가 보여주는 증명에 의해서 강력하게 뒷받침된다. 즉 모닥불을 태우는 관습에 대한 일반적 명칭이 '마녀 화형식'이고, 때때로 마녀의 인형들이 불에 태워졌으며, 그 불이나 그것이 타다 남은 조각, 또 심지어 그 재까지 마법을 막아 주는 것으로 생각되었다는 사실이 바로 그 증거들이 되는 것이다.

반면, 사람들이 불태우는 인형이나 동물을 식물 정령의 대리자로 간주했다는 근거, 또는 모닥불을 태양주술로서 행했다는 근거는 조금도 없다. 특히 뤼송에서 하지절 불 축제 때 태운 뱀에 대해서 생각해 보더라도, 유럽에서 뱀이 나무 정령이나 곡물 정령의 화신으로 간주된 경우는 찾아볼 수 없는 것이다. 비록 이것이 유럽 이외의 다른 지역에서는 알려져 있는 관념이긴 해도 말이다. 그런데 마녀가 동물로 변신한다는 민속적 신앙은 매우 넓고 깊이 뿌리를 내리고 있으며, 그런 무서운 존재들에 대한 사람들의 공포는 무척 강한 것이었다. 그러므로 불 축제에서 불태운 고양이와 그 밖의 동물들은 식물 정령의 대리자로서 죽었다기보다는 마녀의 화신으로서 죽었다고 보는 편이 더 무난할 것으로 생각된다.

제65장
발데르와 겨우살이

독자들은 겨우살이 가지로 살해된 뒤 거대한 모닥불에 태워졌다는 노르웨이의 발데르 신화가, 앞에서 살펴본 유럽의 민속적인 불 축제를 시사했다는 것을 기억할 것이다. 이제 우리는 개괄적으로 검토되었던 불 축제 관습들이 이 신화의 해명에 어느 정도 도움이 되는지 연구해 보아야 한다. 이것은 편의상 발데르를 죽이는 데 사용된 겨우살이에서 시작하는 것이 좋을 것이다.

아득한 옛날부터 유럽에서 겨우살이는 미신적인 숭배의 대상이 되어 왔다. 플리니우스의 유명한 구절이 말해 주듯이, 드루이드 교도들도 겨우살이를 숭배했다. 플리니우스는 다양한 종류의 겨우살이를 열거한 뒤 다음과 같이 기술하고 있다.

"이 문제를 다룰 때 겨우살이가 갈리아 전 지역에 걸쳐 숭배되었다는 것을 예사롭게 보아 넘겨서는 안 된다. 그들의 마법사를 지칭하는 드루이드 사제들은 겨우살이와 그것이 기생하는 나무를 더없이 신성한 것으로 여긴다. 이때 그 나무는 오직 떡갈나무여야 한다. 또 이와는 별도로 그들은 떡갈나무 숲을 자기들의 신성한 숲으로 선택하여, 떡갈나무 잎 없이는 어떤 신성한 의식도 행하지 않았다. 따라서 '드루이드'란, 떡갈나무 숭배에서 유래된 그리스 어 계통의 명칭으로 간주되기도 한다. 왜냐하면 그들은 이 나무에서 자라는 것은 무엇이든지 하늘에서 내린 것이고, 신이 친히 그 나무를 선택했음을 나타내는 징표라고 믿었기 때문이다. 겨우살이는 매우 드물어서 그것을 발견하기란 참으로 어려운 일이다. 그래서 그들은 그것이 눈에 띄면 엄숙한 의식을 치른 다음 그것을 채취한다. 그들은 이 일을 매달의 시작, 매년의 시작, 그리고 30년 주기의 시작으로 꼽는, 달의 제6일째에 행했다. 왜냐하면 6일째 되는 날은 달이 그 노정의 절반도 달리지 않아 넘쳐흐르는 활력을 갖고 있기 때문이다. 겨우살이가 기생하는 떡갈나무 아래서 제물을 바치고 축제를 치를 준비를 한 뒤에, 그들은 겨우살이를 무한한 치료자라고 찬양하며 그때까지 한 번도 뿔이 묶인 적이 없는 흰 수소 두 마리를 끌고 온다. 이제 흰 옷을 입은 한 사제가 그 나무에 기어올라가서 황금 낫으로 겨우살이를 잘라 흰 보자기에 싼다. 그런 다음 제물을 바치고, 겨우살이를 내려준 신에게 번영의 축복을 바라며 기도를 드린다. 그들은 이 겨우살이로 만든 묘약은 새끼를 낳지 못하는 동물에게 새끼를 낳게 하고 모든 독을 치료할 수 있는 약이라고 믿었다."

또 다른 구절에서 플리니우스는 다음과 같이 전하기도 한다. 모든 약 가운데 떡갈나무 위에서 자란 겨우살이가 가장 효험이 크다고 알려져 있다는 것이다. 미신을 믿는 사람들은 그 달의 첫날에 쇠붙이를 쓰지 않고 그것을 채취하면 효험이 더욱 커진다고 생각했고, 또 채취할 때 땅에 닿아서는 안 된다고 여겼다. 그리고 이렇게 채취된, 떡갈나무에서 자란 겨우살이를 간질병 특효약으로 믿기도 했다고 한다. 게다가 부인들이 그것을 간직하면 임신하게 되고, 궤양 환자가 그 식물의 한 조각을 씹고 다른 조각을 상처에 붙여 두면 병을 가장 효과적으로 치료할 수 있다고 생각했다. 또 겨우살이를 식초와 계란처럼 불을 끄는 훌륭한 수단으로 믿기도 했다는 것이었다.

두 번째의 인용은 분명 플리니우스가 동시대의 이탈리아인들이 행하던 신앙에 대해 언급하고 있는 것으로 보인다. 그렇다면 드루이드 사제들과 이탈리아인들이 떡갈나무에서 자란 겨우살이의 귀중한 효험에 대해서 어느 정도 의견을 같이했다는 말이 된다. 그들 모두는 그것을 수많은 병에 대한 효험 있는 묘약이라고 인정하고 있었다. 또 드루이드 사제들은 겨우살이로 만든 묘약이 새끼를 낳지 못하는 가축을 다산케 한다고 믿었고, 이탈리아인들은 여자가 몸에 지닌 겨우살이 한 조각이 그녀의 임신을 돕는다고 여겼으며, 그 번식력을 인정했다. 또 두 민족 모두 겨우살이의 약효를 높이려면 일정한 시기에 정해진 방법으로 채집해야 한다고 생각했다.

예컨대 그 식물을 쇠붙이로 베어서는 안 되기 때문에 드루이드 사제들은 황금 낫으로 식물을 잘랐으며, 그것은 땅에 닿아서도 안 되기 때문에 그들은 잘려진 겨우살이를 흰 보자기로 받았다. 또한 그 식물을 채집할 시기를 선택할 때 양자는 모두 달의 상태에 따라 결정했다. 다만 달의 특별한 날짜는 서로 달랐다. 이탈리아인은 첫날을, 드루이드 사제들은 6일을 선택했다.

겨우살이의 놀라운 치료 효과에 대한 고대 갈리아인과 이탈리아인의 신앙

발데르의 혼 겨우살이
발데르의 혼이 깃든 겨우살이는 발데르를 죽일 수 있는 유일한 것이다.

은, 근대 일본의 아이누족이 믿었던 유사한 신앙과 비교할 만하다.

"아이누족도 북방에 기원을 가진 많은 민족들과 같이 겨우살이를 특별히 존중한다. 그들은 그것을 거의 모든 병을 치료하는 묘약으로 생각하고, 음식물에 섞어서 함께 먹는 경우도 있고, 그것만을 달여 약으로 복용하기도 한다. 그들은 그 잎을 열매보다 더 선호했는데, 열매는 너무 끈적끈적하여 사용하기가 쉽지 않기 때문이다. 그러나 많은 사람은 이 식물이 밭을 풍요롭고 다산케 하는 힘을 가진 것으로 믿고 있다. 이러한 목적으로 사용될 경우에 잎사귀를 아주 잘게 썰고 기도한 다음, 기장과 조 또는 그 밖의 씨앗과 섞어 밭에 뿌리기도 하고, 다른 음식과 섞어 먹기도 한다. 불임 여성들도 아기를 낳기 위해서 겨우살이를 먹는 것으로 알려져 있다. 이때 버드나무에 기생하는 겨우살이는 가장 큰 효험을 가진 것으로 생각했다. 이것은 버들이 그들에 의해서 특별히 성스러운 나무로서 존중되기 때문이다."

아이누족이 겨우살이를 거의 만병통치약으로 믿는 점에서 드루이드 사제들과 일치하고, 그것을 부인들에게 먹게 하면 아이를 갖는 데 도움을 준다는 점은 고대 이탈리아인과 일치한다. 또 겨우살이가 '만병통치약' 혹은 '만능약'이라는 드루이드 교도들의 관념은 세네감비아의 왈로(Walo)족의 관념과 비교될 수 있을 것이다.

"왈로족은 '토브(Tob)'라고 부르는 겨우살이를 매우 존중한다. 그들은 출정할 때 부상의 예방약으로서, 마치 그것이 부적인 것처럼 자신들의 몸에 그 잎사귀를 지니고 간다."

이 관습을 기록한 프랑스의 저술가는 다음과 같이 덧붙여서 기록하고 있다.

"겨우살이가 갈리아인의 신앙 속에 있는 것과 같이, 아프리카의 이 지방 신앙 속에도 있다는 것은 얼마나 기묘한 일인가? 두 나라에 공통적인 이 미신적인 관념은 같은 기원을 가지고 있을 것이다. 이 흑인종과 백인종은 틀림없이 땅에 뿌리를 내리지 않고 자라는 식물에게 초자연적인 어떤 힘이 깃들어 있다고 믿었던 것이다. 그들은 그것이 하늘에서 내려 준 식물, 즉 신이 내려 준 선물이라고 믿지 않았을까?"

플리니우스가 보고한 드루이드 교도들의 신앙은 겨우살이 숭배의 기원에 대한 위와 같은 추측을 강력하게 뒷받침해 준다. 즉, 그들은 떡갈나무 위에서 자란 것은 무엇이든지 하늘에서 내려보낸 것이고, 그 나무는 신이 친히 선택한 증거라고 믿었던 것이다. 이와 같은 신앙은 드루이드 사제들이 겨우살이를 자를 때, 통상적인 강철로 된 칼이 아니라 황금 낫을 사용한 이유와 베었을 때 그것이 땅에 닿지 않도록 한 이유를 설명해 준다. 드루이드 사제들이 겨우살이를 벨 때 집행한 의식과, 캄보디아에서 동일하게 지킨 의식은 비교할 만하다.

캄보디아 사람들은 타마린드나무 위에 난초가 기생하는 것을 발견하면, 흰 옷을 입고 토기를 들고, 정오에 그 나무에 기어올라가 난초를 채집해 토기 속에 넣는다. 그런 뒤에 그것으로 불사약을 달인다. 이처럼 아프리카에서 기생하는 겨우살이 잎이 그것을 몸에 지닌 사람에게 불사의 힘을 준다고 믿고 있는 것처럼, 캄보디아에서도 다른 기생식물인 난초에서 채취한 약을 달여서 마시거나 씻거나 하면 그러한 도움을 준다고 믿었다. 우리는 두 곳에서 불사의 관념이 그 식물의 위치에 따른 것임을 알 수 있다. 그 식물이 땅에서 떨어진 꽤 안전한 장소에서 기생하고 있기 때문에, 땅 위에서 인간의 생명을 위협하는 어떤 재앙으로부터 안전을 보장한다고 여긴 것이다. 우리는 원시인의 심리가 이와 같은 유리한 위치를 중요시한 예를 이미 살펴본 바 있다.

겨우살이에 대한 관습과 신앙의 기원이 어떤 것이건 간에, 그중의 어떤 것이든 근대 유럽 농부의 민속 가운데 비슷한 예를 가지고 있다는 것은 확실하다. 예를 들면, 유럽의 여러 지방에서는 겨우살이를 통상적인 방법으로 채취해서는 안 되고, 겨우살이가 기생하는 나무에 돌을 던지거나 나무를 쳐서 떨어뜨리는 방법으로 채취해야 한다고 여긴다.

스위스의 아르가우 지방에서는 농부들이 모든 기생식물을 어떤 의미에서 신성한 것으로 믿는데, 특히 떡갈나무 위에서 자라는 겨우살이는 더욱 신성시한다. 그들은 겨우살이에 위대한 힘이 있다고 인정하고, 보통 방법으로 그것을 잘라 내는 것을 두려워한다. 그들은 다음과 같은 방법으로 겨우살이를 채취한다. 즉, 새로운 달이 뜨기 전 제 1일이나 3일 또는 4일에 태양이 궁수자리에 있고 달이 이지러질 무렵, 화살로 겨우살이를 쏘아 떨어뜨려야 하고, 동시에 왼손으로 받아야 한다. 그런 겨우살이는 모든 소아병을 치료해 주는 약이 된다. 옛날 드루이드 사제들과 마찬가지로 스위스의 농부들도 떡갈나무에서 자라는 겨우살이에 특별한 영험이 깃들어 있다고 믿은 것이다.

스웨덴에서도 겨우살이의 특유한 영험을 간직하려면 돌을 던져 떡갈나무에서 떨어뜨려야 한다. 마찬가지로 19세기 초엽에 웨일스 주민들은 겨우살이에게 어떤 힘을 갖게 하기 위해서 돌을 던지거나 때려서 나무에서 떨어뜨려야 한다고 믿었다.

병을 치료하는 겨우살이의 효험에 대해서는 근대의 농부나 학자들까지도 고대인의 의견과 얼마쯤 맞아떨어진다. 앞서 살폈듯이 드루이드 사제들은 아마 겨우살이와 그것이 기생하는 떡갈나무를 '만병치유자'로 불렀던 모양이다. 오늘날에도 브르타뉴, 웨일스, 아일랜드, 스코틀랜드가 사용하는 현대 켈트 어로 여전히 '만병치유자'는 겨우살이란 이름으로 쓰이고 있다.

'성 요한제' 아침(하지절 아침)에 피에몬테와 롬바르디의 농민들은 '성 요한의 기름'을 채취하기 위해 떡갈나무를 찾으러 나가는데, 그 기름은 연장에 의해 입은 상처를 치료해 준다고 믿었다. 본래 '성 요한의 기름'은 단지 겨우살이거나, 그것에서 얻은 즙이었을 것이다. 오늘날에도 홀슈타인에서는 겨우살이, 특히 떡갈나무의 겨우살이는 갓 입은 상처에 대한 만능약이자 사냥을 성공시키는 확실한 부적으로서 여겨진다.

그리고 남부 프랑스의 라콘에서는 겨우살이가 모든 독소를 없앤다는 옛 드루이드적인 신앙이 아직도 농부들 사이에 남아 있다. 그들은 이 식물을 환자의 위장 부위에 놓거나 달인 즙을 마시게 한다. 겨우살이가 간질병에 효과가 있다는 고대의 신앙도 오늘날까지 남아 있으며, 무지한 사람만이 아니라 학식이 있는 사람도 그렇게 믿는다. 그래서 스웨덴에서는 간질병 환자가 떡갈나무에서 자란 겨우살이로 만든 손잡이가 부착된 칼을 지니고 다니면 그 병의 발작을 막을 수 있다고 여긴다. 독일에서도 같은 목적을 위해 겨우살이 조각을 아이들 목에 걸어 주는 관습이 있다.

프랑스의 부르보네 지방에서는 간질병에 쓰는 민간 치료약은 성 요한제 당일에 떡갈나무에서 자란 겨우살이를 채집해서 호밀가루와 섞어서 달인 약이다. 링컨셔의 보트퍼드에서도 겨우살이를 달인 약은 이 무서운 간질병의 진정제로 쓰였다. 사실상 영국과 네덜란드에서는 18세기까지 의학의 대권위자들이 간질병 치료제로 겨우살이를 추천했다.

그러나 겨우살이의 치료 효과에 대한 의학 전문가의 견해는 빠르게 변화되었다. 겨우살이가 만병을 치료한다고 여기는 드루이드 교도들의 신앙에 대해 근대 의학자들은 어떠한 병도 치료하지 못한다고 단언했다. 만일에 의학자들이 옳다면, 우리는 다음과 같이 결론지어야 한다. 겨우살이의 의학적인 효능에 대한 고대의 광범위한 믿음은 공상적인 추측에 따른 순수한 미신에 불과하다. 이렇게 상상하는 무지함은 겨우살이가 기생하는 성질에서 비롯되었다. 즉, 사람들은 나뭇가지 위에 높이 있는 그 식물의 위치가 지상의 식물과 동물이 받는 위해로부터 그들을 지켜줄 것으로 기대한 것이다. 이 견해에서 겨우살이가 그렇게도 오랜 세월 동안 간질병의 치료약으로 처방되어 온 이유를 이해할 수 있을 것이다.

겨우살이가 땅 위에 높이 솟은 나무 위에 기생하기 때문에 땅에 떨어지지 않는 것과 같이, 간질병 환자가 겨우살이 토막을 주머니에 넣고 다니거나 배 속에 그 즙이 들어 있으면, 발작이 일어나도 절대로 넘어질 걱정이 없다는 것이 그 추론의 필연적 귀결이었다. 이러한 논법의 경향은 아마 오늘날까지도 대부분의 인류에게 설득력을 가질 것이다.

또 겨우살이가 불을 끈다고 여기는 고대 이탈리아인의 믿음은 스웨덴 농부들에게도 있었다. 그들은 일반적인 재해의 방비로서, 특히 화재의 방비로서 떡갈나무의 겨우살이 다발을 천장에 매달아 놓았다. 겨우살이가 이 특성을 갖게 된 경로는, 스위스의 아르가우 지방 주민들이 그 식물에 붙인 '번개 빗자루'

라는 별명으로 알 수 있다. '번개 빗자루'는 나뭇가지 위에 기생하는 빗자루 모양의 식물이고, 번갯불에서 생긴 것으로 믿고 있다. 그리하여 보헤미아에서는 번개 빗자루를 불태우면 벼락으로부터 집을 지킬 수 있다고 여겼다. 번개 빗자루는 그 자체가 번개의 산물이기 때문에 동종 원리에 근거한 하나의 피뢰침으로서 사실상 벼락을 막는 역할을 부여받은 것이다. 그래서 스웨덴에서 겨우살이로 피하고자 했던 불은 벼락에 의한 화재였을 것이다. 물론 이 식물은 일반적인 화재에도 효과가 있다고 여겨진 것도 사실이다. 겨우살이는 이처럼 피뢰침 역할을 할 뿐 아니라 열쇠의 역할을 하기도 했다. 다시 말해 겨우살이로 어떤 자물쇠라도 열 수가 있다는 것이다.

그러나 겨우살이의 모든 영험함 중에서 가장 고귀한 것은 아마 요술과 마법에 대한 효과적인 방어력일 것이다. 오스트리아에서 악몽을 쫓아버리기 위해 겨우살이 가지를 문 위에 걸어 놓는 것은 틀림없이 그 이유 때문이다. 또 영국 북부 지방에서는 우유를 많이 얻으려면 새해가 지나 맨 처음 새끼를 낳은 암소에게 겨우살이를 먹여야 한다는 이유도 여기에 있을 것이다. 그것은 우유와 버터의 생산에 마법만큼 치명적인 해를 끼치는 것은 없다고 믿었기 때문이다.

이와 같이 웨일스에도 우유를 짜는 사람의 행운을 확증하기 위해서, 설날이 지난 뒤에 맨 처음 송아지를 낳은 암소에게 겨우살이 다발을 먹이는 관습이 있었다. 겨우살이가 넉넉한 웨일스의 시골 농가에는 언제나 그것이 쌓여 있다. 겨우살이가 적은 시기에 웨일스의 농부들은 "겨우살이 없이는 행운이 있을 수 없다"고 말했다. 그리고 겨우살이가 풍부하면, 농작물의 풍작을 기대했다. 스웨덴에서는 성 요한제 전야에 열심히 겨우살이를 찾아다닌다. 사람들은 그것이 매우 신비적인 특징을 갖고 있다고 믿고 있었기 때문이다. 집이나 마구간 또는 외양간의 천장에 겨우살이 가지를 꽂아 두면, 악마 트롤이 사람이나 짐승을 해칠 힘을 잃는다고 믿는다.

겨우살이를 채집해야 하는 시기에 대해서는 여러 의견이 있다. 드루이드 사제들은 그것을 특히 달의 6일째 날에 채집했고, 고대 이탈리아인들은 분명히 달의 첫날에 채집했다. 근대에 이르러 어떤 사람은 3월의 보름날이 좋다고 하고, 다른 사람은 태양이 궁수자리에 있는 겨울철 달이 기울어지는 무렵이 좋다고 한다. 그러나 가장 좋은 시기는 하지절 전야나 하지절 당일인 듯하다. 우리는 프랑스와 스웨덴에서 하지에 채집된 겨우살이에 특별한 효험이 있다고 인정하는 것을 이미 살펴보았다. 스웨덴에서의 규칙은 "겨우살이는 태양과 달이 최고의 위력을 보여주는 하지절 전야에 채취되어야 한다"고 여겼다. 또 웨일스에서는 성 요한제 전야(하지절 전야)나 혹은 딸기가 나타나기 전의 알맞은 시기에 채집된 겨우살이 가지를 잠자는 사람의 베개 밑에 넣어 두면, 좋건 나쁘건 간에 전조를 보여 주는 꿈을 꿀 수 있다고 믿었다.

이렇게 겨우살이는 1년 중 가장 긴 날, 즉 태양이 최고점에 다다를 때 그 주술력이나 치료력이 최고조에 달한다는 식물들 가운데 하나이다. 이러한 점에서 이 식물을 높이 숭배한 드루이드 사제들의 눈에는, 신성한 겨우살이가 6월의 하지날에 그 신비적 영험을 두 배로 나타내는 것으로 생각했고, 따라서 그들이 언제나 하지절 전야에 엄숙한 의식을 집행하면서 그것을 채취했을 것이라고 추측하는 것도 마땅할 것이다.

그것은 그렇다 하고 발데르를 살해한 무기였던 겨우살이는, 발데르의 고향인 스칸디나비아에서 그 신비적 영험을 위해 하지절 전야에 규칙적으로 채집되었다는 것이 확실하다. 그 식물은 보통 스웨덴의 따뜻한 지방 전역에서 무성하고 습기찬 숲의 배나무나 떡갈나무에서 기생한다. 이와 같이 발데르 신화의 주요한 두 사건 중의 하나는 스칸디나비아의 하지절 대축제에서 재현되고 있다. 그러나 그 신화의 주요한 다른 사건, 즉 발데르의 유해를 장작더미 위에서 화장하는 것도 덴마크, 노르웨이, 스웨덴에서 오늘날 여전히 하지절 전야에 태우는, 또는 최근까지 태우던 모닥불 축제에 그 모습이 남아 있다. 그런데 이들 나라의 불 축제에서 인형을 태우지는 않은 듯하다. 사실상 인형을 태우는 관습은 그 의미가 잊혀지면 쉽게 사라질 수 있다는 특색이 있다.

그리고 고대 스웨덴에서 하지절 모닥불로 알려진 '발데르 화장불'이란 명칭은 의심할 여지 없이 그것과 발데르와의 관련성을 보여주며, 또 오래 전에 발데르의 살아 있는 대리자인 인간이나 인형을 해마다 이 불에 불태웠으리라는 것을 수긍하게 한다. 하지절은 발데르에게 바쳐진 성스러운 계절이었기 때문에, 스웨덴의 시인 테그너르(Tegner)는 발데르가 화장된 시기를 하지라고 규정하고, 하지야말로 신이 비참한 죽임을 당한 시기였다는 오래 전부터의 전설을 매우 충실하게 따른 것으로 보인다.

이상에서와 같이, 발데르 신화의 주요한 사건들은 분명히 그리스도교가 전래되기 훨씬 이전 시대부터 유래된 유럽 농부들의 불 축제에서 재현되었다는 것을 알 수 있다. 선정된 산 제물을 벨테인의 모닥불에 던지는 흉내나 노르웨이의 하지절 모닥불 축제에서 미래의 '초록 늑대'로 불리는 인물을 모닥불에 던지는 시늉을 한 것은, 그러한 경우에 실제로 인간을 불태우는 오래된 관습의 흔적이라고 해석하는 것이 타당할 것이다. 그리고 무스하임에서 하지절 불을 밟아서 끈 젊은이가 입는 나뭇잎 옷과 결부되는 '초록 늑대'의 초록 옷은, 이와 같은 불 축제에서 불태워 죽인 인물이 나무 정령이나 식물신으로 간주되었으리라는 것을 암시해 주는 듯하다. 이러한 모든 사실을 미루어 볼 때, 발데르의 신화와 한편으로는 불 축제와 겨우살이를 채집하는 관습이 본디는 하나의 의식이었는데, 그것이 후대에 두 요소로 분리되었으리라는 점을 추론할 수 있을 것이다.

바꾸어 말하면, 우리는 발데르의 죽음의 신화가 단지 신화, 즉 인간 생활에서 죽음이란 물리적인 현상을 비유적으로 기술한 신화에 머무를 것이 아니라, 동시에 왜 해마다 신의 대리자를 불태우고 또 장엄한 의식을 치르며 겨우살이를 채집했는가를 설명하기 위한 이야기였음을 어느 정도 개연성을 갖고 가정할 수 있을 것이다. 나의 가정이 옳다면, 발데르의 비극적인 죽음의 이야기는 태양을 빛나게 하고, 나무들을 자라게 하고, 농작물을 결실하게 하고, 사람과 짐승을 요정과 트롤, 마녀, 마법사들의 술책으로부터 보호하는 주술 의식으로 해마다 연출되는 성스러운 극의 대본이었다고 볼 수 있다. 간단하게 말해서, 발데르 신화는 의식에 의해서 보충되는 자연 신화에 속한다. 흔히 그랬던 것처럼 여기에서도 주술에 대한 신화의 관계는 실천과 이론의 관계와 같다.

그러나 산 제물로서의 인간 발데르가 봄이나 하지절에 불타서 죽는 나무 정령, 또는 식물신의 살아 있는 화신으로서 살해되었다면, 발데르 자신도 나무 정령이나 식물신이었을 것이다. 그러므로 가능하다면 불 축제에서 불태운 인신 제물과 관련된 나무가 어떤 나무였는지, 그 나무의 종류를 밝히는 것이 바람직한 일이다. 식물 일반의 대리자로서 산 제물을 죽인 것이 아니기 때문이다. 식물 일반이란 관념은 원시인들에게 너무 추상적이었을 것이다. 산 제물은 어떤 특정의 신성한 나무 한 종류를 표현했을 가능성이 크다. 그러나 유럽에 자생하는 나무 중에 아리안족이 가장 신성시한 나무는 떡갈나무밖에 없다. 떡갈나무 숭배가 유럽에 있는 아리안계의 모든 민족에 성행되었다는 것을 우리는 이미 살펴보았다. 그러므로 우리는 이 나무가 여기저기로 분산되기 전부터 모든 아리안족이 숭배했다는 것과, 그들의 옛 터전이 떡갈나무 숲으로 덮인 땅이었다는 결론을 내릴 수 있다.

유럽의 모든 아리안계 민족들이 준수한 불 축제의 공통적인 원시적인 성격과 놀랄 만한 유사성을 고찰할 때, 우리는 이 불 축제들이 여러 아리안계 민족들이 자신들의 본 고향을 떠나 방랑할 때, 가지고 나온 종교적 관습의 공통적 근간을 그대로 지니고 있었다고 추론할 수 있다. 이 견해가 옳다면, 이런 원시적인 불 축제의 본질적인 특질은 나무 정령의 대리자인 인간을 불태우는 데 있었다. 그리고 아리안족의 종교에서 떡갈나무가 차지하는 위치에서 볼 때, 불 축제에서 그렇게 표상된 나무는 근본적으로 떡갈나무였을 것이라고 가정할 수 있다. 켈트족과 리투아니아인의 불 축제에 대해서는 아마 이 결론에 이의를 제기할 수 없을 것이다. 그러나 이 두 민족과 게르만족에게 그 결론은 종교적 보수주의에 의해서 확인된다.

인류에게 알려진 가장 원시적인 발화 방법은 두 개의 나무 조각을 불꽃이 튈 때까지 마찰시키는 일이다. 우리는 유럽에서 정화와 같은 신성한 불을 만들 경우에 오늘날까지도 이러한 방법을 취하고 있다는 것과, 지금 우리가 검토 중에 있는 모든 불 축제에서도 옛날에는 그와 같은 방법이 쓰였다는 것을 이미 살펴보았다. 정화나 그 밖의 신성한 불은 특수한 종류의 나무를 마찰하여 일으켜야 한다고 때때로 요구된다. 그리고 나무의 종류가 규정되는 경우에는 켈트족, 게르만족, 슬라브족 중 어느 민족에게도 그것은 일반적으로 떡갈나무였던 것으로 보인다. 그러나 신성한 불이 떡갈나무의 마찰로 점화되었다면, 우리는 모닥불의 연료 또한 떡갈나무였으리라는 것을 추측할 수 있다.

사실상 로마에서 꺼지지 않는 베스타 불은 떡갈나무로 피운 듯하며, 리투아니아의 로모브(Romove) 대성소에 있는 신성한 떡갈나무 아래서 피운 꺼지지 않는 불의 연료도 떡갈나무였을 것이다. 또 떡갈나무가 예로부터 하지절 모닥불을 태우는 연료였다는 것은, 오늘날까지도 독일의 많은 산간 지방의 농부들이 거행하는 하지절 의식에 떡갈나무의 통나무로 불을 피우는 관습에서 확인할 수 있다. 이 큰 통나무는 서서히 태워 한 해가 지날 때까지 재가 되지 않도록 고안된 것이다. 그리고 다음 하지절 축제 때가 되면, 새 통나무로 교체하고 숯덩이는 빻아 씨앗에 섞거나 밭과 과수원에 뿌린다. 그들은 이것이 난로에서 요리된 음식물을 마법으로부터 지켜 주고, 그 집의 행운을 보존하고, 농작물의 성장을 촉진하고, 병충해로부터 농작물을 지켜준다고 믿었다. 이 관습은 율로그의 관습과 거의 정확하게 일치한다. 율로그의 관습은 독일, 프랑스, 영국, 세르비아와 그 밖의 슬라브족의 여러 나라에서는 일반적으로 떡갈나무로 행해졌다. 이상에서 고대 아리안족은 주기적인 불 축제와 의식에서 신성한 떡갈나무로 불을 피웠다는 결론을 내릴 수 있다.

그러나 만일 이런 장엄한 의식에서 언제나 떡갈나무로 불을 피웠다면, 나무 정령의 화신으로서 그 불에 태워진 사람은 결코 떡갈나무 이외의 나무를 나타내지 않았다는 의미가 된다. 그러므로 신성한 떡갈나무는 이중으로 태워졌다. 나무가 불에 태워질 때 동시에 살아 있는 사람도 떡갈나무 정령의 화신으로서 태워진 것이다. 일반적으로 이와 같이 유럽 아리안족에 대해 내린 결론은, 스칸디나비아인에 적용된 특수한 사례에서도 확인된다. 스칸디나비아의 관습에서도 겨우살이와 하지절 불에 태우는 산 제물의 관계가 엿보인다. 우리는 스칸디나비아인들이 하지에 겨우살이를 채집하는 것이 관습이었다는 것을 이미 살펴보았다. 그러나 이 관습의 표면에 나타나는 것만 보면, 인간 제물이나 인형을 불태우는 하지절 불과 겨우살이를 관련시켜 주는 것은 아무것도 없다. 만일 이 불을 본래 떡갈나무로 피웠다면, 왜 겨우살이를 채취해야 할 필요가 있었을까?

겨우살이를 채취하는 하지절 관습과 모닥불을 피우는 하지절 관습 사이의 최종적 관계는 이 관습과 분리될 수 없는 발데르 신화로 보충된다. 이 신화는 겨우살이와 불에 탄 떡갈나무의 대리자인 인간과의 사이에 한때 생명적인 관계가 있었다는 듯한 사실을 암시한다. 그 신화에 따르면, 발데르는 겨우살이를 제외하고는 하늘이나 땅의 어떤 것으로도 살해될 수 없었다. 또 겨우살이가 떡갈나무 위에 남아 있는 한, 그는 영원히 죽지 않는 불사신이었다. 만일 발데르가 떡갈나무였다고 가정한다면, 그 신화의 발달은 이해할 수 없는 것이 된다. 겨우살이는 떡갈나무의 생명이 자리하는 곳으로서 간주되어서, 겨우살이가 해를 입지 않는 한 떡갈나무를 죽이거나 상처를 입힐 수 없었다.

겨우살이를 떡갈나무 생명의 소재지로 보는 관념은, 떡갈나무 잎이 모두 떨어진 뒤에도 겨우살이만은 초록으로 무성한 것을 관찰한 원시인들 마음 속에서 자연스럽게 형성되었을 것이다. 이 나무의 숭배자들은 겨울이 되어 헐벗은 가지들 사이에서 신선한 겨우살이의 나뭇잎을 바라보고서, 잠자는 사람의 움직임 없는 몸 속에서 여전히 심장이 뛰고 있는 것처럼, 활동을 멈춘 나뭇가지의 신적 생명이 겨우살이에 남아 있다며 찬양했을 것이다. 그러므로 발데르 신이 살해되어야 했을 때, 즉 신성한 나무가 태워져야 했을 때, 먼저 겨우살이를 베어 내야 했던 것이다. 겨우살이가 그대로 남아 있는 한 떡갈나무는 불사신이라 여겼기 때문에 사람들은 칼이나 도끼로 아무리 쳐도 떡갈나무를 해칠 수는 없으리라고 생각했을 것이다. 그러나 떡갈나무의 신성한 심장, 즉 겨우살이를 일단 자르면, 나무는 곧 쓰러질 것이다. 그리고 후대에 떡갈나무 정령이 살아 있는 인간으로 표상되었을 때, 그 인간 또한 자신이 상징하는 나무처럼 겨우살이가 건재하는 한 살해되거나 상처 입지 않는다고 생각되는 것은 마땅한 귀결일 것이다. 따라서 겨우살이를 베는 것은 그러한 존재의 죽음을 예고하는 신호인 동시에 원인이 되었다.

이 의견에 따르면, 불사신 발데르는 겨우살이를 달고 있는 떡갈나무의 인격화 그 이상도 그 이하도 아니다. 이러한 해석은 겨우살이를 어떤 불이나 물로도 해칠 수 없다고 생각한 고대 이탈리아인의 신앙에서도 확인된다. 겨우살이가 불멸성을 지녔다고 한다면, 그것이 떡갈나무와 붙어 있는 한, 그러한 자신의 속성을 숙주인 떡갈나무에게 전달할 것이라는 것은 쉽게 생각할 수 있다. 또는 이런 관념은 다음과 같이 신화적 형태로 말할 수도 있다. 즉, 인자한 떡갈나무의 신이 자신의 생명을 가지에 기생하는 불멸의 겨우살이에게 안전하게 의탁했기 때문에, 겨우살이가 거기에 붙어 있는 한, 신 자신은 불사신이 될 수 있다. 그런데 교활한 적이 신이 지닌 불사의 비밀을 알아내 떡갈나무에서 겨우살이를 잘라냄으로써 떡갈나무의 신을 살해했다. 그리고 불사의 겨우살이가 나무 위에 있는 한 그에게 아무런 해도 입힐 수 없었던 불로 신의 시체를 태워 버렸다.

그러나 이와 같이 누군가의 생명이 어떤 의미에서 그 자신의 몸 밖에 있는 어떤 존재에 있다는 관념은 많은 독자들에게 기이할 것이다. 사실 이러한 관념이 원시인의 미신적 신앙과 관련해 갖는 그 의미도 아직 완전히 알려진 것이 아니다. 그러므로 이에 대해 설화와 관습 양쪽 모두에서 사례를 들어 설명하는 것은 가치가 있을 것이다. 그렇게 한다면 이 관념을 겨우살이와 발데르의 관계에 대한 설명으로 받아들임으로써, 원시인의 마음 속 깊이 각인된 어떤 원리를 밝힐 수 있을 것이다.

제66장
민간 설화에 나타난 외재적 영혼

이미 우리는 이 책의 앞 부분에서, 원시인들은 죽음에 이르지 않더라도 영혼은 육체에서 잠시 떠날 수 있다고 생각했다는 것을 살펴보았다. 그러한 영혼의 일시적 부재는 이따금 상당한 모험을 동반한다고 생각되었다. 왜냐하면 방황하는 영혼은 적들이나 그 밖의 사람들의 손에 의해 온갖 불운을 당하기 쉽기 때문이다. 그러나 육체와 영혼을 분리하는 이런 능력에는 다른 측면이 있다. 만일 몸을 떠난 영혼의 안전이 확실하게 보장될 수 있다고 하면, 영혼은 무기한 그 자리를 떠날 수도 있는 것이다. 사실 사람은 순전히 자신의 안전을 고려하여 자신의 영혼이 결코 그 몸으로 돌아오지 않기를 바랄 수도 있는 것이다.

미개인들은 생명이나 영혼을 '감각이 지속되는 가능성'이나, '외적 관계에 따른 계속적인 내적 조정'이라는 추상적인 방식으로 이해하지 못하기 때문에, 영혼을 일정한 부피를 지닌 구체적인 물체로 생각한다. 이를테면 생명이나 영혼을 볼 수 있으며 만질 수 있고, 상자나 단지에 넣어 둘 수 있고, 상처를 입히고 파괴하거나 잘게 부술 수도 있는 것으로 생각한 것이다. 그리고 그들은 그러한 영혼이 꼭 인간 속에 있어야 할 필요는 없다고 여겼다. 즉 육체를 떠나 있으면서도 먼 거리에서 일종의 공감 또는 어떤 작용에 따라서 여전히 그 사람에게 계속 생기를 불어넣어 줄 수 있다고 생각한 것이다. 따라서 미개인이 생명이나 영혼이라 부르는 그 존재가 다치지 않는 한 인간은 무사하고, 만일 그것에 위험이 가해지면 그는 고통을 받으며, 만일에 그것이 파괴되면 그도 죽는다는 식이었다.

이러한 생각은 반대로, 사람이 병에 걸리거나 죽으면 그의 생명이나 영혼으로 불리는 물질적인 존재가 그의 육체 내에 있건 외부에 있건 간에 해를 입거나 파괴된 것이라는 설명도 가능하게 했다.

그러나 생명이나 영혼이 인간 속에 머물고 있다면, 그것이 어떤 안전하고 비밀스런 장소에 감추어진 경우보다 훨씬 큰 해를 받을 상황에 놓이게 된다. 따라서 그러한 상황에 처하면 자신의 영혼을 육체에서 끄집어 내어 안전을 위해 비밀스런 곳에 두고, 위험이 지나갔을 때 다시 몸으로 돌아오도록 하면 될 것이다. 혹 우연히 절대적으로 안전한 곳을 발견한다면, 미개인은 기꺼이 거기에 영원히 영혼을 둘 수도 있다고 생각했다. 이런 행위에서 얻을 수 있는 장점은, 안전한 곳에 보관해 둔 영혼이 해를 입지 않고 머물고 있는 한 그는 영원히 죽지 않는다는 것이다. 그의 몸 속에 영혼이나 생명이 없기 때문에 어떤 것도 그의 육체를 죽일 수 없다고 믿었던 것이다.

이와 같은 원시적 신앙의 증거는 민간 설화에도 나타나는데, 그런 종류의 이야기로서 가장 잘 알려진 것은 아마도 북유럽의 '심장 없는 거인'에 대한 전설일 것이다. 이런 이야기들은 전세계에 널리 퍼져 있으며 그 수효가 많고, 각각의 설화들은 주요한 사상을 포함한 사건과 내용을 매우 다양하게 보여 준다. 여기서 우리는 외재적 영혼(external soul)의 개념이 역사의 초기 단계에서 인간의 마음을 강하게 사로잡았을 것이라고 추측할 수 있다. 왜냐하면 민간 설화는 미개인의 마음에 비친 세계의 모습을 충실하게 나타내기 때문이다. 그렇게 설화에 드러난 사상들은, 우리에게는 불합리한 것으로 보일지라도 그들에게는 일상적인 신앙의 단편이었음이 분명하다.

이탈의 기간이 길건 짧건 영혼을 육체에서 분리시키는 능력에 관계되는 한, 이러한 확신은 우리가 이제 다룰 민간 설화를 미개인들의 실제 신앙 및 관습과 비교하는 것으로 충분히 확증될 것이다. 이제 이에 대한 이야기의 몇 가지 실례를 제시한 다음, 다시 이 문제로 돌아오려고 한다. 다음의 예들은 이런 종류의 이야기의 특징적인 양상을 보여주면서 폭넓게 분포하는 것들을 위주로 선택될 것이다.

먼저 외재적 영혼에 대한 이야기는 힌두스탄에서 헤브리디스에 이르는 모든 아리안족들에 의해서 갖가지 형태로 언급된다. 일반적인 형태는 다음과 같다. 마법사나 거인, 또는 그 밖의 요정의 나라에 존재하는 것들은 어떤 비밀스런 멀고 먼 곳에 그의 영혼을 감추어 두기 때문에 불사의 존재이다. 그러나 그가 자기 마법의 성에 사로잡아 둔 아름다운 공주가 그의 비밀을 교묘하게 끌어내어 그것을 한 영웅에게 알려 주면, 그 영웅은 마법사의 영혼이나 심장, 생명 혹은 죽음(그것은 여러 가지로 호칭되는 바와 같이)을 찾아서 그것을 파괴하여 그 마법사를 죽여 버린다.

예를 들면, 힌두 설화에는 다음과 같은 것이 있다. 푼치킨(Punchkin)이란 마법사가 1년 동안 여왕을 유폐하고, 그 여왕에게 결혼을 강요했으나 응하지 않았다. 마침내 여왕의 아들이 그녀를 구하려고 나타났다. 여기서 두 사람은 푼치킨의 살해를 모의했다. 그래서 여왕은 마법사에게 결혼하기로 결심했다고 꾸며댄다. 여왕이 말했다.

"그러니 말씀해 주세요. 당신은 정말 불사신인가요? 죽음이 당신에게 가까이 오지 못하는가요? 당신은 인간의 고통을 결코 느낄 수 없는 위대한 마법사인가요?"

마법사가 대답했다.

"사실이오. 나는 다른 인간과 다르오. 여기서 몇백 몇천 킬로미터 멀고 먼 곳에는 밀림에 덮인 적막한 나라가 하나 있소. 밀림의 한복판에 종려나무가 둥그렇게 무성하고, 그 중앙에 물이 가득 찬 단지가 여섯 개 놓여 있소. 여섯 번째의 단지 밑에 작은 새장이 하나 있는데, 그 속에 녹색 앵무새 한 마리가 들어 있소. 그 앵무새의 생명에 내 생명이 달려 있소. 만일 그 앵무새가 살해되면, 나도 죽어야 하오. 그러나 그 앵무새에게는 결코 상처를 입힐 수가 없소. 왜냐하면 그 나라에 가까이 갈 수도 없거니와 내 명령으로 수천의 요귀들이 종려나무를 에워싸며, 그곳에 접근하는 사람은 누구든지 죽여 버리기 때문이오."

그러나 여왕의 젊은 왕자는 모든 어려움을 극복하고, 그 앵무새를 붙잡았다. 왕자는 그것을 마법사의 성문까지 갖고 와서, 앵무새와 놀았다. 푼치킨 마법사는 그를 보고, 자기에게 앵무새를 돌려 주도록 설득했다.

"내 앵무새를 돌려다오!" 푼치킨은 외쳤다. 그때 왕자는 앵무새를 들고 날개 한쪽을 찢어 버렸다. 왕자가 그렇게 했을 때, 마법사의 오른팔이 떨어져 나갔다. 그때 푼치킨은 왼팔을 내밀면서 외쳤다. "내 앵무새를 돌려다오!" 왕자는 앵무새의 다른 날개를 잡아뜯어 버렸다. 마법사의 왼팔이 떨어져 나갔다. 마법사는 "내 앵무새를 돌려다오!" 외치면서 무릎을 꿇었다. 왕자가 앵무새의 오른쪽 다리를 잡아뜯으니, 마법사의 오른쪽 다리가 떨어져 나갔다. 왕자가 앵무새의 왼쪽 다리를 잡아뜯으니, 마법사의 왼쪽 다리가 떨어져 나갔다. 몸뚱이와 머리만 남고 아무것도 없었다. 그러나 마법사는 여전히 두 눈을 굴리면서 "내 앵무새를 돌려다오!" 외쳤다. 이에 왕자가 "그래? 그러면 너의 앵무새를 가져가려므나" 소리치며 앵무새의 목을 비틀어서 마법사에게 던졌다. 그 순간, 푼치킨의 목이 비틀려지면서 무서운 비명소리와 함께 죽고 말았다.

다른 힌두 설화에서는 한 식인귀가 딸한테서 질문을 받는다.

"아버지, 아버지는 영혼을 어디에 두시지요?"

식인귀는 대답했다. "이곳에서 25킬로미터 떨어진 곳에 나무 한 그루가 있다. 그 나무 주위에는 호랑이, 곰, 전갈, 뱀이 많이 있다. 나무 꼭대기에는 커다랗고 살찐 뱀 한 마리가 있다. 그 뱀의 머리 위에 작은 둥우리가 있는데, 그 속에 새 한 마리가 들어 있다. 내 영혼은 그 새 속에 있다."

이 식인귀의 최후도 앞의 이야기에 나오는 마법사의 경우와 같다. 새의 날개와 다리가 찢기면, 식인귀의 팔과 다리도 떨어져 나간다. 그리고 새의 모가지를 비틀면, 그도 죽어 버린다.

벵골의 한 설화에서는 모든 식인귀가 실론 섬에 살고 있으며, 그들의 생명은 한 개의 레몬 속에 들어 있다고 한다. 한 소년이 그 레몬을 자르면 모든 식인귀는 죽는다.

인도에서 유래되었다고 생각되는 시암이나 캄보디아 설화에 따르면, 실론의 왕인 토사칸(Thossakan) 혹은 라바나(Ravana)는 출정 중에 마법으로 자신의 영혼을 육체에서 끄집어 내어 상자 속에 넣고 집에 남겨 둘 수 있다고 한다. 이렇게 하여 그는 전쟁에서 나치거나 죽지 않았다. 그가 라마(Rama)와 전쟁하려고 했을 때, 자기의 영혼을 '불의 눈(Fire-eye)'이라 불리는 은자에게 맡겨 놓으면, 은자는 그 영혼을 그를 위해 안전하게 보존했다. 그래서 전쟁 중에 라마는 자기 화살이 토사칸을 맞혔는데도 왕이 다치지 않는 것을 보고 놀랐다. 그러나 라마 동맹군의 한 사람이 토시칸 왕이 지닌 불사의 비밀을 알아차리고, 마법의 힘으로 왕의 모습으로 변신하고는 '불의 눈'에게 가서 그의 영혼이 들어 있는 상자를 돌려 달라고 요구했다. 그는 상자를 받자마자 하늘 높이 올라가 라마에게 날아갔다. 그가 상자를 휘두르며 짓누르자 토사칸 왕은 육체에서 생기가 빠져 나가 죽고 말았다.

벵골 설화에서는, 한 왕자가 먼 나라에 가려고 할 때, 부왕의 궁정정원에 나무 한 그루를 손수 심고 부모에게 이렇게 말했다.

"이 나무는 제 생명이옵니다. 나무가 푸르고 싱싱하면 저도 건강한 것으로 알아 주십시오. 나무의 어느 부분이 시들면 제가 불행한 처지에 있다고 생각해 주십시오. 그리고 나무 전체가 시들면, 저는 이미 죽은 것으로 알아 주십시오.”

인도의 다른 설화에서는, 어떤 왕자가 여행을 떠나기 전에 보리 한 포기를 심어 놓고 정성들여 돌보아 주도록 부탁했다. 왜냐하면 보리가 잘 자라는 경우엔 자기도 건강하게 살아 있고, 시들면 그도 재앙에 부딪혔다는 징조이기 때문이다. 그런데 그런 결과가 되고 말았다. 왕자의 목이 잘려 떨어지자, 보리 이삭이 꺾이면서 땅에 떨어지고 말았다.

몸에서 떨어져 나온 영혼
몸에서 떨어져 나온 영혼 이야기는 구약성서에도 나온다. 삼손의 힘과 생명은 그의 머리카락에 깃들어 있으며 또한 그것이 치명적인 약점이었다. 데릴라가 삼손의 머리카락을 잘랐다. 이탈리아 화가 만테나의 그림. 국립미술관, 런던

고대와 근대의 그리스 설화에서도 외재적 영혼의 관념은 드물지 않다. 멜레아그로스(Meleagros)가 탄생한 지 7일째 되는 날 운명의 신이 그의 어머니에게 나타나서, 난로에서 타고 있는 장작이 모두 타서 없어지면 멜레아그로스도 죽을 것이라고 말했다. 그래서 어머니는 난로에서 타다 남은 장작을 얼른 꺼내 상자 속에 넣어 두었다. 그러나 몇 년 뒤 아들이 그녀의 형제들을 살해했기 때문에, 격분한 어머니는 그 장작을 불에 태워 버렸다. 그러자 불꽃이 마치 그의 생명을 잡아먹듯이 멜레아그로스는 고통을 받다가 죽었다.

또 메가라(Megara)의 니소스(Nisos) 왕은 머리 한가운데에 자줏빛 또는 황금빛 머리카락을 가졌는데, 그 머리카락이 뽑히면 왕은 죽을 운명이었다. 메가라가 크레타인들에게 포위되었을 때, 왕의 딸 스킬라 공주는 크레타의 왕 미노스와 사랑에 빠져 자기 아버지의 머리에서 그 운명의 머리카락을 뽑아 버리고 말았다. 그래서 니소스 왕은 죽고 말았다.

근대 그리스의 민간 설화에서는, 어떤 남자의 힘이 머리에 나 있는 세 개의 황금빛 머리카락에 있었다고 한다. 그의 어머니가 그것을 뽑아 버리자, 그는 약해지고 겁이 많아져서 적에게 살해되었다.

근대의 다른 그리스의 설화에서는, 한 마법사의 생명이 멧돼지의 뱃속에 있는 세 마리 비둘기에 달려 있었다. 첫 번째 비둘기가 살해되면 그 마법사는 병에 걸리고, 두 번째 비둘기가 살해되면 병이 중해지고, 세 번째 비둘기가 살해되면 그는 죽는다. 이와 같은 종류의 다른 그리스 설화에서는 식인귀의 힘은 멧돼지 속의 세 마리의 노래하는 새들에게 있었다. 영웅이 그 새 중에서 두 마리를 죽이고 그 식인귀의 집에 와 보니, 그는 괴로워하면서 땅에 쓰러져 있었다. 영웅이 세 번째 새를 식인귀에게 보여 주니, 그는 그것을 날려 보내든지 아니면 자기가 잡아먹게 해달라고 애걸했다. 그러나 영웅이 그 새의 목을 비틀자 식인귀는 그 자리에서 죽고 말았다.

「알라딘과 요술 램프」의 근대 로마판에서는 한 마법사가 바다 한가운데에 떠 있는 바위에 유폐시켜 놓은 공주에게 자기는 절대로 죽지 않는다고 말한다. 공주는 자기를 구원하러 온 남편인 왕자에게 이것을 알려 준다. 왕자가 말했다.

"그에게 치명적인 약점이 하나도 없으면, 구원은 불가능하오. 그 치명적인 약점이 무엇인가를 알아보오." 그래서 공주는 마법사에게 물었다. 마법사는 공주에게 숲 속에 일곱 개의 머리를 가진 괴물 뱀이 있는데, 그 뱀의 머리 속에 토끼 새끼가 있고, 그 토끼의 머리 속에 새가 한 마리 들어 있고, 그 새의 머리 속에 보석 하나가 들어 있는데, 만일 이 보석이 자기 베개 밑에 놓이면 죽게 된다고 말했다. 왕자는 고생 끝에 그 보석을 손에 넣어 공주에게 주었고, 공주는 그것을 마법사의 베개 밑에 놓았다. 마법사는 베개를 베자마자, 무시무시한 비명을 세 차례 지르고 세 번 돌다가 죽었다.

이와 비슷한 설화가 슬라브 민족에게도 퍼져 있다. 러시아에 다음과 같은 설화가 있다. '죽지 않는 코시체이(Koshchei)'라는 마법사가 공주를 유괴하여 그의 황금의 성 안에 가두었다. 그런데 어느 날 공주가 근심에 잠겨 성의 안뜰을 홀로 거닐고 있을 때, 한 왕자가 나타나 마법사의 손아귀에서 벗어날 수 있는 계책을 알려주었다. 공주는 왕자와 함께 도망칠 수 있다는 기대에 용기를 얻어, 마법사에게 가서 왕자가 시킨 대로 거짓과 아첨하는 말투로 그를 꾀었다.

"나의 사랑스러운 친구여, 말해 주세요. 당신은 정말 죽지 않나요?"

마법사가 대답했다.

"물론 죽지 않소."

공주가 물었다.

"그렇다면 당신의 죽음은 어디에 있나요? 당신 집 안에 있나요?"
마법사가 대답했다
"물론 거기 있지. 입구에 세워 둔 빗자루 속에 있소."
즉시 공주는 그 빗자루를 집어서 불 속에 던졌다. 그러나 '죽지 않는 코시체이'는 멀쩡했다. 사실 머리카락 하나도 그을리지 않았다. 첫 시도가 좌절된 공주는 새침한 표정으로 말했다.
"당신은 나를 진심으로 사랑하지 않는군요. 당신의 죽음이 어디 있는가를 제게 솔직하게 말해 주지 않았으니 말입니다. 그러나 나는 화를 내지 않아요. 당신을 진심으로 사랑하니까요." 그녀는 이런 달콤한 말을 하며 그의 죽음이 있는 곳을 진짜로 말해 달라고 마법사에게 호소했다. 그러자 마법사는 웃으면서 말했다.
"왜 그것을 알려고 하지? 당신이 사랑스러우니 어디에 있는가를 말해 주지. 어떤 들에 푸른 떡갈나무 세 그루가 서 있는데, 가장 큰 떡갈나무의 뿌리 밑에 벌레 한 마리가 있지. 이 벌레를 발견해서 짓밟으면 그 순간에 나도 죽는다오."
이 말을 듣고, 공주는 곧장 왕자에게 이야기했다. 그는 여러 곳을 돌아다니다가 마침내 떡갈나무를 발견하고 그 벌레를 잡아 짓밟아 버렸다. 그런 다음 그는 마법사의 성으로 서둘러 돌아왔으나, 마법사가 여전히 살아 있다는 말을 공주에게 듣게 된다. 공주는 다시 한 번 감언이설로 꾀어 코시체이를 간계에 빠뜨렸다. 그는 마음의 문을 활짝 열고 진실을 공주에게 말했다.
"나의 죽음은 여기서 먼 곳 넓은 바다의 찾기 힘든 곳에 있소. 그 바다에 섬 하나가 있고 그 섬에는 푸른 떡갈나무 한 그루가 자라고 있는데, 그 나무 아래에 쇠로 만든 궤짝이 있고, 그 궤짝 속에는 작은 둥우리가 있지. 그 둥우리 속에는 한 마리의 산토끼가 있으며, 산토끼 속에는 오리 한 마리가 있고, 그 오리 속에 알이 하나 들어 있소. 이 알을 깨뜨리면, 동시에 나도 죽게 된다오."
왕자는 물론 이 운명의 알을 찾아내어 그것을 손에 들고 불사의 마법사와 대결하게 된다. 그 괴물이 왕자를 죽이려고 하자, 왕자는 알을 짓누르기 시작했다. 마법사는 고통스럽게 비명을 질러댔다. 그리고 미소짓는 공주에게 말했다.
"너를 사랑했기 때문에 나의 죽음이 있는 곳을 가르쳐 주었는데, 이것이 나에게 주는 보답인가?"

그 말과 동시에 마법사는 벽에 걸려 있는 검을 잡았다. 그러나 그보다 먼저 왕자가 그 알을 깨뜨려 버렸다. 그러자 불사의 마법사는 죽고 말았다.

코시체이의 죽음에 대한 이야기 중의 어떤 판본에서는, 그가 신비스러운 알에 이마를 얻어맞고 살해되었다고 한다. 이 알은 그의 생명을 비밀 속에 숨겨두고 있는 마법 쇠사슬의 마지막 고리였다. 같은 이야기지만 뱀에 대한 다른 판본에서는 최후의 치명적인 타격은 알의 노른자위 속에 있는 작은 돌멩이에 의해 가해진 것으로 나온다. 그 알은 오리 속에, 오리는 산토끼 속에, 산토끼는 돌멩이 속에, 돌멩이는 어떤 섬에 있었다는 것이다.

튜튼족 계통의 민족들 사이에서도 외재적 영혼의 이야기가 없는 것은 아니다. 트란실바니아의 색슨족이 전하는 설화에서는 한 젊은이가 반복하여 마녀를 쏘았다고 한다. 그러나 탄환이 제대로 그 마녀를 꿰뚫어도 아무런 해를 입히지 못했다. 마녀는 그를 비웃으면서 우롱할 뿐이었다.

"어리석은 벌레 같은 놈, 마음대로 쏘아 보라지. 아무리 쏘아도 나는 해를 입지 않는다. 내 생명은 나에게 있지 않고, 멀고 먼 곳에 있어. 어떤 산 속에 못이 있고, 그 못에 오리가 떠 있다. 그 오리 속에 알이 있고, 알 속에 횃불이 타오르고 있다. 그 횃불이 내 생명이다. 네가 그 불을 끌 수 있다면, 그때 내 생명도 끝장난다. 그러나 그런 일은 결코 있을 수 없지."

그러나 젊은이는 그 알을 찾아내 깨뜨리고, 그 불을 꺼버렸다. 그러자 마녀도 죽었다.

독일 설화에서는 '영혼이 없는 육체' 또는 '영혼이 없는 것'이라고 불리는 한 식인귀가 홍해에 떠 있는 바위 위의 한 상자 속에 그의 영혼을 감추어 두었다. 한 병사가 그 상자를 찾아내 '영혼이 없는 것'에게 갖고 가니, 그는 병사에게 자기 영혼을 돌려 달라고 간청한다. 그러나 병사는 상자를 열고, 영혼을 끄집어내 그의 머리 위로 던져 버렸다. 동시에 식인귀도 땅에 쓰러져 죽고 말았다.

독일의 다른 설화에서는, 늙은 마법사가 넓고 음산한 숲 가운데에 처녀와 단둘이서 살았는데, 처녀는 그가 늙어서 죽어 버리면 혼자 숲 속에 남게 될까 봐 두려워했다. 그러자 그는 처녀에게 확신을 준다. 마법사가 말했다.

"애야, 나는 죽지 않아. 내 가슴 속에 심장이 없으니까."

처녀는 심장이 있는 곳을 말해 달라고 졸라댔다. 그러자 그가 말했다.

"여기서 멀고 먼, 알지 못하고 쓸쓸한 곳에 큰 교회가 있단다. 교회는 철문으로 굳게 닫혀 있고, 교회 둘레에 넓고 깊은 호수가 있지. 교회 안에 새 한 마리가 날고 있는데, 그 새 속에 내 심장이 들어 있어. 새가 살아 있는 한 나도 살아 있을 것이란다. 새는 스스로 죽지 못하며, 새를 붙잡을 수 있는 사람은 아무도 없지. 그러니 나는 죽지 않을 것이다. 걱정하지 말아라."

그러나 자기 아내가 되기 전에 그 처녀를 마법사에게 빼앗긴 젊은 남자가 교회에 접근해서 천신만고 끝에 그 새를 붙잡았다. 그는 그 새를 처녀에게 가지고 갔다. 처녀는 젊은이와 새를 마법사의 침대 아래 숨겨 두었다. 곧 늙은 마법사가 집에 들어왔다. 그는 괴로워하면서 고통을 호소했다. 처녀는 울면서 말했다.

"아, 당신께서 돌아가시겠어요. 역시 심장이 가슴 속에 있었군요."

마법사가 대답했다.

"애야, 말조심해라. 나는 죽지 않는다. 곧 나을 것이다."

그 말이 떨어지자, 젊은 남자는 침대 밑에서 그 새 모가지를 가만히 졸랐다. 그가 그렇게 했을 때, 늙은 마법사는 매우 답답해하며 그 자리에 주저앉았다. 그때 젊은이는 새 모가지를 더 세게 졸랐다. 마법사는 그만 정신을 잃고 의자에서 떨어졌다. 처녀가 소리쳤다.

"자, 새를 죽여요."

젊은이는 애인이 시키는 대로 했다. 새가 죽자, 늙은 마법사도 마루 위에서 그대로 죽어 버렸다.

'심장 없는 거인'에 대한 북유럽 설화에서, 거인은 포로가 된 공주에게 다음과 같이 말했다.

"멀고 먼 곳에 있는 호수 속에 섬이 있고, 그 섬에 교회가 있고, 교회 안에 우물이 있고, 그 우물 속에서 오리가 헤엄치고, 그 오리 속에 알이 들어 있고, 그 알 속에 내 심장이 들어 있다."

이 이야기의 주인공은 평소 친절하게 대해 주던 어떤 동물의 도움을 받아 알을 얻고, 그것을 가만히 누른다. 동시에 거인은 가련하게 소리치면서 살려달라고 애걸한다. 그러나 주인공이 알을 깨뜨려 버리자, 거인은 곧바로 죽어 버린다. 북유럽의 다른 설화에서는 산 속의 식인귀가 포로가 된 공주에게 머리가 아홉 개 달린 용의 아홉 번째의 혀 밑에 있는 모래알을 발견하지 못하면, 집에 절대로 돌아갈 수 없을 것이라고 말한다. 그러나 그 모래알이 식인귀가 사는 바위 위에 놓이게 되면, 식인귀들은 모두 터져 죽게 되고, 바위는 황금의 궁전이 되고 호수는 푸른 목장이 될 것이라고 말한다. 주인공은 그 모래알을 찾아서 식인귀들이 살고 있는 큰 바위 위에 놓아 둔다. 그러자 한 식인귀가 예언한 대로 모든 식인귀는 터지거나 떨어져 죽었다.

스코틀랜드의 서부 하일랜드에서 기록된 켈트족 설화에서는, 포로가 된 여왕이 거인에게 그의 영혼을 숨겨 둔 곳을 물었다. 그는 여왕을 몇 번이나 속인 끝에 치명적인 비밀을 털어 놓았다.

"입구 밑에 큰 돌쩌귀 하나가 있지. 그 밑에 거세된 양 한 마리가 있고, 그 양의 배 속에 오리 한 마리가 있고, 그 오리의 배 속에 알이 하나 있는데, 그 알 속에 내 영혼이 있다."

다음 날 그 거인의 부재 중에 여왕은 고생 끝에 그 알을 찾아내어, 두 손으로 깨뜨려 버렸다. 날이 어두워지자 집으로 급히 돌아오던 거인은 그 순간 죽어 넘어졌다. 켈트족의 다른 설화에서는 바다의 한 괴물이 공주를 납치했다. 늙은 대장장이가 그 짐승을 죽이는 방법은 하나밖에 없다고 말했다.

"호수 가운데에 있는 섬에 아일리드 카이스피언(Eillid Chaisfhion)이라는 암사슴이 있다. 그 암사슴은 아주 날씬한 흰 다리를 가졌고 아주 날쌔게 달리는데, 그 암사슴을 붙잡으면 그 속에서 까마귀가 나온다. 까마귀를 잡으면 그 속에 송어가 들어 있다. 그 송어의 입 속에 알 한 개가 들어 있는데, 바다 괴물의 영혼은 그 알 속에 있다. 그리고 그 알이 깨지면 그 짐승도 죽는다."

다른 경우처럼, 알은 깨지고 그 괴물도 죽었다.

아일랜드의 한 설화에서는 거인이 아름다운 처녀를 산꼭대기에 있는 성 안에 가두었는데, 그 산은 그 아름다운 처녀를 구출하려다가 죽은 용사들의 뼈로 하얗게 덮여 있었다. 어떤 영웅이 거인을 몇 번이나 칼로 베고 찔렀어도 죽지 않자, 그를 죽이는 오직 하나의 방법을 알아냈는데, 그것은 어떤 알로 거인의 오른쪽 가슴에 있는 혹을 문지르는 것이었다. 그 알은 오리 속에 있고, 오리는 궤짝 속에 있고, 그 궤짝은 자물쇠가 채워져 바다 밑 깊은 곳에 묶여 있다는 것이다. 영웅은 친절한 동물들의 도움으로 그 귀중한 알의 주인이 되었으며, 그것을 거인의 오른쪽 가슴에 난 혹에 던지자 그는 그자리에서 죽어 버렸다. 이와 마찬가지로 브르타뉴 설화에도 불이나 물이나 쇠붙이로도 해칠 수 없는 한 거인이 등장한다. 거인은 이제까지의 아내들을 모두 죽인 뒤에 갓 결혼한 일곱 번째 아내에게 말했다.

"나는 죽지 않는다. 내 가슴에 알을 던져 깨뜨리지 않는 한 나를 해칠 수 있는 사람은 하나도 없다. 그 알은 비둘기 속에 있고, 비둘기는 산토끼의 배 속에 있고, 그 산토끼는 여우의 배 속에 있고, 그 여우는 내 형제의 배 속에 들어 있는데, 내 형제는 여기서 수천 킬로미터나 떨어진 곳에 살고 있지. 그 때문에 나는 아주 안전하다."

한 병사가 노력한 끝에 그 알을 얻어 거인의 가슴에 던져 깨뜨리니, 거인은 곧바로 죽었다. 브르타뉴의 다른 설화에서는, 거인의 생명이 그의 성 안의 정원에서 자라는 오래된 회양목 속에 있었다. 그를 죽이려면, 작은 뿌리 하나라도 상처내지 않고, 도끼로 단번에 나무의 큰 뿌리를 내리쳐서 잘라야 한다. 다른 예와 같이 주인공은 이 일을 성공적으로 끝내고, 그 순간에 거인은 죽었다.

이제껏 우리는 인도에서 아일랜드에 이르는 아리안족들이 말하는 민간 설화에서 외재적 영혼이라는 관념의 흔적을 더듬어 보았다. 이제 우리는 아리안 계통에 속하지 않는 민족들의 민간 설화에서도 똑같은 관념이 일반적으로 나타난다는 것을 알아야 한다. 기원전 1300년경에 람세스 2세의 치세 때 기록된 '두 형제'라는 고대 이집트 설화가 있다. 형제 한 사람이 자기의 심장에 마법을 걸어서 아카시아꽃 속에 두었는데, 아내의 선동으로 그 꽃이 잘려졌을 때 그는 즉시 죽고 말았다. 그러나 그의 형제가 잃었던 심장을 아카시아 열매 속에서 발견하여, 그것을 신성한 물이 담긴 컵 속에 넣었을 때 그는 다시 살아나게 되었다.

「아라비안나이트」의 샤이후알물루크의 이야기에서, 악마는 포로가 된 인도의 공주에게 다음과 같이 말했다.

"내가 태어났을 때 점성가는 인간 왕들의 아들 가운데 누군가가 내 영혼을 죽일 것이라고 선언했다. 그래서 나는 내 영혼을 끄집어 내어 그것을 참새의 모래주머니 속에 넣고, 그 참새를 작은 상자에 넣어 두었다. 또 그 상자를 또 하나의 상자 속에 넣고, 다시 일곱 개의 상자 속에 넣었다. 이것을 다시 차례로 일곱 개의 궤짝 속에 넣고, 그것을 대리석의 상자에 넣어 큰 바다 가장자리에 놓았다. 왜냐하면 그곳은 인간 세계에서 멀리 떨어진 곳이어서 사람들이 접근할 수 없기 때문이다."

그런데도 샤이후알물루크는 그 참새를 잡아서 죽였다. 악마는 땅에 쓰러져 검은 잿더미 산이 되었다. 카바일(Kabyle)의 설화에서는, 한 식인귀가 그의 운명이 아주 먼 곳에 있는 한 알 속에 있으며, 그 알은 비둘기 속에, 비둘기는 낙타 속에, 또 낙타는 바다 속에 있다고 말했다. 어떤 영웅이 그 알을 찾아내어 두 손으로 깨뜨려 버리자 식인귀는 곧 죽어 버렸다.

헝가리의 마자르(Magyar)족 민간 설화에는 늙은 마녀가 암브로스라는 어린 왕자를 납치해 저승의 감옥에 가두었다. 어느 날, 그녀는 왕자에게 비밀을 털어 놓았다. 그녀는 멧돼지 한 마리를 푸른 목장에 기르고 있는데, 멧돼지를 죽이면, 그 속에서 산토끼가 나올 것이며, 그 산토끼 속에 비둘기가 있고, 비둘기 안에 작은 상자 하나가 있다. 그 상자 속에 검은 장수풍뎅이와 빛나는 장수풍뎅이가 각각 있는데, 검은 장수풍뎅이는 그녀의 힘이며, 빛나는 장수풍뎅이는 그녀의 생명이라는 것이다. 만일 이 두 장수풍뎅이가 죽으면 마녀의 생명도 끝장이 난다고 말했다.

늙은 마녀가 외출했을 때, 암브로스는 멧돼지를 죽여서 산토끼를 끄집어 냈다. 산토끼에서 비둘기를, 비둘기에서 상자를, 그리고 상자에서 두 마리의 장수풍뎅이를 끄집어 내어, 검은 것을 죽이고 빛나는 것은 살려 두었다. 그러자 마녀의 힘은 곧 없어지고, 집에 오자마자 침대에 드러누웠다. 암브로스는 밖으로 도망치는 방법을 마녀에게 물은 다음, 빛나는 장수풍뎅이를 죽였다. 곧 늙은 마녀의 영혼이 그녀에게서 떠났다.

칼무크(Kalmuck)족에는 어떤 칸(Khan)이 한 현자에게 자기의 생명이 들어 있는 보석을 훔쳐내어 그의 능력을 보여 달라고 한 설화가 있다. 그 현인은 고생 끝에 칸과 그의 호위자들이 잠자는 틈을 타서 그 보석을 몰래 훔쳤다. 그러나 이것만으로 만족하지 않고, 그는 잠든 그 군주에게 오줌통을 씌우며 자신의 재주를 한 번 더 증명했다. 이것은 칸에게 너무 지나친 일이었다. 다음 날 아침 칸은 현자에게 자기는 모든 것은 덮어둘 수 있으나 오줌통을 씌우는 모욕에 대해서는 참을 수 없다고 말하고, 이 오만한 현자를 즉시 처형하라고 명했다. 칸의 분노에 곤란해진 현자는 손에 여전히 들고 있던 그 마력의 보석을 땅에 내던졌다. 그러자 곧 칸은 코피를 흘리면서 죽어 버렸다.

타타르에는 아크몰로트(Ak Molot)와 불라트(Bulat)라는 두 영웅이 사투를 벌인다는 어떤 시가 있다. 아크몰로트가 그의 적을 화살로 꿰뚫고 또 꿰뚫어 땅에 내던졌으나 불라트는 죽지 않았다. 이 싸움이 3년 동안 이어진 끝에 아크몰로트의 한 친구가 작은 황금 상자 하나가 하늘에서 늘어뜨린 흰 실에 매달린 것을 보고, 아마 이 상자가 불라트의 영혼을 간직하고 있으리라고 생각하고 아크몰로트에게 말했다. 그래서 아크몰로트는 화살로 흰 실을 쏘아서 상자를 떨어뜨렸다. 그것을 열어 보니, 그 속에 열 마리의 흰 새가 들어 있었는데, 그 가운데 한 마리가 불라트의 영혼이었다. 불라트는 자신의 영혼이 상자 속에서 발견된 것을 보고 울었다. 그러나 새는 차례차례로 살해되었다. 따라서 아크몰로트는 쉽게 그의 적을 살해할 수 있었다.

또 타타르인의 다른 시에 따르면, 두 형제가 다른 두 형제와 싸우러 나갈 때, 그들의 영혼을 끄집어 내어 여섯 개의 줄기가 달린 흰 풀로 모습을 바꾸어 깊은 구멍 속에 감추어 두었다. 그러나 적들 중 한 사람이 이것을 엿보고 있다가 그들의 영혼을 끄집어 내어 황금 뿔 속에 넣고, 그 뿔을 화살 통에 넣어 두었다. 자기들의 영혼들이 도둑맞았다는 사실을 알아차린 두 전사는 승리의 기회를 잃은 것을 알고 적들과 화해했다. 타타르족의 또 다른 시에서는 무서운 악마가 모든 신들과 영웅들에게 도전한다. 드디어 한 용감한 청년이 이 악마와 싸워서 그의 손발을 묶고 칼로 그를 토막낸다. 그러나 여전히 악마는 죽지 않았다. 그래서 청년은 악마에게 이렇게 물었다.

"말해라. 네 영혼을 감춘 곳이 어디냐? 네 영혼이 네 몸 속에 있었다면 너는 벌써 죽었어야 했는데."

악마가 대답했다. "내 말의 안장 위에 자루가 있다. 그 속에 열두 개의 머리가 달린 뱀 한 마리가 있다. 그 뱀 속에 내 영혼이 있다. 네가 뱀을 죽이면 동시에 나도 죽는다." 그 청년은 말의 안장 위에 있는 자루를 내려 열두 개의 머리를 가진 뱀을 죽였다. 동시에 악마도 숨을 거두었다. 타타르인의 또 다른 시에서, 코크찬이라는 영웅이 자신의 힘의 절반이 들어 있는 금반지를 어떤 처녀에게 맡겼다. 나중에 코크찬이 어떤 영웅과 오랫동안 싸웠으나 그를 죽일 수 없자, 그 처녀가 그의 힘의 절반이 들어 있는 금반지를 그의 입 속에 넣어 주었다. 그러자 그는 신성한 힘을 얻어 적을 죽였다.

몽고의 설화에서는 영웅 요로(Joro)가 그의 적인 라마승 초리동(Tschoridong)을 다음과 같이 제압한다. 마법사인 라마가 요로의 눈을 찌르기 위해서 자신의 영혼을 말벌 모습으로 바꾸어 보낸다. 그러나 요로는 말벌을 붙잡아 손에 넣고, 손을 오므렸다 폈다하여 라마승을 실신시켰다 회복시켰다 한다.

타타르인에게는 또 다른 시가 있다. 두 청년이 늙은 마녀의 배를 절개해서 창자를 끄집어 내어도, 늙은 마녀가 여전히 살아 있었다. 영혼이 어디에 있느냐는 물음에 그 마녀는 영혼이 신발 밑창 가운데 일곱 개의 머리를 가진 얼룩 뱀의 모양으로 숨어 있다고 대답한다. 그래서 청년 중 한 사람이 칼로 신발 밑창을 찢고 반점 있는 뱀을 끄집어 내어 일곱 개의 머리를 모두 잘라버렸다. 그러자 마녀는 즉시 죽고 말았다.

또 타타르인의 다른 시에는 영웅 카르타가(Kartaga)가 '백조 여자'와 싸우는 광경이 그려진다. 그들은 오랫동안 싸운다. 달이 바뀌고 해가 바뀌어도 그 싸움이 끝나지 않았다. 그러나 얼룩말과 검정 말은 '백조 여자'의 영혼이 그녀에게 있지 않다는 것을 알았다. 검은 땅 밑에 아홉 개의 바다가 흐르고, 그것들이 서로 만나 하나의 바다가 되는 곳에서 땅의 표면이 나타난다. 아홉 개의 바다 입구에 구리 바위가 솟아 있다. 이 구리 바위는 대지의 표면을 뚫고 올라와 하늘과 땅 사이에 솟아 있다. 그 구리 바위의 밑에 검은 상자 하나가 있고, 그 속에 황금 궤짝이 있고, 이 속에 '백조 여자'의 영혼이 들어 있는 것이다. 일곱 마리의 작은 새들이 바로 '백조 여자'의 영혼이었다. 만일 이 새들을 죽이면 '백조 여자'는 즉시 죽을 것이다. 그래서 말들이 구리 바위 밑으로 달려가서 검은 상자를 열고 황금 궤짝을 가져왔다. 얼룩말은 대머리 남자로 변신해서, 황금 궤짝을 열고 일곱 마리 새들의 머리를 잘라 버렸다. 그러자 '백조의 여자'는 곧바로 죽어 버렸다.

타타르인의 또 다른 시에서, 어떤 영웅이 그의 가축을 쫓아버린 누이동생을 추적하다가 포기하도록 경고를 받았다. 왜냐하면 황금의 칼과 황금의 화살로 변신한 그의 영혼을 갖고 있는 누이동생이 그 이상의 추적을 받으면, 황금 칼과 화살을 쏘아 그를 죽일 것이라고 위협했기 때문이다.

말레이의 어떤 시에는 옛날 인드라푸라의 도성에 아주 부유하게 살고 있으나 자식이 없는 한 상인의 이야기가 나온다. 어느 날 그가 아내와 함께 강가를 거닐 때, 천사처럼 아름다운 여자아이를 발견했다. 그래서 이 아이를 양녀로 맞아들여 비다사리(Bidasari)라고 불렀다. 그 상인은 황금 물고기를 만들어 양녀의 영혼을 그곳에 옮겼다. 그리고 그 황금 물고기를 물이 가득 들어 있는 황금 상자에 넣어 연못 속에 감추었다. 소녀는 아름다운 처녀로 자랐다. 그런데 인드라푸라의 왕에게는 아름답고 젊은 왕비가 있었는데, 그 왕비는 왕이 둘째 부인을 얻지나 않을까 하는 걱정 속에서 살았다. 게다가 왕비는 비다사리의 미모에 대한 소문을 듣고 그녀를 없애 버리려 했다. 왕비는 처녀를 궁으로 유인하여 잔인무도하게 고문했으나 비다사리는 죽지 않았다. 왜냐하면 그녀의 영혼이 몸에 들어 있지 않았기 때문이다. 마침내 처녀는 고문에 견디지 못해서 왕비에게 말했다.

"나를 죽이시려면, 내 아버지의 정원 연못 속에 있는 상자를 가져와야 합니다."

그 말대로 상자를 가져오게 하여 열었더니, 그 속에 물에 잠긴 황금 물고기가 있었다. 처녀가 말했다.

"내 영혼은 그 물고기 속에 있습니다. 아침에 물에서 물고기를 끄집어 냈다가 저녁에 다시 넣어 주셔야 합니다. 물고기를 그대로 내버려 두지 마시고, 당신의 목에 묶어 두어야 합니다. 이렇게 하시면, 저는 곧 죽게 될 것입니다."

그래서 왕비는 물고기를 상자에서 끄집어 내어 목에 묶었다. 그러자 곧 비다사리는 기절했다. 그러나 저녁이 되어 물고기를 물에 넣어 주면 비다사리는 다시 제정신으로 돌아왔다. 왕비는 처녀의 목숨을 손에 쥐었기 때문에 그녀를 양부모 집으로 돌려보냈다. 양친은 그 이상의 학대를 피하기 위해 딸을 도성 밖의 다른 곳으로 옮기려고 결심했다. 그래서 쓸쓸하고 한적한 곳에 집을 짓고, 비다사리를 그곳으로 데리고 갔다. 그곳에서도 그녀는 자기 영혼이 들어 있는 황금 물고기의 상태 변화에 따라 기절했다 깨어났다를 반복하며 살았다. 물고기가 밖에 나와 있는 동안에는 의식불명이 되었다가 저녁에 물고기가 물에 넣어지면 의식을 다시 회복했다. 어느 날 왕은 사냥하러 나갔다가 비다사리가 의식불명이 되어 누워 있는 집에 이르렀다. 그때 왕은 그녀의 아름다움에 마음을 빼앗겼다. 왕은 처녀를 깨우려고 했으나 헛일이었다. 다음 날 저녁때쯤 왕이 다시 찾아갔으나 마찬가지로 그녀는 의식을 잃고 있었다. 그러나 어두워지자 그녀는 의식을 되찾고 왕에게 생명의 비밀을 털어 놓았다. 이를 알게 된 왕은 왕궁으로 돌아와 왕비에게서 그 물고기를 빼앗아 물 속에 넣어 주었다. 즉시 비다사리는 되살아났고, 왕은 그녀를 왕비로 삼았다.

외재적 영혼에 대한 또 다른 설화는 수마트라의 서쪽에 있는 니아스 섬에도 있다. 옛날 한 추장이 적의 포로가 되었는데, 적은 그를 죽이려고 했지만 죽일 수가 없었다. 물론 그를 익사시키지 못했고, 불태우지도 못했고, 강철도 그를 찌르지 못했다. 그런데 마침내 그의 아내가 비밀을 폭로하고 말았다. 즉, 추장의 머리에는 구리철사와 같이 딱딱한 머리카락이 하나 있었는데, 영혼이 이 머리카락에 있었던 것이다. 그래서 그 머리카락을 뽑아 버리자, 동시에 그의 영혼도 사라져 버렸다.

남부 나이지리아에서 보고된 서아프리카에는 이런 설화가 있다. 궁전의 성문 옆에는 높은 나무 한 그루가 있었는데, 그 나무 위에 앉아 있는 한 마리 작은 갈색 새 속에 왕이 자기 영혼을 숨겨 두었다. 그 왕의 생명은 새의 생명과 연결되어 있기 때문에, 누구든지 새를 죽이는 자는 왕을 죽이는 것이 되어 왕위를 잇게 된다. 그런데 왕비가 이 비밀을 자신의 애인에게 누설했다. 그래서 그 애인은 화살로 새를 쏘아 떨어뜨림으로써 왕을 죽이고 공석 중인 왕위에 올랐다.

남부 아프리카 바롱가족의 설화는 한 마을 씨족 전체의 생명이 한 마리의 고양이 속에 들어 있는 경우를 보여 준다. 그 마을의 티티샨이라는 한 처녀가 결혼할 때, 그녀는 부모에게 그 귀중한 고양이를 시댁에 가지고 갈 수 있게 해달라고 청했다. 그러나 양친은 "너도 알다시피 우리의 생명이 고양이에게 달려 있잖느냐"고 거절했다. 양친은 대신 영양, 또 코끼리까지 주겠다고 했다. 그러니 딸은 고양이 이외의 어떤 것에도 만족하지를 않았다. 마침내 그녀는 몰래 고양이를 데리고 가서 아무도 볼 수 없는 곳에 숨겨 두었다. 그녀의 남편조차도 그것을 몰랐다. 그런데 어느 날 그녀가 들에 일하러 나갔을 때, 고양이가 갇힌 곳에서 빠져 나와 오두막에 들어갔다. 그리고 남편이 전쟁터에 나갈 때 입은 장식물을 두르고 춤추며 노래했다. 요란한 소리에 몰려든 아이들이 익살을 부리는 고양이를 발견하고 놀라서 소리를 질렀다. 그러자 고양이는 차츰 더 신이 나서 까불더니 아이들을 조롱하기까지 했다. 그래서 아이들이 집주인에게 가서 말했다.

"어떤 자가 아저씨 집에서 춤을 추고 있어요. 그 사람이 우리를 막 놀렸어요."

그러자 집주인이 말했다.

"말 조심해. 그런 거짓말을 하다니."

그런데 그가 숨어서 엿보았더니 틀림없이 고양이가 춤을 추며 노래하고 있었다. 그것을 본 그는 총을 쏘아 고양이를 죽여 버렸다. 그러자 들에서 일하던 그의 아내가 "내가 내 집에서 죽는구나" 외치면서 땅에 쓰러졌다. 하지만 그녀는 죽은 고양이를 가마니에 싸서 자기와 함께 친정까지 운반해 달라고 남편에게 부탁할 만한 힘은 아직 남아 있었다. 이에 그녀의 모든 친척들이 모여서, 그 고양이를 남편의 마을로 데리고 간 것에 대해 몹시 그녀를 책망했다. 그리고 가마니를 벗기고 죽은 고양이를 본 그들은 그와 동시에 차례로 쓰러져 모두 죽고 말았다. 이렇게 '고양이 씨족'은 멸망하고 만 것이다. 아내를 잃은 남편은 나뭇가지로 마을의 입구를 폐쇄하고 집으로 돌아갔다. 그러고는 전 씨족의 생명이 고양이의 생명에 달려 있었는데, 자신이 고양이를 죽임으로써 그 씨족을 멸망시킨 사연을 친구들에게 이야기했다.

이와 비슷한 종류의 관념은 북아메리카 인디언들의 설화 속에도 나타난다. 예를 들면, 나바호족은 '곰이 된 처녀'라는 어떤 신비적 존재에 대해서 이야기한다. 그 처녀는 코요테한테서 곰으로 변신할 수 있는 기술을 배웠다. 그녀는 위대한 전사며 불사신이었다. 그녀가 전쟁터에 나갈 때는 그녀의 생명기관을 끄집어 내어 감추어 두었기 때문에 아무도 그녀를 죽일 수 없었던 것이다. 그리고 전쟁이 끝나면, 그녀는 그것을 다시 자기 몸 속에 집어 넣었다.

브리티시컬럼비아의 콰키우틀족 인디언들에게는 한 여자 식인귀에 대한 이야기가 전해진다. 그녀는 자기 생명을 독미나리 줄기에 두었기 때문에 아무도 그 여자 식인귀를 죽일 수 없었다. 한 용감한 소년이 숲 속에서 그녀를 만나 돌로 머리를 쳐서 뇌수를 여기저기에 뿌리고, 뼈를 부러뜨려 물 속에 던져 버렸다. 그리고 여자 식인귀를 처치했다고 생각하면서 그녀의 집으로 들어갔다. 그런데 거기서 마루에 묶여 있는 한 여인을 보았다. 그 여인이 소년에게 경고했다.

"오래 머무르지 말아라. 네가 여자 식인귀를 죽이려고 했다는 사실을 알고 있어. 누군가 그녀를 죽이려고 한 것은 이번이 네 번째야. 하지만 그녀는 절대로 죽지 않아. 지금도 거의 되살아났어. 그녀의 생명은 독미나리 줄기에 있으니, 그녀가 거기 들어가는 걸 보면 얼른 줄기를 잘라 버려라. 그러면 그녀는 죽을 것이다."

그녀의 말이 끝났을 때 여자 식인귀는 노래를 부르면서 막 독미나리 줄기 속으로 들어가려고 하고 있었다. 그때 그 소년이 독미나리 줄기를 내리쳐 잘라 버렸고, 동시에 여자 식인귀는 쓰러져 죽었다.

제67장
민속에 나타난 외재적 영혼

1 무생물 속의 외재적 영혼

이와 같이 영혼이 육체 밖의 어떤 안전한 장소나 머리카락 속에 장기간 또는 단기간 머문다는 관념은 여러 민족들의 민간 설화 속에 나타난다. 이제 우리는 이 관념이 이야기를 꾸미기 위해서 고안된 단순한 허구가 아니라 원시적 신앙의 일부이며, 바로 이러한 신조로 말미암아 그에 상응하는 일련의 관습이 생겨났다는 사실을 살펴볼 필요가 있다.

우리는 설화 속의 주인공이 전쟁에 참가할 때, 자신의 육체가 전투에서 부상당하거나 죽지 않게 하기 위해 이따금 그것에서 영혼을 분리하는 것을 보았다. 원시인들이 실제 혹은 가상의 위험과 같은 다양한 경우에 자신들의 영혼을 육체에서 분리시킨 것도 이와 유사한 의도 때문이다.

예를 들어, 셀레베스의 미나하사에서는 새 집으로 이사할 때, 사제가 그 집안 식구들 전체의 영혼을 자루 속에 모았다가 나중에 돌려 준다. 왜냐하면 새 집에 들어가는 순간에는 초자연적인 위험이 가득하다고 생각되기 때문이다. 남부 셀레베스에서는 여자가 해산을 하게 될 때, 의사나 산파를 부르러 가는 사람은 반드시 식칼과 같은 쇠로 만든 어떤 것을 들고 가서 의사에게 준다. 의사는 그것을 해산이 끝날 때까지 자기 집에 보관해야 한다. 그리고 그것을 돌려 줄 때는 수고에 대한 일정한 액수를 사례로 받는다. 식칼이나 그 밖의 쇠붙이는 임산부의 영혼을 나타내는데, 아이를 낳는 것과 같은 위험한 순간에 임산부의 영혼은 그 몸 속에 있는 것보다는 오히려 밖에 있는 편이 안전하다고 믿는 것이다. 그러므로 의사는 그 물건을 특별히 조심하여 다루어야 한다. 왜냐하면 그들은 그것을 잃어 버리면 산모의 영혼도 틀림없이 함께 실종된다고 생각하기 때문이다.

보르네오 동남부의 한 지방인 피노에 지방의 다약족은 아이가 태어나면 주술의를 불러 온다. 그러면 그는 반으로 자른 야자 열매 속으로 아기의 영혼을 유인해서, 그 위에 헝겊을 씌우고 지붕에 끈으로 연결된 사각형의 큰 바구니나 큰 접시 위에 놓는다. 그는 이 의식을 향후 1년 동안 초승달이 뜰 때마다 반복한다. 이 관습을 보고한 사람은 이 의식의 목적을 설명하고 있지 않으나, 우리는 그것이 아이의 영혼을 작고 연약한 몸보다 안전한 곳에 두려는 것이라고 추측할 수 있다.

이 추정은 인도 제도의 다른 곳에서 행하고 있는 유사한 관습을 통해서도 확인된다. 케이 제도에서는 집에 갓난아기가 있으면, 쪼개어 다시 맞붙인 속이 빈 야자 열매를 선조의 험악한 목상 옆에 매달아 놓는다. 그들은 공격으로부터 보호하기 위해서는 임시로 야자 열매 속에 유아의 영혼을 간직해야 한다고 믿는다. 그러나 그 아이가 건강하게 성장하면서 영혼은 그 자신의 육체 속에 영원한 거처를 마련한다. 이와 마찬가지로 알래스카의 에스키모들은 아이가 병들면, 주술의가 그 영혼을 육체에서 끄집어 내어 그것을 보호하기 위해 부적 속에 넣어 둔다. 더 안전을 기하기 위해서 주술의는 그 부적을 자신의 약가방 속에 넣어 둔다. 이처럼 부적들은 영혼 상자, 즉 사람의 영혼을 보다 안전하게 간직하는 금고로 여겼던 것으로 보인다.

영국령 중앙아프리카의 웨스트셔 지방에 사는 망간제(Mangange)족의 한 노파는 스스로 자기의 생명 또는 영혼이라고 부르는 속이 빈 길이 약 7센티미터 정도 되는 상아 장식품을 목에 걸고 다녔다. 물론 노파는 그것을 내놓으려고 하지 않았다. 어떤 식민지 관리가 그것을 노파에게서 사려고 했으나 막무가내였다.

어느 날 제임스 맥도날드가 흘루비(Hlubi)족의 추장 집에 앉아서 추장이 나타나기를 기다리고 있었다. 그런데 그 추장은 몸단장하는 데 분주했다. 그때 한 원주민이 한 쌍의 커다란 황소뿔을 가리키면서 말했다.

"느탐(Ntame)은 자기 영혼을 저 뿔 속에 간직해 두고 있죠."

그 뿔은 희생 제물로 바친 소의 뿔로서 신성시되었다. 한 주술사는 집과 집안 사람들을 벼락으로부터 보호하기 위해서 그 뿔을 지붕에 매어 두기도 했다. 이에 대해 맥도날드는 덧붙여 말했다.

"이런 관념은 남아프리카에서는 결코 이상한 것이 아닙니다. 사람의 영혼은 그의 집 지붕 속이나 나무 속에, 또는 샘 옆이나 낭떠러지에 살 수도 있지요."

뉴브리튼에 위치한 가젤 반도의 원주민들 사이에는 잉그니트(Ingniet) 혹은 잉기트(Ingiet)라는 이름으로 통하는 비밀 결사체가 있다. 그 단체에 가입하는 사람은 누구나 인간이나 동물 모양의 돌 하나를 받는다. 그 뒤부터 그의 영혼은 어떤 방식으로든 그 돌과 결합되었다고 믿었다. 돌이 깨지면 그에게는 흉조로 여겨졌다. 그들은 벼락이 그 돌에 떨어진 것이므로 그가 곧 죽는다고 여겼다. 그러나 만일 그의 영혼이 들어 있는 돌이 깨졌는데도 그가 살아 있으면, 그 돌은 그의 영혼이 담긴 돌이 아니라고 하며 다른 돌로 바꿔야 한다는 것이다.

또 로마누스 레카페누스 황제는 불가리아 대공인 시메온의 생명이 콘스탄티노플의 한 둥근 기둥과 결합되어 있어서, 그 기둥을 제거하면 시메온은 곧 죽을 것이라는 말을 점성가로부터 들었다. 황제가 그 말대로 기둥을 없앴다. 조사하여 알아보니, 시메온은 바로 그 시각에 불가리아에서 심장마비로 죽었다고 한다.

또 우리는 사람의 영혼이나 힘이 그의 머리카락과 결합되어 때때로 그 머리카락이 잘리면 그가 죽거나 쇠약해진다는 민간 설화를 살펴본 바 있다. 인도네시아 암보이나 섬 원주민들은 그들의 힘이 머리카락 속에 있고, 따라서 그것이 잘리면 파멸이 온다고 믿었다. 그런데 이 섬의 네덜란드 재판정에서 조사를 받던 어떤 죄인은 완강히 그의 범죄를 부인하다가 머리카락이 잘리자 곧 자백했다고 한다.

또 살인 혐의로 심문받던 어떤 남자는 조사관이 큰 가위를 들고 서 있는 것을 보기 전까지는 가장 혹독한 고문에도 겁내지 않고 버텼다. 그는 "그것으로 무엇하시렵니까?" 물었고, "너의 머리카락을 자르려고 한다"는 조사관의 말을 듣고는 제발 그렇게만 하지 말아 달라고 애걸하면서 자백했다는 것이다. 네덜란드 조사관들은 고문으로 자백을 얻는 데 실패할 경우 죄수의 머리카락을 자르겠다고 위협했다고 한다.

유럽에서도 마녀나 마법사의 사악한 힘은 그들의 머리카락에 있으며, 그들이 머리카락을 간직하고 있는 한은 이 이단자들에게 압력을 가할 수 없다고 생각했다. 그래서 프랑스에서는 마법을 행한 자를 고문하기 전에 그의 온몸에 난 털을 깎는 것이 관습으로 되어 있었다.

밀라이우스(Millaeus)는 툴루즈에서 몇 사람이 고문당하는 것을 목격한 적이 있었다. 그가 본 바에 따르면 그들은 막무가내로 자백을 하지 않다가, 심문관들이 옷을 벗기고 완전히 털을 밀자 마침내 그 혐의를 시인했다고 한다. 또 경건한 생활을 해 온 어떤 부인도 마법을 행한 혐의로 고문을 받았는데, 믿을 수 없을 정도로 끝까지 고통을 잘 이겨냈으나, 털을 완전히 깎이고 나서는 순순히 그 죄를 인정했다고 한다.

유명한 종교 재판관인 슈프렝거(Sprenger)는 혐의를 받고 있는 마녀나 마법사의 머리카락을 자르는 것을 즐겼다. 그러나 더욱 철저한 그의 동료인 쿠마누스(Cumanus)는 47명의 여인들을 화형하기 전에 그들의 털을 모두 깎아 버렸다. 쿠마누스는 이러한 혹독한 심문에 대해서 다음과 같은 그럴듯한 이유를 들었다. 사탄이 직접 북부 버위크 교회의 교단에서 설교를 하며, 자신의 수많은 추종자들에게 "털 하나라도 잘 간수하고 눈에서 눈물을 흘리지 않는 한 아무런 재앙도 당하지 않는다" 말하며 안심시켰다는 것이다.

마찬가지로 인도의 바스타르 주에서는 "마법을 행했다는 혐의로 유죄 판결을 받은 남자는 군중들에게 매를 맞고 머리카락이 잘리는데, 그 이유는 바로 머리카락에 그 사악한 힘이 있다고 생각하기 때문이다. 그리고 다시는 주문을 못 외게 하기 위해 앞니를 부러뜨린다. 마녀 혐의를 받은 여자들도 같은 고통을 당해야 한다. 만일 유죄가 판결되면 남자와 똑같은 형벌을 내리고, 자른 머리카락도 공공 장소에 있는 나무에 매달아 놓는다."

또 인도의 브힐(Bhil)족도 여자가 마법을 행한 혐의로 유죄가 판결되면, 나무에 거꾸로 매달고 후추가루를 눈 속에 집어넣는 것과 같은 온갖 고문을 한 다음에, '그녀와 그녀가 지녔던 그 사악한 힘 사이의 마지막 연결고리를 깨뜨리기 위해서' 머리카락 한 줌을 잘라 땅 속에 파묻었다. 같은 방법으로 멕시코의 아스텍족은 마녀나 마법사가 "사악한 행위를 해서 그들의 밉살스러운 생명에 종지부를 찍어야 할 경우에는 그 사람을 잡아서 정수리에 있는 머리카락을 잘랐다. 그것으로 그 사람이 가진 마법과 주술의 힘을 없애, 그 가증스러운 목숨을 끝장낼 수 있다고 생각한 것이다."

2 식물 속의 외재적 영혼

우리는 이미 앞에서 인간의 생명이 식물의 생명과 매우 밀접하게 연결되어 있어서, 사람의 죽음이 바로 식물의 죽음을 불러오거나 거꾸로 식물의 죽음이 사람의 죽음을 초래한다는 민간 설화를 살펴보았다. 서부 아프리카 가봉 근처의 므벵가(M'Benga)족은 같은 날에 두 명의 아기가 태어나면, 같은 종류의 나무 두 그루를 심고 그 주변에서 춤을 춘다. 그들은 두 아기의 생명이 저마다 나무에 결부되었다고 믿는다. 그래서 그 나무가 죽거나 넘어지면, 그 아이가 곧 죽을 것이라고 여긴다. 카메룬에서도 인간의 생명이 나무의 생명과 공감적으로 결합된 것으로 믿었다. 나이지리아 칼라바르의 옛 고을의 추장은 자신의 영혼을 샘 근처의 신성한 숲 속에 간직했다. 어떤 유럽인들이 장난삼아서인지 혹은 몰라서인지 그 숲의 나무 몇 그루를 잘랐는데, 추장의 말에 따르면 정령은 그 행위에 대해서 몹시 화를 내며 온갖 재앙으로 그들을 위협했다고 한다.

파푸아의 몇몇 부족은 나무껍질 속에 작은 돌을 박아 넣어서, 새로 태어난 아기의 생명을 나무의 생명과 공감적으로 결합시킨다. 이렇게 하면 그들이 그 아기의 생명에 대한 완전한 지배권을 갖게 된다는 것이다. 만일 그 나무가 잘리면 그 아기는 죽게 된다. 마오리족은 아기가 태어나면 탯줄을 신성한 곳에 묻고 그 위에 어린 나무를 심었다. 그 나무는 자라면서 아이를 위한 '토후오랑가(tohu oranga)', 즉 생명의 표적이 되었다. 그래서 부모들은 그것이 무성하게 자라면 아기도 무럭무럭 성상하고, 그것이 말라 죽으면 아기에게 최악의 불행이 찾아올 것이라고 생각했다. 피지의 몇몇 지방에서는 사내아기의 탯줄을 야자 열매나 빵나무의 가지와 같이 묻는데, 그들은 아기의 생명이 그 가지와 밀접하게 결합되어 있다고 믿는다.

네덜란드령 보르네오의 란다크와 타얀 지방의 다약족은 아기가 태어나면 아기를 위해서 과일나무 한 그루를 심는다. 그러면 그 아기의 생명은 그 나무와 결합된다는 것이다. 이것이 그들의 민간 신앙이다. 나무가 빨리 성장하면, 아기도 잘 자란다. 그러나 나무가 잘 자라지 않거나 말라 비틀어지면, 아이에게도 반드시 재앙이 찾아온다는 것이다.

오늘날에도 러시아·독일·영국·프랑스·이탈리아에는 아기가 태어나면 가족들이 나무 한 그루를 심는 관습이 남아 있다. 그들은 그 나무가 아기와 함께 잘 자라기를 바라며 특별히 돌본다. 이런 관습은 스위스의 아르가우 주에서는 아직도 매우 일반적인데, 남자 아이를 위해서는 사과나무를, 여자 아이를 위해서는 배나무를 심는다. 사람들은 아이의 운명이 나무에 달려 있다고 생각한다.

메클렌부르크에서는 아기의 태를 어린 나무의 밑둥이에 묻는데, 그러면 아기는 그 나무와 같이 잘 자란다는 것이다. 에딘버그에서 그다지 멀지 않은 달하우지 성 근처에는 '에지웰나무(Edgewell Tree)'로 불리는 떡갈나무 한 그루가 있다. 사람들은 그 나무가 신비스러운 힘으로 가족의 운명과 결합되어 있다고 믿는다. 왜냐하면 가족 중 누군가가 죽거나 죽으려고 할 때, '에지웰나무'에서 나뭇가지 하나가 떨어지기 때문이다. 그래서 1874년 7월의 어느 조용하고 고요한 날에 큰 나뭇가지 하나가 나무에서 떨어지는 것을 보고, 한 늙은 산림 관리자는 "영주님께서 방금 돌아가셨다"고 외쳤다. 곧이어 달하우지 11세 백작인 폭스 마울이 죽었다는 소식이 바로 들려왔다.

영국에서는 아이들의 탈장(脫臟, hernia : 체내의 장기가 본래부위에서 일탈한 상태)이나 곱사등에 대한 치료 방법으로 그 아이를 물푸레나무의 벌어진 틈새로 빠져 나가게 한다. 그러면 아이들과 나무 틈새에 공감적인 관계가 성립된다는 것이다. 이렇게 사용되는 물푸레나무는 호클리하우스에서 버밍햄에 이르는 도로상의 셜리허드 근방에서 많이 서식한다. "근방의 농장주 아들인 토머스 칠링워스는 지금 34살쯤 되었는데, 그는 한 살 먹은 유아였을 때 그 나무의 벌어진 틈새로 빠져 나가 건강을 완전히 회복했다. 그래서 그는 그 나뭇가지 하나조차 만지는 사람 없도록 조심스럽게 그 나무를 보살핀다. 왜냐하면 환자의 생명은 나무의 생명에 달려 있고, 만일 그 환자가 먼 곳에 있더라도 그 나무가 잘리는 순간에 탈장이 재발하고 탈저(脫疽, gangrene : 괴사라고도 하며, 손가락·발가락이 썩어 떨어지는 병) 현상이 일어나 결국 죽게 된다고 믿기 때문이다. 얼마 전에도 바로 그 길에서 마차를 몰고 가던 한 남자가 봉변을 당한 적이 있었다." 이 글을 남긴 이는 덧붙이기를 "그러나 이 나무가 베인 뒤에도 사람이 살아남는 경우는 이따금 있었다" 한다.

치료를 더 효과적이게 하는 일반적인 방법은 어린 물푸레나무를 몇 미터 가량 세로로 쪼개고, 해돋이에 맞추어 그 사이로 발가벗긴 아이를 세 번 또는 아홉 번 빠져 나가게 하는 것이다. 영국의 서부에서는 이때 '반드시 해를 등지고' 빠져 나가야 한다고 여긴다. 사람들은 이 의식을 끝내자마자 쪼개진 나무를 다시 단단히 묶고, 흙이나 진흙으로 쪼개진 틈 사이를 바른다. 그래서 쪼개진 나무가 다시 붙으면 아이의 탈장도 치료된다는 것이다. 그러나 쪼개진 곳이 벌어진 대로 그대로 있으면 아이의 병도 낫지 않으며, 만일 나무가 죽으면 아이도 반드시 죽게 된다고 믿는다.

이와 같은 여러 가지 병의 치료, 특히 탈장과 곱사등에 대한 요법은 독일·프랑스·덴마크·스웨덴 등 유럽의 여러 지역에서 일반적으로 행해졌다. 그러나 이들 나라에서 그런 목적으로 쓰였던 나무는 보통 물푸레나무가 아니라 떡갈나무였다. 때때로 버드나무를 사용하기도 했는데, 심지어 이 나무가 처방될 때도 있었다. 독일 메클렌부르크에서도 영국에서와 마찬가지로 나무와 아이 사이에 성립된 공감적인 관계가 너무나 밀접하기 때문에, 나무가 잘리면 그 아이도 죽게 된다고 믿었다.

3 동물 속의 외재적 영혼

민간 설화에서와 같이 실제 민속에서도, 인간이 공감 관계를 맺고 있다고 보는 대상은 비단 무생물과 식물만이 아니다. 이러한 관계는 인간과 동물 사이에도 존재하여, 한쪽의 안녕이 다른 한쪽의 안녕에 의존한다고 여겨진다. 즉, 해당 동물이 죽으면 사람도 죽는다는 것이다. 민속과 설화 사이의 유사성은 매우 크다. 양쪽 모두, 육체에서 영혼을 끄집어 내어 그것을 다른 동물에게 집어넣는 힘은 마녀와 마법사의 특권으로 여겨진다. 예를 들면 시베리아의 야쿠트족은 샤먼, 즉 남자 마법사들이 모두 그의 영혼 혹은 여러 영혼 중의 하나를 어떤 동물에게 집어넣은 다음, 그 동물을 세상 사람들이 모르게 조심스럽게 감추어 둔다고 믿는다.

한 유명한 샤먼은 "나의 외재적 영혼을 발견할 수 있는 사람은 아무도 없다. 그것은 멀리 떨어진 에지간스크의 바위산 속에 숨겨져 있다" 말하기도 했다. 1년에 단 한 번 마지막 눈이 녹고 검은 땅이 나타날 때, 샤먼들의 외재적 영혼들은 동물 모습으로 인가에 나타난다. 그러한 영혼들은 여기저기에서 떠돌고 있으나 샤먼을 제외하고는 아무도 그것들을 볼 수 없다. 강력한 영혼들은 고함을 지르면서 날뛰지만 약한 영혼들은 조용히 남몰래 돌아다닌다. 그것들은 가끔 서로 싸우기도 하는데, 자신의 외재적 영혼이 싸움에서 진 샤먼은 병들거나 죽게 된다. 가장 허약하고 겁 많은 샤먼의 외재적 영혼은 개의 모습을 하고 있다. 그 개는 그 주인인 샤먼에게 평화를 주지 않고 그의 심장을 물어뜯으며 육체를 찢는다.

반대로 가장 힘이 센 샤먼의 외재적 영혼은 종마·큰 사슴·흑곰·독수리 또는 멧돼지의 모습으로 나타난다. 또 투루킨스크 지역의 사모예드족은 샤먼들에게는 모두 멧돼지의 모습을 한 친밀한 영혼이 있으며, 그들은 그 멧돼지들을 주술의 끈으로 끌고 다닌다고 믿는다. 그리고 또한 이 멧돼지가 죽으면 샤먼도 죽는다. 더욱이 싸움이 벌어질 때 샤먼들은 자기들이 나서기 전에 먼저 멧돼지 모습의 영혼을 보내 서로 싸우게 한다는 이야기가 있다. 말레이족은 인간의 영혼은 다른 인간이나 다른 동물에게 들어갈 수 있다고 생각한다. 더 정확히 말해, 한쪽이 완전히 다른 쪽에 그 운명을 의존하는, 둘 사이에 그러한 신비스러운 관계가 일어날 수 있다고 믿는 것이다.

뉴헤브리디스 제도 모타 섬의 멜라네시아족 사이에서는 외재적 영혼이라는 관념이 일상 생활상의 관습 속에서 배어 난다. 모타의 언어로 '타마뉴(tamaniu)'라는 말은 "어떤 사람이 자신과 밀접한 관련이 있다고 믿는 생물이나 무생물 존재를 의미한다. 누구나 다 '타마뉴'를 가지고 있는 것은 아니다. 다만 일부 주민들만이 도마뱀과 뱀 또는 돌 등과 그런 관계를 맺고 있다. 어떤 때는 특정한 잎사귀의 즙을 마시고, 그 찌꺼기를 쌓아 놓았다가 타마뉴를 발견하기도 한다. 그 쌓아 놓은 것 속, 혹은 위에서 가장 처음으로 발견된 생물이 '타마뉴'가 되는 것이다. 사람들은 그저 그것을 눈여겨 볼 뿐 먹을 것을 주거나 숭배하지는 않았다.

원주민들은 타마뉴를 부르기만 하면 온다고 믿었다. 그리고 그 사람의 생명은 '타마뉴'의 생명과 결부되어 있다고 믿었다. 그래서 그것이 살아 있으면 그 사람도 안전을 유지할 수 있다. 그러나 생물인 그것이 죽거나, 무생물인 그것이 깨지거나 사라지면, 그 사람도 죽게 된다. 그래서 그들은 병에 걸리면 '타마뉴'가 안전하고 무사한가를 살펴보기 위해서 누군가를 보내곤 했다."

어떤 특정 동물에게 외재적 영혼을 집어넣는 관념은 서부 아프리카, 특히 나이지리아와 카메룬, 그리고 가봉에서 널리 퍼져 있다. 가봉의 판(Fan)족의 마법사들은 입단식을 치를 때 피로 형제의 맹세를 하는데, 이 의식이 그의 생명을 어떤 야생동물의 생명과 연결해 주는 것으로 믿었다. 그는 동물의 귀와 자신의 팔에서 피를 뽑아 자기의 피를 동물에, 그리고 동물의 피를 자기의 몸에 주입한다. 이렇게 한쪽의 죽음이 다른 한쪽의 죽음을 가져올 정도의 긴밀한 결합이 둘 사이에 형성된다. 이 피의 맹세는 남자 마법사에게 위력을 늘려 준다고 그들은 믿는다. 그리고 그 힘을 여러 방법으로 이롭게 바꿀 수 있다고 생각한다.

먼저 어떤 안전한 곳에 자기 생명을 맡기는 설화 속의 마법사와 같이, 판족의 마법사는 이제 불사신이 된다. 그뿐만이 아니라 그와 피를 서로 바꾼 동물은 그의 심부름꾼이 되어, 그가 내리는 어떤 명령에도 복종한다. 그래서 마법사는 그 동물을 이용해서 적들에게 부상을 입히고 죽인다. 바로 그 이유 때문에 그가 피의 형제 관계를 맺는 동물은 절대로 길들인 동물이거나 가축이 아니라, 표범·검은 뱀·악어·하마·멧돼지 혹은 독수리처럼 사납고 위험천만한 야수여야 한다. 이 동물 중에서 판족의 마법사들이 가장 좋아하는 동물은 표범이고, 그 다음이 검은 뱀이다. 독수리를 사용하는 것은 매우 드물다.

마녀도 마법사와 같이 심부름꾼을 갖고 있다. 그러나 여자와 생명을 결합하는 동물은 남자가 그 외재적 영혼을 맡기는 것과는 일반적으로 다르다. 마녀는 그녀의 심부름꾼으로 결코 표범을 택하지 않으며, 독사나 뿔 달린 뱀 또는 검은 뱀이나 바나나 나무에 사는 푸른 뱀을 심부름꾼으로 삼는다. 또는 독수리나 올빼미 또는 그 밖에 야행성 새를 심부름꾼으로 삼기도 한다. 어느 경우에나 남녀 마법사들이 이 신비스러운 결합을 체결하는 짐승이나 새는 특정 개체를 대상으로 하며, 결코 동물 일반의 종을 대상으로 하지는 않는다. 그리고 그 개별적인 동물이 죽으면 자연히 그 동맹도 끝나 버린다. 왜냐하면 그 동물의 죽음은 그 마법사의 죽음을 뜻하기 때문이다.

이러한 신앙은 카메룬의 크로스리버 계곡의 토착민들에게도 있다. 일반적으로 그 마을 단위의 집단으로 그들 자신과 친밀한 우정 또는 친척 관계를 맺고 있다고 여기는 다양한 동물들을 고른다. 그 동물들은 하마·코끼리·표범·악어·고릴라·물고기와 뱀 같은 것으로, 모두 힘이 세거나 자신을 교묘하게 물 속이나 숲 속에 감출 수 있다. 이와 같이 자신을 감출 수 능력이 동물 심부름꾼을 선택하는 필수 조건이라고 한다. 왜냐하면 친구나 심부름꾼으로서의 이 동물은 그 주인의 적들을 몰래 해칠 수 있어야 하기 때문이다. 예를 들어 그 동물이 하마라면, 그것은 갑자기 물 위로 불쑥 튀어나와 적의 카누를 뒤집어 엎을 수 있어야 한다. 이러한 동물과 친구 또는 친척이 되는 인간 사이에는 동물이 죽으면 사람도 죽고, 또 사람이 죽으면 동물도 죽는 공감적 관계가 존재하는 것으로 믿는다. 따라서 동물의 생명과 밀접하게 연결되어 있는 인간은 만일 그 친척인 동물이 그들을 해치거나 죽일 염려가 있다고 해도 그 동물을 결코 죽이거나 괴롭혀서는 안 된다.

그렇다고 이 때문에 코끼리를 친구로 삼고 있는 마을 사람들이 코끼리 사냥을 못하는 것은 아니다. 왜냐하면 그들이 존경하는 것은 코끼리 전체가 아니라 특정 개체의 코끼리이기 때문이다. 즉, 개개의 코끼리들이 개개의 남자나 여자와 밀접한 관계를 맺는 것이다. 그리고 그들은 그들의 형제 코끼리와 단순한 코끼리에 불과한 일반적인 코끼리 무리를 언제나 구별할 수 있다고 생각한다. 그리고 이와 같은 식별은 상호적이라고 한다. 코끼리를 친구로 삼고 있는 한 사냥꾼이 우리가 인간 코끼리라고 부를 수 있는 한 코끼리를 만나면, 그 귀한 동물은 "쏘지 말라" 말하는 것처럼 앞발을 위로 들어올려 그 발을 사냥꾼의 앞에 내어 놓는다는 것이다. 그런데 사냥꾼이 잔인하게 총을 쏘아 상처를 입힌다면, 그 사냥꾼은 그 코끼리와 그의 생명이 결합되어 있기 때문에 병에 걸린다고 믿었다.

카메룬의 발롱(Balong)족은 사람은 누구나 몇 개의 영혼을 가지고 있는데, 그중의 하나는 몸 속에 있고, 다른 하나는 코끼리나 멧돼지나 표범과 같은 동물에 있다고 생각한다. 어떤 사람이 갑자기 몸이 안 좋아져 집에 돌아와서 "나는 곧 죽을 것이다" 말한 다음 진짜 죽는다면, 사람들은 멧돼지나 표범 속에 있는 그의 영혼 중에 하나가 죽었고, 따라서 그 외재적 영혼의 죽음이 그의 육체 속에 있는 영혼의 죽음을 일으켰다고 말한다.

나이저 강 삼각주에 위치한 주요 부족인 이보(Ibo)족도 살아 있는 사람들이 외재적 영혼을 가진다는 이와 비슷한 신앙을 믿는다. 그들은 인간의 영혼은 생명이 있는 동안에도 잠시 육체에서 떠나 그 거처를 어떤 동물 속에 두기도 한다고 생각한다. 이 힘을 얻으려는 사람은 지혜로운 사람한테서 어떤 약을 얻어 그것을 음식물과 섞어 먹는다. 그러면 그의 영혼은 몸을 떠나 특정 동물 속으로 들어간다. 만일 인간의 영혼을 간직한 동물이 살해되면 그 사람도 죽게 마련이다. 또 그 동물이 부상당하면 그 사람의 육체는 곧 종기 투성이가 된다. 이 믿음은 여러 나쁜 행동을 일으킨다. 이를테면 교활한 자가 주술적인 약물을 적의 음식물에 몰래 섞어서, 적의 영혼을 어떤 동물 속에 집어넣은 다음 그 동물을 죽이면, 동물 속에 머물고 있던 영혼과 함께 그 사람을 죽일 수 있다는 것이다.

나이저 강어귀에 사는 칼라바르족 흑인들은 모든 사람이 네 개의 영혼을 가지고 있는데, 그 가운데 하나는 언제나 몸에서 떠나 숲 속의 야생동물의 모습으로 산다고 믿고 있다. 킹슬레이 양은 이 외재적 영혼을 '숲의 영혼'이라고 부른다. 이 외재적 영혼은 거의 동물의 형태를 취하는데, 예를 들면 표범이나 물고기 또는 거북 같은 것이다. 그러나 그것은 가축이나 식물이 되는 법은 없다. 특별한 투시력을 가진 사람이 아닌 일반 사람은 자신의 숲의 영혼을 볼 수 없다. 그러나 점술가가 때때로 어떤 동물이 그 사람의 숲의 영혼인지를 가르쳐 준다. 그러면 그 사람은 그 종류의 동물을 살해하지 않으려고 조심할 뿐 아니라, 다른 사람들이 그 동물을 죽이지 못하도록 경계한다. 보통 아버지와 아들들은 같은 종류의 동물을 숲의 영혼으로 갖고 있다. 어머니와 딸들도 마찬가지이다.

그러나 때로는 한 가족의 아이들이 모두 똑같이 아버지가 가진 '숲의 영혼'을 계승하기도 한다. 예를 들어, 아버지의 외재적 영혼이 표범이면, 그의 아들과 딸은 똑같이 표범을 그들의 외재적 영혼으로 삼는다. 또 반면에 자식들이 똑같이 어머니를 따르기도 한다. 예를 들어, 어머니의 외재적 영혼이 거북이면, 그녀의 자식들도 거북을 외재적 영혼으로 삼는다. 사람의 생명은 그가 그의 외재적 영혼, 즉 '숲의 영혼'으로 삼고 있는 동물의 생명과 매우 가깝게 연결되어 있기 때문에, 그 동물이 죽거나 다치면 반드시 그 사람도 죽거나 다친다고 여겼다. 그리고 반대로 사람이 죽으면, '숲의 영혼'은 더 이상 안식처를 찾지 못하고 미치게 되어 불 속으로 뛰어들거나 사람들에게 덤벼들어서 머리통을 얻어맞고 죽는다고 여겼다.

북부 칼라바르의 에케트 부근에 신성한 호수가 하나 있다. 주민들은 그 호수의 물고기를 조심스럽게 보호하는데, 그 이유는 그들의 영혼이 그 물고기 속에 거처하고 있기 때문에 그것을 죽일 때마다 사람도 하나씩 죽는다고 믿기 때문이다. 칼라바르 강에 몇 해 전까지 아주 늙은 거대한 악어 한 마리가 살았는데, 사람들은 그것이 듀크타운에 살고 있는 추장의 외재적 영혼을 품고 있다고 믿었다. 그런데 사냥을 즐기는 한 관리가 그 동물을 추적하곤 했는데, 어느 날 마침내 그 악어를 쏘아 맞혔다. 그러자 곧 추장이 발에 부상을 입고 자리에 누웠다. 그는 개에게 물린 것이라고 알렸으나 현명한 사람들은 고개를 흔들고 그러한 보잘것없는 핑계에 넘어가려고 하지 않았다. 또 로코자와 삼각주 사이의 나이저 강둑에 사는 몇몇 부족들 사이에는 다음과 같은 신앙이 널리 퍼져 있다.

"인간은 악어나 하마와 같은 동물의 모습을 한 '제2의 자아'를 가질 수 있다는 신앙을 믿었다. 이것을 믿는 사람의 생명과 동물의 생명은 긴밀한 관계를 맺고 있다. 즉, 그 둘 가운데 한쪽에 영향을 끼치면 곧 다른 쪽이 영향을 받게 되고, 또 한쪽이 죽으면 다른 쪽도 곧장 죽는다고 그들은 믿는다.

얼마 전에 이런 일이 있었다. 한 영국인이 원주민 부락 가까이에서 하마 한 마리를 쏘았다. 그날 밤 이 마을에서 죽은 한 부인의 친구들이 찾아와서 부인을 살해한 보상금으로 5파운드를 요구했다. 영국인은 보상금을 줄 수밖에 없었다."

중앙아메리카의 사포텍족은 여자가 해산이 가까워지면, 여자의 친척들이 집에 모여서 마루 위에 온갖 동물 모양을 그리는데, 그것을 그리자마자 지워 버린다. 아이를 낳을 때까지 이것을 계속했는데, 그때 마루 위에 그린 채로 남아 있는 동물이 새로 출생한 아이의 '토나(tona)', 즉 '제2의 자아'라고 불렀다. 아이가 자라서 어른이 되면, 그는 자기를 상징하는 동물을 기르는데, 그 까닭은 그의 건강과 생명이 그 동물의 생명과 결부되었으며, 실제로 그 둘의 죽음이 동시에 일어난다고 믿기 때문이다. 그들은 그 동물이 죽으면 그 사람도 죽는다고 믿는다. 과테말라와 온두라스 인디언들은 어떤 특정한 인물과 운명을 함께 하는 생물 혹은 무생물을 '나구알(nagual)' 혹은 '나우알(naual)'이라고 부르는데, 일반적으로 동물인 경우가 많다. 따라서 그 사람의 안녕과 재앙은 '나구알'의 운명에 달려 있다고 믿었다.

옛날의 한 기록자에 따르면, 과테말라의 많은 인디언들은 그들의 생명이 어떤 짐승(그들은 그것을 친한 영혼으로 받아들인다)에 달려 있기 때문에, 만약 그 동물이 죽으면 그들도 죽는다고 믿고 있다. 또 그 짐승이 쫓기면 그들의 심장이 헐떡거리고, 짐승이 쇠약해지면 그들도 쇠약해진다는 것이다. 악마의 속임수로 그들은 동물(보통 그들은 수사슴이나 암사슴 또는 사자나 호랑이 또는 개나 독수리 같은 것을 선택한다)의 모습으로 나타나며, 바로 그 모습으로 총에 맞거나 부상을 입는다고 믿는다. 이 인디언들은 '나구알'의 죽음이 그들 자신의 죽음을 불러온다고 굳게 믿는다. 그 부족들이 케찰테낭고 고원에서 벌어진 에스파냐인들과의 첫 번째 싸움에서 인디언 추장들의 '나구알'이 뱀의 모습으로 싸웠다고 한다. 그때 대추장의 '나구알'은 매우 거대한 새의 모습을 하고 있어서 푸른 날개가 특히 빛났다고 한다. 에스파냐의 페드로 드 알바라도 장군이 창으로 그 새를 죽이자 동시에 그 인디언 추장이 죽어 땅에 쓰러졌다고 한다.

오스트레일리아 동남부의 대다수 부족들의 남녀는 저마다 중앙아메리카 인디언들이 '나구알'을 존중하는 것과 같이 어떤 특정 동물을 존경하는 관습이 있다. 그러나 이 둘 사이에는 차이점이 있다. 중앙아메리카의 인디언들이 그들의 생명과 결부되어 있는 특정 동물을 뚜렷이 알고 있음에 반해서, 오스트레일리아인들은 그들의 생명이 어떤 동물의 어떤 종과 결부되어 있는 것까지는 알고 있으나 구체적으로 어느 개체와 연관되어 있는지는 모른다는 것이다. 그 결과 자연적으로 모든 남자와 여자는 그들의 생명이 결합된 동물을 아끼고 보호하게 되었다. 왜냐하면 존경을 받고 있는 동물 종족 가운데 한 마리라도 죽으면, 그것을 존경하는 남자나 또는 여자의 죽음을 불러오기 때문이다. 즉, 푸른색의 새를 죽이자 곧 인디언 추장이 죽고, 앵무새를 죽이자 동화 속의 인물인 푼치킨이 곧이어 죽었다는 이야기와 같다.

예를 들면 오스트레일리아 동남부의 워초발루크(Wotjobaluk)족은 박쥐의 생명이 남자의 생명이며, 올빼미의 생명이 여자의 생명이라고 믿는다. 때문에 이 동물들이 살해되면 그것을 믿는 남자나 여자 중 누군가의 생명이 짧아진다고 믿었다. 이 경우에 남자와 여자는 모두 자기가 그 희생이 되지나 않을까 두려워하여 그것을 피하기 위해 부족 내에 남녀 간에 커다란 싸움이 벌어진다. 이 싸움에서 남자들과 여자들이 편을 지어 싸우는데 어느 편이 이길지는 도무지 알 수 없다. 왜냐하면 때때로 여자들이 몽둥이로 남자들을 초죽음으로 만드는가 하면, 남자들이 여자들을 창으로 찔러서 부상을 입히거나 살해하기 때문이다.

워초발루크족은 박쥐가 남자의 '형제'이고, 올빼미가 그의 '아내'라고 말한다. 이같이 남녀의 생명이 각각 결합되었다고 믿는 동물은 부족에 따라 조금씩 달랐다. 예를 들면, 워초발루크족들은 박쥐가 남자의 동물이었는데 반하여 남부 머리(Murray) 지방에 위치한 군보워크리크에서는 박쥐가 여자의 동물이었던 모양이다. 왜냐하면 그 원주민들은 '박쥐가 살해되면, 여자들 가운데 한 사람이 틀림없이 죽게 된다'는 이유로 그것을 죽이려 하지 않았기 때문이다.

그러나 남자와 여자의 생명이 결부되었다고 믿는 동물이 어떤 종류의 것이든지 간에 그 믿음 자체와 그것으로서 일어나는 싸움은 오스트레일리아 동남부의 대부분 지역에서 행해졌으며, 어쩌면 보다 더 폭넓게 퍼졌을지도 모른다. 이 믿음은 매우 진지해서 그것으로 말미암아 발생하는 싸움 또한 심각했다. 예를 들면, 빅토리아의 몇몇 부족에서는 "박쥐는 남자들의 것이라서 남자들은 박쥐가 해를 입지 않도록 보호한다. 박쥐를 위해서라면 그들은 아내들을 반쯤 죽이기까지 한다. 올빼미는 밤중에 소리를 내어서 사람들을 두렵게 하는 흉조인데도, 그것이 여자들의 새이기 때문에 여자들은 빈틈없이 열심히 보호한다. 만일 남자가 이 새를 죽이면, 여자들은 마치 자기 자식이 죽은 것과 같이 격노하여 긴 몽둥이로 남자를 때린다."

이처럼 오스트레일리아의 원주민 남녀들이 박쥐와 올빼미를 저마다 진지하게 보호하는 것(왜냐하면 박쥐와 올빼미는 남자와 여자에게 보통 할당되는 동물이었으므로)은 단순히 이기적인 생각에 따른 것이 아니다. 모든 남자들은 자기 생명뿐만 아니라 그의 아버지와 형제, 그리고 아들들의 생명이 박쥐의 생명과 연관되어 있어서, 그가 박쥐를 보호하는 것이 곧 그의 모든 남자 친척의 생명과 자신의 생명을 지키는 것이 된다고 믿었기 때문이다. 이와 똑같이 여자들도 그녀의 어머니와 자매, 그리고 딸 등의 생명이 자기 생명과 같이 올빼미의 생명과 맺어져 있어서, 올빼미를 보호하는 것이 자기 생명과 자기 여자 친척들의 생명을 지키는 것이 된다고 믿었다. 이렇게 남자의 생명이 특정한 동물들 속에 들어 있다고 믿는 경우에는 그 동물을 남자와 구별하기가 힘들다. 그리고 그 남자를 그 동물과 구별하는 것도 어렵다.

만일 나의 형제 존의 생명이 박쥐 속에 있다면, 박쥐는 존인 동시에 나의 형제이다. 또 동시에 존의 생명은 박쥐 속에 있기 때문에 어떤 의미에서 그는 박쥐이다. 마찬가지로 나의 누이인 메리의 생명이 올빼미 속에 있다면, 그 올빼미는 나의 누이며 메리는 올빼미이다. 이것은 매우 자연스러운 귀결이다. 오스트레일리아 원주민들은 서슴지 않고 그런 결론을 내린다. 즉, 박쥐가 남자의 동물이므로 박쥐를 그의 형제라고 부르고, 올빼미가 여자의 동물이므로 그것을 여자의 자매라고 부른다. 그리고 남자는 여자를 올빼미라고 부르고, 여자는 남자를 박쥐라 부른다. 다른 부족들에도 그들의 성에 따라 믿는 동물이 주어져 있다. 예를 들면, 쿠르나이 부족은 에뮤 굴뚝새를 남자 '형제'로 취급하여 모든 남자들은 에뮤 굴뚝새였으며, 화려한 휘파람새를 여자의 '자매'로 여겨 모든 여자는 휘파람새였다.

원시인들이 동물의 이름을 따서 자기 이름을 짓고 그 동물을 자신의 형제로 부르며 죽이지 않으려 할 때, 그 동물을 그의 토템(totem)이라고 말할 수 있다. 따라서 이상에서 살펴본 동남부 오스트레일리아의 대다수 부족들이 생각하는 박쥐와 올빼미, 그리고 굴뚝새와 휘파람새 따위는 모두 남자 또는 성별 토템(sex totem)이라고 할 수 있다. 그러나 이와 같이 성에 따라 토템을 저마다 갖는 것은 매우 드문 일이며, 현재는 오스트레일리아 말고는 발견되지 않는다. 일반적으로 토템은 성에 따라 주어지기보다는 씨족에 따라 주어지고, 남성 계열이나 여성 계열로 세습되는 것이 보통이다.

개인과 씨족 토템(clan totem)과의 관계는 개인과 성별 토템과의 관계와 그 성질상 본질적으로 다르지 않다. 씨족은 토템을 죽이려 하지 않고 그의 형제로 다루고, 토템의 이름을 따서 자기 이름을 짓는다. 이렇게 씨족 토템과 성별 토템의 관계가 같으면, 하나에 적용되는 설명은 똑같이 다른 하나에도 적용되어야 한다. 그러므로 한 씨족이 동물이나 식물(왜냐하면 씨족 토템은 식물일 수도 있기 때문이다)의 어떤 특수한 종류를 존경하고 그 이름을 따는 이유는, 씨족 각 성원들의 생명이 그 동물이나 식물과 연결되어 있어서, 그 동물을 죽이거나 그 식물을 파괴하면 반드시 그들이 죽는다고 믿기 때문이다.

이와 같은 토테미즘에 대한 해석은 서부 오스트레일리아의 토템 또는 '코봉(kobong)'에 대한 조지 그레이(George Grey) 경의 정의와 정확하게 일치한다. 그는 코봉, 즉 토템을 이렇게 말한다.

"한 가족과 '코봉' 간에 어떤 신비적인 결합 관계가 있어서, 가족 가운데 한 사람이 그의 '코봉'과 같은 종류의 동물이 만일 잠자고 있는 것을 발견하더라도 그는 그것을 절대로 죽이려 하지 않는다. 어쩔 수 없이 그것을 죽이려 할 때는 도망칠 기회를 반드시 준다. 왜냐하면 그 동물 중의 어느 하나가 그들과 가장 가까운 친구이기 때문에 그것을 죽이는 것은 중죄로 여겨지기 때문이다. 이는 그 동물을 조심스럽게 피해야 한다는 가족 신앙에서 비롯된 것이다. 이와 마찬가지로 어떤 식물을 '코봉'으로 삼는 원주민은 일정한 조건 아래서, 그리고 1년의 어떤 시기에는 그 식물을 절대로 채취하지 않는다."

여기에서 우리는 사람들이 모두 특정 동물이나 식물 전체를 소중하게 여기지만, 그것들이 모두 그에게 똑같이 귀중한 것은 아니라는 사실을 알 수 있다.

즉 그 전체 종 가운데 특정한 개체만이 그에게 귀중한 것이다. 그러나 그는 어느 것이 특정한 개체인지를 모르기 때문에, 그는 개체를 해칠까 염려해서 그것들을 모두 아끼게 된다. 또 씨족 토템에 대한 이러한 설명은 토템 가운데 어느 하나를 죽임으로써 초래되는 결과와 맞아떨어진다.

"어느 날 원주민 한 사람이 까마귀를 죽였다. 3, 4일 뒤에 래리라는 이름의 '부르트와'가 죽었다. '부르트와'는 까마귀라는 뜻으로 까마귀 씨족 남자였다. 그는 며칠 동안 병을 앓았는데, 그의 '윈공(wingong)', 즉 토템이 살해된 것이 그의 죽음을 재촉했다."

이 경우에 까마귀를 죽이는 것은 까마귀 씨족의 한 남자가 죽게 되는 원인이 되는데, 이것은 마치 성별 토템의 경우에 박쥐의 살해가 박쥐 남자의 죽음의 원인이 되고, 올빼미의 살해가 올빼미 여자의 죽음의 원인이 되는 것과 같다. 이것은 또 '나구알'의 살해가 중앙아메리카 인디언의 죽음의 원인이 되고, 숲의 영혼을 살해하는 것이 칼라바르 흑인의 죽음의 원인이 되고, '타마뉴'의 살해가 뱅크스 섬 사람의 죽음의 원인이 되며, 자기 생명을 위탁한 동물이 살해되는 것은 동화 세계에서 나오는 거인이나 마법사의 죽음의 원인이 되는 것과 같다.

'심장 없는 거인'이라는 설화는 인간과 그의 토템 사이에 있다고 생각되는 관계에 대해 해답을 줄지도 모른다. 그 설화에 따르면, 푼치킨이 자기 생명을 앵무새에 걸고 비다사리가 그녀의 영혼을 황금 물고기에 의탁한 것과 같이, 토템은 사람이 그의 생명을 맡기는 그릇에 지나지 않는다. 원시인이 성별 토템과 씨족 토템을 동시에 가지고 있고, 그의 생명이 두 개의 다른 동물과 결부되어 있으므로, 두 동물 가운데 어느 하나가 죽게 되면 그도 죽게 되는 것 아니냐고 반문할지도 모른다. 하지만 이는 이 이론에 대한 정당한 반론이 되지 못한다.

원시인들은 '인간이 자기 몸에 하나 이상의 영혼을 가지고 있다고 한다면, 몸 밖에도 하나 이상의 영혼을 가질 수 없겠는가' 생각했을 것이다. 그들이 자신의 영혼을 자기 몸 밖에 놓을 수 있다면, 그 영혼 중의 하나를 어떤 동물에, 그리고 또 하나의 부분을 또 다른 동물에 옮길 수 있다고 생각하지 못했겠는가? 생명의 분할 가능성, 다시 말하여 영혼의 복수성은 이미 잘 알려진 관념으로, 이것은 원시인뿐만 아니라 플라톤과 같은 철학자들에게도 환영받았다. 영혼에 대한 관념이 준과학적인 가설에서 신학적인 교의로 바뀔 때 비로소 영혼의 통일성과 불가분성은 본질적인 것으로 굳혀진다. 그런데 이러한 교의에 구애받지 않는 원시인은 그들이 필요하다고 생각하는 수만큼 영혼을 상정하여 자유롭게 생명에 대한 사실을 설명했다.

예를 들면, 남아메리카의 카리브족은 머리 속에 영혼이 하나, 심장 속에 또 하나, 그리고 동맥이 뛰는 모든 곳에 다른 영혼들이 있다고 생각했다. 히다차 인디언 중의 몇몇 부족들은 팔다리부터 죽어 가는 점차적인 죽음의 현상을 다음과 같이 설명하고 있다. 즉, 인간은 네 개의 영혼을 가지고 있는데, 그 영혼들은 동시에 신체를 떠나는 것이 아니라 차례차례 떠난다. 이렇게 네 개가 모두 떠났을 때에만 비로소 완전한 죽음이 온다는 것이다. 보르네오의 다약족과 말레이 반도의 사람들은 사람에게 일곱 개의 영혼이 있다고 믿는다. 셀레베스에 거주하는 포소의 알푸르족은 인간에게 세 개의 영혼이 있다고 믿는다.

라오스의 원주민들은 인간의 육체에는 30개의 영혼이 깃들어 있는데, 그곳은 두 손과 발, 그리고 입과 두 눈 등이라고 여겼다. 그러므로 원시인의 관점으로 볼 때 원시인들이 그의 성별 토템에서 하나의 영혼을, 또 그 씨족 토템에 또 하나의 영혼을 갖고 있다는 것은 있을 수 있는 일이다. 그러나 이미 살펴본 바와 같이 성별 토템은 오스트레일리아에서만 발견된다. 그러므로 주로 토테미즘을 믿는 원시인들은 동시에 하나 이상의 영혼을 육체 밖에 둘 필요가 없다.

이와 같이 토템을 인간이 자신의 영혼을 맡기는 그릇으로 해석하는 것이 옳다면, 부족의 모든 성원들이 적어도 영혼 하나를 육체 밖에 둔다는 생각과, 이 외재적 영혼을 파괴하는 것이 곧 그 소유자의 죽음을 뜻한다는 생각을 분명하게 드러내는 토템 민족의 사례를 발견할 수 있을 것이다. 수마트라의 바타크족이 바로 그런 민족이다. 바타크족은 부계로 가계를 이어가는 족외혼 씨족들로 이루어져 있다. 그리고 각 씨족은 특정한 동물을 먹는 것이 금지된다. 씨족에 따라서 호랑이·원숭이·악어·개·고양이·비둘기·흰 물소 그리고 메뚜기 등을 먹을 수 없는 것이다. 씨족의 성원이 어떤 특정한 동물의 고기를 기피하는 까닭은 그들이 그 동물의 후예이며 죽은 뒤에 영혼이 그 동물로 재생된다고 여기거나, 혹은 그들과 선조들이 그 동물에 대해서 어떤 의무를 지니고 있다고 믿기 때문이다.

늘 그렇지는 않지만, 씨족은 때때로 그런 동물의 이름을 딴다. 이와 같이 바타크족은 완전한 토테미즘을 가지고 있다. 바타크족은 그들이 일곱 개의 영혼,

혹은 보다 적절히 헤아려 적어도 세 개는 가지고 있다고 믿는다. 그런데 영혼들 중 하나는 언제나 육체 밖에 있는데, 아무리 그 둘이 멀리 떨어져 있다 해도 그 영혼이 죽으면 바로 그 순간에 육체도 죽는다는 것이다. 이 믿음에 대해서 기록한 사람은 바타크족의 토템에 대해서는 전혀 언급하고 있지 않다. 그러나 오스트레일리아와 중앙아메리카, 그리고 아프리카의 실례를 비추어 볼 때, 우리는 바타크족의 생명을 좌우하는 그 외재적 영혼이 토템 동물이나 식물에 깃들어 있다고 추정할 수 있다.

바타크족은 외재적 영혼이 자신들의 토템 속에 있다고 명확하게 확언하는 대신 그들 씨족의 신성한 동물이나 식물을 존경해야 하는 다른 근거를 주장했다. 그렇다고 해도 우리의 이러한 추정에 대해서 이의를 제기할 수는 없으리라고 생각한다. 왜냐하면 원시인들은 그들의 토템이 어떤 외적 존재와 결합되어 있다고 진지하게 믿었으므로, 외부인에게 이 비밀이 절대로 알려져서는 안 된다고 여겼기 때문이다. 원시인들은 가장 내밀한 생활과 신앙에 관계되는 일에는 매우 조심스러워하며 비밀을 지키려고 했다. 유럽인들이 오랫동안 미개 민족 사이에 머무르면서도 그들 신앙의 요점을 파악하지 못하고, 가끔 주어지는 우연의 결과물로 연구를 진척시켜야 했던 것도 이 때문이다.

특히 원시인들은 언제나 마법에 의해 살해당하는 일에 대한 심한 공포 속에 살았다. 마법사들은 누군가를 파멸시킬 때, 몸에서 나온 가장 사소한 것들, 즉 머리카락과 손톱, 발톱, 침, 음식 찌꺼기, 이름 등을 이용하기 때문에 원시인들은 그것을 감추거나 없애 버리려고 안달을 한다. 그들이 자신들의 생명의 전초며 보루에 지나지 않은 이러한 것들을 그토록 조심스럽고 비밀스럽게 다루는 것을 보면, 그 존재의 내적인 아성을 지키기 위해 얼마나 삼가고 감추었을까 익히 짐작할 수 있다. 설화 속의 공주가 거인에게 그의 영혼을 어디에 두었느냐고 물을 때, 거인은 거짓 대답을 하거나 회피해 버린다. 공주가 온갖 달콤한 말로 달랜 끝에 겨우 그 비밀을 거인에게서 캐낸다. 이렇게 빈틈없이 자기를 엄격히 제어한다는 점에서 거인은 소심하며 문제를 은밀히 다루는 원시인들과 닮았다.

그러나 설화 속에서는 긴박한 상황으로 말미암아 거인이 비밀을 누설하는 데에 반하여 원시인들에게는 그럴 일이 전혀 없다. 그리고 원시인들은 어떠한 유혹이 있더라도 자기 영혼이 숨겨진 곳을 이방인에게 폭로하여 영혼을 위태롭게 하지 않는다. 그러므로 원시인들 생활의 핵심 수수께끼는 오랫동안 비밀로 남겨질 수밖에 없었다. 그래서 우리는 그로 인해 흩어진 암시와 단편들, 그리고 설화 속에 남은 그 비밀스런 기억을 조각조각 맞추어 볼 수밖에 없는 것이다.

4 죽음과 부활 의식

토테미즘에 대한 이 견해는, 내가 아는 한, 아직도 적당한 설명이 제시되어 있지 않은 종교적 의식들을 해석하는 데 중요한 계기를 마련해 준다. 많은 원시 부족들, 특히 토테미즘을 실천하는 것으로 알려진 부족들 사이에서는 관습적으로 일정한 나이에 이른 소년들이 하나의 성년 의식을 통과해야 한다. 이 의식 중에서 가장 일반적인 것은 상징적으로 소년을 죽였다가 다시 살리는 의식이다. 이 의식은 그 본질이 소년의 영혼을 끄집어 내어 그의 토템으로 옮기는 데 있다고 생각하면 잘 이해할 수 있을 것이다. 소년의 영혼을 빼내는 것은 소년을 죽이거나 적어도 그를 죽음과 비슷한 실신 상태에 몰아넣는 행위로 실행되었을 것이기 때문이다.

원시인들은 죽음과 실신 상태를 거의 구별하지 못했다. 이렇게 실신 상태에 빠진 소년이 깨어나는 것은 극심한 폭력적인 충격에서 서서히 회복하는 것, 또는 토템에서 끄집어 낸 신선한 생명이 주입되어 일어나는 것으로 해석될 수 있었다. 그런데 원시인들은 당연히 후자의 해석을 취했던 것이다. 이러한 성년식의 본질은 그 의식에서 죽음과 부활을 흉내내어, 인간과 토템 간의 생명 또는 영혼을 교환하는 것이라 할 수 있다.

이와 같은 영혼의 교환이 있을 수 있다는 원시인들의 믿음은 바스크족의 사냥꾼 설화로도 뚜렷이 알 수 있다. 설화의 내용은 이렇다.

어떤 곰이 사냥꾼을 죽이고 나서, 그의 육신에 자신의 영혼을 불어넣었다. 그래서 곰의 육체는 죽었으나, 사냥꾼은 곰의 영혼을 부여받아 다시 살아났다는 것이다. 죽은 사냥꾼이 곰으로 재생했다는 것은, 이제까지 말한 이론처럼 일정한 나이에 다다른 소년의 성년식에서 그를 죽였다가 다시 살리는 것과 유사하다. 그 소년은 인간으로서 죽고 다시 동물로서 부활한 것이다. 이제 동물의 영혼이 그의 속에 있고, 그의 영혼은 동물의 몸 속에 있는 것이다. 그러므로 그는 자신의 토템이 무엇인가에 따라서 자신을 '곰' 또는 '늑대'라고 부를 마땅한 권리가 있다. 그리고 그는 곰이나 늑대를 그의 형제로 여길 권리도 얻게 되었다. 왜냐하면 이 동물 속에 자신과 그의 친척들의 영혼이 깃들어 있기 때문이다.

이 성년 의식에서 연출되는 가상의 죽음과 부활의 사례들은 다음과 같다. 뉴사우스웨일스의 웡기(Wonghi)족 또는 웡기본(Wonghibon)족은 사춘기 소년이 성인에 다다르면 비밀 의식을 치른다. 이 의식은 이미 그 의식을 통과한 소년만이 볼 수 있다. 이 의식에는 소년에서 성인으로의 변화를 표시하기 위해서 이빨을 뽑고, 그 소년에게 새로운 이름을 부여하는 과정이 포함된다. 이빨을 뽑는 동안 '블로러(bull-roarer : 오스트레일리아 원주민의 의식용 악기)'라는 이름의 도구를 붕붕 소리가 나도록 흔든다. 이 도구는 가장자리가 톱니 모양에 그 끝에는 줄이 매달린 납작한 나무 조각으로 만들어졌으며, 그 의식을 통과하지 않은 사람은 이것을 볼 수 없다.

여자들은 죽음과 같이 고통스러운 이 의식을 보아서는 안 된다. 소년들은 '투렘린(Thuremlin : 다라물룬으로 더 잘 알려져 있다)'이라는 신비적인 존재를 저마다 만난다. 이 신비스런 존재는 소년을 먼 곳으로 데리고 가서 죽이는데, 어떤 경우에는 시체를 난도질하기도 한다. 그 뒤에 그 신비스런 존재는 소년의 생명을 재생시키고 이빨 하나를 부러뜨린다. 이러한 투렘린의 힘에 대한 그들의 믿음은 확고하다.

달링 강 상류에 있는 왈라로이(Ualaroi)족은 성년식 때 소년이 유령을 만나는데, 그 유령은 그를 죽여서 다시 젊은 남자로 소생시킨다고 여긴다. 라클런 강과 머리 강 하류에 거주하는 토착민들은 그 의식을 통과해야 하는 사람을 살해하고 다시 살리는 존재를 '트루말룬(다라물룬)'이라고 믿었다. 중부 오스트레일리아의 운마체라(Unmatjera) 부족의 여자들과 아이들은 '트와니리카'라고 부르는 정령이 성년 의식을 치르는 동안 소년을 죽였다가 다시 살린다고 믿는다. 이 부족에서의 통과 의식은 다른 중부 오스트레일리아의 부족들과 같이 할례 수술이 중심을 이루고 있다. 제2의 의식을 거행한 후에 곧 그 소년은 그의 부친으로부터 신성한 막대기 '추링가(churinga)'를 받는데, 그는 그 막대기와 그의 정령이 먼 옛날부터 연결되어 왔다는 말을 듣는다. 그는 수술 상처가 아물기를 기다리면서 숲에 있는 동안에 블로러를 흔들어야 한다. 그렇지 않으면 천상의 존재가 그를 덮쳐서 데리고 가 버린다고 믿는다.

카펀테리아 만의 서해안에 거주하는 빈빙가(Binbinga)족 여자들과 아이들은 성년 의식 때 블로러의 요란한 소리를 '카타야리나'라고 불리는 정령이 일으키는 것이라고 믿는다. 그 정령은 개미집에서 살다가 나와서 소년을 잡아먹는데, 그러고 나서 소년을 다시 살린다고 한다. 그 이웃 부족인 아눌라(Anula)족의 여인들도 이와 같이 블로러의 붕붕거리는 소리를 '그나바이아'라고 불리는 정령이 만들어 내는 것이라고 믿는다. 그리고 그 정령은 성년 의식 때 소년들을 삼켰다가 나중에 성인의 모습으로 토해낸다고 한다.

뉴사우스웨일스의 남쪽 해안에 거주하는 부족들 가운데 코스트머링(Coast Murring) 부족은 성년 의식 때 죽은 사람의 부활을 그 소년에게 생생하게 보여준다. 이 의식을 어떤 목격자가 다음과 같이 기술했다.

주술사 역의 한 남자를 실 같은 나무 껍질 섬유로 만든 옷을 입혀 무덤 속에 눕히고, 그 위를 나뭇가지와 흙으로 가볍게 덮었다. 그는 손에 흙 속에서 자라는 것처럼 보이는 작은 관목 하나를 들었다. 다른 관목들은 효과를 배가시키기 위해서 땅 속에 꽂았다. 그 다음에 의식을 통과해야 하는 소년들을 데려와 무덤 옆에 세웠다. 행렬을 지어 사람들이 실같은 나무껍질 섬유로 만든 옷을 입고 소년 곁으로 가까이 다가갔다. 그들은 존경받는 두 장로들이 인도한 주술사 일행이다. 그들은 이곳에 묻힌 그들의 형제 주술사의 무덤을 순례하러 온 것이다. 이 작은 행렬은 다라물룬에게 바치는 기도를 영창하면서 줄을 지어 바위와 나무 사이를 거쳐 신참자들의 반대편 무덤 옆으로 정렬했다.

두 명의 장로는 춤추는 사람들 뒤편에 자리를 잡았다. 무덤에서 자란 것 같은 나무가 흔들리기 시작할 때까지 잠시 동안 춤과 노래가 이어졌다. 사람들은 흔들리는 나무를 가리키면서 "저기를 보아라!"라고 신참자들에게 외친다. 신참자들이 그것을 쳐다보자 나무는 차츰 더 심하게 흔들리다가 땅에 쓰러졌다. 그때 춤추는 사람들의 흥분된 춤과 합창대의 합창 속에서 거짓으로 죽은 사람이 그를 덮은 나뭇가지와 잎을 제치고 벌떡 일어나 무덤 안에서 주술적인 춤을 추고, 다라물룬에게서 친히 받은 것이라고 믿어지는 주술적인 물질을 그의 입 속에서 나타내 보인다.

북부 뉴기니의 몇몇 부족들, 즉 야빔(Yabim), 부카우아(Bukàua), 카이(Kai), 타미(Tami)족 등도 오스트레일리아의 부족들과 같이 성인이 되려면 먼저 할례를 받아야 한다. 할례가 특징적인 부족의 성년 의식은, 몇몇 오스트레일리아의 부족들이 그렇듯이 신화적 괴물에 의해 삼켜졌다가 토해 내는 과정으로 이루어져 있다. 이때 괴물의 목소리는 '블로러'의 웅웅거리는 소리를 흉내낸다.

뉴기니 부족들은 이 믿음을 여자들과 아이들의 마음에 깊이 심어 줄 뿐만 아니라 실제로 연극 형태로 연출한다. 그런데 이 의식에는 여자들과 아직 성년이 되지 않은 사람은 참석할 수 없다. 이를 위해 약 길이 50미터 정도의 오두막을 마을이나 숲의 한적한 곳에 짓는다. 그 집은 신화의 괴물 모양을 본떠 만든다. 즉, 괴물의 머리를 나타내는 건물의 한쪽 부분은 높이 만들고, 다른 쪽 끝으로 갈수록 낮게 만든다. 뿌리째 뽑은 야자수로 괴물의 등뼈를 나타내고, 나무의 섬유질 덩굴이 괴물의 머리카락을 나타낸다. 모양을 더욱 완전하게 하기 위해서 원주민 예술가는 건물의 머리 부분의 아래에는 괴물의 번쩍이는 두 눈과 크게 벌린 입을 그린다.

공포에 질린 소년들은, 괴물이 사랑하는 자식을 삼킨다고 믿거나 또는 믿는 척하는 그들의 어머니와 여자 친척들과 눈물의 작별을 한 뒤, 이 기괴한 괴물 앞으로 끌려 나온다. 그러면 그 거대한 괴물은 음산하게 으르렁거리는 소리를 낸다. 그런데 그 소리는 다름 아닌 괴물의 뱃속에 숨어 있는 자들이 휘돌리는 '블로러'의 으르렁거리는 소리이다. 괴물이 소년을 삼키는 과정은 여러 가지로 연출된다. 타미족은 '블로러'를 머리 위에 들고 있는 사람들 속으로 소년들을 한 줄로 줄세워 통과시킨다.

카이족들은 보다 사실적으로 연기한다. 즉, 소년들은 어떤 남자가 서 있는 발판 아래로 지나가야 하는데, 그 남자는 공포에 떨고 있는 소년들이 그 밑으로 통과할 때마다 실제로 물을 마셔 그들을 삼키는 흉내를 낸다. 그러나 다행히도 소년들을 구제하기 위해서 때맞춰 돼지를 선사하는데, 괴물이 이 돼지에 유혹당하여 희생자를 토하게 된다. 괴물 역을 맡은 남자는 그 선물을 받고, 꿀꿀 우는 소리를 들은 다음 금방 마신 물을 소년들에게 토해 낸다. 이것은 소년들이 괴물의 뱃속에서 풀려났다는 것을 뜻한다. 그러나 그는 이제 더 고통스럽고 위험한 할례 수술을 받아야 한다. 그것은 바로 시작되는데, 수술자의 칼로 입힌 상처는 괴물이 거대한 위장 속에서 소년을 토해 낼 때 물어뜯기고 긁힌 상처로 해석한다. 수술이 진행되는 동안에는 소년들을 삼키고 있는 괴물의 포효 소리를 나타내기 위해서 '블로러'를 휘돌린다.

때때로 일어나는 일이지만, 수술이 잘못되어 소년이 죽으면 비밀리에 숲 속에 파묻는다. 그리고 소년의 어머니에게 괴물이 사람을 삼키는 위뿐만 아니라 돼지를 삼키는 위를 가지고 있는데, 불행하게도 그는 돼지를 삼키는 위 속에 미끄러져서 구해 낼 도리가 없다고 알린다. 할례가 끝나면, 소년들은 몇 달 동안 여자들과의 접촉은 말할 것도 없고 보지도 못한다. 그들은 괴물의 뱃속을 의미하는 긴 오두막에서 살아야 한다. 드디어 소년들이 성인이 되어 성대한 환영과 의식이 베풀어지는 가운데 마을로 되돌아오면, 마치 죽은 사람이 무덤에서 돌아오기라도 하는 것처럼 여자들은 기쁨의 눈물을 흘리면서 그들을 환영한다.

그러나 처음에 소년들은 눈을 단단히 감거나 심지어 회반죽으로 온몸을 칠한다. 그리고 마을 어른이 내린 명령을 잘 알아듣지 못하는 것처럼 행동한다. 그러나 혼수 상태에서 깨어나듯이 차츰 의식을 회복한다. 다음 날에는 목욕을 하여 몸에 칠한 회반죽을 씻어 낸다.

할례 의식 때 괴물이 소년들을 삼킨다고 했는데, 그 으르렁거리는 소리는 전혀 위험하지 않은 목제 도구가 내는 소리였다. 뉴기니의 모든 부족들이 '블로러'와 괴물을 같은 명칭으로 부른다는 것은 의미심장하다. 앞의 예에서 네 부족의 언어 중 세 가지 언어는 '블로러'와 괴물에 적용된 용어가 죽은 자의 망령이나 정령을 의미하고, 네 번째 언어가 카이족에서 쓰는 '할아버지'를 뜻한다는 사실은 주목할 만하다.

이 점을 생각해 보건대, 성년 의식 때 소년들을 삼키고 토하는 존재는 힘이 센 망령이나 혹은 선조의 영혼이며, 바로 그의 이름을 갖고 있는 '블로러'가 그의 물질적인 대리인 것이다. 이것은 이 신성한 도구를 여자들의 눈에 띄지 않은 곳에 간직해 철저히 비밀로 지켰다는 것을 의미한다. '블로러'를 사용하지 않는 동안에는 여자가 들어갈 수 없는 남자들의 집회소 안에 보관한다. 사실 여자나 성년 의식을 거치지 않은 소년은 죽음의 고통을 치른다고 해도 그 '블로러'를 볼 수 없다.

또한 네덜란드령 뉴기니의 남쪽 해안선에 사는 파푸아 부족인 투게리족 혹은 카야카야(Kaya-Kaya)족이 '소솜'이라고 부르는 '블로러'는 동남 계절풍과 함께 매년 나타난다는 신비적인 거인이기도 하다. 그 거인이 오면, 그를 축하하기 위해서 축제가 벌어지고 블로러를 휘돌린다. 이때 소년들을 이 거인에게 제물로 바치는데, 거인이 이 소년들을 죽였다가 다시 자비롭게 살려 준다.

피지 섬에서 가장 큰 섬인 비티레부의 몇몇 지방에서는 성년 의식 때 죽음과 부활의 연극이 소년들의 눈앞에서 장엄하게 연출되는 관습이 있다. 그들은 성지에서 죽은 사람, 즉 죽은 것 같이 땅에 누워 있는 사람들을 보게 되는데, 이 가짜 송장들은 절개되어서 피로 물들고 내장은 삐져 나와 있다. 그러나 대사제의 고함 소리에 가짜 송장들은 벌떡 일어나서 강으로 달려가 그들이 잔뜩 바른 돼지 피와 내장을 씻어 냈다. 그러고는 마치 되살아난 것처럼 그들의 몸을 청결하고 싱싱하게 꽃으로 꾸몄다. 그들은 엄숙한 찬가에 맞추어 몸을 흔들면서 성지로 행진해 들어와서 소년들 앞에 자리를 잡았다. 이것이 죽음과 부활의 연극이었다.

뉴기니와 뉴브리튼 섬 사이에 있는 루크 섬 사람들의 축제는 다음과 같이 진행된다. 목제 가면을 쓴 한두 사람의 변장한 남자가 다른 여러 사람들과 함께 춤을 추면서 마을을 돌아다닌다. 그들은 할례를 했으나 '마르사바(악령)'에게 아직 잡아먹히지는 않은 소년들을 그들에게 넘기라고 요구한다. 소년들은 공포에 질려 비명을 지르면서 그들에게 인도되어 변장한 남자들의 다리 사이로 기어가야 한다. 다음에 다시 행렬은 마을을 돌고 나서 '마르사바'가 소년들을 삼켰다는 사실을 알리고, 돼지나 타로감자와 같은 선물을 받을 때까지 소년들을 토해 내지 않을 것이라고 말한다. 그러면 마을 사람들은 그들의 형편에 따라서 음식물을 바친다. 그들은 그 음식물을 마르사바의 이름으로 다 먹어 버린다.

세람 섬의 서부 지방에서 일정한 나이에 이른 소년들은 '카키안'이라는 단체에 가입할 수 있다. 근대의 기록자들은 일반적으로 이 단체를 주로 외국의 지배에 맞서기 위해서 조직된 정치적인 연맹이라고 보았다. 그러나 사제들이 때때로 이 단체를 정치적 목적을 위해 강력한 영향력을 이용했을 가능성이 없지는 않았겠지만, 사실상 이 단체는 순수하게 종교적이고 사회적인 성격을 띠고 있었다. 실제로 이 단체는 소년들의 성년 의식을 주목적으로 하는 널리 퍼진 원시적 제도 가운데 한 실례에 지나지 않는다. 최근에 유명한 네덜란드의 민족학자 리델(Riedel)이 이 단체의 진정한 성격을 제대로 평가했다.

이 '카키안'의 집은 숲 속의 가장 깊숙한 곳에 위치한 장방형의 나무로 만든 오두막인데, 그 집은 거의 빛이 들어오지 않아서 그 안의 일을 잘 알 수 없을 정도이다. 마을마다 그런 집이 한 채씩 있다. 그곳에서 성년 의식을 받게 되어 있는 소년들은 눈을 가리고 그곳으로 안내된다. 부모나 친척들이 그 뒤를 따른다. 소년들은 저마다 두 사람의 남자가 인도하는데, 이들은 성년 의식을 거행하는 기간 동안에 소년들을 돌봐 주는 후원자나 보호자이다. 오두막 앞에 사람이 모두 모이면, 대사제가 큰 소리로 악령들을 부른다. 곧 소름끼치는 시끄러운 소리가 오두막에서 들려온다. 이 소리는 바로 뒷문으로 몰래 들어간 남자들이 대나무로 만든 나팔로 내는 소리인데, 여자들과 아이들은 그 소리를 악마가 내는 소리로 믿기 때문에 공포에 질린다. 이윽고 사제들이 한 번에 한 사람씩 소년들을 데리고 들어온다.

소년들이 모두 성역 안으로 들어가자마자 나무를 자르는 단조로운 소리가 들리고 소름끼치는 비명 소리가 울리며, 피가 뚝뚝 떨어지는 칼이나 창이 그 오두막의 지붕을 뚫고 솟아나온다. 이것은 악마들이 소년의 머리를 잘라 다른 세계로 가지고 가서 소년을 다시 소생케 한다는 표시다. 그래서 피 묻은 칼을 보기만 하면 어머니들은 악마가 아이들을 죽였다고 외치면서 울며 통곡한다. 몇몇 지방에서는 소년들을 악어의 턱이나 화식조(火食鳥)의 부리 모양을 한 구멍으로 밀어 넣는다. 사람들은 이것을 악마가 소년들을 삼킨 것이라고 말한다.

소년들은 5일에서 9일 동안 오두막에 머무른다. 어둠 속에 앉아서 소년들은 대나무 나팔 소리를 듣는데, 때때로 총소리와 칼이 부딪치는 소리를 듣기도 한다. 소년들은 날마다 목욕을 하고, 노랑색 물감을 얼굴과 몸에 칠해서 악마에게 삼켜진 모습을 나타낸다. '카키안' 집에서 머무는 동안 그들은 가슴과 팔에 가시 바늘로 하나 또는 두 개의 십자형 문신을 새긴다. 소년들은 잠자지 않을 때는 근육 하나 움직이지 않고 웅크리고 앉아 있어야 한다. 소년들이 두 팔을 펴고 줄을 지어 책상다리를 하고 앉아 있으면, 추장이 나팔을 들고 나타나서 나팔 주둥이를 소년들의 손에 얹어 놓고 기괴한 음조로 정령들의 음성을 흉내내면서 그들에게 말한다. 추장은 소년들에게 '카키안' 사회의 규칙을 지켜야할 것과 '카키안' 집 안에서 지냈던 것을 절대로 발설하지 말 것을 경고한다. 만일 이를 어기면 죽음의 고통을 겪게 된다고 말한다. 소년들은 또 사제들에게서 그들의 혈족에게 공손하도록 훈계 받으며, 부족의 전통과 비밀을 배운다.

한편 소년들의 어머니들과 누이들은 집으로 돌아가서 울고 애도한다. 그러나 하루나 이틀이 지나서 소년들의 보호자와 후원자 역할을 하던 남자들이 사제들의 노고로 악마가 소년들을 소생시켰다는 기쁜 소식을 갖고 마을로 돌아온다. 이 소식을 가지고 온 남자들은 마치 지하 세계에서 갓 도착한 사자들과 같이 기진맥진한 상태로 진흙투성이가 되어 돌아온다. 소년들이 '카키안' 집을 떠나기에 앞서 그들은 사제에게서 양끝을 수탉이나 화식조의 날개털로 꾸민 막대기를 받는다. 그 막대기는 소년들을 재생시켰을 때 악마가 소년들에게 준 것으로 간주되며, 소년들이 정령들이 사는 지하 세계에 갔다 온 표적 역할을 한다.

그들은 집으로 돌아갈 때 마치 정상적인 걸음걸이를 잊은 듯이 비틀거리면서 걷거나 뒷걸음질로 집 안으로 들어간다. 또 뒷문으로 들어가기도 한다. 이는 바르게 걷는 법을 잊어버린 척하는 것이다. 음식을 담은 접시를 받으면 그들은 거꾸로 엎어 버린다. 그들은 벙어리처럼 침묵을 지키고 몸짓으로만 그들의 요구를 나타낸다. 이런 모든 것은 그들이 아직도 악마나 정령의 영향 아래에 있음을 보여 주는 것이다. 그들의 후원자들은 소년들을 마치 새로 태어난 아이들처럼 간주하여 생활상의 모든 일을 그들에게 가르쳐 주어야 한다.

또 '카키안' 집을 떠날 때에 소년들은 다음 해 그 의식을 치를 때까지 어떤 종류의 과일은 먹는 것이 엄격히 금지된다. 또 20일에서 30일 동안 그들의 머리카락을 어머니나 누이들이 빗질해서도 안 된다. 그 기간이 끝날 때쯤 대사제는 그들을 밀림의 한적한 곳으로 데리고 가서 정수리에서 머리칼 한 웅큼을 자른다. 이런 성년 의식을 거친 뒤에야 소년들은 성인으로 취급되고 결혼할 수 있다. 만약 그들이 그 이전에 결혼하면 그것은 치욕이 된다.

콩고 강 하류 지역에서는 이 죽음과 부활의 연극이 '응뎀보(Ndembo)'라고 불리는 조직이나 비밀 단체의 성원들에 의해 실시되었다.

"응뎀보 의식을 거행할 때 주술의는 누구에게 거짓으로 발작 증세를 일으켜 넘어지게 하며, 그 상태로 그를 마을 밖의 인적 없는 곳으로 옮긴다. 이 사람을 '죽어 가는 응뎀보'라고 부른다. 전례에 따라 그 대상은 일반적으로 소년과 소녀인데, 이따금 청년과 처녀일 수도 있다. 그들은 죽은 것으로 여겨진다. 그러나 그 부모들과 친구들이 그들에게 먹을 것을 준다. 그 기간은 3개월부터 3년까지 차이가 있는데, 어쨌든 그 기간이 지나면 관습에 따라 주술의가 그들을 되살린다. 그 주술의가 보수를 받아 잔치를 벌일 만한 비용과 물품을 마련하면, '응뎀보' 역을 맡은 자들이 소생하는 시늉을 한다. 그들은 처음에는 아무것도 전혀 모르는 척한다. 그들은 심지어 음식을 씹는 방법조차 모른다. 그래서 친구들이 모범을 보여 주어야 한다. 그러나 그들은 아직 입문하지 않은 사람이 갖고 있는 좋은 것은 무엇이든지 갖고 싶어하고, 그 요구가 수락되지 않으면 그를 때리거나 심지어 목을 조르기도 하고 죽이기까지 한다. 그들은 그런 행위로 처벌받지 않는다. 왜냐하면 그들은 철이 아직 들지 않은 것으로 여겨지기 때문이다. 때때로 그들은 마치 정령들이 사는 지하 세계에서 방금 돌아온 것처럼 행동하며 횡설수설한다. 이것이 끝난 뒤에 그들은 '죽은 응뎀보'를 가진 사람에게만 붙여 주는 특별한 또 다른 이름을 갖게 된다. 이와 같은 관습은 폭포 지역뿐만 아니라 상류 지역에서도 볼 수 있다."

북아메리카의 몇몇 인디언 부족들에게는 어떤 종교적인 비밀 결사가 있는데, 여기서는 의례적인 죽음과 소생을 거친 사람들만이 가입할 수 있다. 1766년 혹은 1767년에 조나단 카버 대위는 큰 호수 지방에 위치한 시우(Sioux)족 또는 다코타족에 속하는 나우도웨시(Naudowessy)족이 '정령의 맹우결사(Wakon-Kitchewah)'라고 부르는 비밀 결사의 신참자 가입 의식을 목격했다. 지원자들은 추장 앞에 무릎을 꿇는다. 추장은 그에게 다음과 같이 말한다.

"곧 너와 의사소통을 하게 될 정령에 의해서 너는 큰 혼란을 겪게 된다. 정령은 너를 죽일 것이지만 곧 다시 살릴 것이다."

그는 이에 덧붙여서 말한다.

"그것이 아무리 무서운 것일지라도 네가 가입하려는 공동체가 누리는 복지를 위해서는 꼭 필요한 과정이다."

추장은 그 말을 할 때 매우 흥분된 모습을 띠었다. 마침내 감정이 격렬해져서 그의 얼굴은 일그러지고 온몸은 경련을 일으켰다. 바로 이때 그는 모양과 색깔이 작은 콩같이 생긴 것을 소년에게 던졌는데, 그것은 그의 입 속으로 들어간 것 같았다. 그리고 곧 그는 마치 총에 맞은 것처럼 넘어져 움직이지 않았다. 잠시 동안 그 소년은 죽은 듯이 누워 있었다. 그때 마구 때리자 의식이 회복될 징후를 보였다. 마침내 그는 추장이 그에게 던진 콩같은 것을 토해 내면서 다시 살아났다.

오지브와족이나 위네바고족, 다코타족 혹은 시우족과 같은 부족에서 신참자를 살해하는 도구는 주술 자루이다. 그 자루는 동물(수달피·살쾡이·뱀·곰·너구리·늑대·올빼미·족제비 등) 가죽으로 만든 것으로 거의 동물 형태가 남아 있다. 그 부족의 구성원은 모두 그런 자루를 하나씩 가지고 있는데, 그들은 그 속에 그의 '주술약'이나 부적으로 쓰는 온갖 잡동사니를 넣어 둔다.

"그들은 가죽 자루나 동물의 뱃속에 있는 잡동사니가 정기를 발산하는 데, 사람을 때려눕힐 수 있는 힘뿐만 아니라 그를 다시 살아나게 하는 힘을 가졌다고 믿는다."

이런 주술 자루로 사람을 살해하려면 그것으로 상대편을 찌르면 된다. 그러면 그는 죽은 듯이 쓰러지지만, 다시 한 번 찌르면 그는 회생하는 시늉을 한다.

제위트(J.R. Jewitt)가 난파를 당하여 누트카사운드족 인디언의 포로로 있는 동안에 목격한 의식이 바로 이러한 종류에 속하는 관습이었다.

"인디언 왕 또는 추장이 자기 아들의 귀 옆으로 권총을 쏘면, 아들은 총에 맞은 것처럼 곧장 쓰러진다. 그러면 집안 여자들은 모두 저마다 머리카락 한 줌을 뽑고, 왕자가 죽었다고 외치면서 통곡했다. 그때 많은 주민들이 칼과 총 등으로 무장하고 집 안으로 몰려 들어가 그들이 우는 원인을 조사했다. 바로 그들 뒤에 늑대 가죽을 두르고, 얼굴에는 늑대의 탈을 쓴 두 사람이 따라 들어갔다. 이 두 사람은 늑대처럼 기어서 그 집으로 들어가 왕자를 들쳐 업고, 들어갈 때와 똑같이 기어서 나왔다."

이 밖에도 나이가 열한 살 가량의 어린 왕자가 늑대 가면을 쓰는 지방도 있다고 제위트는 말한다. 어쨌든 그 지방의 아메리카 인디언들은 여러 토템 씨족으로 나누어지는데, 늑대 씨족이 그 중심이 된다. 각 씨족의 성원들은 그 몸에 토템 동물의 일부분을 몸에 두르고 다니는 관습이 있다. 그렇다면 그 왕자는 늑대 씨족에 속하며, 제위트가 기록한 의식은 그 소년(왕자)을 늑대로 소생시키기 위해서 죽인다는 의미를 담고 있을 것이다. 이는 저 바스크족의 사냥꾼이 자신이 살해되면 곰으로 다시 태어난다고 믿었던 신앙과 같다.

이와 같은 의식에 대한 추정적 해석은, 이 인디언들에 대해 프란츠 보아스(Franz Boas) 박사가 조사한 사례에서 어느 정도 확인되었다. 그리고 이 해석은 이미 제시된 바 있다. 그러나 추장의 아들이 가입을 허락받던 공동체는 토템 씨족이 아니라 '틀로코알라(Tlokoala)'로 불리는 비밀 결사단이었다. 이 결사의 성원들은 모두 늑대를 흉내내야 한다. 이 결사의 새로운 성원이 될 사람은 늑대들에 의해 입문식을 거쳐야 한다. 한밤중에 늑대 가죽을 두르고 늑대 가면을 쓴 한 무리의 인디언들이 나타나 지원자를 숲 속으로 끌고 간다. 지원자를 잡으려고 오는 늑대들의 소리가 마을 밖에서 들려오면, 비밀 결사의 모든 성원들은 얼굴을 검게 칠하고 다음과 같이 노래 부른다.

"모든 부족은 큰 소동을 겪으리라. 내가 틀로코알라이기 때문이다." 다음 날 늑대들은 죽은 지원자를 돌려 준다. 그러면 비밀 결사 성원들은 지원자를 소생시켜야 한다. 늑대들이 지원자의 몸 안에 주술 돌멩이를 넣어 두었다고 간주되므로, 그를 되살리기에 앞서 돌부터 끄집어 내어야 한다. 이 작업이 끝날 때까지 시체는 집 밖에 방치되어 있다. 이 때 두 명의 주술사에 의해 석영과 비슷한 돌멩이가 제거되자 지원자는 다시 살아난다.

브리티시컬럼비아의 니스카(Niska)족 인디언들은 갈가마귀, 늑대, 독수리, 곰을 그 토템으로 하는 네 개의 주요한 씨족으로 갈라져 있는데, 의식을 통과해야 하는 지원자는 언제나 인공적으로 만든 토템 동물에 의해서 끌려 나온다. 예를 들면, 한 남자가 '올랄라(Olala)'라고 불리는 비밀 결사에 가입하려 할 때는, 그의 친구들이 칼을 빼어 들고 그를 죽이는 흉내를 낸다. 그러나 실제로는 그를 놓아 주고, 그를 대신하여 교묘하게 바꾼 인형의 머리를 벤다. 그다음 그들은 목이 잘린 인형을 뉘어놓고 천으로 덮는다. 그러면 여자들이 목놓아 운다. 그의 친척들이 장사를 지내고 엄숙히 인형을 불태운다. 즉, 그들은 사람이 죽을 때와 같은 장례를 치른 것이다. 1년 동안 이 지원자는 죽은 자로 여겨져 비밀 결사의 성원이 아닌 사람 앞에 모습을 나타내지 않는다. 그러나 이 기간이 끝나면, 그는 그들의 토템을 나타내는 인공적으로 만든 동물에 끌려서 다시 살아 돌아온다.

이런 의식에서의 요점은 지원자를 인간으로 죽인 뒤, 그의 수호신은 아니라 할지라도 적어도 그와 특별히 친밀한 관계에 있는 동물 형태로 생명을 되찾는 것이다. 자신들의 생명을 어떤 특정 동물과 결부시키는 과테말라의 인디언들은, 그와 같이 공감적으로 결합된 특수한 동물의 모양으로 태어나는 힘을 자신들이 갖고 있다고 믿었다. 이 점을 상기해 보건대, 브리티시컬럼비아 인디언들도 그들의 생명이 어떤 종류의 동물의 생명에 의존하고 있다고 상상했으리라는 추측도 할 만하다.

브리티시컬럼비아 인디언들은 동물의 가죽옷을 입음으로써 동물과 동화하려 했다. 적어도 그것이 오늘날 브리티시컬럼비아 인디언들의 신앙이 아니라 할지라도 과거 그들 조상들의 신이었으며, 그것은 토템 씨족과 비밀 결사 의식을 형성하는 데 도움이 되었을 것이다. 왜냐하면 두 공동체가 성원을 가입시키는 방법은 다르지만(토템 씨족의 성원 획득은 출생으로써 결정되지만, 비밀 결사의 성원 획득은 후천적으로 의식을 통해 이루어진다) 두 공동체가 매우 비슷하며 같은 사고 방식에 근거를 두고 있다는 것을 의심할 수 없기 때문이다.

내 생각이 옳다면 그 사고 방식이라는 것은 동물과 정령, 혹은 그 밖의 위력 있는 존재와의 공감적 관계를 맺을 수 있다는 신념을 뜻한다. 즉, 그런 것들에게 인간이 자기 영혼이나 그 일부를 안전하게 보존시키고 그 답례로 그것들한테서 주술적 능력을 받는다는 것이다.

그러므로 여기에 제시된 이론에 따르면, 토테미즘이 발견되는 곳이면 어디에서든지, 그리고 성년 의식에서 소년을 죽였다가 다시 살리는 연극을 연출하는 곳은 어디에서든지 영혼을 어떤 외재적 사물, 즉 동식물이나 그 밖의 사물 속에 영구히 맡길 수 있다고 믿었다는 것을 알 수 있다. 뿐만 아니라, 실제로 그것을 행하려는 의도가 존재해 왔다는 것 또한 알 수 있다. 왜 사람들이 생명을 그들의 육체 밖에 맡기려고 하느냐 하는 질문을 하면, 다음과 같이 대답할 수 있을 뿐이다.

그것은 아마도 사람들이 동화 속의 거인과 같이, 생명을 직접 제 육체 안에 지니고 다니는 것보다는 다른 사물에 맡기는 편이 더 안전하다고 생각했기 때문일 것이다. 이것을 돈으로 비유하면, 사람들이 돈을 갖고 다니기보다는 은행에 저금하는 게 더 안전하다고 생각하는 것과 같다. 우리는 앞서 생명이나 영혼이 위험에 처하면, 그 위험이 사라질 때까지 한동안 안전한 장소에 숨겨 둔다는 관념에 대해 고찰한 바 있다.

그러나 토테미즘과 같은 제도는 단지 위험할 때에만 효용성을 가지는 것이 아니다. 그 제도는 전체 마을 사람 또는 적어도 마을의 모든 남자가 반드시 일생의 어떤 시기에 의무적으로 거쳐야 하는 규칙이다. 이때 성년 의식을 치르는 시기는 보통 사춘기에 달한 때이다. 이 사실은 다음과 같은 점을 시사한다. 즉 토테미즘과 그것과 비슷한 제도들이 방지하려는 위험이 성적 성숙기에 이른 다음에야 일어난다는 사실을 말이다. 실제로 원시인들은 그러한 위험이 남녀 간에 성 관계를 맺을 때 뒤따른다고 믿었다. 원시인들의 마음에 성 관계가 위험과 결부되어 각인되어 있었다는 사실은 여러 사례들에 의해서도 쉽게 증명될 수 있다. 그러나 그런 위험의 성격이 정확하게 어떤 것인지는 아직도 모호한 상황이다.

우리가 원시인의 사고 방식을 보다 정확하게 알게 되면 미개 사회의 핵심적인 신비를 밝힐 수 있고, 토테미즘뿐만 아니라 혼인 조직의 기원에 대해서도 실마리를 잡을 수 있을 것이다.

제68장
황금가지

앞에서 살펴본 바와 같이 발데르의 생명이 겨우살이 속에 있다는 견해는 원시인들의 사고 방식과 완전히 일치한다. 발데르의 생명이 겨우살이 속에 있는데도 그 신이 겨우살이의 일격으로 살해되었다고 하는 이야기는 사실 모순처럼 들릴 것이다. 그러나 한 사람의 생명이 어떤 특정한 존재로 구현되고, 특정한 존재와 자신의 존재가 불가분하게 결합됨으로써, 그 특정한 존재의 죽음이 자신의 죽음을 가져오게 된다면, 설화에서처럼 문제의 특정한 존재는 곧 자신과의 생명이나 죽음으로 간주되고 이야기될 것이다. 그러므로 누군가의 죽음이 어떤 특정한 존재 속에 있다면, 그가 그 존재의 일격에 의해서 살해된다는 것은 이상한 일이 아니다.

이미 이야기한 바 있는 민간 설화를 보면, '죽지 않는 코시체이'는 자신의 생명과 죽음을 숨겨놓은 알 또는 돌에 맞아 죽는다. 식인귀들도 그들의 생명과 죽음을 간직하고 있음이 분명한 어떤 모래를 머리 위로 던지면 온몸이 찢어져 죽고 만다. 어떤 마법사는 그의 생명과 죽음을 간직한 돌을 베개 밑에 넣자 죽는다. 어떤 타타르의 영웅은 그의 영혼이 들어 있는 황금 화살과 황금 칼을 맞고 살해될 것이라는 경고를 받는다.

떡갈나무의 생명이 겨우살이 속에 있다는 관념은, 이미 말했던 바와 같이 겨울에 떡갈나무 자체는 잎이 떨어지고 없으나, 기생하는 겨우살이만은 푸르름을 간직한 채 남아 있는 데서 생겨난 것이다. 이러한 생각은 겨우살이가 기생하는 위치 즉 땅에서 자라지 않고 나무줄기나 가지에서 자란다는 점에 따라서 확실시되었을 것이다. 원시인들은 자기들처럼 떡갈나무의 정령도 안전한 곳에 그 생명을 맡기기를 원해서 겨우살이에 거처를 정했다고 생각했다. 그런데 겨우살이는 땅에도 있지 않고 하늘에도 있지 않기 때문에, 영혼이 피해를 받지 않고 있을 수 있는 그럴싸한 곳으로 여겨졌던 것이다. 우리는 앞에서 원시인들이 그의 인간신들의 생명을 지상에서 인간의 생명을 에워싼 모든 위험으로부터 가장 잘 보호할 수 있는 하늘과 땅 사이에 있는 어떤 장소에 매달아 두어 생명을 보존하려 했다는 것을 이미 고찰했다. 그러므로 고대와 근대의 민간요법에서 겨우살이가 땅에 닿지 않도록 하는 규칙이 있었던 까닭을 이해할 수 있게 되었다. 만약 겨우살이가 땅에 닿으면, 그 치료의 효력은 사라진다는 것이다. 이것은 신성한 나무의 생명이 집중된 식물은 땅과 접촉해서는 안 된다는 옛 미신의 잔재일 것이다.

발데르 신화와 비슷한 어느 인도의 설화에서 주인공 인드라(Indra)는 악마 나무치(Namuci)에게 낮과 밤에 의하지 않고, 막대기와 활에 의하지 않고, 손바닥과 주먹에 의하지 않고, 젖은 것과 마른 것에 의하지 않고 그를 죽이겠다고 맹세했다. 그는 이른 아침에 바다 거품을 뿌려 악마를 죽였다. 바다의 거품이야말로 원시인이 생명을 넣어 두는 바로 그런 장소이다. 왜냐하면 그것은 원시인이 안전하다고 인정하는 땅과 하늘, 또는 바다와 하늘 사이의 중간적인 위치, 즉 무어라 말할 수 없는 막연한 위치에 있기 때문이다. 그러므로 강의 물거품이 인도의 한 씨족의 토템이 되는 것은 그리 놀라울 것이 못 된다.

또 겨우살이의 신비스런 성격은 그것이 지면에서 자라지 않는 바로 그 점에 있다는 견해는 마가목에 대한 비슷한 미신에 의해서도 확인된다. 유틀란트에서는 마가목이 다른 나무 꼭대기에 자라는 것이 발견되면, 그 나무가 마법에 대한 강력한 견제력이 있는 것으로 생각한다. 그것은 땅 위에서 자라지 않기 때문에 마녀들이 그것에 영향력을 끼치지 못한다. 마가목이 가장 큰 효험을 발휘하기 위해서는 승천제(昇天祭) 당일에 베어야 한다. 그래서 사람들은 마녀들의 침입을 막기 위해 그 나무를 문 위에 꽂아 놓는다.

스웨덴과 노르웨이에서도 '플라잉마가목(flying-rowan)'이 주술적 속성을 갖고 있다고 생각한다. 주술적 속성을 갖고 있는 것은 지상에서 보통 자라는 마가목이 아니라, 새들에 의해 다른 나무 위나 지붕 위, 또는 바위 틈새에서 옮겨진 씨에서 자라난 마가목이어야 한다. 밤길을 걷는 사람은 이 '플라잉마가목'의 한 조각을 지니고 다니면서 씹어야 한다. 그렇지 않으면 그는 마법에 걸리거나 그곳에서 한 발짝도 움직일 수 없는 위험에 빠진다는 것이다. 스칸디나비아에서 기생 마가목이 마법의 부적으로 여겨졌던 것과 같이, 독일에서는 아직도 일반적으로 겨우살이가 마법에 대한 부적으로 간주된다. 그리고 스웨덴에서는 우리가 본 바와 같이, 하지절 전야에 채집된 겨우살이를 집 안의 천장이나 마구간 또는 외양간에 매다는데, 이렇게 하면 사람과 동물을 해치는 트롤을 무력하게 할 수 있다는 것이다.

겨우살이가 발데르를 죽인 무기였을 뿐만 아니라 발데르의 생명을 간직하고 있다는 견해는 스코틀랜드의 이와 비슷한 미신을 통해 지지받는다. 퍼스오브테이 근처 퍼드셔의 한 영지인 에롤의 헤이(Hay) 일가의 운명은 어떤 커다란 떡갈나무에 기생하는 겨우살이와 연결되었다는 전설이 있다. 헤이 일가의 어떤 사람이 이 오래된 신앙을 다음과 같이 기록했다.

"오늘날 낮은 신분의 가문에서 휘장은 이제 거의 일반적으로 망각되고 있다. 그러나 옛 문서와 퍼드셔에 사는 노인 몇몇이 전하는 바에 따르면, 헤이 가의 휘장은 겨우살이였다고 한다. 옛날에 에롤의 근처, 즉 매바위에서 그다지 멀지 않은 곳에 나이를 잘 알 수 없는 거대한 떡갈나무 한 그루가 있었으며, 그 나무 위에는 겨우살이가 무성하게 자라고 있었다. 그리고 많은 매력있는 전설이 그 떡갈나무에 연관되어 있었는데, 헤이 일가의 운명이 그 나무의 존속과 일치되었다고 전해진다. 헤이 일가의 한 사람이 만성절 전야에 해가 도는 방향으로 세 번 돈 다음 어떤 주문을 외고, 새 칼로 그 겨우살이를 잘라 냈다고 한다. 이렇게 채취한 겨우살이는 모든 마법과 요술에 맞서는 확실한 부적이며, 또 전쟁 시의 매우 확실한 부적이라고 믿었다. 같은 방법으로 채집된 겨우살이의 작은 가지를 아기 요람 속에 넣어두면 요정들이 그 아기를 꼬마 요정으로 변신시키는 것을 막을 수 있다는 것이다. 끝으로 떡갈나무의 뿌리가 말라 죽으면 '에롤의 난로에 잡초가 자라고, 갈가마귀가 웅크리고 매의 둥지에 앉는다'고 굳게 믿었다. 헤이 일가 사람들이 가장 불길하다고 생각한 두 행위는 흰 매를 죽이는 것과, 에롤의 떡갈나무를 자르는 행위이다. 저 오래된 떡갈나무가 언제 없어졌는지는 알 수 없다. 그 헤이 일가가 살던 땅이 팔리기 전에 저 운명의 떡갈나무가 잘려졌다고도 한다."

이 오래된 미신은 시인 토머스의 전통 시 속에 다음과 같은 이야기로 묘사되어 있다.

> 에롤의 떡갈나무에서 겨우살이가 자라고,
> 그 떡갈나무가 굳건히 대지에 서 있는 동안

헤이 집안은 번창하고
그 찬란한 잿빛 매는
폭풍 앞에서도 의연하리라.

그러나 떡갈나무 뿌리가 말라죽고,
그 메마른 젖가슴 위에서 겨우살이마저 시들면
에롤의 화로에는 잡초가 무성해지고,
매 둥지에는 갈가마귀만 웅크리고 들어 앉으리라.

'황금가지'가 겨우살이였다는 해석은 그다지 새로운 의견이 아니다. 사실상 베르길리우스는 황금가지를 겨우살이와 동일시하지 않고, 다만 비교했을 뿐이다. 그러나 이것은 그 하찮은 겨우살이에 신비스러운 매력을 주기 위한 시적인 비유에 지나지 않을 것이다. 아니 베르길리우스의 묘사는 겨우살이가 때때로 초자연적인 황금색으로 찬란하게 빛났다는 통속적인 신앙에 근거했다는 것이 보다 그럴듯하다. 이 시인은 두 마리의 비둘기가 황금가지가 자라고 있는 음울한 골짜기 속으로 아이네이아스를 인도할 때, 어떤 나무 위에 내려앉았는지를 말한다.

"거기에서 한 줄기의 황금빛이 반짝였다. 겨울 추위가 몰아치는 숲 속에서 기생식물인 겨우살이가 초록 잎사귀로 무성했고, 줄기마다 황금빛 열매가 달려 있다. 그것은 앙상한 떡갈나무 가지 위에 달린 황금색 줄기처럼 보였고, 온화한 산들바람에 황금색 이파리가 살랑살랑 소리를 내는 듯하다."

여기서 베르길리우스는 명확하게 황금가지를 떡갈나무 위에서 자라는 것으로 묘사하고, 그것을 겨우살이와 비교한다. 이 황금가지는 시나 민간 신앙의 몽롱한 안개 사이로 보이는 겨우살이에 불과하다고 추론할 수밖에 없다.

이로써 아리키아 숲의 사제, 즉 '숲의 왕'은 이 황금가지가 자란 나무의 화신이었다는 믿을 만한 근거가 제시된 셈이다. 그런데 만일 그 나무가 떡갈나무라면 '숲의 왕'은 떡갈나무 정령의 화신이었음에 틀림없다. 그렇다면 그가 살해되기 전에 황금가지를 잘라야 하는 이유를 쉽게 이해할 수 있다. 다시 말해 그는 떡갈나무의 정령으로서 그의 생명과 죽음은 떡갈나무 위에 기생하는 겨우살이 속에 있으며, 겨우살이가 해를 입지 않고 그대로 남아 있는 한 '숲의 왕'은 발데르와 마찬가지로 죽지 않는다. 따라서 '숲의 왕'을 죽이기 위해서는 겨우살이를 잘라 발데르의 경우와 같이 겨우살이를 그에게 던질 필요가 있었을 것이다. 그리고 이 두 사례를 완전하게 비교하기 위해서는 우리가 이미 살펴본 바와 같이 '숲의 왕'은 아리키아의 숲 속에서 해마다 거행된 하지절 불 축제에서 산 채로, 혹은 살해당한 뒤 화장시켰다고 생각하기만 하면 된다.

로마의 베스타 신전과 로모브의 떡갈나무 아래서 피운 영원한 불과 같이, 숲 속에서 피운 영원한 불은 아마 신성한 떡갈나무를 그 연료로 했을 것이다. 그래서 그 옛날 '숲의 왕'이 최후를 맞은 곳도 떡갈나무로 일으킨 큰 불 속이었을 것이다. 앞서 언급한 바와 같이, '숲의 왕' 이 행사했던 1년 기한의 통치 기간은, 그가 힘으로 신적인 권리를 밝힐 수 있는 한, 살아서 통치할 수 있다는 규칙이 생기면 단축되기도 하고 연장되기도 했다. 그러나 어떤 경우이던 그는 그 불을 피하기 위해서는 칼에 의지할 수밖에 없었다.

먼 옛날에 이탈리아의 중심부인 아름다운 네미 숲의 호숫가에서 이와 같은 불의 비극이 해마다 연출되었다. 후대에 이르러서 이탈리아의 상인들과 병사들은 그들의 먼 친척인 갈리아의 켈트족이 행한 불의 비극을 목격했다. 만일 로마군이 노르웨이를 침공했더라면, 그들도 북부 유럽의 미개한 아리안족 사이에서 원형 그대로 연출되는 비극을 목격했을지도 모른다. 그 의식은 고대 아리안족의 떡갈나무 숭배의 중심적인 특징이었을 것이다.

이제 남은 문제는 왜 겨우살이가 '황금가지'로 불렸는가 하는 것이다. 겨우살이 열매의 엷은 노랑색은 '황금가지'라는 명칭에 대한 설명으로는 충분하지 않다. 왜냐하면 베르길리우스는 그 식물이 잎뿐만 아니라 줄기도 모두 황금색이었다고 말하기 때문이다. 아마 그 명칭의 유래는 겨우살이의 가지를 잘라서 몇 달 동안 두었을 때 생기는 짙은 황금색 때문일 것이다. 그 반짝이는 색깔은 잎뿐만 아니라 줄기에까지도 퍼져 있다. 때문에 가지 전체가 그야말로 '황금가지'로 보이는 것이다. 브르타뉴의 농부들은 집 앞에 커다란 겨우살이 가지를 매달아 놓는다. 그 가지들은 6월이 되면 잎이 밝은 황금색으로 찬란하게 빛난다. 브르타뉴의 몇몇 지방, 특히 모르비앙 주변에서는 겨우살이 가지들을 마구간과 외양간 입구에 걸어 놓는데, 그것은 말과 소를 마법에서 막아 내기 위한 것이다.

시든 겨우살이 가지의 노란색은 겨우살이가 왜 때때로 땅 속에 있는 보물을 드러내 준다고 생각하게 되었는지를 어느 정도 설명해 준다. 왜냐하면 동종주술의 원리에 따르면 노란 가지와 노란 황금 사이에는 자연적인 유사성이 존재한다고 믿었기 때문이다. 이 가설은 하지절 전야에 황금빛 불과 같은 꽃이 핀다고 전해지는 신비적인 양치류의 포자에 놀라운 성질이 있다는 비슷한 사례에서 확인된다. 보헤미아에서는 다음과 같은 이야기가 있다.

"성 요한제에 양치류의 포자가 불처럼 빛나는 황금 색깔의 꽃을 피운다."

양치류의 포자를 갖고 있거나, 혹은 하지절 전날 저녁에 손에 그것을 들고 산에 오르는 사람은 누구든지 금광을 발견하거나, 혹은 푸른 빛깔을 띤 빛나는 보물을 본다는 것은, 바로 그 양치류 포자의 신비스러운 성질 때문이다. 러시아에서는 하지절 전날 밤중에 이 놀라운 양치류의 꽃을 수집하여 공중에 던지면, 그것이 보물이 숨겨져 있는 바로 그곳에 별처럼 떨어진다는 이야기가 있다. 브르타뉴에서는 보물을 찾는 사람들은 하지절 전날 밤중에 양치류를 모아서, 그것을 다음 해의 종려주일(Palm Sunday)까지 간직한다. 이윽고 그날 그들은 그 포자를 보물이 감추어져 있는 듯한 곳에 뿌린다.

티롤의 농부들은 감추어진 보물이 하지절 전날 밤 불꽃과 같이 반짝거리는 것을 볼 수 있으며, 이 신비한 계절에 조심스럽게 수집된 양치류의 포자는 파묻힌 황금을 땅의 표면 위에 끌어 내는 것을 도와 준다고 생각한다. 스위스의 프라이부르크 사람들은 악마들이 때때로 그들에게 가져다 주는 보물을 얻을 희망으로 성 요한제 밤에 양치류 주변을 살펴보는 습관이 있었다. 보헤미아에서는 이때에 양치류의 황금빛 꽃을 얻은 사람은 감추어진 모든 보물을 찾을 열쇠를 가진 것이나 다름없다고 한다. 또한 처녀들이 거의 시든 꽃 밑에 보자기를 펴 놓으면, 붉은빛을 띤 황금이 그 속에 마구 쏟아진다고 상상하기도 한다. 또 티롤과 보헤미아에서는 양치류의 포자를 돈과 함께 두면, 아무리 돈을 써도 돈이 축나지 않는다고 한다. 때때로 성탄절 밤에 양치류의 포자가 꽃을 피운다고도 하고, 그 꽃을 얻은 사람은 누구나 큰 부자가 된다고 한다. 스티리아에서는 성탄절 밤에 포자를 수집하면, 악마가 돈 가방을 가져온다는 이야기가 있다.

이상과 같이 '유사가 유사를 낳는다'는 원리로써 양치류의 포자는 황금빛을 띠고 있기 때문에 황금을 발견케 한다고 여겨진 것이다. 그리고 똑같은 이유로 틀림없이 황금을 공급해 주기 때문에 갖고 있는 사람은 부유하게 된다는 것이다. 그런데 양치류의 포자는 황금빛을 띠기도 하지만, 불처럼 반짝거리기도 한다고 그려진다.

그리하여 이 전설적인 포자를 한데 모으는 두 길일이 하지절 전야와 성탄절, 즉 하지와 동지(왜냐하면 성탄절은 동지의 고대 이교적 축제였기 때문에)인 것을 생각할 때, 우리는 양치류 포자의 반짝이는 속성이야말로 일차적이고, 황금색 속성은 이차적이고 파생적인 것으로 생각할 수 있다. 사실상 양치류의 포자는 태양 운행의 두 전환점, 즉 하지절과 동지에 태양의 불을 토해 낸 것으로 생각되고 있다. 이 견해는 하지절 정오에 태양을 쏘아서 양치류의 포자를 얻었다는 독일 사냥꾼의 설화로써 확인된다. 사냥꾼이 떨어지는 피 세 방울을 하얀 보자기로 받았는데, 그 핏방울이 양치류의 포자가 되었다는 이야기다. 이 경우에 '피'는 명백히 태양의 피이므로, 양치류의 포자는 태양의 피이다. 그러므로 양치류 포자를 태양불이 방사된 것이라고 여겼기 때문에 그것이 황금빛을 띤다는 것은 유사성을 가진다.

겨우살이도 양치류 포자와 같이 하지절 아니면 성탄절, 즉 하지나 동지에 채집되는데, 그것은 양치류 포자와 같이 땅 속에 있는 보물을 드러내는 힘을 갖고 있는 것으로 믿었다. 하지절 전날 밤에 스웨덴 사람들은 겨우살이로 점술 지팡이를 만든다. 혹은 네 개의 다른 종류의 나무로 그것을 만드는데, 그때도 그 네 개 가운데 하나는 반드시 겨우살이여야 한다. 보물을 찾는 사람들은 그 지팡이를 해가 진 뒤에 땅 위에 세우는데, 만약 그곳이 보물이 있는 곳이라면 그 지팡이는 마치 살아 있는 것처럼 움직이기 시작한다. 이렇게 해서 겨우살이가 황금을 찾아낸다면 겨우살이가 '황금가지'의 특질을 지녔기 때문이라고 믿는다. 그리고 만약 그것이 하지절과 동지에 수집된다면, '황금가지'는 황금빛 양치류의 포자와 같이 태양불의 방사라 할 수 있지 않을까? 그 질문에 대해서 간단하게 그렇다고 대답할 수는 없다.

우리는 고대 아리안족이 태양주술로, 즉 태양에 새로운 불을 공급할 목적으로 하지나 동지, 그 밖의 의식을 치를 때 불을 피웠던 것을 고찰했다. 그리고 그 불들은 보통 떡갈나무의 마찰이나 혹은 연소에 의해서 피워졌으므로, 아리안족은 성스러운 떡갈나무에 깃들어 있는 불로 태양이 정기적으로 원기를 회복받는다고 생각했을 것이다. 다시 말해서 아리안족은 떡갈나무를 태양에 불을 공급하기 위해 가끔 불을 끌어 내는 창고, 또는 저장소로 생각한 모양이다.

그런데 만약 떡갈나무의 생명이 겨우살이 안에 있다면, 겨우살이는 떡갈나무의 마찰에 의해서 끌어 낸 불씨나 불의 싹을 틀림없이 갖고 있었을 것이다. 그래서 겨우살이가 태양불이 방사한 것이라고 말하는 것보다, 태양불이 겨우살이가 방사한 것이라고 말하는 것이 더 정확할 것이다. 따라서 겨우살이가 황금빛을 발산하는 '황금가지'라고 불리었다는 것은 조금도 놀라운 일이 아니다. 그러나 그것은 양치의 포자와 같이 일정한 시기에만, 그것도 특히 태양을 밝게 하기 위해서 떡갈나무에서 불을 끄집어 내는 하지절에만 황금빛을 드러내는 것으로 생각되었다.

영국 슈롭셔의 풀버배치에서는 떡갈나무가 하지절 전날 밤에 꽃을 피웠다가 그 다음 날 해가 솟기 전에 시든다는 전설이 있다. 그래서 결혼의 운수를 알고 싶어하는 처녀는 밤중에 그 나무 아래 흰 보자기를 펴놓고, 아침에 꽃가루 같은 것이 묻어 있나를 살펴본다. 그것이 꽃이 핀 흔적의 전부이다. 처녀는 그 가루를 베개 밑에 조금 놓고 자면, 미래의 신랑이 꿈 속에 나타난다는 것이다. 내 말이 옳다면 이와 같이 덧없는 떡갈나무 꽃은 아마 '황금가지'의 특질을 지닌 겨우살이였을 것이다. 이러한 추정은 웨일스에서도 확인할 수 있다. 거기에서도 미래를 점치는 꿈을 꾸기 위해 하지절 전날 밤에 꺾은 겨우살이의 진짜 가지를 베개 밑에 넣는 관습이 있었다. 또한 흰 보자기로 환상적인 그 꽃을 받는 것은 드루이드 사제들이 황금 낫으로 떡갈나무에서 겨우살이를 베어 그 겨우살이가 떨어질 때, 그것을 받기 위해서 보자기를 쓴 것과 똑같다. 슈롭셔는 웨일스와 이웃한다. 따라서 하지절 전야에 떡갈나무 꽃이 핀다는 신앙은 미개 아리안족 신앙의 한 단편일지 모르지만, 그 신앙의 직접적인 기원을 찾는다면 웨일스의 고유 신앙일 것이다.

우리가 이미 살펴본 바와 같이, 이탈리아의 몇몇 지방의 농부들은 아직도 하지절 아침에 나가서 '성 요한의 기름'을 얻기 위해 떡갈나무를 찾는다. 그런데 이 '성 요한의 기름'은 겨우살이와 같이 모든 상처의 묘약으로 생각되었고, 아마 그 신성성을 볼 때 겨우살이 자체일지도 모른다. 여기서 '황금가지'와 같은 칭호가 어떻게 얼핏 보아 아무 의미도 없는 기생식물에 붙게 되었는지, 그것도 별 쓸모도 없어 보이는 기생식물에 붙게 되었는지 그 이유를 이해할 수 있을 것이다. 더욱이 우리는 왜 고대에 겨우살이가 불을 끄는 놀라운 특성을 가졌다고 믿었으며, 또 왜 스웨덴에서는 그것이 아직도 화제에 대한 방지 장치로 집집마다 보존되는지를 이해할 수 있게 된다. 겨우살이의 반짝이는 속성은 동종주술의 원리에 따라서, 불로 인한 위해에 대한 가장 좋은 치료법 또는 예방이 된 것이다.

이상의 고찰을 통해 베르길리우스가 그의 작품에서 아이네이아스를 어두운 저승에 내려보낼 때 왜 빛나는 겨우살이 가지 하나를 가지고 가게 했는가가 어느 정도 설명될 것이다. 이 시인은 지옥의 문에 얼마나 거대하고 음산한 숲이 뻗쳐 있는지, 그리고 이 영웅이 그를 꾀어 낸 두 마리의 비둘기를 따라다니면서 끝없이 숲 속을 헤매다닐 때, 저 멀리 보이는 나무들 사이로 '황금가지'가 어떻게 반짝거리며 주위를 비추고 있는지 묘사한다. 만일 쌀쌀한 가을 숲 속에서 누렇게 시들어 버린 겨우살이 가지에 불씨가 담겨 있다고 생각한다면, 저승을 떠도는 외로운 나그네에게, 손에 들면 회초리나 지팡이가 되고, 또 주위를 비추는 등불이 되어 주는 이 가지보다 더 훌륭한 친구가 어디 있겠는가? 그는 이것을 무기로 삼아 모험이 가득 찬 그의 여행길을 가로막는 무서운 요괴들과 용감하게 맞설 수 있을 것이다.

이를테면 다음과 같은 이야기에서 황금가지가 지닌 무기의 기능을 엿볼 수 있다. 그 숲에서 탈출한 아이네이아스가 지옥의 늪을 느릿느릿 지나는 구불구불한 스틱스(Styx) 강변에 다다랐을 때, 심술궂은 나룻배 사공이 그를 황천으로 가는 배에 태워 주지 않겠다고 했을 때, 아이네이아스가 품에서 '황금가지'를 천천히 꺼내 위로 쳐든다. 기세당당하던 뱃사공은 곧 풀이 죽어 그 영웅을 온순하게 흔들거리는 배에 태운다. 그러나 그 배는 살아 있는 사람의 특별한 몸무게 때문에 깊은 물 속에 가라앉는다. 우리가 이미 살펴본 바와 같이, 근대까지도 겨우살이는 마녀나 악귀에 대한 방비책으로 생각되어 왔으며, 이는 고대인들이 그 겨우살이에는 주술적인 효험이 있다고 인정했음을 보여준다. 그리고 만일 그 기생식물이 몇몇 농부들이 믿는 바와 같이 모든 자물쇠를 열 수 있다면, 왜 그것은 아이네이아스에게 죽음의 문을 열기 위한 열쇠 역할을 못 했겠는가?

이제 다시 우리는 왜 네미 호수의 비르비우스가 태양과 혼동되기에 이르렀는지를 짐작할 수 있게 되었다. 내가 이미 제시한 바와 같이, 만일 비르비우스가 나무 정령이었다면, 그는 '황금가지'가 자란 떡갈나무의 정령이었음에 틀림없다. 왜냐하면 전설에서 그는 최초의 '숲의 왕'으로 나타났기 때문이다. 사람들은 비르비우스가 떡갈나무 정령으로서 태양불을 주기적으로 점화한다고 생각했기 때문에 쉽게 태양 자체와 혼동했을 것이다. 이와 마찬가지로 우리는 떡갈나무 정령인 발데르가 "눈부신 빛이 그의 몸에서 흘러나왔으며 그 얼굴이 너무나 아름답다"고 묘사된 이유와, 왜 그가 때때로 태양으로 간주되었는가를 이해할 수 있다. 또 나무의 마찰로만 불이 일어난다고 생각하는 원시인들은 불 또한 수액과 같이 나무 속에 저장된 속성이며, 그리하여 그들은 그 불을 나무에서 추출해 내려고 애썼음이 틀림없다.

캘리포니아의 세날(Senal)족 인디언들은 다음과 같이 믿는다.

"전세계는 그 옛날 하나의 불덩어리였다가 그 뒤에 불의 원소들이 나무들 속에 들어가서 이제는 두 조각의 나무를 서로 마찰시키면 언제든지 불이 나온다."

캘리포니아의 마이두(Maidu)족 인디언들은 다음과 같이 주장한다.

"지구는 본디 용암 덩어리였는데, 얼마 뒤에 불의 원소가 나무 뿌리를 통해서 줄기와 가지로 올라갔기 때문에 특별한 비법으로 불을 끄집어 낼 수 있다."

캐롤라인 제도의 한 섬인 나몰룩(Namoluk) 섬에서는 신이 불을 일으키는 기술을 인간에게 가르쳤다는 전설이 있다. 올로파에트(Olofaet)라는 재주 많은 불의 신은 불을 '뮈(Mwi)'란 새에게 주어 그것을 입에 물고 지상으로 가져가라고 명령했다. 그래서 그 새는 나무에서 나무로 날아다니면서 불의 잠재력을 나무 속에 저장했다. 따라서 사람들은 마찰로 불을 일으킬 수 있다는 것이다. 고대 인도의 「베다」 찬가에서는 불의 신 아그니(Agni)가 식물의 싹, 또는 식물 속에 뿌려진 자로서 숲 속에서 태어났다고 한다. 그 신은 또 모든 식물 속에 들어갔으며, 모든 식물을 얻으려고 애쓴다고 한다. 아그니가 나무의 싹 혹은 나무나 식물의 싹이라고 불리는 것은 어쩌면 숲 속에서 나뭇가지의 마찰에 의해 일어나는 불 때문일 것이다.

원시인들은 벼락을 맞은 나무는 2배나 3배나 많은 불로 충전되어 있다고 믿고 있다. 왜냐하면 그들의 눈으로 강한 번갯불이 나무줄기로 들어가는 것을 보았기 때문이다. 이제 벼락에 맞은 나무에 대한 몇 가지 미신적인 신앙의 예를 들어보기로 하겠다. 브리티시컬럼비아의 톰프슨 강 유역에 사는 인디언들은 적의 집에 불을 지르고 싶을 때, 벼락에 맞은 나무로 만든 화살을 그 집에 쏘거나 벼락에 맞은 나무 조각이 붙어 있는 화살을 쏘았다. 작센의 벤드족 농민들은 벼락을 맞은 나무를 땔감으로 사용하지 않는다. 그런 연료를 쓰면 집에 불이 난다고 생각하기 때문이다. 이와 마찬가지로 남아프리카의 통가족은 그런 나무를 연료로 사용하지 않을 뿐만 아니라, 그런 것으로 불을 쬐려고도 하지 않는다.

그런데 이것과는 반대로 북부 로디지아의 위남왕가(Winamwanga)족은 나무에 벼락이 떨어져 불이 붙으면, 마을의 불들을 모두 끄고 아궁이에 새로 회칠을 하는 한편, 마을의 몇몇 장로들은 벼락으로 붙은 불을 추장에게 가져간다. 그러면 추장은 그 불에 기도를 올린다. 그리고 추장은 불을 온 마을에 나누어 주고, 마을 사람들은 그것을 갖고 온 사람에게 은혜에 대한 답례를 한다. 이것은 그들이 벼락으로 붙은 불을 존경한다는 것을 나타내며, 그 존경은 이해할 만하다. 캘리포니아의 마이두족 인디언들은 이와 비슷하게 '위대한 분'이 이 세계와 지상에서 머무는 만물을 창조했으며, 번개라는 것은 하늘에서 재빠르게 내려와서 그 불타는 팔로 나무들을 잡아 찢는 '위대한 분' 자신이라 믿는다.

유럽의 고대인들이 떡갈나무를 숭배하면서 그 나무와 그들이 믿는 하늘신 사이에 어떤 연관성을 찾은 이유가 유럽 나무 가운데 떡갈나무가 다른 어떤 나무보다도 더 자주 벼락을 맞았기 때문이라는 것이다. 이 이론은 그럴듯하다. 떡갈나무의 이러한 특성은 신화적 이론을 주장하지 않는 과학적 연구자들이 최근 일련의 관찰을 시작하면서 확인한 것이다. 우리는 그것을 떡갈나무 목재가 다른 목재보다도 쉽게 전기를 통과시킨다고 설명할 수도 있고, 혹은 다른 방법으로 설명할 수도 있다. 어쨌든 그 사실 자체는 그 무렵에 유럽 대부분의 지역을 덮은, 넓은 숲에 거주한 미개한 선조들의 주의를 충분히 끌었을 것이다. 그들은 자신들의 소박한 종교적 방법으로 그 사실을 자연스럽게 설명할 수 있었다. 그들은 위대한 하늘신을 섬겼으며 천둥소리 속에서 그 신의 무시무시한 목소리를 들었다고 한다. 그 신은 숲 속에 있는 어떤 나무보다도 떡갈나무를 사랑했는데, 이따금씩 짙은 구름에서 번갯불로 그 나무에 내려와서는 쪼개지고 검게 탄 나무 줄기와 오그라든 잎사귀 속에 자신의 표시를 남겼다는 것이다. 그 뒤부터 그런 나무들은 천둥을 일으키는 하늘신을 볼 수 있는 자리라 하여 영광스러운 후광으로 둘러 주었다.

몇몇 원시 부족들처럼 그리스인과 로마인들도 하늘신과 떡갈나무의 위대한 신을 지상에 내리친 천둥 번개와 동일시했음이 확실하다. 그들은 그 벼락이 친곳에 언제나 울타리를 치고, 그 뒤부터 그곳을 신성한 곳으로 다루었다. 중부 유럽의 삼림 지방에 거주하는 켈트족과 게르만족의 선조들도 벼락맞은 떡갈나무를 같은 이유로 숭배했다고 보아도 될 것이다.

아리안족이 떡갈나무를 존경하여 그 나무를 천둥신과 하늘신과 연결한다는 이와 같은 설명은, 그림(J. Grimm)이 오래 전에 언급한 것이다. 그리고 최근에는 워드 파울러(W. Warde Fowler)가 강력하게 주장했다. 이것은 내가 앞에서 채택한 설명과 비교할 때 더 간단하고 확실한 것이다. 내가 채택한 설명이란 다음과 같다. 첫째, 우리의 미개한 선조들은 본래 떡갈나무에서 얻은 많은 이익, 특히 마찰로 일으킨 불 때문에 떡갈나무를 숭배했다. 둘째, 그들은 마치 자신들과 같은 미개한 숭배자들이 지상의 숲에서 불을 일으킬 때 하는 것처럼, 하늘신이 떡갈나무 두 조각을 서로 마찰해서 불을 일으킨다고 보고, 바로 이것이 번갯불이라고 믿었다. 그들은 이런 신앙에 따라서 나중에 떡갈나무와 하늘을 연관지은 것이다.

이 설명에 따르면, 천둥신과 하늘신은 근원적으로 떡갈나무의 신에서 유래한 것이 된다. 그러나 내가 지금 선택하려는 이론에 근거하면, 하늘과 천둥신은 아리안족 선조들의 근원적인 위대한 신이었으며, 그 하늘신과 떡갈나무와의 연관성은 단순히 떡갈나무가 자주 벼락을 맞는다는 추정에 지나지 않다는 것이다. 만일 어떤 사람들이 생각하듯이 아리안족이 유럽 삼림 속으로 들어오기에 앞서서 소와 양 떼와 함께 러시아나 중앙아시아의 넓은 초원을 방황했다면, 그들은 새로운 주거지에서 푸른 하늘 또는 구름 낀 하늘신을 벼락 맞은 떡갈나무와 연관시키기 훨씬 전부터 이미 하늘신과 번쩍거리는 천둥신을 숭배했을 것이다.

아마 이 새로운 설명은 떡갈나무 위에서 기생하는 겨우살이에 대한 신성함을 설명하는 데 도움이 될 것이다. 떡갈나무 위에서 겨우살이가 매우 드물게 기생한다는 것은, 이 신앙의 폭넓은 분포와 그 지속성을 설명하는 데 충분하지 않다. 플리니우스는 참된 신앙의 기원을 다음과 같은 설명으로 암시해 준다. 드루이드 사제들은 겨우살이를 숭배했는데, 그 까닭은 겨우살이가 하늘에서 떨어졌으며, 그것이 기생하는 떡갈나무는 바로 신이 직접 선택했다고 믿었기 때문이다. 그렇다면 드루이드 사제들은 겨우살이가 번갯불의 섬광을 타고 떡갈나무 위에 떨어졌다고 생각한 것일까?

이 추측은 스위스의 아르가우(Argau)에서 겨우살이에 붙인 '천둥 빗자루'라는 이름으로 확인된다. 왜냐하면 이 이름은 겨우살이와 천둥 사이의 밀접한 관계를 나타내기 때문이다. 독일에서는 실제로 '천둥 빗자루'라는 말이 나뭇가지 위에서 자라는 새의 둥지 같은 파생물을 일컫는 보편적인 명칭이다. 무지한 사람들은 이러한 기생식물들이 번갯불의 산물이라고 믿는다. 만일 이 추측이 사실이라면, 다음과 같이 이야기할 수 있을 것이다.

드루이드 사제들이 숲 속에 있는 여러 나무를 제쳐 두고 겨우살이를 키우고 있는 떡갈나무만을 숭배한 참된 이유는, 그런 모든 떡갈나무가 벼락에 맞았을 뿐만 아니라 그 가지들 사이로 하늘의 불에서 나온 방사물이 내재되어 있다고 믿었기 때문이다. 그래서 그들은 신비스러운 의식을 치르면서 겨우살이를 잘라내어 번개가 지닌 모든 주술적인 속성을 획득했다. 만일 이 설명에 오류가 없다면, 내가 여태까지 설명한 것과 같이, 드루이드 사제들은 겨우살이를 하지절 태양의 방사라고 했다기보다는 오히려 번개의 방사로 여겼다고 명확히 결론을 내려야 한다.

겨우살이가 하지절 태양에서 번개를 타고 내려왔다는 고대 아리안족의 신앙을 생각하면, 겉으로 보기에 서로 다른 두 의견을 결합할 수 있을 것이다. 그러나 그러한 결합은 내가 알고 있는 한 피상적이며 명확한 증거로 뒷받침되지 않는다. 신화적 원리에 따라서 이 두 해석이 서로 실제로 결합될 수 있느냐의 여부는 어려운 문제이므로 언급하지 않기로 하겠다. 그러나 그것들이 서로 일치하지 않는다 하더라도 우리의 미개한 선조들은 동시에 그 두 가지에 동일한 열정과 확신을 갖고 있었다.

왜냐하면 대부분의 인류와 마찬가지로 원시인들도 현학적인 이론에 조금도 방해받지 않았기 때문이다. 우리는 우둔한 무지와 맹목적인 공포의 밀림을 뚫고 원시인의 혼미한 생각을 더듬으려 할 때, 우리가 발을 내딛는 곳이 마법에 걸려 있는 땅임을 기억해야 한다. 또 어둠 속에서 우리 앞을 가로지르거나, 허공을 떠돌면서 알아듣지 못할 말을 지껄이는 어두운 그림자들을 현실로 착각하지 않도록 주의해야 한다. 우리는 절대로 원시인의 입장에 설 수도 없고, 또 그들의 눈으로 사물을 관찰할 수도 없으며, 또 그들이 느꼈던 것을 알 수도 없다. 그러므로 원시인과 그들의 생활 방식, 또 사고 방식에 대한 우리의 이론은 모두 확실성이 결여될 수밖에 없다. 이에 대해 우리가 할 수 있는 최고의 노력은 무리가 없는 정도의 개연성을 제시하는 것이다.

이제 우리는 다음과 같은 결론을 내릴 수 있다. 내가 이미 가정한 바와 같이, 만일 발데르가 정말 겨우살이가 기생하는 떡갈나무의 화신이었다고 하자. 그렇다면 그가 겨우살이의 일격으로 죽었다는 것은 앞서 제시한 새로운 이론에 따라서 번개에 의한 죽음으로 설명되어야 할 것이다. 번갯불에 그을린 겨우살이가 가지 위에 그대로 남겨져 있는 한, 착하고 친절한 떡갈나무의 신은 아무런 해도 입지 않는다. 이 떡갈나무의 신은 자신의 안전을 위해 땅과 하늘 사이에 있는 이 신비로운 기생식물 안에 그 생명을 보관해 놓았던 것이다. 그러나 그 생명 또는 죽음의 근원인 겨우살이를 떡갈나무 가지에서 떼어내 줄기에 던지면, 그 나무는 벼락에 맞아 쓰러진다. 즉, 신이 죽는 것이다.

우리는 스칸디나비아의 떡갈나무 숲의 발데르에 대해서 언급했던 이러한 점들을, 매우 불분명하고 불확실한 문제에서 파생되는 온갖 조심스러움과 함께, 이탈리아의 떡갈나무 숲에 사는 아리키아의 '숲의 왕' 디아나의 사제에게도 적용할 수 있을 것이다. 즉, 그렇다면 그는 위대한 이탈리아 하늘의 신인 유피테르를 피와 살로 인격화한 존재였던 것이다. 그는 번갯불을 타고 친히 하늘에서 내려와, 네미 호숫가의 신성한 떡갈나무 위에 기생하는 '겨우살이, 또는 천둥빗자루, 혹은 황금가지' 속에 들어앉아 사람들 사이에 살았던 유피테르였다고 생각해 볼 수 있다.

만일 이 이론이 맞다면 우리는 디아나의 사제가 칼을 빼들고 신의 생명과 자신의 생명을 간직한 신비의 황금가지를 지킨 이유에 대해 조금의 의문도 가질 필요가 없다. 만일 내 생각이 옳다면, 이 사제가 섬기고 결혼을 한 여신은 바로 하늘신의 진정한 아내, 즉 하늘의 여왕이었을 것이다. 왜냐하면 그 여왕도 이 숲의 고독과 외딴 언덕을 사랑했고, 청명한 밤에 은빛 달의 모습으로 하늘을 산책하면서 '디아나의 거울'이라고 부르는 호수의 잔잔하고 반짝이는 표면 위에 반사된 자신의 아름다운 모습을 흡족하게 내려다보았을 것이기 때문이다.

제69장
네미여, 안녕!

이제 우리는 탐구의 마지막 지점에 이르렀다. 하지만 우리도 진리를 탐구할 때 흔히 일어나는 일을 겪어야 했는데, 그것은 하나의 문제가 해결되면 더 많은 문제가 제기된다는 것이었다. 우리는 줄곧 하나의 길만을 따라 목적지로 왔는데도 그 길 위에서 벗어나 신성한 네미의 숲과는 멀리 떨어진 다른 목적지로 통하는, 혹은 이어지는 것 같은 다른 길을 지나와야 했다. 우리는 그 가운데 여러 길목을 따라 들어가 보기도 했다. 만약 기회가 닿는다면 언젠가 그 나머지 길을 저자와 독자가 함께 걸어가 볼 수 있을 것이다. 하지만 이제까지 우리는 먼 여행을 했으며, 이제 작별할 때가 되었다. 그러나 작별에 앞서 보다 일반적인 다른 결론을 내릴 수는 없는지, 우리가 다루었던 인간의 오류와 어리석음에 대한 우울한 기록에서 가능하다면 희망과 격려를 줄 수 있는 어떤 교훈을 이끌어낼 수는 없는지 자문해야 할 것이다.

그리하여 한편으로 모든 장소와 시대에 있던 인간 욕구의 본질적인 유사성을 생각하고, 다른 한편으로는 인간이 각 시대를 통해 그 만족을 위해 선택한 수단들의 커다란 차이점을 생각한다면, 우리가 살펴볼 수 있는 범위 내에서는 주로 고차원적 사유의 흐름이 주술에서 종교를 거쳐 과학으로 진행했다고 결론지을 수 있다.

주술을 믿던 인간은 여러 면에서 자신을 괴롭히는 곤란과 위험에 대처하기 위해 자신의 능력에 의존한다. 그때 인간은 자기가 확실하게 믿을 수 있고, 자신의 목적을 위해 조종할 수 있는 이미 확립된 어떤 자연의 질서가 있다고 생각했다. 그러나 그러한 자기의 실수를 발견하고, 슬프게도 자기가 상정한 자연의 질서와 그에 대한 자신의 통제력이 순전히 공상에 지나지 않았음을 알게 되었을 때, 인간은 더 이상 그 자신의 지적 능력과 독자적 노력에 의존하지 않게 된다. 대신에 자연의 장막 뒤에 있는 어떤 보이지 않는 위대한 존재의 처분에 겸허하게 자신을 맡긴다.

그래서 인간은 한때 그가 월권 행위를 하던 그 모든 광범위한 능력을 이제는 저 위대한 존재에게 돌리게 된 것이다. 그 결과 더 예리한 정신을 지닌 사람들에 의해 주술은 차츰 종교로 바뀌게 되었고, 종교는 이 자연 현상의 과정이 인간과 같은 종류이면서도 인간보다 월등하게 능력이 뛰어난 영적인 존재들의 의지와 감정, 혹은 변덕에 따라 규제된다고 설명해 주었다.

그러나 시간이 흐름에 따라서 이 설명도 이제 만족스러운 것이 못 된다는 것이 판명된다. 왜냐하면 종교는 자연 현상의 과정이 불변의 법칙에 의해서 결정되는 것이 아니라, 어느 정도 가변성이 있고 불규칙한 법칙에 따라서 결정된다고 가정하는데, 이 가정은 보다 면밀한 관찰을 통해 뒷받침될 필요가 있기 때문이다. 이에 반해서 우리가 자연 현상이 일어나는 과정을 자세히 조사하면 할수록 그것을 어떤 곳에서 추적하더라도 자연의 운행이 언제나 엄밀한 통일성과 정확성에 따라 진행된다는 사실에 감명을 받는다.

지식의 위대한 발전은 질서의 범위를 확장함과 동시에 세계의 명백한 무질서의 범위를 제한했다. 그리하여 이제 우리는 우연과 혼돈이 아직도 지배한다고 보이는 영역에서도 더 완전한 지식이 갖추어진다면 어디서나 혼돈으로 보이는 것들이 질서로 바뀌게 되리라는 것을 기대한다. 한결 예리한 마음의 소유자는 신비스러운 우주의 수수께끼에 대한 보다 깊이 있는 해답을 향해 나아가면서, 종교적인 자연관을 부적당한 것으로 여기고 거부한다. 그리고 그들은 주술에서 단지 암묵적으로 가정되었던 것, 즉 자연 질서의 불변하는 규칙성을 명백하게 주장하면서 옛날의 주술적 관점으로 되돌아간다. 유심히 관찰하다 보면 자연 질서의 불변하는 규칙성 덕분에 우리가 자연의 운행을 확실하게 예견하고, 그에 따라 행동하게 되었음을 알게 된다. 간단하게 말해서 자연을 설명하는 것으로 여겨지던 종교가 과학으로 대체된 것이다.

과학과 주술이 모든 사물의 기초적인 원리로서의 질서에 대한 믿음에 바탕을 둔다는 점에서 공통점을 많이 가지고 있기는 하지만, 독자들은 굳이 주술이 가정하는 질서는 과학의 기초를 이루는 질서와 매우 다르다는 것을 상기할 필요까지는 없을 것이다. 그 차이는 두 질서에 이르는 방식이 다르기 때문에 자연스럽게 생기는 것이다. 주술이 의거하는 질서는 우리 마음속에 떠오르는 생각대로 잘못 유추해서 확대한 것에 지나지 않는다. 이에 반해서 과학으로 주

네미 호숫가에 있는 디아나 정원. 여기에 디아나가 서 있다.

장되는 질서는 자연 현상 자체를 참을성 있고 정확하게 관찰하면서 도출된 것이다. 과학이 이미 이룩한 결과의 풍부함과 탁월함 등은 건전한 과학적인 방법으로 우리에게 유쾌한 확신을 주기에 충분하다. 인간은 오랫동안 어둠 속을 헤매다 드디어 미궁을 빠져 나가는 출구와 자연이라는 보물 창고의 많은 자물쇠를 열어 주는 황금 열쇠를 발견하게 된 것이다. 진보에 대한 희망(물질적인 희망뿐만 아니라도덕적, 지적 희망)이 과학의 운명에 달려 있으며, 과학적 발견을 가로막는 모든 장애는 인간성에 대한 하나의 죄악이라고 말해도 지나치지 않다.

그러나 사상의 역사는 세계에 대한 과학적 이론이야말로 이미 형성된 것 중에서 최고라고 해서 그것이 틀림없이 완전하고 최종적인 것이라는 결론을 내리지 말라고 경고한다. 우리는 결국 과학의 일반화, 즉 자연 법칙이란 우리가 세계와 우주라는 매우 듣기 좋은 명칭으로 권위를 부여한 변화하는 사유의 환영을 설명하기 위해 고안해 낸 가설일 뿐임을 잊어서는 안 된다.

결국 주술과 종교와 과학은 사유의 이론에 불과하다. 과학이 선행자들을 밀어 낸 것과 같이 과학도 더 완전한 가설에 의해, 아마 현상을 전혀 새롭게 보는 어떤 방법(가령 스크린 위에영상을 표시하는 방식)으로써 대체될지도 모른다. 지식의 진보란 끊임없이 도망치는 결승점을 향한 끝없는 행진이다. 우리는 그 끊임없는 지식의 추구에 불평할 필요는 없다.

> 그대들은 짐승처럼 살도록 만들어진 것이 아니다.
> 덕성과 지식을 추구하도록 만들어진 것이니라.

비록 우리가 그 위대한 것을 누리지 못하더라도, 그렇게 추구할 때 위대한 것들이 나타날 것이다. 우리 위에 비치고 있는 별보다 더 찬란한 별들이 미래의 항해자(사상계에서 위대한 율리시스와같은 위치를 정할 사람) 머리 위에 떠오를 것이다. 주술의 꿈은 언젠가는 과학의 현실이 될지도 모른다. 그러나 검은 그림자 하나가 이 밝은 전망의 먼 끝에 가로놓여 있다. 왜냐하면 미래에 지식과 힘이 발견할 가능성이 활짝 열려 있다 할지라도, 우리가 살고 있는 지구를 하나의 작은 티끌로 여기는 우주를 묵묵히, 그러나 냉혹하게 파괴하려고 하는 그런 강력한 힘을 인간이 멈추게 할 수 있다고는 생각되지 않기 때문이다.

미래에 인간들은 비나 구름의 변덕스러운 방향을 예측하거나 조정까지도 할 수 있을 것이다. 그러나 인간은 차츰 속도가 떨어지는 유성을 새롭게 가속시키거나 꺼져 가는 태양의 불을 다시 켜기에는 너무나도 작다. 그러한 미래의 재앙을 생각하고 두려워하는 철학자는 이와 같은 우울한 염려가 지구와 태양 자체처럼 무에서 생기는 허물뿐인 세계의 일부분에 지나지 않는다고 생각하면서, 교활한 마녀가 오늘 부른 유령들을 내일 추방할 것이라고 자신을 위로할지도 모른다. 그러한 유령들도 보통 사람의 눈에는 실체로 보이는 여러 사물들처럼 공기 속으로 녹아들어 사라질지도 모르기 때문이다.

미래를 생각하는 것은 이쯤에서 그치고, 사유가 이제까지 달려온 과정을 세 가지의 다른 실, 즉 주술이란 검은 실과 종교라는 붉은 실, 그리고 과학이란 흰 실로 짠 천에 비유해서 설명해 보자. 그런데 이 마지막 과학의 실에는 인간들이 여러 시대를 통해 자연을 관찰하면서 얻게 된 소박한 진리를 포함할 수 있어야 한다. 그래서 처음에 사유라는 천을 더듬어 보면, 우리는 그 천이 검은색과 흰색의 체크 무늬로, 참된 관념과 거짓 관념이 합쳐졌으며, 아직 종교라는 붉은 실이 물들여지지 않았음을 알게 될 것이다.

그러나 좀더 옷감의 바탕을 눈여겨보면, 흑백 무늬가 여전히 그 천에 흐르고 있으며, 종교의 붉은 실이 숨겨진 그 옷감의 한 부분에 진홍색 얼룩이 있음을 발견할 것이다. 그리고 과학이라는 흰 실이 차츰 더 많이 직물 속에 짜여지면서, 그 진홍빛 색깔이 보이지 않을 만큼 엷은 색깔로 변화해 가는 것을 발견하게 된다. 저마다 이질적인 목적과 서로 상충하는 경향이 그 특징인 근대 사상은 이와 같이 여러 색깔과 무늬가 서로 엇갈리지만, 그것이 풀리면서 점점 색깔이 변하는 직물에 비유할만 하다.

그렇다면 수세기 동안 서서히 사상의 색조를 바꾸어 온 이 거대한 움직임은 가까운 미래에도 이어질 것인가? 아니면 진보를 막아 이미 이룩한 많은 것을 파괴하는 반동이 일어날 것인가? 이것을 직물과 비유해서 말하면, 시간이라는 기운찬 베틀에서 운명의 신이 짜고 있는 천은 무슨 색깔일까? 흰색일까 아니면 붉은색일까? 우리는 알 수 없다. 희미한 불빛은 오로지 그 직물의 한쪽 끝부분만을 비춰 줄 뿐이다. 그 반대 부분은 구름과 짙은 어둠에 가려 있다.

마침내 우리는 기나긴 탐구의 항해를 끝내고 드디어 항구에 지친 돛대를 내렸다. 다시 한 번 우리는 네미로 가는 길을 걷는다. 때는 저녁. 알바 언덕에 이르는 아피아 큰길의 긴 경사로를 올라 뒤돌아보니, 하늘은 저녁 노을로 붉게 물들었다. 그 황금빛은 죽은 성자의 후광과 같이 로마 위에 걸려 성 베드로의 둥근 지붕을 붉은 저녁 노을로 감싸안고 있다. 이 광경은 한 번 보면 결코 잊을 수 없을 것이다. 하지만 다시 발길을 돌려 땅거미가 내리기 시작한 산기슭을 따라 걸어가노라면, 드디어 우리는 네미 호수에 이르게 된다. 그리고 이제 어둠 속으로 빠르게 사라져가는 깊은 호수를 내려다본다. 이곳은 디아나가 성스러운 숲 속에서 숭배자들의 예배를 받은 이래 거의 변하지 않았다. 물론 이제는 이 숲의 여신을 모시던 신전은 사라졌고, '숲의 왕'도 '황금가지'를 지키려 경계를 서지 않는다. 그러나 네미의 숲은 오늘도 옛 그대로 푸르르기만 하다. 태양이 서쪽으로 기울어지면 안젤루스를 울리는 아리키아의 교회 종소리가 바람따라 들려오는 것만 같다.

아베 마리아! 종소리는 먼 도시에서 감미롭고 장엄하게 들려오다가 넓은 캄파냐의 습지 저편으로 아스라이 사라진다.

"왕이 죽었다. 왕이여 만세! 아베 마리아!"

《황금가지》를 읽는 이들에게

신상웅

1. 프레이저와 신앙

영국의 인류학자, 고전학자이자 민속학자인 제임스 조지 프레이저(Sir James George Frazer, 1854~1941)의 《황금가지》는 1890년 2권으로 출판되었다. 그 후 이 책은 1900년이 되어 3권으로 늘어났으며, 1911~15년에 이르러 12권 대작이 되었다. 그리고 1936년 보충편 1권이 추가됨으로써 모두 13권으로 완결되었다. 그리고 독자들 열망에 따라 프레이저가 직접 다시 편집, 요약하여 한 권으로 펴냈다.

프레이저는 1854년 스코틀랜드 글래스고의 작은 아파트에서 태어났다. 그의 아버지는 약국을 운영하였던 것으로 알려져 있다. 그는 당시 스코틀랜드의 설날에 태어났는데, 이러한 사실이 뒤에 그가 스코틀랜드를 비롯한 여러 지역의 신년 제례를 고찰하는 데 영향을 미쳤을지도 모른다고 한다. 스코틀랜드에서는 본디 켈트족의 설날인 11월 1일 제전을 벌였다. 따라서 프레이저는 할로윈이 설날 전야제로서 그날 유령과 귀신을 몰아내어 안녕을 보장하는 의식이었다고 생각했다.

아버지는 매일 성서의 한 구절을 가족들에게 읽어 주었다. 성서를 읽는 것은 경건한 의식이나 다름없었다. 이 어릴 때의 체험으로 프레이저는 평생 신앙에 대해서 존경의 마음을 잊지 않았다. 성서에 기록되어 있는 신비하고 이상한 이야기들이 그의 풍부한 상상력을 자극했을 것이다. 아브라함이 자기 아들을 제물로 바치기 위해서 칼을 뽑아들자 기적이 연이어 일어났다. 온세계를 징벌하는 노아의 홍수가 일어났고, 활활 타오르는 난로에서 아이는 상처 하나 입지 않았으며, 모세 앞에서 홍해가 둘로 쩍 갈라졌다.

신은 항상 신비로운 모습으로 사람들 앞에 나타나서 때로는 잔혹한 모습을 보여 주고, 위험한 행동이나 음란한 행위 속으로 사람들을 유혹했다. 이런 장면 이야기들을 머릿속에 그리며 프레이저는 덤바턴(Dumbarton) 헬렌스버러(Helensburgh) 중등학교에 다녔다. 1869년 글래스고 대학에서 수학, 고전을 읽으며 지식을 쌓아나갔다. 그리스, 로마 신화를 읽고 그 심오한 도덕의 가르침과 마음을 휘어잡는 환상의 세계가 그가 말하는 종교의 시(詩)에 대한 경외스런 마음을 가지도록 했다. 그러나 한편으로 호색한 그리스의 신들이 질투에 사로잡혀서 원한을 품거나, 서로 싸우거나, 인간 젊은이나 처녀를 쫓아다니는 이야기에도 흥미를 느꼈다. 그 신들은 인간과 매우 닮았지만 상상을 넘는 다른 존재였다. 그들의 의도와 삶은 논리적이지 않았으며 연관성을 결여하고 있는 것이 특징이었다. 신화에 감추어진 잔혹하고 불합리함은 그즈음 학자들에게 커다란 수수께끼의 하나였다.

프레이저(1854~1941)

1874년 프레이저는 케임브리지 대학 트리니티 칼리지(Trinity College)를 졸업하고 5년 뒤 이 대학 특별연구원 자격을 획득했다. 1907년에 리버풀(Liverpool) 대학 사회인류학 교수로 부임하여 영국 최초로 사회인류학 강좌를 열어 한 학기를 가르치고는 다시 케임브리지 대학으로 돌아가서 평생을 인류학 강의에 몸담았다. 1914년 영국왕실은 그의 탁월한 학문적 성취를 기려 기사작위(Sir)를 수여했다.

2. 프레이저 사상과 이론의 전개

세계 석학들은 프레이저의 《황금가지》를 다음과 같이 평가하고 있다. 프랑스의 아나톨 프랑스는 프레이저를 몽테스키외(Montesquieu)와 비교하고 있으며, 말리노프스키는 베이컨(F. Bacon)과 견주고 있다. 또 구조주의(構造主義)로 인류학에 새로운 전기를 일으킨 레비 스트로스(Claude Lévi-Strauss)는 영국을 '프레이

스코틀랜드의 글래스고 대성당과 공동묘지 경관 당시 우편엽서 사진(1893)

저의 나라'라고 말할 정도였다.

프레이저는 타일러와 만하르트 외에도 케임브리지의 교수이자 《브리태니커 백과사전》 편집인인 스미스(R. Smith)로부터 큰 영향을 받았다. 스미스 교수의 제물에 관한 연구서인 《셈족의 종교》에서 프레이저는 《황금가지》의 중심 명제인 '살해되는 신'의 개념을 발견하였다.

프레이저는 여러 학자들로부터 그의 사상을 확립하고 그의 이론을 전개하는 데 커다란 영향을 받았다. 호위트(M.E. Howitt) 여사로부터 오스트레일리아의 민속과 전설을, 스펜서(B. Spencer)와 질렌(F.J. Gillen)으로부터 중부 오스트레일리아 토착민의 주술 의식을, J.W. 반델 도우슨에게서 수마트라의 신앙을, W.W. 스키트로부터는 말레이 반도의 조사자료 등을 얻었다.

19세기 사상가들은 인간사고의 근원에 가장 관심을 기울였다. 인류는 어느 시기부터 동물과 다른 길을 걷기 시작했다. 자의식을 지니게 되면서 점차로 동물적인 옷을 벗어던지기 시작한다. 자연세계를 이해하려고 한 것이 때론 짐승처럼 잔혹한 행위로 나타났다. 미개인들의 관습은 고대인들의 사고방식을 아는 데 실마리가 되며, 그들의 신앙은 새로운 정보를 가져다 주었다. 그저 무의미하게 보이는 것에서 의미를 찾아내는 것이 19세기 학자들의 관심사였다. 서로 경쟁하며 수수께끼를 푸는 세계 곳곳의 인류학자들에게 안목이 집중되었다.

케임브리지 대학의 트리니티 칼리지(1916)

프레이저는 《황금가지》와 여러 저작을 통해 인류학·철학·문학에 이르기까지 폭넓은 영향을 끼쳤다. 《황금가지》는 출판되자마자 세계의 인류학자들로부터 극찬을 받았다. 《황금가지》는 순수한 인류학적 저작물은 아니다. 이 책의 부제목 주술과 종교의 연구가 시사하는 것처럼 고대문명의 주술종교적인 관념과 그 행사를 다루고 있다.

3. 《황금가지》와 인류학

《황금가지》는 다음과 같은 점에서 인류학에 영향을 미쳤다. 1921년 11월 4일 트리니티 칼리지에서 '정신인류학의 범위와 방법'이라는 서론적 강의를 위해 프레이저가 정리한 개요는 그 방법이 인류학에서 얼마나 중요한지 시사하는 대목이다.

'인류학은 근대과학, 물질인류학과 정신인류학, 우리가 아는 한 절대적으로 원시적인 종족은 없다. 저급한 종족의 연구에 비교연구법을 응용하는 것, 비교해부학과 유사성, 정신인류학 또는 사회인류학은 기원(起源)의 과학……. 인간 사상의 초기 진화에 대해 미개종족 연구가 갖는 중요성, 그 방법은 귀납적이다. 현존하는 미개인에 대한 정확한 관찰의 필요성, 관찰과 비교를 엄격히 분리하되, 상이한 부류의 작업자들을 통해 동시에 수행할 것.'

먼저 인류학을 과학적인 것으로 정의하고 있다는 데 주목할 필요가 있다. 다음에 사회인류학이라는 용어를 지극히 시사적인 정신인류학이라는 용어로 대체한 것이 새롭다. 프레이저에게 인류학은 사상에 대한 연구이다. 정신인류학은 인간의 사상사에서 똑같은 단계를 찾아내는 것이다. 1900년에 이르러 프레이저는 그 단계가 주술, 종교, 과학으로 이어지는 것을 확인했다. 그러나 지질학적 지층이 겹치는 것과 마찬가지로 시대의 중첩은—타일러가 주장했듯이—공존을 내포하고 있다.

어디를 가든 어떤 지점에선가 주술의 시대가 여러분을 기다리고 있을 것이다. 고대기의 특성이 그처럼 후대에까지 존속하는 것을 타일러는 '생존'이라 불렀는데, 프레이저는 《황금가지》에서 바로 그처럼 고대기에 특유한 현상이 근대까지 생존하는 것에 특별한 관심을 기울였다.

프레이저가 《황금가지》에서 제시한 자료는 그 뒤 리버스·랏드레·말리노프스키 등 현지 조사가들에 의해 사실로 확인되었다. 프레이저는 오스트레일리아·아프리카·폴리네시아 등 세계 여러 곳을 여행하지는 않았지만, 현지의 선교사와 식민지의 관리를 통해 정보수집을 할 수 있었다. 그의 연구는 그의 서재에서 한 치의 착오도 없이 이루어진 것이다.

그러나 현지 조사를 하지 않고 다른 저자들의 저술과 제한된 정보 수집에 의존한 점은 심각한 도전과 비판을 받았다. 또한 비교연구를 통해 진화론적 사유라는 결론을 도출해 내기 위해서 자료 자체를 평가하기보다는 그 가치를 무시하는 오류를 범했다. 또한 우리는 조용한 우상 파괴자 프레이저에게서 후기 빅토리아 시대에 흔히 있었던, 곧 프로테스탄트적 영감에 고취된 성경 해석상의 정직성이 자기모순에 빠지는 것을 발견하게 된다.

프레이저의 저작 속에서는 기독교적 초점이 결국 소멸하고, 그것의 확실성을 너무 진지하게 받아들이는 사람들에게 혼란을 안겨주는 문화적·도덕적 상대주의가 득세한다. 프레이저는 그러한 상대주의가 위험하다는 사실을 잘 알고 있었다. 때로는 지나치게 많은 예증이 주제를 삼켜버릴 지경에 이르렀는데, 그러면 프레이저는 뒤로 물러나 증거를 다시 살피고 진행과정을 검토한다. 소용돌이치는 예증의 원심력과 압도적인 사례를 논증하려는 구심력 사이의 긴장은 《황금가지》에서 결코 해소되지 않았다.

4. 학술적 베스트셀러 《황금가지》

《황금가지》(초판, 1890) **표지** 런던, 1926.

《황금가지》는 신비로움을 조사하는 것으로 막을 올린다. 프레이저는 로마의 동쪽, 이탈리아 중부에 거대한 디아나 신전이 있었다는 '네미'를 주목하였다. 네미의 전설에 의하면 그곳에 디아나를 섬기는 사제가 있었는데 그는 '숲의 왕'이라는 칭호를 가지고 있었다. 사제의 임기는 목숨이 다할 때까지 계속되며, 사제의 임무를 맡고자 하는 자는 사제와 싸워 그를 죽여야 했다. 사제와 싸울 수 있는 자격을 얻기 위해서는 반드시 그곳에 무성하게 자라 있는 나뭇가지(황금가지)를 꺾어야만 한다. 따라서 사제 또한 그 가지를 꺾지 못하도록 검을 뽑아든 채 밤낮으로 그 나무 주위를 지키고 있다.

프레이저는 그 전설에 세 가지 의문점을 제기하였다.

첫째, 사제가 왜 '숲의 왕'이라는 칭호를 지니게 되었는가.

둘째, 사제직을 물려주는데 왜 사제와 싸움을 하고 그를 죽여야만 하는가.

셋째, 사제와 싸우기 전에 왜 나뭇가지를 꺾어야만 하는가.

이를 설명하기 위해, 프레이저는 세계 곳곳에 존재하는 신화, 전설, 관습에서 비슷한 점을 찾아내어 고대인의 생각을 실증하고자 했다. 그 실례는 수없이 많았으며, 프레이저의 박학다식함과 함께 어우러져 결국에는 《황금가지》 전13권이라는 대작이 탄생하게 된 것이다.

《황금가지》는 학술적인 베스트셀러였다. 그 성공은 아무런 준비 없이 이루

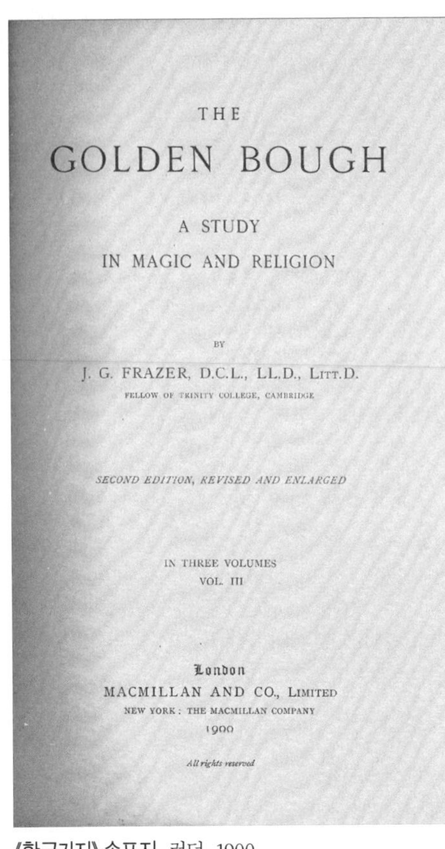
THE
GOLDEN BOUGH

A STUDY
IN MAGIC AND RELIGION

BY
J. G. FRAZER, D.C.L., LL.D., LITT.D.
FELLOW OF TRINITY COLLEGE, CAMBRIDGE

SECOND EDITION, REVISED AND ENLARGED

IN THREE VOLUMES
VOL. III

London
MACMILLAN AND CO., LIMITED
NEW YORK : THE MACMILLAN COMPANY
1900

All rights reserved

《황금가지》 속표지 런던, 1900.

어진 것이 아니었다. 프레이저는 일반인들이 읽을 수 있는 책을 원했다. 그에게는 절실한 주제가 있었다. 자기를 잘 표현했으며, 차분하고 광범위하게 문제를 제기했다. 그는 시대의 분위기와 호기심을 사로잡았다. 게다가 《황금가지》는 어느 정도 대중소설 또는 미스터리 소설처럼 쓰여졌다. 코난 도일처럼 그는 마지막까지 해답을 유보했다. 그것은 일종의 추리극이었다. 《황금가지》의 출판인 맥밀런에게 보내는 편지에서 그는 이렇게 썼다.

'플롯이라고 할 수 있는 것을 드러내지 않고 책의 요점을 정리해 낸다는 것은 참 어려운 일이더군요.'

해마다 자연은 죽는다. 사람 또한 쇠약해지고 죽음을 맞는다. 이 사건은 서로 연관이 있으며, 그것을 연결시키는 힘이 '주술'이다. 주술사(사제)는 이러한 과정에 정통한 사람들이다. 고대사회에서 주술사 자신은 왕이었으며, 왕은 부족의 생명력을 부여받은 자이다. 생명의 원기는 사람을 초월하여 개인에서 개인으로 전해진다. 하지만 만약 왕이 허약하거나 병들어 죽게 되면 그 원기가 부족 전체에 전해져 모두를 위험에 빠뜨리게 된다.

왕은 자신의 권한을 양도할 권력을 갖거나, 일종의 체력시험을 통해 권력을 지켜야 했다. 프레이저가 주목한 '네미의 사제'는 후자의 한 예인데, 이 사제는 모든 도전자를 상대로 자신의 지위를 지켜야 했다. 하지만 어떤 왕들은 물러나기가 싫어 다른 사람을 '대리희생'으로 삼았다. 그 대리인은 주로 어릿광대나 노예였으며 때로는 왕의 아들인 경우도 있었다. 때때로 그 희생자는 속죄양의 역할을 겸했다(프레이저가 보기에 이는 마치 속죄양이었던 그리스도와 유사해 보였다).

끝내는 본디 의식의 목적은 완전히 잊혀지고, 남녀가 희생적인 남신과 여신의 역할을 연기하게 되었다. 이는 1900년의 제2판부터 프레이저가 '주술'을 대비하여 '종교'라고 부른 단계였다. 그것은 마침내 일련의 양식화 과정을 거쳐 현대 산업사회의 '민속'으로 완화되었다. '민속'의 뿌리에는 '네미의 의식'이 살아 있으며, 자연의 힘을 지배함으로써 생명력을 보장하려는 욕망이 자리잡고 있다.

파리스
BC 3, 4세기 에트루리아(고대 이탈리아 토스카나 주)의 청동 손거울. 선왕을 살해하고 왕위를 차지한 새 왕에게 사과를 건네는 세 여신의 모습이 그려져 있다. 이 그림은 신화와 관련된 것으로 오인되기도 했다. 캄파냐 컬렉션, 로마.

그 편지에서 프레이저는 이 책의 목적이 비교방법론을 적용하여 네미 숲의 사제가 숲의 신인 비르비우스의 화신이며, 따라서 사제의 살해는 곧 신의 죽음으로 간주될 수 있다는 점을 주장하는 데 있다고 밝힌 바 있다. 또한 그는 신성시되는 인간과 동물을 살해하는 보편적 관습의 의미를 묻는 작업이기도 하다는 점을 언급하였다. 따라서 프레이저가 황금가지의 전설에 주목한 주된 이유는, 그것이 주술과 종교에 대한 일반적인 해석에 있어 중요한 실마리를 던져 주었기 때문이다.

프레이저 생애의 연구 주제인 '살해되는 신'의 핵심은 토템 숭배에 대해 최초로 기술한 브리태니커백과사전 에 나타나 있다. 그는 죽음과 부활을 흉내내는 모방의식에 대해 기술하면서 토템 숭배는 신이 백성을 위해서 죽는다는 희생 행위라고 지적한다.

제2단계는 1890년에 발표한 《황금가지》의 제1판이다. 그는 서문에서 황금가지의 핵심은 '살해되는 신'으로 그것은 본디 로버트슨 스미스의 주장이라고 서술했다. 운명에 의해서 조종되는 네미의 사제와 북유럽 신화의 죽어 가는 신 발데르는 여기서 처음으로 등장한다. 이 책의 목적은 갈리아로부터 프로이센, 스칸디나비아에 이르는 떡갈나무(참나무) 숲에서 아리아 민족의 원시적인 숭배에서 태어나, 네미의 성스러운 숲에서도 존속하고 있었다는 종교적인 생각이 일관성을 띠고 있다는 사실을 밝히는 것이다. "'숲의 왕'은 아리아 민족의 최고 신의 화신으로 살고 죽었으며, 그 목숨은 겨우살이 또는 '황금가지'에 깃들어 있었다"라는 것이다. 고대종교는 모두 사제인 신과 그 숭배자의 밀접한 영적 교섭 위에 성립되었다.

요컨대 프레이저는 고대 이탈리아의 황금가지 전설에 대한 기존의 해석을 발전시켜, 세계 곳곳의 다양한 사례들을 거론하며 주술원리, 왕권의 기원과 발전, 터부문제, 왕 살해의 의미, 농경의례, 속죄양 문제 등 실로 방대한 영역에 걸친 주제들을 독특한 심리적 연상기법에 의해 서로 연관시켜 설명하고 있다.

다시 말해, 그가 《황금가지》를 집필한 동기는 신성한 네미 숲의 사제직이 전임자를 살해함으로써 계승된다는 기묘한 설화를 풀어가는 데 있었다. 이를 위해 세계 곳곳의 유사한 사례들을 방대하게 수집하면서 일곱 가지 장면으로 나누어 분석한 것이다. 그 과정에서 프레이저는 신성한 왕권, 즉 사제의 역할과 왕권이 결합된 형태를 밝혀냈다.

《황금가지》에서 프레이저가 전제로 깔고 있는 방법론과 관점은 크게 두 가지로 요약할 수 있다. 첫째, 인간정신은 본질적으로 유사하므로 여러 문화권의 비슷한 사례들을 비교할 수 있다. 둘째, 그 시대의 생물진화론(다윈) 및 사회진화론(스펜서)에 따라, 모든 사회는 동일한 발전단계를 거치며 그 발전방향은 필연적으로 진보와 개선의 방향성을 가진다. 그의 주술 → 종교 → 과학이라는 진화론적 도식은 바로 이런 전제를 분명하게 보여준다.

《황금가지》는 네미의 전설에서 발전시켜 고대로부터 끊임없이 이어오는 세계 곳곳의 인간의 삶을 훌륭하게 재현해 내고 있다. 《황금가지》의 업적은 현대의 비판을 뛰어넘기에 충분하다. 게다가 《황금가지》의 공헌은 인류학을 비롯한 인문과학 분야는 물론이고 문학, D.H. 로렌스, T.S. 엘리엇, 윈덤 루이스 등에 이르고 있다. 이 책을 간행하게 된 계기도 바로 그것이다.

아에네아스의 황금가지 이야기를 묘사한 장면 터너 그림

5. 프레이저와 토테미즘

프레이저는 평생을 대학에 몸담으면서 수많은 저작과 논문을 발표하였다. 《그리스 파우사니아스기》(6권, 1898), 《토테미즘과 족외혼》(4권, 1910), 《황금가지》(13권, 1911~15), 《불사의 신념과 사자숭배》(3권, 1913~24), 《구약성서의 민속학》(3권, 1918), 《오비디우스제력—연대기》(6권, 1929) 등의 저술 외에 〈토테미즘〉(1887), 〈토테미즘 기원〉(1899), 〈오스트레일리아 원주민들의 종교와 토테미즘 발달〉(1905) 등의 논문을 썼다. 그의 저작은 대체로 주술과 종교와 토테미즘 및 족외혼에 일관되어 있다.

프레이저가 《황금가지》에서 밝히고 있는 '주술'의 내용은 다음과 같다. 주술의 기초가 되는 사고의 원리는 유사(類似)의 법칙과 접촉의 법칙이 있다. 유사가 유사를 낳으므로 때로는 결과가 원인을 닮을 수도 있고, 또 한번 서로 접촉했던 것은 그 접촉을 끊어도 공간을 두고 서로 상호작용을 한다. 주술사는 비슷한 법칙으로 모방 행위를 통해 원하는 결과를 가져올 수 있다고 생각한다. 이것을 동종주술(同種呪術 ; Homeopathic Magic) 또는 모방주술(模倣呪術)이라고 한다. 예를 들면, 비를 내리게 하기 위해 항아리에 물을 뿌리는 행위 같은 것이다. 주술사는 접촉의 법칙으로 어떤 물체에 영향이 미치게 되면, 그 물체를

《황금가지》에 실린 삽화

접촉한 사람에게도 영향을 미칠 수 있다고 생각한다. 이것을 감염주술(感染呪術; Contagious Magic)이라 한다. 이 예로는 누군가를 해치기 위해서 그 사람의 육체의 일부분—머리카락이나 손톱 따위—를 기름 속에서 끓이는 것을 들 수 있다. 미개인들은 이 두 개의 법칙이 인간의 행동에 한정된 것이 아니라 보편적인 적용성을 갖고 있다고 믿고 있다. 그런데 이 동종주술과 감염주술은 모두 어떤 신비적인 힘, 즉 일종의 보이지 않는 에테르와 매개물질이라고 생각하여 모두 공감주술(共感呪術; Sympathetic Magic)로 한데 묶을 수 있다.

'토테미즘'에 대한 프레이저 이론에 따르면, 미개인들은 친족관계를 유지하기 위해 자신의 집단을 동식물 또는 물체와 동일시하려고 한다. 이것이 토테미즘에 대한 프레이저의 기본가설이다. 즉, 여러 씨족들마다 어떤 동물이나 식물을 숭배함으로써 다른 씨족들과 구별하려 한다. 따라서 저마다 씨족에서 숭배하는 대상은 각별한 의식으로 그 씨족과 관계를 맺으며, 그 씨족에 의해서 터부시되고, 신앙적 정서의 근거가 된다. 프레이저는 이 사실을 세계 곳곳에서 수집한 자료를 통해 확인했다.

처음에 프레이저는 토템을 단순히 씨족을 보호하는 기능, 즉 인간의 영혼을 비호하는 피난처라고만 생각했다. 그러나 그는 스펜서와 질렌의 오스트레일리

《오비디우스 연대기》 전5권, 프레이저 저작, 런던, 1929.

아 현지탐험연구에 영향을 받아서 토테미즘에 경제적인 해석을 보탰다. 즉, 부족을 구성하고 있는 토템 씨족들은 그들이 숭배하고 있는 대상의 생명을 주술적으로 길러야 할 의무를 갖게 되어 그들 씨족의 생계 유지를 위한 생활물자가 계속 확보되도록 노력하였다고 주장한다.

프레이저가 이 책에서 다루는 주제 중 또 하나는 빅토리아 시대에 유명했던, 그러나 잘 알려지지 않은 통가(Tonga)의 관습을 따서 '터부'라고 이름을 붙인 기이한 현상에 관한 것이다. 프레이저가 이 주제에 흥미를 느낀 것은 무엇보다도 언어나 사상이 간혹 그렇듯 책들도 터부가 된다는 사실이다.

프레이저는 어떤 집단 속에서는 자신이 믿는 종교를 당연시하는 사람이나 그것을 지나치게 경시하는 사람, 누구에게나 상관없이 종교가 터부의 주제라는 사실을 잘 알고 있었다. 프레이저는 그 어느쪽도 아니었다. 대신 그는 종교에 깊이 매료되었지만, 어떤 교조적 신앙에도 동의하지 않았다. 19세기 끝무렵에는 그런 사람들을 자유사상가라고 부르기도 했다.

프레이저는 자기시대에 서양사회가 바로 이 지점, 곧 '사상과 종교의 갈등이…… 뚜렷한 특색을 이루는' 지점에 도달했다고 믿었다.

프레이저 흉상 앙투안 부르델 작품, 프랑스, 1925.

6. 《황금가지》를 읽어야 할 이유

우리 시대에 지식은 엄청나게 진보했으며, 이에 따라 종교와 과학의 균열이 확대되고 있다. 그래서 수많은 사람이 이 균열을 메우기 위해 끊임없이 노력하는 것이 보인다. 사람들이 균열을 의식하기 시작하는 것은 종교와 과학의 관계에서만이 아니다. 종교(물론 문서종교)와 도덕 사이에서도 사람들은 간격의 발생을 보기 시작한다. 이 간격이 더 작은 것은, 다시 말해서 둘 사이의 차이가 종교와 과학의 차이만큼 크지 않은 것은 도덕의 진보가 필연적으로 지식의 진보를 뒤따라온다는 사실에 기인한다……. 여기서 우리는 문서종교의 단점을 본다.

그러므로 어느 시대에나 종교를 개혁하거나 심지어 폐지하려는 반란자들이 있었으며, 다른 한편으로는 신앙과 관습을 조화시키려는 통합론자들이 있었다. 프레이저는 자신이 전자의 혁명적인 범주에 속한다고 생각했다. 모든 종교는 반종교를 낳으며, 문서종교는 반문서를 낳는다. 고대 그리스의 화석화한 종교는 소크라테스와 플라톤의 저작 속에서 대답을 찾았다. 고대 헤브라이의 화석화한 종교, 서기관과 바리새 인들의 현학은 그리스도와 신약 속에서 대답을 찾았다. 프레이저 시대의 문서종교, 곧 다양한 형태를 지닌 빅토리아 시대 기독교 또한 반문서를 요구했다. 의식적이든 아니든 《황금가지》가 그 문서였다고 말하는 것은 타당성이 매우 짙다. 프레이저에게 그러한 딜레마에 대한 최선의 자구책은 어둠으로 가려진 곳에 빛을 비추는 것, 다시 말해서 종교의 근원을 조사하여 터부의 근본 원인을 밝혀내는 것이었다.

프레이저는 온화한 성품이었으며, 우리가 아무리 그를 모종의 이성주의적인 도깨비로 둔갑시키고자 해도 웃음기 없는 표정 뒤에는 쾌활한 기지가 번득이는 사람이었다. 이러한 점은 그의 초기 사진 속에 분명하게 나타나는데, 그의 산문을 보면 그 고요한 수면 아래에는 항상 들끓는 장난기까지 살아 있음을 알게 된다. 그의 책이 지닌 매력은 학문적인 신중함과 파괴적인 유머 사이의 모순에 기인한다. 그 매력은 가장 놀라운 지점에서, 곧 죽음의 추방을 위한 제전을 최고의 관심사로 다루는 주석이나 단락에서 솟구쳐 나오고 있다. 우리가 보기에 그의 문학적 개성을 특정짓는 모순성은 거의 고의적이다 싶을 정도로 극단적인 것처럼 여겨질 수 있다. 너무 극단적이므로 매우 조심하지 않으면 방정식의 절반을 그냥 지나치고 그를 완전히 잘못 이해할 수도 있는 것이다.

예를 들면 무지하고 머리가 둔한 사람은 주술을 믿기 쉽다는 프레이저의 말에 충격을 받은 사람도 있을 것이다. 그러나 프레이저의 말은 현대과학이 무슨 일이든지 할 수 있다고 믿고 의심하지 않는 사람들에게 오히려 우회적인 말투가 될 것이다. 바로 이것이 《황금가지》를 읽는 이유이다.

이 책은 맥밀런판 《황금가지(The Golden Bough, A Study in Magic and Religion)》(2 vols. Abridged Edition, London, The Macmillan Company.)를 옮겼다. 제임스 조지 프레이저 자신이 직접 대작 13권의 원칙과 원리를 조금도 흐트리지 않고 예증만을 추려 주술과 종교 문제를 짜임새 있게 온전히 살려내 한 권으로 압축한 것이다. 이 맥밀런판의 강점은 무엇보다 프레이저 자신이 편집했으므로 《황금가지》의 본디 의도가 훌륭하게 엮어졌다는 점이다.

프레이저 연보

1854년 1월 1일, 스코틀랜드의 글래스고에서 출생. 덤바턴의 헬렌스버러 중등학교에 다님.

1869년(15세) 글래스고 대학에서 수학. 이때 타일러의 《원시문화 *Primitive Culture*》를 읽고 크게 감동하여 미개 민족의 민속·신앙·관습·의식 등에 대하여 대단한 관심을 가져 아버지가 희망하는 실업계 대학을 포기하고 인류학 전공을 위해 케임브리지 대학의 트리니티 칼리지(Trinity College)에 가게 됨.

1874년(20세) 케임브리지 대학의 트리니티 칼리지 졸업

1879년(25세) 케임브리지 대학의 특별연구원 자격 획득. 종교·주술·농경 의식의 본질과 그 기원을 연구

1887년(33세) 논문 토테미즘 발표

1890년(36세) 《황금가지 *The Golden Bough* : A Study in Magic and Religion》 초판 발행으로 인류학자로서의 위치 확보

1898년(44세) 《파우사니아스의 그리스 묘사 *Pausanias's Description of Greece*》 6권 간행

1899년(45세) 논문 토테미즘의 기원 발표

1900년(46세) 《황금가지》 제2판이 세 권으로 간행됨.

1904년(51세) 논문 〈오스트레일리아 원주민들의 종교와 토테미즘의 발단〉 발표

1907년(53세) 리버풀 대학 최초의 사회인류학 교수로 부임.

1909년(55세) 《프시케의 과제 *Psyche's Task*》 간행

1910년(56세) 《토테미즘과 족외혼 *Totemism and Exogamy*》 4권 발행

1911년(57세) 《황금가지》 11권으로 출간

1913년(59세) 《불사의 신념과 사자 숭배 *The Belief in Immortaliy and the Worship of the Dead*》 3권 발행

1914년(60세) 《황금가지》에 문헌 목록과 색인을 수록하여 12권으로 출간. 기사 작위를 수여받음.

1918년(64세) 《구약성서에서의 민속학 *Folk-Lore in the Old Testament*》 3권 발행

1921년(67세) 케임브리지 대학의 트리니티 칼리지 교수가 됨.

1925년(71세) 메리트 훈장을 받음. 영국학술원 특별연구원. 에든버러 왕실학회 명예 평의원으로 천거됨.

1929년(75세) 《오비디우스 연대기 *The Fastic of Ovidius*》 5권 발행

1936년(82세) 《황금가지》 축약판 간행

1941년(87세) 5월 7일, 제2차 세계대전 중 독일 공군의 폭격으로 스코틀랜드에서 부인과 함께 세상을 떠남.

신상웅(辛相雄)

일본 교토에서 태어나 경북 의성에서 성장했으며, 중앙대 영문과를 졸업하고 대학원에서 문학박사 학위를 받았다. 1968년 〈세대〉 지 신인문학상에 중편 「히포크라테스 흉상」이 당선되어 작품활동을 시작한 뒤, 진중한 역사의식과 날카로운 현실인식이 돋보이는 중량감 있는 작품들을 발표하여 한국현대문학을 대표하는 작가의 한 사람으로 자리잡았다. 시대의 모순과 개인적 갈등을 밀도 있게 조명한 그의 소설들은 시대를 뛰어넘어 강한 흡인력을 행사하고 있다. 장편 「심야의 정담(鼎談)」으로 제6회 한국일보문학상을 수상하였다. 한국펜클럽 사무국장과 중앙대 예술대학원장을 역임, 현재 명예교수로 재직중이다. 주요 작품집으로 「히포크라테스 흉상」, 「분노의 일기」, 「쓰지 않은 이야기」, 「돌아온 우리의 친구」, 장편으로 「배회」, 「일어서는 빛」 「바람난 도시」 등이 있다.

세계사상전집080
James George Frazer
THE GOLDEN BOUGH
황금가지Ⅱ
J.G. 프레이저/신상웅 옮김
동서문화사창업60주년특별출판
1판 1쇄 발행/2017. 2. 20
발행인 고정일
발행처 동서문화사
창업 1956. 12. 12. 등록 16-3799
서울 중구 다산로 12길 6(신당동 4층)
☎ 546-0331~6 Fax. 545-0331
www.dongsuhbook.com
*

사업자등록번호 211-87-75330
ISBN 978-89-497-1595-7 04080
ISBN 978-89-497-1408-0 (세트)